Maths au CE2

Guide de l'enseignant

Sous la direction de
Gaëtan DUPREY
Inspecteur de l'Éducation nationale

Fabienne MAUFFREY
Professeure des écoles en cycle 2

Isabelle MAUFFREY
Conseillère pédagogique

Véronique GODÉ
Professeure des écoles en CE1-CE2

Sophie DUPREY
Conseillère pédagogique

Geoffrey GRISWARD
Directeur d'école élémentaire

Élisabeth Schneider
Éditrice

Christian Voltz
Illustrateur

ACCÈS Éditions

Cet ouvrage suit l'orthographe recommandée par les rectifications de 1990 et les programmes scolaires (voir le site : www.orthographe-recommandee.info et son miniguide d'information).

Activez votre code unique en vous connectant
à votre espace client sur www.**acces-editions.com**

VOTRE ACCÈS NUMÉRIQUE

ERe377b9c67feb77e6

Une fois activé, ce code vous permettra
de **télécharger les compléments numériques**
et de **bénéficier d'une réduction sur la version numérique**
de votre ouvrage en vous rendant dans l'espace
mes livres numériques de votre compte ACCÈS Éditions.

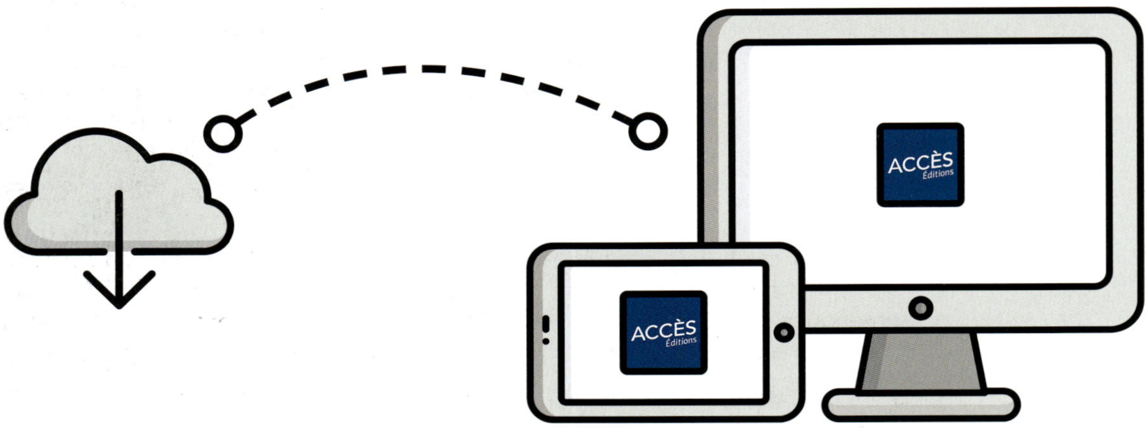

Attention, la première personne à saisir ce code deviendra
l'utilisateur principal de l'ouvrage. Son compte client y sera rattaché.
Cet utilisateur principal ne pourra donner accès au contenu en ligne qu'à un nombre limité de personnes.

À bientôt sur acces-editions.com

Avant-propos

Maths au CE2 est le troisième opus d'une collection qui a pour objectif de motiver tous les élèves à l'apprentissage des mathématiques en conciliant plaisir, réussite et sens de l'effort.

Il nous a semblé fondamental de permettre à chaque élève d'éprouver du plaisir dans cet apprentissage : plaisir de chercher, plaisir de trouver, plaisir de comprendre, plaisir de savoir, plaisir d'expliquer.

La démarche utilisée est fondée sur la manipulation et l'expérimentation afin de permettre aux élèves de comprendre les notions visées. Cependant, l'idée qu'il suffirait de mettre des objets dans les mains des élèves pour leur permettre de comprendre est porteuse de nombreux malentendus. La phase de manipulation est certes indispensable mais elle n'est pas suffisante pour amener les élèves à conceptualiser. De nombreuses recherches en didactique ont montré que les élèves peuvent manipuler et ne rien apprendre. Pour éviter cette difficulté, nous avons donné une place centrale à la résolution de problèmes où l'accès au matériel est parfois bloqué pendant la recherche afin d'amener les élèves à utiliser une représentation qu'elle soit analogique (dessins, images, schématisations) ou symbolique, abstraite (nombres, concepts). Le matériel pourra, dans ce cas, être utilisé pour justifier le raisonnement et/ou vérifier les résultats obtenus.

« Les mathématiques sont à la fois une manière de comprendre le monde, de s'émerveiller de la beauté de l'univers et un jeu formidable auquel on peut prendre un grand plaisir. »

Henri POINCARE *1854-1912*
Mathématicien

Les problèmes proposés dans ***Maths au CE2*** permettent d'aborder de nouvelles notions, de consolider des acquisitions, de provoquer des questionnements. Ils sont issus de situations de vie de classe ou de situations rencontrées dans d'autres enseignements. Ils ont le plus souvent un caractère ludique. Chaque semaine, les élèves sont amenés à résoudre une dizaine de problèmes arithmétiques à une ou plusieurs étapes. Pour que la résolution de problèmes soit source de plaisir, les élèves sont placés en situation de réussite grâce à l'anticipation d'éléments de différenciation.

Le calcul mental est pratiqué quotidiennement pendant 15 minutes. Un apprentissage renforcé des tables d'addition et de multiplication facilite la mémorisation des faits numériques. Les progrès réalisés par chaque élève sont valorisés par des évaluations qui le motivent à apprendre. Le calcul en ligne fait l'objet d'un apprentissage structuré.

L'enseignement des grandeurs et de leurs mesures s'appuie sur des situations concrètes. Les apprentissages sont abordés par le biais de situations problèmes empruntées à la vie courante ou issues d'autres disciplines. Les compétences et les connaissances géométriques se construisent également à partir de problèmes concrets, qui s'enrichissent tout au long de l'année grâce à l'utilisation d'outils et de supports variés.

Par sa conception, ***Maths au CE2*** laisse toute latitude à l'enseignant pour adapter son enseignement à la réalité de sa classe. Le guide de l'enseignant constitue l'élément indispensable pour s'approprier la progression et les démarches utilisées. Il a pour but d'accompagner l'enseignant tout au long de l'année dans la préparation de chaque séquence d'apprentissage. La démarche proposée lui permet de se libérer de l'usage exclusif d'un fichier, souvent enfermant et couteux en temps, ce qui peut considérablement réduire le temps dédié à l'appropriation des savoirs sous-jacents. Ces pratiques peuvent pénaliser les élèves les plus fragiles.

C'est pourquoi ***Maths au CE2*** a conçu un cahier de l'élève destiné à être utilisé au terme des séquences d'apprentissage. Les exercices proposés valorisent les réussites et rendent visibles les progrès réalisés. Des éléments de différenciation permettent de répondre aux besoins de chaque élève.

Les auteurs
Juillet 2020

Sommaire

Annexe 1

Période 1

Période 2

Nombres
Calculs
Résolution de problèmes
Grandeurs et mesures
Espace et Géométrie
Apprendre à chercher

Les énigmes du cahier de l'élève *Maths au CE2* permettent de développer les capacités à chercher.

Période 3

Période 4

Période 5

Présentation de la démarche

La méthode s'appuie sur 6 principes.

- Développer un rapport positif aux mathématiques
- Assurer la réussite de chaque élève
- Donner une place centrale à la résolution de problèmes
- Aller du concret vers l'abstrait
- Organiser la progressivité des apprentissages
- Ritualiser des temps de révision et de calcul mental

La démarche s'organise en 3 temps.

Ces trois temps ont pour objectif d'amener progressivement les élèves à raisonner sur des éléments abstraits.

1 MANIPULATION EXPÉRIMENTATION

S'engager dans une démarche de résolution de problèmes en observant, en posant des questions, en anticipant, en tâtonnant, en manipulant, en expérimentant, en émettant des hypothèses.

2 REPRÉSENTATION

Utiliser différents systèmes de représentations : dessins, schémas, arbres de calcul…

3 ABSTRACTION

78 : 6 = 13

78 divisé par 6 égale 13

Utiliser des codes et des symboles mathématiques en relation avec le vocabulaire mathématique.

VERBALISATION

Verbaliser et produire des écrits pour expliciter des démarches et argumenter des raisonnements. La verbalisation est présente tout au long des 3 temps.

1 Manipulation - Expérimentation

Les élèves développent leurs compétences dans le cadre de situations de découverte concrètes qui donnent du sens à leur recherche. La manipulation aide les élèves à comprendre les concepts abordés. Ils élaborent des images mentales qu'ils pourront ensuite réactiver lors de la résolution de problèmes. Une véritable expérimentation suppose que l'élève soit amené à anticiper, à raisonner, à émettre des hypothèses, à tester des pistes, à élaborer des stratégies, à vérifier et à éprouver. Il est donc nécessaire de problématiser par des questionnements les situations proposées et les inclure dans des contextes qui font sens pour les élèves : énigmes, jeux, problèmes liés à la vie de la classe ou à la vie quotidienne. L'action orientée vers un but permet de problématiser les situations d'apprentissage. La manipulation est également utilisée pour valider ou invalider les réponses à un exercice ou à un problème. Cette vérification aide les élèves à mieux comprendre les causes de leurs erreurs éventuelles.

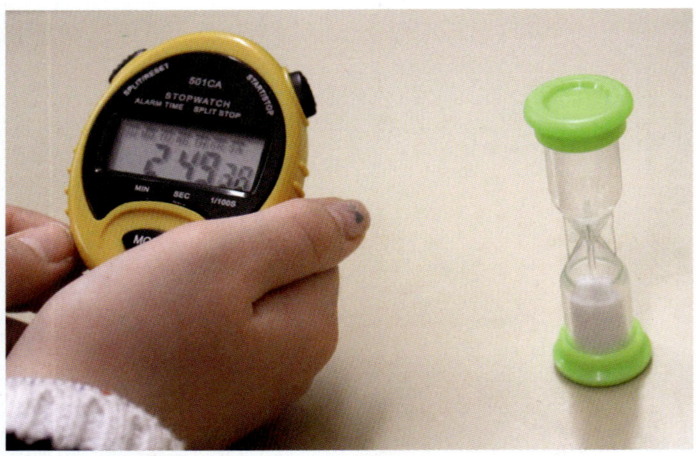

Les élèves cherchent comment utiliser un sablier de 30 secondes pour obtenir une durée de 3 minutes. Après un temps de recherche sans le matériel et une mise en commun des procédures utilisées, les élèves vérifient leurs réponses à l'aide d'un chronomètre.

2 Représentation

Les mathématiques sont, par essence, abstraites. La manipulation et l'expérimentation sont fondamentales mais elles ne suffisent pas pour générer des apprentissages. L'activité mathématique ne peut se passer d'un travail de représentation et de symbolisation. Les élèves doivent être capables d'appréhender différents systèmes de représentations en mobilisant des registres graphiques variés (dessin, schéma, tableau) et des symboles (chiffres, mots, signes, codages).

Le développement de la compétence *Représenter* permet à l'élève de progresser à la fois dans la vision du réel et dans l'appréhension des objets mathématiques abstraits. Comprendre ce qu'est un cube ou le nombre 1000, c'est savoir les représenter, c'est-à-dire trouver un registre de représentation adéquat, mais aussi savoir varier les représentations et les registres de représentation.

Les élèves représentent le plus possible de patrons du cube différents en s'aidant de la manipulation du matériel POLYDRON.

3 Abstraction

Parler, remplacer des objets par des mots pour se les représenter mentalement, c'est l'abstraction fondamentale.

L'abstraction est ce qui nous permet d'aller au-delà de quelques cas particuliers vers quelque chose de plus général. Par exemple, c'est grâce à l'abstraction que nous pouvons aller au-delà d'un, deux ou trois triangles particuliers et d'en arriver à l'idée générale de triangle. Ce qui est à la base de l'abstraction, c'est la formation d'un concept, d'une entité générale qui permet de regrouper les objets selon un critère commun.

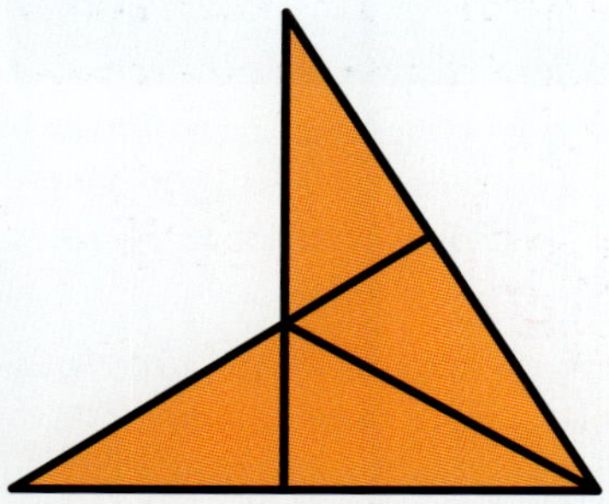

Pour trouver combien il y a de triangles rectangles dans la figure ci-contre, il est nécessaire de dépasser sa première intuition. Un élève qui répond qu'il y a 4 triangles rectangles a une conception *perceptive* de ce qu'est un triangle. L'œil est parfois un obstacle à la pensée. En revanche, un élève qui trouve 6 triangles rectangles fait appel à un niveau d'abstraction plus élevé. Ce sont les connaissances mathématiques acquises qui permettent de repérer les triangles rectangles juxtaposés et superposés. Ce qui définit un triangle rectangle en tant qu'objet mathématique, ce sont ses propriétés. Les triangles n'existent pas *dans le monde réel*, ils n'existent que *dans notre tête*. Et l'important, c'est le raisonnement qu'on porte dessus, les propriétés dont on part et celles qu'on en déduit.

Verbalisation

La verbalisation est présente dans chaque séance de mathématiques. Les élèves utilisent le langage oral et écrit pour évoquer ou décrire une situation, expliciter des démarches, argumenter des raisonnements. Le langage ne sert pas d'expression à une pensée toute prête. En se transformant en langage, la pensée mathématique se réorganise et se modifie. La phase d'institutionnalisation qui suit chaque phase de découverte permet de mettre en mots ce qu'il faut retenir et ainsi d'abstraire les nouvelles connaissances construites.

L'organisation
des séquences d'apprentissage

La résolution de problèmes est placée au centre de la démarche d'apprentissage.
Les séquences proposées présentent des phases d'apprentissage réparties sur plusieurs séances.

Appropriation du problème

Dans cette phase, il s'agit de donner envie de résoudre le problème et de comprendre le but à atteindre. Elle s'effectue le plus souvent à travers une présentation concrète qui ne dévoile pas la solution du problème.

Recherche individuelle et/ou par groupes

Un temps de recherche individuelle conduit chaque élève à s'approprier véritablement la situation: recours possible au dessin, à la schématisation, émission d'hypothèses, élaboration de pistes de recherche, premiers essais.

Un moment de travail par groupes de 2 à 3 élèves peut suivre ce moment de recherche individuelle. Il a pour objectif de réfléchir ensemble pour trouver une procédure de résolution, de justifier, d'argumenter, de proposer une solution commune.

Mise en commun et validation

Cette phase est centrée sur la mutualisation et l'analyse collective des différentes solutions de la classe en commençant par les moins abouties: confrontation des propositions, débats autour de leur validité, recherche d'arguments. La validation s'effectue par le retour au matériel pour vérifier et comprendre par l'expérience les causes de réussites et d'erreurs.

Institutionnalisation

Cette phase de structuration des apprentissages a pour objectif de verbaliser, de mettre les mêmes mots sur ce que les élèves ont trouvé. Cette phase conduit les élèves à dire pour abstraire de nouvelles connaissances auxquelles la classe pourra désormais faire légitimement référence et qu'il faudra retenir.

Entrainement, renforcement et réinvestissement

Le but est d'amener les élèves à mettre à l'épreuve les savoirs qu'ils viennent de construire dans des situations nouvelles. Le contexte est identique dans un premier temps puis il varie afin de permettre aux élèves de réinvestir ce qu'ils ont appris avec une autonomie croissante dans des situations de plus en plus complexes et des registres variés.

Les élèves travaillent dans leur cahier ***Maths au CE2*** à partir de cette phase.

Évaluation et consolidation

L'évaluation formative accompagne les élèves tout au long de la séquence. L'enseignant observe au quotidien les productions des élèves pour réguler les apprentissages et mettre en œuvre des éléments de différenciation.

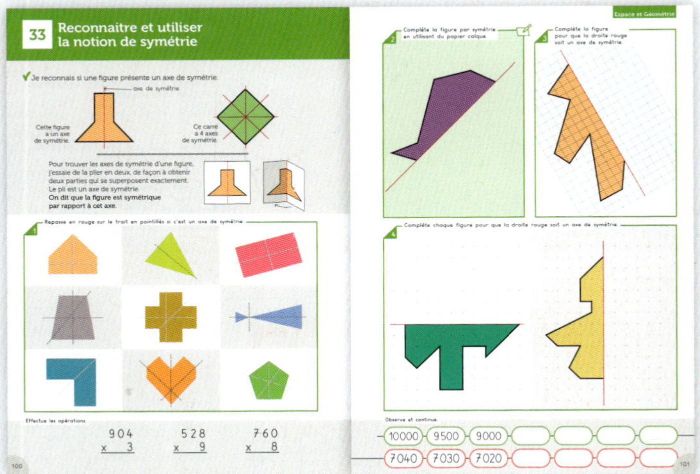

Mémorisation et révision

De nombreuses situations de *rebrassage* des notions découvertes sont programmées au cours de l'année dans le cahier de l'élève: exercices des bas de pages, deux pages d'exercices *Je révise* à la fin de chaque période. Des bilans périodiques *Mes réussites* sont téléchargeables.

Extrait du cahier de l'élève **Maths au CE2**

Uniquement par téléchargement

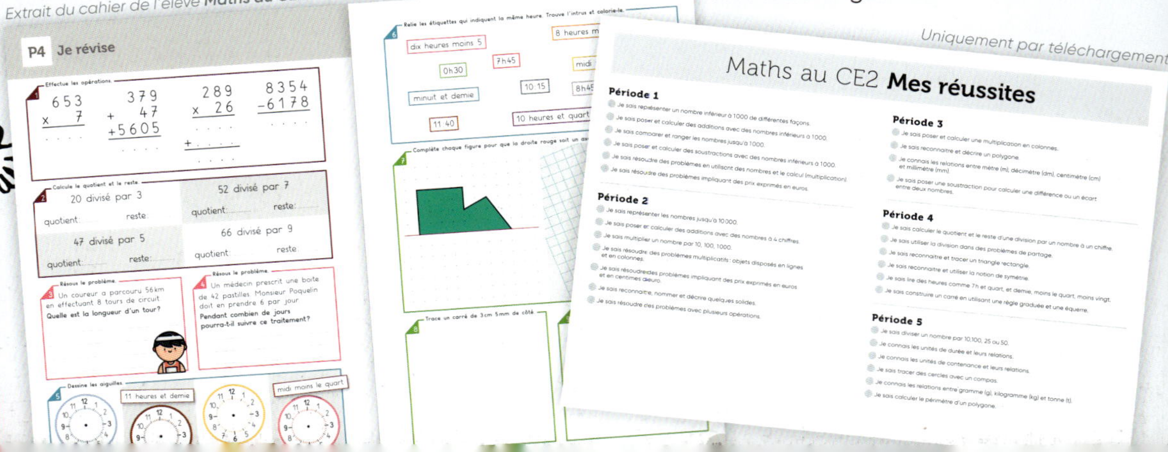

À chaque séquence sa couleur
1 couleur par domaine mathématique
- **Nombres**
- **Calculs**
- **Résolution de problèmes**
- **Espace et Géométrie**
- **Grandeurs et mesures**
- **Apprendre à chercher***

* Pas de séquences spécifiques pour **Apprendre à chercher**. Les énigmes du cahier de l'élève *Maths au CE2* permettent de développer les capacités à chercher.

MATÉRIEL ET SUPPORT
- Des cubes base 10 (Celda) pour mener la manipulation collective : 7 plaques de 100 cubes, 23 barres de 10 cubes et 27 cubes (ou matériel des planches 1 et 2 du cahier *Maths au CE2*).
- Une feuille de recherche par groupe (**Materiel2.pdf**, page 1).

DÉROULEMENT DE LA SÉANCE

1 Recherche Dénombrer une collection de 957 cubes partiellement groupée.	10 min	**Expérimentation** Groupes de 2
2 Mise en commun Inventorier et confronter les procédures utilisées.	5 min	**Manipulation** **Verbalisation** Oral collectif
3 Entrainement Dénombrer des collections de cubes et les désigner par une écriture chiffrée.	10 min	**Abstraction** Écrit individuel
4 Institutionnalisation Comprendre le fonctionnement de la numération écrite chiffrée.	5 min	**Verbalisation** **Abstraction** Oral collectif

Synthétise la séance.
- *Matériel spécifique*
- *Phases d'apprentissage*
- *Objectifs*
- *Minutage*
- *Organisation*

Séance 1 — 30 min
Dénombrer des quantités jusqu'à 1 000
→ REPRÉSENTER
Dénombrer des collections de cubes en utilisant des groupements par 100 et par 10.

Affiche la compétence travaillée prioritairement parmi les 6 compétences mathématiques à développer au CE2 : chercher, raisonner, représenter, modéliser, calculer, communiquer.

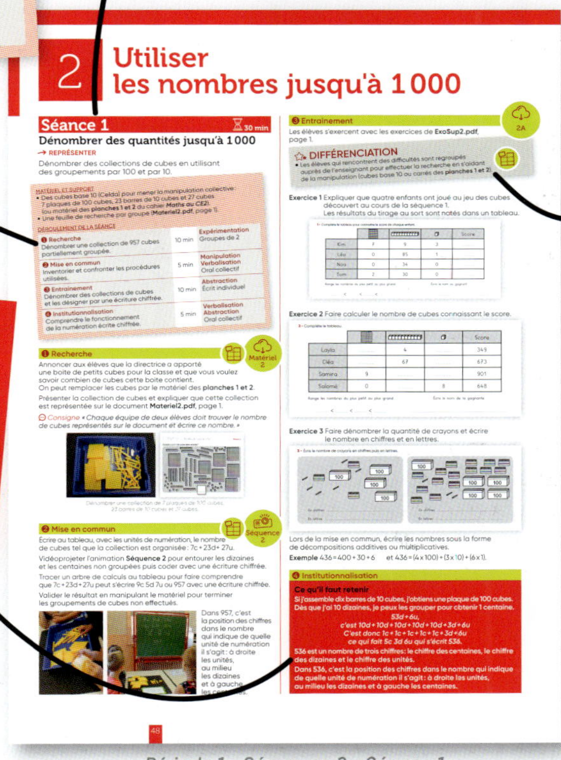

Période 1 - Séquence 2 - Séance 1

Ce qu'il faut retenir
Si j'assemble dix barres de 10 cubes, j'obtiens une plaque de 100 cubes.
Dès que j'ai 10 dizaines, je peux les grouper pour obtenir 1 centaine.
53d + 6u,
c'est 10d + 10d + 10d + 10d + 10d + 3d + 6u
C'est donc 1c + 1c + 1c + 1c + 1c + 3d + 6u
ce qui fait 5c 3d 6u qui s'écrit 536.
536 est un nombre de trois chiffres : le chiffre des centaines, le chiffre des dizaines et le chiffre des unités.
Dans 536, c'est la position des chiffres dans le nombre qui indique de quelle unité de numération il s'agit : à droite les unités, au milieu les dizaines et à gauche les centaines.

Référence le nouveau savoir étudié.

DIFFÉRENCIATION
- Les élèves qui rencontrent des difficultés sont regroupés auprès de l'enseignant pour effectuer la recherche en s'aidant de la manipulation (cubes base 10 ou carrés des planches 1 et 2).

Suggère des modalités de différenciation.

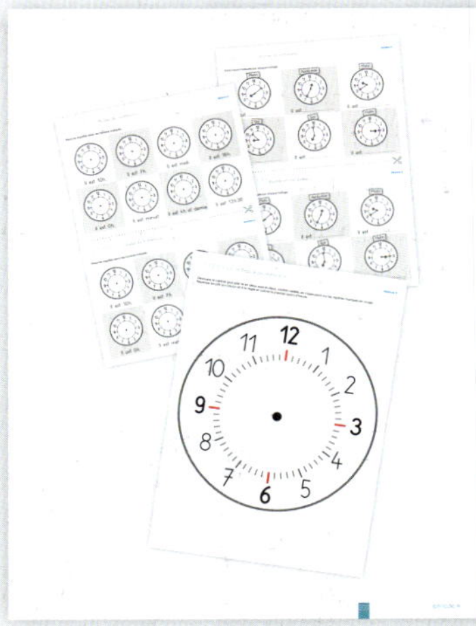

Des pages visualisent certain matériel.

Les pictogrammes du matériel récurrent

Le matériel des élèves

- Pages 20 et 21 — Pages du cahier de l'élève
- Planche prédécoupée du cahier de l'élève
- Ardoise
- Cahier de référence en mathématiques

Le matériel à télécharger sur le site ACCÈS Éditions

- Séquence 10 — Animation à vidéoprojeter
- Matériel 43 — Document collectif ou individuel
- 43A et 43B — Exercices supplémentaires ou différenciés

Maths au CE2 au quotidien

Les séances d'apprentissage sont construites selon des régularités permettant aux élèves de se repérer dans la démarche d'apprentissage. La journée de mathématiques débute par un moment de calcul mental. Les séances d'apprentissage qui suivent conduisent les élèves à résoudre des problèmes pour découvrir une nouvelle connaissance, à la consolider ou à l'évaluer. Chaque semaine, une séance d'ATELIER PROBLÈMES est consacrée à la résolution de plusieurs problèmes numériques.

Temps 1

CALCUL MENTAL
15 minutes/jour

Les calculs à effectuer sont présentés oralement ou par écrit au tableau ou sur une feuille. Les résultats sont donnés oralement ou par écrit sur l'ardoise ou dans un cahier.

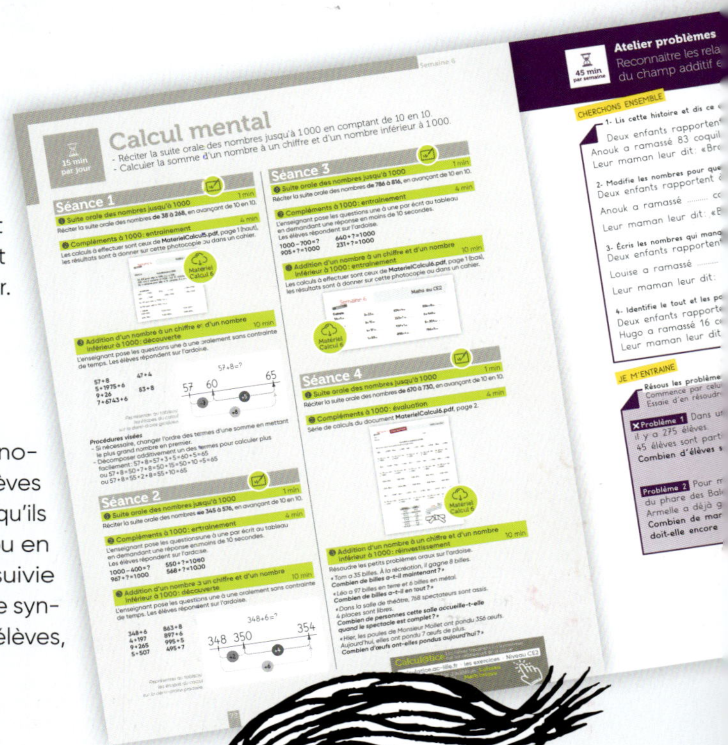

Temps 2

SÉANCE DE DÉCOUVERTE
30 à 45 minutes/jour

Pour aborder de nouvelles notions mathématiques, les élèves sont confrontés à un problème qu'ils cherchent à résoudre seuls ou en groupes. La recherche est suivie d'une mise en commun et d'une synthèse pour structurer, avec les élèves, ce qui a été appris.

Temps 3

SÉANCE D'ENTRAINEMENT
30 à 45 minutes/jour

Des séances d'entrainement et de réinvestissement permettent de renforcer les apprentissages en rendant les connaissances opérationnelles.

Le cahier de l'élève

Le cahier permet de faire la synthèse des apprentissages réalisés au cours de la séquence et de valoriser les progrès réalisés par chaque élève dans le cadre d'une évaluation positive.

Des exercices progressifs sur une même notion sont répartis sur deux pages. Un exemple en vert est parfois donné pour faciliter l'appropriation de certaines consignes. Des exercices de révision sont placés au bas de chaque page et à la fin de chaque période.

La place du calcul mental est renforcée par la présence d'un bilan périodique de la mémorisation des tables d'addition et de multiplication. L'Atelier problèmes permet de renforcer l'apprentissage de la résolution de problèmes arithmétiques.

160 pages + 9 planches cartonnées et prédécoupées de matériel individuel
Vendu uniquement par lot de 5 cahiers 45 €, soit 9 € l'unité

Maths au CE2 à l'année

La programmation annuelle

Si vous souhaitez modifier la programmation proposée, ce tableau est disponible en téléchargement aux formats .doc et .docx

Annexes 3 et 4

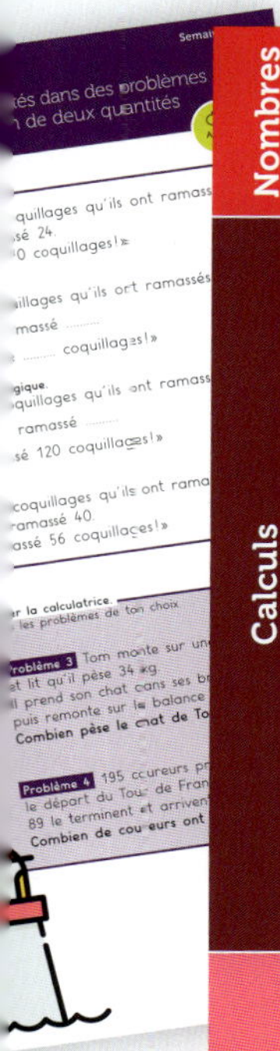

	PÉRIODE 1	PÉRIODE 2	PÉRIODE 3	PÉRIODE 4	PÉRIODE 5
Nombres	**Les nombres jusqu'à 1000**	**Les nombres jusqu'à 10 000**	**Les nombres jusqu'à 10 000 :** mesures de longueurs	**Les nombres jusqu'à 10 000 :** mesures de longueurs	**Les nombres jusqu'à 10 000 :** mesures de longueurs, de masse et de contenance
Calculs	**Calcul mental** • Compléments à 100, à 1000 • Compléments à la dizaine ou à la centaine supérieure • Doubles et moitiés • Ajout, retrait de dizaines ou de centaines entières • Ajout, retrait d'un nombre à un chiffre **Calcul en ligne** Sommes et différences **Calcul posé** Additions et soustractions	**Calcul mental** • Ajouter, soustraire 9, 90, 99 • Ajouter 11, ajouter 110 • Soustraire 11, 110, 111 • Compter de 2 en 2, de 5 en 5, de 10 en 10, de 25 en 25, de 50 en 50 jusqu'à 1000. • Tables de multiplication de 2, 3, 4, 5, 6, 8 et 10 **Calcul en ligne** • Sommes de nombres inférieurs à 10 000 • Produits du type 20 x 6, 16 x 20, 5 x 300… **Calcul posé** Additions de nombres inférieurs à 10 000	**Calcul mental** • Tables de multiplication par 7, par 9 • Compléments au millier supérieur ou inférieur • Doubles et moitiés jusqu'à 10 000 • Additions et soustractions de centaines entières • Multiplication par 19, par 18 • Quotient et reste d'une division euclidienne par un nombre à un chiffre **Calcul en ligne** • Produits • Divisions par un nombre à un chiffre **Calcul posé** • Multiplications • Soustractions de nombres à 4 chiffres	**Calcul mental** • Les tables de multiplication : la table de Pythagore • Calculer avec les diviseurs de 100, de 1000 • Estimer la vraisemblance d'un résultat • Calculer le quotient et le reste d'une division euclidienne par un nombre à un chiffre, par 25, 50 et 100 • Soustraire des dizaines entières, des centaines entières, des milliers entiers à un nombre de 4 chiffres **Calcul en ligne** Diviser en ligne	**Calcul mental** • Les tables de multiplication • Multiplier et diviser par 25, par 50 et par 15 • Diviser par 10, par 100 • Additionner, soustraire des dizaines entières, des centaines entières, des milliers entiers • Compléments à 10 000 • Multiplier un nombre à un chiffre par un nombre à deux chiffres • Stratégies pour calculer plus rapidement une somme • Stratégies pour calculer plus rapidement un produit **Calcul en ligne** Diviser par 10, 100, 25, 50 ou 500
Résolution de problèmes et Atelier problèmes	**Résoudre des problèmes additifs et multiplicatifs** **Résoudre des problèmes additifs en une ou deux étapes** • Recherche d'un complément • Transformation d'une quantité • Utilisation d'un schéma en barres	**Résoudre des problèmes multiplicatifs** • Configuration rectangulaire • Réunion • Groupement • Problèmes multiplicatifs à étapes mixant les opérations	**Résoudre des problèmes du champ additif** • recherche d'un écart à l'aide d'un schéma en barres **Résoudre des problèmes de comparaison en une ou deux étapes** • déterminer l'une des quantités • reconnaitre des relations entre des quantités **Résoudre des problèmes multiplicatifs en une ou deux étapes** **Résoudre des problèmes du champ de la division** **Résoudre des problèmes en plusieurs étapes mixant les opérations**	**Résoudre des problèmes multiplicatifs à une ou deux étapes** **Se poser des questions à partir d'un ensemble de données** **Résoudre des problèmes de partage et de groupement**	**Résoudre des problèmes de partage et de groupement** **Résoudre des problèmes de comparaison multiplicative** **Résoudre des problèmes à deux étapes mixant les opérations** **Résoudre des problèmes nécessitant l'exploration d'un tableau ou d'un graphique**
Grandeurs et mesures	**Les prix : les euros**	**Les prix : les centimes d'euro**	**Mesures de longueurs : mètre, décimètre, centimètre, millimètre**	**Lecture de l'heure : heures exactes, et demie, et quart, moins le quart, moins 20…** **Mesures de longueurs : le kilomètre**	**Résoudre des problèmes impliquant des longueurs** **Mesurer des masses** **Mesurer des contenances** **Résoudre des problèmes impliquant des durées**
Espace et Géométrie		**Les solides**	**Les polygones**	**Construire un triangle rectangle** **Reconnaitre et utiliser la notion de symétrie** **Construire un carré**	**Construire un rectangle** **Reproduire des figures : alignement** **Construire un cercle** **Reproduire des figures complexes** **Coder un déplacement**
Apprendre à chercher	**Énigmes mathématiques en lien avec les notions abordées** en fin de séquence dans le cahier ***Maths au CE2***	**Énigmes mathématiques en lien avec les notions abordées** en fin de séquence dans le cahier ***Maths au CE2***	**Énigmes mathématiques en lien avec les notions abordées** en fin de séquence dans le cahier ***Maths au CE2***	**Énigmes mathématiques en lien avec les notions abordées** en fin de séquence dans le cahier ***Maths au CE2***	**Énigmes mathématiques en lien avec les notions abordées** en fin de séquence dans le cahier ***Maths au CE2***

Les énigmes du cahier de l'élève *Maths au CE2* permettent de développer les capacités à chercher.

L'organisation détaillée de chaque période
est proposée en pages 36, 84, 134, 184 et 226.

Les nouvelles notions sont abordées en début d'année afin de pouvoir les rebrasser tout au long de l'année avec les élèves les plus fragiles. Les périodes 1, 2 et 3 sont donc plus denses en terme de contenus. Les périodes 4 et 5 proposent un programme plus allégé pour permettre de remédier aux difficultés rencontrées et pour s'adapter au rythme de vie des classes : jours fériés, projets de fin d'année, sorties scolaires…

Une pratique intensive
de la résolution de problèmes numériques

***Maths au CE2* a pour ambition d'optimiser le temps** pendant lequel les élèves pratiquent effectivement les mathématiques. Cette pratique repose sur un apprentissage structuré et intensif de la résolution de problèmes numériques qui peuvent se résoudre à l'aide d'opérations.

Les attendus de fin de CE2

Le sens des quatre opérations est enseigné : l'addition, la soustraction, la multiplication et la division. Le calcul posé de l'addition, de la soustraction et de la multiplication est étudié au cours de l'année. La technique opératoire de la division sera abordée au CM1. En revanche, les notions de partage en parts égales et les principes de quotient et de reste sont étudiés au CE2.

Les nombres sont inférieurs à 10 000.

- Résoudre des problèmes du champ additif (addition et soustraction) en une ou deux étapes.
- Modéliser ces problèmes à l'aide de schémas ou d'écritures mathématiques.
- Connaitre le sens des signes − et +.
- Résoudre des problèmes du champ multiplicatif (itération d'addition) et du champ de la division.
- Connaitre le sens des signes x et :.
- Résoudre des problèmes multiplicatifs qui mettent en jeu un produit.
- Résoudre des problèmes à deux étapes mixant plusieurs opérations.
- Résoudre des problèmes de partage et de groupement (ceux où l'on cherche combien de fois une grandeur contient une autre grandeur, ceux où l'on partage une grandeur en un nombre donné de grandeurs).
- Posséder des stratégies de lecture d'énoncé de problèmes pour pouvoir le résoudre plus facilement.
- Résoudre des problèmes nécessitant l'exploration d'un tableau ou d'un graphique.

Résoudre des problèmes en deux étapes

Maths au CE2 a pour objectif de former les élèves, très tôt, à la résolution de problèmes élémentaires en plusieurs étapes. Tout en ne négligeant pas le travail préalable sur les problèmes en une étape, briques élémentaires sur lesquelles pourront s'appuyer les élèves pour résoudre les problèmes en plusieurs étapes.

Maths au CE2 propose des problèmes en deux étapes dès le début de l'année : l'objectif visé est de ne pas laisser les élèves penser que résoudre des problèmes se limite à *trouver la bonne opération* ou à *avoir de la chance* en prenant les deux nombres de l'énoncé et en choisissant une opération au hasard.

Résoudre 10 problèmes par semaine

La réussite des élèves est conditionnée par la mise en œuvre d'une pratique intensive et structurée de la résolution de problèmes numériques. ***Maths au CE2*** amène les élèves à résoudre en moyenne 10 problèmes numériques chaque semaine.

- Des petits problèmes oraux résolus dans le cadre d'une séance de calcul mental.
- Des problèmes résolus dans le cadre de l'Atelier problèmes, séance hebdomadaire de 45 minutes consacrée à la résolution de problèmes numériques.
- Des problèmes proposés dans ce cadre des séances sur le thème abordé wau cours de la semaine.

Catégorisation des problèmes

Pour structurer les savoirs, des références sont construites avec les élèves et notées dans le cahier de mathématiques. Ces exemples types doivent servir lors des résolutions de problèmes ultérieures. L'objectif est de rendre les élèves capables de faire et de verbaliser des analogies (« *c'est comme…* ») entre les problèmes. Ces références sont des résolutions de problèmes types sur lesquelles les élèves pourront s'appuyer pour résoudre correctement d'autres problèmes proposés. Une des difficultés majeures des élèves est liée à leur représentation de l'activité de résolution de problèmes numériques. À chaque fois qu'ils rencontrent un nouveau problème, ils pensent qu'il s'agit d'un nouveau type de problème alors qu'il a des analogies avec un ou plusieurs problèmes déjà résolus.

Exemple **Plages consacrées à la résolution de problèmes en semaine 10**

	Cadre	Objectif	Support de travail	Recherche	Mise en commun
LUNDI	**La séance de découverte du thème mathématique de la semaine**	**Résoudre 1 problème impliquant des prix en centimes d'euro**	**Un cahier**	10 min	10 min
MARDI	**La séance d'entrainement du thème mathématique de la semaine**	**Résoudre 1 problème impliquant des prix en centimes d'euro**	**Un cahier**	10 min	10 min
JEUDI	**La séance spécifique hebdomadaire Atelier problèmes**	**Résoudre 4 à 8 problèmes additifs en une ou deux étapes**	**La feuille *Atelier problèmes* de la semaine 10**	35 min	10 min
VENDREDI	**La séance de calcul mental**	**Résoudre 5 petits problèmes oraux : réinvestissement de la table de x 5**	**L'ardoise**	8 min	2 min

Accompagner les élèves
lors des séances de résolution de problèmes

***Modéliser* et *calculer* sont deux compétences fondamentales** pour la résolution de problèmes à l'école élémentaire qui doivent guider l'action de l'enseignant afin d'aider les élèves à surmonter leurs difficultés.

Lors de la résolution de problèmes, les principales difficultés rencontrées sont de deux types.

- **Difficultés à *modéliser***: l'élève n'arrive pas à faire le lien entre le problème posé et le modèle mathématique dont il relève, il ne comprend pas le sens de l'énoncé ou il ne propose pas de solution ou encore la solution proposée ne s'appuie pas sur les opérations attendues.
- **Difficultés à *calculer***: les calculs effectués, mentalement ou posés, sont erronés, la ou les erreurs pouvant être dues à une méconnaissance de faits numériques ou à une maitrise imparfaite des algorithmes de calcul utilisés.

Nous illustrons ces deux difficultés par la résolution d'un problème exemple.

Lilou a 219€ sur son compte en banque.
Elle veut acheter un vélo à 213€ et un casque à 24€.
Combien d'argent lui manque-t-il ?

Difficultés à ***modéliser***

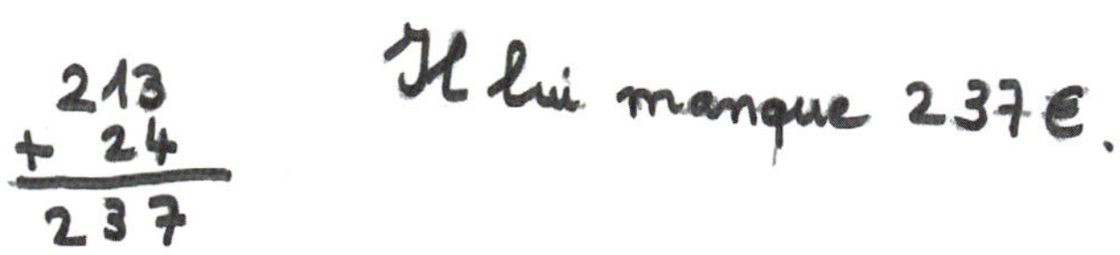

Difficultés à ***calculer***

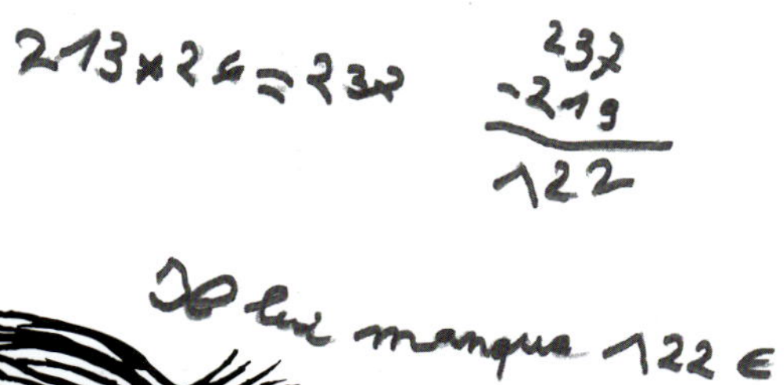

Productions d'élèves

Les aides à apporter sont fondamentalement différentes dans les deux cas.

• DIFFICULTÉS À *MODÉLISER*

> Demander à l'élève concerné de raconter l'histoire du problème sans utiliser de nombres afin de l'amener à se centrer sur la situation en se détachant des opérations à effectuer.

« Lilou a de l'argent sur son compte en banque.
Avec cet argent, Lilou veut acheter un vélo et un casque.
Lilou veut savoir combien il lui manque d'argent pour acheter le vélo et le casque. »

> Faire jouer la scène avec des images ou avec des objets.

> Changer la taille des nombres de l'énoncé : avec des nombres plus petits, les élèves se centrent davantage sur la compréhension du problème. Expliquer aux élèves que cet énoncé ne correspond pas à la réalité mais que pour mieux le comprendre, on joue avec les nombres. On imagine un pays où les vélos et les casques ne sont pas chers du tout.

Lilou a 10 € sur son compte en banque.
Elle veut acheter un vélo à 8 € et un casque à 4 €.
Combien d'argent lui manque-t-il ?

> Réaliser ou utiliser un schéma.

• DIFFICULTÉS À *CALCULER*

Inviter l'élève concerné à travailler avec d'autres élèves ayant également modélisé correctement la situation, pour vérifier si leurs résultats sont plausibles, comparer les calculs effectués et échanger afin de se mettre d'accord sur le résultat à trouver.

Atelier problèmes
Déroulement d'une séance

L'*Atelier problèmes* est une séance hebdomadaire spécifique réservée à la résolution de problèmes numériques. Le but est d'amener les élèves à résoudre de nombreux problèmes dans un temps limité et de les accompagner individuellement en différenciant les aides apportées. Parallèlement, d'autres séances de résolution de problèmes sont conduites au cours de la semaine sur le thème mathématique du moment et lors des séances de calcul mental.

OBJECTIF

Résoudre des problèmes en utilisant des nombres entiers et le calcul.

MATÉRIEL

Le document *Atelier problèmes* de la semaine.

DURÉE ET FRÉQUENCE

45 minutes, une fois par semaine.

ORGANISATION

Phase **Cherchons ensemble**
Travail par groupes de 2 à 4 élèves

Phase **Je m'entraine** Travail individuel
Aide individuelle de l'enseignant qui circule dans les rangs auprès de tous les élèves.

DÉROULEMENT

1- Cherchons ensemble

Recherche individuelle puis par groupes

La recherche de solutions des problèmes proposés au cours de cette phase de découverte peut être menée à plusieurs, en invitant les élèves à collaborer, par binômes ou par groupes de trois ou quatre élèves.

Il est néanmoins nécessaire d'accorder d'abord aux élèves un temps de travail individuel en amont de la mise au travail par groupe, afin de leur permettre de s'approprier le problème chacun à son rythme et ainsi faciliter l'engagement de tous les élèves dans la tâche de résolution.

Mise en commun puis structuration

Un temps d'échange collectif permet d'émettre des hypothèses, d'élaborer collectivement des stratégies, de confronter des idées et d'en débattre, de proposer des méthodes de résolution ou encore de soumettre à la classe des problèmes créés par les élèves eux-mêmes.

Ce temps collectif permet également de contribuer à développer une meilleure expression orale des élèves.

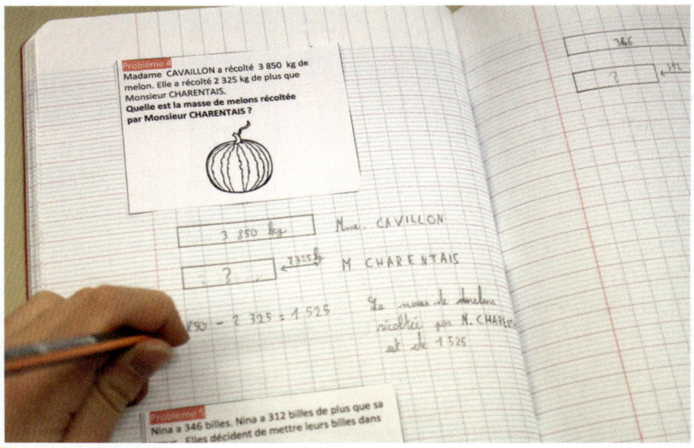

Cet élève découpe d'abord le ou les problèmes avec le symbole ✖ et les colle dans son cahier de ***Résolution de problèmes.***

2- Je m'entraine

Recherche individuelle

Au cours de cette phase, la priorité est donnée aux temps pendant lesquels les élèves résolvent effectivement eux-mêmes des problèmes. Il s'agit de mettre rapidement les élèves au travail. Leur expliquer qu'il est inutile qu'ils lèvent la main car l'enseignant se rendra auprès de chacun d'entre eux au cours de l'atelier. Chaque élève résout d'abord les problèmes avec le symbole ✖ puis les problèmes de son choix. Il essaie d'en faire le plus possible. L'enseignant circule dans les rangs pour aider chaque élève et pour valoriser les réussites.

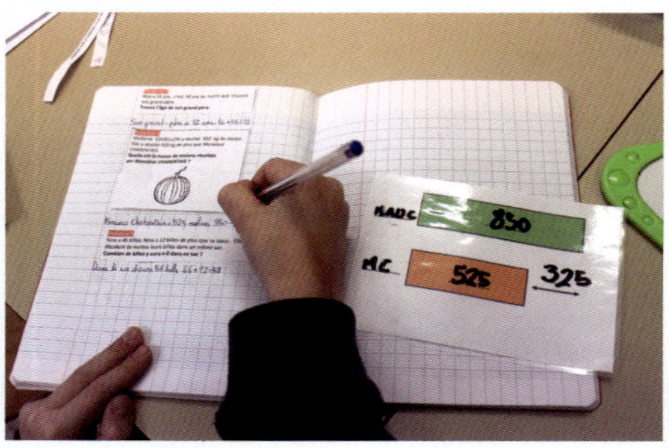

Chaque élève résout ensuite les problèmes qu'il pense pouvoir résoudre seul.

DIFFÉRENCIATION

- Faire raconter l'histoire sans les nombres en jeu pour inviter les élèves à se centrer sur la situation en se détachant des opérations à effectuer.
- Faire jouer la scène avec des images ou avec des objets.
- Changer la taille des nombres de l'énoncé. Avec des nombres plus petits, les élèves se centrent davantage sur le sens de l'énoncé, le reformulent et le représentent plus facilement à l'aide d'un schéma. Ils réussissent ainsi à faire le lien entre le problème posé et le modèle mathématique dont il relève.
- Manipuler des jetons ou tout autre matériel utile (par exemple monnaie, cubes, billes...) mais les élèves qui rencontrent des difficultés doivent progressivement se détacher de la manipulation pour parvenir à une véritable activité mathématique. Les maintenir dans la manipulation est une solution à court terme qui ne permet pas aux élèves de comprendre les notions car les mathématiques sont par essence abstraites.
- Proposer un schéma de référence plastifié à compléter pour comprendre la relation entre les quantités.
- Organiser la classe en groupes pour proposer un accompagnement plus long ou la résolution collective de problèmes à un groupe plus fragile.
- Proposer des problèmes adaptés aux compétences des élèves, jouer sur la quantité de problèmes résolus par chaque élève.

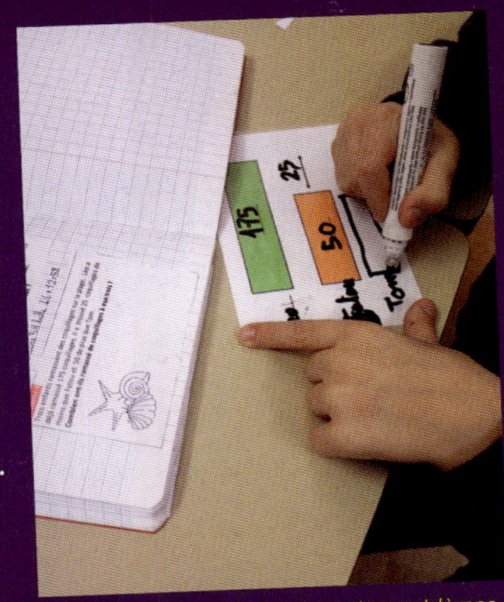

Un schéma qui sert à modéliser les problèmes de comparaison additive est donné à un élève qui le complète et le modifie en ajoutant une troisième barre pour qu'il corresponde aux données du problème.

3- Variante pour la séance d'entrainement

Recherche individuelle

La séance d'***Atelier problèmes*** se résume parfois à la partie **Je m'entraine** suivie d'une phase de mise en commun. L'idéal dans ce cas est de corriger un voire deux problèmes avec un objectif d'apprentissage spécifique. Si tous les élèves ont réussi à traiter de façon satisfaisante un problème donné, la validation de ces réponses dans les cahiers en circulant dans les rangs est suffisante. De même, si seuls un ou deux élèves n'ont pas réussi à traiter un problème donné, une action spécifique auprès de ces élèves peut être plus efficace qu'un échange collectif.

L'utilisation d'un VPI ou d'un visualiseur facilite la gestion des échanges lors de la mise en commun. L'enseignant demande aux élèves d'accompagner leur raisonnement de gestes significatifs pour améliorer la mémorisation du savoir construit.

Mise en commun

• Phase A **Compréhension de l'énoncé**

- Demander aux élèves de raconter l'histoire du problème sans utiliser de nombres.
- Reproduire la situation en utilisant un matériel approprié ou des images.
- Faire un schéma au tableau.

• Phase B **Résolution du problème**

- Inventorier et confronter les procédures utilisées à l'aide d'un visualiseur.
- Choisir et formuler une réponse commune puis rédiger une phrase réponse.
- Si besoin, valider par l'expérience en manipulant le matériel ou les images.
- Concevoir une affiche avec l'énoncé du problème et sa résolution (schéma, calcul et phrase réponse) ou placer la trace écrite dans le cahier de référence.

Utiliser des schémas dans la résolution de problèmes avec les élèves qui en ont besoin

Nous avons choisi d'utiliser des schémas en barres car ils sont suffisamment abstraits pour s'appliquer à de nombreuses catégories de problèmes. Nous avons constaté que cette démarche de modélisation augmente de façon significative les taux de réussite dans le domaine de la résolution de problèmes numériques.

Une aide efficace

L'utilisation d'un schéma n'est jamais rendue obligatoire en particulier pour les élèves en réussite qui n'en ont pas besoin. Il est souhaitable de commencer par prendre appui sur les dessins et les schémas utilisés par les élèves au cours de leurs recherches. Après ce moment de découverte, ***Maths au CE2*** propose des schémas en barres pour aider les élèves les plus fragiles Le schéma en barres est un support visuel qui favorise le raisonnement global flexible. Il constitue une aide efficace pour les élèves qui rencontrent des difficultés à comprendre les problèmes proposés, à modéliser et à raisonner.

Les 4 types de schémas utilisés dans ***Maths au CE2***

SCHÉMA...	...REPRÉSENTANT LE TOUT ET LES PARTIES...	...DE COMPARAISON...
...POUR L'ADDITION ET LA SOUSTRACTION	Partie - Partie - Tout Tout Partie A | Partie B Tout = Partie A + Partie B Partie B = Tout – Partie A	Partie - Partie - Tout et Comparaison A B — Différence — Tout Différence = A – B A = Différence + B Tout = A + B
...POUR LA MULTIPLICATION	Parts égales d'un tout Tout Part | Part | Part | Part Tout = Nombre de parts x Part Part = Tout : Nombre de parts Nombre de parts = Tout : Part	Parts égales d'un tout et Comparaison Part — Différence — Tout Part | Part | Part | Part B B = Nombre de parts dans B x Part Différence = B – Part Tout = (1 + Nombre de parts dans B) x Part

• **Des références communes**

L'objectif est de réunir les problèmes dans des catégories aussi larges que possible en faisant des analogies entre les problèmes pouvant s'appuyer sur les mêmes représentations. Nous avons choisi des références communes au CE1 et au CE2 pour permettre aux élèves d'utiliser ces schémas pendant plusieurs années dans le cadre d'une programmation de cycle et d'école.

• **Un support visuel**

Le schéma permet de donner un support visuel au raisonnement aux élèves qui rencontrent des difficultés avec les supports textuels. Le schéma invite les élèves à avoir une vision globale du problème et à développer un raisonnement flexible. Cette *vision à 360 degrés* du problème permet de mieux analyser les relations entre les données. Le schéma permet de transformer le raisonnement séquentiel induit par la lecture du texte de l'énoncé du problème en un raisonnement systémique.

Les règles de représentation

• Les données numériques du problème

Le schéma en barres présente l'avantage de pouvoir placer dans une barre rectangle des données numériques de n'importe quelle nature : billes, centimètres, euros… La représentation n'étant pas concrète, ce sont les relations entre les données numériques qui sont en jeu. Autre avantage, même une inconnue peut être visualisée.

• Des barres horizontales

Les barres sont complétées avec les quantités connues ou par un ? si la quantité est inconnue. La représentation par une barre horizontale permet notamment d'écrire plus facilement dans le schéma.

• La longueur des barres

La longueur de la barre n'a pas à être proportionnelle à la quantité qu'elle contient. Néanmoins, les relations entre les quantités doivent être bien claires dans cette représentation. Il est conseillé de représenter la plus petite quantité par la barre la plus courte. Les parts égales sont représentées par des barres de même longueur.

• Le nombre de barres

La relation *Partie-Tout* est représentée par une barre composée de deux ou plusieurs parties. La situation de comparaison est représentée par deux ou plusieurs barres sur deux lignes *alignées à gauche.*

• Le point d'interrogation, les flèches et les accolades

Le point d'interrogation permet de représenter la ou les quantités inconnues. La différence entre deux quantités est représentée par une flèche. Le tout est représenté par une flèche ou une accolade.

Attribuer du sens aux éléments du schéma

Il est important de veiller à ce que les élèves ne perdent pas de vue le sens attribué aux éléments du schéma.

• Développer les phases de verbalisation

Le langage joue un rôle central dans la construction des connaissances mathématiques. Les mathématiques relèvent d'un langage spécifique et complexe à acquérir. Pour comprendre, les élèves ont besoin de nommer, de raisonner, d'expliquer, d'échanger, de débattre, d'argumenter. Le schéma est avant tout un outil de réflexion pour l'élève. Il est primordial que des phases de mise en mots, de débat et de synthèse suivent la phase de recherche.

• Amener les élèves à se questionner

Il est important d'amener les élèves à se questionner pour renforcer les liens de sens entre l'énoncé du problème, le schéma et la solution.

Exemples de questions

Y a-t-il des parties ? Y a-t-il un tout ? Qu'est-ce que je cherche ?

Y a-t-il des quantités connues ? Y a-t-il une quantité inconnue ?

Où est indiquée la quantité de billes rouges ?

Où est indiquée la différence entre le nombre de cubes de Fatou et de Léo ?

Y a-t-il une grande quantité ? Y a-t-il une petite quantité ? Sont-elles comparées ?

Qui en a le plus ? Qui en a le moins ?

Y a-t-il un tout ?

Y a-t-il une part, partageant le tout en parts égales ?

Quelle est le nombre de parts ?

Quelle est la valeur d'une part ?

• Utiliser des gestes significatifs

Selon plusieurs recherches, les élèves qui accompagnent leur raisonnement de gestes abstraits, généraliseraient et mémoriseraient plus facilement les stratégies de résolution de problèmes.

Exemples de gestes utilisés

Montrer la grande quantité dans une situation de comparaison.

Faire un geste pour entourer le tout.

Cacher une partie du tout pour comprendre que la soustraction permet de résoudre un problème de recherche de complément.

Montrer le total composé de deux parties pour expliciter le choix de l'addition.

Montrer où il faut indiquer la différence entre deux quantités.

Vérifier par le geste que des parties sont égales.

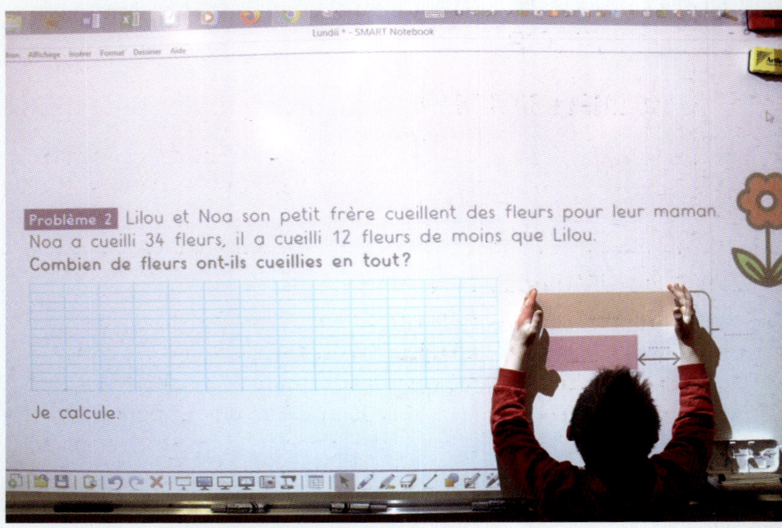

Montrer la barre où se trouve les 34 fleurs cueillies par Noa.

Des références communes

L'objectif est de rendre les élèves capables de faire des analogies avec un problème de référence. Les élèves comprennent progressivement que certains problèmes relèvent de situations additives, d'autres de situations multiplicatives, de partages ou de groupements. Cette compétence se construit sur un temps long et nécessite une pratique fréquente de la résolution de problèmes numériques.

Problèmes du champ additif : addition, soustraction

1 Schéma faisant apparaitre le tout et les parties

Utilisé pour deux types de problèmes : la réunion de quantités et la transformation d'une quantité.

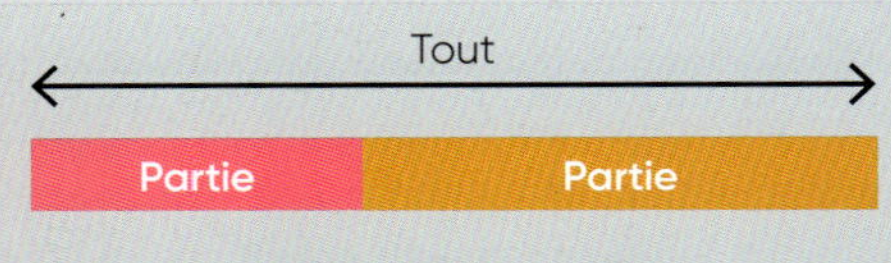

Tout = Partie + Partie
Partie = Tout – Partie

• Problèmes de réunion de deux quantités

Nina a 20 billes rouges et 18 billes jaunes dans son sac.
Combien de billes Nina a-t-elle au total dans son sac?

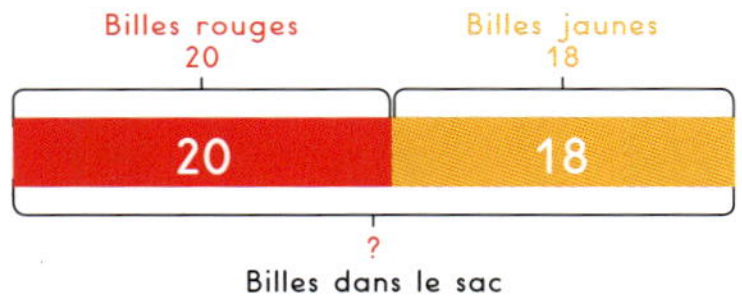

Lucas a rangé 30 billes dans une boite.
7 billes sont vertes et toutes les autres sont bleues.
Combien de billes bleues Lucas a-t-il dans sa boite?

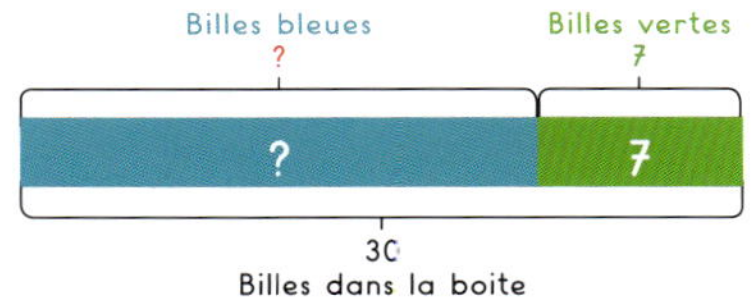

• Problèmes de transformation d'une quantité

Mila avait 21 billes ce matin.
Elle a perdu 6 billes pendant la récréation.
Combien de billes Mila a-t-elle après la récréation?

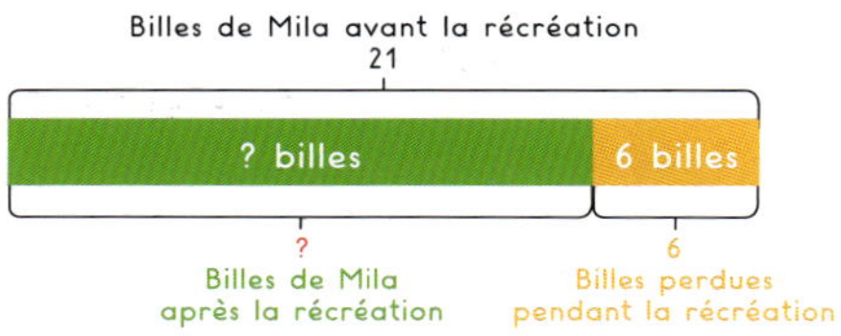

Louise avait 10 billes au début de la récréation.
À la fin de la récréation, elle a 18 billes.
Combien de billes Louise a-t-elle gagnées pendant la récréation?

2 Schéma de comparaison

Utilisé pour les problèmes de comparaison de deux quantités où il faut déterminer l'une des quantités ou trouver l'écart entre les deux.

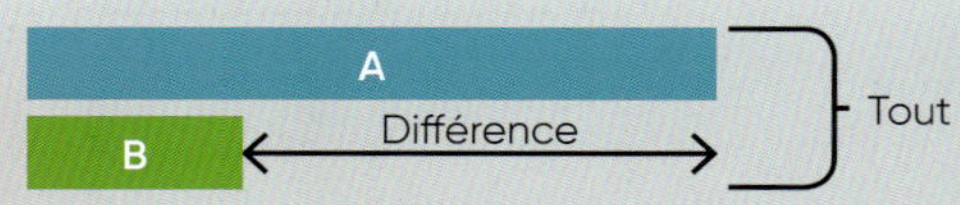

Différence = A – B
A = Différence + B
Tout = A + B

• Problèmes de comparaison où il faut déterminer l'une des deux quantités

Tom a 30 cubes dans sa boite. Il a 16 cubes de moins que Léo.
Combien Léo a-t-il de cubes?

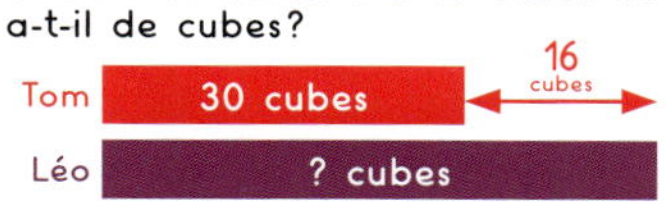

Lilou a 46 cubes dans sa boite. Elle a 12 cubes de plus que Louise.
Combien de cubes Louise a-t-elle?

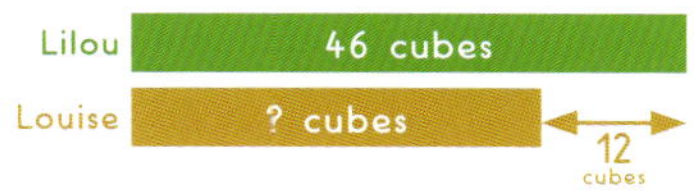

• Problèmes de comparaison où il faut trouver l'écart entre les deux quantités

Fatou a 36 cubes dans sa boite. Rémi a 24 cubes dans sa boite.
Combien de cubes Fatou a-t-elle de plus que Rémi?

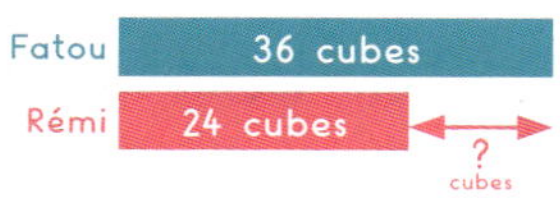

• Problèmes de comparaison où il faut déterminer l'une des deux quantités puis le tout

Alice a 6 cubes. Elle a 10 cubes de moins que Line.
Alice et Line rangent leurs cubes dans la même boite.
Combien de cubes y a-t-il dans la boite?

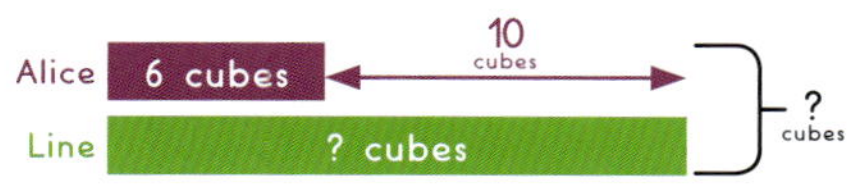

Problèmes du champ multiplicatif : multiplication, division

3 Schéma faisant apparaitre les parties égales d'un tout

Utilisé pour deux types de problèmes :
- les problèmes de groupement où la multiplication est introduite comme l'opération qui remplace une addition réitérée,
- les problèmes de partage en parts égales, ceux où le nombre de parts est recherché et ceux où la valeur d'une part est recherchée.

Tout = Nombre de parties x Partie
Partie = Tout ÷ Nombre de parties
Nombre de parties = Tout ÷ Partie

• Problèmes de groupement

Aujourd'hui, la fleuriste a vendu 6 bouquets de 5 roses.
Combien de roses la fleuriste a-t-elle vendues en tout ?

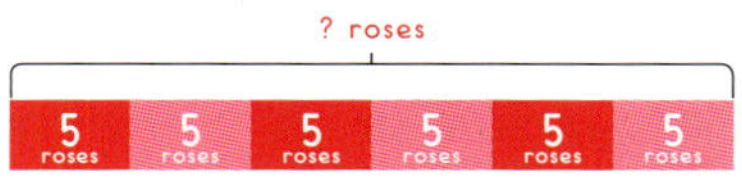

• Problèmes de partage

Dans une classe, il y a 23 élèves.
Le professeur veut constituer des équipes de 5 élèves.
Combien y aura-t-il d'équipes ?

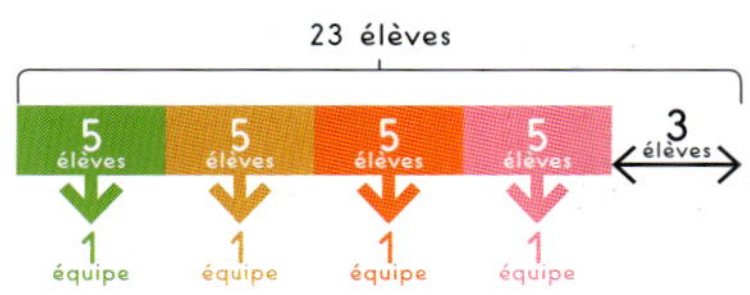

4 Schéma de comparaison

Utilisé pour les situations de comparaison faisant intervenir des expressions du type « *fois plus* » ou « fois moins ».

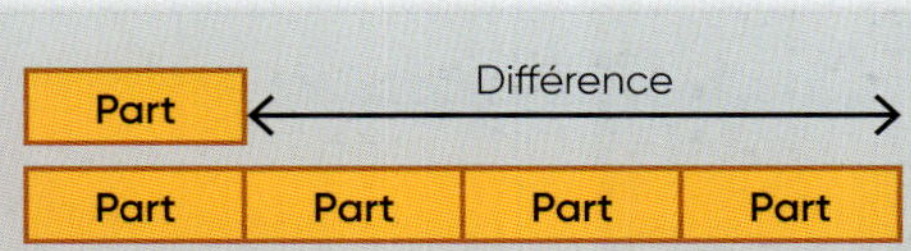

B = Nombre de parts dans B x Part
Différence = B – Part
Tout = (1 + Nombre de parts dans B) x Part

Problème où il faut trouver l'une des deux mesures en utilisant la multiplication

Lilou a 9 ans. Son père est 4 fois plus âgé qu'elle.
Quel âge a son père ?

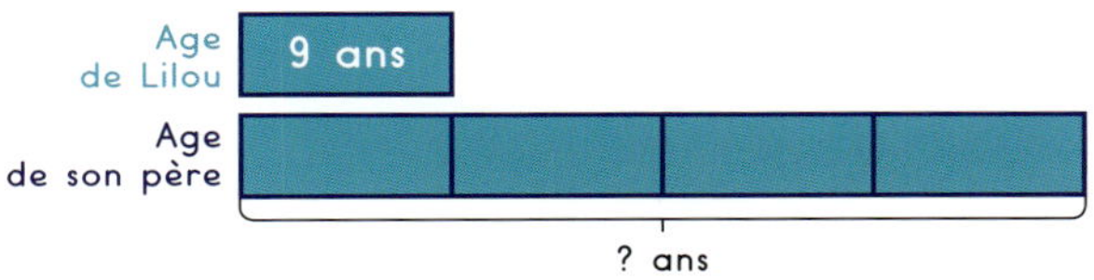

Problème où il faut trouver l'une des deux mesures en utilisant la division

Lors du cross du collège,
Lola a parcouru 2 400 m et Sami 3 fois moins.
Quelle distance Sami a-t-il parcourue ?

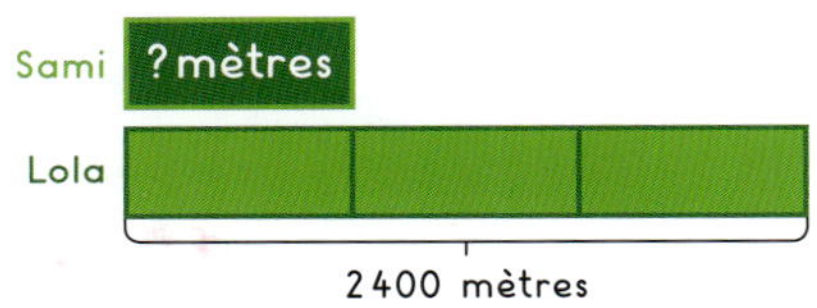

Problème où il faut trouver l'une des deux mesures puis le tout

Tom possède 46 images. Léo en a 2 fois plus que lui.
Combien ont-ils d'images à eux deux ?

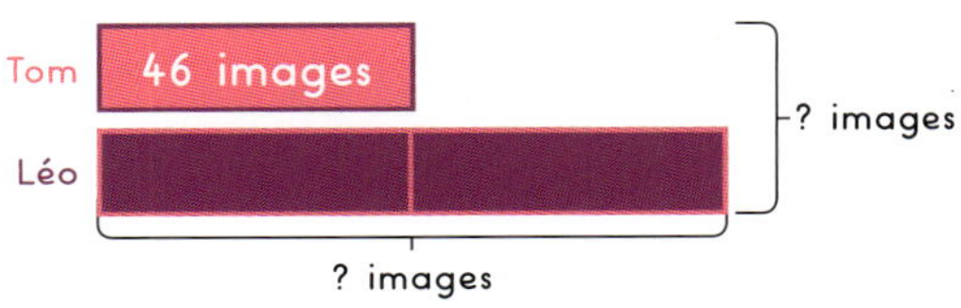

Comprendre
et utiliser des nombres entiers

La connaissance des nombres entiers et du calcul est un objectif majeur du cycle 2. Dès le début de l'année de CE2, les élèves poursuivent l'étude de la numération décimale en travaillant avec des milliers.

Numération orale et numération écrite

Maths au CE2 propose une progression qui permet de différencier et d'articuler l'apprentissage de la **numération écrite** et de la **numération orale**. Les élèves sont amenés à comprendre que la numération écrite n'est pas la version écrite de la numération orale: 57 ne se dit pas *« cinq-sept »*. De même, la numération orale n'est pas la version orale de la numération écrite: 57 ne s'écrit pas 507. Le lien entre les deux numérations est travaillé dans les activités de dénombrement, d'écriture usuelle en chiffres et d'écritures en ligne additives ou soustractives, multiplicatives ou mixtes.

Les attendus de fin de CE2

Pour des nombres inférieurs ou égaux à 10 000

COMPRENDRE ET UTILISER DES NOMBRES ENTIERS POUR DÉNOMBRER, ORDONNER, REPÉRER, COMPARER

- Dénombrer des collections en les organisant.
- Comparer, encadrer, intercaler des nombres entiers en utilisant les symboles (=, <, >).
- Ordonner des nombres dans l'ordre croissant ou décroissant.
- Comprendre et savoir utiliser à bon escient les expressions *« égal à », « supérieur à », « inférieur à »*.
- Placer des nombres sur un axe ou nommer le nombre identifié sur un axe.
- Repérer un rang ou une position dans une file ou dans une liste d'objets ou de personnes, le nombre d'objets ou de personnes étant inférieur à 10 000.
- Faire le lien entre le rang dans une liste et le nombre d'éléments qui le précèdent pour des nombres inférieurs à 10 000.
- Différencier le chiffre des milliers, le chiffre des centaines, le chiffre des dizaines et le chiffre des unités.
- Comprendre la notion de millier.

NOMMER, LIRE, ÉCRIRE, REPRÉSENTER DES NOMBRES ENTIERS

- Dire, à l'oral ou à l'écrit, la suite des nombres à partir de 0 ou d'un nombre donné.
- Lire un nombre écrit en chiffres.
- Lire un nombre en lettres.
- Écrire en chiffres et en lettres des nombres dictés.
- Connaitre et utiliser les diverses représentations d'un nombre (écriture en chiffres, en lettres, noms à l'oral, décompositions additives m/c/d/u, produit, somme de termes égaux...) et passer de l'une à l'autre.
- Connaitre la valeur des chiffres en fonction de leur position (unités, dizaines, centaines, milliers).
- Connaitre et utiliser la relation entre unités et dizaines, entre unités et centaines, entre dizaines et centaines, entre centaines et milliers, entre unité et milliers, entre dizaines et milliers.
- Identifier la parité d'un nombre (pair/impair).

Numération orale

NUMÉRATION ORALE

Au CE2, les élèves étudient les noms des nombres à l'oral jusqu'à 10 000 et découvrent ainsi de nouveaux mots pour effectuer le passage des milliers successifs. La numération orale et le lien avec la numération écrite sont travaillés lors des séances de calcul mental dans la phase *d'échauffement*: suite orale des nombres, jeu du furet, dictée de nombres.

En prenant appui sur les apprentissages du CP et du CE1, les régularités de la numération orale sont mises en lumière pour faciliter la compréhension du système de numération orale.

- Au CP, les élèves ont découvert les deux comptines numériques qui structurent la numération orale utilisée en France jusqu'à 100: la comptine jusqu'à 19 (de 1 à 19, de 60 à 79 et de 80 à 99) et la comptine jusqu'à 9 (de 20 à 29, de 30 à 39, de 40 à 49 et de 50 à 59).
- Au CE1, ils ont découvert que, de 100 à 999, il faut répéter le même processus en commençant par les termes *cent* puis *deux-cents, trois-cents...*
- Au CE2, le mot *mille* est introduit lors de l'étude des nombres jusqu'à 1999 puis jusqu'à 10 000. Il est nécessaire de décomposer le nombre en milliers et unités: 4 576, c'est 4 milliers et 576 unités et se dit *« quatre-mille-cinq-cent-soixante-seize »*.

Numération écrite

La numération occidentale chiffrée (numération écrite dite *arabe* ou *indo-arabe*) est fondée sur deux principes.

LE PRINCIPE DÉCIMAL

Le principe décimal de la numération repose sur l'itération de groupements par 10 c'est-à-dire que 10 unités d'un certain rang sont égales à une unité du rang supérieur.

1 dizaine = 10 unités

1 centaine = 10 dizaines donc 1 centaine = 100 unités

1 millier = 10 centaines donc 1 millier = 100 dizaines et 1 millier = 1 000 unités

La progression au cycle 2

- Au CP, les élèves ont découvert un premier groupement par dix: la dizaine. Une dizaine de cubes, c'est à la fois 10 cubes groupés ou 10 cubes non groupés.

En utilisant le principe décimal, les élèves sont amenés à désigner le nombre 56 avec des écritures en unités de numération: 5d 6u, 56u, 4d 16u ou 2d 36u...

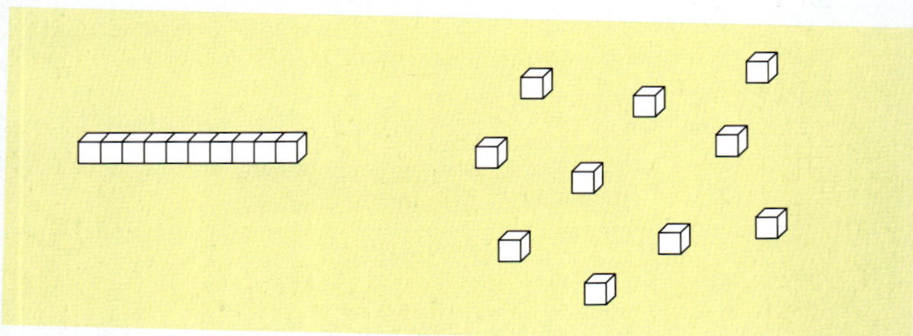

Au CP, les élèves découvrent qu'une dizaine peut être constituée de 10 cubes groupés ou 10 cubes non groupés.

• Au CE1, les élèves ont découvert que la centaine est constituée de dix dizaines. Il est alors essentiel qu'ils comprennent que l'on peut constituer le groupement d'ordre supérieur en prenant dix fois le groupement précédent. On attend que ces derniers sachent que 100, c'est à la fois 100 unités, 10 dizaines et 1 centaine.

En utilisant le principe décimal, les élèves sont amenés à désigner le nombre 963 avec des écritures en unités de numération : 90d 6d 3u, 9c 6d 3u, 96d 3u, 9c 63u, 963u...

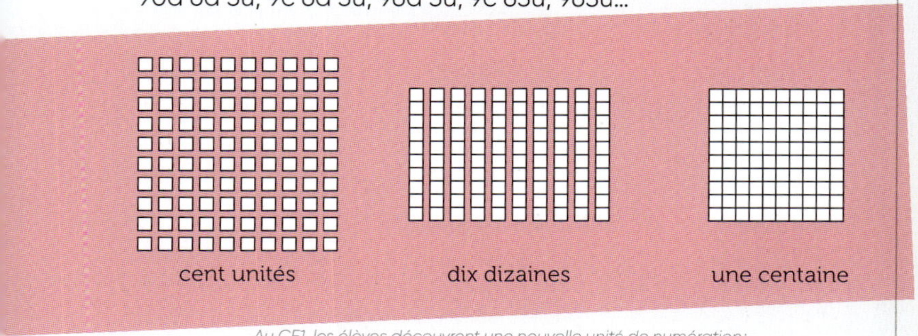

Au CE1, les élèves découvrent une nouvelle unité de numération : la centaine qui est constituée de dix dizaines.

• Au CE2, les élèves découvrent que le millier est constitué de dix centaines. On attend qu'ils sachent que 1000, c'est à la fois 1000 unités, 100 dizaines et 10 centaines.

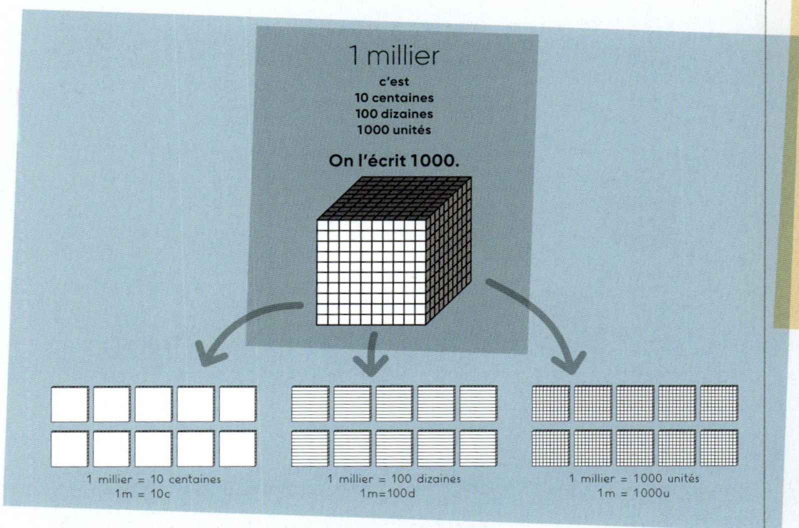

Au CE2, les élèves découvrent une nouvelle unité de numération : le millier qui est constitué de dix centaines.

Les élèves sont amenés à désigner le nombre 6 784 avec des écritures en unités de numération : 67 c 8d 4u, 6m 7c 8d 4u, 678d 4u ou 6 784u...

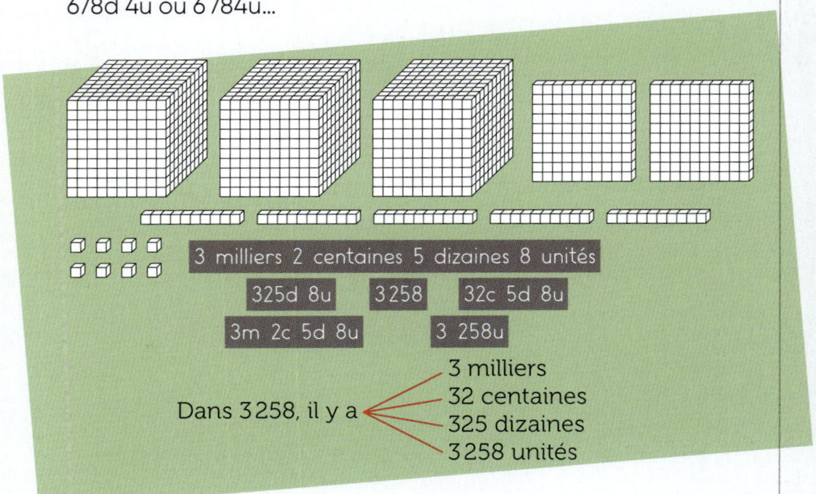

Extrait du cahier de l'élève Séquence 11

LE PRINCIPE DE POSITION

Dans l'écriture d'un nombre, la valeur d'un chiffre dépend de sa position. Le chiffre 2 n'a pas la même valeur dans les nombres 5 237 et 2 357. Sa valeur dépend de sa position dans l'écriture du nombre : dans 5 237, le 2 vaut 2 centaines donc 200 tandis que dans 2 357, le 2 vaut 2 milliers donc 2 000.

Les chiffres sont toujours positionnés de la même manière en les mettant en ligne par ordre croissant de droite à gauche. Il devient alors inutile d'indiquer les groupements (unités de numération), ainsi 5u 3c 2d s'écrit 325. Dans le principe positionnel, le chiffre 0 est utilisé pour indiquer une éventuelle absence d'une unité de numération.

7u 2c 3d 5m s'écrit 5 237.

Composer et décomposer un nombre selon différentes unités

Manipulations et représentations

L'apprentissage de la numération nécessite des temps importants de manipulation du matériel cubes base 10 en lien avec l'utilisation de diverses désignations et représentations des nombres : écritures en unités de numération, écriture usuelle, écritures en chiffres et en lettres, noms à l'oral, écritures additives ou multiplicatives, graduations sur une demi-droite.

Compositions, décompositions

- Composer un nombre consiste à passer d'une écriture en unités de numération à une écriture en chiffres. *Exemple* 5 milliers 6 dizaines 4 unités = 5 064.
- Décomposer un nombre consiste à passer d'une écriture en chiffres à une écriture en unités de numération ou sous la forme de décompositions additives ou multiplicatives.

Exemples
- *Décomposition en unités de numération : 5 064 = 5 milliers 6 dizaines 4 unités.*
- *Décomposition additive : 5 064 = 5 000 + 60 + 4.*
- *Décomposition multiplicative : 5 064 = (5 x 1 000) + (6 x 10) + 4.*

L'objectif est d'amener les élèves à comprendre que 5 064, c'est 5 milliers, 6 dizaines et 4 unités mais aussi 5 064 unités ou aussi 506 dizaines et 4 unités ou encore 50 centaines et 64 unités.

Manipulation proposée au cours de la séquence 11

10 Écris en chiffres.

60 centaines → 6 000	24 dizaines →
10 centaines →	100 dizaines →
43 centaines →	580 dizaines →
82 centaines →	345 dizaines →
1 000 unités →	52 centaines et 4 dizaines →
4 000 unités →	5 milliers et 240 unités →
6 031 unités →	8 milliers et 38 dizaines →

Exemple d'exercice de composition dans le cahier de l'élève Séquence 11

Les élèves développent leur compréhension des principes décimal et positionnel de la numération en se confrontant à des situations variées de compositions et de décompositions qui jouent sur les variables suivantes :
- ordre de présentation des unités,
- absence éventuelle d'unité d'un certain ordre (pour comprendre le rôle du zéro),
- nombre d'unités qui peut dépasser dix.

1 Barre les étiquettes qui ne correspondent pas au nombre de cubes.

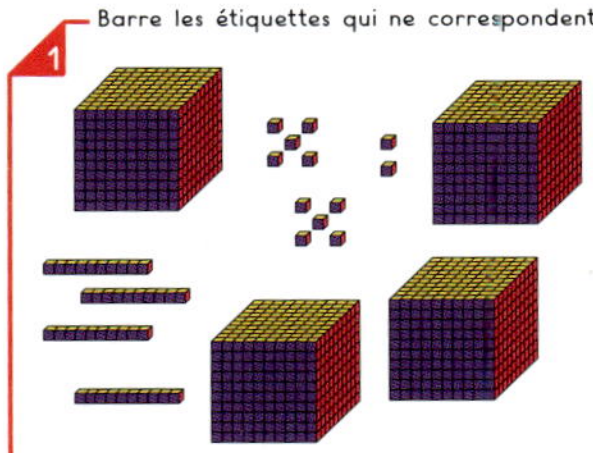

4m 4d 12u — 4m 0c 5d 2u — 5420 — 4062 — 5d 4m 2u — 4052 — 4520 — 4042 — 4m 52u — 5m 0c 4d 2u

*Exemple d'exercice du cahier de l'élève **Je révise** Période 2 qui joue sur deux variables : l'ordre de présentation des unités et l'absence d'une unité (centaine).*

Exemples

2c 3u 8m 5d → permet de travailler le principe positionnel de la numération écrite.

82c 5d 3u → permet de travailler le principe décimal.

253u 8m → permet de travailler les principes positionnel et décimal.

Résoudre des problèmes pour comprendre le fonctionnement de notre système de numération

La résolution de problèmes numériques permet de contextualiser les activités de compositions, de décompositions et de conversions.

Résous le problème.

14 Pour construire une cabane, Nassim a utilisé 13 boites de 100 vis et 7 sachets de 10 vis.
Combien de vis a-t-il utilisées au total ?

Extrait du cahier de l'élève Séquence 10

Résous le problème.

8 Cette semaine, dans son élevage de poules, Madame Mollet a ramassé 3 572 œufs. Elle les vend par plateau de 100 œufs ou par boite de 10 œufs.
Cherche différentes solutions pour ranger les œufs de Madame Mollet.

Extrait du cahier de l'élève Séquence 11

Calculer en utilisant le principe décimal et le principe de position

Les techniques de calcul posé de l'addition, de la soustraction et de la multiplication s'appuient sur les connaissances de la numération. Ces connaissances sont également mobilisées dans le calcul en ligne et le calcul mental.

• L'addition posée

Pour effectuer le calcul 2416 + 4973, on utilise la relation 1 millier = 10 centaines (aspect décimal) pour effectuer le calcul au rang des centaines. On ajoute 4 centaines et 9 centaines et on obtient 13 centaines. 13 centaines, c'est 1 millier et 3 centaines. On mobilise l'aspect positionnel pour savoir qu'il s'agit du rang des centaines et pour poser l'opération.

• La soustraction posée

Pour la soustraction, c'est le principe décimal qui est particulièrement en jeu. Par exemple, dans l'opération ci-contre, on ne peut pas soustraire 9 centaines de 2 centaines : il faut échanger 1 millier contre 10 centaines. Il devient alors possible de soustraire 9 centaines à 12 centaines ce qui fait 3 centaines.

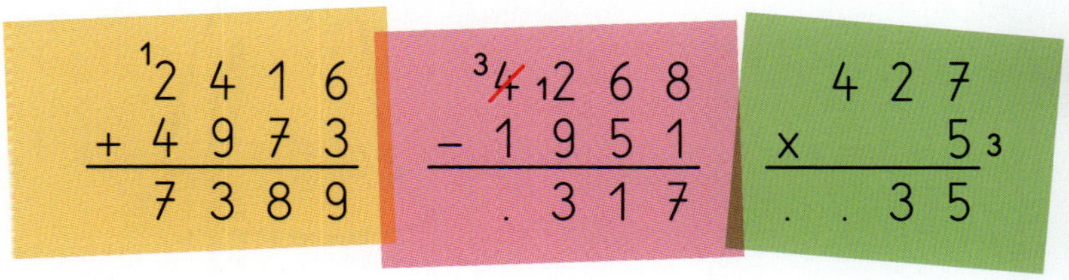

• La multiplication posée

Pour calculer 427 x 5, il est nécessaire de décomposer 427 en 4c + 2d + 7u puis on multiplie par 5 chacun des 3 nombres. 5 x 7u = 35u = 3d 5u (aspect décimal). On écrit 5 dans la colonne des unités et 3 dizaines en retenue sur le côté.

Utiliser les principes de la numération dans le domaine *Grandeurs et mesures*

Les élèves sont amenés à réinvestir leur connaissance des principes décimal et de position dans le domaine *Grandeurs et mesures*. Pour convertir 349 centimètres en mètres, on prend appui sur le principe décimal pour trouver que 349 cm = 3 m et 49 cm.

(Séquence 25) Les élèves mesurent des ficelles de 1m 23cm et 1m 7cm et effectuent des conversions en utilisant leur connaissance du fonctionnement de notre système de numération.

Développer une culture de la demi-droite graduée

L'objectif est de rendre les élèves capables d'associer un nombre entier à une position sur une demi-droite graduée, ainsi qu'à une distance de ce point à l'origine. La demi-droite graduée permet de représenter des nombres grâce au lien entre nombres et longueurs, une unité étant choisie.

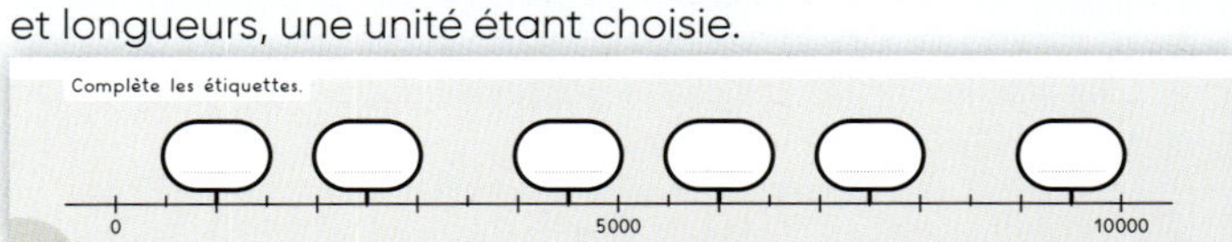

Les exercices proposés amènent les élèves à comparer, ranger, encadrer et intercaler des nombres entiers. Ils se repèrent sur des demi-droites graduées de 1 en 1, de 10 en 10, de 100 en 100, de 50 en 50 ou de 1000 en 1000.

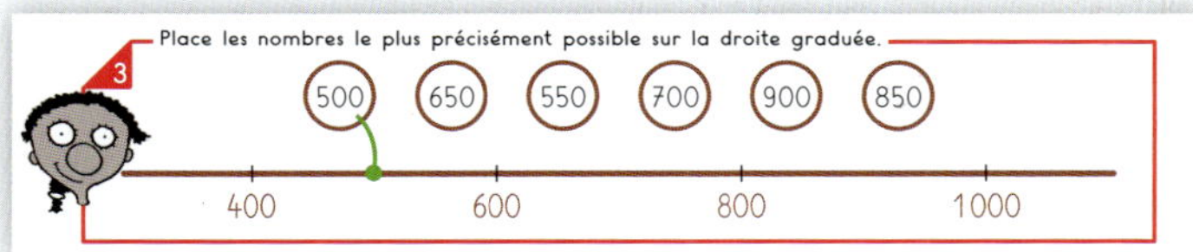

Les élèves utilisent des encadrements pour estimer la place des nombres sur une demi-droite graduée. Au CM1, la demi-droite graduée permettra de placer des fractions et des décimaux entre deux entiers consécutifs et de représenter leur écart par une distance.

Utiliser un matériel de numération adapté

Le matériel joue un rôle important dans la compréhension de notre système de numération. Vous pouvez utiliser le matériel fourni avec le cahier de l'élève ou les cubes base 10. Pour des raisons d'organisation, les cubes base 10 sont utilisés principalement lors des manipulations avec un groupe (différenciation) et lors des synthèses collectives. Il est important d'utiliser un matériel de numération d'une seule couleur pour permettre aux élèves de comprendre que dans une centaine, il y a à la fois 100 unités, 10 dizaines et 1 centaine.

Une partie de ce matériel est aimantée pour faciliter le travail au tableau.

L'enseignement du calcul

Dans *Maths au CE2*, les calculs sont menés sous quatre formes :
le calcul mental, le calcul en ligne, le calcul posé et le calcul instrumenté.

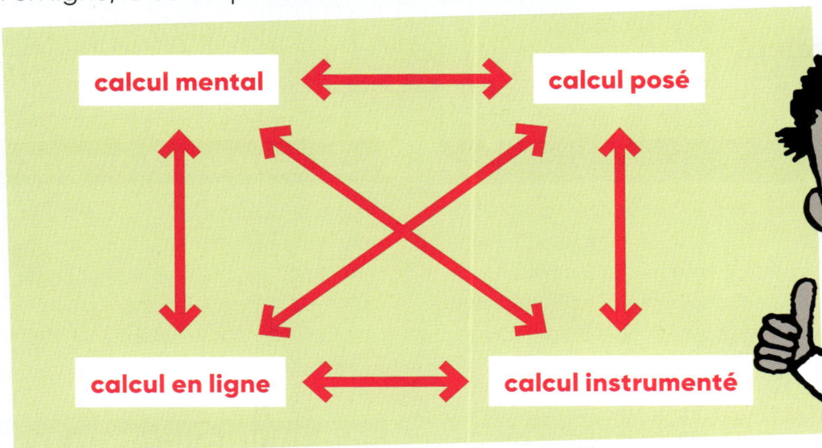

Ces 4 formes de calcul sont souvent utilisées en interaction et sont complémentaires les unes des autres.

Le calcul mental

Le calcul mental est une modalité de calcul sans recours à l'écrit si ce n'est, éventuellement, pour l'énoncé proposé par l'enseignant et la réponse fournie par l'élève. Il n'est pas exclu non plus que la correction, elle, soit écrite pour être discutée de façon collective.

*Le calcul mental fait l'objet d'une pratique quotidienne de **15 minutes**. Afin que les élèves abordent le calcul avec confiance et succès, cet apprentissage est organisé sous la forme de séquences qui leur laissent du temps, pour découvrir, pour chercher, pour s'approprier, pour mémoriser, pour s'entrainer et pour évaluer leurs progrès.*

Pendant la récréation, les élèves mobilisent leurs compétences de calcul mental pour participer à des jeux.

Les attendus de fin de CE2

CALCUL MENTAL

- Calculer mentalement des sommes, des différences et des produits.
- Utiliser des procédures et des propriétés : mettre le plus grand nombre en premier, changer l'ordre des termes d'une somme et d'une multiplication, décomposer additivement un des termes pour calculer plus facilement, associer différemment les termes d'une somme et d'une multiplication.
- Utiliser les faits numériques pour calculer plus rapidement.
- Estimer un ordre de grandeur pour vérifier la vraisemblance d'un résultat.
- Savoir obtenir le quotient et le reste d'une division euclidienne par un nombre à 1 chiffre et par des nombres comme 10, 25, 50, 100.

Exemples de réussite

Les calculs à effectuer sont dits oralement ou écrits (au tableau ou sur une feuille). Les résultats sont donnés oralement ou écrits sur l'ardoise ou sur le cahier.

Calculer des sommes de deux nombres à deux chiffres, avec ou sans retenue.

Calculer des sommes d'un nombre à deux ou trois chiffres et de dizaines entières, des sommes d'un nombre à trois chiffres et de centaines entières, des sommes d'un nombre à quatre chiffres et de milliers entiers : 31 + 6, 324 + 7, 63 + 20, 645 + 30, 452 + 300, 3 467 + 4 000.

Soustraire un nombre à trois chiffres à un nombre à quatre chiffres, lorsqu'il n'y a pas de retenue : 3 750 – 550, 4 370 – 340.

Soustraire des dizaines entières, des centaines entières ou des milliers entiers à un nombre : 468 – 30, 438 – 300, 8 756 – 5 000.

Avec des nombres donnés (à deux chiffres), savoir obtenir le quotient et le reste lors d'une division de ceux-ci par un nombre à un chiffre et par un nombre tel que 10, 25, 50, 100. Par exemple, 92 divisé par 9, à l'oral, on dit : « 92 divisé par 9, il y 10 fois 9 et il reste 2. »

Une séance de calcul mental de 15 minutes par jour

1 Phase de mise en activité 1 min

- **Pour mettre les élèves en condition d'écoute et de concentration.**
- **Réponses des élèves immédiates oralement ou par écrit.**

Exemples *Réciter la suite orale des nombres de 5820 à 6000, dictée de nombres, jeu du furet, jeu du nombre pensé.*

2 Phase d'entrainement ou d'évaluation 4 min

- **Pour consolider des connaissances ou des procédures découvertes dans les séances précédentes.**
- **Pour évaluer les progrès.**
- **Réponses rapides (moins de 10 secondes) ou immédiates oralement ou par écrit.**

Exemples *Tables d'addition ou de multiplication connues, connaissance des doubles, procédures de calcul mental connues.*

3 Phase de découverte ou de réinvestissement 10 min

- **Pour découvrir une nouvelle procédure.**
- **Pour résoudre des petits problèmes oraux.**
- **Réponses des élèves moins rapides (moins d'une minute) oralement ou par écrit.**

Exemples *Découverte des tables de multiplication, découverte d'une nouvelle procédure, résolution de petits problèmes oraux, jeux de calcul mental.*

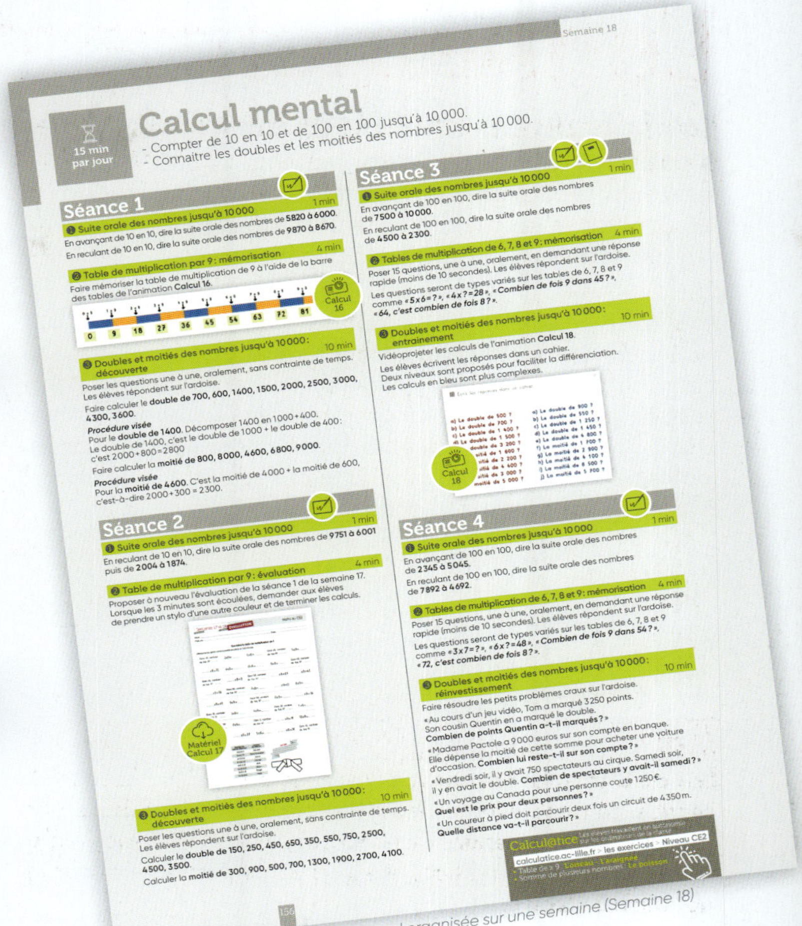

Semaine 18

Calcul mental

15 min par jour

- Compter de 10 en 10 et de 100 en 100 jusqu'à 10 000.
- Connaitre les doubles et les moitiés des nombres jusqu'à 10 000.

Séance 1

1 Suite orale des nombres jusqu'à 10 000 — 1 min

En avançant de 10 en 10, dire la suite orale des nombres de **5820 à 6000**.
En reculant de 10 en 10, dire la suite orale des nombres de **9870 à 8670**.

2 Table de multiplication par 9 : mémorisation — 4 min

Faire mémoriser la table de multiplication de 9 à l'aide de la barre des tables de l'animation **Calcul 16**.

0 9 18 27 36 45 54 63 72 81

Calcul 16

3 Doubles et moitiés des nombres jusqu'à 10 000 : découverte — 10 min

Poser les questions une à une, oralement, sans contrainte de temps. Les élèves répondent sur l'ardoise.
Faire calculer le **double de 700, 600, 1400, 1500, 2000, 2500, 3000, 4300, 3600**.
Procédure visée
Pour le **double de 1400**. Décomposer 1400 en 1000 + 400. Le double de 1400, c'est le double de 1000 + le double de 400 : c'est 2000 + 800 = 2800
Faire calculer la **moitié de 800, 8000, 4600, 6800, 9000**.
Procédure visée
Pour la **moitié de 4600**. C'est la moitié de 4000 + la moitié de 600, c'est-à-dire 2000 + 300 = 2300.

Séance 2

1 Suite orale des nombres jusqu'à 10 000 — 1 min

En reculant de 10 en 10, dire la suite orale des nombres de **9751 à 6001** puis de **2004 à 1874**.

2 Table de multiplication par 9 : évaluation — 4 min

Proposer à nouveau l'évaluation de la séance 1 de la semaine 17. Lorsque les 3 minutes sont écoulées, demander aux élèves de prendre un stylo d'une autre couleur et de terminer les calculs.

Matériel Calcul 17

3 Doubles et moitiés des nombres jusqu'à 10 000 : découverte — 10 min

Poser les questions une à une, oralement, sans contrainte de temps. Les élèves répondent sur l'ardoise.
Calculer le **double de 150, 250, 450, 650, 350, 550, 750, 2500, 4500, 3500**.
Calculer la **moitié de 300, 900, 500, 700, 1300, 1900, 2700, 4100**.

Séance 3

1 Suite orale des nombres jusqu'à 10 000 — 1 min

En avançant de 100 en 100, dire la suite orale des nombres de **7500 à 10 000**.
En reculant de 100 en 100, dire la suite orale des nombres de **4500 à 2300**.

2 Tables de multiplication de 6, 7, 8 et 9 : mémorisation — 4 min

Poser 15 questions, une à une, oralement, en demandant une réponse rapide (moins de 10 secondes). Les élèves répondent sur l'ardoise.
Les questions seront de types variés sur les tables de 6, 7, 8 et 9 comme ***« 5 x 6 = ? », « 4 x ? = 28 », « Combien de fois 9 dans 45 ? », « 64, c'est combien de fois 8 ? ».***

3 Doubles et moitiés des nombres jusqu'à 10 000 : entrainement — 10 min

Vidéoprojeter les calculs de l'animation **Calcul 18**.
Les élèves écrivent les réponses dans un cahier.
Deux niveaux sont proposés pour faciliter la différenciation.
Les calculs en bleu sont plus complexes.

a) Le double de 500 ?
b) Le double de 700 ?
c) Le double de 1 400 ?
d) Le double de 1 500 ?

a) Le double de 900 ?
b) Le double de 550 ?
c) Le double de 1 250 ?
d) Le double de 1 450 ?
e) Le double de 4 800 ?
f) La moitié de 1 700 ?
g) La moitié de 2 900 ?
h) La moitié de 4 100 ?
i) La moitié de 8 500 ?
j) La moitié de 5 700 ?

Calcul 18

Séance 4

1 Suite orale des nombres jusqu'à 10 000 — 1 min

En avançant de 100 en 100, dire la suite orale des nombres de **2345 à 5045**.
En reculant de 100 en 100, dire la suite orale des nombres de **7892 à 4692**.

2 Tables de multiplication de 6, 7, 8 et 9 : mémorisation — 4 min

Poser 15 questions, une à une, oralement, en demandant une réponse rapide (moins de 10 secondes). Les élèves répondent sur l'ardoise.
Les questions seront de types variés sur les tables de 6, 7, 8 et 9 comme ***« 3 x 7 = ? », « 6 x ? = 48 », « Combien de fois 9 dans 54 ? », « 72, c'est combien de fois 8 ? ».***

3 Doubles et moitiés des nombres jusqu'à 10 000 : réinvestissement — 10 min

Faire résoudre les petits problèmes oraux sur l'ardoise.
« Au cours d'un jeu vidéo, Tom a marqué 3250 points. Son cousin Quentin en a marqué le double. **Combien de points Quentin a-t-il marqués ?** »
« Madame Pactole a 9000 euros sur son compte en banque. Elle dépense la moitié de cette somme pour acheter une voiture d'occasion. **Combien lui reste-t-il sur son compte ?** »
« Vendredi soir, il y avait 750 spectateurs au cirque. Samedi soir, il y en avait le double. **Combien de spectateurs y avait-il samedi ?** »
« Un voyage au Canada pour une personne coute 1250 €. **Quel est le prix pour deux personnes ?** »
« Un coureur à pied doit parcourir deux fois un circuit de 4350 m. **Quelle distance va-t-il parcourir ?** »

Calcul@tice
calculatice.ac-lille.fr > les exercices > Niveau CE2

156

Exemple de séquence de calcul mental organisée sur une semaine (Semaine 18)

Chaque séance vise un objectif clairement identifié qui s'inscrit dans une séquence d'apprentissage répartie sur quatre jours, soit une séance par jour. Chaque séquence suit une démarche progressive en plusieurs étapes : découverte, institutionnalisation, entrainement, réinvestissement, évaluation et consolidation.

L'utilisation des ressources numériques

DES ANIMATIONS ET DES DOCUMENTS À VIDÉOPROJETER

Des animations ou des documents sont vidéoprojetés pour expliciter les procédures de calcul à privilégier.

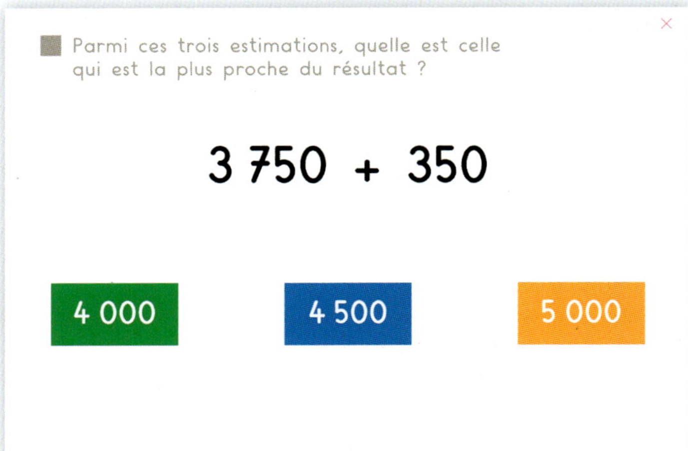

*Animation **Calcul** de la semaine 26*

CALCUL@TICE

Les élèves s'entrainent chaque semaine à l'aide de CALCUL@TICE, une ressource numérique conçue par les équipes de collègues du département du Nord (académie de Lille) qui est recommandée par le ministère de l'Éducation nationale. L'application permet de travailler, de manière progressive et structurée, la connaissance des nombres et des quantités, la mémorisation des tables, le calcul mental autour de procédures identifiées et la résolution mentale de problèmes numériques. Le ressort ludique est largement présent.

Calcul@tice Les élèves travaillent en autonomie sur les ordinateurs de la classe

calculatice.ac-lille.fr > les exercices > Niveau CE2

- Table de x9 : **L'oiseau - L'araignée**
- Somme de plusieurs nombres : **Le poisson**

Calcul@TICE est en accès libre. L'application a démontré son efficacité dans les classes où elle a été utilisée.

La mémorisation de faits numériques

Les faits numériques sont des résultats à mémoriser tels les compléments à 1000, les résultats des tables d'addition et de multiplication, les doubles et les moitiés, quelques décompositions remarquables (1000 = 600 + 400 par exemple).

Pour éviter que l'apprentissage des tables d'addition et de multiplication soit renvoyé aux familles, celui-ci fait l'objet d'un travail en classe qui allie un rythme soutenu et des réactivations très fréquentes. Chaque résultat est d'abord exploré et construit en classe, récité et réinvesti, noté dans *le cahier de référence en mathématiques*. Dans un second temps seulement, un travail à la maison peut être demandé.

Les attendus de fin de CE2

FAITS NUMÉRIQUES MÉMORISÉS POUR TOUS LES TYPES DE CALCUL

Pour des nombres inférieurs ou égaux à 10 000

- Connaitre les compléments à 100 et à 1000.
- Connaitre les compléments à la dizaine supérieure, à la centaine supérieure et au millier supérieur.
- Connaitre la multiplication par 10 et par 100.
- Connaitre les doubles et les moitiés de nombres d'usage courant.
- Connaitre les tables d'addition.
- Connaitre les tables de multiplication de 6, 7, 8 et 9 (ayant appris au CE1 les tables de 2, 3, 4 et 5).
- Connaitre et utiliser la propriété de la commutativité de l'addition et de la multiplication.
- Savoir obtenir le quotient et le reste d'une division euclidienne par un nombre à 1 chiffre et par des nombres comme 10, 25, 50, 100.

Mémoriser les tables d'addition

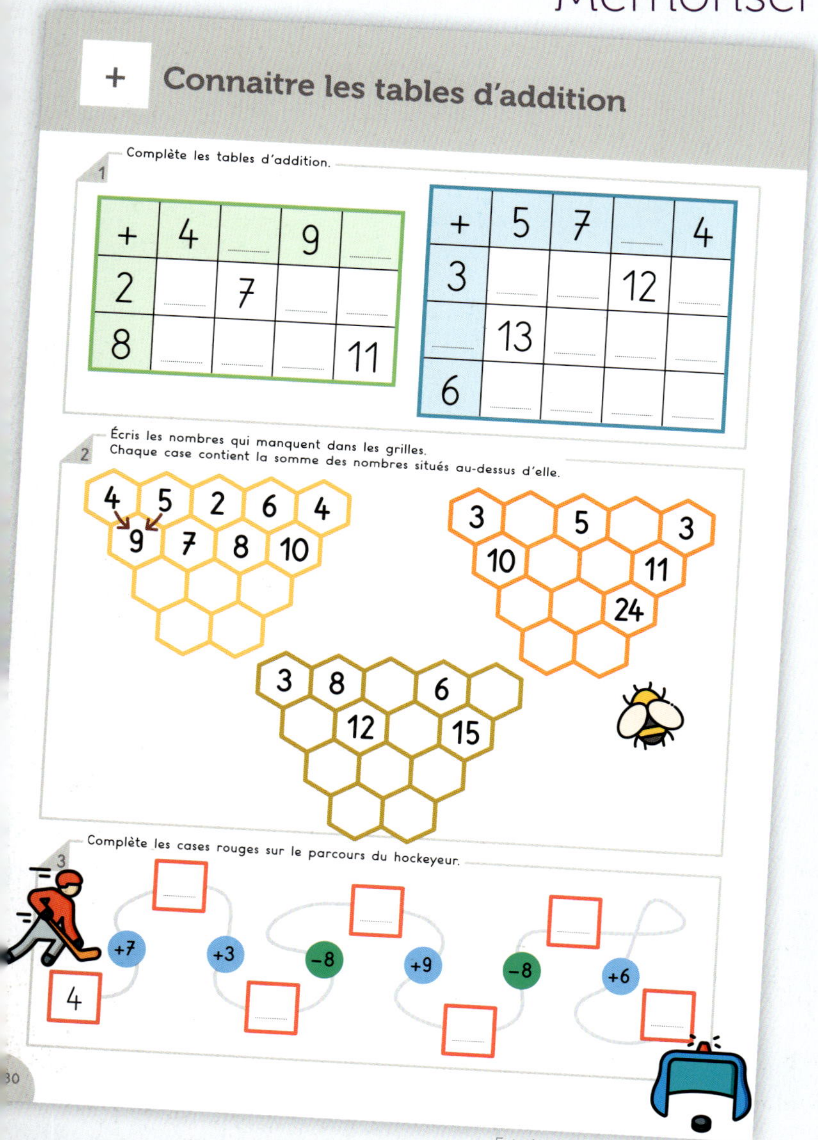

Extrait du cahier de l'élève Période 1

Mémoriser les tables d'addition est le résultat d'un très long processus. Commencée au CP, la mémorisation des tables d'addition n'est souvent véritablement accomplie qu'au cours du CE2 et nécessite une réactivation au CM1. Cet apprentissage est programmé en Période 1.

CONNAITRE LES TABLES D'ADDITION

Connaitre ses tables, ce n'est pas seulement être capable de dire instantanément n'importe quel résultat. C'est aussi être capable d'exploiter rapidement cette connaissance pour donner un résultat connexe. C'est être capable de répondre immédiatement à des questions de types variés comme :

- *8 + 6 = ?   6 + 8 = ?   6 + ? = 14   8 + ? = 14*
- *Combien faut-il pour aller de 8 jusqu'à 14 ? De 6 pour aller à 14 ?,*
- *14 – 6 ?, 14 – 8 ?*
- *Quelle est la différence entre 8 et 14 ? Entre 6 et 14 ?*

ou encore de produire très vite, entre autres, 8 + 6 et 6 + 8 lorsque sont demandées des décompositions additives de 14.

Les élèves doivent être capables de réinvestir ces faits numériques dans des calculs plus complexes comme :
80 + 60 = ?   600 + 800 = ?   140 – 80 = ?   1400 – 600 = ?

UTILISER DES POINTS D'APPUI

Les délais de réponses enregistrés auprès d'élèves en phase d'apprentissage montrent que les résultats additifs simples sont d'abord reconstruits avant d'être produits instantanément. Les élèves peuvent prendre appui sur :

- la commutativité de l'addition (6 + 9 c'est comme 9 + 6),
- les doubles connus (6 + 7, c'est 1 de plus que 6 + 6),
- le passage par la dizaine : pour calculer 7 + 5, on « *complète à dix* », on ajoute d'abord trois à sept puis deux à dix, ce qui suppose de connaitre les compléments à dix et les décompositions additives des nombres inférieurs à dix.

Mémoriser les tables de multiplication

La mémorisation des tables de multiplication relève du domaine verbal : 6x7 doit résonner avec 42. La restitution des résultats doit donc être automatisée et ne pas être le fruit d'un calcul. La mémorisation nécessite une fréquentation importante et une réactivation régulière des résultats à mémoriser. L'objectif est de parvenir à des réponses immédiates, oralement ou par écrit. Réduire le temps de réponse force les élèves à abandonner les stratégies inefficaces s'appuyant sur des calculs et à tenter de retrouver les réponses de mémoire.

ORGANISATION DE L'APPRENTISSAGE

- La découverte successive des tables commence par les tables les plus *faciles* : 2, 10, 5, 4...
- Les effets de la multiplication par 1 et par 0 sont explicitement étudiés.
- La commutativité est justifiée et enseignée explicitement.
- La répétition verbale rituelle des *tables*, dans l'ordre croissant, engendre des risques, en particulier celui de ne pas pouvoir fournir un résultat sans réciter toute la table ou celui d'une confusion entre résultats voisins. Mieux vaut donc, s'agissant d'entrainement et de construction des *tables*, ne pas procéder toujours par ordre croissant.

Au coin maths, les élèves jouent avec le **Monkey multiplier**

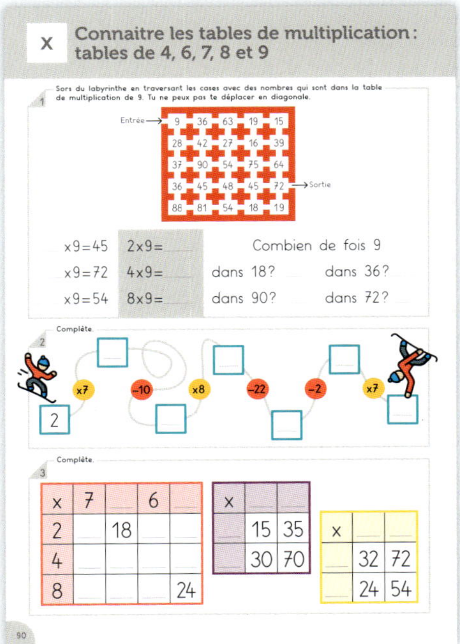

Connaitre les tables de multiplication : tables de 4, 6, 7, 8 et 9

1 Sors du labyrinthe en traversant les cases avec des nombres qui sont dans la table de multiplication de 9. Tu ne peux pas te déplacer en diagonale.

Entrée →

9	36	63	19	15
28	42	27	16	39
37	90	54	75	64
36	45	48	45	72
88	81	54	18	19

→ Sortie

x9=45	2x9=	Combien de fois 9
x9=72	4x9=	dans 18 ? dans 36 ?
x9=54	8x9=	dans 90 ? dans 72 ?

2 Complète.

2 x7 -10 x8 -22 -2 x7

3 Complète.

x	7		6	
2		18		
4				
8				24

x		
	15	35
	30	70

x		
	32	72
	24	54

90

Extrait du cahier de l'élève **Maths au CE2** Période 3

CONNAITRE LES TABLES DE MULTIPLICATION

Connaitre les tables de multiplication, c'est être capable de répondre immédiatement à des questions de types variés comme :

- *6x7 = ?   7x6 = ?   6x? = 42   42 = 7x ?*
- *Quel nombre multiplié par 7 donne 42 ?*
- *Quel nombre multiplié par 6 donne 42 ?*
- *42 divisé par 7 ? 42 divisé par 6 ?*
- *42 : 7 = ? 42 : 6 = ?*
- *Quel est le quotient de 42 divisé par 7 ? de 42 par 6 ?*
- *Quel est le reste de 42 divisé par 7 ?*
- *42 est-il un multiple de 6 ? 42 est-il un multiple de 7 ?*
- *6 divise-t-il 42 ? 6 est-il un diviseur de 42 ?*
- *7 divise-t-il 42 ? 7 est-il un diviseur de 42 ?*
  Quel est le reste de la division de 42 par 6 ?
  Quel est le reste de la division de 42 par 7 ?

ou encore de produire très vite 7x6 et 6x7 lorsque sont demandées des décompositions multiplicatives de 42. Les élèves doivent être capables de réinvestir ces faits numériques dans des calculs plus complexes comme : *7x60 = ?   60x70 = ?   420 : 6 = ?   4200 : 7 = ?*

UTILISER DES POINTS D'APPUI

Pour la multiplication, on connait l'importance de la capacité à compter de cinq en cinq, de deux en deux, de huit en huit...

L'élève peut prendre appui :

- sur les résultats rapidement connus des tables de 2 et de 5,
- sur la commutativité de la multiplication : 7x4 = 28 donc 4x7 = 28,
- sur les résultats mémorisés : *« six fois huit, c'est huit de plus que cinq fois huit »*,
- sur le double d'une table déjà connue : 6x7 c'est le double de 3x7,
- sur la moitié d'un résultat connu : 5x8 c'est la moitié de 10x8,
- sur le comptage de n en n pour retrouver un résultat à partir d'un résultat mémorisé,
- sur la connaissance des carrés, souvent bien maitrisés : 8x8 = 64 donc 7x8 = 56,
- sur le fait que multiplier par quatre, c'est doubler deux fois,
- sur des particularités et des régularités repérées dans la table de Pythagore, par exemple pour les résultats de la table de 9 : si on additionne les chiffres des résultats de la table de 9, on obtient toujours neuf ce qui facilite la vérification et la mémorisation (6x9 = 54 et 5+4 = 9).

La barre des tables est utilisée pour conduire les séances de mémorisation. Cette barre est proposée sous la forme d'une animation pour les enseignants qui préfèrent un outil numérique.

Les ceintures de calcul mental

DES ÉVALUATIONS EN TEMPS LIMITÉ

Une série d'études récentes a comparé la réussite à des tests de mémoire de deux groupes d'enfants. Le premier groupe passait tout son temps à étudier tandis que le second alternait des périodes d'étude et des périodes de tests des connaissances acquises, sur une même durée totale. Les résultats montrent que le second groupe mémorisait mieux. Les chercheurs en ont conclu que des évaluations peuvent jouer un rôle actif dans l'apprentissage.

UN DISPOSITIF D'ÉVALUATION POSITIVE

Le dispositif des ceintures de calcul mental permet aux élèves de mesurer leurs progrès, ce qui les motive à mémoriser les tables. L'élève peut se fixer des objectifs et repérer les résultats qui lui restent à apprendre. Il compare ses résultats à ses résultats antérieurs et non aux résultats des autres élèves.

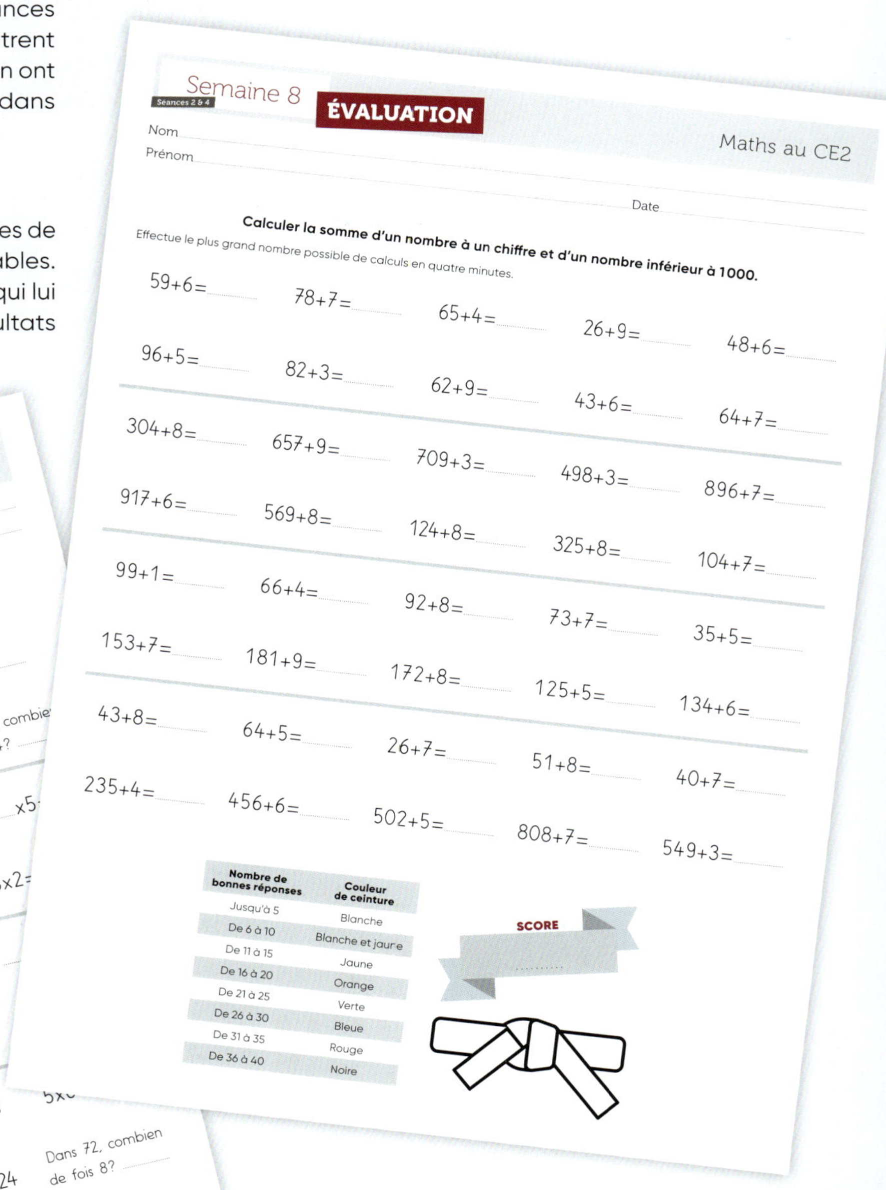
Semaine 8 — Séances 2 à 4 — ÉVALUATION — Maths au CE2

Nom

Prénom

Date

Calculer la somme d'un nombre à un chiffre et d'un nombre inférieur à 1000.

Effectue le plus grand nombre possible de calculs en quatre minutes.

59+6=	78+7=	65+4=	26+9=	48+6=
96+5=	82+3=	62+9=	43+6=	64+7=
304+8=	657+9=	709+3=	498+3=	896+7=
917+6=	569+8=	124+8=	325+8=	104+7=
99+1=	66+4=	92+8=	73+7=	35+5=
153+7=	181+9=	172+8=	125+5=	134+6=
43+8=	64+5=	26+7=	51+8=	40+7=
235+4=	456+6=	502+5=	808+7=	549+3=

Nombre de bonnes réponses	Couleur de ceinture
Jusqu'à 5	Blanche
De 6 à 10	Blanche et jaune
De 11 à 15	Jaune
De 16 à 20	Orange
De 21 à 25	Verte
De 26 à 30	Bleue
De 31 à 35	Rouge
De 36 à 40	Noire

SCORE

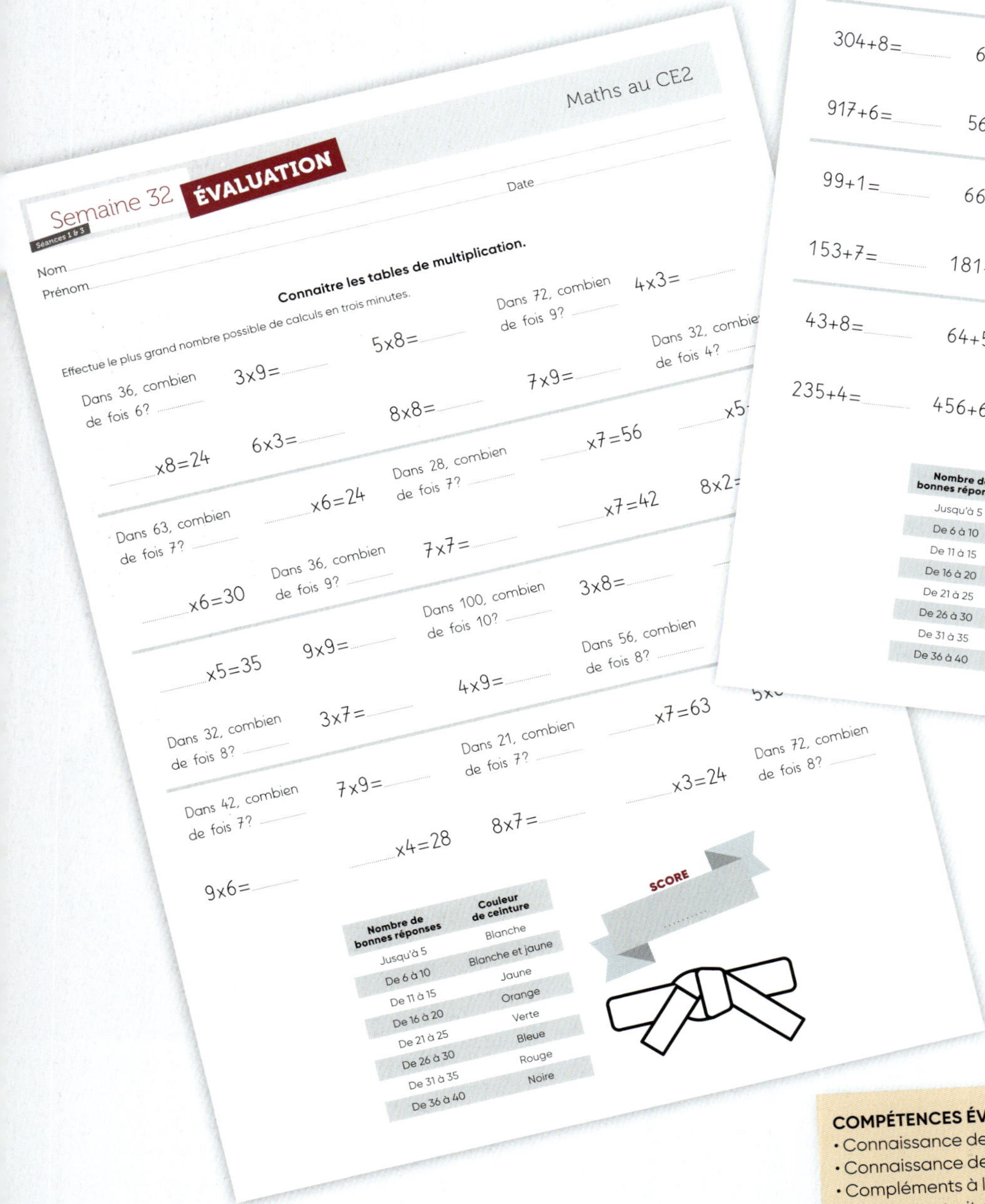
Semaine 32 — Séances 1 à 3 — ÉVALUATION — Maths au CE2

Nom

Prénom

Date

Connaître les tables de multiplication.

Effectue le plus grand nombre possible de calculs en trois minutes.

Dans 36, combien de fois 6? — 3x9= — 5x8= — Dans 72, combien de fois 9? — 4x3=

x8=24 — 6x3= — 8x8= — 7x9= — Dans 32, combien de fois 4?

Dans 63, combien de fois 7? — x6=24 — Dans 28, combien de fois 7? — x7=56

x6=30 — Dans 36, combien de fois 9? — 7x7= — x7=42

x5=35 — 9x9= — Dans 100, combien de fois 10? — 3x8=

Dans 32, combien de fois 8? — 3x7= — 4x9= — Dans 56, combien de fois 8?

Dans 42, combien de fois 7? — 7x9= — Dans 21, combien de fois 7? — x7=63 — Dans 72, combien de fois 8?

9x6= — x4=28 — 8x7= — x3=24

Nombre de bonnes réponses	Couleur de ceinture
Jusqu'à 5	Blanche
De 6 à 10	Blanche et jaune
De 11 à 15	Jaune
De 16 à 20	Orange
De 21 à 25	Verte
De 26 à 30	Bleue
De 31 à 35	Rouge
De 36 à 40	Noire

SCORE

COMPÉTENCES ÉVALUÉES AVEC LES CEINTURES DE CALCUL MENTAL
- Connaissance des tables d'addition
- Connaissance des tables de multiplication
- Compléments à la dizaine supérieure
- Ajouts ou retrait de dizaines ou de centaines entières
- Compléments à 1000
- Somme d'un nombre à un chiffre et d'un nombre inférieur à 1000

Les modalités de passation

- Les élèves doivent répondre au plus grand nombre de calculs possible dans le temps imparti.
  Ce temps est fixé en fonction de la réussite des élèves (trois ou quatre minutes).
- Annoncer aux élèves que cette évaluation sera proposée à nouveau pour qu'ils puissent mesurer leurs progrès.
- Lorsque le temps imparti est écoulé, demander aux élèves de prendre un stylo d'une autre couleur afin de terminer les calculs.
- La correction est effectuée en interrogeant les élèves à l'oral ou en s'appuyant sur les réponses vidéoprojetées.
  Les élèves complètent leur score et colorient leur ceinture avec la couleur qui correspond à leur nombre de bonnes réponses.
- Les scores obtenus sont gardés en mémoire par l'enseignant et par les élèves pour mesurer les progrès.
- Dans les premières séances, les élèves anxieux peuvent garder les tables à leur côté s'ils le souhaitent.

Les élèves doivent répondre au plus grand nombre possible de calculs en 3 minutes.

Les questions posées sont de types variés.

Lorsque les 3 ou 4 minutes sont écoulées, demander aux élèves de prendre un stylo d'une autre couleur afin de terminer les calculs.

Après la correction, chaque élève colorie la ceinture de la couleur qui correspond à son score.

Le calcul en ligne

Le calcul en ligne est une modalité de calcul écrit ou partiellement écrit. Il se distingue à la fois :

- du **calcul mental**, en donnant la possibilité à chaque élève, s'il en ressent le besoin, d'écrire des étapes de calcul intermédiaires qui seraient trop lourdes à garder en mémoire,
- du **calcul posé**, dans le sens où il ne consiste pas en la mise en œuvre d'un algorithme, c'est-à-dire d'une succession d'étapes utilisées tout le temps dans le même ordre et de la même manière indépendamment des nombres en jeu.

L'énoncé est donné par l'enseignant à l'oral ou à l'écrit. Le résultat est donné par l'élève à l'écrit.

Calcul en ligne de 35 + 48 : recherche.

Le calcul en ligne est travaillé dans ***Maths au CE2***, d'une part en complément du calcul mental, pour faciliter l'apprentissage des démarches et la mémorisation des propriétés des nombres et des opérations, et d'autre part en amont de la découverte des techniques opératoires. Il amène les élèves à effectuer, sans recours à un algorithme de calcul posé, des calculs trop complexes pour être intégralement traités mentalement.

Les attendus de fin de CE2

CALCUL EN LIGNE
Les compétences visées sont identiques à celles du calcul mental mais avec le support de l'écrit, ce qui permet de proposer des nombres plus grands ou des retenues.

*Exemples de calculs en ligne proposés dans **Maths au CE2***

35 + 48 = ?	*328 + 537 = ?*	*1 700 + 800 = ?*
4 236 + 300 = ?	*6 211 + 3 465 = ?*	*578 − 250 = ?*
9 x 15 = ?	*6 x 28 = ?*	*4 x 243 = ?*
16 x 40 = ?	*68 : 2 = ?*	*318 : 3 = ?*

✔ Je sais calculer en ligne la somme 35 + 48.

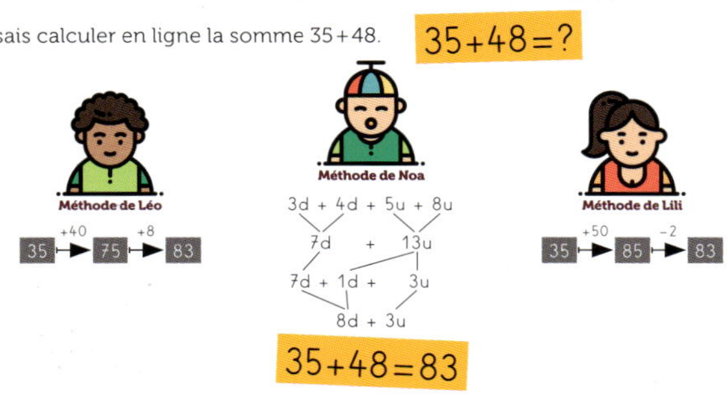

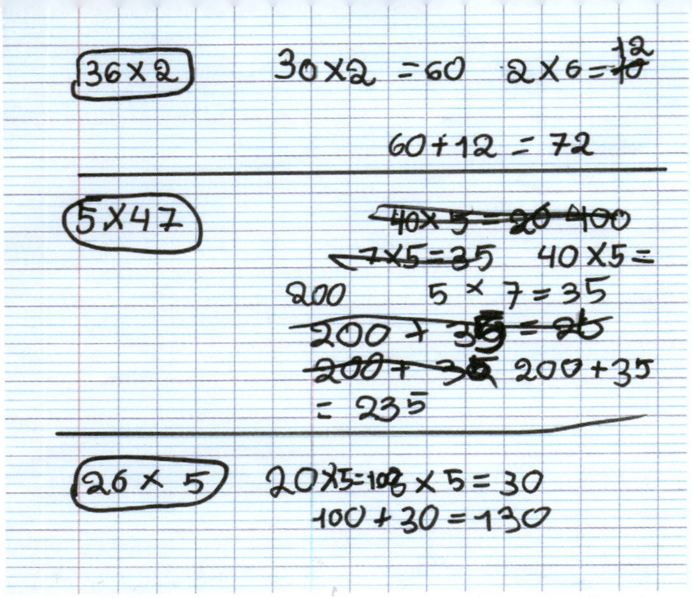

(S20) Le calcul en ligne prépare ici à l'apprentissage du calcul posé de la multiplication.

Le calcul posé

Le calcul posé est une modalité de calcul écrit consistant à l'application d'un algorithme opératoire.

Dès le début de l'année, les élèves consolident la maitrise de la technique de la soustraction apprise en CE1. Ils apprennent et entretiennent tout au long de l'année une technique de calcul posé pour la multiplication, tout d'abord en multipliant un nombre à deux chiffres par un nombre à un chiffre puis avec des nombres plus grands.

Les attendus de fin de CE2

CALCUL POSÉ
Sur les nombres inférieurs à 10 000
- Poser et calculer des additions en colonnes.
- Poser et calculer des soustractions en colonnes.
- Poser et calculer des multiplications d'un nombre à deux chiffres par un nombre à un chiffre.

Le calcul instrumenté

Le calcul instrumenté est un calcul effectué à l'aide d'un ou plusieurs instruments, appareils ou logiciels : abaque, boulier, calculatrice, tableur…

Dans ***Maths au CE2***, la calculatrice est utilisée comme élément de différenciation pour permettre aux élèves de résoudre des problèmes multiplicatifs. Dans les programmes, aucun attendu n'est fixé pour cet objectif.

Calcul mental, calcul en ligne,
calcul posé et mémorisation des faits numériques

Les principaux apprentissages de l'année

La programmation de ***Maths au CE2*** dans le domaine du calcul privilégie l'alternance de séries de séances courtes (10 à 15 minutes) avec des séances longues (30 à 45 minutes) visant des apprentissages procéduraux spécifiques.

	Séances courtes 15 min	Séances longues 30 à 45 min
Période 1	**Calcul mental** • *Calculer des sommes ou des différences : ajout, retrait de dizaines ou de centaines entières.* • *Calculer la somme d'un nombre à un chiffre et d'un nombre inférieur à 1000.* **Faits numériques** • *Connaitre les tables d'addition et de soustraction.* • *Connaitre les compléments à la dizaine supérieure.* • *Connaitre les doubles et les moitiés.* • *Connaitre les compléments à la centaine supérieure.* • *Connaitre les compléments à 1000.*	**Calcul en ligne** **3** *Sommes et différences* **Calcul posé** **4** *Poser et calculer des additions en colonnes.* **7** *Poser et calculer des soustractions en colonnes.* **Faits numériques** **+** *Connaitre les tables d'addition.*
Période 2	**Calcul mental** • *Ajouter 9, ajouter 90, ajouter 99.* • *Ajouter 11, ajouter 110.* • *Soustraire 9, 90, 99.* • *Soustraire 11, 110 ou 111.* **Faits numériques** • *Connaitre les tables de multiplication de 2, de 10, de 5, de 3, de 6, de 4, de 8.*	**Calcul mental** **18** *Multiplier un nombre par 10, 100, 1000.* **19** *Multiplier un nombre par 20, 30, 40... 200, 300, 400...* **Calcul en ligne** **13** *Calculer en ligne des sommes dont le résultat est inférieur à 10 000.* **Calcul posé** **15** *Poser et calculer des additions avec des nombres jusqu'à 10 000.* **Faits numériques** **x** *Connaitre les tables de multiplication.*
Période 3	**Calcul mental** • *Additionner et soustraire des centaines entières.* • *Multiplier un nombre par 20, par 19, par 18.* • *Obtenir le quotient et le reste d'une division euclidienne par un nombre à un chiffre.* **Faits numériques** • *Connaitre les tables de multiplication de 8, de 7, de 9.* • *Connaitre les doubles et les moitiés des nombres jusqu'à 10 000.* • *Connaitre les compléments au millier supérieur.*	**Calcul en ligne** **20** *Calculer en ligne des produits.* **29** *Diviser par un nombre à un chiffre.* **Calcul posé** **21** **23** **24** *Poser et calculer une multiplication en colonnes (1), (2) et (3).* **Faits numériques** **x** *Connaitre les tables de multiplication.*
Période 4	**Calcul mental** • *Estimer la vraisemblance d'un résultat.* • *Calculer avec les diviseurs de 100, de 1000.* • *Calculer le quotient et le reste d'une division euclidienne par un nombre à un chiffre, par 25, 50 et 100.* • *Soustraire des dizaines entières, des centaines entières, des milliers entiers à un nombre de 4 chiffres.* • *Consolider l'utilisation de la réciprocité de l'addition et de la soustraction.* **Faits numériques** • *Les tables de multiplication : la table de Pythagore.*	**Calcul mental** **31** *Diviser par 10, 100, 25, 50 ou 500.* **Faits numériques** **x** *Connaitre les tables de multiplication.*
Période 5	**Calcul mental** • *Calculer des sommes et des différences :* - *additions du type : 3456 + 10, 3456 + 100, 3456 + 1000.* - *additions de dizaines entières, de centaines entières et de milliers entiers.* - *soustractions de dizaines entières, de centaines entières et de milliers entiers.* - *soustractions du type : 3456 – 10, 3456 – 100, 3456 – 1000.* - *soustractions du type : 3750 – 550.* • *Multiplier et diviser par 25, par 50, par 15.* • *Diviser par 10, par 100.* • *Calculer des produits : multiplications d'un nombre à 1 chiffre par un nombre à 2 chiffres.* • *Calculer astucieusement :* - *associer des facteurs pour faire 10 ou 100 (2 x 17 x 5 ; 50 x 7 x 2).* - *décomposer des nombres pour faire apparaitre des multiplications par 10, par 100 ou par 1000 (48 x 5 = 24 x 2 x 5 = 24 x 10 ; 24 x 50 = 12 x 2 x 50 = 12 x 100).* **Faits numériques** • *Connaitre les tables de multiplication.* • *Connaitre les compléments à 10 000.*	**Calcul mental** **40** *Diviser par 10, 100, 25, 50 ou 500.* **Faits numériques** **x** *Connaitre les tables de multiplication.*

La progression en calcul mental de chaque période est proposée en pages 37, 85, 135, 185 et 227.

Grandeurs et mesures

Les principaux apprentissages de l'année

La longueur

Les élèves consolident les comparaisons, les estimations et les mesures de longueur en ***cm***, ***dm***, ***m*** et ***km***. Le travail se poursuit en utilisant le ***mm***. Les élèves mettent ces unités en relation : ***m***, ***dm***, ***cm*** et ***mm*** et effectuent des conversions.

La masse

Les élèves consolident les mesures de masses d'objets (*g* et *kg*). Ils utilisent l'unité *tonne* (*t*). Ils mettent en relations ces unités (*g*, *kg* et *t*) et effectuent des conversions.

Comparer, estimer, mesurer des contenances.

La durée

Les élèves consolident la lecture de l'heure sur une horloge à aiguilles (heure entière et demi-heure). Ils lisent et donnent l'heure (par exemple : *« quatre heures moins vingt »* ou *« 15 h 40 »* ; *« sept heures et quart »* ou *« 7 h 15 »*).
De plus, ils utilisent les unités ***année***, ***siècle***, ***millénaire*** et connaissent leurs relations ainsi que les unités ***min*** et ***s*** et leurs relations.

Le prix

Les élèves utilisent ***l'euro*** et les ***centimes d'euro*** dans des situations qui se complexifient progressivement (exemple : rendre la monnaie sur 2 € pour l'achat d'un produit qui coute 1 € 50 c puis 75 c). Ils résolvent des problèmes impliquant ces données.

La contenance

Les élèves comparent des objets selon leur contenance en utilisant le ***L***. Ils utilisent le ***cL***, ***dL*** et le ***L*** et connaissent leurs relations.

Les attendus de fin de CE2

- Comparer, estimer, mesurer des longueurs, des masses, des contenances, des durées.
- Utiliser le lexique, les unités, les instruments de mesures spécifiques de ces grandeurs.
- Résoudre des problèmes impliquant des longueurs, des masses, des contenances, des durées, des prix.

Espace et Géométrie

Les principaux apprentissages de l'année

Les solides

Les élèves nomment et décrivent les solides découverts aux CP et CE1. Ils approchent la notion de patron du cube (par exemple, déplier une boite cartonnée).

Construire un cube à l'aide de tiges.

Les figures géométriques

Les élèves consolident la construction d'une figure géométrique sur tout support, quelles que soient la longueur des côtés. Ils construisent des cercles à partir du centre et du rayon ou à partir du centre et du diamètre.

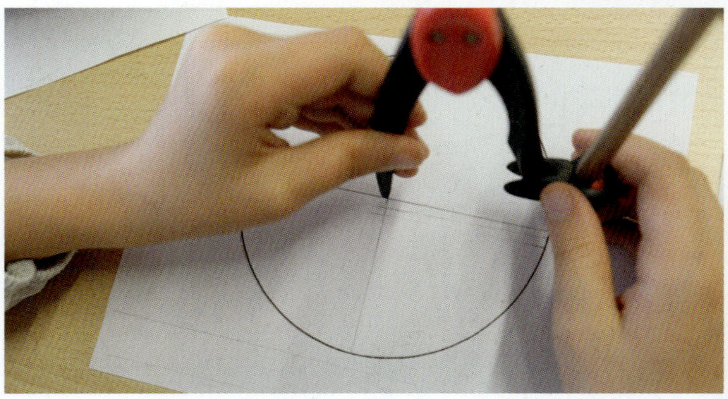

Chercher le centre d'un cercle à l'aide d'un gabarit (demi-disque) puis reproduire ce cercle avec le compas.

Les attendus de fin de CE2

- Se repérer et se déplacer en utilisant des repères et des représentations.
- Reconnaitre, nommer, décrire, reproduire quelques solides.
- Reconnaitre, nommer, décrire, reproduire, construire quelques figures géométriques.
- Reconnaitre et utiliser les notions d'alignement, d'angle droit, d'égalité de longueurs, de milieu, de symétrie.

Les notions d'alignement, d'angle droit, d'égalité de longueurs, de milieu, de symétrie

Les élèves consolident l'utilisation de la règle graduée, de l'équerre et du compas. Ils peuvent aborder le report de longueur sur une droite déjà tracée, avec le compas.

Les élèves complètent une figure pour qu'elle soit symétrique par rapport à un axe donné.

Trouver les axes de la symétrie d'une figure.

Le codage de déplacements sur quadrillage

Les élèves consolident le codage des déplacements à l'aide d'un logiciel. Ils comprennent et produisent des algorithmes simples pour la programmation des déplacements d'un robot ou ceux d'un personnage sur un écran (par exemple une succession de flèches parmi : aller à gauche, aller à droite, tourner à gauche, tourner à droite). Ils continuent à jouer physiquement ces situations dans l'espace concret avec des propositions variées.

Coder un déplacement à l'aide d'un logiciel.

Votre contenu numérique

Le code unique de la page 2 de cet ouvrage vous donne accès aux compléments numériques nécessaires à la conduite de vos séances mathématiques.

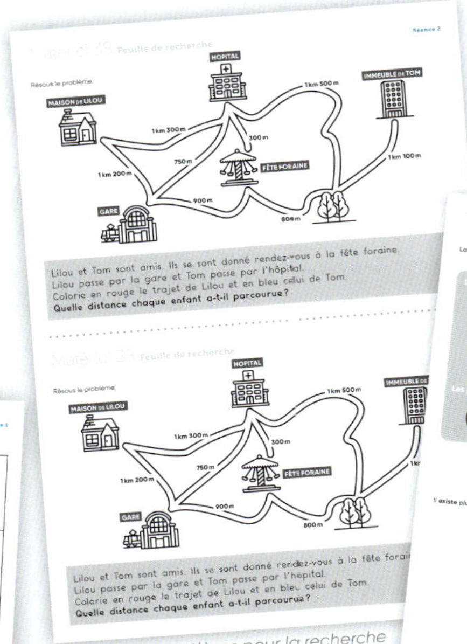

Les documents-élèves pour la recherche

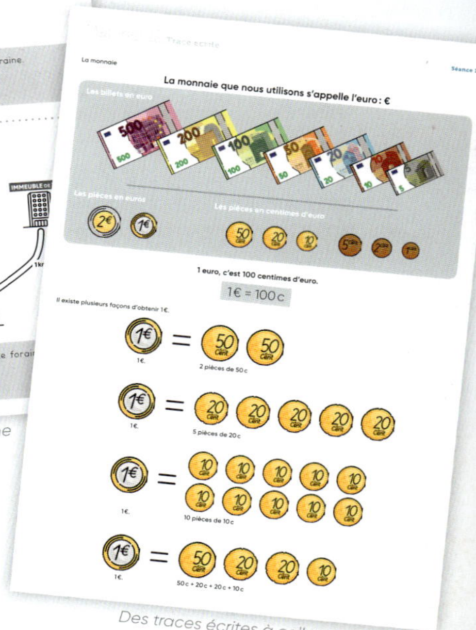

Des traces écrites à coller dans le cahier de références mathématiques!

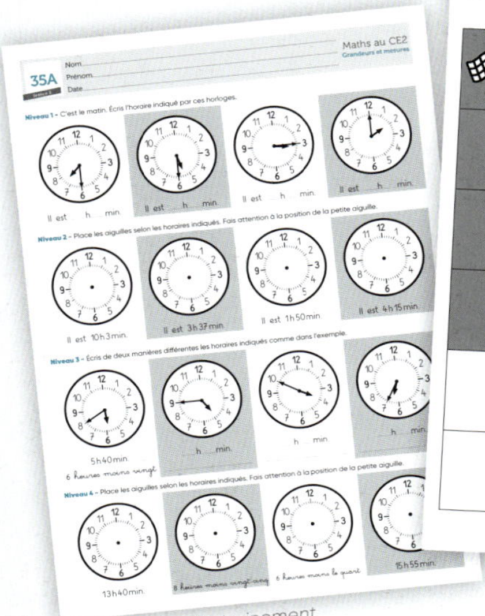

Les exercices d'entraînement supplémentaires ou différenciés

Du matériel collectif à agrandir ou à vidéoprojeter

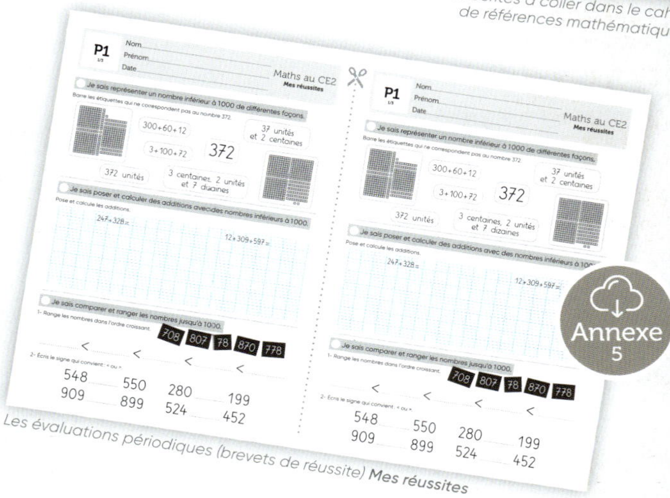

Les évaluations périodiques (brevets de réussite) *Mes réussites*

Les corrigés des pages du cahier de l'élève *Maths au CE2*

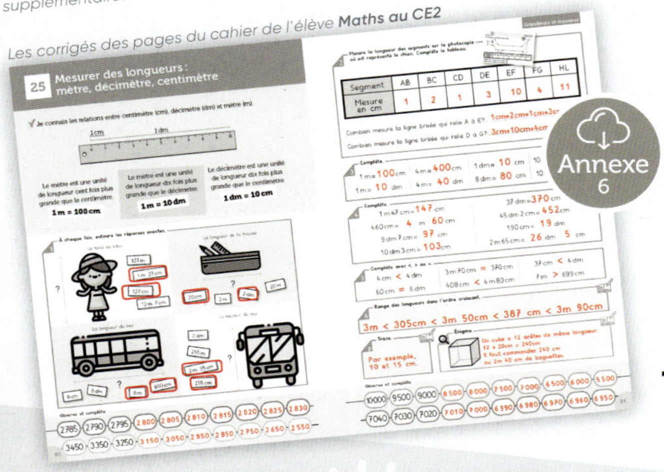

+ de 300 pdf...

...et + de 50 animations à télécharger

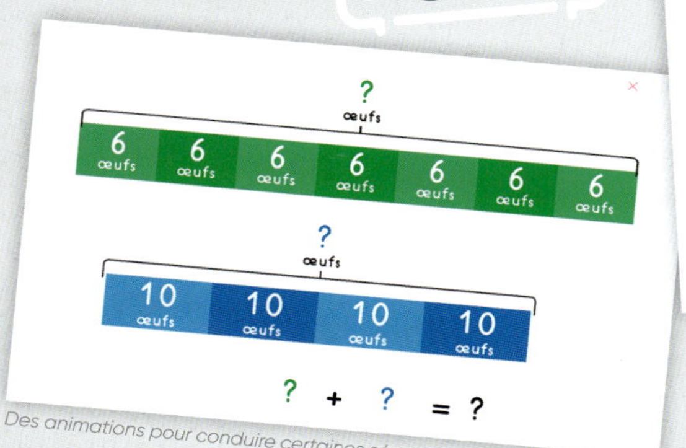

Des animations pour conduire certaines séquences d'apprentissage

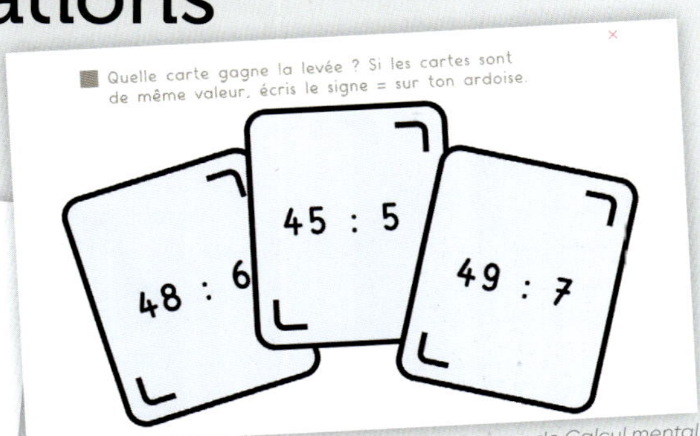

Des animations pour conduire des séances de Calcul mental

En +

- la liste des compétences et des connaissances évaluées lors des brevets de réussite
- le sommaire, la programmation par période, la programmation annuelle modifiable (fichier Word)
- l'aide-mémoire du cahier de l'élève ***Maths au CE2*** à projeter...

Période 1

Nombres | Calculs | Résolution de problèmes | Grandeurs et mesures | Espace et Géométrie | Apprendre à chercher*

*Pas de séquences spécifiques pour **Apprendre à chercher**.
Les énigmes du cahier de l'élève ***Maths au CE2*** permettent de développer les capacités à chercher.

ORGANISATION DE LA PÉRIODE 1

Organisation 1
Annexe 2

Les principaux apprentissages de la période 1

Nombres	Les nombres jusqu'à 1000	
Calculs	**Calcul mental** • Les compléments à 100, à 1000 • Compléments à la dizaine ou à la centaine supérieure	• Doubles et les moitiés • Ajout, retrait de dizaines ou de centaines entières • Ajout, retrait d'un nombre à un chiffre
	Calcul en ligne • Sommes et différences	**Calcul posé** • Additions et soustractions
Résolution de problèmes	Résolution de problèmes additifs et multiplicatifs Résolution de problèmes additifs en une ou deux étapes • Recherche d'un complément • Transformation d'une quantité • Utilisation d'un schéma en barres	
	La multiplication (1)	
Grandeurs et mesures	Les prix : les euros	

Le plan de travail de la période 1

	Calcul mental 1 séance de 15 min/jour	Séquences d'apprentissage séances de 30 ou 45 min			Atelier problèmes 1 atelier de 45 min/semaine
Semaine 1	- Dire la suite des nombres à partir de 0 ou d'un nombre donné jusqu'à 200. - Connaitre les compléments à la dizaine supérieure ou inférieure.	1	UTILISER LES NOMBRES JUSQU'À 200	Séances 1 2 3 4 5	Résoudre des problèmes additifs ou multiplicatifs : sens des opérations, sens des symboles +, – et x.
Semaine 2	- Écrire en lettres les nombres de 0 à 200. - Connaitre les doubles et les moitiés des nombres d'usage courant.	2	UTILISER LES NOMBRES JUSQU'À 1000	Séances 1 2 3 4 5	Résoudre des problèmes additifs et multiplicatifs.
Semaine 3	- Dire la suite des nombres à partir de 0 ou d'un nombre donné jusqu'à 1000. - Calculer des sommes ou des différences : ajout, retrait de dizaines ou de centaines entières.	3	CALCULER EN LIGNE : SOMMES ET DIFFÉRENCES	Séances 1 2 3	Reconnaitre les relations entre des quantités dans des problèmes du champ additif en une étape : transformation d'une quantité.
		4	POSER ET CALCULER DES ADDITIONS EN COLONNES	Séances 1 2 3	
Semaine 4	- Écrire en lettres les nombres de 0 à 1000. - Connaitre les compléments à la centaine supérieure.	5	COMPARER ET RANGER LES NOMBRES JUSQU'À 1000	Séances 1 2	Résoudre des problèmes additifs en une étape à l'aide de schémas.
		6	ENCADRER ET INTERCALER LES NOMBRES JUSQU'À 1000	Séances 1 2 3	
Semaine 5	- Écrire les nombres en lettres jusqu'à 1000. - Connaitre les compléments à 1000.	7	POSER ET CALCULER DES SOUSTRACTIONS EN COLONNES	Séances 1 2 3 4 5	Résoudre des problèmes additifs en une étape : recherche d'un complément.
Semaine 6	- Réciter la suite orale des nombres jusqu'à 1000 en comptant de 10 en 10. - Calculer la somme d'un nombre à un chiffre et d'un nombre inférieur à 1000.	8	RÉSOUDRE DES PROBLÈMES MULTIPLICATIFS (1)	Séances 1 2 3 4 5	Reconnaitre les relations entre des quantités dans des problèmes du champ additif en une étape : transformation d'une quantité.
Semaine 7	- Réciter la suite orale des nombres jusqu'à 1000 en comptant de 100 en 100. - Soustraire un nombre à un chiffre à un nombre inférieur à 1000.	9	RÉSOUDRE DES PROBLÈMES IMPLIQUANT DES PRIX : LES EUROS	Séances 1 2 3	Résoudre des problèmes additifs en une ou deux étapes.
		P1	JE RÉVISE		
			BILAN DES APPRENTISSAGES **Période 1**		

Progression de la période 1

Cette progression présente les apprentissages visés au cours de la période. Chaque séance de 15 minutes débute par un court moment de travail de la numération orale ou écrite (1 minute) suivi d'un temps de révision d'une notion déjà apprise (4 minutes) et se termine par une phase d'apprentissage plus longue (10 minutes).

Progression 1Calcul
Annexe 2

	Objectifs	Exemples d'activités
Semaine 1	**Numération orale** Dire à l'oral la suite des nombres à partir de 0 ou d'un nombre donné.	Réciter la suite orale des nombres **de 1 en 1**, en avançant **de 60 jusqu'à 93**. Réciter la suite orale des nombres **de 1 en 1**, en reculant **de 198 jusqu'à 168**.
	Faits numériques Connaitre les compléments à la dizaine supérieure ou inférieure.	**De 87 pour aller à 90 ?** **54 + ? = 60** **65 + ? = 70** **De 2 pour aller à 100 ?** **? + 5 = 80** **? + 7 = 30** *« Le grand frère d'Amir a 13 ans. **Dans combien d'années aura-t-il 20 ans ?** »*
Semaine 2	**Numération orale** Écrire en lettres les nombres de 0 à 200.	Écrire les nombres en chiffres sur l'ardoise : ***« quatre-vingt-seize »*** et ***« cent-quatre-vingt-dix-neuf »***.
	Faits numériques Connaitre les doubles et les moitiés des nombres d'usage courant.	Calculer le **double de 10, 12, 14, 15, 11.** Calculer la **moitié de 28, 22, 26, 30, 24.** *« Tom a 15 ans. Son cousin Quentin a le double de son âge. **Quel est l'âge de Quentin ?** »* *« Nathan a 26 ans. Sa sœur Lili a la moitié de son âge. **Quel âge Lili a-t-elle ?** »*
Semaine 3	**Numération orale** Dire la suite des nombres à partir de 0 ou d'un nombre donné jusqu'à 1000.	Réciter la suite orale des nombres de 1 en 1, en avançant, à partir de 887 jusqu'à 910.
	Procédures de calcul mental Calculer des sommes ou des différences : ajout, retrait de dizaines ou de centaines entières.	**36 + 50** **48 + 60** **90 + 87** **145 + 30** **672 + 20** **65 − 40** **197 − 80** **386 − 50** **431 − 70** **700 + 200** **453 + 300** **900 − 500** **564 − 300** *« Dans le stade, il y a 578 spectateurs assis dans la tribune sud et 400 dans la tribune nord. **Combien de spectateurs assistent à ce match de rugby ?** »*
Semaine 4	**Numération écrite** Écrire en lettres les nombres de 0 à 1000.	Écrire les nombres en chiffres sur l'ardoise : ***« cent-soixante-dix-huit »*** et ***« neuf-cent-douze »***.
	Faits numériques Connaitre les compléments à la centaine supérieure.	**50 + ? = 100** **30 + ? = 100** **De 20 pour aller à 100 ?** **90 + ? = 100** **De 100 pour aller à 180 ?** **100 − 70 = ?** **100 − 60 = ?** **540 + ? = 600** **? + 750 = 800** **de 870 pour aller à 900 ?** **? + 270 = 300** **400 − 30 = ?** **300 − 80 = ?** **900 − 60 = ?** **753 + ? = 800** **de 257 pour aller à 300 ?** *« Monsieur Omaya a 630 €. **Combien lui manque-t-il pour acheter une tablette qui coute 700 € ?** »*
Semaine 5	**Numération écrite** Écrire les nombres en lettres de 0 à 1000.	Écrire le nombre en lettres sur l'ardoise : **491**.
	Faits numériques Connaitre les compléments à 1000.	**300 + ? = 1000** **500 + ? = 1000** **900 + ? = 1000** **De 200 pour aller à 1000** **1000 − 700 = ?** **1000 − 600 = ?** **730 + ? = 1000** **de 520 pour aller à 1000 ?** **190 + ? = 1000** **240 + ? = 1000** **894 + ? = 1000** **201 + ? = 1000** **908 + ? = 1000** *« Tom et Léo jouent au **Mille bornes**. Tom a parcouru 940 km. **Quelle distance doit-il encore parcourir pour atteindre les 1000 km ?** »*
Semaine 6	**Numération orale** Réciter la suite orale des nombres jusqu'à 1000, en comptant de 10 en 10.	Réciter la suite orale des nombres en comptant **de 10 en 10**, à partir **de 786 jusqu'à 816**.
	Procédures de calcul mental Calculer la somme d'un nombre à un chiffre et d'un nombre inférieur à 1000.	**348 + 6** **863 + 8** **4 + 197** **897 + 6** *« Léo a 97 billes en terre et 6 billes en métal. **Combien de billes a-t-il en tout ?** »*
Semaine 7	**Numération orale** Réciter la suite orale des nombres jusqu'à 1000, en comptant de 100 en 100.	Réciter la suite orale des nombres en comptant **de 100 en 100** à partir **de 42 jusqu'à 942.** Réciter la suite orale des nombres en reculant de **100 en 100**, à partir **de 903 jusqu'à 3.**
	Procédures de calcul mental Soustraire un nombre à un chiffre à un nombre inférieur à 1000.	**64 − 7** **81 − 5** **452 − 8** **684 − 9** *« Le papa d'Awa a 42 ans. Sa maman a 8 ans de moins. **Quel est l'âge de sa maman ?** »*

15 min par jour

Calcul mental

- Dire à l'oral la suite des nombres à partir de 0 ou d'un nombre donné jusqu'à 200.
- Connaitre les compléments à la dizaine supérieure ou inférieure.

Séance 1

❶ Suite orale des nombres jusqu'à 200 — 1 min

En s'aidant du tableau des nombres (Animation **Calcul 1**), lister les familles de nombres jusqu'à 99 : la famille des ***nombres de 0 à 19***, la famille des ***vingt***, des ***trente***, des ***quarante***, des ***cinquante***, des ***soixante*** de 60 à 79, famille des ***quatre-vingts*** de 80 à 99.

Calcul 1

*Extrait de l'animation **Calcul 1***

❷ Tables d'addition : réactivation — 4 min

L'enseignant pose les questions une à une oralement en demandant une réponse rapide (moins de 10 secondes).
Les élèves répondent sur l'ardoise.

3+4 6+2 5+3 5+2 2+8 10+6

❸ Compléments à la dizaine supérieure ou inférieure : réactivation — 10 min

L'enseignant pose les questions une à une par écrit à l'aide de l'animation **Calcul 1** sans contrainte de temps.
Les élèves répondent sur l'ardoise.

Compléments à 10

4+?=10	**7+?=10**	**5+?=10**
De 2 pour aller à 10 ?	**9+?=10**	**?+6=10**
De 10 pour aller à 13 ?	**10−8=?**	**10−6=?**

Séance 2

Calcul 1

❶ Suite orale des nombres jusqu'à 200 — 1 min

Réciter la suite orale des nombres de **60** à **93**, en avançant de 1 en 1.

❷ Tables d'addition : réactivation — 4 min

L'enseignant pose les questions une à une oralement en demandant une réponse rapide (moins de 10 secondes).
Les élèves répondent sur l'ardoise.

4+6 9+1 4+4 3+2 3+6 5+5

❸ Compléments à la dizaine supérieure ou inférieure : réactivation — 10 min

L'enseignant pose les questions une à une par écrit à l'aide de l'animation **Calcul 1** sans contrainte de temps.
Les élèves répondent sur l'ardoise.

Compléments à 20

14+?=20	**de 17 pour aller à 20 ?**	**15+?=20**
?+2=20 de 28 pour aller à 20 ?	**?+7=20**	
20−3=?	**20−8=?**	**27−7=?**

Procédures visées *(pour **14+?=20**)*
- 14, c'est 10+4 et 20, c'est 10+10 donc cela revient à trouver le complément de 4 à 10.
- 14, c'est 1d et 4u et 20, c'est 1d+1d. Dans 14, j'ai déjà 1 dizaine : il faut compléter les 4 unités pour obtenir la deuxième dizaine.

Séance 3

11/09

❶ Suite orale des nombres jusqu'à 200 — 1 min

Réciter la suite orale des nombres de **90** à **120**, en avançant de 1 en 1.

❷ Tables de soustraction : réactivation — 4 min

L'enseignant pose les questions une à une oralement en demandant une réponse rapide (moins de 10 secondes).
Les élèves répondent sur l'ardoise.

8−5 6−4 8−6 9−5 9−7

❸ Compléments à la dizaine supérieure ou inférieure : réactivation — 10 min

L'enseignant pose les questions une à une par écrit à l'aide de l'animation **Calcul 1** sans contrainte de temps.
Les élèves répondent sur l'arcoise.

Compléments à la dizaine supérieure

de 87 pour aller à 90 ?	**54+?=60**	**65+?=70**
de 2 pour aller à 100 ?	**?+5=80**	**?+7=30**
40−3=?	**30−8=?**	**90−6=?**

Calcul 1

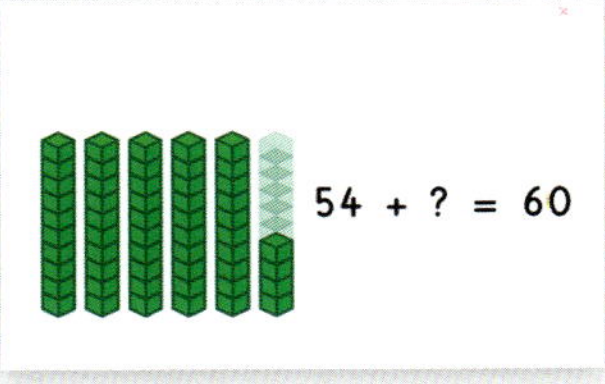

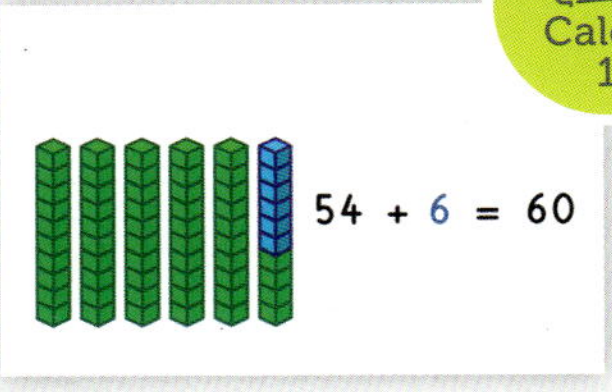

*Extraits de l'animation **Calcul 1***

Procédures visées *(pour **87+?=90**)*
- 87, c'est 80+7 et 90, c'est 80+10 donc cela revient à trouver le complément de 7 à 10.
- 87, c'est 8d et 7u et 90, c'est 8d+1d. Dans 87, j'ai déjà 8 dizaines : il faut compléter les 7 unités pour obtenir la dizaine qui manque.

Séance 4

12/09

Matériel Calcul 1

❶ Suite orale des nombres jusqu'à 200 — 1 min

Réciter la suite orale des nombres de **198** à **168**, en reculant de 1 en 1.

❷ Tables de soustraction : réactivation — 4 min

L'enseignant pose les questions une à une oralement en demandant une réponse rapide (moins de 10 secondes).
Les élèves répondent sur l'ardoise.

9−8 5−2 10−6 8−4 9−6

❸ Compléments à la dizaine supérieure ou inférieure : réinvestissement — 10 min

- Résoudre les petits problèmes oraux sur l'ardoise.

  « Le grand frère d'Amir a 13 ans.
  Dans combien d'années aura-t-il 20 ans ? »

  « Léo a 84 images dans son album.
  Combien lui en manque-t-il pour en avoir 90 ? »

  « Nina a 77 images dans son album.
  Elle donne 7 images à Nassim.
  Combien d'images lui reste-t-il dans son album ? »

  « Il reste 4 minutes à jouer dans un match de basket.
  L'équipe de Tom a déjà marqué 94 points.
  Combien de points lui manque-t-il pour avoir 100 points ? »

- Compléter les exemples de calculs du document **MaterielCalcul1.pdf**, page 1.

Calcul@tice Les élèves travaillent en autonomie sur les ordinateurs de la classe

calculatice.ac-lille.fr > les exercices > Niveau CE2
- Mémoriser la table d'addition : **Quadricalc**
- Compléments à 10, 20… : **Le complément**

45 min par semaine

Atelier problèmes

Résoudre des problèmes additifs et multiplicatifs : sens des opérations, sens des symboles +, – et x

Atelier 1

CHERCHONS ENSEMBLE

Résous les problèmes et complète les schémas.

Problème 1 En 5 minutes, une fleuriste a préparé 4 bouquets de 12 roses.
Combien de roses a-t-elle utilisées ?

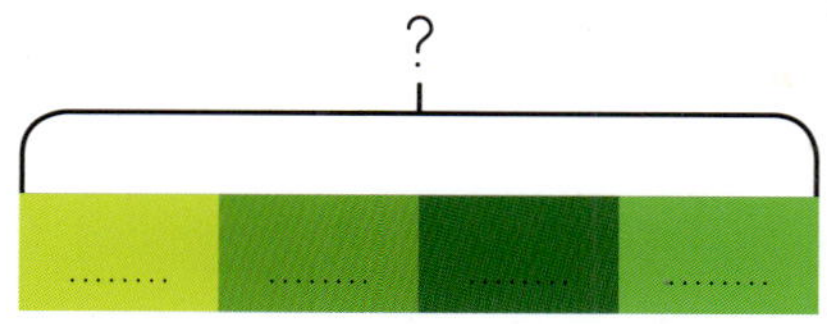

Problème 2 La maman de Fatou a 34 ans aujourd'hui.
Fatou lui a préparé un bouquet avec 12 roses rouges et 4 roses blanches.
Combien y a-t-il de roses dans le bouquet ?

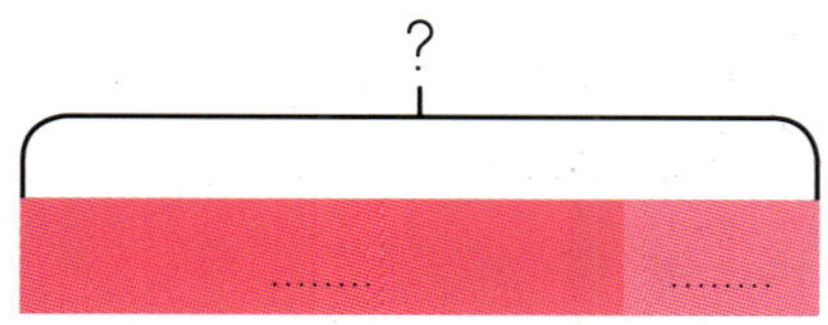

Problème 3 Lina avait 12 roses dans son jardin. Elle a coupé des roses pour faire un bouquet. Il reste maintenant 4 roses dans son jardin.
Combien de roses a-t-elle coupées ?

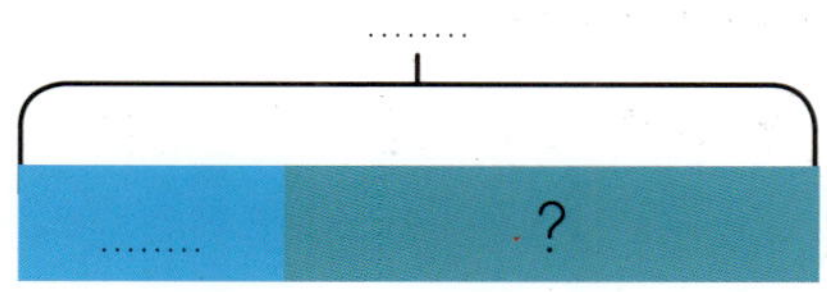

JE M'ENTRAINE

Résous les problèmes dans un cahier.
Commence par ceux avec le symbole ✖ puis résous les problèmes de ton choix.
Essaie d'en résoudre le plus possible.

✖ **Problème 4** Dans un parking, il y a de la place pour 20 voitures. 5 voitures sont déjà garées.
Trouve le nombre de places encore libres.

✖ **Problème 5** Dans un parking, il y a 5 rangées de 20 places.
Combien y a-t-il de places dans ce parking ?

Problème 6 20 voitures sont garées dans un parking. 5 voitures entrent.
Trouve le nombre de voitures qui sont garées maintenant dans le parking.

Problème 7 Il y a 20 élèves dans la classe. Pour participer à une rencontre de basket, le maitre constitue des équipes de 5 élèves.
Combien y aura-t-il d'équipes ?

1 Utiliser les nombres jusqu'à 200

Séance 1 — 45 min

Dénombrer des quantités inférieures à 100

→ REPRÉSENTER

Comprendre le fonctionnement de la numération écrite : principe décimal et principe de position.

MATÉRIEL ET SUPPORT
- 3 boites A, B et C contenant chacune une collection de cubes base 10 (Asco&Celda) ou de carrés des **planches 1 et 2** prédécoupées fournies avec le cahier de l'élève ***Maths au CE2*** :
  - collection A : 8 barres de 10 cubes,
  - collection B : 79 cubes,
  - collection C : 5 barres de 10 cubes et 31 cubes.
- 3 cartes avec respectivement une lettre, A, B ou C, pour le tirage au sort.
- Une feuille de recherche par groupe (**Materiel1.pdf**, page 1).

DÉROULEMENT DE LA SÉANCE

1 Recherche Dénombrer des collections entièrement, partiellement ou non groupées.	10 min	**Expérimentation** Groupes de 4
2 Mise en commun Associer diverses représentations d'un nombre.	10 min	**Manipulation** **Verbalisation** Oral collectif
3 Consolidation Dénombrer des collections d'objets représentées.	20 min	**Abstraction** Écrit individuel
4 Institutionnalisation Comprendre le fonctionnement de la numération écrite chiffrée.	5 min	**Verbalisation** **Abstraction** Oral collectif

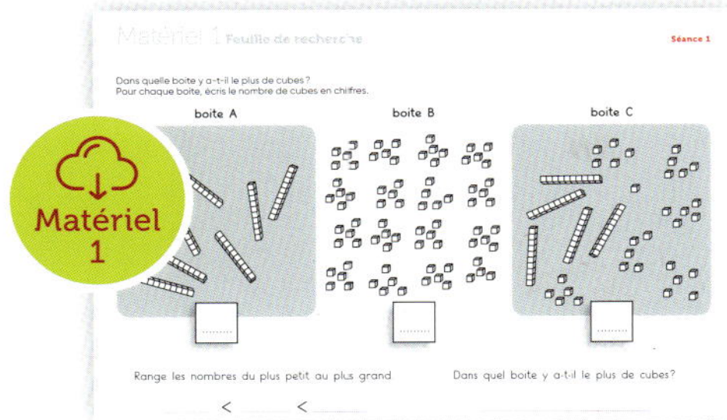

Chaque groupe doit dénombrer et comparer les trois collections de cubes.

DIFFÉRENCIATION

Les élèves qui rencontrent des difficultés sont regroupés auprès de l'enseignant pour effectuer la recherche en s'aidant de la manipulation (cubes base 10 ou carrés des **planches 1 et 2**). Exemple avec **5d + 31u**

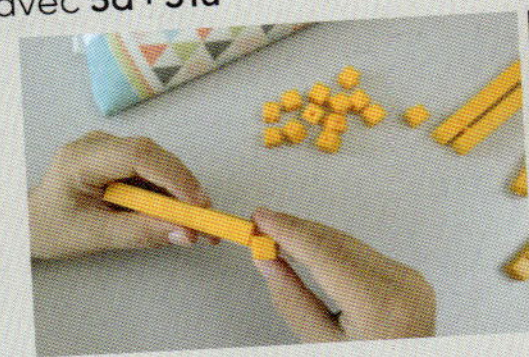

Pour la collection C (5d 31u), le groupement de 30 unités est effectué pour obtenir 3 dizaines et parvenir à une écriture du nombre où l'on voit toutes les dizaines : 8d 1u.

1 Recherche

Un groupe travaille avec les cubes base 10 alors que leurs camarades utilisent les carrés des **planches 1 et 2** du cahier.
Pour chaque groupe, les 3 collections de cubes ou de carrés sont réparties dans 3 boites A, B et C.

Trois enfants de la classe tirent au sort une carte où est inscrite une des 3 lettres A, B ou C.

Écrire au tableau les résultats du tirage au sort : par exemple, Tristan a le panier A, Aziz a le panier B et Louise a le panier C.

Pour gagner la partie, il faut avoir tiré au sort la lettre du panier qui contient le plus grand nombre de cubes.

Pour connaitre le gagnant, les groupes doivent comparer les trois collections de cubes et écrire les résultats sur la feuille de recherche (**Materiel1.pdf**, page 1).

2 Mise en commun

Pour chaque collection de cubes, inventorier les procédures utilisées pour dénombrer les collections de petits cubes.

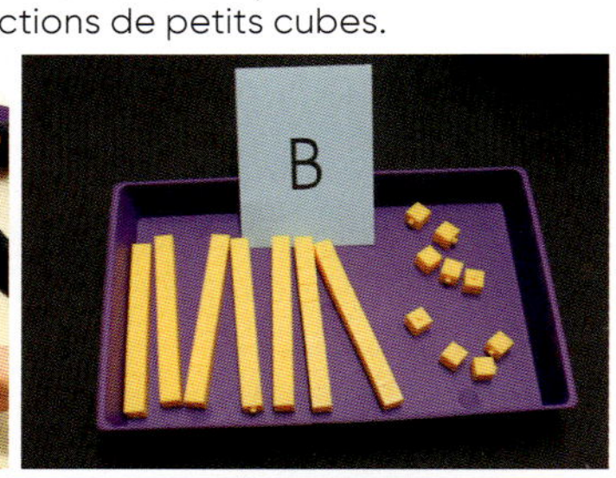

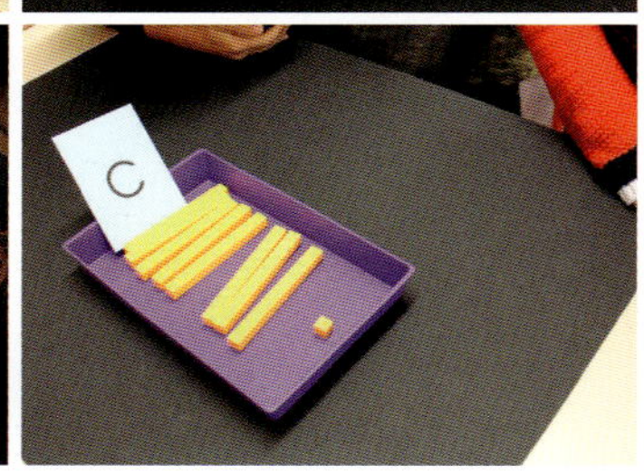

Procédures visées
- En utilisant uniquement la ***numération écrite***, dénombrer les dizaines et les unités puis produire une écriture chiffrée. On peut ainsi réussir à écrire le nombre sans dire son nom.
  Exemple avec le panier C. 5 barres de dix cubes et 31 cubes, c'est 5 d + 31 u, mais c'est aussi 5d + 3d + 1u : c'est donc 8d + 1u qui s'écrit 81.
- En utilisant la ***numération orale***, réciter la comptine en comptant de 10 en 10 pour dénombrer les groupes de 10 cubes puis de 1 en 1 pour dénombrer les cubes qui restent.
  Exemple avec le panier B. Effectuer les groupements par 10, puis compter les dizaines : *« dix, vingt, trente... soixante-dix »*. Puis dénombrer les unités : *« soixante-et-onze, soixante-douze... soixante-dix-neuf »*. Puis traduire *« soixante-dix-neuf »* avec une écriture chiffrée : 79.

Représenter au tableau les arbres de calculs des 3 collections.

Conclure quel élève remporte la partie : c'est celui qui a tiré la lettre C, Louise, puisque **81 > 80 > 79.**

Synthèse

Les écritures 5d 31u, 8d 1u et 81u désignent toutes le même nombre mais, avec les chiffres de l'écriture chiffrée, 81, je vois tout de suite combien il y a de dizaines et d'unités.
Dans 81, tous les groupements possibles sont effectués.

❸ Consolidation

1A

Les élèves s'entrainent avec les exercices de **ExoSup1.pdf**, page 1.

DIFFÉRENCIATION

- Les élèves qui rencontrent des difficultés sont regroupés auprès de l'enseignant pour effectuer les exercices en s'aidant de la manipulation (cubes base 10 ou carrés des **planches 1 et 2**).

Consigne : « Quatre enfants ont joué au jeu des cubes. Les résultats du tirage au sort sont notés dans le tableau. Écris le score de chaque enfant puis range les scores obtenus pour savoir qui a gagné. »

Exercice 1 Donner un exemple avec le premier enfant pour comprendre le fonctionnement du tableau.

1 - Complète le tableau pour connaitre le score de chaque enfant.

	barres	cubes	Score
Kim	4	34	....
Léo	2	57	....
Noa	6	18	....
Tom	1	60	....

Range les nombres du plus petit au plus grand. ..... < ..... < ..... < .....

Écris le nom du gagnant. ....

Exercice 2 Faire calculer le nombre de cubes connaissant le score.

2 - Complète le tableau.

	barres	cubes	Score
Layla	9	....	92
Cléa	8	....	97
Samira	....	18	98
Salomé	6	....	90

Range les nombres du plus petit au plus grand. ..... < ..... < ..... < .....

Écris le nom de la gagnante. ....

Exercice 3 Faire dénombrer la quantité de crayons et écrire le nombre en chiffres et en lettres.

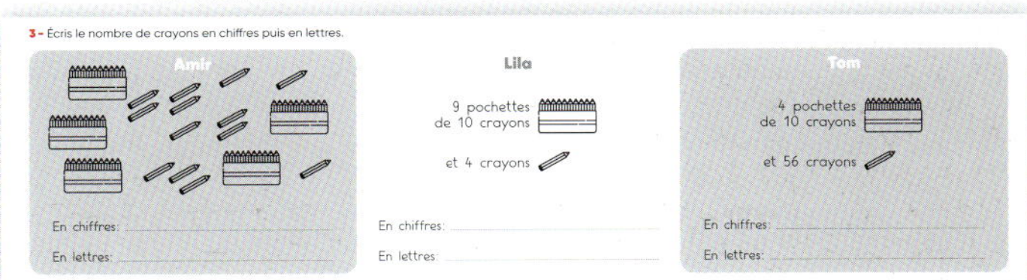

❹ Institutionnalisation

Ce qu'il faut retenir

Si j'assemble 10 cubes, j'obtiens une barre de 10 cubes : c'est une dizaine de cubes. Dès que j'ai 10 unités, je peux les grouper pour obtenir une dizaine.

3 dizaines et 24 unités, c'est 3 dizaines + 2 dizaines + 4 unités. C'est aussi 5 dizaines + 4 unités, ce qui s'écrit 54 (écriture chiffrée).

54 a deux chiffres : le chiffre des dizaines et celui des unités. L'ordre des chiffres indique de quelle unité il s'agit : à droite, les unités et à gauche les dizaines.

54 se lit « cinquante-quatre ».

Pour dénombrer une collection de 54 cubes, je peux aussi compter de 10 en 10 puis de 1 en 1 : *« dix, vingt, trente, quarante, cinquante, cinquante-et-un, cinquante-deux, cinquante-trois, cinquante-quatre. »*

Séance 2

45 min

Comprendre le fonctionnement de la numération écrite

→ **REPRÉSENTER**

Repérer les régularités dans la suite écrite des nombres de 0 à 99.

DÉROULEMENT DE LA SÉANCE

❶ Recherche Résoudre un problème en utilisant ses connaissances sur la numération écrite.	15 min	**Expérimentation** Écrit individuel puis groupes de 2
❷ Mise en commun Connaitre la valeur des chiffres en fonction de leur position	5 min	**Verbalisation** Oral collectif
❸ Nouvelle recherche Comprendre le fonctionnement de la numération écrite.	10 min	**Abstraction** Écrit individuel Oral collectif
❹ Entrainement Résoudre des problèmes dans un contexte similaire.	15 min	**Abstraction** Écrit individuel

❶ Recherche

Séquence 1

Présenter un livre et poser le problème à l'aide de l'animation **Séquence 1** :

Problème

Un livre a 98 pages.
Combien de fois le chiffre 5 est-il utilisé dans les numéros de pages ?

Après un temps de recherche individuelle, les élèves se concertent par groupes de 2 pour parvenir à une réponse commune.

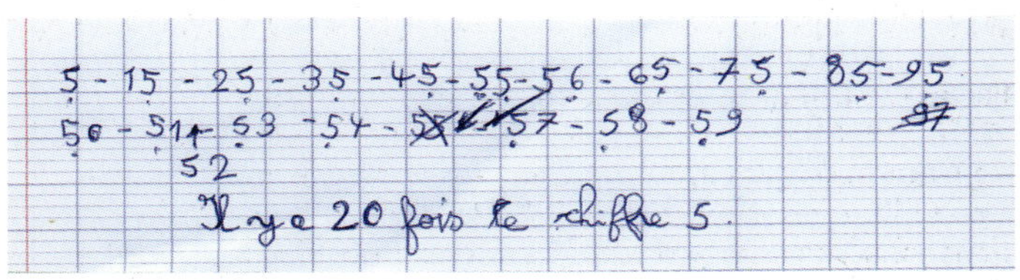

Production d'un élève qui a récité la suite des nombres dans sa tête en écrivant au fur et à mesure les nombres où apparait le chiffre 5 pour pouvoir les dénombrer.

1 Utiliser les nombres jusqu'à 200

Procédures observées
- Écrit la suite des nombres jusqu'à 98 puis dénombre les 5.
- Récite la suite des nombres dans sa tête et note uniquement les nombres où apparait le chiffre 5 puis les dénombre.
- Élabore un raisonnement : cherche d'abord tous les nombres avec le chiffre 5 aux unités puis tous les nombres avec le chiffre 5 aux dizaines ou inversement.

❷ Mise en commun

Séquence 1

Inventorier et confronter les procédures utilisées.

Vidéoprojeter le tableau (animation **Séquence 1**) des nombres pour valider la solution.

Revisiter le tableau pour comprendre son fonctionnement. Repérer la colonne des nombres qui ont 5 comme chiffre des unités puis la ligne des nombres qui ont 5 comme chiffre des dizaines.

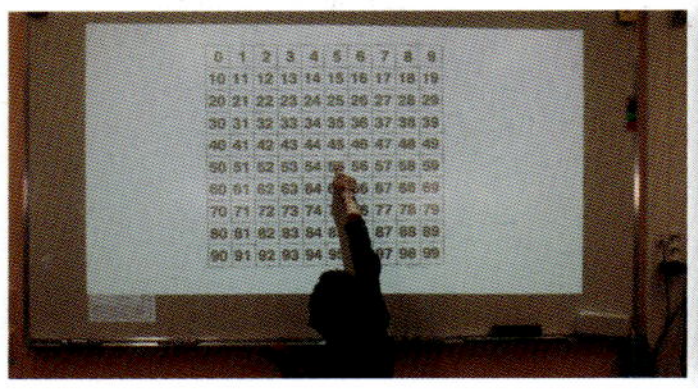

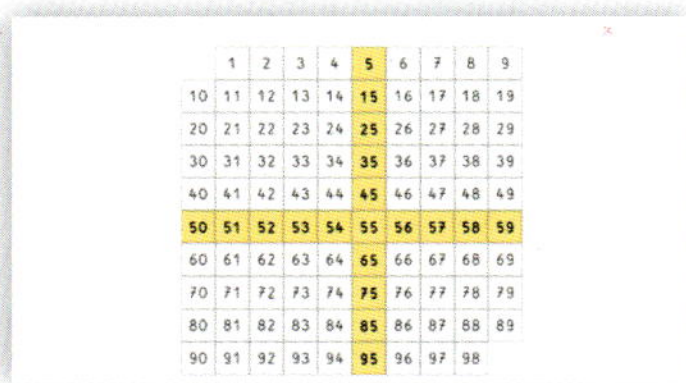

	1	2	3	4	5	6	7	8	9
10	11	12	13	14	15	16	17	18	19
20	21	22	23	24	25	26	27	28	29
30	31	32	33	34	35	36	37	38	39
40	41	42	43	44	45	46	47	48	49
50	51	52	53	54	55	56	57	58	59
60	61	62	63	64	65	66	67	68	69
70	71	72	73	74	75	76	77	78	79
80	81	82	83	84	85	86	87	88	89
90	91	92	93	94	95	96	97	98	

Faire comprendre comment la suite des nombres est organisée de 0 à 99 : un chiffre apparait dix fois comme chiffre des unités et un chiffre sert dix fois comme chiffre des dizaines.

❸ Nouvelle recherche

Séquence 1

Vidéoprojeter le morceau de tableau des nombres de 0 à 99 et demander à chacun d'écrire sur l'ardoise le nombre qui devrait se trouver dans la case avec les petits points.

Puis pointer du doigt successivement les autres cases vides en demandant à chaque fois d'écrire sur l'ardoise le nombre qui devrait se trouver dans la case pointée.

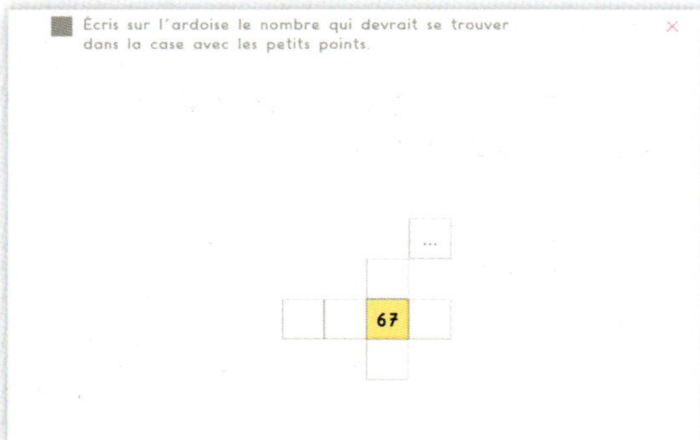

Synthèse

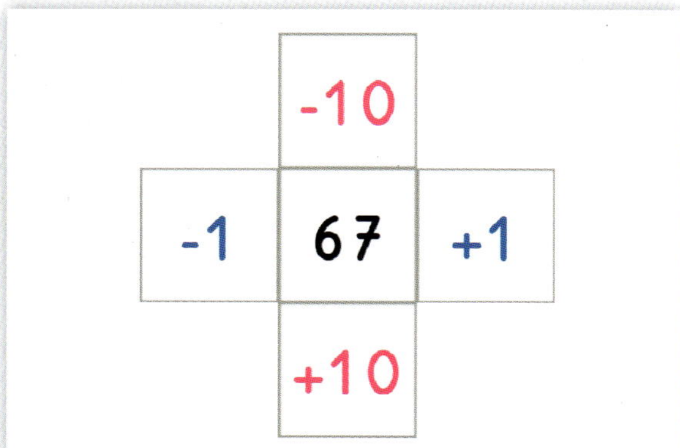

Rappeler le fonctionnement du tableau des nombres.
- Les nombres placés dans la même ligne ont tous le même chiffre des dizaines. Pour passer d'une case à l'autre, on ajoute ou on retire 1.
- Les nombres placés dans la même colonne ont tous le même chiffre des unités. Pour passer d'une case à l'autre, on ajoute ou on retire 10.

❹ Entrainement

1B

Les élèves s'exercent avec les exercices de **ExoSup1.pdf**, page 2.

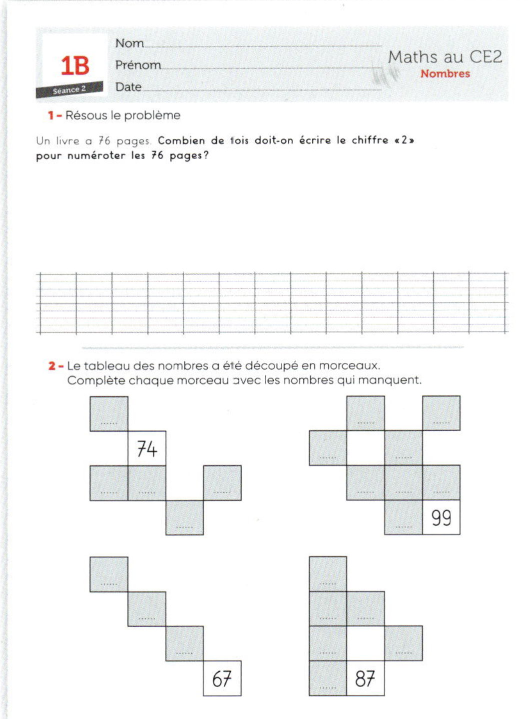

1B Séance 2 Nom Prénom Date — Maths au CE2 Nombres

1 - Résous le problème

Un livre a 76 pages. **Combien de fois doit-on écrire le chiffre « 2 » pour numéroter les 76 pages ?**

2 - Le tableau des nombres a été découpé en morceaux. Complète chaque morceau avec les nombres qui manquent.

Solution de l'exercice 1

Le chiffre 2 est écrit 18 fois dans un livre de 76 pages : 10 fois comme chiffre des dizaines de 20 à 29 et 8 fois comme chiffre des unités de 2 à 72.

Séquence 1

Séance 3

45 min

Dénombrer des quantités jusqu'à 200

→ REPRÉSENTER

Comprendre le fonctionnement de la numération écrite : principe décimal et principe de position.

MATÉRIEL ET SUPPORT
- 4 boites A, B, C et D contenant chacune une collection de cubes base 10 (ou de carrés des **planches 1 et 2** du cahier ***Maths au CE2***) :
  - collection A : 15 barres de 10 cubes et 14 cubes
  - collection B : 1 plaque de 100 cubes et 70 cubes
  - collection C : 162 cubes
  - collection D : 20 barres de 10 cubes.
- 4 cartes avec respectivement une lettre, A, B, C ou D, pour le tirage au sort.
- Une feuille de recherche par groupe (**Materiel1.pdf**, page 2).

DÉROULEMENT DE LA SÉANCE

❶ **Recherche** Dénombrer des collections entièrement, partiellement ou non groupées.	10 min	**Expérimentation** Groupes de 2
❷ **Mise en commun** Associer diverses représentations d'un nombre.	10 min	**Manipulation** **Verbalisation** Oral collectif
❸ **Entrainement** Comparer et ranger des quantités jusqu'à 200.	20 min	**Abstraction** Écrit individuel
❹ **Institutionnalisation** Comprendre le fonctionnement de la numération écrite chiffrée.	5 min	**Verbalisation** **Abstraction** Oral collectif

❶ Recherche

Demander à quatre enfants de venir tirer une lettre au sort : A, B, C ou D. Pour gagner une partie, il faut tirer au sort la lettre correspondant à la boite qui contient le plus grand nombre de petits cubes. Écrire au tableau les résultats du tirage au sort. Pour connaitre le gagnant, les élèves doivent comparer les quatre collections de cubes A, B, C et D et écrire leurs résultats sur la feuille de recherche (**Materiel1.pdf**, page 2).

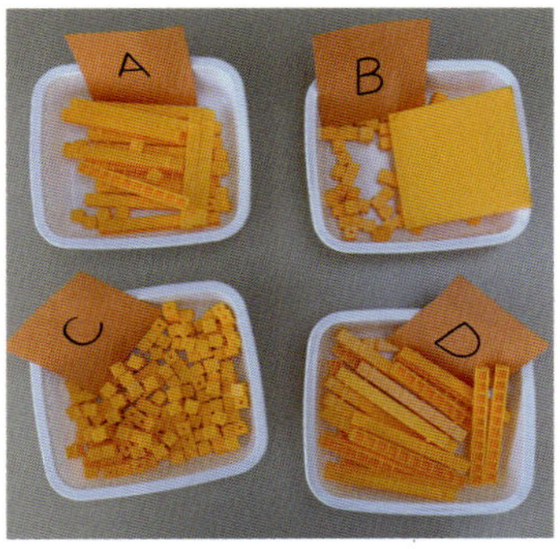

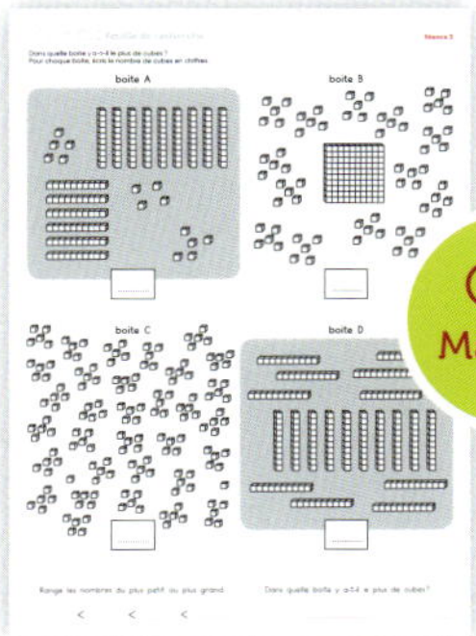

Matériel 1

Chaque groupe doit dénombrer et comparer les 4 collections de cubes.

DIFFÉRENCIATION

- Les élèves qui rencontrent des difficultés sont regroupés auprès de l'enseignant pour effectuer la recherche en s'aidant de la manipulation (cubes base 10 ou carrés des **planches 1 et 2**).

Exemple avec 1c 70u

Le groupement de 70 petits cubes est effectué pour obtenir 7 barres de 10 cubes, 7 dizaines.

Une fois tous les groupements possibles effectués, le nombre est désigné avec l'écriture chiffrée 170.

❷ Mise en commun

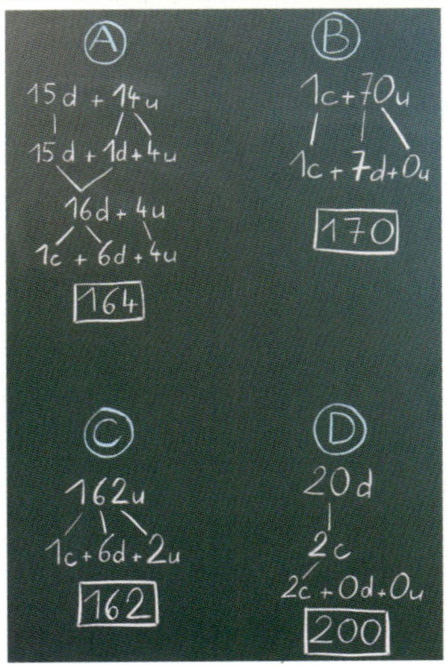

Représenter au tableau les arbres de calculs des 4 collections.

Conclure quel élève remporte la partie : c'est celui qui a tiré la lettre D, puisque

200 > 170 > 164 > 162.

Deux types de procédures sont possibles, celle qui utilise uniquement la **numération écrite** sans avoir besoin de dire le nom des nombres et celle qui utilise la **numération orale** en commençant par dire 100 puis en comptant de 10 en 10 puis de 1 en 1 avant d'écrire le nombre obtenu oralement.

Demander à des élèves de grouper 10 barres de 10 cubes pour obtenir une plaque de 100 cubes. Rappeler que 10 dizaines de 10 cubes, c'est une plaque de cent cubes : c'est donc une centaine de cubes. Amener les élèves à comprendre, par exemple, que 15d, c'est aussi 10d + 5d et donc 1c + 5d + 0u mais aussi 150u qui s'écrit 150.

❸ Entrainement

1C

Les élèves s'exercent avec les exercices de **ExoSup1.pdf**, page 3.

DIFFÉRENCIATION

- Les élèves qui rencontrent des difficultés sont regroupés auprès de l'enseignant pour effectuer la recherche en s'aidant de la manipulation (cubes base 10 ou carrés des **planches 1 et 2**).

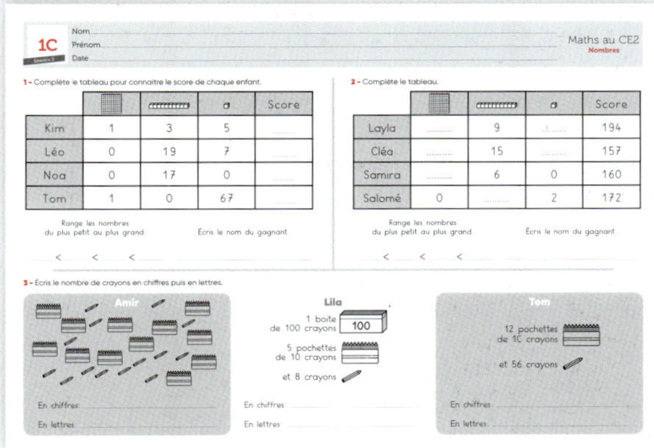

1C Nom ……… Prénom ……… Date ……… Maths au CE2 Nombres

1 - Complète le tableau pour connaitre le score de chaque enfant.

	centaines	dizaines	unités	Score
Kim	1	3	5	………
Léo	0	19	7	………
Noa	0	17	0	………
Tom	1	0	67	………

Range les nombres du plus petit au plus grand : ……… < ……… < ……… < ………

Écris le nom du gagnant ………

2 - Complète le tableau.

	centaines	dizaines	unités	Score
Layla	………	9	………	194
Cléa	………	15	………	157
Samira	………	6	0	160
Salomé	0	………	2	172

Range les nombres du plus petit au plus grand : ……… < ……… < ……… < ………

Écris le nom du gagnant ………

3 - Écris le nombre de crayons en chiffres puis en lettres.

Amir — En chiffres : ……… En lettres : ………

Lila — 1 boite de 100 crayons (100), 5 pochettes de 10 crayons et 8 crayons — En chiffres : ……… En lettres : ………

Tom — 12 pochettes de 10 crayons et 56 crayons — En chiffres : ……… En lettres : ………

❹ Institutionnalisation

Ce qu'il faut retenir

Si j'assemble 10 barres de 10 cubes, j'obtiens une plaque de 100 cubes. Dès que j'ai dix dizaines, je peux les grouper pour obtenir une centaine.

14 dizaines et 6 unités, c'est aussi 1 centaine 4 dizaines et 6 unités qui s'écrit 146.

Remarquer que 146 a trois chiffres : le chiffre des centaines, le chiffre des dizaines et celui des unités. L'ordre des chiffres indique de quelle unité de numération il s'agit.

Séance 4

30 min

Comprendre le fonctionnement de la numération écrite

M-12/09

→ **REPRÉSENTER**

Repérer les régularités dans la suite écrite des nombres de 0 à 199.

DÉROULEMENT DE LA SÉANCE

❶ Recherche Résoudre un problème en utilisant ses connaissances sur la numération écrite.	10 min	**Expérimentation** Écrit individuel puis groupes de 2
❷ Mise en commun Connaitre la valeur des chiffres en fonction de leur position.	5 min	**Verbalisation** Oral collectif
❸ Nouvelle recherche Comprendre le fonctionnement de la numération écrite.	15 min	**Abstraction** Écrit individuel Oral collectif

❶ Recherche

Séquence 1

Présenter un livre et poser le problème à l'aide de l'animation **Séquence 1**.

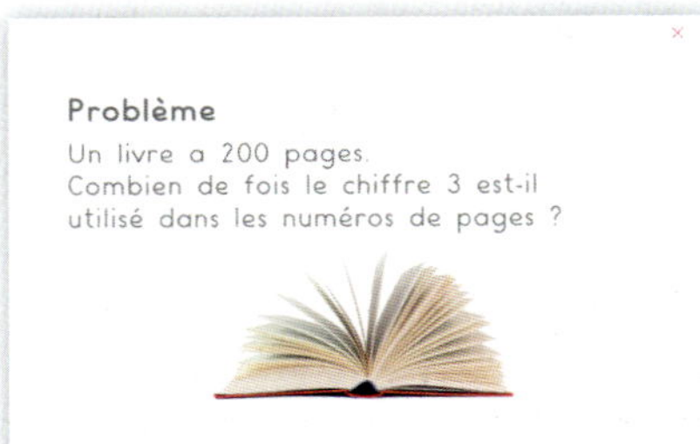

1 Utiliser les nombres jusqu'à 200

Après un temps de recherche individuelle, les élèves se concertent par groupes de 2 pour parvenir à une réponse commune.

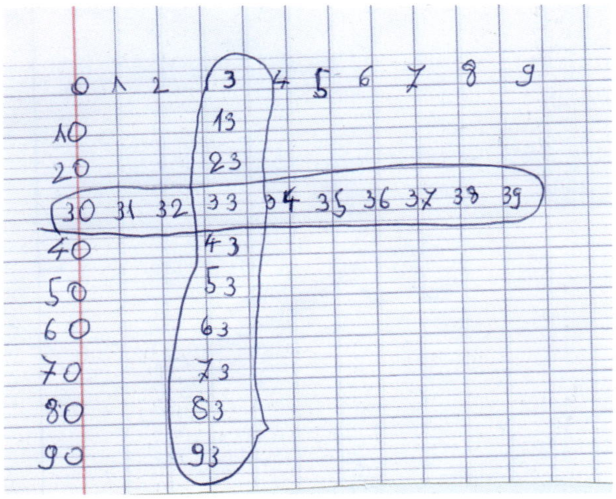

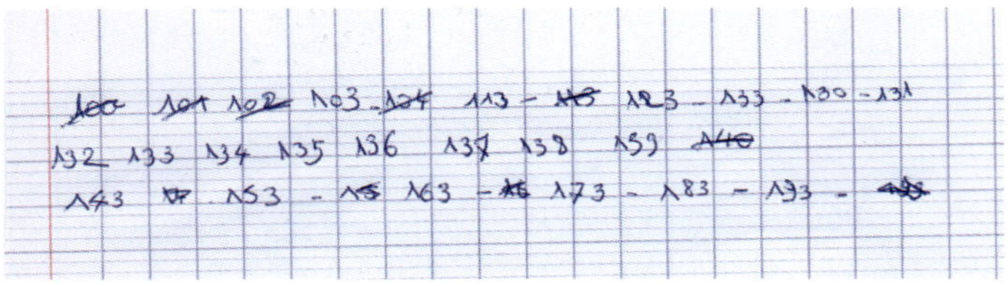

Productions d'élèves

Procédures observées

- Récite la suite des nombres dans sa tête et note uniquement les nombres où apparait le chiffre 3 puis les dénombre.
- Représente les colonnes et les lignes du tableau des nombres où apparait le chiffre 3 pour les dénombrer.
- Élabore un raisonnement : cherche d'abord tous les nombres avec le chiffre 3 aux unités puis tous les nombres avec le chiffre 3 aux dizaines ou inversement.

❷ Mise en commun

Inventorier et confronter les procédures utilisées.

Faire comprendre comment la suite des nombres est organisée de 0 à 99 : un chiffre apparait dix fois comme chiffre des unités et un chiffre sert dix fois comme chiffre des dizaines.

Le raisonnement est identique pour les nombres de 100 à 199 sauf pour le chiffre 1 qui apparait aussi en plus cent fois comme chiffre des centaines.

	1	2	3	4	5	6	7	8	9
10	11	12	13	14	15	16	17	18	19
20	21	22	23	24	25	26	27	28	29
30	31	32	33	34	35	36	37	38	39
40	41	42	43	44	45	46	47	48	49
50	51	52	53	54	55	56	57	58	59
60	61	62	63	64	65	66	67	68	69
[illegible]	71	72	73	74	75	76	77	78	79
[illegible]	[illegible]	82	83	84	85	86	87	88	89
[illegible]	[illegible]	92	93	94	95	96	97	98	99
[illegible]	[illegible]	102	103	104	105	106	107	108	109
[illegible]	111	112	113	114	115	116	117	118	119
120	121	122	123	124	125	126	127	128	129
130	131	132	133	134	135	136	137	138	139
140	141	142	143	144	145	146	147	148	149
150	151	152	153	154	155	156	157	158	159
160	161	162	163	164	165	166	167	168	169
170	171	172	173	174	175	176	177	178	179
180	181	182	183	184	185	186	187	188	189
190	191	192	193	194	195	196	197	198	199
200									

Séquence 1

Le chiffre 3 apparait 20 fois de 0 à 99 et 20 fois de 100 à 199.

Solution *Le chiffre 3 est écrit 40 fois dans un livre de 200 pages.*

❸ Nouvelle recherche

Séquence 1

Présenter un livre et poser le problème à l'aide de l'animation **Séquence 1**.

Problème

Un livre a 200 pages.
Combien de fois le chiffre 1 est-il utilisé dans les numéros de pages ?

Le chiffre 1 apparait 20 fois de 0 à 99.

	1	2	3	4	5	6	7	8	9
10	11	12	13	14	15	16	17	18	19
20	21	22	23	24	25	26	27	28	29
30	31	32	33	34	35	36	37	38	39
40	41	42	43	44	45	46	47	48	49
50	51	52	53	54	55	56	57	58	59
60	61	62	63	64	65	66	67	68	69
70	71	72	73	74	75	76	77	78	79
80	81	82	83	84	85	86	87	88	89
90	91	92	93	94	95	96	97	98	99
100	101	102	103	104	105	106	107	108	109
110	111	112	113	114	115	116	117	118	119
120	121	122	123	124	125	126	127	128	129
130	131	132	133	134	135	136	137	138	139
140	141	142	143	144	145	146	147	148	149
150	151	152	153	154	155	156	157	158	159
160	161	162	163	164	165	166	167	168	169
170	171	172	173	174	175	176	177	178	179
180	181	182	183	184	185	186	187	188	189
190	191	192	193	194	195	196	197	198	199
200									

De 100 à 199, le chiffre 1 apparait 10 fois comme chiffre des unités, 10 fois comme chiffre des dizaines... et 100 fois comme chiffre des centaines.

Solution *Le chiffre 1 est écrit 140 fois dans un livre de 200 pages.*

Séance 5

30 min

Bilan des apprentissages

Les élèves font les exercices du cahier de l'élève ***Maths au CE2*** (Pour les exercices 8, 9 et 10, les élèves écrivent leurs réponses dans un cahier).

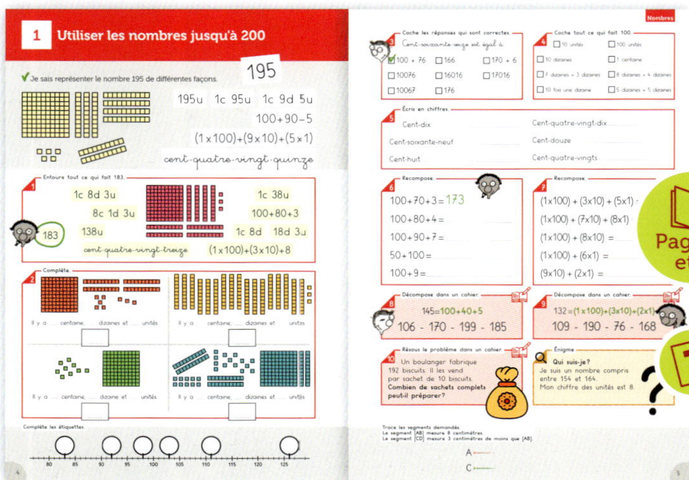

Pages 4 et 5

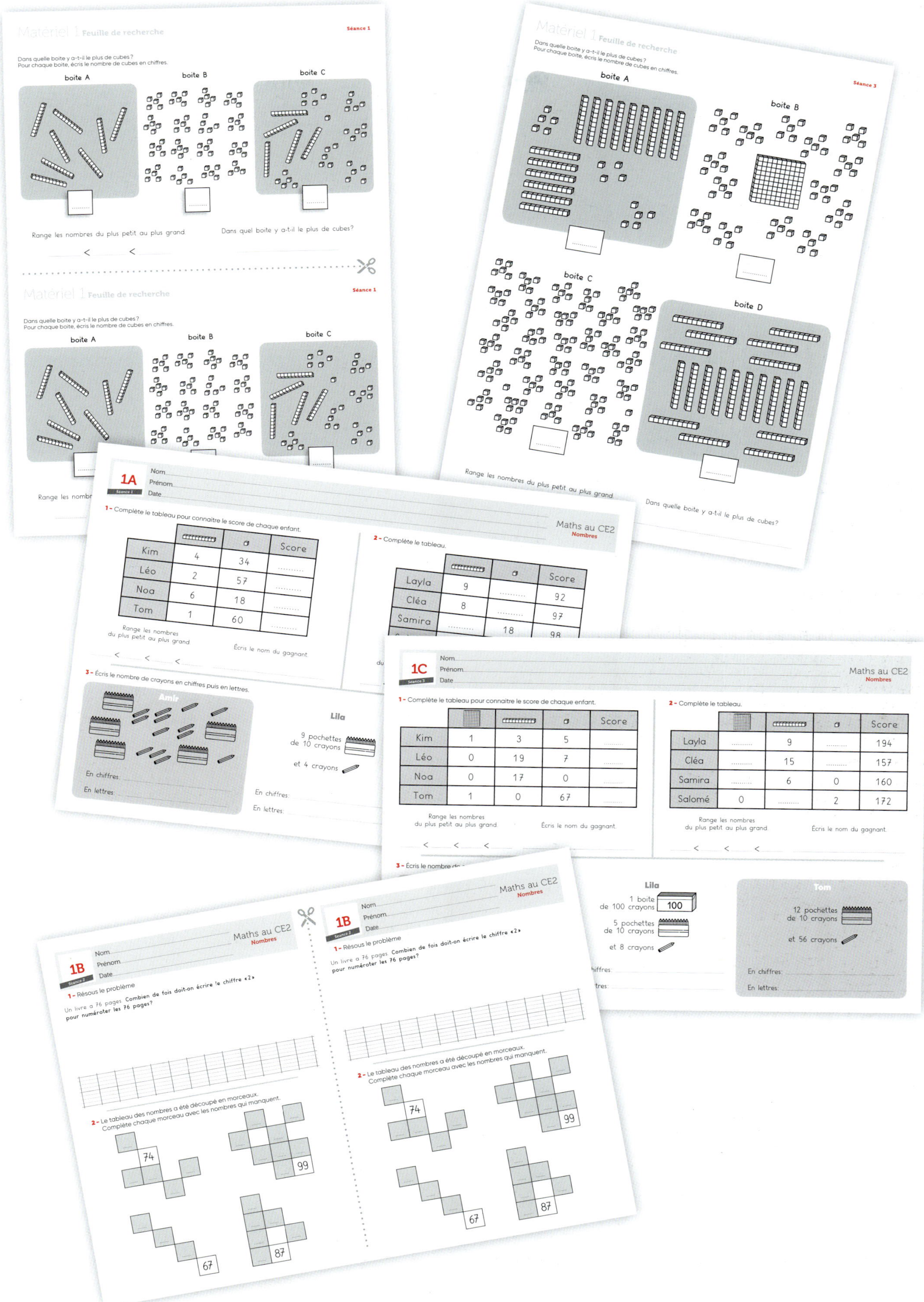
Matériel 1 Feuille de recherche
Séance 1
Dans quelle boite y a-t-il le plus de cubes ?
Pour chaque boite, écris le nombre de cubes en chiffres.
boite A
boite B
boite C
Range les nombres du plus petit au plus grand
Dans quel boite y a-t-il le plus de cubes?
Séance 3
boite D
1A
Nom
Prénom
Date
Maths au CE2
Nombres
1 - Complète le tableau pour connaître le score de chaque enfant.
2 - Complète le tableau.
Écris le nom du gagnant.
3 - Écris le nombre de crayons en chiffres puis en lettres.
Amir
Lila
9 pochettes de 10 crayons
et 4 crayons
En chiffres
En lettres
1C
1 boite de 100 crayons
5 pochettes de 10 crayons
et 8 crayons
Tom
12 pochettes de 10 crayons
et 56 crayons
1B
1 - Résous le problème
Un livre a 76 pages. Combien de fois doit-on écrire le chiffre «2» pour numéroter les 76 pages?
2 - Le tableau des nombres a été découpé en morceaux.
Complète chaque morceau avec les nombres qui manquent.

15 min par jour

Calcul mental

- Écrire en lettres les nombres de 0 à 200.
- Connaitre les doubles et les moitiés des nombres d'usage courant.

L 18/09

Séance 1

Matériel Calcul 2

J. 13/09

❶ Dictée de nombres jusqu'à 200 — 1 min

Écrire les nombres en chiffres sur l'ardoise : « ***soixante-quatorze*** » et « ***cent-vingt-huit*** ».

❷ Compléments à la dizaine supérieure ou inférieure : évaluation — 4 min

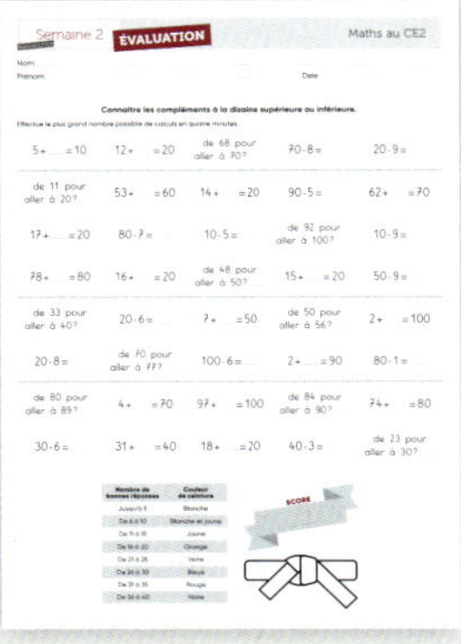

L'enseignant propose l'évaluation de **MaterielCalcul2.pdf**, page 1.

Consigne *« La feuille que je vais vous distribuer comporte de nombreux calculs. Vous allez avoir quatre minutes pour y répondre. Le but est de répondre juste au plus grand nombre de calculs possible. Plus tard, je vous proposerai à nouveau cet exercice pour que vous puissiez mesurer vos progrès. »*

❸ Doubles et moitiés : réactivation — 10 min

L'enseignant pose les questions une à une oralement en demandant une réponse rapide (moins de 10 secondes).
Les élèves répondent sur l'ardoise.

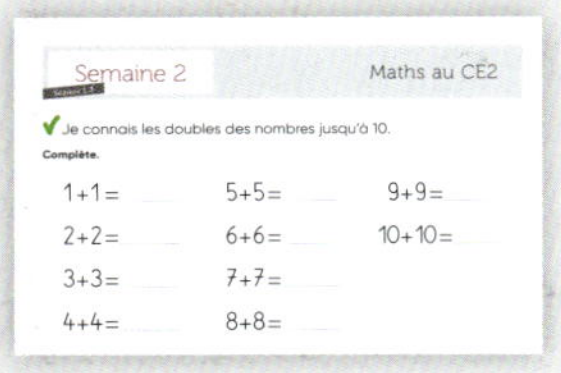
Semaine 2 — Maths au CE2
✓ Je connais les doubles des nombres jusqu'à 10.
Complète.
1+1= 5+5= 9+9=
2+2= 6+6= 10+10=
3+3= 7+7=
4+4= 8+8=

Calculer le double de : **5, 7, 4, 9, 6, 8**.

Calculer la moitié de : **6, 16, 12, 18, 14**.

Mettre les résultats par écrit sur **MaterielCalcul2.pdf**, page 2.

Séance 2

Matériel Calcul 2

❶ Dictée de nombres jusqu'à 200 — 1 min

Écrire les nombres en chiffres sur l'ardoise : « ***cent-quatre-vingt-six*** » et « ***cent-neuf*** ».

V 14/09

❷ Compléments à la dizaine supérieure ou inférieure : consolidation — 4 min

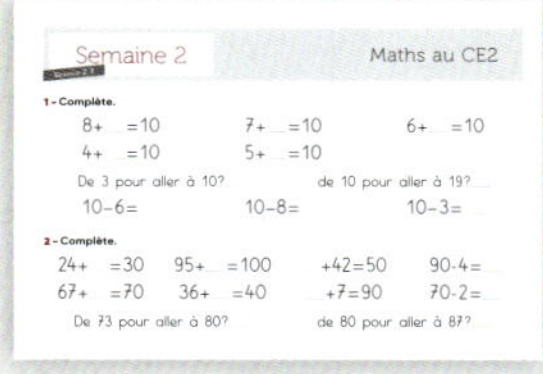
Semaine 2 — Maths au CE2

Les calculs à effectuer sont ceux de **MaterielCalcul2.pdf**, page 3, les résultats sont à donner sur cette photocopie ou dans un cahier.

❸ Doubles et moitiés : réactivation — 10 min

L'enseignant pose les questions une à une oralement sans contrainte de temps. Les élèves répondent sur l'ardoise.

- Calculer le double de : **10, 12, 14, 15, 11.**

Procédure visée
Pour le **double de 14.** Décomposer 14 en 10 + 4. Le double de 14, c'est le double de 10 + le double de 4. C'est 20 + 8 = 28.

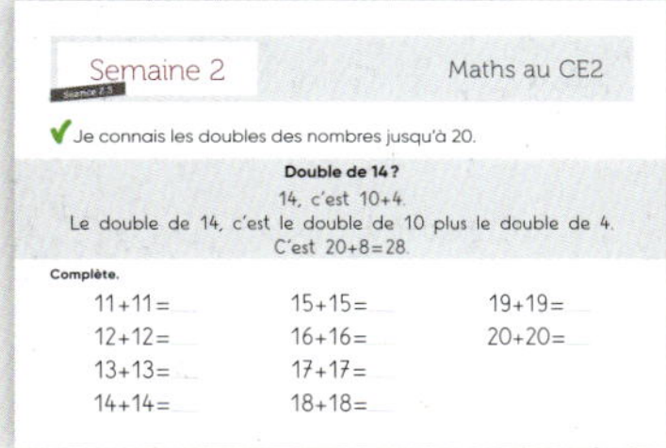
Semaine 2 — Maths au CE2
✓ Je connais les doubles des nombres jusqu'à 20.
Double de 14 ?
14, c'est 10+4.
Le double de 14, c'est le double de 10 plus le double de 4.
C'est 20+8=28.
Complète.
11+11= 15+15= 19+19=
12+12= 16+16= 20+20=
13+13= 17+17=
14+14= 18+18=

- Calculer la moitié de : **28, 22, 26, 30, 24.**

Procédure visée
Pour la **moitié de 28.** Décomposer 28 en 20 + 8. La moitié de 28, c'est la moitié de 20 + la moitié de 8. C'est 10 + 4 = 14.

Mettre les résultats par écrit sur **MaterielCalcul2.pdf**, page 4.

Séance 3

❶ Dictée de nombres jusqu'à 200 — 1 min

Écrire les nombres en chiffres sur l'ardoise : « ***quatre-vingt-seize*** » et « ***cent-quatre-vingt-dix-neuf*** ».

❷ Compléments à la dizaine supérieure ou inférieure : évaluation — 4 min

Proposer à nouveau l'évaluation de la séance 1 pour permettre aux élèves de mesurer leurs progrès.

❸ Doubles et moitiés : réactivation — 10 min

L'enseignant pose les questions une à une oralement sans contrainte de temps. Les élèves répondent sur l'ardoise.

- Calculer le double de : **19, 17, 16, 18.**

Procédure visée
Pour le **double de 19.** Décomposer 19 en 10 + 9. Le double de 19, c'est le double de 10 + le double de 9. C'est 20 + 18 = 20 + 10 + 8 = 38.

- Calculer la moitié de : **38, 34, 32, 36.**

Procédure visée
Pour la **moitié de 38.** Décomposer 38 en 30 + 8. La moitié de 38, c'est la moitié de 30 + la moitié de 8. C'est 15 + 4 = 19.

Mettre les résultats par écrit sur **MaterielCalcul2.pdf**, page 5.

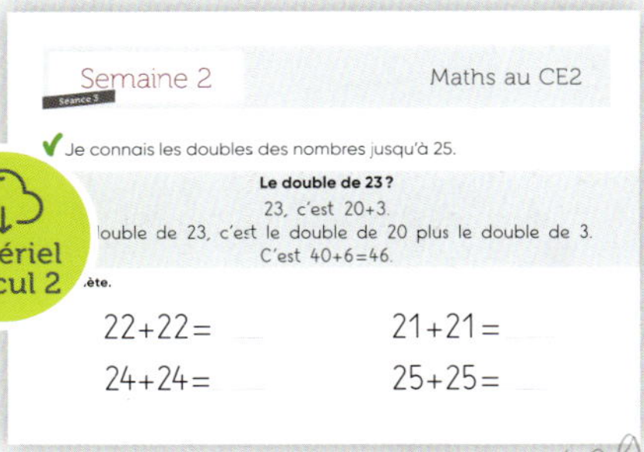
Semaine 2 — Maths au CE2
✓ Je connais les doubles des nombres jusqu'à 25.
Le double de 23 ?
23, c'est 20+3.
…ouble de 23, c'est le double de 20 plus le double de 3.
C'est 40+6=46.
22+22= 21+21=
24+24= 25+25=

Matériel Calcul 2

M 19/09

Séance 4

❶ Dictée de nombres jusqu'à 200 — 1 min

Écrire les nombres en chiffres sur l'ardoise : « ***deux-cents*** » et « ***cent-soixante-dix*** ».

❷ Tables d'addition : réactivation — 4 min

L'enseignant pose les questions une à une oralement sans contrainte de temps. Les élèves répondent sur l'ardoise.

3 + 8 7 + 2 4 + 9 5 + 7 6 + 8

Procédure visée
Pour **5 + 7.** Mettre le plus grand nombre devant : 5 + 7 = 7 + 5
puis décomposer 5 pour obtenir un complément à 10 : 7 + 5 = 7 + 3 + 2 = 12.

❸ Doubles et moitiés : réinvestissement — 10 min

Résoudre les petits problèmes oraux sur l'ardoise.

« Tom a 15 ans. Son cousin Quentin a le double de son âge.
Quel est l'âge de Quentin ? »

« Nathan a 26 ans. Sa sœur Lili a la moitié de son âge.
Quel âge Lili a-t-elle ? »

« Aziz a acheté deux paquets de 14 images.
Combien d'images a-t-il achetées ? »

« Quel est le prix de deux chemises qui coutent 18 € chacune ? »

« Lili et Tom se partagent un paquet de 32 images.
Chaque enfant doit recevoir le même nombre d'images.
Combien d'images chaque enfant aura-t-il ? »

Calcul@tice Les élèves travaillent en autonomie sur les ordinateurs de la classe

calculatice.ac-lille.fr > les exercices > Niveau CE2

- Mémoriser la table d'addition : **calcul@kart**
- Compléments à 10, 20… : **Boule et Boule**

45 min par semaine

Atelier problèmes

Résoudre des problèmes additifs et multiplicatifs : les modéliser à l'aide de schémas

Page 9

Atelier 2

CHERCHONS ENSEMBLE

Résous les problèmes et complète les schémas.

Problème 1 Dans mes coffres, j'ai 227 perles. J'en ai 110 dans mon coffre vert.
Combien en ai-je dans mon coffre rouge ?

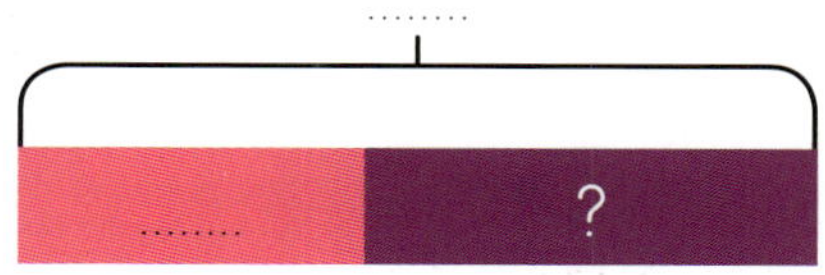

Problème 2 Dans ma boite, il y avait des images.
J'en ai distribué 56 et il m'en reste encore 217.
Combien y avait-il d'images dans ma boite avant que j'en distribue ?

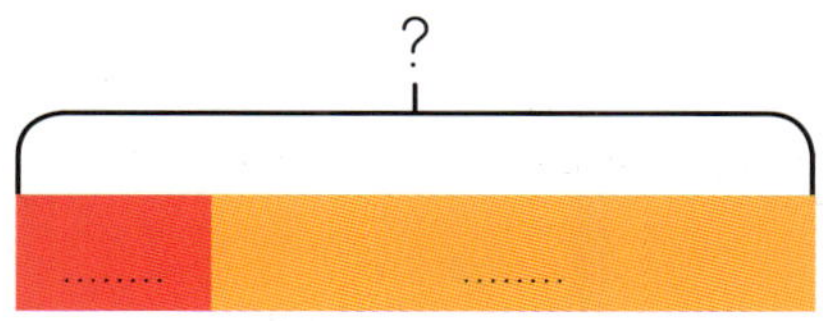

Problème 3 Dans la salle, il y a 3 rangées de 6 chaises.
Combien de personnes peuvent s'assoir ?

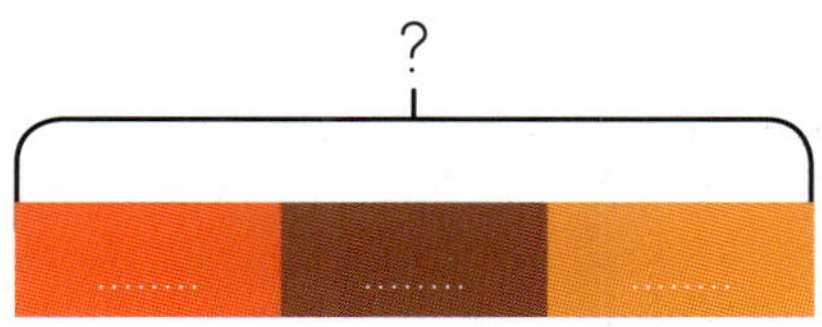

JE M'ENTRAINE

Résous les problèmes dans un cahier.
Commence par ceux avec le symbole ✖ puis résous les problèmes de ton choix.
Essaie d'en résoudre le plus possible.

✖ Problème 4 Dans une classe de CE2, il y a 26 élèves. 12 sont des garçons.
Combien y a-t-il de filles ?

✖ Problème 5 La marchande de journaux a vendu 234 journaux ce matin et 150 cet après-midi.
Combien en a-t-elle vendu aujourd'hui ?

Problème 6 Un cinéma peut accueillir 468 personnes.
La caissière a vendu 350 billets.
Combien de places sont inoccupées ?

Problème 7 La directrice de l'école veut acheter 13 ballons de basket.
Un ballon coute 5 €.
Combien va-t-elle payer pour les 13 ballons ?

2 Utiliser les nombres jusqu'à 1 000

Séance 1 — 30 min

Dénombrer des quantités jusqu'à 1 000

→ **REPRÉSENTER**

Dénombrer des collections de cubes en utilisant des groupements par 100 et par 10.

MATÉRIEL ET SUPPORT
- Des cubes base 10 (Celda) pour mener la manipulation collective : 7 plaques de 100 cubes, 23 barres de 10 cubes et 27 cubes (ou matériel des **planches 1 et 2** du cahier ***Maths au CE2***).
- Une feuille de recherche par groupe (**Materiel2.pdf**, page 1).

DÉROULEMENT DE LA SÉANCE

1 Recherche Dénombrer une collection de 957 cubes partiellement groupée.	10 min	**Expérimentation** Groupes de 2
2 Mise en commun Inventorier et confronter les procédures utilisées.	5 min	**Manipulation** **Verbalisation** Oral collectif
3 Entrainement Dénombrer des collections de cubes et les désigner par une écriture chiffrée.	10 min	**Abstraction** Écrit individuel
4 Institutionnalisation Comprendre le fonctionnement de la numération écrite chiffrée.	5 min	**Verbalisation** **Abstraction** Oral collectif

1 Recherche

Matériel 2

Annoncer aux élèves que la directrice a apporté une boite de petits cubes pour la classe et que vous voulez savoir combien de cubes cette boite contient.
On peut remplacer les cubes par le matériel des **planches 1 et 2**.

Présenter la collection de cubes et expliquer que cette collection est représentée sur le document **Materiel2.pdf**, page 1.

Consigne « Chaque équipe de deux élèves doit trouver le nombre de cubes représentés sur le document et écrire ce nombre. »

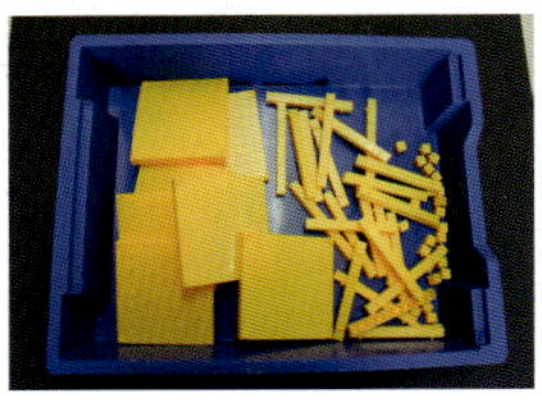

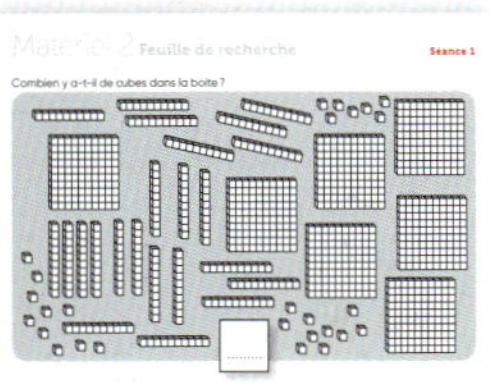

Dénombrer une collection de 7 plaques de 100 cubes, 23 barres de 10 cubes et 27 cubes.

2 Mise en commun

Séquence 2

Écrire au tableau, avec les unités de numération, le nombre de cubes tel que la collection est organisée : 7c + 23d + 27u.

Vidéoprojeter l'animation **Séquence 2** pour entourer les dizaines et les centaines non groupées puis coder avec une écriture chiffrée.

Tracer un arbre de calculs au tableau pour faire comprendre que 7c + 23d + 27u peut s'écrire 9c 5d 7u ou 957 avec une écriture chiffrée.

Valider le résultat en manipulant le matériel pour terminer les groupements de cubes non effectués.

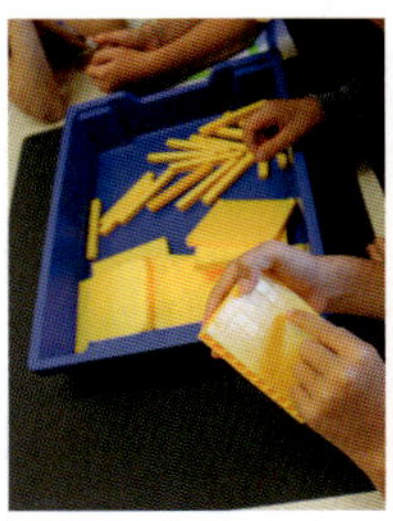

Dans 957, c'est la position des chiffres dans le nombre qui indique de quelle unité de numération il s'agit : à droite les unités, au milieu les dizaines et à gauche les centaines.

3 Entrainement

2A

Les élèves s'exercent avec les exercices de **ExoSup2.pdf**, page 1.

DIFFÉRENCIATION
- Les élèves qui rencontrent des difficultés sont regroupés auprès de l'enseignant pour effectuer la recherche en s'aidant de la manipulation (cubes base 10 ou carrés des **planches 1 et 2**).

Exercice 1 Expliquer que quatre enfants ont joué au jeu des cubes découvert au cours de la séquence 1.
Les résultats du tirage au sort sont notés dans un tableau.

1 - Complète le tableau pour connaitre le score de chaque enfant.

	(plaque)	(barre)	(cube)	Score
Kim	7	9	3	....
Léo	0	85	1	....
Noa	0	34	0	....
Tom	2	30	0	....

Range les nombres du plus petit au plus grand. ..... < ..... < ..... < .....

Écris le nom du gagnant ....

Exercice 2 Faire calculer le nombre de cubes connaissant le score.

2 - Complète le tableau.

	(plaque)	(barre)	(cube)	Score
Layla	....	4	....	349
Cléa	....	67	....	673
Samira	9	....	....	901
Salomé	0	....	8	648

Range les nombres du plus petit au plus grand. ..... < ..... < ..... < .....

Écris le nom de la gagnante ....

Exercice 3 Faire dénombrer le quantité de crayons et écrire le nombre en chiffres et en lettres.

3 - Écris le nombre de crayons en chiffres puis en lettres.

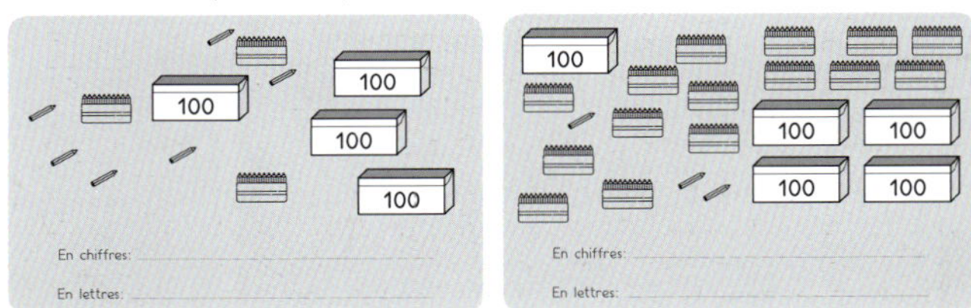

Lors de la mise en commun, écrire les nombres sous la forme de décompositions additives ou multiplicatives.

Exemple 436 = 400 + 30 + 6 et 436 = (4 x 100) + (3 x 10) + (6 x 1).

4 Institutionnalisation

Ce qu'il faut retenir

Si j'assemble dix barres de 10 cubes, j'obtiens une plaque de 100 cubes.
Dès que j'ai 10 dizaines, je peux les grouper pour obtenir 1 centaine.

53d + 6u,
c'est 10d + 10d + 10d + 10d + 10d + 3d + 6u
C'est donc 1c + 1c + 1c + 1c + 1c + 3d + 6u
ce qui fait 5c 3d 6u qui s'écrit 536.

536 est un nombre de trois chiffres : le chiffre des centaines, le chiffre des dizaines et le chiffre des unités.
Dans 536, c'est la position des chiffres dans le nombre qui indique de quelle unité de numération il s'agit : à droite les unités, au milieu les dizaines et à gauche les centaines.

Séance 2 — 45 min

Associer diverses représentations d'un nombre

→ REPRÉSENTER

Associer diverses représentations d'un nombre : écritures en unités de numération et écritures usuelles.

MATÉRIEL ET SUPPORT
- Des cubes base 10 (Celda) : 9 plaques de 100 cubes, 9 barres de 10 cubes et 9 cubes isolés pour chaque groupe de 2 élèves (ou matériel équivalent des **planches 1 et 2** du cahier ***Maths au CE2***).

DÉROULEMENT DE LA SÉANCE

1 Recherche Constituer une collection dont le nombre d'éléments est désigné à l'aide d'une écriture en unités de numération.	15 min	**Manipulation Représentation** Groupes de 2
2 Renforcement Constituer une collection dont le nombre d'éléments est désigné à l'aide d'une écriture chiffrée.	15 min	
3 Entraînement Associer diverses représentations d'un nombre.	15 min	**Abstraction** Écrit individuel

1 Recherche

Chaque groupe d'élèves dispose uniquement de 9 plaques de 100, 9 barres de 10 et 9 cubes isolés.
Un groupe d'élèves manipule les cubes base 10 alors que les autres élèves utilisent le matériel des planches.

*Consigne « Je vais vous passer des commandes de cubes (ou de carrés des **planches 1 et 2**) au tableau. Vous devrez préparer sur la table le matériel commandé. »*

Commande 1 Écrire au tableau **59d 3u**.
Pour constituer la collection de 59d 3u, les élèves n'ont que 9 barres de 10 cubes à leur disposition. Ils doivent donc convertir les 59 dizaines en 5 centaines et 9 dizaines.
Ils utilisent 5 plaques de 100 cubes, 9 barres de 10 cubes et 3 cubes.
Demander aux élèves d'écrire sur l'ardoise le nombre en chiffres (593) puis en lettres (cinq-cent-quatre-vingt-treize).

Commande 2 Écrire au tableau **6c 38u**.
Pour constituer la collection de 6c 38u, les élèves n'ont que 9 unités à leur disposition. Ils doivent convertir les 38u en 3d 8u.
Demander aux élèves d'écrire sur l'ardoise le nombre en chiffres (638) puis en lettres (six-cent-trente-huit).

Commande 3 Écrire au tableau **4c 24d 32u**.
Demander aux élèves d'écrire sur l'ardoise le nombre en chiffres (672) puis en lettres (six-cent-soixante-douze).

2 Renforcement

Proposer des exercices du même type avec des écritures chiffrées ou en lettres. Un groupe d'élèves manipule les cubes base 10 alors que les autres élèves utilisent le matériel des **planches 1 et 2**.

Commande 4
Écrire au tableau **976**.
Les élèves constituent une collection de 976 cubes.

Commande 5 Écrire au tableau **huit-cent-soixante-douze**.

Les élèves constituent une collection de huit-cent-soixante-douze cubes.

Commande 6 Écrire au tableau **699**.
Les élèves constituent une collection de 699 cubes.

Faire ajouter un cube à cette collection. Les élèves organisent alors la collection en effectuant tous les groupements possibles et codent avec le nombre 700.

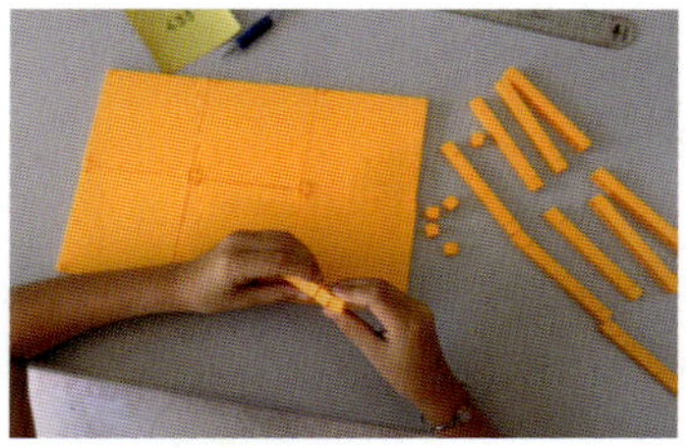

1 cube a été ajouté à la collection de 699 cubes.
Un élève groupe 10 petits cubes pour former une dizaine.

Chaque groupe obtient 6 plaques de 100 cubes et 10 barres de 10 cubes. En groupant les 10 dizaines, on obtient une nouvelle plaque centaine.

La collection est organisée avec 7 plaques centaine maintenant. Les élèves montrent les résultats sur l'ardoise.

3 Entraînement

Les élèves font les exercices 1, 2 et 3 du cahier de l'élève ***Maths au CE2***.

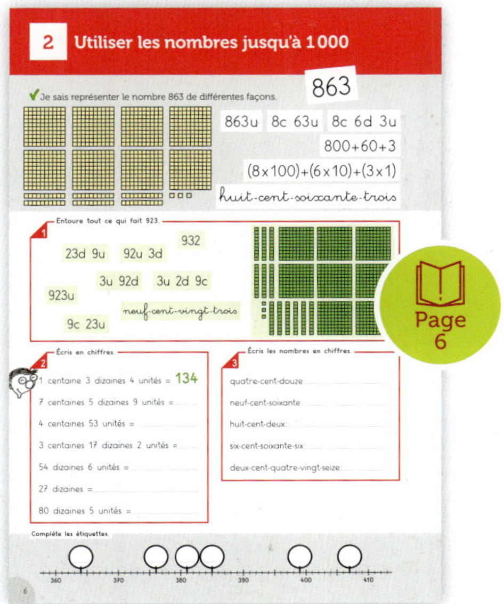

Séance 3 — 45 min

Introduire une nouvelle unité de numération : le millier

→ REPRÉSENTER

Découvrir une nouvelle unité de numération : le millier.

MATÉRIEL ET SUPPORT
- Des cubes base 10 (Celda) : 11 plaques de 100 cubes, 11 barres de 10 cubes et 11 cubes isolés pour chaque groupe de 2 élèves ou matériel correspondant des **planches 1, 2** et un cube de mille de la **planche 3**.

DÉROULEMENT DE LA SÉANCE

1 Recherche Constituer une collection dont le nombre d'éléments est désigné à l'aide d'une écriture chiffrée.	15 min	Manipulation Représentation Groupes de 2
2 Mise en commun Comprendre que 1 millier, c'est 10 centaines.	5 min	Manipulation Représentation Oral collectif
3 Nouvelle recherche Comprendre que 1 millier, c'est aussi 100 dizaines ou 1000 unités.	15 min	Manipulation Représentation Groupes de 2
4 Institutionnalisation Comprendre que mille s'écrit 1000.	10 min	Verbalisation Abstraction Oral collectif

1 Recherche

Consigne *« Je vais faire de nouvelles commandes de cubes au tableau. Vous devrez préparer le matériel commandé sur la table. »*

Écrire au tableau **999**.

Demander à chaque groupe de constituer une collection de **999** cubes avec leurs cubes. Puis passer dans les groupes pour ajouter un cube dans chaque collection.

Demander aux élèves d'organiser la collection en effectuant tous les groupements possibles. Faire grouper les 10 cubes obtenus pour former une dizaine. Faire constater que chaque groupe obtient 9 plaques de 100 cubes et 10 barres de 10 cubes.

Les élèves groupent les 10 dizaines pour obtenir une plaque centaine et constatent que la collection est organisée maintenant avec 10 plaques centaine.

! Si la classe manque de cubes base 10 pour tous les groupes, les binômes travaillent avec les carrés isolés, les barres de 10 carrés et les plaques de 100 carrés fournis avec le cahier de l'élève (planches 1 et 2). Regrouper 10 carrés isolés reviendra à « les échanger » contre une barre de 10 carrés et regrouper 10 barres de 10 carrés reviendra à « les échanger » contre une plaque de 100 carrés. De même, regrouper 10 plaques de 100 carrés reviendra à « les échanger » contre un cube de 1000 carrés représenté en perspective sur la planche 3.

2 Mise en commun

Séquence 2

Les élèves ont obtenu 10 plaques centaine.
Faire dénombrer les plaques centaine en comptant à voix haute de 100 en 100 : *« cent, deux-cents, trois-cents… huit-cents, neuf-cents, puis, après neuf-cents, je compte de 10 en 10 jusqu'à 990, puis de 1 en 1 jusqu'à 999, puis encore 1 cela fait mille ».*
Former un cube avec les 10 plaques centaine.

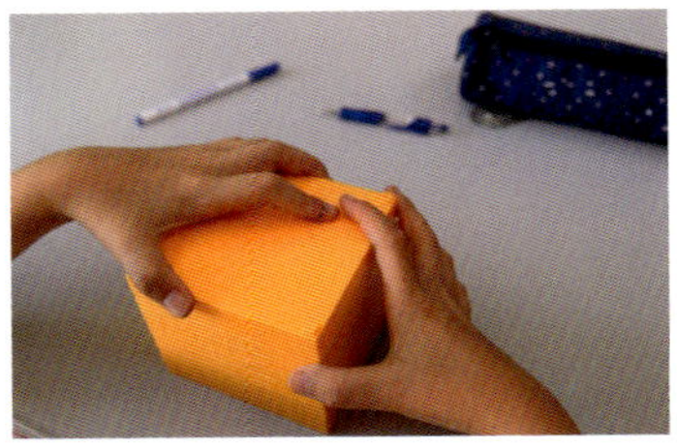

Grouper 10 plaques centaine pour obtenir un cube de 1000 petits cubes.

Rappeler que lorsqu'on a 10 unités, on peut les grouper pour obtenir 1 dizaine et lorsqu'on a 10 dizaines, on peut les grouper pour obtenir 1 centaine. De même, lorsqu'on a 10 centaines, on peut les grouper pour obtenir un millier. Un millier c'est ***mille*** cubes.

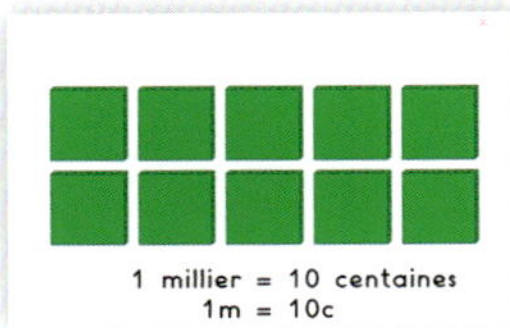

Écrire au tableau :
1 millier = 10 centaines
1m = 10c
Visualiser à l'aide de l'animation **Séquence 2**.

3 Nouvelle recherche

Séquence 2

Demander au groupe qui manipule les cubes base 10 de démonter le cube de 1 000 petits cubes et d'étaler les plaques centaines sur la table.

Problème 1
Consigne *« Nous avons découvert que pour avoir **mille** cubes, il faut 10 plaques de 100 cubes. Mais combien faut-il de barres de 10 cubes pour avoir 1 cube d'un millier ? »*

Procédure visée
Raisonner en s'appuyant sur ses connaissances : dans 1 centaine, il y a 10 dizaines, donc dans 2 centaines, il y a 20 dizaines, dans 3 centaines, il y a 30 dizaines… dans 10 centaines, il y a 100 dizaines.

Visualiser les 100 dizaines à l'aide du matériel. Faire compter les dizaines en pointant chaque plaque centaine et écrire au tableau :
10 dizaines + 10 dizaines + 10 dizaines + 10 dizaines + 10 dizaines + 10 dizaines + 10 dizaines + 10 dizaines + 10 dizaines + 10 dizaines = 100 dizaines.

Après la mise en commun, écrire au tableau :
1 millier = 100 dizaines
1m = 100d
Visualiser à l'aide de l'animation **Séquence 2**.

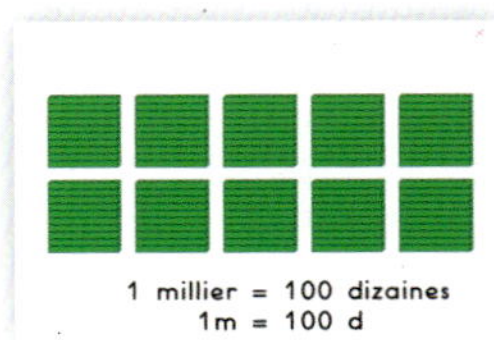

Problème 2

Consigne *« Combien faut-il de petits cubes pour avoir **mille** cubes ? »*

Procédure visée

Raisonner en s'appuyant sur ses connaissances : dans 1 centaine, il y a 100 unités, dénombrer les plaques centaine en comptant de 100 en 100 : « cent, deux-cents, trois-cents… huit-cents, neuf-cents, mille ».

Après la mise en commun, écrire au tableau :

1 millier = 1000 unités **1 m = 1000 u**

Visualiser à l'aide de l'animation **Séquence 2**.

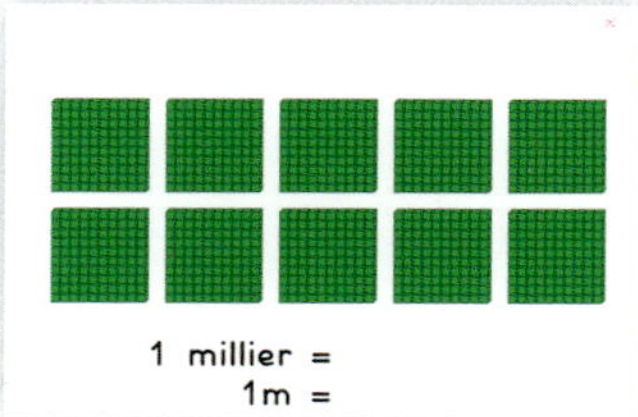

❹ Institutionnalisation

Ce qu'il faut retenir

1 millier, c'est 10 centaines.
1 millier, c'est 1 millier + 0 centaine + 0 dizaine + 0 unité.
« *Mille* » s'écrit donc 1000.

C'est un nombre à 4 chiffres : le chiffre des milliers, le chiffre des centaines, le chiffre des dizaines et le chiffre des unités. (Les montrer en les pointant sur le nombre.)

Pour t'aider à trouver la valeur de chaque chiffre, tu peux utiliser un tableau de numération.

millier	centaine	dizaine	unité
1	0	0	0

Avec des lettres, 1000 s'écrit mille.

Séance 4

45 min

Décomposer les nombres jusqu'à 1 000

→ REPRÉSENTER

Décomposer et recomposer les nombres jusqu'à 999 avec l'addition et la multiplication :
782 = 700 + 80 + 2 et (7 x 100) + (8 x 10) + (2 x 1).

MATÉRIEL ET SUPPORT

- Par binôme, les cartes de la **planche 5** prédécoupée fournie avec le cahier de l'élève ***Maths au CE2***.

DÉROULEMENT DE LA SÉANCE

❶ Recherche Connaitre les décompositions additives et multiplicatives des nombres jusqu'à 1000.	10 min	**Manipulation** **Verbalisation** Groupes de 2
❷ Jeu Utiliser les procédures découvertes pour jouer à un jeu de la bataille.	10 min	**Manipulation** **Abstraction** Groupes de 2
❸ Entrainement Associer diverses représentations des nombres jusqu'à 999.	25 min	**Abstraction** Écrit individuel

❶ Recherche

Séquence 2

Présentation de la règle du jeu

Ce jeu de bataille se joue à deux. Chaque binôme utilise les cartes d'une seule **planche 5** soit 30 cartes. Les cartes sont mélangées puis distribuées.

Chaque joueur reçoit 10 cartes qu'il étale devant lui puis écrit sur l'ardoise le nombre de points obtenus. Celui qui a le plus grand nombre de points remporte la bataille. Les cartes sont à nouveau mélangées pour une nouvelle bataille.

Comme exemple, proposer oralement le **problème 1** de l'animation **Séquence 2**.

« Quel joueur a le plus de points et gagne la bataille ? »

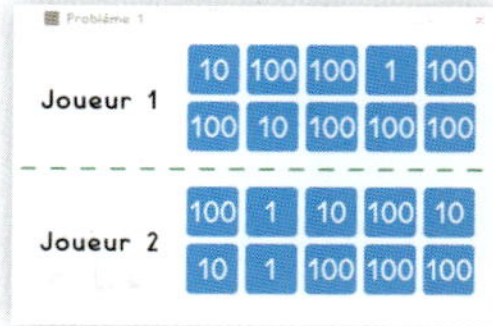

Faire écrire sur l'ardoise les décompositions additives et multiplicatives correspondant à ces deux nombres.

Exemple avec le joueur 1 (721)
700 + 20 + 1 = 721, c'est aussi (7 x 100) + (2 x 10) + (1 x 1).

Expliquer que les parenthèses fonctionnent comme une boite contenant un nombre écrit sous la forme d'un calcul.
On commence par effectuer les calculs dans les boites.

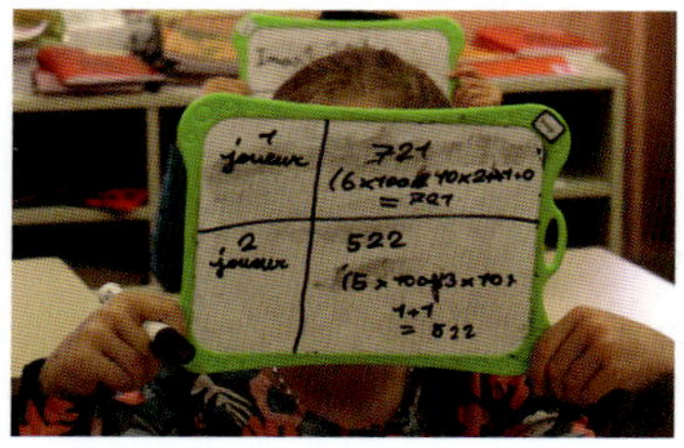

Le joueur 1 remporte la bataille car il a 721 points tandis que le joueur 2 n'obtient que 532 points (La réponse est erronée sur l'ardoise alors que la décomposition est juste).

Proposer le **problème 2** de l'animation **Séquence 2**.

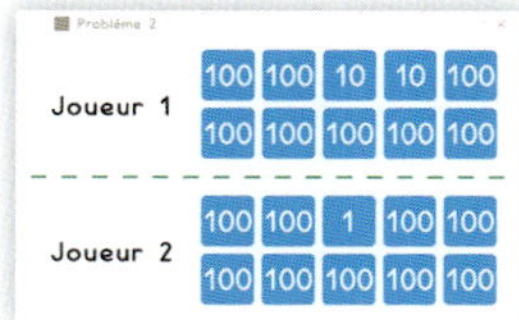

❷ Jeu

Proposer à la classe de jouer à 2 au jeu de bataille présenté au début de la séance.

Le jeu sera utilisé au coin maths à d'autres moments de la semaine.

Le joueur avec 523 points gagne la partie.

❸ Entrainement

Phase A

Les élèves utilisent les 30 cartes de la **planche 5**.

Effectuer des commandes du type : *« Je voudrais que chaque élève place sur sa table 368 points. »*

Chaque élève place devant lui 3 cartes 100, 6 cartes 10 et 8 cartes 1.

Effectuer les commandes **425, 805, 593, 1000** et faire écrire sur l'ardoise les décompositions additives et multiplicatives qui correspondent.

2 Utiliser les nombres jusqu'à 1 000

Phase B

Commander 679 points puis demander d'ajouter un point.
Les élèves échangent alors les dix cartes de 1 point contre une carte de 10 points et écrivent le nombre obtenu (680).

Commander 699 points puis demander d'ajouter un point.
Les élèves échangent alors les dix cartes de 1 point contre une carte de 10 points, puis les 10 cartes de 10 points contre une carte de 100 points et écrivent le nombre obtenu (700).

Phase C

Les élèves font les exercices 4 à 10 du cahier de l'élève ***Maths au CE2*** (Ils écrivent les réponses des exercices 7 à 10 dans un autre cahier.)

Page 7

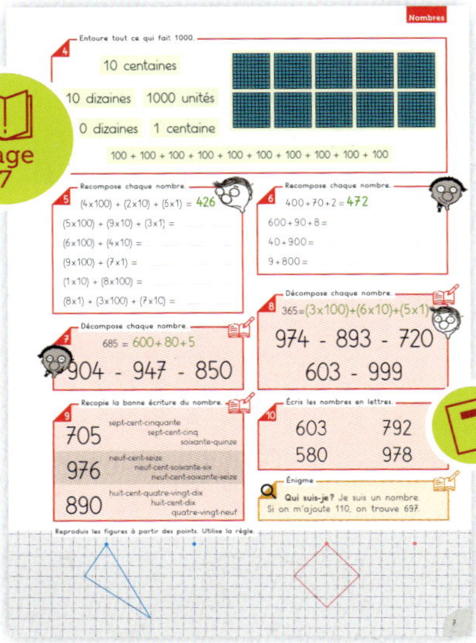

Nombres

4 Entoure tout ce qui fait 1000.

10 centaines
10 dizaines — 1000 unités
0 dizaines — 1 centaine
100 + 100 + 100 + 100 + 100 + 100 + 100 + 100 + 100 + 100

5 Recompose chaque nombre.
(4 x 100) + (2 x 10) + (5 x 1) = 426
(5 x 100) + (9 x 10) + (3 x 1) =
(6 x 100) + (4 x 10) =
(9 x 100) + (7 x 1) =
(1 x 10) + (8 x 100) =
(8 x 1) + (3 x 100) + (7 x 10) =

6 Recompose chaque nombre.
400 + 70 + 2 = 472
600 + 90 + 8 =
40 + 900 =
9 + 800 =

7 Décompose chaque nombre.
685 = 600 + 80 + 5
904 - 947 - 850

8 Décompose chaque nombre.
365 = (3 x 100) + (6 x 10) + (5 x 1)
974 - 893 - 720
603 - 999

9 Recopie la bonne écriture du nombre.
705 : sept-cent-cinquante / sept-cent-cinq / soixante-quinze
976 : neuf-cent-seize / neuf-cent-soixante-six / neuf-cent-soixante-seize
890 : huit-cent-quatre-vingt-dix / huit-cent-dix / quatre-vingt-neuf

10 Écris les nombres en lettres.
603 — 792
580 — 978

Énigme
Qui suis-je ? Je suis un nombre. Si on m'ajoute 110, on trouve 697.

Reproduis les figures à partir des points. Utilise la règle.

Séance 5 — 30 min

Résoudre des problèmes du champ multiplicatif : multiplication et division

→ **REPRÉSENTER**

Résoudre des problèmes en utilisant sa connaissance du principe décimal de la numération.

MATÉRIEL ET SUPPORT

- Les carrés, barres et plaques des **planches 1 et 2** prédécoupées fournies avec le cahier de l'élève ***Maths au CE2***.

DÉROULEMENT DE LA SÉANCE

❶ **Recherche** Résoudre des problèmes en utilisant sa connaissance du fonctionnement de la numération.	20 min	**Abstraction** Écrit individuel
❷ **Mise en commun** Inventorier et confronter les procédures utilisées.	10 min	**Verbalisation** **Abstraction** Oral collectif

❶ Recherche

Résoudre les problèmes des exercices 11 à 14 du cahier de l'élève ***Maths au CE2***.

Un temps de 5 minutes est réservé à la correction collective du problème 1 afin de permettre aux élèves d'avoir le temps d'échanger et d'expliciter leurs procédures.
Les autres problèmes sont corrigés en différé par l'enseignant.

Problème 1

Un élève est chargé de résoudre le problème avec le matériel.
Le reste de la classe recherche directement sur le cahier. Des cubes (ou les carrés des **planches 1 et 2**) représentent les chocolats.
Cette manipulation sera utilisée pour valider la solution.

Page 8

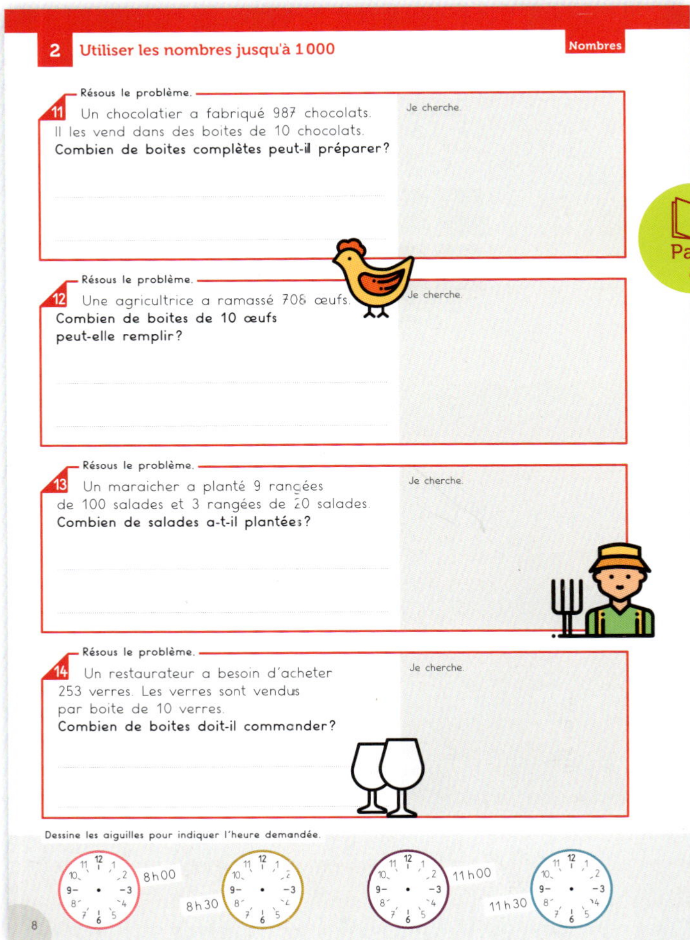

2 Utiliser les nombres jusqu'à 1 000 — Nombres

11 Résous le problème.
Un chocolatier a fabriqué 987 chocolats. Il les vend dans des boites de 10 chocolats.
Combien de boites complètes peut-il préparer ?
Je cherche.

12 Résous le problème.
Une agricultrice a ramassé 706 œufs.
Combien de boites de 10 œufs peut-elle remplir ?
Je cherche.

13 Résous le problème.
Un maraicher a planté 9 rangées de 100 salades et 3 rangées de 20 salades.
Combien de salades a-t-il plantées ?
Je cherche.

14 Résous le problème.
Un restaurateur a besoin d'acheter 253 verres. Les verres sont vendus par boite de 10 verres.
Combien de boites doit-il commander ?
Je cherche.

Dessine les aiguilles pour indiquer l'heure demandée.
8 h 00 — 8 h 30 — 11 h 00 — 11 h 30

8

☆ DIFFÉRENCIATION

- Passer auprès de chaque élève pour valoriser les réussites et relancer le travail de ceux qui sont bloqués.
- Demander de raconter *l'histoire* de chaque problème sans utiliser de nombres.
- Inviter à faire un dessin ou un schéma.
- Proposer si besoin du matériel à manipuler (cubes ou carrés des **planches 1 et 2**).
- Accompagner plus longuement les élèves ayant des difficultés persistantes.

❷ Mise en commun

Inventorier et confronter les procédures utilisées.
Valider en utilisant du matériel.

Expliciter ce qui a été appris au cours de la séance : résoudre des problèmes en utilisant sa connaissance du fonctionnement de la numération.

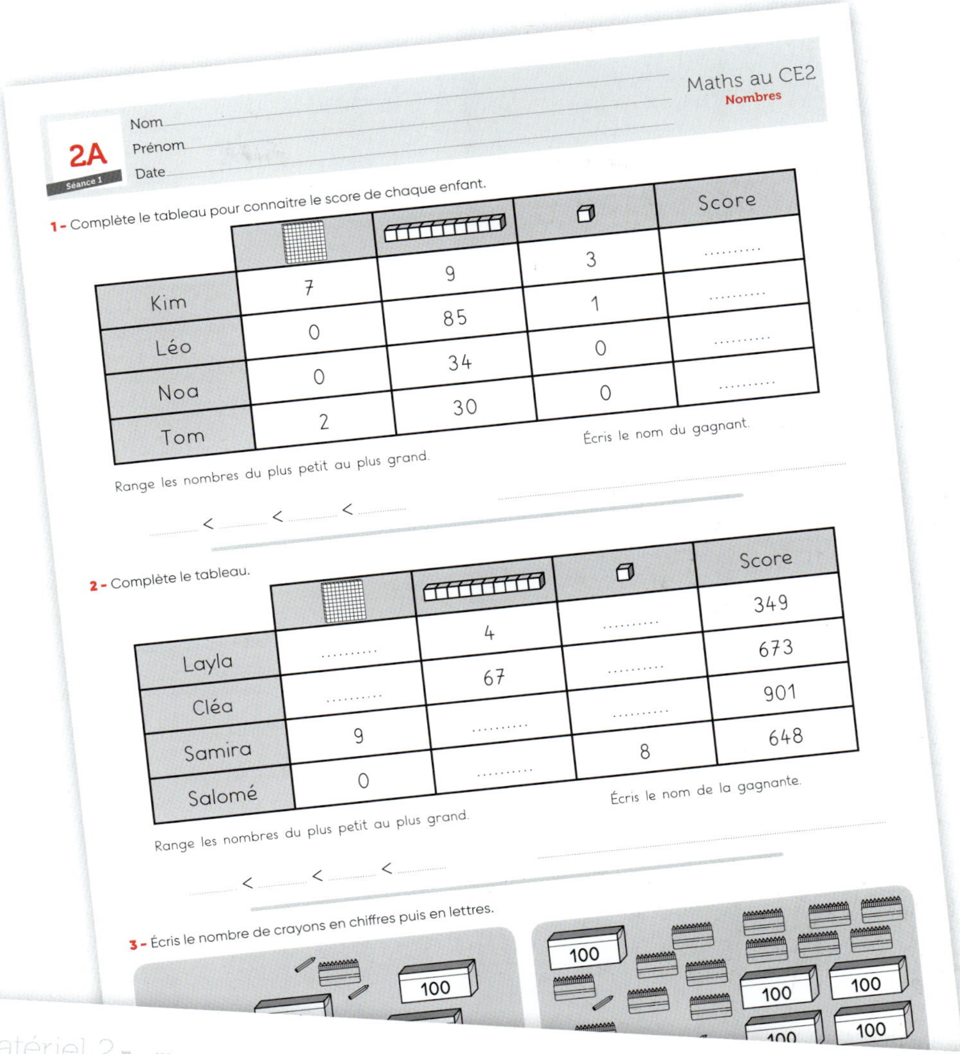

Maths au CE2
Nombres

2A
Séance 1

Nom
Prénom
Date

1 - Complète le tableau pour connaitre le score de chaque enfant.

				Score
Kim	7	9	3	....
Léo	0	85	1	....
Noa	0	34	0	....
Tom	2	30	0	....

Range les nombres du plus petit au plus grand.

.... < .... < .... < ....

Écris le nom du gagnant.

2 - Complète le tableau.

				Score
Layla	....	4	....	349
Cléa	....	67	....	673
Samira	9	....	....	901
Salomé	0	....	8	648

Range les nombres du plus petit au plus grand.

.... < .... < .... < ....

Écris le nom de la gagnante.

3 - Écris le nombre de crayons en chiffres puis en lettres.

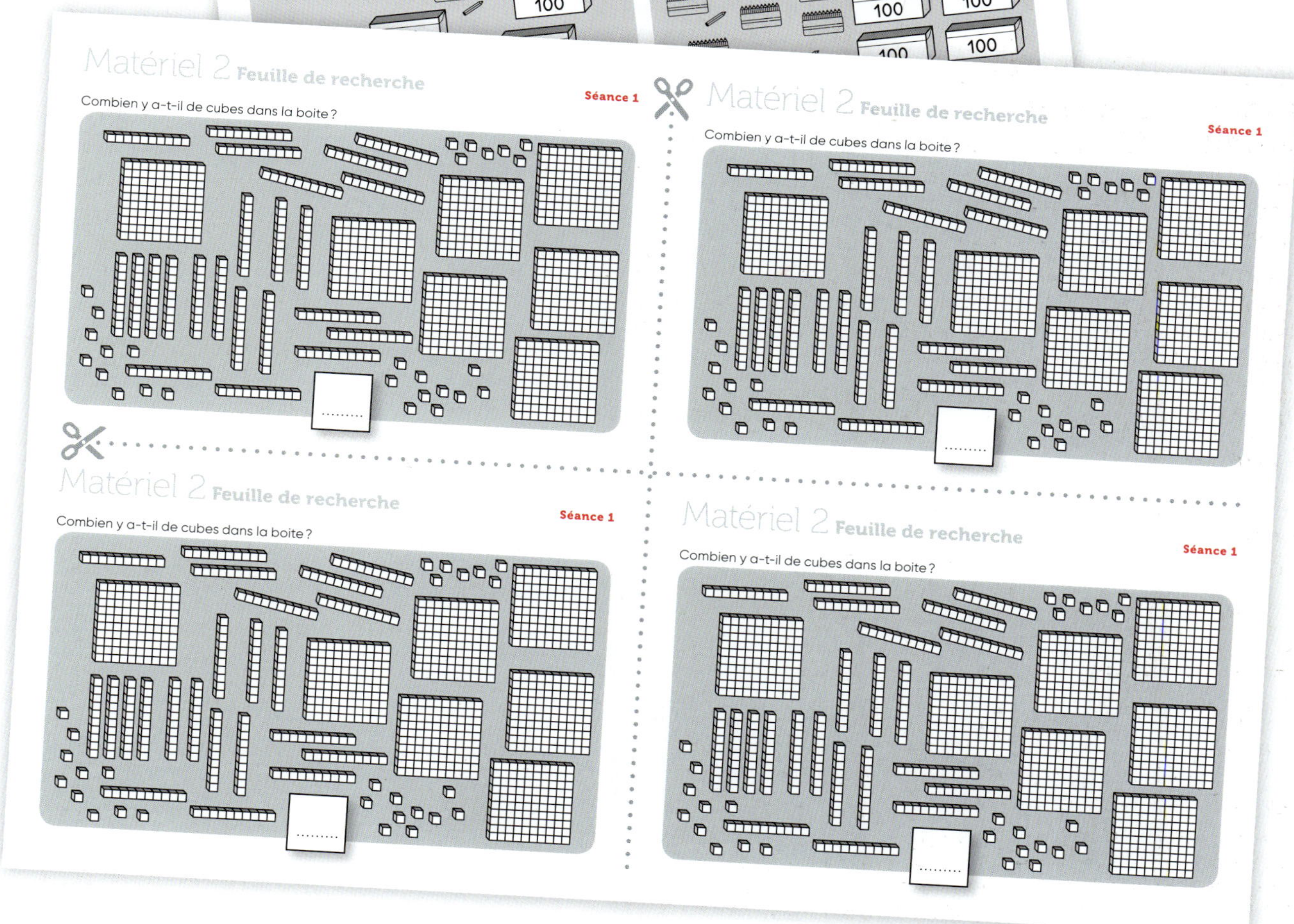

Matériel 2 Feuille de recherche
Séance 1
Combien y a-t-il de cubes dans la boite ?
....

Matériel 2 Feuille de recherche
Séance 1
Combien y a-t-il de cubes dans la boite ?
....

Matériel 2 Feuille de recherche
Séance 1
Combien y a-t-il de cubes dans la boite ?
....

Matériel 2 Feuille de recherche
Séance 1
Combien y a-t-il de cubes dans la boite ?
....

15 min par jour

Calcul mental

- Dire à l'oral la suite des nombres à partir de 0 ou d'un nombre donné jusqu'à 1000.
- Calculer des sommes ou des différences : ajout, retrait de dizaines ou de centaines entières.

Séance 1

Calcul 3

❶ Suite orale des nombres jusqu'à 1000 — 1 min

Réciter la suite orale des nombres de **345** à **375**, en avançant de 1 en 1.

❷ Doubles et moitiés : réactivation — 4 min

L'enseignant pose les questions une à une oralement sans contrainte de temps. Les élèves répondent sur l'ardoise.

Calculer le double de : **20**, **23**, **22**, **25**.

Procédures visées
- Pour le **double de 20.** 20, c'est 2d. Le double de 2d, c'est 4d = 40.
- Pour le **double de 23.** Décomposer 23 en 20 + 3. Le double de 23, c'est le double de 20 + le double de 3. C'est 40 + 6 = 46.

❸ Additions ou soustractions de dizaines entières : réactivation — 10 min

Proposer le calcul **60 + 80** écrit au tableau.
Les élèves répondent sur l'ardoise.

Procédure à privilégier
6 dizaines + 8 dizaines est égal à 14 dizaines.
10 dizaines forment 1 centaine donc 14 dizaines forment 1 centaine et 4 dizaines.

Visualiser à l'aide de l'animation **Calcul 3**.

Écrire au tableau **6d + 8d = 14d = 1c 4d** puis **60 + 80 = 140.**

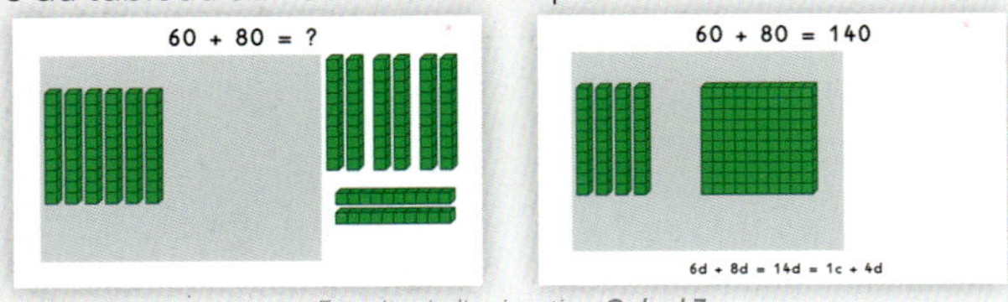

*Extraits de l'animation **Calcul 3***

Proposer oralement les calculs :

30 + 50	**40 + 60**	**90 + 80**	**140 + 30**	**670 + 20**
60 − 40	**690 − 60**	**380 − 50**	**430 − 70**	

***Procédures à privilégier** (pour 430 − 70 = ?)*
- 430, c'est 43d. 43d − 7d = 36d.
- 70, c'est 30 + 40. 430 − 30 − 40 = 360.

Séance 2

Calcul 3

❶ Suite orale des nombres jusqu'à 1000 — 1 min

Réciter la suite orale des nombres de **578** à **605**, en avançant de 1 en 1.

❷ Doubles et moitiés : réactivation — 4 min

Calculer la moitié de : **46**, **48**, **42**, **50**.

Procédure visée
Pour la **moitié de 46 ?** Décomposer 46 en 40 + 6. La moitié de 46, c'est la moitié de 40 + la moitié de 6. C'est 20 + 3 = 23.

❸ Additions ou soustractions de dizaines entières : entrainement — 7 min

Proposer oralement les calculs :

36 + 50	**48 + 60**	**90 + 87**	**145 + 30**	**672 + 20**
65 − 40	**197 − 80**	**386 − 50**	**431 − 70.**	

Procédure à privilégier
Pour **431 − 70.** 431, c'est 43d et 1u. 43d 1u − 7d = 36d 1u.

Visualiser à l'aide de l'animation **Calcul 3.**

*Extraits de l'animation **Calcul 3***

L 25

Séance 3

Calcul 3

❶ Suite orale des nombres jusqu'à 1000 — 1 min

Réciter la suite orale des nombres de **888** à **910**, en avançant de 1 en 1.

❷ Tables d'addition : réactivation — 4 min

L'enseignant pose les questions une à une oralement sans contrainte de temps. Les élèves répondent sur l'ardoise.

4 + 7 **7 + 8** **5 + 9** **9 + 7** **4 + 8**

Procédure visée
Pour **4 + 8.** Mettre le plus grand nombre devant : 4 + 8 = 8 + 4 puis décomposer 4 pour obtenir un complément à 10 : 8 + 4 = 8 + 2 + 2 = 12.

❸ Additions ou soustractions de centaines entières : réactivation — 10 min

Proposer le calcul **300 + 400** écrit au tableau. Les élèves répondent sur l'ardoise.

Lors de la mise en commun, verbaliser que *« 3 centaines + 4 centaines égale 7 centaines ».*

Verbaliser que 300 plus 100 égale 400, 400 plus 100 cela fait 500, 500 plus 100 cela fait 600, 600 plus 100 cela fait 700.

Proposer les calculs écrits au tableau :

700 + 200 **453 + 300** **900 − 500** **564 − 300**

Visualiser à l'aide de l'animation **Calcul 3**.

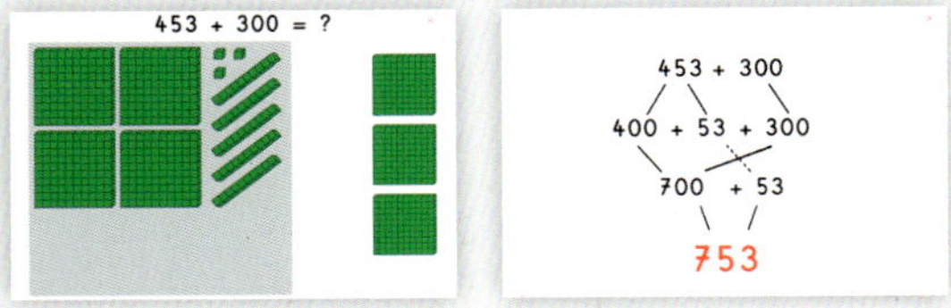

*Extraits de l'animation **Calcul 3***

Proposer les calculs écrits au tableau :

500 + 4 **500 + 40** **500 + 400**

M 26

Séance 4

Matériel Calcul3

❶ Suite orale des nombres jusqu'à 1000 — 1 min

Réciter la suite orale des nombres de **978** à **1000**, en avançant de 1 en 1.

❷ Tables d'addition : réactivation — 4 min

L'enseignant pose les questions une à une oralement sans contrainte de temps. Les élèves répondent sur l'ardoise.

6 + 7 **7 + 3** **6 + 9** **9 + 8** **5 + 8**

❸ Additions ou soustractions de dizaines ou de centaines entières : entrainement — 10 min

- Résoudre les petits problèmes oraux sur l'ardoise.

  « Louise a 24 ans. Son papa a 30 ans de plus qu'elle.
  Quel âge a son papa ? »

  « Dans le stade, il y a 578 spectateurs assis dans la tribune sud et 400 dans la tribune nord.
  Combien de spectateurs assistent à ce match de rugby ? »

  « Lili joue aux fléchettes. Elle a déjà marqué 429 points. Elle lance sa dernière flèche et obtient 60 points.
  Combien de points a-t-elle marqués à la fin de la partie ? »

  « Léo joue aux fléchettes. Il a déjà marqué 356 points. Il lance sa dernière flèche et obtient 50 points.
  Combien de points a-t-il marqués à la fin de la partie ? »

- Compléter les exercices de **MaterielCalcul3.pdf**, page 1.

Calcul@tice Les élèves travaillent en autonomie sur les ordinateurs de la classe

calculatice.ac-lille.fr > les exercices > Niveau CE2
- Mémoriser la table d'addition : **Table attaque**
- Ajouter ou retirer 10, 20... 100, 200 : **Les cibles**

45 min par semaine

Atelier problèmes

Reconnaitre les relations entre des quantités dans des problèmes du champ additif en une étape : transformation d'une quantité

Atelier 3

CHERCHONS ENSEMBLE

1. Lisez cette histoire et dites ce que vous remarquez.

Ce matin, Lili a préparé 3 crêpes.
Elle en a mangé 4. Il reste encore 5 crêpes pour son frère.

2. Modifie les nombres pour que cette histoire soit logique.

Ce matin, Lili a préparé .... crêpes. Elle en a mangé ....
Il reste encore .... crêpes pour son frère.

3. Écris les nombres qui manquent pour que l'histoire soit logique.

Ce matin, Léo a préparé 15 crêpes. Il en a mangé ....
Il reste encore .... crêpes pour sa sœur.

JE M'ENTRAINE

Écris les nombres qui manquent pour que les histoires soient logiques.
Commence par ceux avec le symbole ✖ puis résous les problèmes de ton choix.
Essaie d'en résoudre le plus possible.

✖ Problème 1 Tom a .... billes.
Il en gagne .... à la récréation.
Il a 20 billes maintenant.

✖ Problème 2 Madame Chatton a fait ses courses au marché d'Épinal.
Elle est arrivée au marché avec 45 € dans son portemonnaie.
Elle a dépensé ....€. Au retour, il lui reste ....€ dans son portemonnaie.

Problème 3 Dario avait .... billes avant la récréation. Il a gagné 10 billes pendant la récréation. Il a maintenant .... billes.

Problème 4 Ayah a une collection de 236 autocollants. Elle en donne 24 à Léo. Il lui reste .... autocollants.

Problème 5 Un vélo coutait ....€.
Il a augmenté de 30 €.
Il coute maintenant 450 €.

Problème 6 Anouk a 30 € dans sa tirelire. Pour son anniversaire, sa tante lui donne 20 €. Elle a maintenant ....€ dans sa tirelire.

3 Calculer en ligne des sommes et des différences

Séance 1 — 30 min

Calculer en ligne : somme de deux nombres

→ CALCULER

Additionner en ligne des nombres à deux ou trois chiffres, avec ou sans retenue.

MATÉRIEL ET SUPPORT
- Deux boites.
- Des cubes base 10 (Asco&Celda).

DÉROULEMENT DE LA SÉANCE

1 Recherche Calculer en ligne 35 + 47.	5 min	**Expérimentation** Écrit individuel
2 Mise en commun Privilégier les procédures qui utilisent les unités de numération.	5 min	**Verbalisation Représentation** Oral collectif
3 Nouvelle recherche Calculer en ligne 438 + 326.	5 min	**Expérimentation** Écrit individuel
4 Mise en commun Privilégier les procédures qui utilisent les unités de numération.	5 min	**Verbalisation Représentation** Oral collectif
5 Entrainement Calculer en ligne des sommes avec ou sans retenue.	10 min	**Abstraction** Écrit individuel

1 Recherche

Présenter la situation avec le matériel : deux boites et des cubes.
Montrer que les deux boites sont vides au départ.
Placer 35 chocolats dans une boite (35 cubes) et 48 chocolats (48 cubes) dans l'autre boite.

Écrire les données du problème au tableau.
Demander d'anticiper ce qu'il faut chercher et parvenir à la question : *« Combien y a-t-il de chocolats en tout ? »*.
Faire chercher sur l'ardoise le calcul à effectuer et l'écrire en grand au tableau.

Consigne « Calculez **35 + 48** *avec la méthode de votre choix. »*

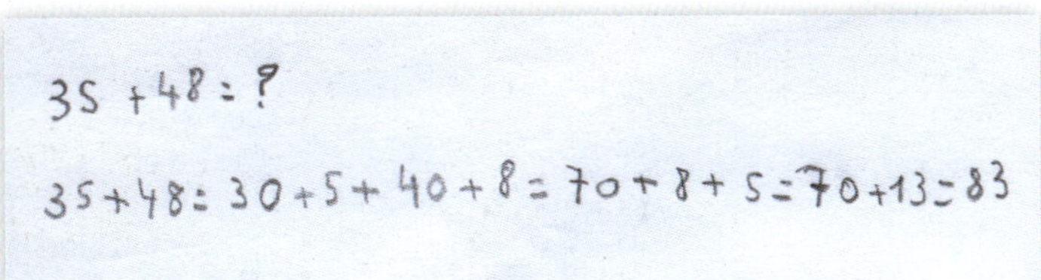

Production d'un élève

DIFFÉRENCIATION
- Proposer des cubes base 10 ou les carrés des **planches 1 et 2** aux élèves qui ont besoin de manipuler.

Procédures visées
- Écrire 35 + 40 + 8 : décomposer 48.
- Écrire 35 + 50 – 2 : pour ajouter 48, ajouter 50 et soustraire 2.
- Écrire 30 + 5 + 40 + 8 : décomposer les deux termes en utilisant la connaissance de la numération orale. *« 35, c'est 30 + 5 et 48, c'est 40 + 8. »*
- Écrire 3d + 5u + 4d + 8u = 7d + 13u = 8d 3u : utiliser les unités de numération.

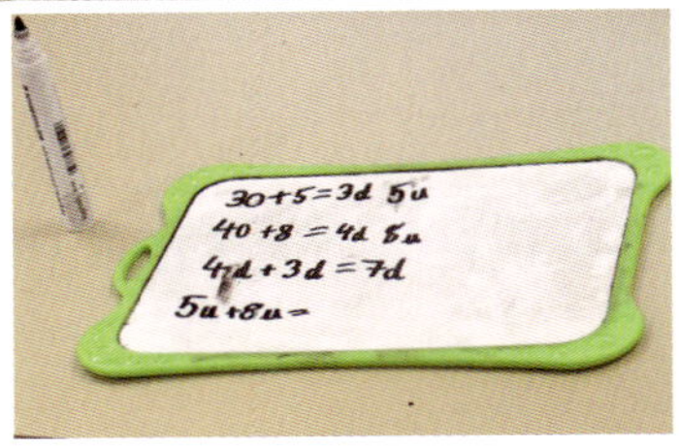

2 Mise en commun

Privilégier les procédures qui prennent appui sur les unités de numération comme l'arbre à calcul afin de préparer les élèves à la technique opératoire de l'addition.

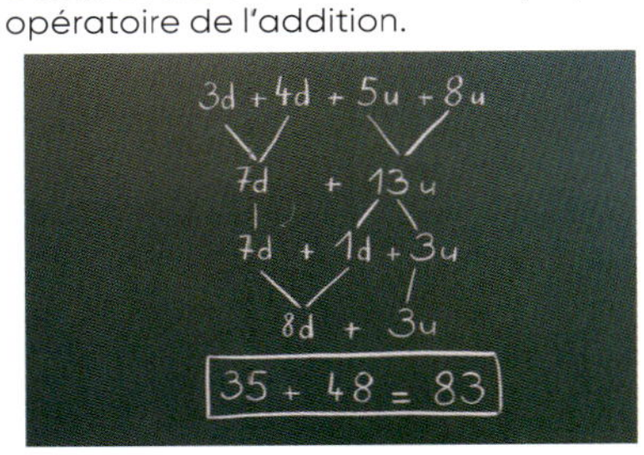

3 Nouvelle recherche

Présenter la situation avec le matériel : deux boites et des cubes.
Montrer que les deux boites sont vides au départ.
Placer 438 chocolats dans une boite (438 cubes) et 326 chocolats (326 cubes) dans l'autre boite.

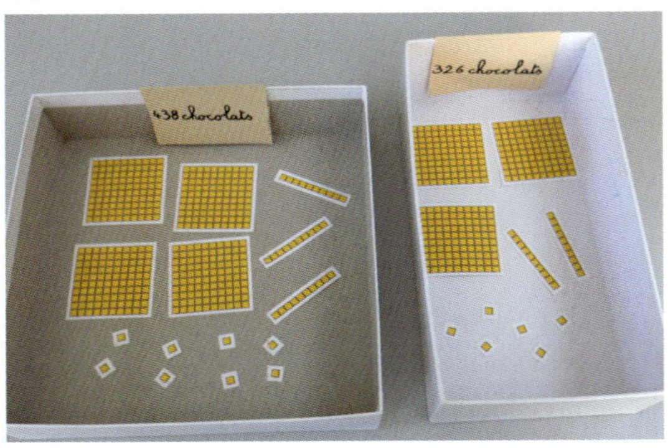

Consigne : « Calculez **438 + 326** *avec la méthode de votre choix. »*

DIFFÉRENCIATION
- Proposer des cubes base 10 ou les carrés des **planches 1 et 2** aux élèves qui ont besoin de manipuler.

V 22

Procédures observées

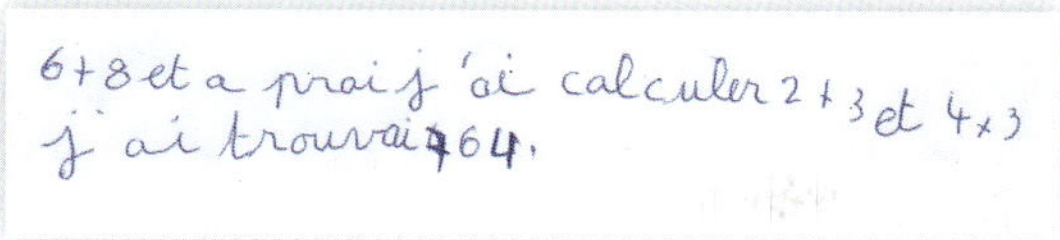

Prend appui sur sa connaissance de la numération écrite en additionnant les unités de numération.

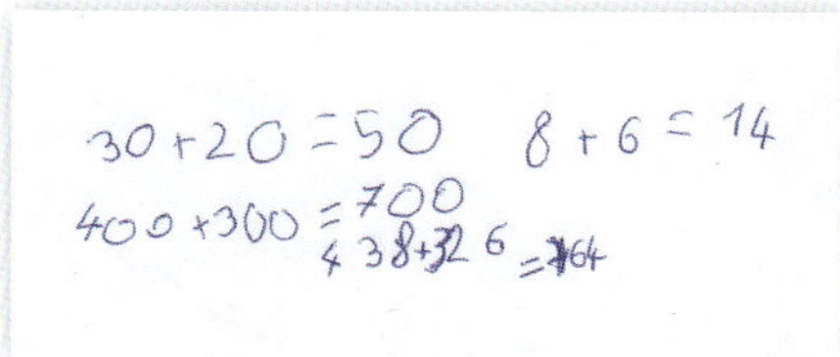

Décompose mentalement le calcul en 400+30+8+300+20+6 et effectue par écrit uniquement les calculs sur les dizaines et les unités. Prend appui sur sa connaissance de la numération orale.

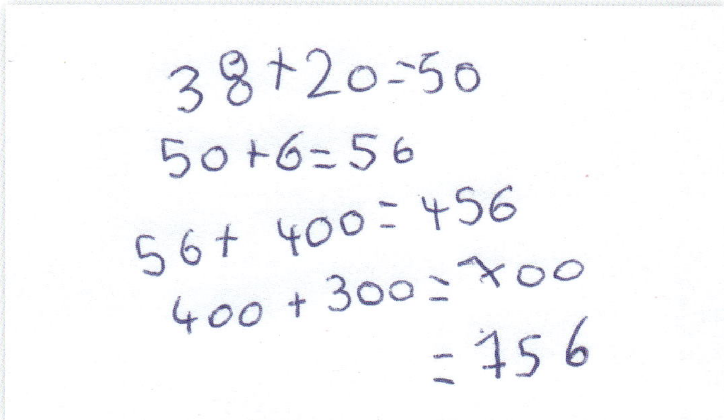

Erreur dans le premier calcul qui est répercutée dans les calculs suivants. Prend appui sur sa connaissance de la numération orale.

❹ Mise en commun

Privilégier les procédures qui prennent appui sur les unités de numération afin de préparer les élèves à la technique opératoire de l'addition.

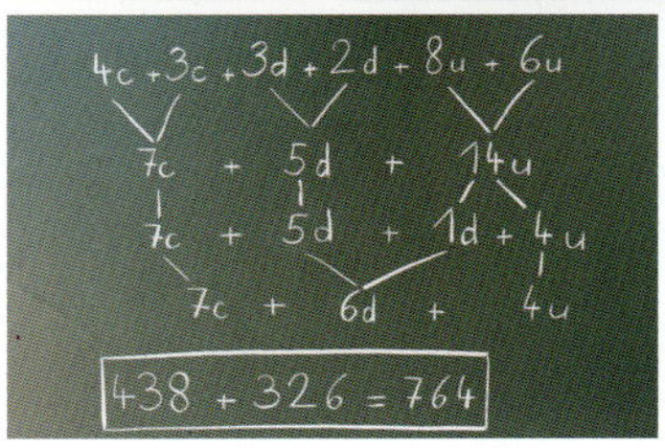

❺ Entrainement

De nouveaux calculs sont proposés au tableau.
Les élèves travaillent dans un cahier.

66 + 34 **53 + 46** **372 + 16** **294 + 652**

DIFFÉRENCIATION

- Proposer des cubes base 10 ou les carrés des **planches 1 et 2** aux élèves qui ont besoin de manipuler.
- L'enseignant circule dans les rangs pour aider chaque élève, valoriser les réussites et apporter une aide individuelle plus longue aux élèves qui rencontrent des difficultés.

Séance 2 — 30 min

Calculer en ligne des différences avec ou sans retenue

→ **CALCULER**

Soustraire un nombre à deux chiffres à un nombre à deux chiffres.

MATÉRIEL ET SUPPORT
- Une boite et des cubes base 10.

DÉROULEMENT DE LA SÉANCE

❶ **Recherche** Calculer en ligne 43 – 18 et 97 – 34.	10 min	**Expérimentation** Écrit individuel
❷ **Mise en commun** Privilégier les procédures qui utilisent les unités de numération.	10 min	**Verbalisation** **Représentation** Oral collectif
❸ **Entrainement** Calculer en ligne des différences avec ou sans retenue.	10 min	**Abstraction** Écrit individuel

❶ Recherche

Écrire les calculs **43 – 18**, **97 – 34** et **578 – 250** au tableau.

Consigne « Effectuer les deux calculs dans un cahier avec la méthode de votre choix. »

❷ Mise en commun

La mise en commun permet aux élèves d'expliciter les procédures.

a) Mise en commun pour 43 – 18

Procédures visées

- Écrire 43 – 10 = 33 et 33 – 8 = **25** : expliquer que pour ôter 18, il faut ôter 10 puis 8. Pour ôter 8, il faut ôter 3 puis 5.
- Écrire 43 – 8 = 35 et 35 – 10 = **25**.
- Écrire 43 – 20 + 2 = **25** : retirer 20 est plus facile et comme on a retiré 2 de trop (20 = 18 + 2), il faut ajouter 2.

b) Mise en commun pour 97 – 34

Procédure visée

Commencer par un calcul sur les chiffres des unités :
7 unités – 4 unités = 3 unités.
Poursuivre par un calcul sur les chiffres des dizaines :
9 dizaines – 3 dizaines = 6 dizaines.
6 dizaines et 3 unités, c'est **63**.

c) Mise en commun pour 578 – 250

Procédure visée

Écrire 578 – 200 = 378 et 378 – 50 = **328**.

❸ Entrainement

De nouveaux calculs sont proposés au tableau.

Les élèves calculent en ligne dans un cahier.

68 – 45 **97 – 53** **569 – 160** **689 – 420**

L 25

Séance 3 — 30 min

Bilan des apprentissages

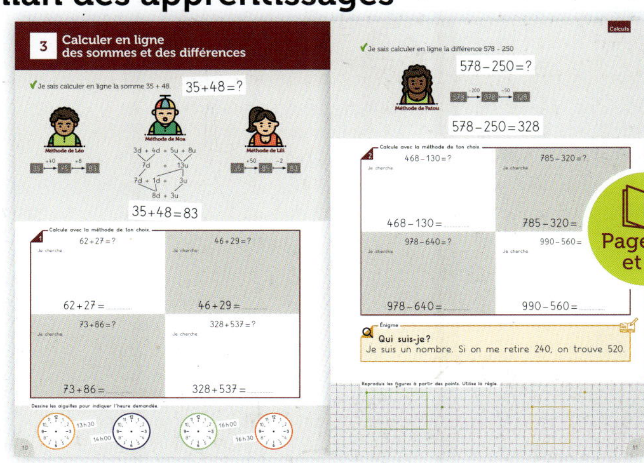

Pages 10 et 11

4 Poser et calculer des additions avec des nombres jusqu'à 1000

M 26

Séance 1 — 45 min

Poser et calculer des additions de nombres à deux chiffres

→ **CALCULER**

Poser et calculer des additions de deux ou trois nombres à un ou deux chiffres.

MATÉRIEL ET SUPPORT

- Deux boites, des cubes base 10.

DÉROULEMENT DE LA SÉANCE

❶ **Réactivation** Comprendre la signification des chiffres dans une addition posée.	5 min	**Verbalisation Abstraction** Oral collectif
❷ **Mise en commun** Poser et calculer une addition en colonnes pour les nombres à deux chiffres.	5 min	**Verbalisation Représentation** Oral collectif
❸ **Validation** Valider avec le matériel et comprendre les étapes du calcul.	5 min	**Manipulation Verbalisation** Oral collectif
❹ **Entrainement** S'entrainer à poser et calculer des additions en colonnes.	15 min	**Abstraction** Écrit individuel
❺ **Évaluation** Poser et calculer des additions en colonnes des nombres à un ou deux chiffres.	15 min	

❶ Réactivation

Présenter la situation avec le matériel : deux boites et des cubes. Montrer que les deux boites sont vides au départ. Placer 57 chocolats dans une boite (57 cubes) et 38 chocolats (38 cubes) dans l'autre boite.

Écrire les données du problème au tableau. Demander d'anticiper ce qu'il faut chercher et parvenir à la question : *« Combien y a-t-il de chocolats en tout ? »*. Faire chercher le calcul qu'il faut effectuer et l'écrire en grand au tableau **57 + 38.**

Demander aux élèves de proposer une estimation du résultat en explicitant leur raisonnement : *« 57, c'est un peu moins que 60 et 38, c'est un peu moins que 40. 60 + 40 = 100. Donc le résultat est inférieur à 100. 57, c'est un peu plus que 50 et 38, c'est un peu plus que 30. Comme 50 + 30 = 80, le résultat sera supérieur à 80. »*

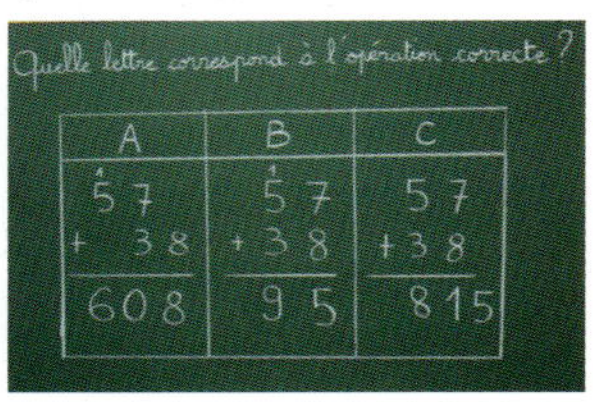

Expliquer que des élèves d'une autre classe ont posé l'opération mais ne trouvent pas tous le même résultat. Trois opérations sont reproduites au tableau.

Consigne *« Écrivez sur l'ardoise la lettre qui correspond à l'opération qui est correcte. »*

❷ Mise en commun

Amener les élèves à justifier leur choix. La signification et le placement des chiffres sont explicités. Rappeler que le trait remplace le signe = en séparant le calcul de la réponse.

Écrire le calcul avec les unités de numération et faire comprendre que 15u, c'est aussi 1d + 5u.

```
  5d  7u            1d
+ 3d  8u    →     5d  7u
--------        + 3d  8u
  8d 15u        --------
                  9d  5u
```

❸ Validation

La validation s'effectue par la manipulation de cubes.

Amener les élèves à visualiser et à comprendre que 7u + 8u = 15u et que 15u, c'est 1d + 5u. Associer le chiffre 5 du résultat à 5 unités et la retenue à une dizaine qu'il faut placer dans la colonne avec les autres dizaines à additionner.

Poser et calculer l'addition en verbalisant les différentes étapes. Expliquer les termes *« retenue »* et *« je retiens »*. Associer le chiffre 9 du résultat à 9 dizaines : *« 1 dizaine + 5 dizaines + 3 dizaines »*.

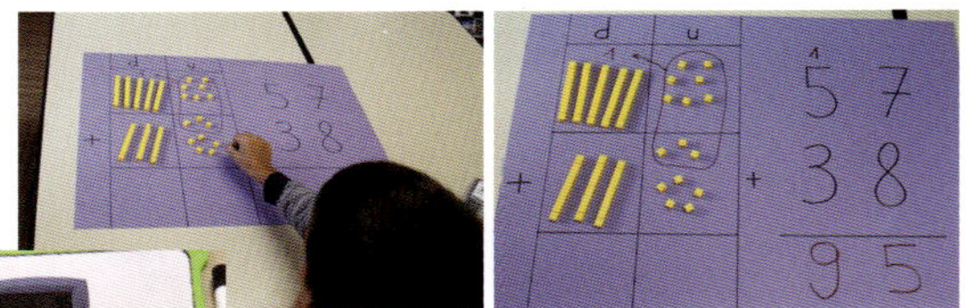

Faire vérifier le calcul à l'aide d'une calculatrice ce qui permet de rappeler comment procéder.

❹ Entrainement

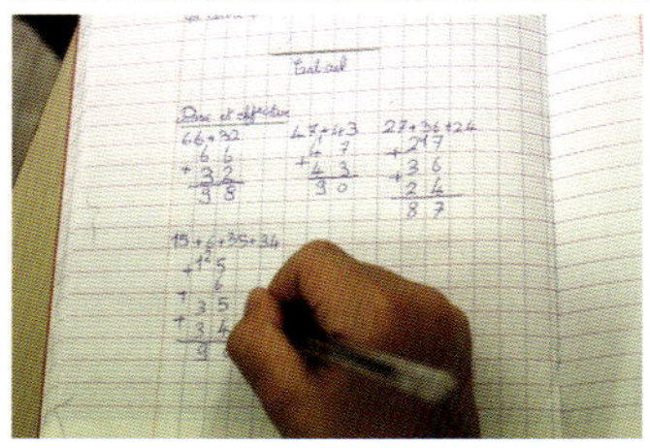

De nouvelles additions posées avec ou sans retenue sont proposées au tableau. Les élèves travaillent dans un cahier.

66 + 32 **47 + 43**
27 + 36 + 24 **15 + 6 + 35 + 34**

La correction permet de reformuler les étapes à suivre au fur et à mesure de la mise en œuvre de l'algorithme. Distinguer les opérations avec ou sans retenue. Vérifier que les élèves ont bien compris le sens de chaque chiffre de l'opération dont la retenue.

❺ Évaluation

Évaluation de la séance à l'aide des exercices 1, 2 et 3 du cahier de l'élève ***Maths au CE2***.

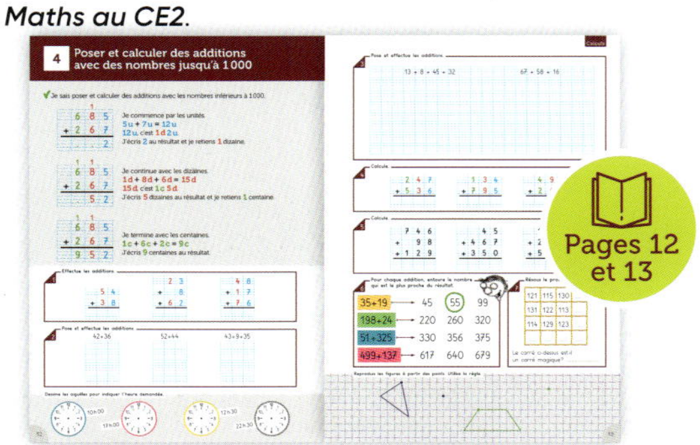

Pages 12 et 13

Séance 2

30 min

Poser et calculer une addition de nombres à trois chiffres

→ **CALCULER**

Maitriser la technique de l'addition posée.

DÉROULEMENT DE LA SÉANCE

❶ Recherche Poser et calculer 745 + 237 et 184 + 632.	10 min	**Expérimentation** Travail individuel
❷ Institutionnalisation Analyser les réponses proposées et valider celles qui conviennent.	10 min	**Verbalisation** Oral collectif
❸ Entrainement S'entrainer à poser et calculer des additions en colonnes.	10 min	**Abstraction** Écrit individuel

❶ Recherche

Proposer de poser et calculer les additions **745 + 237** et **184 + 632**.
Faire estimer mentalement et rapidement le résultat de chaque opération.
Noter au tableau les propositions des élèves.

La première opération permet de revoir un calcul avec une retenue au niveau des dizaines. La deuxième opération permet de revoir un calcul avec une retenue au niveau des centaines.

❷ Institutionnalisation

La correction permet de suivre et de verbaliser les étapes à suivre dans la mise en œuvre de l'algorithme. La signification et le placement des chiffres sont explicités. Les erreurs à éviter sont répertoriées.

Validation à l'aide du matériel (Exemple pour 184 + 642)

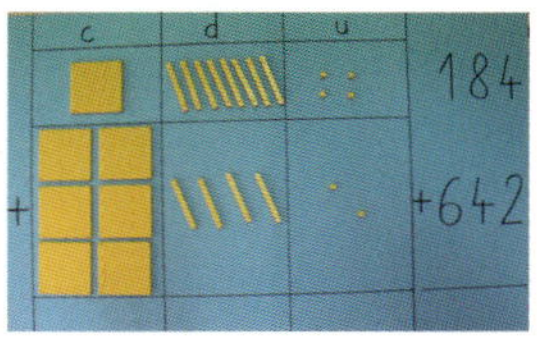

1re étape Ajout des unités : *« On commence par ajouter les unités : 4 + 2 = 6. J'écris 6 dans la colonne des unités. »*
2e étape Ajout des dizaines : *« Puis il faut ajouter les dizaines 8 + 4 = 12 : 8 dizaines + 4 dizaines, cela fait 12 dizaines. Puisque 10 dizaines, c'est 1 centaine, 12 dizaines, c'est 1 centaine et 2 dizaines. J'écris 2 dans la colonne des dizaines et je retiens 1 dans la colonne des centaines. »*

3e étape Ajout des centaines : *« On termine en ajoutant les centaines 1 + 1 + 6 = 8 . 1 centaine + 1 centaine + 6 centaines, cela fait 8 centaines. J'écris 8 dans la colonne des centaines. »*

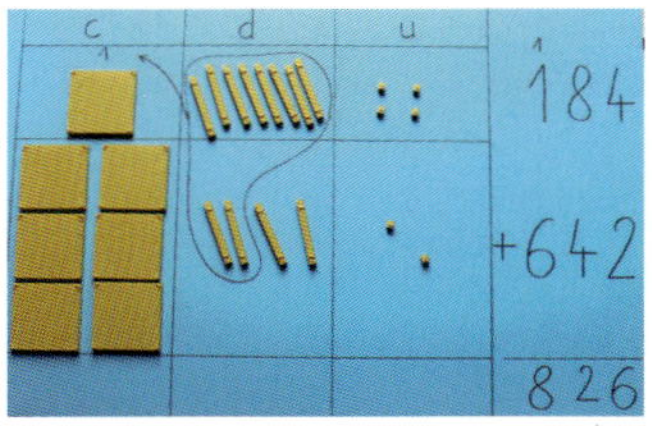

Validation à l'aide de la calculatrice
Vérifier les calculs à l'aide d'une calculatrice pour rappeler les étapes du calcul avec une machine.

❸ Entrainement

De nouvelles additions posées avec et sans retenue sont proposées au tableau. Les élèves travaillent dans un cahier.

Pose et effectue les additions.
548 + 376 **157 + 487 + 269**
25 + 358 + 340

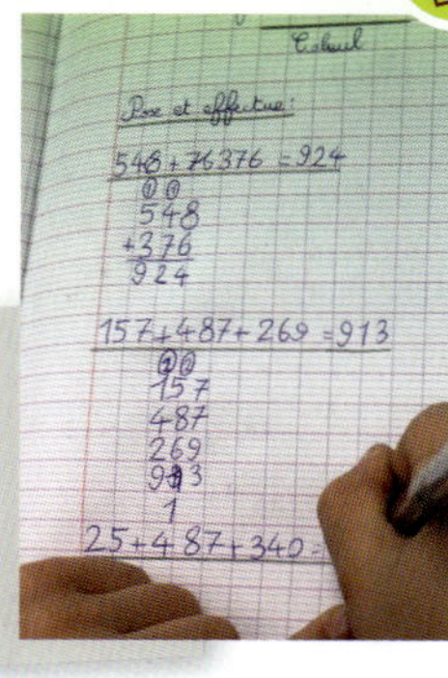

DIFFÉRENCIATION

- Proposer des cubes base 10 (ou les cartes unités et dizaines des **planches 1 et 2**) aux élèves qui ont besoin de manipuler.
- Permettre l'utilisation des tables d'addition.
- Accompagner individuellement les élèves les plus fragiles.

Procédures visées
La première opération permet de poser et de calculer une addition avec une retenue au niveau des dizaines et des centaines.
La deuxième opération permet de poser et de calculer une addition de 3 nombres à 3 chiffres avec une retenue de 2 dizaines et de 2 centaines.
La troisième opération permet de calculer une addition de 3 nombres à 2 et à 3 chiffres en veillant à la poser correctement. Aligner les chiffres

$$
\begin{array}{r}
{\scriptstyle 1\ 1\ \ } \\
548 \\
+\ 376 \\ \hline
924
\end{array}
\qquad
\begin{array}{r}
{\scriptstyle 2\ 2\ \ } \\
157 \\
487 \\
+\ 269 \\ \hline
913
\end{array}
\qquad
\begin{array}{r}
{\scriptstyle 1\ 1\ \ } \\
25 \\
358 \\
+\ 340 \\ \hline
723
\end{array}
$$

des unités, des dizaines et des centaines dans la bonne colonne.

Séance 3

30 min

Bilan des apprentissages

Évaluation de la séance à l'aide des exercices 4 à 11 du cahier de l'élève ***Maths au CE2***
(Les élèves écrivent les réponses des exercices 10 et 11 dans un cahier.)

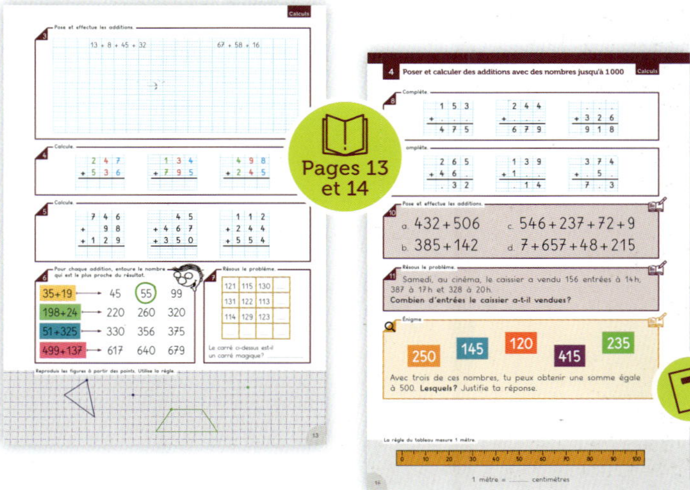

15 min par jour

Calcul mental

- Écrire en lettres les nombres de 0 à 1 000.
- Connaitre les compléments à la centaine supérieure.

Séance 1

❶ Dictée de nombres jusqu'à 1000 — 1 min

Écrire les nombres en chiffres sur l'ardoise : « *cent-soixante-dix-huit* » et « *neuf-cent-douze* ».

❷ Additions ou soustractions de dizaines ou de centaines entières : évaluation — 4 min

Proposer l'évaluation **MaterielCalcul4.pdf**, page 1.

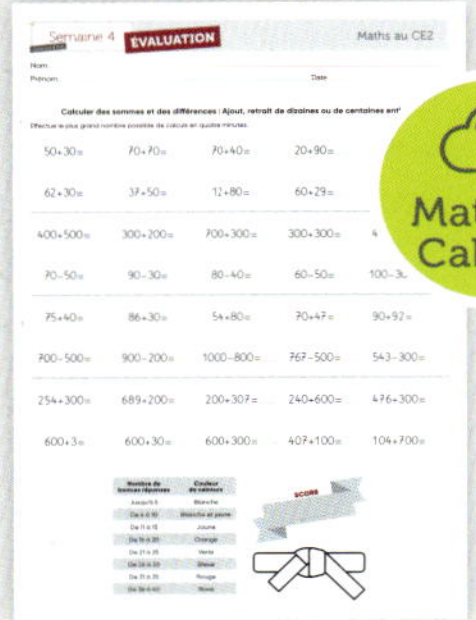

Matériel Calcul4

❸ Compléments à la centaine supérieure ou inférieure : réactivation — 10 min

L'enseignant pose les questions une à une par écrit au tableau sans contrainte de temps. Les élèves répondent sur l'ardoise.

50 + ? = 100 | **30 + ? = 100**
De 20 pour aller à 100 ? | **90 + ? = 100**
De 100 pour aller à 180 ? | **100 − 70 = ?** | **100 − 60 = ?**

V 29|09

Séance 2

❶ Dictée de nombres jusqu'à 1000 — 1 min

Écrire les nombres en chiffres sur l'ardoise : « *trois-cent-cinquante* » et « *six-cent-vingt-sept* ».

❷ Additions ou soustractions de dizaines ou de centaines entières : consolidation — 4 min

Les calculs à effectuer sont ceux du document **MaterielCalcul4.pdf**, les résultats sont à donner sur cette feuille ou dans un cahier.

❸ Compléments à la centaine supérieure ou inférieure : réactivation — 10 min

L'enseignant pose les questions une à une par écrit sans contrainte de temps. Les élèves répondent sur l'ardoise.

140 + ? = 200 | **de 170 pour aller à 200 ?**
150 + ? = 200 | **200 − 80 = ?**

Procédures visées *(pour **140 + ? = 200**)*
- 140, c'est 100 + 40 et 200, c'est 100 + 100 donc cela revient à trouver le complément de 40 à 100 qui est 60.
- 140, c'est 1c 4d et 200, c'est 1c + 1c. Dans 140, j'ai déjà 1 centaine. Il faut compléter les 4 dizaines pour obtenir la deuxième centaine : 1c = 10d = 4d + 6d.

74 + ? = 100 | **187 + ? = 200** | **31 + ? = 100**

Procédure visée
Pour **74 + ? = 100**. Calculer de 74 pour aller à 80 (c'est 6) puis de 80 pour aller à 100 (c'est 20). Donc 6 + 20 = 26.

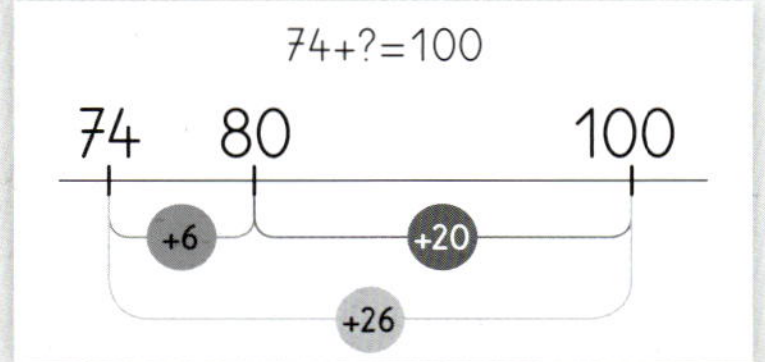

Tracer la demi-droite graduée au tableau pour présenter la procédure visée.

Séance 3

❶ Dictée de nombres jusqu'à 1000 — 1 min

Écrire les nombres en chiffres sur l'ardoise : « *neuf-cent-quatre-vingt-dix-huit* » et « *cinq-cent-sept* ».

❷ Additions ou soustractions de dizaines ou de centaines entières : évaluation — 4 min

Matériel Calcul4

Proposer à nouveau l'évaluation de la séance 1 pour permettre aux élèves de mesurer leurs progrès.

❸ Compléments à la centaine supérieure ou inférieure : réactivation — 10 min

L'enseignant pose les questions une à une par écrit sans contrainte de temps. Les élèves répondent sur l'ardoise.

540 + ? = 600 | **? + 750 = 800** | **de 870 pour aller à 900 ?**
? + 270 = 300 | **400 − 30 = ?** | **300 − 80 = ?**
900 − 60 = ? | **753 + ? = 800** | **de 257 pour aller à 300 ?**

Procédure visée
Pour **753 + ? = 800**. Calculer de 753 pour aller à 760 (c'est 7) puis de 760 pour aller à 800 (c'est 40). Donc 7 + 40 = 47 et 753 + 47 = 800.

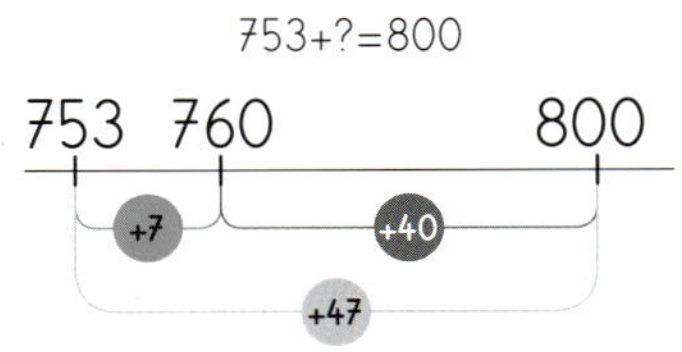

Tracer la demi-droite graduée au tableau pour présenter la procédure visée.

Séance 4

❶ Dictée de nombres jusqu'à 1000 — 1 min

Écrire les nombres en chiffres sur l'ardoise : « *neuf-cent-quatre-vingt-dix-neuf* » et « *mille* ».

❷ Compléments à la centaine supérieure ou inférieure : entrainement — 4 min

L'enseignant pose les questions une à une par écrit en demandant une réponse rapide (moins de 10 secondes).
Les élèves répondent sur l'ardoise.

230 + ? = 300 | **de 540 pour aller à 600 ?**
335 + ? = 400 | **de 874 pour aller à 900 ?**

❸ Compléments à la centaine supérieure ou inférieure : réinvestissement — 10 min

Résoudre les petits problèmes oraux sur l'ardoise.

« *Dans une course de 100 m, un athlète a déjà parcouru 70 m.* ***Quelle distance lui reste-t-il à parcourir ?*** »

« *Il y a 800 places dans la salle de théâtre. Pour le spectacle de ce soir, 710 sont réservées.* ***Combien de places sont encore disponibles ?*** »

« *Monsieur Omaya a 630 €.* ***Combien lui manque-t-il pour acheter une tablette qui coute 700 € ?*** »

« *Nassim veut lire un livre de 600 pages. Il a déjà lu 460 pages.* ***Combien de pages lui reste-t-il à lire ?*** »

Compléter les exercices de **MaterielCalcul4.pdf**, page 2.

Matériel Calcul4

Calcul@tice Les élèves travaillent en autonomie sur les ordinateurs de la classe
calculatice.ac-lille.fr > les exercices > Niveau CE2
- Mémoriser la table d'addition : **Opérations à trous**
- Ajouter ou retirer 10, 20… 100, 200 : **La balance**

45 min par semaine

Atelier problèmes

Résoudre des problèmes additifs en une étape à l'aide de schémas

Page 15 — Atelier 4

CHERCHONS ENSEMBLE

Relie chaque problème au schéma qui convient puis résous-les dans un cahier.

Problème 1

Tom avait 26 billes.
À la récréation, il en gagne 13.
Combien de billes a-t-il après la récréation ?

Problème 2

Tom a gagné 13 billes pendant la récréation.
Maintenant, il a 39 billes.
Combien de billes avait-il avant la récréation ?

Problème 3

Tom avait 26 billes.
Il a gagné des billes pendant la récréation. Maintenant, il a 39 billes. **Combien de billes a-t-il gagnées pendant la récréation ?**

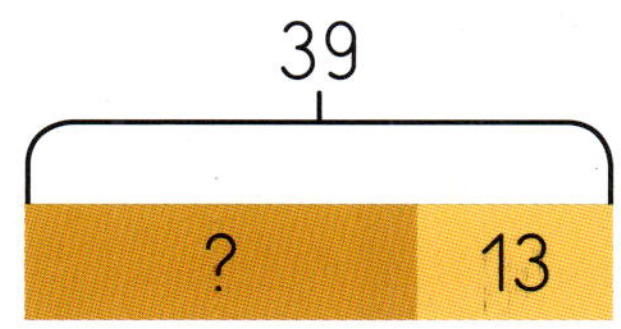

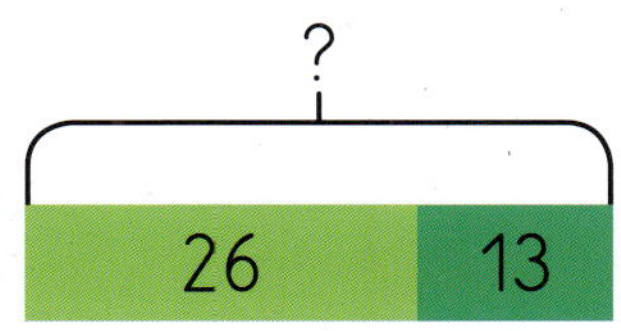

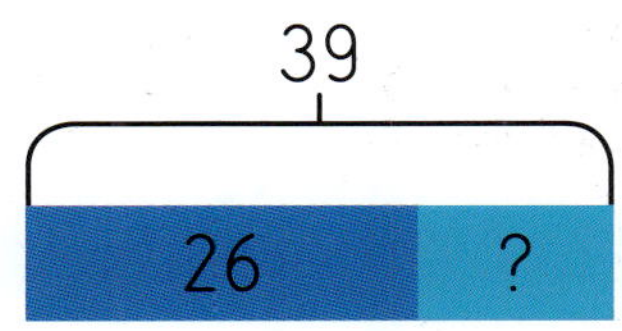

JE CHERCHE

Relie chaque problème à l'opération qui convient puis fais les schémas dans un cahier.
Écris la réponse.

Problème 4

Tom avait 35 billes.
À la récréation, il gagne 23 billes.
Combien de billes a-t-il après la récréation ?

Problème 5

Tom a gagné 23 billes pendant la récréation.
Maintenant, il a 58 billes.
Combien de billes avait-il avant la récréation ?

Problème 6

Tom avait 35 billes. Il a gagné des billes pendant la récréation.
Maintenant, il a 58 billes. **Combien de billes a-t-il gagnées pendant la récréation ?**

- $58 - 35 = 23$
- $35 + 23 = 58$
- $58 - 23 = 35$

5 Comparer et ranger les nombres jusqu'à 1 000

Séance 1 — 45 min

Comparer des nombres jusqu'à 1 000

→ RAISONNER

Comparer des nombres en utilisant les symboles =, <, >.

MATÉRIEL ET SUPPORT
- Les cartes-chiffres (**Materiel5.pdf**, page 1).

DÉROULEMENT DE LA SÉANCE

1 Appropriation du problème Comprendre la règle du jeu à l'aide d'un exemple.	5 min	**Manipulation** Oral collectif
2 Recherche Comparer deux collections de cubes entièrement groupées.	10 min	**Manipulation** Travail individuel
3 Entrainement Comparer deux nombres en utilisant les signes <, = ou >.	25 min	**Abstraction** Oral collectif Travail individuel
4 Institutionnalisation Comparer deux nombres jusqu'à 1000.	5 min	**Verbalisation** Oral collectif

1 Appropriation du problème

Matériel 5

Demander à chaque élève de prendre devant lui les cartes 9, 4 et 6. Écrire un nombre de 3 chiffres avec les cartes. Par exemple, 496 ou 649. Faire chercher d'autres nombres de 3 chiffres qu'on peut écrire avec les cartes. Verbaliser que, selon leur position, les chiffres n'ont pas la même valeur.

Chercher ensuite des nombres de 2 chiffres et de 1 chiffre qu'on peut écrire avec les cartes : 46, 94… 6, 9.

2 Recherche

Ranger les cartes utilisées dans la phase d'appropriation pour utiliser 3 nouvelles cartes : la carte 2, la carte 5 et la carte 8.

Écrire le nombre 582 au tableau.

Demander aux élèves de former avec les 3 cartes un nombre plus grand que 582 et de le noter sur l'ardoise.

La mise en commun permet de constater qu'il y a deux solutions : 852 et 825.

Écrire les inégalités obtenues au tableau : 852 > 582 et 582 < 825.

Rappeler la signification des symboles < et > et faire verbaliser : *« 825 est supérieur à 582 », « 582 est inférieur à 825 ».*

Relancer l'activité en demandant de chercher le plus possible de nombres inférieurs à 582 que l'on peut écrire avec ces cartes.

Noter les nombres trouvés au fur et à mesure de la recherche.

La mise en commun permet de constater qu'il y a beaucoup de solutions : 2, 5, 8, 58, 85, 52, 25, 28, 82, 528, 285, 258.

Faire écrire au tableau les inégalités obtenues et faire verbaliser en utilisant les expressions *« supérieur à »* et *« inférieur à »*.

Exemples 582 > 285 85 < 582 5 < 582 582 > 528

3 Entrainement

Séquence 5

Phase 1 Entrainement sur l'ardoise

Les élèves répondent sur l'ardoise. Ils justifient leur réponse à chaque comparaison.

- **Complète avec < ou > : 956 … 962.**

Procédure visée

Dans 956, il y a autant de centaines (9 centaines) que dans 962. Mais 956 contient moins de dizaines que 962. 956 est donc inférieur à 962. J'écris **956 < 962** ou **962 > 956.** Expliciter la procédure visée à l'aide de l'animation **Séquence 5** en faisant une correspondance terme à terme entre les centaines puis avec les dizaines. S'arrêter aux dizaines car cela suffit dans ce cas pour trouver le nombre le plus grand.

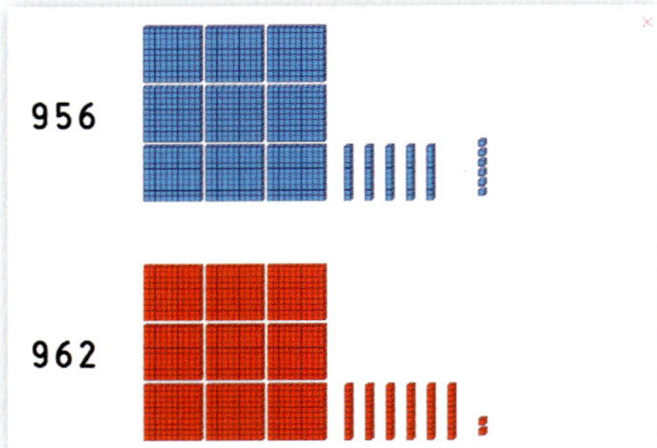

Faire verbaliser : *« 962 est supérieur à 956 », « 956 est inférieur à 962. »* Faire remarquer que 962, c'est 900 + 62. 956, c'est 900 + 56. Comme chaque nombre a 9 centaines, cela revient à comparer 56 et 62. Écrire : **900 + 60 + 2 > 900 + 50 + 6**

- **Complète avec < ou > : 708 … 689.**

Procédure visée

708 contient 7 centaines alors que 689 contient 6 centaines. Comme un nombre a 7 centaines et l'autre 6 centaines, il suffit de comparer les centaines car tous les nombres qui ont 6 centaines (de 600 à 699) sont inférieurs à 700. Expliciter la procédure visée en utilisant l'animation **Séquence 5**.

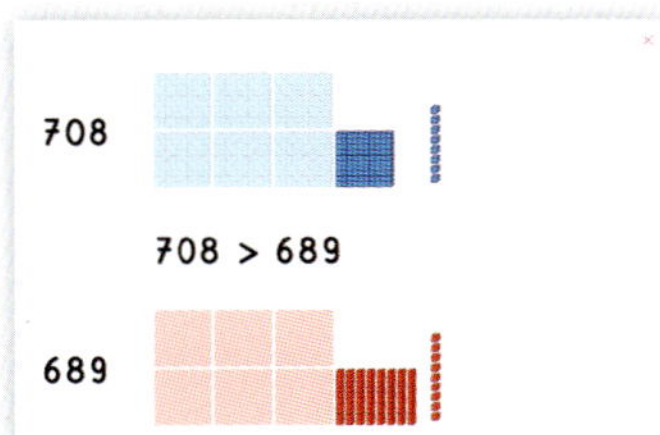

Écrire : **700 + 8 > 600 + 80 + 9.** Faire comprendre que 708, c'est aussi 600 + 100 + 8 et que 689, c'est 600 + 89.

• Complète avec < ou > : 873 ... 875.
Procédure visée
873 et 875 contiennent autant de centaines et autant de dizaines l'un que l'autre. Mais 873 contient moins d'unités que 875.
Expliciter la procédure visée en utilisant l'animation **Séquence 5**.

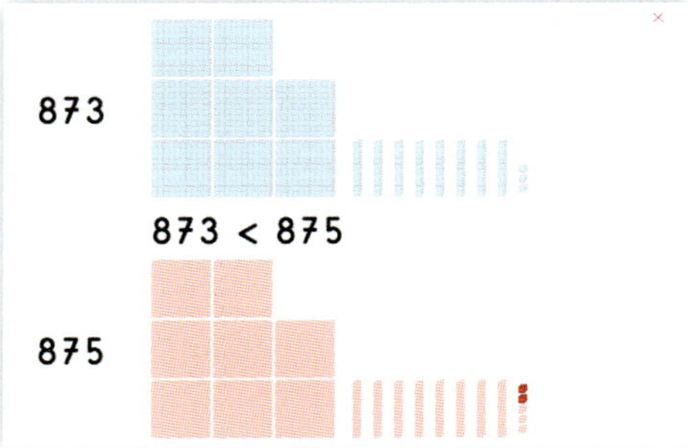

Écrire **800 + 70 + 3 < 800 + 70 + 5.**

• Complète avec < ou > : 160 ... 87.
! *Procédure visée*
La stratégie de comparaison des nombres qui consiste à compter le nombre de chiffres des nombres est une stratégie qu'il ne faut pas encourager car elle ne sera plus valable avec les nombres décimaux au cycle 3.
Par exemple : 4,867 < 5,7
4,867 qui a 4 chiffres est inférieur à 5,7 qui a 2 chiffres.
Il est recommandé d'éviter de dire que « 87 a 2 chiffres et donc qu'il est inférieur à 160 car ce dernier a 3 chiffres ». Il est conseillé de dire que *« 87 est inférieur à 160 car il contient moins de centaines ».*
Cette procédure s'intéresse à la valeur de chaque chiffre.

Phase 2 Entrainement dans le cahier de l'élève ***Maths au CE2***
Exercices 1, 2, 3 et 4 du cahier de l'élève ***Maths au CE2.***

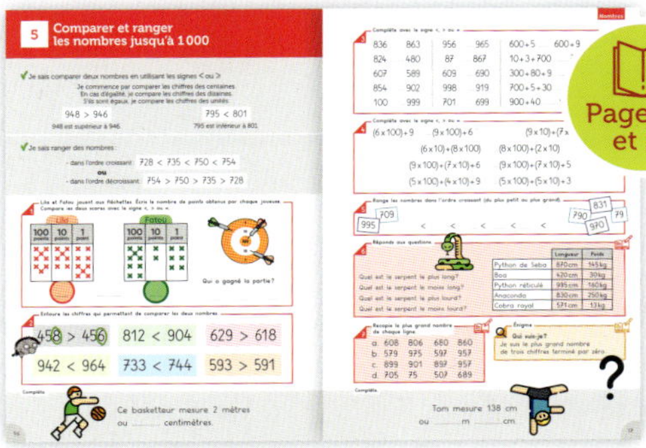

Pages 16 et 17

❹ Institutionnalisation

Ce qu'il faut retenir

Pour comparer deux nombres, il faut commencer par comparer les chiffres des centaines.
En cas d'égalité au niveau des chiffres des centaines, on compare les chiffres des dizaines. S'ils sont aussi égaux, on compare les chiffres des unités.

Séance 2

30 min

Ranger les nombres jusqu'à 1 000

→ **RAISONNER**

Ordonner des nombres dans l'ordre croissant ou décroissant.

MATÉRIEL ET SUPPORT
• Les cartes-nombres (**Materiel5.pdf**, page 2).

DÉROULEMENT DE LA SÉANCE

❶ **Recherche** Ordonner un ensemble de 10 nombres dans l'ordre croissant ou décroissant.	10 min	**Expérimentation** Travail individuel puis groupes de 2
❷ **Institutionnalisation** Ordonner des nombres dans l'ordre croissant ou décroissant.	5 min	**Abstraction** Oral collectif
❸ **Entrainement** Ranger des nombres jusqu'à 1000.	15 min	**Abstraction** Travail individuel

❶ Recherche

Demander aux élèves de ranger dans l'ordre croissant les 10 nombres du tableau : **905 - 760 - 89 - 651 - 847 - 728 - 649 - 998 - 850 - 930.**

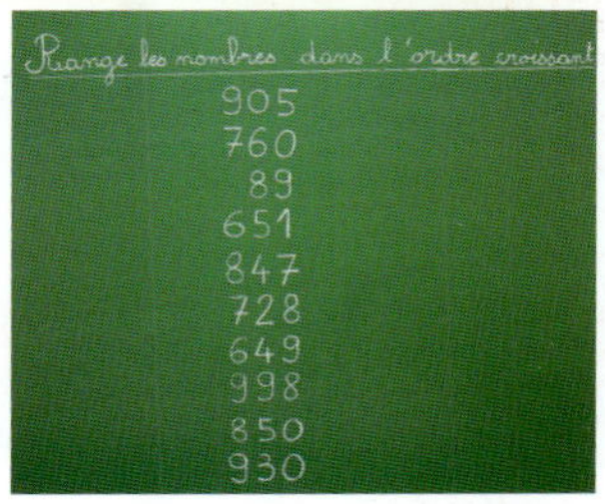

Rappeler que ranger dans l'ordre croissant, c'est écrire les nombres du plus petit au plus grand.

Un groupe travaille avec l'enseignant au coin maths pour manipuler les cartes-nombres à ranger.

Matériel 5

Mettre en commun les stratégies utilisées.

Exemple de stratégies
Chercher le nombre le plus petit en comparant les chiffres des centaines. 89 est le plus petit car il est seul à ne pas contenir de centaine : il est mis en première position dans la ligne des nombres rangés par ordre croissant et il est barré dans la liste. Dans les nombres qui restent, 651 et 649 contiennent moins de centaines que les autres nombres : ils sont donc plus petits et seront en 2e et 3e positions. 649 contenant moins de dizaines que 651, il est donc inférieur à 651 : 649 arrive en 2e...

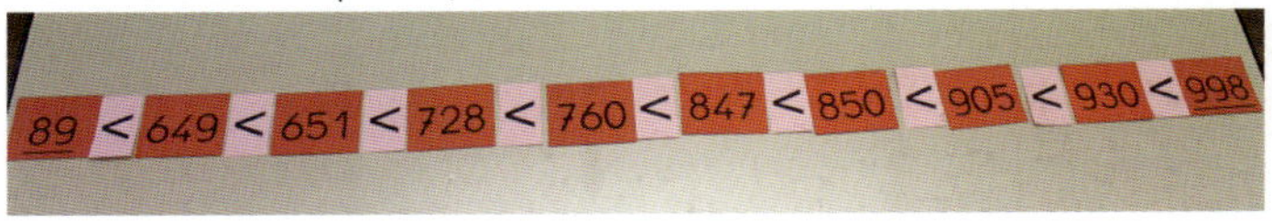

Écrire la ligne réponse au tableau en utilisant le symbole <.
Écrire ensuite les nombres dans l'ordre décroissant (du plus grand au plus petit) en utilisant le symbole >.

❷ Institutionnalisation

Ce qu'il faut retenir

Pour ranger les nombres par ordre croissant ou décroissant, il faut s'intéresser à la valeur de chaque chiffre.
Pour les ranger plus facilement, on peut écrire les nombres les uns sous les autres en commençant par comparer le chiffre des centaines puis celui des dizaines et enfin celui des unités.

centaines	dizaines	unités
	8	9
6	4	9
6	5	1
7	2	8
7	6	0
8	4	7
8	5	0
9	0	5
9	3	0
9	9	8

❸ Entrainement

Exercices 5, 6 et 7 du cahier de l'élève ***Maths au CE2.***
(Pour les exercices 6 et 7, les élèves écrivent leurs réponses dans un cahier.)

Page 17

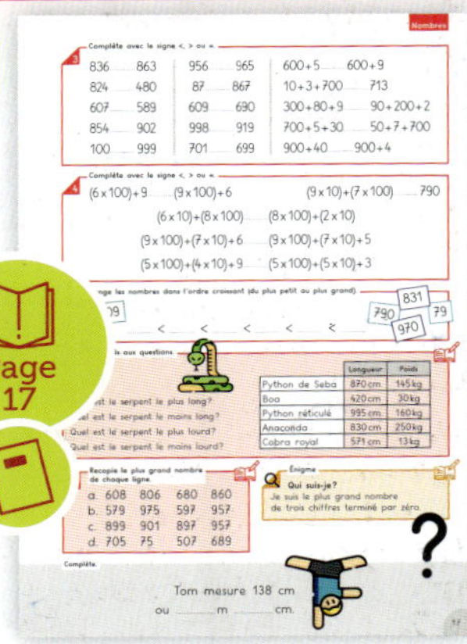

6 Encadrer et intercaler les nombres jusqu'à 1 000

Séance 1 — 45 min

Placer des nombres sur un axe

→ REPRÉSENTER

Se repérer et placer des nombres sur une droite graduée.

MATÉRIEL ET SUPPORT
- Les exercices de la phase de recherche (**Materiel6.pdf**, page 1).

DÉROULEMENT DE LA SÉANCE

1 Réactivation Placer des nombres sur un axe gradué de 1 en 1.	10 min	**Verbalisation** Oral collectif
2 Recherche Nommer les nombres placés sur un axe gradué de 5 en 5, de 25 en 25 et de 50 en 50.	15 min	**Représentation** Écrit individuel
3 Entrainement Intercaler et positionner des nombres sur une demi-droite graduée incomplète.	20 min	

1 Réactivation

Séquence 6

Phase 1 Axe gradué de 1 en 1 à partir de 0

Expliquer que vous connaissez une puce extraordinaire qui fait des sauts réguliers. L'objectif de ce moment de réactivation est d'amener les élèves à comprendre qu'une droite graduée est une droite sur laquelle on a choisi un sens, un point nommé origine et une unité que l'on reporte régulièrement à partir de 0. Le nombre associé à un repère correspond au nombre de sauts de la puce reportés depuis 0.

Vidéoprojeter l'animation **Séquence 6** et questionner les élèves qui répondent sur l'ardoise. Observer que les repères sont espacés régulièrement sur la droite graduée.

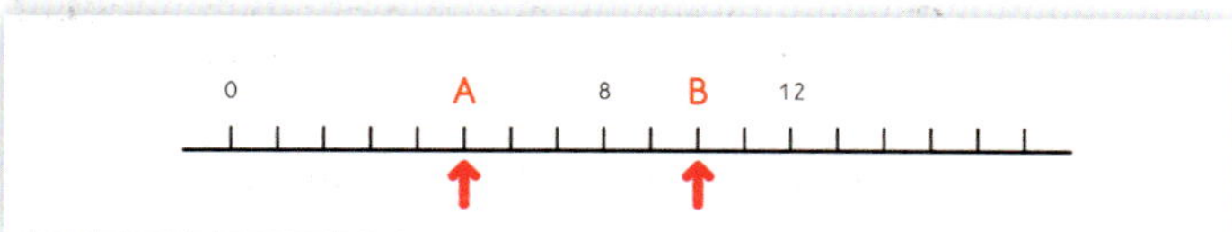

Questionner.

« La puce part du repère 0. Combien de sauts doit-elle faire pour arriver sur le repère 8 ? Sur le repère 12 ? »

« Combien de sauts a-t-elle fait pour arriver aux repères A et B en partant de 0. »

Reformuler en demandant quelle distance la puce a parcourue pour arriver en A et en B.

« La puce est sur le nombre 3. Elle fait 12 sauts. Sur quel repère arrive-t-elle ? »

« Si la puce est sur le repère A, combien de sauts doit-elle faire pour arriver sur le repère B ? C'est la distance entre A et B. »

Synthèse

Les nombres associés aux repères se suivent de 1 en 1. La position d'un nombre sur l'axe dépend de sa distance par rapport à l'origine.

Phase 2 Axe gradué de 1 en 1 à partir d'un nombre différent de 0

Vidéoprojeter l'animation **Séquence 6.**

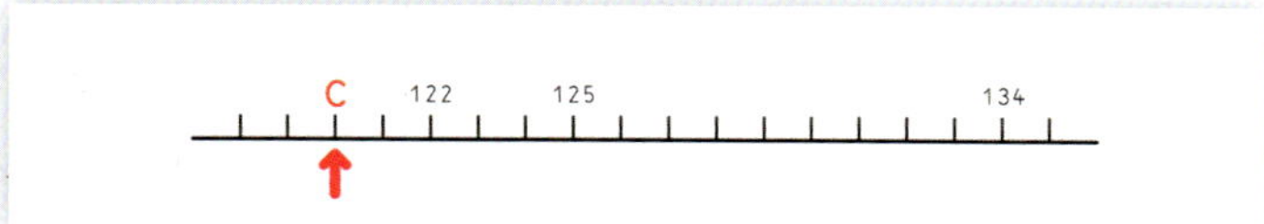

Observer que les repères sont espacés régulièrement sur la droite graduée. Faire écrire sur l'ardoise le nombre dont l'emplacement est indiqué par une flèche. Les nombres 122 et 125 permettent de déduire que la droite est graduée de 1 en 1.

Demander aux élèves d'expliquer leurs procédures pour trouver les nombres C, D et E recherchés.

2 Recherche

Matériel 6 — Séquence 6

Les exercices du document élève sont reproduits dans l'animation **Séquence 6** afin de faciliter la conduite de la phase de correction.

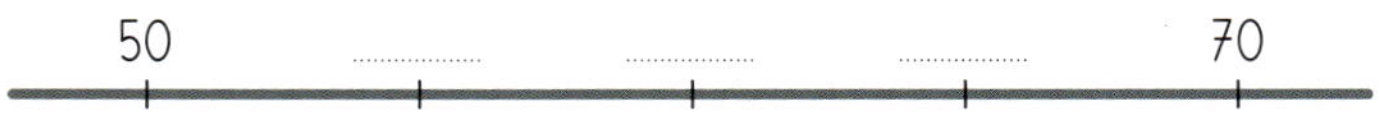

Droite graduée de 5 en 5 à partir de 50

Droite graduée de 25 en 25 à partir de 400

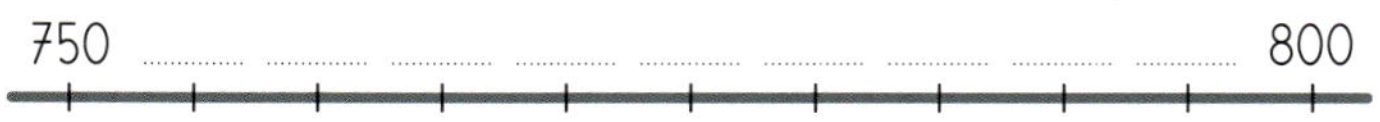

Droite graduée de 5 en 5 à partir de 750

Droite graduée de 50 en 50 à partir de 650

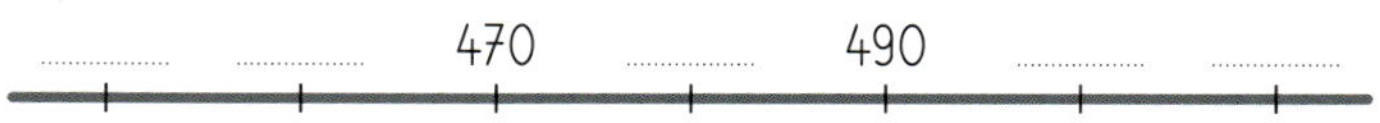

Droite graduée de 10 en 10 à partir de 450

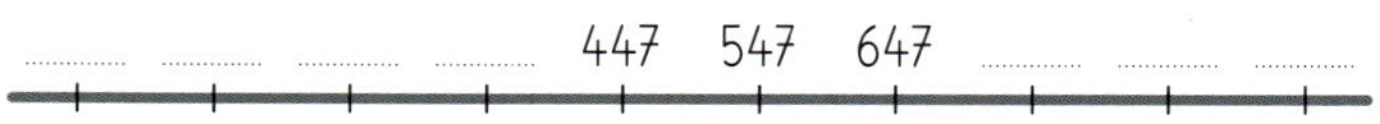

Droite graduée de 100 en 100 à partir de 47

Procédures observées

- Procède par essais et ajustements en faisant des hypothèses sur la longueur du saut.
- Estime l'ordre de grandeur du saut en s'aidant de l'espace qui sépare deux repères.
- Cherche d'abord le nombre placé à égale distance de deux nombres déjà placés pour en déduire les autres nombres.

La mise en commun permet de confronter les procédures utilisées et de verbaliser que *« les droites étaient graduées différemment : de 5 en 5, de 10 en 10, de 25 en 25, de 50 en 50 et de 100 en 100. »*

3 Entrainement

Exercices 1, 2 et 3 du cahier de l'élève ***Maths au CE2***.

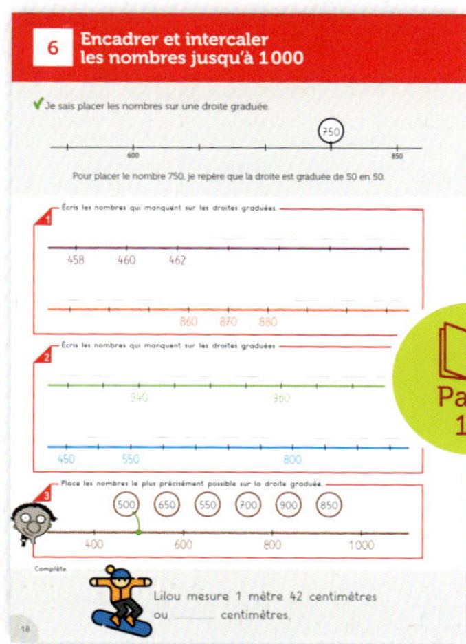

Page 18

Séance 2 — 30 min

Intercaler et encadrer les nombres jusqu'à 1 000

→ RAISONNER

Encadrer, intercaler des nombres entiers en utilisant les symboles < et >.

MATÉRIEL ET SUPPORT
• Les cartes-nombres (**Materiel6.pdf**, page 2).

DÉROULEMENT DE LA SÉANCE

❶ **Recherche** Intercaler et encadrer des nombres en utilisant les signes < et >.	15 min	**Abstraction** **Verbalisation** Oral collectif
❷ **Entrainement** Donner à l'oral comme à l'écrit le nombre qui suit et le nombre qui précède un nombre donné entre 1 et 1000.	15 min	**Abstraction** Écrit individuel

❶ Recherche

Matériel 6

Phase 1

Tracer une droite au tableau et placer les nombres **480** et **510**.
Afficher les 8 cartes-nombres avec une écriture chiffrée :
479, 499, 509, 523, 490, 846, 500, 501.

Consigne *« Écrivez sur l'ardoise tous les nombres qu'on peut intercaler entre 480 et 510. »*

Lors de la correction, amener les élèves à formuler qu'il fallait trouver tous les nombres supérieurs à 480 et inférieurs à 510.

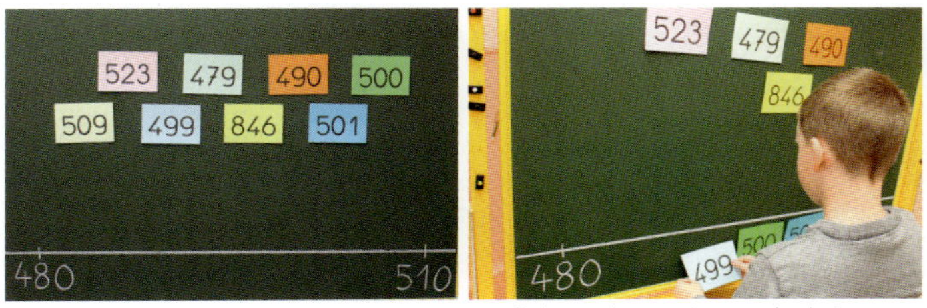

Ordonner les nombres sur la droite.

Phase 2

Consigne *« Cherchez sur l'ardoise un nombre qui peut s'intercaler entre le nombre 176 et 182. »*

Écrire au tableau : **176 < ... < 182**

Lister les différentes possibilités. Utiliser les erreurs pour rappeler la signification des signes < et > (notion de strictement inférieur ou supérieur).

Reprendre cet exercice avec **189 < ... < 191** et **138 < ... < 140**.

Faire constater qu'une seule solution est possible dans ces deux cas.

Phase 3

Consigne *« Cherchez deux nombres qui peuvent encadrer le nombre 567. »*

Écrire au tableau : **... < 567 < ....**

Faire constater que de nombreuses solutions sont possibles :
- Le nombre juste avant et juste après : 566 < 567 < 568.
- La dizaine juste avant et la dizaine après : 560 < 567 < 570.
- La centaine juste avant et la centaine après : 500 < 567 < 600.
- D'autres nombres : 562 < 567 < 578 ; 95 < 567 < 873.

❷ Entrainement

Exercices 4 à 8 du cahier de l'élève ***Maths au CE2***.

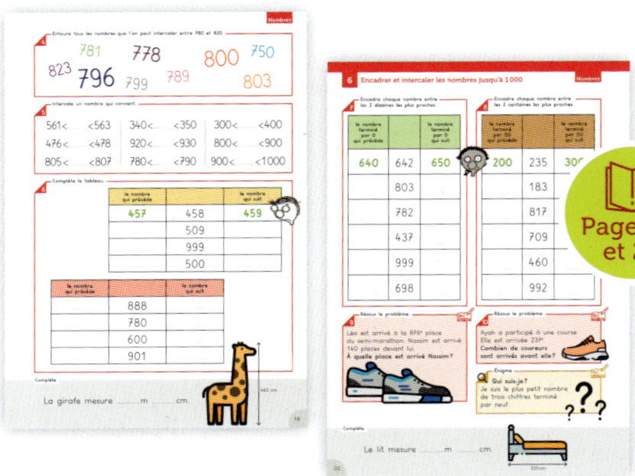

Pages 19 et 20

Séance 3 — 45 min

Résoudre des problèmes en utilisant ses connaissances sur l'ordre des nombres

→ RAISONNER

Faire le lien entre le rang dans une liste et le nombre d'éléments qui le précèdent pour des nombres inférieurs à 1000.

MATÉRIEL ET SUPPORT
• Les problèmes de la phase de recherche (**Materiel6.pdf**, page 3).

DÉROULEMENT DE LA SÉANCE

❶ **Recherche** Résoudre des problèmes mobilisant la notion de rang.	15 min	**Expérimentation** Écrit individuel
❷ **Mise en commun** Recenser les réponses et confronter les différentes procédures.	10 min	**Verbalisation** Oral collectif
❸ **Entrainement** Résoudre des problèmes variés.	20 min	**Abstraction** Écrit individuel

❶ Recherche

Matériel 6

Les élèves résolvent les problèmes de **Materiel6.pdf**, page 3 dans un cahier.

A Léo participe à un semi-marathon. Il termine à la 579ᵉ place.
Combien de coureurs arrivent avant lui ?

B Aïcha participe à la même course que Léo.
499 coureurs arrivent devant elle.
À quelle place arrive-t-elle ?

C Tom et Lilou participent aussi à ce semi-marathon.
Ils terminent aux 947ᵉ et 956ᵉ places.
Combien de coureurs arrivent entre eux ?

D Aziz arrive à la 235ᵉ place. Nassim arrive 120 places devant lui.
À quelle place Nassim arrive-t-il ?

❷ Mise en commun

Pour aider les élèves qui rencontrent des difficultés à résoudre les problèmes :
- Modifier la taille des nombres. ***Léo a participé à une course. Il a terminé à la 19ᵉ place. Combien de coureurs sont arrivés avant lui ?***
- Demander à un élève de raconter l'histoire du problème sans les nombres.
- Simuler une course avec 19 élèves.
Combien sont arrivés avant le 19ᵉ ? entre le 3ᵉ et le 8ᵉ ?

Plusieurs élèves utilisent un axe gradué pour résoudre les problèmes.

❸ Entrainement

Problèmes 9 et 10 du cahier de l'élève ***Maths au CE2*** : les élèves écrivent leurs réponses dans un cahier.

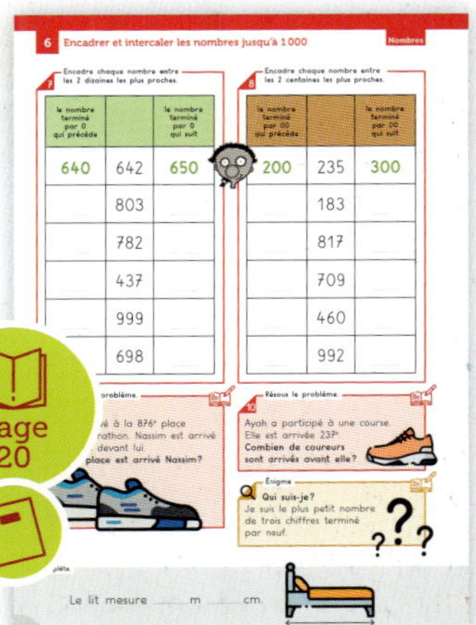

Page 20

15 min par jour

Calcul mental

- Écrire les nombres en lettres jusqu'à 1 000.
- Connaitre les compléments à 1 000.

Séance 1

❶ Dictée de nombres jusqu'à 1000 — 1 min

Écrire le nombre en lettres sur l'ardoise : **491**.

Lors de la correction, écrire le nombre en lettres sur une grande étiquette. Au dos de l'étiquette, écrire le nombre en chiffres et sa décomposition par rapport à ce qu'on entend :
491 = (4 x 100) + (4 x 20) + 11.

*1. Écrire **quatre-cent-quatre-vingt-onze** avec les cartes recto-verso au tableau.*

2. Les étiquettes sont retournées.

3. Indiquer les opérations « cachées » : (4 x 100) + (4 x 20) + 11

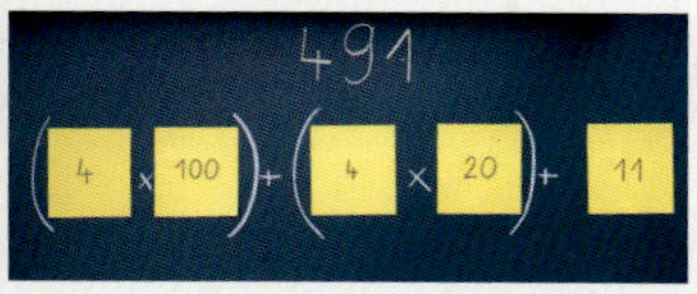

❷ Tables d'addition : entrainement — 4 min

L'enseignant pose les questions une à une oralement sans contrainte de temps. Les élèves répondent sur l'ardoise.

7 + 8 **6 + 5** **8 + 9** **7 + 6**

Procédure visée

Utiliser la connaissance des doubles.
Pour **7 + 8.** 7 + 7 = 14 donc 7 + 8 = 15 car c'est 7 + 7 + 1.

❸ Compléments à 1000 : découverte — 10 min

L'enseignant pose les questions une à une par écrit au tableau sans contrainte de temps. Les élèves répondent sur l'ardoise.

300 + ? = 1000 **500 + ? = 1000** **900 + ? = 1000**
De 200 pour aller à 1000 ? **1000 – 700 = ?** **1000 – 600 = ?**

Procédure visée

Pour **300 + ? = 1000**. 300, c'est 3 centaines. 1000, c'est 10 centaines. Cela revient à chercher le complément de 3c à 10 c. Donc 7c = 700.

Séance 2

❶ Dictée de nombres jusqu'à 1000 — 1 min

Écrire le nombre en lettres sur l'ardoise : **960**.
Effectuer la correction avec un déroulement identique à la séance 1.

❷ Tables d'addition : évaluation — 4 min

Série de calculs du document **MaterielCalcul5.pdf**, page 1.

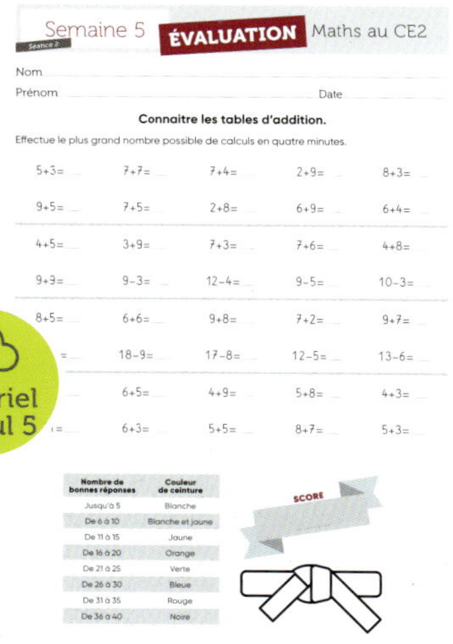
Semaine 5 — Séance 2 — ÉVALUATION — Maths au CE2

Nom

Prénom Date

Connaitre les tables d'addition.

Effectue le plus grand nombre possible de calculs en quatre minutes.

5+3=	7+7=	7+4=	2+9=	8+3=
9+5=	7+5=	2+8=	6+9=	6+4=
4+5=	3+9=	7+3=	7+6=	4+8=
9+9=	9–3=	12–4=	9–5=	10–3=
8+5=	6+6=	9+8=	7+2=	9+7=
[illegible]	18–9=	17–8=	12–5=	13–6=
[illegible]	6+5=	4+9=	5+8=	4+3=
[illegible]	6+3=	5+5=	8+7=	5+3=

Nombre de bonnes réponses	Couleur de ceinture
Jusqu'à 5	Blanche
De 6 à 10	Blanche et jaune
De 11 à 15	Jaune
De 16 à 20	Orange
De 21 à 25	Verte
De 26 à 30	Bleue
De 31 à 35	Rouge
De 36 à 40	Noire

SCORE

Matériel Calcul 5

❸ Compléments à 1000 : découverte — 10 min

L'enseignant pose les questions une à une par écrit au tableau sans contrainte de temps. Les élèves répondent sur l'ardoise.

560 + ? = 1000 **de 870 pour aller à 1000 ?** **650 + ? = 1000**
742 + ? = 1000 **851 + ? = 1000** **926 + ? = 1000**

Procédures visées

- Pour **560 + ? = 1000**. Calculer de 560 pour aller à 600 (40) puis de 600 pour aller à 1000 (400). Donc 40 + 400 = 440.
- Pour **742 + ? = 1000.** Calculer de 742 pour aller à 750 (8) puis de 750 pour aller à 800 (50) puis de 800 pour aller à 1000 (200). Donc 8 + 50 + 200 = 258.

Séance 3

❶ Dictée de nombres jusqu'à 1000 — 1 min

Écrire le nombre en lettres sur l'ardoise : **276**.

Effectuer la correction selon un déroulement identique à la séance 1.

❷ Tables d'addition : entrainement — 4 min

Proposer les calculs où les erreurs ont été les plus fréquentes lors de l'évaluation de la séance 2. L'enseignant pose les questions une à une oralement en demandant une réponse immédiate. Les élèves répondent sur l'ardoise.

❸ Compléments à 1000 : entrainement — 10 min

L'enseignant pose les questions une à une par écrit au tableau sans contrainte de temps. Les élèves répondent sur l'ardoise.

730 + ? = 1000 **de 520 pour aller à 1000 ?**
190 + ? = 1000 **240 + ? = 1000**
894 + ? = 1000 **201 + ? = 1000** **908 + ? = 1000**

Séance 4

❶ Dictée de nombres jusqu'à 1000 — 1 min

Écrire les nombres en lettres sur l'ardoise : **701**.

Effectuer la correction selon un déroulement identique à la séance 1.

❷ Tables d'addition : entrainement — 4 min

Proposer les calculs où les erreurs ont été les plus fréquentes lors de l'évaluation de la séance 2. L'enseignant pose les questions une à une oralement en demandant une réponse immédiate. Les élèves répondent sur l'ardoise.

❸ Compléments à 1000 : réinvestissement — 10 min

Résoudre les petits problèmes oraux sur l'ardoise.

« Il y a 1000 places dans les tribunes d'une salle de basket. Pour le match de ce soir, 800 spectateurs ont acheté un billet. ***Combien de places sont encore disponibles ? »***

« Pour préparer des crêpes, Léo utilise 600 g de farine qu'il prend dans un paquet de 1000 g. ***Quelle quantité de farine reste-t-il dans le paquet ? »***

*« Tom et Léo jouent au **Mille bornes**. Tom a parcouru 940 km.* ***Quelle distance doit-il encore parcourir pour atteindre les 1000 km ? »***

*« Tom et Léo jouent au **Mille bornes**. Léo a parcouru 610 km.* ***Quelle distance doit-il encore parcourir pour atteindre les 1000 km ? »***

Calcul@tice Les élèves travaillent en autonomie sur les ordinateurs de la classe

calculatice.ac-lille.fr > les exercices > Niveau CE2

- Mémoriser la table d'addition : **Les brickators**
- Complément à 10, 20... : **La caisse**

45 min par semaine

Atelier problèmes
Résoudre des problèmes additifs en une étape : recherche d'un complément

Page 21 — Atelier 5

❶ Appropriation de la situation : problème 1

Matériel Calcul 5

Utiliser le document A4 où sont représentées les 30 fourmis (**MaterielCalcul5. pdf**, page 2) et une feuille représentant la planche de bois pour présenter le problème 1 oralement. Expliciter les procédures utilisées : dénombrement des fourmis visibles et utilisation du calcul 23 + 7 = 30. Identifier le tout et les deux parties.

❷ Recherche : problème 2

Présenter le problème 2 oralement. Lors de la mise en commun, faire le lien entre l'utilisation d'une addition à trou et la soustraction. Faire observer que, si on retire les 8 fourmis visibles (les cacher ou les découper sur le dessin) du total (30 fourmis), on obtient la partie avec les fourmis cachées.
Faire constater que, si on découpe la partie avec les 8 fourmis visibles, on obtient la partie avec les fourmis cachées.

Faire écrire les deux calculs possibles pour trouver le nombre de fourmis cachées : 8 + ? = 30 et 30 – 8 = ? Faire verbaliser que ces deux calculs permettent d'obtenir le nombre de fourmis cachées.

❸ Entrainement : problèmes 3 et 4

Faire résoudre les problèmes 3 et 4. Favoriser les procédures qui utilisent la soustraction en établissant le lien avec l'addition à trou lors de la verbalisation.

❹ Institutionnalisation

Ce qu'il faut retenir

Dans un problème où il faut trouver un complément, par exemple, 13 fourmis sont visibles sur un total de 30 fourmis :

- Je peux chercher
  - ce qui manque à 13 pour avoir 30,
  - ce qu'il faut ajouter à 13 pour obtenir 30,
  - combien il faut pour aller de 13 à 30 et calculer 13 + ? = 30.

ou

- Je peux imaginer que j'enlève les 13 fourmis qui sont visibles pour obtenir celles qui sont cachées. Je calcule 30 – 13 = ?

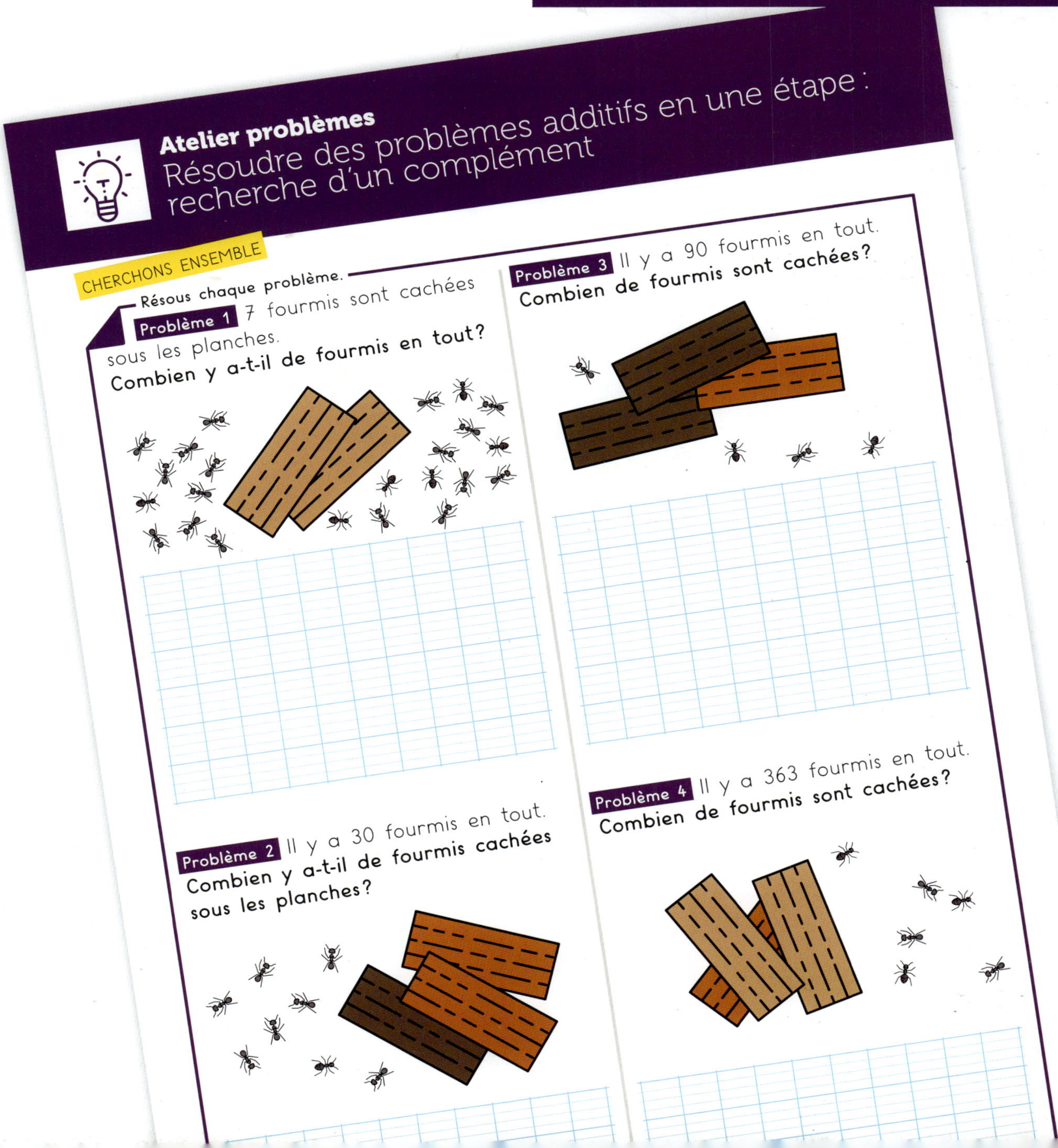
Atelier problèmes
Résoudre des problèmes additifs en une étape : recherche d'un complément

CHERCHONS ENSEMBLE

Résous chaque problème.

Problème 1 7 fourmis sont cachées sous les planches.
Combien y a-t-il de fourmis en tout ?

Problème 2 Il y a 30 fourmis en tout.
Combien y a-t-il de fourmis cachées sous les planches ?

Problème 3 Il y a 90 fourmis en tout.
Combien de fourmis sont cachées ?

Problème 4 Il y a 363 fourmis en tout.
Combien de fourmis sont cachées ?

7 Poser et calculer des soustractions en colonnes

Séance 1 ⌛ 45 min

Poser et calculer une soustraction de deux nombres à deux chiffres (1)

→ **CALCULER**

Savoir poser une soustraction et la calculer.

MATÉRIEL ET SUPPORT

Pour chaque élève

- Des cubes base 10 ou des carrés des **planches 1 et 2** prédécoupées fournies avec le cahier de l'élève *Maths au CE2*.
- Les traces écrites **Materiel7.pdf**, pages 1 et 2.

DÉROULEMENT DE LA SÉANCE

❶ **Recherche** Comprendre la technique opératoire de la soustraction en manipulant des cubes.	5 min	**Manipulation** Travail individuel
❷ **Institutionnalisation** Soustraire un nombre à deux chiffres à un nombre à deux chiffres lorsqu'il n'y a pas de retenue.	10 min	**Manipulation** **Verbalisation** Oral collectif
❸ **Nouvelle recherche** Comprendre la technique de « cassage » en manipulant des cubes.	5 min	**Manipulation** Travail individuel
❹ **Institutionnalisation** Soustraire un nombre à deux chiffres à un nombre à deux chiffres lorsqu'il y a une retenue.	10 min	**Abstraction** **Verbalisation** Oral collectif
❺ **Entrainement** Poser et calculer une soustraction en colonnes avec ou sans retenue.	15 min	**Abstraction** Écrit individuel

❶ Recherche

Calculer 46 – 32.

Demander à chaque élève de préparer une collection de 4 barres de 10 cubes et de 6 cubes isolés. Coder cette collection avec le nombre 46. Écrire le calcul **46 – 32** au tableau.

Consigne « *Trouver le résultat de la soustraction en manipulant les cubes.* »

*Former une collection de **4d 6u**.*

*Retirer **3d 2u** en commençant par les unités et écrire **46 – 32 = 14**.*

❷ Institutionnalisation

Expliquer au tableau comment poser et calculer la soustraction 46 – 32 en colonnes en faisant le parallèle avec la manipulation des cubes.

Étapes à suivre pour 46 – 32

d	u
4	6
+ 3	2
1	4

1. « *Je cherche un ordre de grandeur du résultat avant de commencer le calcul. 46 - 32, c'est proche de 46 - 30. La réponse est proche de 16.* »
2. « *Avec les cubes, j'ai pris d'abord 46 cubes puis j'ai retiré 32 cubes. Donc, j'écris d'abord le nombre le plus grand en haut car on retire 32 à 46.* »
3. « *Je pose l'opération en alignant les chiffres des unités dans la colonne des unités et les chiffres des dizaines dans la colonne des dizaines.* »
4. « *Je commence par regarder la colonne des chiffres des unités. 6 unités – 2 unités, c'est possible car 2 est plus petit que 6. 6 – 2 = 4. J'écris 4 au résultat dans la colonne des unités.* »
5. « *Je regarde la colonne des dizaines. 4d – 3d, c'est possible. 4d – 3d = 1d. J'écris 1 au résultat dans la colonne des dizaines.* »
6. « *46 – 32 = 14* ».

Récapituler les étapes de l'algorithme à l'aide de l'animation **Séquence 7**.

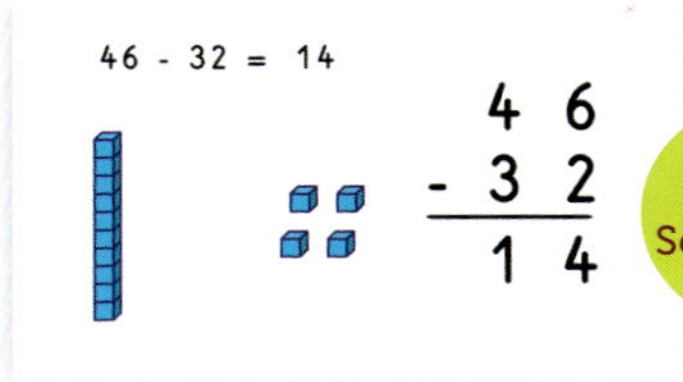

Séquence 7

Expliquer et montrer avec le matériel que l'on peut vérifier avec une addition que le résultat de la soustraction est juste : 32 + 14 = 46.

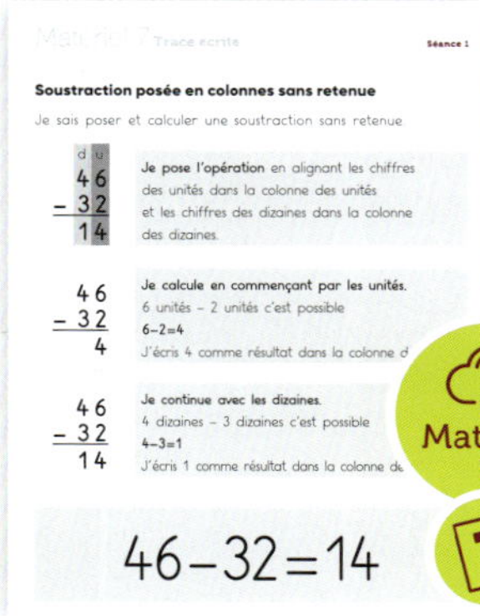
Trace écrite
Séance 1

Soustraction posée en colonnes sans retenue

Je sais poser et calculer une soustraction sans retenue

d u
46
– 32
14

Je pose l'opération en alignant les chiffres des unités dans la colonne des unités et les chiffres des dizaines dans la colonne des dizaines.

46
– 32
4

Je calcule en commençant par les unités.
6 unités – 2 unités c'est possible
6–2=4
J'écris 4 comme résultat dans la colonne d

46
– 32
14

Je continue avec les dizaines.
4 dizaines – 3 dizaines c'est possible
4–3=1
J'écris 1 comme résultat dans la colonne de

46–32=14

Matériel 7

Trace écrite
Garder une trace du travail effectué dans un cahier de référence en mathématiques avec le document **Materiel7.pdf**, page 1.

❸ Nouvelle recherche

Calculer 62 – 27.

Écrire le calcul **62 – 27** au tableau.

Consigne « *Trouver le résultat de la soustraction en manipulant les cubes.* »

Former une collection de 6d 2u.

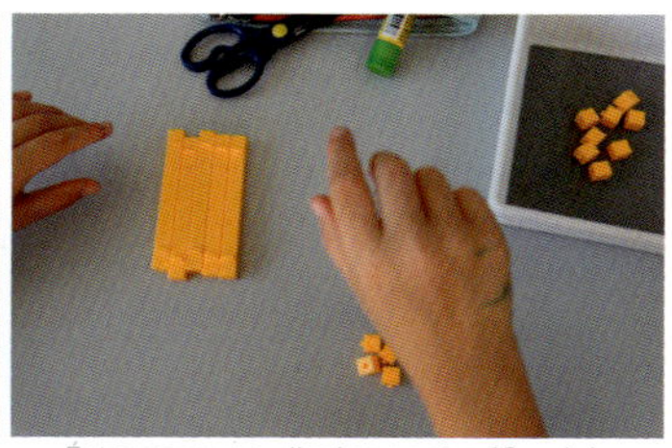

Échanger une dizaine contre 10 unités pour pouvoir retirer 7 unités.

Enlever 2 dizaines.

Il reste 35 cubes donc 62 – 27 = 35.

Synthèse

Constater que l'on ne peut pas enlever 7 unités car il n'y a que 2 unités dans le nombre 62. Pour pouvoir enlever 7 unités, il faut « casser » une barre dizaine pour obtenir 10 cubes non groupés.

❹ Institutionnalisation

Expliquer au tableau comment poser et calculer la soustraction 62 – 27 en colonnes en faisant le parallèle avec la manipulation des cubes.

Récapituler les étapes de l'algorithme à l'aide de l'animation **Séquence 7**.

Séquence 7

1. *« Je cherche un ordre de grandeur du résultat avant de commencer le calcul. »*
2. *« Je pose l'opération en alignant les chiffres des unités dans la colonne des unités et les chiffres des dizaines dans la colonne des dizaines. »*
3. *« Je commence par regarder la colonne des chiffres des unités. Retirer 7 unités à 2 unités est impossible car 7 est plus grand que 2. Je casse une dizaine pour pouvoir enlever 7 unités, il me reste 5 dizaines et j'ai maintenant 12 unités. 6d 2u devient 5d 12u. Il y a maintenant 5 dizaines et 12 unités. »*

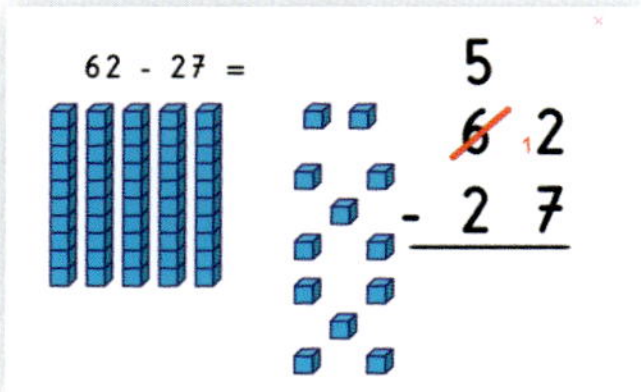

4. *« 12 unités – 7 unités, c'est possible. 12 – 7 = 5. J'écris 5 comme chiffre des unités au résultat. »*

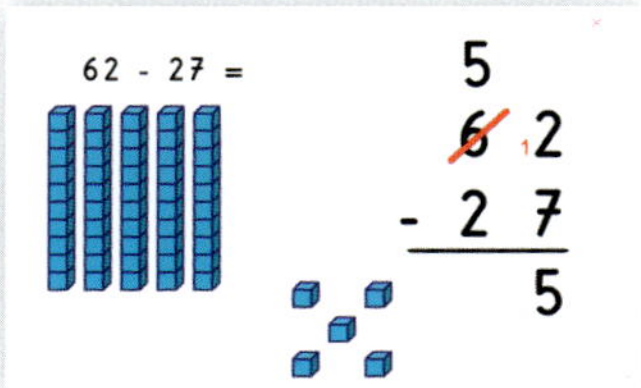

5. *« Je regarde la colonne des dizaines. 5 dizaines – 2 dizaines, c'est possible car 2 est plus petit que 5. 5 – 2 = 3. J'écris 3 comme chiffre des dizaines au résultat. »*

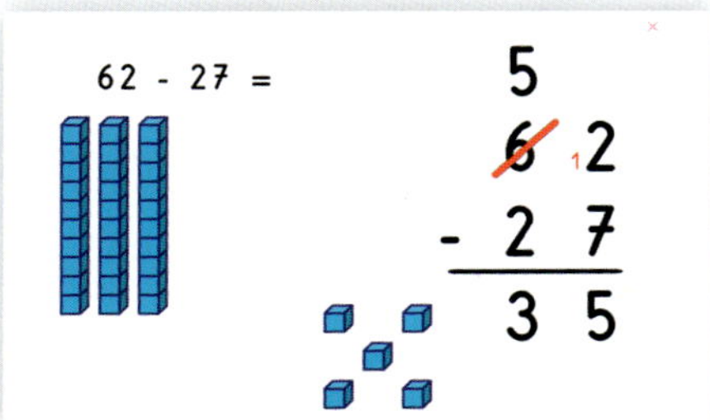

6. *« 62 – 27 = 35. »*

Trace écrite

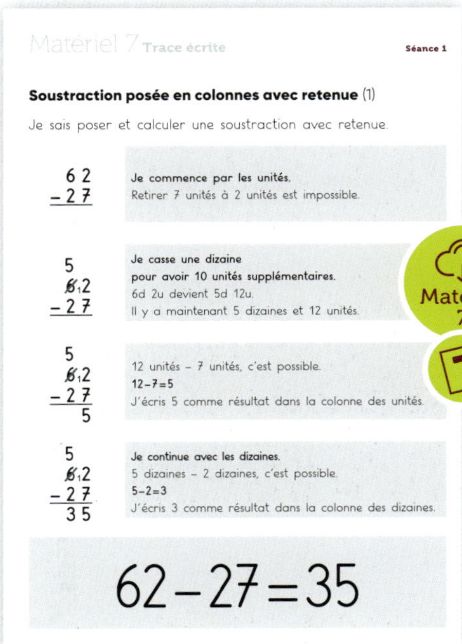
Matériel 7 Trace écrite — Séance 1

Soustraction posée en colonnes avec retenue (1)

Je sais poser et calculer une soustraction avec retenue.

62 − 27	**Je commence par les unités.** Retirer 7 unités à 2 unités est impossible.
5 / 6₁2 − 27	**Je casse une dizaine pour avoir 10 unités supplémentaires.** 6d 2u devient 5d 12u. Il y a maintenant 5 dizaines et 12 unités.
5 / 6₁2 − 27 = 5	12 unités − 7 unités, c'est possible. 12−7=5 J'écris 5 comme résultat dans la colonne des unités.
5 / 6₁2 − 27 = 35	**Je continue avec les dizaines.** 5 dizaines − 2 dizaines, c'est possible. 5−2=3 J'écris 3 comme résultat dans la colonne des dizaines.

62 – 27 = 35

Matériel 7

❺ Entrainement

Les élèves font les exercices du document **ExoSup7.pdf**, page 1.

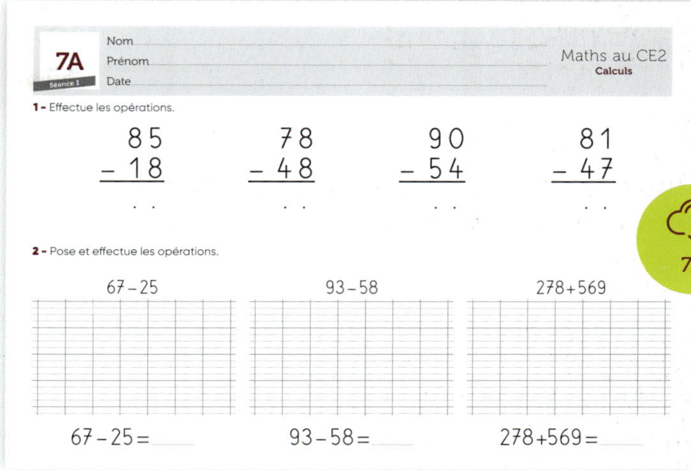
7A Séance 1 — Nom — Prénom — Date — Maths au CE2 Calculs

1 - Effectue les opérations.

85 − 18   78 − 48   90 − 54   81 − 47

2 - Pose et effectue les opérations.

67 − 25   93 − 58   278 + 569

67 − 25 = ……   93 − 58 = ……   278 + 569 = ……

7A

DIFFÉRENCIATION

- Proposer des cubes base 10 (ou les cartes unités et dizaines des **planches 1 et 2**) aux élèves qui ont besoin de manipuler.
- Poser les opérations de l'exercice 2 pour alléger la tâche.

La correction collective permet de rappeler les étapes à suivre pour réussir cette tâche.

Séance 2

45 min

Poser et calculer une soustraction de deux nombres à trois chiffres (1)

→ **CALCULER**

Savoir poser une soustraction et la calculer avec une retenue au niveau des dizaines.

MATÉRIEL ET SUPPORT

Pour chaque élève
- Des cubes base 10 ou des carrés des **planches 1 et 2** prédécoupées fournies avec le cahier de l'élève ***Maths au CE2***.

DÉROULEMENT DE LA SÉANCE

❶ **Recherche** Comprendre la technique opératoire de la soustraction en manipulant des cubes.	5 min	**Manipulation** Travail individuel
❷ **Institutionnalisation** Soustraire un nombre à trois chiffres à un nombre à trois chiffres lorsqu'il n'y a pas de retenue.	5 min	**Manipulation Verbalisation** Oral collectif
❸ **Nouvelle recherche** Comprendre la technique de « cassage » au niveau des dizaines en manipulant des cubes.	10 min	**Manipulation** Écrit individuel
❹ **Institutionnalisation** Soustraire un nombre à trois chiffres à un nombre à trois chiffres lorsqu'il y a une retenue au niveau des dizaines.	10 min	**Abstraction Verbalisation** Oral collectif
❺ **Entrainement** Poser et calculer une soustraction en colonnes avec des nombres à deux ou trois chiffres.	15 min	**Abstraction** Écrit individuel

❶ Recherche

Calculer 578 – 346.

Écrire le calcul 578 – 346 au tableau.

Consigne « Trouver le résultat de la soustraction en manipulant les cubes. »

7 Poser et calculer des soustractions en colonnes

Former une collection de **5c 7d 8u**.

Retirer **3c 4d 6u** en commençant par les unités et écrire **578 − 346 = 232**.

❷ Institutionnalisation

Expliquer au tableau comment poser et calculer la soustraction 578 − 346 en colonnes en faisant le parallèle avec la manipulation des cubes.

Étapes à suivre pour 578 − 346

1. *« Je cherche un ordre de grandeur du résultat avant de commencer le calcul. 578, c'est près de 580 = 58d et 346, c'est près de 350 = 35d. 58d − 35d = 23d. L'ordre de grandeur du résultat est de 230. »*
3. *« Je pose l'opération en alignant les chiffres des unités dans la colonne des unités et les chiffres des dizaines dans la colonne des dizaines. »*
4. *« Je commence par regarder la colonne des chiffres des unités. 8 − 6, c'est possible, 8 − 6 = 2. J'écris 2 au résultat dans la colonne des unités. »*
5. *« Je regarde la colonne des dizaines. 7d − 4d, c'est possible, 7 − 4 = 3. J'écris 3 au résultat dans la colonne des dizaines. »*
6. *« Je regarde la colonne des centaines. 5c − 3c, c'est possible. 5 − 3 = 2. J'écris 2 au résultat dans la colonne des centaines. »*
7. *« 578 − 346 = 232. »*
8. *« Je vérifie mon résultat avec l'addition : 346 + 232 = 578. »*

Récapituler les étapes de l'algorithme à l'aide de l'animation **Séquence 7**.

	c	d	u
	5	7	8
-	3	4	6
	2	3	2

Séquence 7

❸ Nouvelle recherche

Calculer 453 − 239.

Écrire le calcul 453 − 239 = au tableau.

Consigne « Trouver le résultat de la soustraction en manipulant les cubes. »

Au cours de cette manipulation, les élèves sont amenés à échanger une barre dizaine contre 10 petits cubes unités pour pouvoir effectuer le calcul (retirer 9 unités).

❹ Institutionnalisation

Comprendre la technique opératoire avec l'animation **Séquence 7**.

*« **Je cherche un ordre de grandeur** du résultat avant de commencer le calcul. » (45d − 25d = 20d)*

1. *« **Je commence par les unités.***
   Retirer 9 unités à 3 unités est impossible.
   Je casse une dizaine de 453 pour avoir 10 unités supplémentaires.
   4c 5d 3u devient 4c 4d 13u.
   13 unités − 9 unités, c'est possible.
   13 − 9 = 4
   J'écris 4 au résultat dans la colonne des unités. »
2. *« **Je continue avec les dizaines.***
   Retirer 3 dizaines à 4 dizaines, c'est possible.
   4 − 3 = 1
   J'écris 1 au résultat dans la colonne des dizaines. »
3. *« **Je continue avec les centaines.***
   4 centaines − 2 centaines, c'est possible.
   4 − 2 = 2
   J'écris 2 au résultat dans la colonne des centaines. »

Séquence 7

	c	d	u
		4	
	4	~~5~~	₁3
-	2	3	9
			4

	c	d	u
		4	
	4	~~5~~	₁3
-	2	3	9
		1	4

	c	d	u
		4	
	4	~~5~~	₁3
-	2	3	9
	2	1	4

4. *« **J'écris le résultat de l'opération.** »*
   453 − 239 = 214
5. *« **Je vérifie le résultat.***
   Je calcule 214 + 239 pour vérifier que j'obtiens 453. »

❺ Entrainement

Avec deux nombres donnés (à deux ou trois chiffres), savoir poser la soustraction (unités sous unités, dizaines sous dizaines, centaines sous centaines) et la calculer.

Les exercices sont proposés au tableau et réalisés dans un cahier.

469 − 238 **890 − 583** **651 − 35**

DIFFÉRENCIATION

- Regrouper les élèves qui ont besoin d'un accompagnement spécifique pour effectuer les opérations.

	4	6	9
−	2	3	8
	2	3	1

		8	
	8	~~9~~	₁0
−	5	8	3
	3	0	7

		4	
	6	~~5~~	₁1
−		3	5
	6	1	6

Séance 3 — 45 min

Poser et calculer une soustraction de deux nombres à trois chiffres (2)

→ **CALCULER**

Savoir poser une soustraction et la calculer avec une retenue au niveau des centaines.

MATÉRIEL ET SUPPORT

Pour chaque élève
- Des cubes base 10 ou des carrés des **planches 1 et 2** prédécoupées fournies avec le cahier de l'élève ***Maths au CE2***.
- La trace écrite **Materiel7.pdf**, page 3.

DÉROULEMENT DE LA SÉANCE

❶ Recherche Comprendre la technique de « cassage » au niveau des centaines en manipulant des cubes.	10 min	**Manipulation** Travail individuel
❷ Institutionnalisation Soustraire un nombre à trois chiffres à un nombre à trois chiffres lorsqu'il y a une retenue au niveau des centaines.	10 min	**Abstraction Verbalisation** Oral collectif
❸ Entrainement Poser et calculer une soustraction en colonnes avec des nombres à trois chiffres.	25 min	**Abstraction** Écrit individuel

1 Recherche

Séquence 7

Calculer 736 – 482.

Écrire le calcul 736 – 482 au tableau.

Consigne « Trouver le résultat de la soustraction en manipulant les cubes. »

Former une collection de 7c 3d 6u.

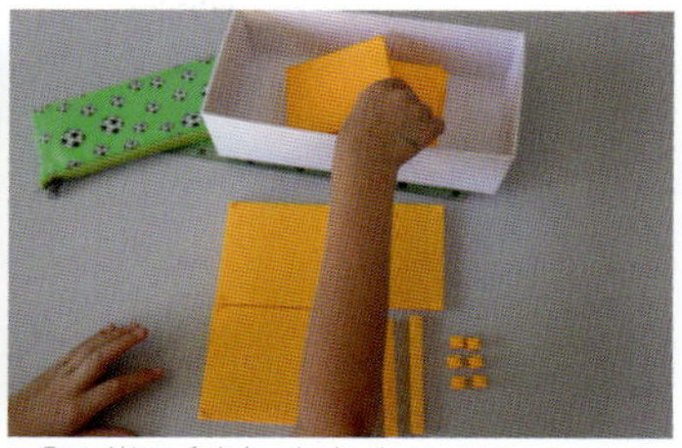

Cet élève fait le choix de commencer par retirer 4 centaines.

Il échange une centaine contre 10 dizaines pour pouvoir retirer 8 dizaines.

Il retire 8 dizaines. Cet élève doit encore retirer 2 unités pour obtenir le résultat : 736 – 482 = 254.

Expliquer au tableau comment poser et calculer la soustraction 736 – 482 en colonnes en faisant le parallèle avec la manipulation des cubes. Visualiser à l'ide de l'animation **Séquence 7**.

2 Institutionnalisation

Séquence 7

*« **Je cherche un ordre de grandeur** du résultat avant de commencer le calcul. » (73d – 50d = 23d)*

1. *« **Je commence par les unités.***
   6 unités – 2 unités = 4 unités
   6 – 2 = 4
   J'écris 4 au résultat dans la colonne des unités. »
2. *« **Je continue avec les dizaines.***
   Retirer 8 dizaines à 3 dizaines est impossible.
   ***Je casse une centaine de 736** pour avoir 10 dizaines supplémentaires.*
   7c 3d 6u devient 6c 13d 6u.
   13 dizaines – 8 dizaines, c'est possible.
   13 – 8 = 5
   J'écris 5 comme résultat dans la colonne des dizaines. »
3. *« **Je continue avec les centaines.***
   6 centaines – 4 centaines, c'est possible.
   6 – 4 = 2
   J'écris 2 comme résultat dans la colonne des centaines. »

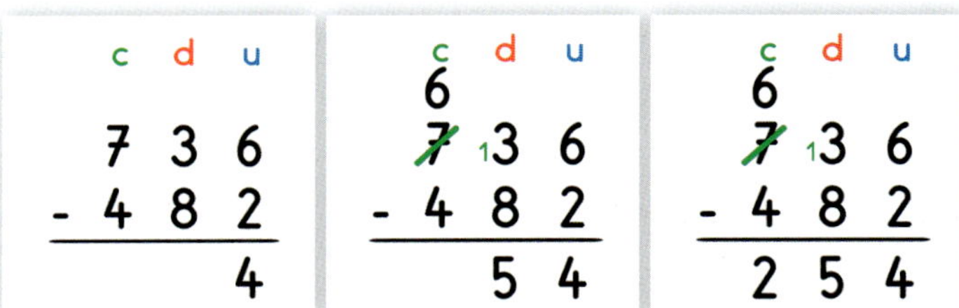

4. *« **J'écris le résultat de l'opération.***
   736 – 482 = 254. »
5. *« **Je vérifie le résultat.***
   Je calcule 254 + 482 pour vérifier que j'obtiens 736. »

Trace écrite

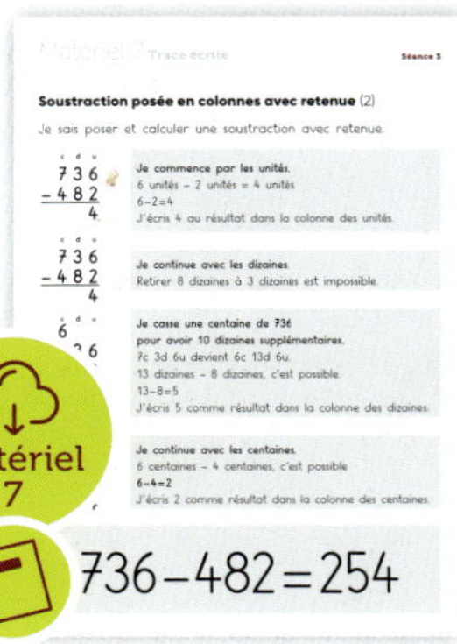

Matériel 7

3 Entrainement

Avec deux nombres donnés (à deux ou trois chiffres), savoir poser la soustraction (unités sous unités, dizaines sous dizaines, centaines sous centaines) et la calculer.

Les exercices sont proposés au tableau et réalisés dans un cahier.

645 – 383 928 – 250 439 – 74

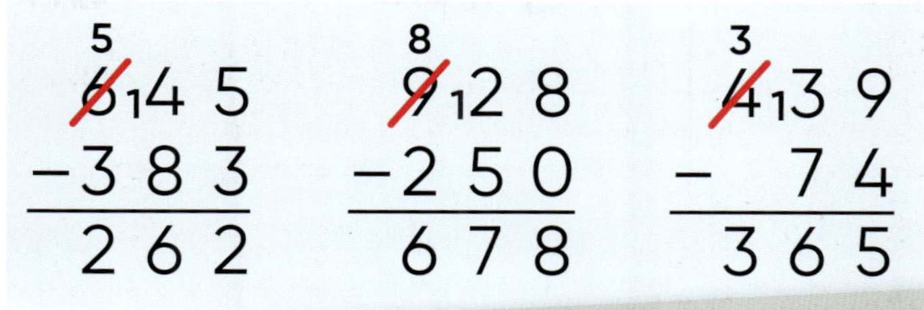

DIFFÉRENCIATION

- Regrouper les élèves qui ont besoin d'un accompagnement spécifique pour effectuer les opérations.

Séance 4

30 min

Bilan des apprentissages (1)

Les élèves font les exercices 1, 2 et 3 du cahier de l'élève ***Maths au CE2.***

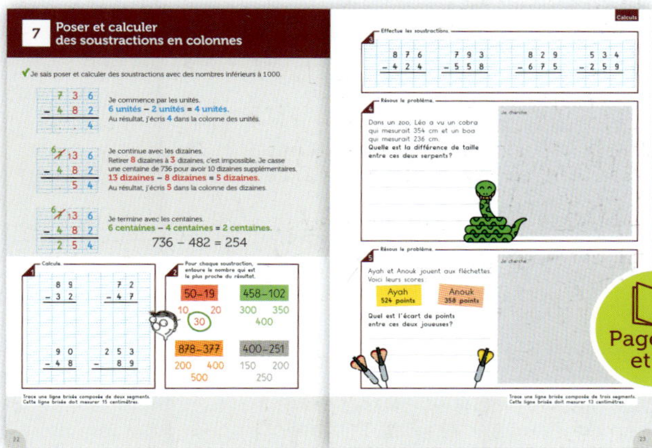

Pages 22 et 23

Séance 5

30 min

Bilan des apprentissages (2)

Les élèves font les problèmes 4 et 5 du cahier de l'élève ***Maths au CE2.***

Page 23

15 min par jour

Calcul mental

- Réciter la suite orale des nombres jusqu'à 1 000 en comptant de 10 en 10.
- Calculer la somme d'un nombre à un chiffre et d'un nombre inférieur à 1 000.

J 12/10

Séance 1

❶ Suite orale des nombres jusqu'à 1000 — 1 min

Réciter la suite orale des nombres **de 38 à 268,** en avançant de 10 en 10.

❷ Compléments à 1000 : entrainement — 4 min

Les calculs à effectuer sont ceux de **MaterielCalcul6.pdf**, page 1 (haut), les résultats sont à donner sur cette photocopie ou dans un cahier.

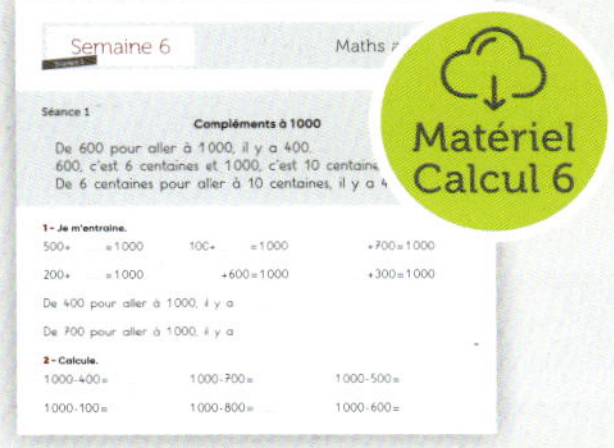

Matériel Calcul 6

❸ Addition d'un nombre à un chiffre et d'un nombre inférieur à 1000 : découverte — 10 min

L'enseignant pose les questions une à une oralement sans contrainte de temps. Les élèves répondent sur l'ardoise.

57 + 8 **47 + 4**
5 + 1975 + 6
9 + 26 **83 + 8**
7 + 6743 + 6

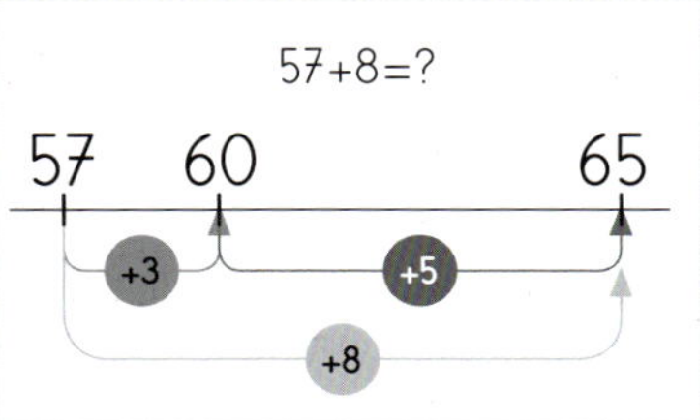

Représenter au tableau les étapes du calcul sur la demi-droite graduée.

Procédures visées

- Si nécessaire, changer l'ordre des termes d'une somme en mettant le plus grand nombre en premier.
- Décomposer additivement un des termes pour calculer plus facilement : 57 + 8 = 57 + 3 + 5 = 60 + 5 = 65
ou 57 + 8 = 50 + 7 + 8 = 50 + 15 = 50 + 10 + 5 = 65
ou 57 + 8 = 55 + 2 + 8 = 55 + 10 = 65

V 13/10

Séance 2

❶ Suite orale des nombres jusqu'à 1000 — 1 min

Réciter la suite orale des nombres **de 345 à 576,** en avançant de 10 en 10.

❷ Compléments à 1000 : entrainement — 4 min

L'enseignant pose les questions une à une par écrit au tableau en demandant une réponse en moins de 10 secondes.
Les élèves répondent sur l'ardoise.

1000 – 400 = ? **550 + ? = 1000**
967 + ? = 1000 **568 + ? = 1000**

❸ Addition d'un nombre à un chiffre et d'un nombre inférieur à 1000 : découverte — 10 min

L'enseignant pose les questions une à une oralement sans contrainte de temps. Les élèves répondent sur l'ardoise.

348 + 6	**863 + 8**
4 + 197	**897 + 6**
9 + 265	**995 + 5**
5 + 507	**495 + 7**

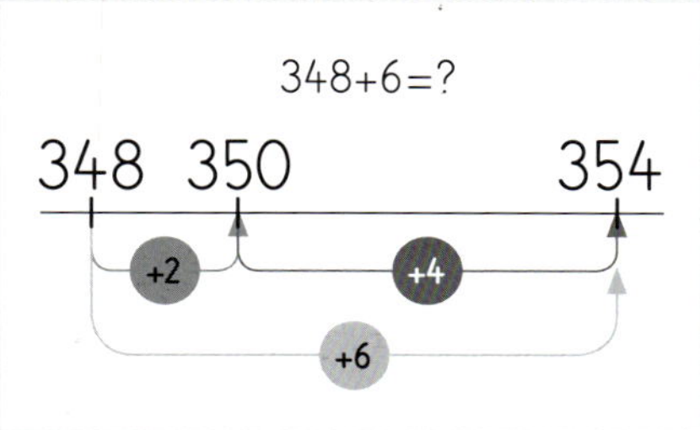

Représenter au tableau les étapes du calcul sur la demi-droite graduée.

L 16/10

Séance 3

❶ Suite orale des nombres jusqu'à 1000 — 1 min

Réciter la suite orale des nombres **de 786 à 816,** en avançant de 10 en 10.

❷ Compléments à 1000 : entrainement — 4 min

L'enseignant pose les questions une à une par écrit au tableau en demandant une réponse en moins de 10 secondes.
Les élèves répondent sur l'ardoise.

1000 – 700 = ? **640 + ? = 1000**
905 + ? = 1000 **231 + ? = 1000**

❸ Addition d'un nombre à un chiffre et d'un nombre inférieur à 1000 : entrainement — 10 min

Les calculs à effectuer sont ceux de **MaterielCalcul6.pdf**, page 1 (bas), les résultats sont à donner sur cette photocopie ou dans un cahier.

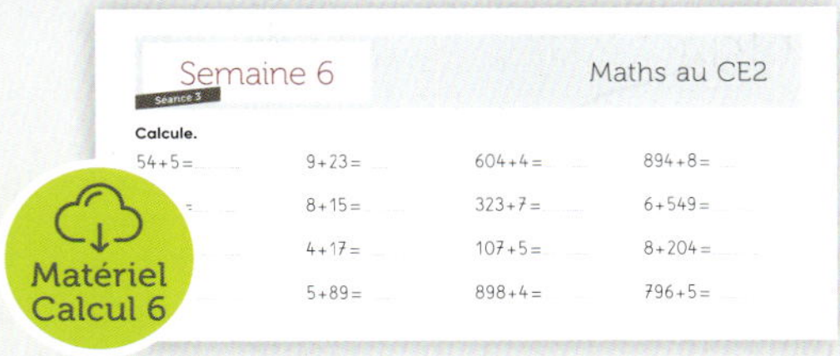

Matériel Calcul 6

M 17/10

Séance 4

❶ Suite orale des nombres jusqu'à 1000 — 1 min

Réciter la suite orale des nombres **de 670 à 730,** en avançant de 10 en 10.

❷ Compléments à 1000 : évaluation — 4 min

Série de calculs du document **MaterielCalcul6.pdf**, page 2.

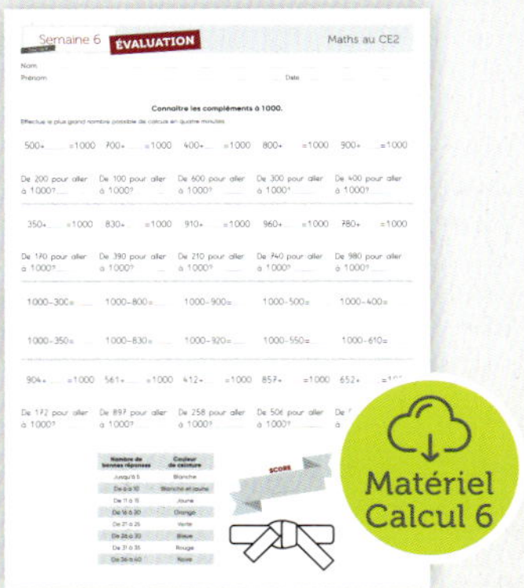

Matériel Calcul 6

❸ Addition d'un nombre à un chiffre et d'un nombre inférieur à 1000 : réinvestissement — 10 min

Résoudre les petits problèmes oraux sur l'ardoise.

« Tom a 35 billes. À la récréation, il gagne 8 billes.
Combien de billes a-t-il maintenant ? »

« Léo a 97 billes en terre et 6 billes en métal.
Combien de billes a-t-il en tout ? »

« Dans la salle de théâtre, 768 spectateurs sont assis. 4 places sont libres.
Combien de personnes cette salle accueille-t-elle quand le spectacle est complet ? »

« Hier, les poules de Monsieur Mollet ont pondu 356 œufs. Aujourd'hui, elles ont pondu 7 œufs de plus.
Combien d'œufs ont-elles pondus aujourd'hui ? »

Calcul@tice Les élèves travaillent en autonomie sur les ordinateurs de la classe

calculatice.ac-lille.fr > les exercices > Niveau CE2
- Mémoriser la table d'addition : L'oiseau
- Complément à 10, 20... : Math brique

45 min par semaine

Atelier problèmes

Reconnaitre les relations entre des quantités dans des problèmes du champ additif en une étape : réunion de deux quantités

Atelier 6

CHERCHONS ENSEMBLE

1- Lis cette histoire et dis ce que tu remarques.

Deux enfants rapportent à la maison tous les coquillages qu'ils ont ramassés.
Anouk a ramassé 83 coquillages et Léo en a ramassé 24.
Leur maman leur dit : « Bravo, vous avez ramassé 70 coquillages ! »

2- Modifie les nombres pour que cette histoire soit logique.

Deux enfants rapportent à la maison tous les coquillages qu'ils ont ramassés.

Anouk a ramassé .... coquillages et Léo en a ramassé ....

Leur maman leur dit : « Bravo, vous avez ramassé .... coquillages ! »

3- Écris les nombres qui manquent pour que l'histoire soit logique.

Deux enfants rapportent à la maison tous les coquillages qu'ils ont ramassés.

Louise a ramassé .... coquillages et Tom en a ramassé ....

Leur maman leur dit : « Bravo, vous avez ramassé 120 coquillages ! »

4- Identifie le tout et les parties dans cette histoire.

Deux enfants rapportent à la maison tous les coquillages qu'ils ont ramassés.
Hugo a ramassé 16 coquillages et Fatou en a ramassé 40.
Leur maman leur dit : « Bravo, vous avez ramassé 56 coquillages ! »

JE M'ENTRAINE

Résous les problèmes dans un cahier. Tu peux utiliser la calculatrice.
Commence par celui avec le symbole ✖ puis résous les problèmes de ton choix.
Essaie d'en résoudre le plus possible.

✖ Problème 1 Dans une école, il y a 275 élèves.
45 élèves sont partis en classe de mer.
Combien d'élèves sont restés à l'école ?

Problème 2 Pour monter au sommet du phare des Baleines, il y a 257 marches.
Armelle a déjà gravi 94 marches.
Combien de marches doit-elle encore monter ?

Problème 3 Tom monte sur une balance et lit qu'il pèse 34 kg.
Il prend son chat dans ses bras puis remonte sur la balance et lit 39 kg.
Combien pèse le chat de Tom ?

Problème 4 195 coureurs prennent le départ du Tour de France.
89 le terminent et arrivent jusqu'à Paris.
Combien de coureurs ont abandonné ?

8 Résoudre des problèmes multiplicatifs (1)

J 12/10

Séance 1 — 45 min

Le jeu des bandes (1)

→ MODÉLISER

Résoudre un problème du champ multiplicatif à deux étapes.

MATÉRIEL ET SUPPORT
- 10 bandes de 0 à 10 points réparties dans 11 barquettes. (**Materiel8.pdf**, page 1)
- Une barquette contenant des cartes jaunes indiquant le type de bandes qu'il faut prendre (faces cachées). (**Materiel8.pdf**, page 2)
- Une barquette contenant des cartes rouges indiquant le nombre de bandes qu'il faut prendre (faces cachées). (**Materiel8.pdf**, page 3)

DÉROULEMENT DE LA SÉANCE

1 Présentation du jeu Comprendre la règle du jeu.	5 min	**Verbalisation** Oral collectif
2 Jeu Comprendre le sens de la multiplication.	30 min	**Expérimentation** Oral collectif
3 Mise en commun Inventorier et confronter les procédures utilisées.	10 min	**Verbalisation** Oral collectif

1 Présentation du jeu

Matériel 8

Présenter aux élèves les 11 barquettes contenant les bandes de points. Chaque barquette contient 10 bandes du même type. Sur chaque barquette, une étiquette indique le type de bande qui s'y trouve.
Exemples La barquette « 4 » contient 10 bandes de 4 points, la barquette « 6 » contient 10 bandes de 6 points…

Présenter la barquette avec les cartes jaunes et celle avec les cartes rouges : en faire commenter le contenu.

Former deux équipes dans la classe : l'équipe A et l'équipe B. Chaque équipe doit effectuer un premier tirage d'une carte jaune et d'une carte rouge. Les scores sont notés au tableau puis chaque équipe effectue un second tirage. L'équipe qui a obtenu le plus de points gagne la partie.

*1er tirage L'équipe A a tiré la carte jaune **bande(s) de 0 point** puis la carte rouge **3**. L'équipe A prend 3 bandes de 0 point.*

*1er tirage L'équipe B a tiré la carte jaune **bandes de 9 points** puis la carte rouge **8**. L'équipe B prend 8 bandes de 9 points.*

2 Jeu

Exemple de partie

1er tirage

*Demander à une élève de l'équipe A de venir tirer une carte jaune. Ici, l'élève tire la carte **bande(s) de 1 point.***

*Un autre élève de l'équipe A tire une carte rouge. Il tire la carte **7**.*

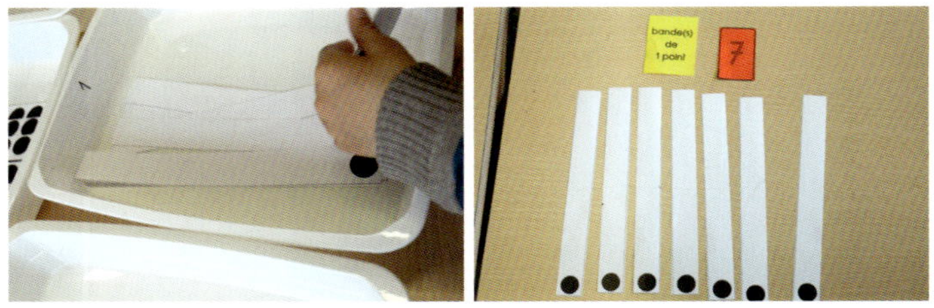

L'équipe A peut donc prendre 7 bandes de 1 point dans la barquette adéquate.

Pour ce 1er tirage, l'équipe A a donc gagné 7 bandes de 1 point. Le consigner au tableau.

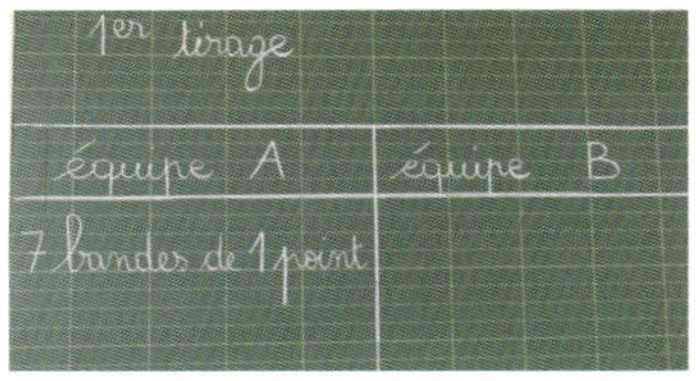

Demander à un élève de l'équipe B de venir tirer une carte jaune puis un autre une carte rouge.
Dans notre exemple, l'équipe B gagne 0 bande de 2 points.
Le score du premier tirage de l'équipe B est noté dans le tableau.

2e tirage

Demander à un élève de chaque équipe de venir tirer une carte de chaque couleur. Faire compléter le tableau.

Tirage de l'équipe A

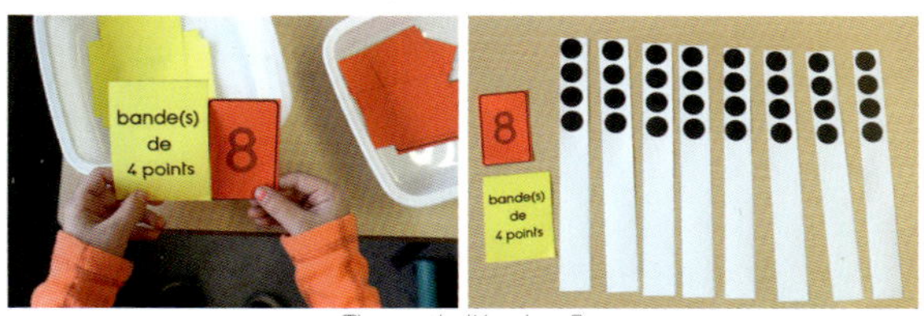

Tirage de l'équipe B

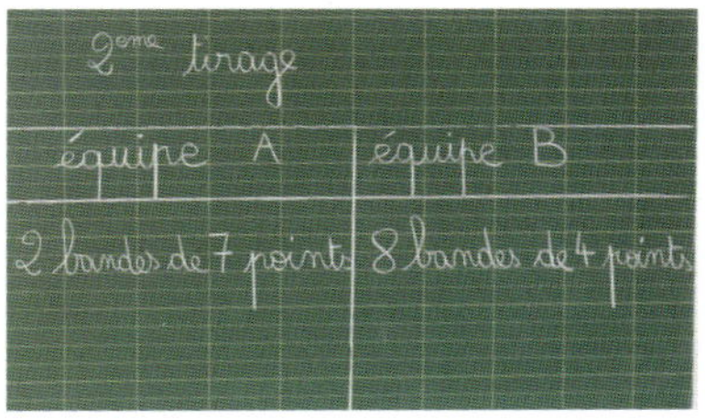

Expliquer que l'équipe gagnante est celle qui a marqué le plus de points après les deux tirages.
Relire ensemble les scores notés au tableau.

Consigne *« Vous écrirez vos calculs sur la feuille (Seyès) que je vais vous distribuer. En cas de besoin, vous pourrez utiliser une calculatrice. »*

Productions d'élèves

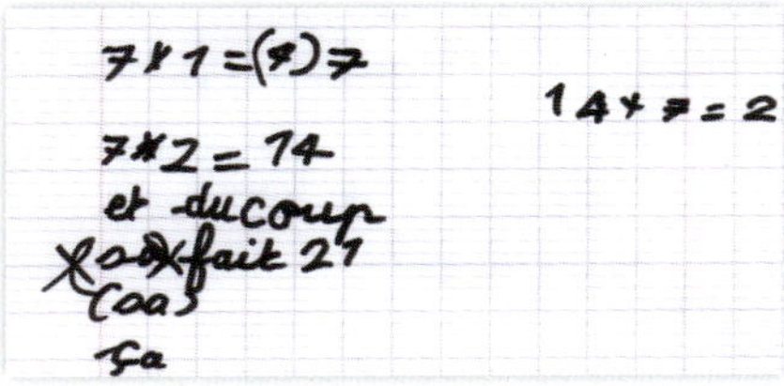

Recherche du nombre de points obtenus par l'équipe A

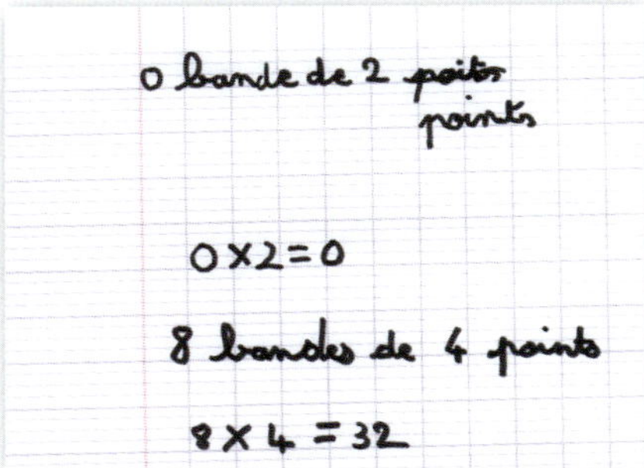

Recherche du nombre de points obtenus par l'équipe B

❸ Mise en commun

Inventorier et confronter les procédures utilisées à l'aide d'un visualiseur. Expliquer que, pour résoudre ce problème, il faut procéder en plusieurs étapes : calcul du score de l'équipe A puis calcul du score de l'équipe B et comparaison des résultats obtenus.

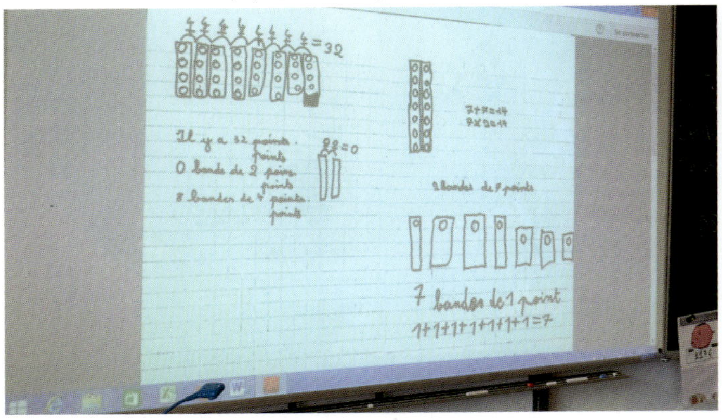

Faire une synthèse des calculs effectués par les élèves.
Leur demander d'expliquer comment ils ont procédé pour trouver le résultat de chaque multiplication.

Procédures observées

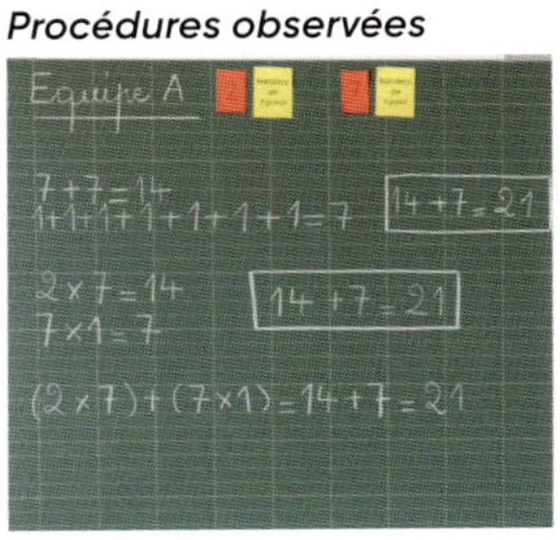

- Dessine des points puis dénombre.
- Calcule en ligne : additions réitérées.
- Utilise la multiplication : mobilisation des faits numériques mémorisés au CE1 (tables de multiplication de 0 à 5 et table de 10).
- Utilise la calculatrice pour retrouver certains résultats des tables de multiplication appris au CE1 ou obtenir des résultats inconnus en début de CE2 (tables de 6 à 9).

Séance 2 — 45 min

Le jeu des bandes (2)

→ **MODÉLISER**

Résoudre un problème du champ multiplicatif à deux étapes.

MATÉRIEL ET SUPPORT
- Quelques calculatrices simples.

DÉROULEMENT DE LA SÉANCE

❶ **Entrainement** Déterminer quelle équipe a gagné.	20 min	**Expérimentation** Travail individuel
❷ **Entrainement** Effectuer des exercices du même type dans un cahier.	10 min	**Abstraction** Travail individuel
❸ **Réinvestissement** Calculer en ligne puis avec la calculatrice 8+8+8+8+8+8+8+8+8+8+8+8+8+8. Comparer avec le calcul 14x8 à l'aide de la calculatrice.	10 min	**Expérimentation** Travail individuel
❹ **Institutionnalisation** Établir ce qu'il faut retenir.	5 min	**Abstraction** Travail individuel

❶ Entrainement

Proposer de résoudre des problèmes dans un contexte identique sur l'ardoise. Les élèves peuvent utiliser la calculatrice pour trouver des résultats non mémorisés.

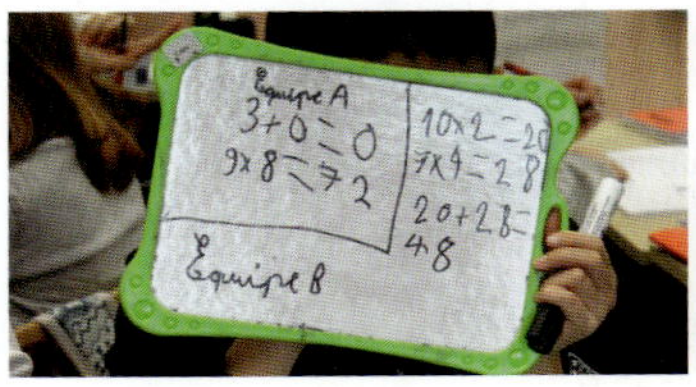

❷ Entrainement

Effectuer des exercices similaires dans un cahier.

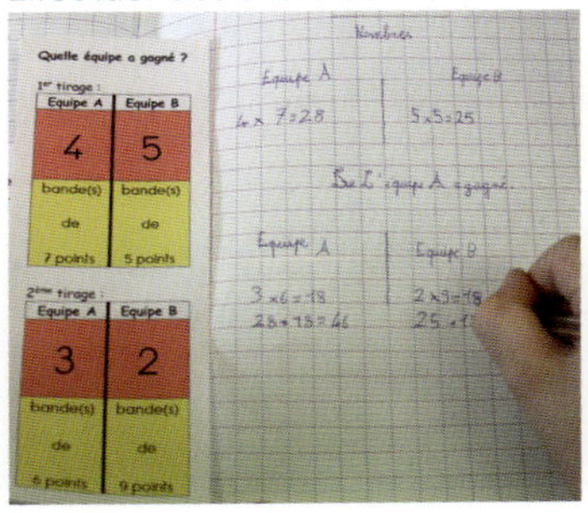
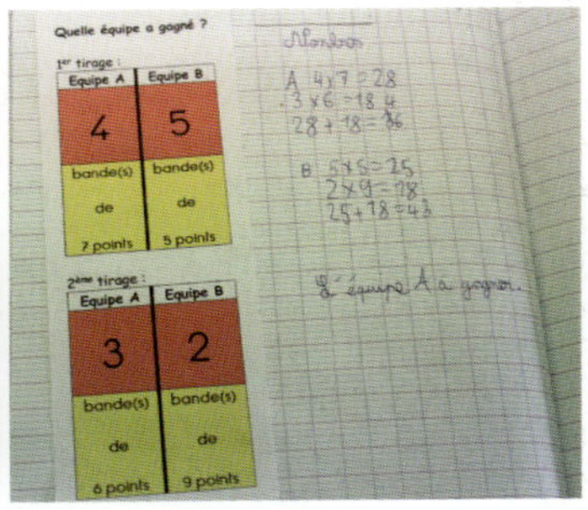

❸ Réinvestissement

Proposer le problème oralement.

« Dans la salle de la cantine de l'école, il y a 14 tables de 8 places. ***Combien y a-t-il de places au total ?*** *»*

Proposer une recherche individuelle sur l'ardoise puis une synthèse collective pour parvenir à l'écriture de l'addition répétée.

Écrire au tableau :

8 + 8 + 8 + 8 + 8 + 8 + 8 + 8 + 8 + 8 + 8 + 8 + 8 + 8 = ?

1re étape
Demander aux élèves d'effectuer le calcul en ligne.

2e étape
Vérifier le calcul de l'addition répétée avec la calculatrice.
Mettre en commun les difficultés rencontrées lors de ce calcul.
Le calcul écrit de l'addition répétée est long et génère de nombreuses erreurs. C'est la même chose avec la calculatrice car saisir 14 fois le nombre 8 est long et fastidieux.

3e étape
Présenter la touche x et demander aux élèves de calculer 14 x 8 avec la calculatrice.
Constater que le calcul est plus rapide avec la multiplication et qu'il y a beaucoup moins d'erreurs. Tous les élèves trouvent le même résultat.

8 Résoudre des problèmes multiplicatifs (1)

L 16/10 / M 17/10

❹ Institutionnalisation

Ce qu'il faut retenir

Quand on réunit plusieurs quantités égales, on peut utiliser une multiplication pour calculer le nombre total d'objets.

8+8+8+8+8+8+8+8+8+8+8+8+8+8

Il a « 14 fois 8 » dans ce calcul.

La multiplication est une opération qui permet de calculer plus rapidement une addition répétée d'un même nombre.

« 14 fois 8 » s'écrit 14x8.

14x8=112

112 est le résultat de la multiplication.
On dit que 112 est le produit des nombres 14 et 8.
14 et 8 s'appellent des facteurs.

Séance 3 — 30 min

Le jeu des bandes (3)

→ MODÉLISER

Consolider les procédures découvertes.

MATÉRIEL ET SUPPORT
- Quelques calculatrices simples.

DÉROULEMENT DE LA SÉANCE

❶ **Entrainement** Consolider les procédures découvertes.	20 min	**Expérimentation** Écrit individuel
❷ **Recherche** Comprendre le rôle de 0 et de 1 dans la multiplication.	10 min	

❶ Entrainement

Résoudre les problèmes du document **ExoSup8.pdf**, page 1.

8A

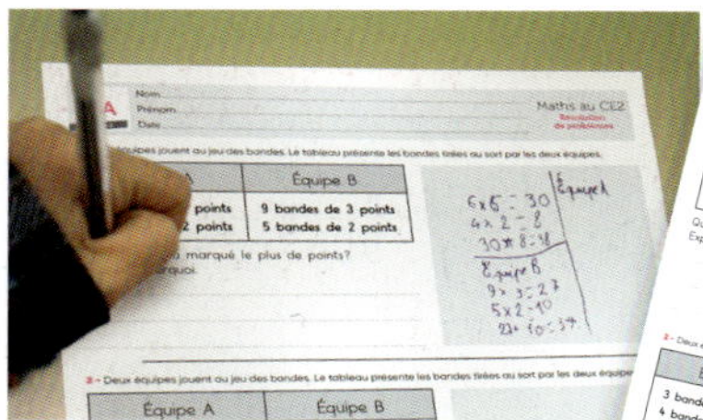

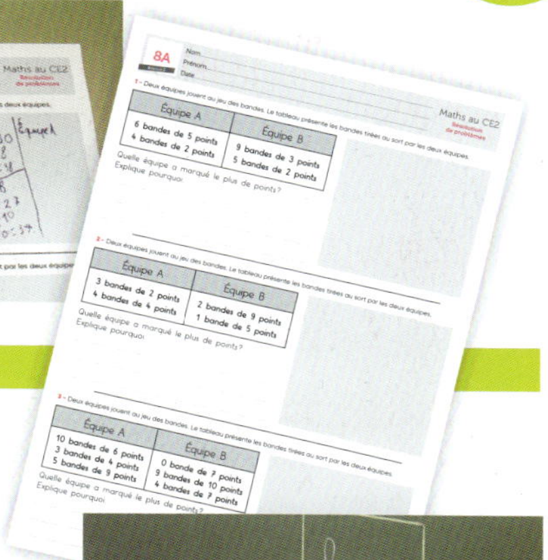

❷ Recherche

Poser le problème oral suivant aux élèves :
« J'ai tiré la carte jaune ***bandes de 8 points.***
Quelle carte rouge dois-je tirer pour obtenir
- *le plus de points possible ?*
- *le moins de points possible ?*
- *8 points ? »*

Calculer sur l'ardoise :

5x0	1x7	0x9
4x1	67x0	1x456
0x986	674x1	0x563

Synthèse

- Pour obtenir le plus de points possible avec la carte 8 points, il faut multiplier 8 par 10 qui est le plus grand nombre que l'on peut avoir sur une carte rouge.
- Quand on multiplie un nombre par 0, le résultat est toujours 0.
  8x0=0 et 0x8=0
  56x0=0 et 0x56=0 134x0=0 et 0x134=0
- Quand on multiplie un nombre par 1, le résultat est toujours ce nombre.
  8x1=8 et 1x8=8
  56x1=56 et 1x56=56 134x1=134 et 1x134=134

Séance 4 — 30 min

Le jeu des bandes (4)

→ MODÉLISER

Utiliser une propriété de la multiplication : la commutativité.

MATÉRIEL ET SUPPORT
- Les bandes du jeu des bandes.
- Des jetons.

DÉROULEMENT DE LA SÉANCE

❶ **Recherche** Comprendre que 5x2=2x5.	15 min	**Manipulation Expérimentation Verbalisation**
❷ **Nouvelle recherche** Résoudre un nouveau problème multiplicatif.	10 min	Travail individuel
❸ **Mise en commun** Comprendre que 5x4=4x5.	5 min	**Verbalisation** Oral collectif
❹ **Institutionnalisation** Établir ce qu'il faut retenir.	5 min	**Abstraction** Oral collectif
❺ **Entrainement** Effectuer les exercices similaires dans un cahier.	10 min	**Expérimentation** Travail individuel

❶ Recherche

Problème 1

Chercher toutes les manières possibles d'obtenir 10 points en un seul tirage. Manipuler une collection de 10 jetons pour trouver le plus possible de solutions.

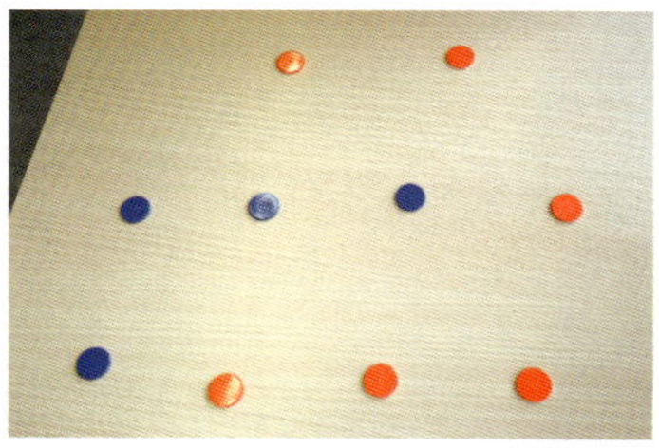

Au départ, les élèves tâtonnent pour obtenir des groupements de quantités identiques.

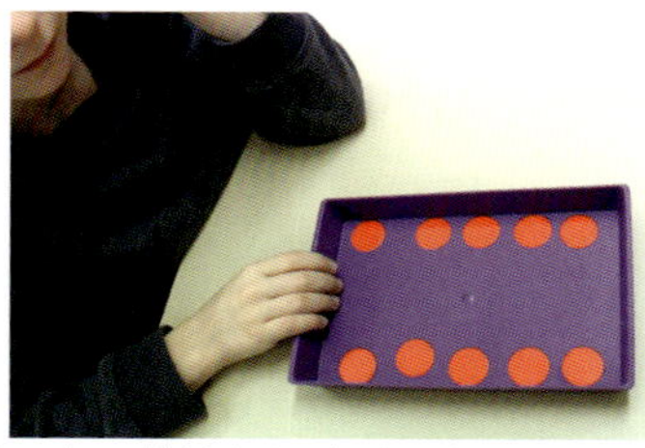

Ils reproduisent ensuite l'organisation du matériel du jeu des bandes.

De nombreuses productions permettent d'aborder la commutativité de la multiplication lors de la mise en commun.

Écrire 5x2=2x5.

! L'utilisation du mot commutativité n'est pas attendue à l'école primaire.

Comprendre que l'on obtient le même nombre de jetons avec une commande de 5x2 jetons ou de 2x5 jetons mais que 2 paquets de 5 jetons et 5 paquets de 2 jetons, c'est différent.
Faire le lien avec la situation vécue au CE1 : 5 fusées de 2 cubes, ce n'est pas pareil que 2 fusées de 5 cubes.

Mise en commun

La manipulation a amené les élèves à comprendre qu'il faut former, avec les jetons, des parts égales, des groupements de quantités identiques.

Schématiser la solution 5 x 2 au tableau.
Entourer les 5 bandes de 2 jetons pour montrer que ce sont des groupements de quantités égales.
En conclure que si on a trouvé la solution 5 x 2, on a aussi trouvé la solution 2 x 5 car on obtient le même nombre.

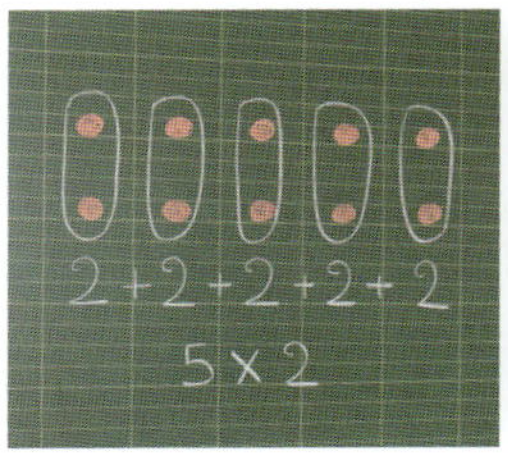

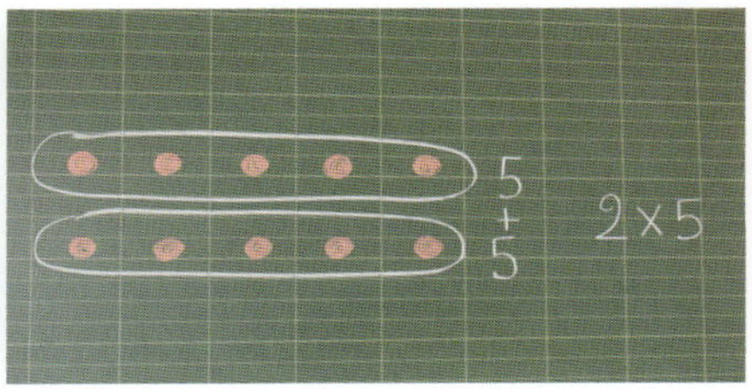

Remarquer que les jetons sont organisés selon une disposition rectangulaire. Tracer un rectangle autour des jetons.
Faire tracer un rectangle de 5 x 2 et de 2 x 5 carreaux dans un cahier.

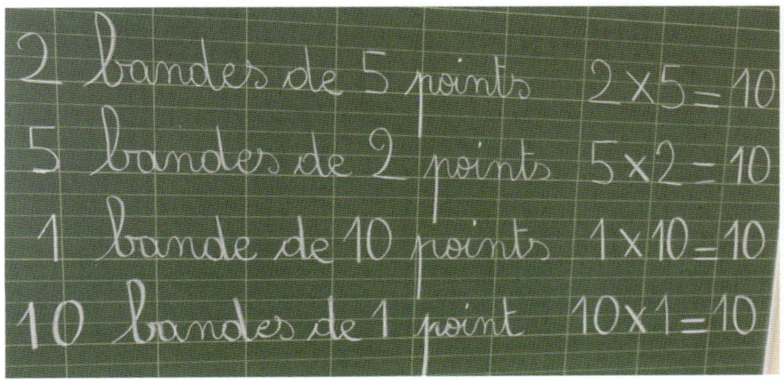

Les différentes solutions sont répertoriées.

❷ Nouvelle recherche

Problème 2

Consigne *« Trouvez le plus possible de solutions pour obtenir 20 points en manipulant les 20 jetons que je vous ai distribués. Vous devez écrire les solutions comme dans le problème 1. »*

Procédures observées

- Manipule les 20 jetons en tâtonnant pour obtenir des groupements de jetons de quantités identiques, des parts égales.
- Utilise les résultats connus.
- Utilise la commutativité : si 4 x 5 est une solution alors 5 x 4 est aussi une solution.

❸ Mise en commun

Utiliser l'animation **Séquence 8** pour faire la synthèse des solutions possibles et faire verbaliser que si je connais le résultat de 4 x 5, je connais aussi le résultat de 5 x 4

Écrire : 4 x 5 = 5 x 4 = 20.

Remarquer que la solution 1 x 20 n'est pas possible avec le matériel proposé dans le jeu des bandes car il n'y a pas de bandes de 20 points.

Séquence 8

❹ Institutionnalisation

Séquence 8

Cette phase est conduite à l'aide de l'animation **Séquence 8**.

Combien de bandes ai-je gagnées et lesquelles ?

Cette collection de jetons peut être vue comme 4 colonnes de 6 jetons ou comme 6 lignes de 4 jetons.
Il y a donc deux solutions : 6 x 4 et 4 x 6.
6 x 4 et 4 x 6 donnent le même résultat, 24.
Si je connais le résultat de 4 x 6, je connais aussi de 6 x 4.
Constater que lorsque 10 est un facteur du produit, le résultat est plus facile à trouver.
Exemple Pour calculer 10 x 3, je peux changer l'ordre des facteurs et calculer 3 x 10.
Verbaliser que *« 3 x 10, c'est 3 fois 1 dizaine, donc 3 dizaines, ce qui s'écrit 30 ».*

❺ Entrainement

Exercices similaires dans un cahier.

Consigne *« Trouvez le plus possible de solutions pour obtenir 18 points en un seul tirage puis avec 30 points. »*

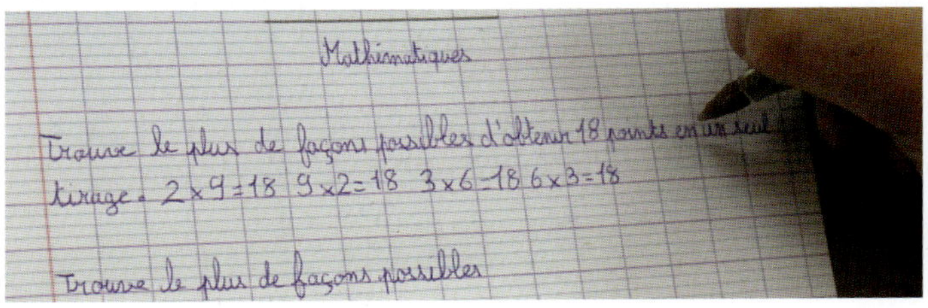

Séance 5 — 45 min

Bilan de la séquence

Les élèves font les exercices des pages 24 à 27 du cahier de l'élève *Maths au CE2.* (Ils résolvent les problèmes 9 et 10 dans un autre cahier.)

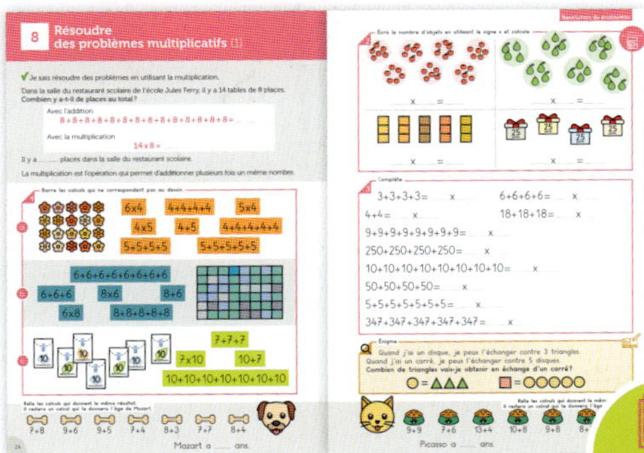

Pages 24 à 27

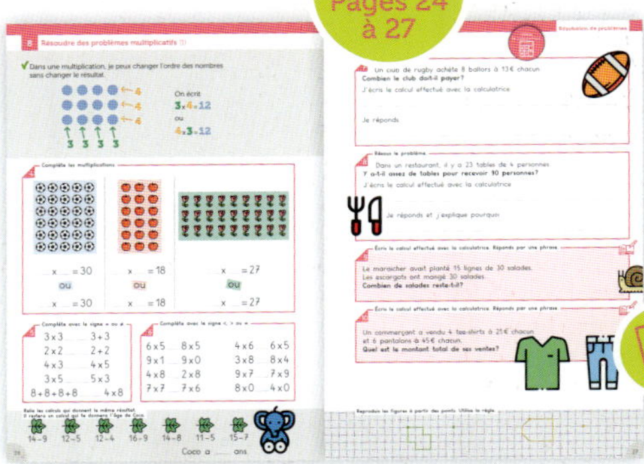

15 min par jour

Calcul mental

- Réciter la suite orale des nombres jusqu'à 1000 en comptant de 100 en 100.
- Soustraire un nombre à un chiffre à un nombre inférieur à 1000.

J 19/10

Séance 1

❶ Suite orale des nombres jusqu'à 1000 — 1 min

Réciter la suite orale des nombres **de 42 à 942**, en avançant de 100 en 100.

❷ Tables d'addition : évaluation finale — 4 min

Proposer à nouveau l'évaluation de la semaine 5 séance 2 (**MaterielCalcul5.pdf**, page 1).

Mesurer les progrès réalisés.

❸ Soustraction d'un nombre à un chiffre à un nombre inférieur à 1000 : découverte — 10 min

L'enseignant pose les questions une à une par écrit au tableau sans contrainte de temps. Les élèves répondent sur l'ardoise.

63 – 5 **81 – 7**
53 – 8 **75 – 9**
58 – 9 **91 – 4**
22 – 7

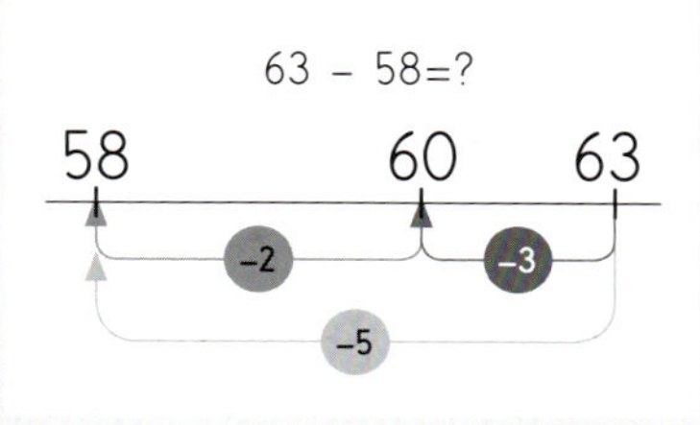

Représenter les étapes du calcul sur la demi-droite graduée.

Procédure visée
Décomposer le calcul en deux soustractions successives pour effectuer le passage à la dizaine inférieure. Exemple : **63 – 5** = 63 – 3 – 2.

V 20/10

Séance 2

❶ Suite orale des nombres jusqu'à 1000 — 1 min

Réciter la suite orale des nombres **de 20 à 920**, en avançant de 100 en 100.

❷ Addition d'un nombre à un chiffre et d'un nombre inférieur à 1000 : entrainement — 4 min

L'enseignant pose les questions une à une par écrit au tableau en demandant une réponse en moins de 10 secondes.
Les élèves répondent sur l'ardoise.

56 + 8 **504 + 7** **726 + 5** **474 + 8**

❸ Soustraction d'un nombre à un chiffre à un nombre inférieur à 1000 : découverte — 10 min

Présenter une nouvelle procédure en expliquant qu'elle a été utilisée par des élèves de la classe précédente. Poser les questions une à une par écrit au tableau sans contrainte de temps.
Les élèves répondent sur l'ardoise.

63 – 8 **82 – 7** **44 – 8** **73 – 9** **71 – 9** **72 – 6** **32 – 8**

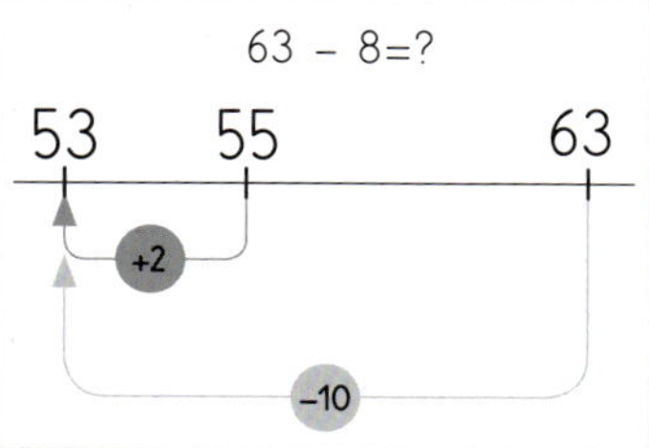

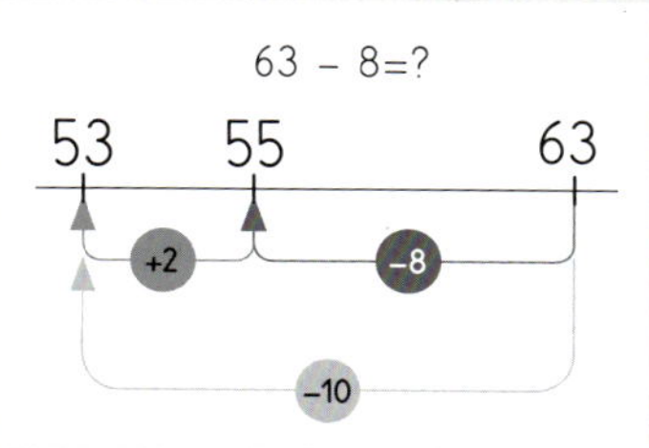

Représenter les étapes du calcul sur la demi-droite graduée.

Procédure visée
Soustraire 10 puis ajouter ce qui a été retiré en trop et qui correspond au complément à 10 du nombre à soustraire.
Pour **63 – 8**. Sachant que 8 + 2 = 10, commencer par 63 – 10 = 53 puis, puisqu'on a retiré 2 de trop, 53 + 2 = 55.

Séance 3

❶ Suite orale des nombres jusqu'à 1000 — 1 min

Réciter la suite orale des nombres **de 903 à 3**, en reculant de 100 en 100.

❷ Addition d'un nombre à un chiffre et d'un nombre inférieur à 1000 : évaluation — 4 min

Série de calculs du document **MaterielCalcul7.pdf**, page 1.

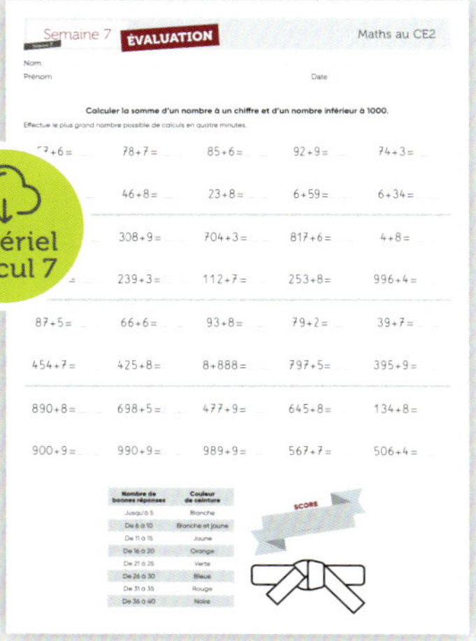

Matériel Calcul 7

❸ Soustraction d'un nombre à un chiffre à un nombre inférieur à 1000 : découverte — 10 min

L'enseignant pose les questions une à une par écrit au tableau sans contrainte de temps. Les élèves répondent sur l'ardoise en utilisant la procédure de la séance 1 ou celle de la séance 2.

782 – 6 **164 – 8** **286 – 9** **982 – 7** **785 – 8** **215 – 9**

Représenter les étapes du calcul sur une demi-droite graduée.

Séance 4

❶ Suite orale des nombres jusqu'à 1000 — 1 min

Réciter la suite orale des nombres **de 1000 à 0**, en reculant de 100 en 100.

❷ Soustraction d'un nombre à un chiffre à un nombre inférieur à 1000 : entrainement — 4 min

L'enseignant pose les questions une à une par écrit au tableau sans contrainte de temps. Les élèves répondent sur l'ardoise en utilisant la procédure de leur choix.

64 – 7 **81 – 5** **452 – 8** **684 – 9**

❸ Soustraction d'un nombre à un chiffre à un nombre inférieur à 1000 : réinvestissement — 10 min

Résoudre les petits problèmes oraux sur l'ardoise.

« Le papa d'Awa a 42 ans. Sa maman a 8 ans de moins.
Quel est l'âge de sa maman ? »

« Les 245 élèves de l'école de Tom devaient participer à une rencontre USEP mais il y avait 8 élèves absents.
Combien d'élèves ont participé à cette rencontre ? »

« Nathan doit planter 34 tulipes. En 5 minutes, il a planté 8 tulipes.
Combien lui reste-t-il de tulipes à planter ? »

« Au départ de la course, il y avait 982 coureurs.
7 coureurs ont abandonné.
Combien de coureurs ont terminé la course ? »

Calcul@tice Les élèves travaillent en autonomie sur les ordinateurs de la classe
calculatice.ac-lille.fr > les exercices > Niveau CE2
- Compléments à 10, 20, 30... 100, 200 : **Les fleurs**
- Résoudre des problèmes avec l'addition et la soustraction : **Le viaduc**

45 min
par semaine

Atelier problèmes

Résoudre des problèmes du champ additif en une ou deux étapes

Page 31

Atelier 7

CHERCHONS ENSEMBLE

Résous chaque problème.

Problème 1 Tom met 21 images d'animaux et 15 images de fleurs dans une boite. Il donne 8 images à sa sœur.
Combien d'images reste-t-il dans la boite ?

Problème 2 Louise range 12 images de voitures, 6 images d'avions et des images de bateaux dans une enveloppe. Elle range en tout 30 images dans cette enveloppe.
Combien d'images de bateaux sont rangées dans l'enveloppe ?

JE M'ENTRAINE

Résous les problèmes dans un cahier.
Commence par ceux avec le symbole ✖ puis résous les problèmes de ton choix.
Essaie d'en résoudre le plus possible.

✖ **Problème 3** 64 enfants d'une école sont inscrits dans un club de judo. 31 filles de l'école font du judo.
Combien de garçons de l'école font du judo ?

✖ **Problème 4** Léo veut acheter un livre à 25 euros et une trousse à 14 euros dans un supermarché. Il a 2 billets de 20 euros dans son portemonnaie.
A-t-il assez d'argent pour acheter le livre et la trousse ?

Problème 5 Un car de ramassage scolaire peut transporter 58 enfants. 43 enfants sont déjà installés à leur place.
Combien de places libres reste-t-il ?

Problème 6 Tom parcourt 320 m à pied pour passer prendre son ami Léo puis 500 m pour aller chercher Fatou et 180 m pour se rendre à la piscine.
Quelle distance totale parcourt-il ?

Problème 7 Madame Mourad achète deux brioches à 6 euros chacune, un gâteau à 11 euros et une baguette de pain à 1 euro.
Étant donné qu'elle est entrée dans la boulangerie avec 29 euros, combien de croissants à 2 euros l'unité pourra-t-elle encore s'acheter ?

9 Résoudre des problèmes impliquant des prix : les euros

J 19/10

Séance 1 — 45 min

Retrouver les équivalences entre pièces et billets en euros

→ CALCULER

Trouver comment obtenir une somme exacte avec un nombre donné de billets.

MATÉRIEL ET SUPPORT
- Par binôme, une barquette recevant les pièces et billets des planches 4 et 5 prédécoupées fournies avec le cahier de l'élève *Maths au CE2*.
- Les feuilles de recherche de **Materiel9.pdf**, pages 1 et 2.

DÉROULEMENT DE LA SÉANCE

❶ Recherche Chercher la valeur des billets dessinés pour obtenir exactement une somme d'argent.	20 min	Expérimentation Manipulation Groupes de 2
❷ Mise en commun et synthèse Recenser les différentes manières d'obtenir 200 €.	5 min	Manipulation Verbalisation Oral collectif
❸ Nouvelle recherche Chercher la valeur des billets dessinés pour obtenir exactement la somme de 500 €.	10 min	Expérimentation Manipulation Écrit individuel
❹ Synthèse Recenser les différentes manières d'obtenir 500 €.	5 min	Manipulation Verbalisation Oral collectif
❺ Institutionnalisation Établir ce qu'il faut retenir.	5 min	Verbalisation Abstraction Oral collectif

❶ Recherche

Faire l'inventaire, avec les élèves, des pièces et billets en euros qui existent : 1 €, 2 €, 5 €, 10 €, 20 €, 50 €, 100 €, 200 € et 500 €.

Montrer quelques vraies pièces et vrais billets puis convenir d'une manière simple et rapide de les représenter : ronds ou rectangles + indication chiffrée de la valeur.

Dessiner au tableau les pièces et billets de 1, 2, 5, 10, 20, 50, 100, 200 et 500 € en utilisant ce mode de représentation.

Présenter le matériel des planches du cahier de l'élève qui seront utilisées au cours de la séance. Chaque élève dispose d'une barquette pour y détacher et ranger les billets et pièces factices.

Demander aux élèves de proposer rapidement différentes manières d'obtenir la somme de 100 €.

Vidéoprojeter ensuite successivement au tableau les 4 situations proposées dans l'animation **Séquence 9** où il faut rechercher collectivement la valeur de chaque élément.

Séquence 9

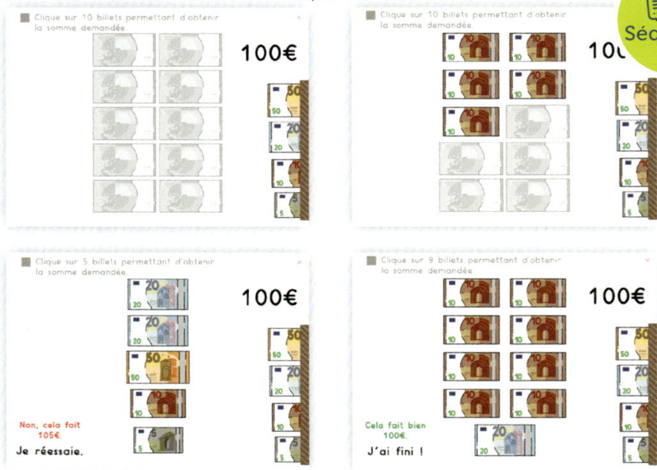

Consigne « *Par groupes de deux, vous allez maintenant chercher la valeur de chaque billet dessiné pour obtenir la somme de 200 €. Vous pourrez, pour cela utiliser le matériel à votre disposition.* »

Montrer puis distribuer le document **Materiel9.pdf**, page 1.

Matériel 9

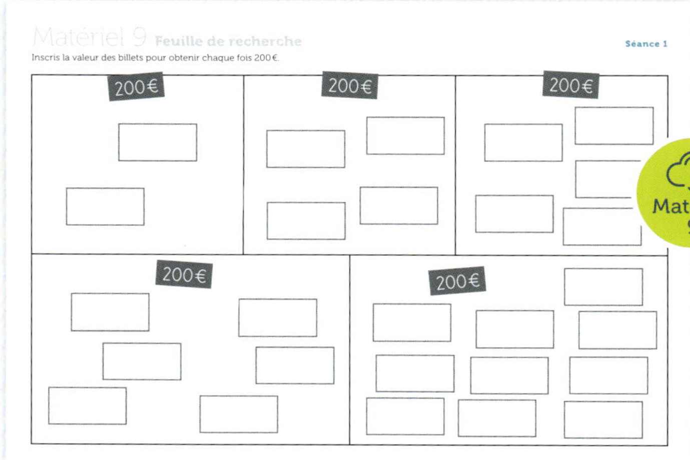

Les groupes le complètent en manipulant les billets factices.

❷ Mise en commun et synthèse

Recenser les différentes manières d'obtenir 200 €.

- 2 billets de 100 €
- 4 billets de 50 €
- 1 billet de 100 €, 1 billet de 50 €, 2 billets de 20 € et 1 billet de 10 €
- 3 billets de 50 €, 2 billets de 20 €, 1 billet de 10 €
- 6 billets de 20 €, 1 billet de 50 € et 3 billets de 10 €.
- …

V 20/10

③ Nouvelle recherche

Consigne *« Vous allez maintenant travailler seuls. Vous chercherez la valeur de chaque billet dessiné pour obtenir la somme de 500 €. Vous pourrez, pour cela utiliser le matériel à votre disposition. »*

Distribuer le document **Materiel9.pdf**, page 2.

! **Préciser aux élèves que, dans la vie courante, on règle rarement en liquide un achat supérieur à 100 €. On paie le plus souvent par carte bancaire ou par chèque.**

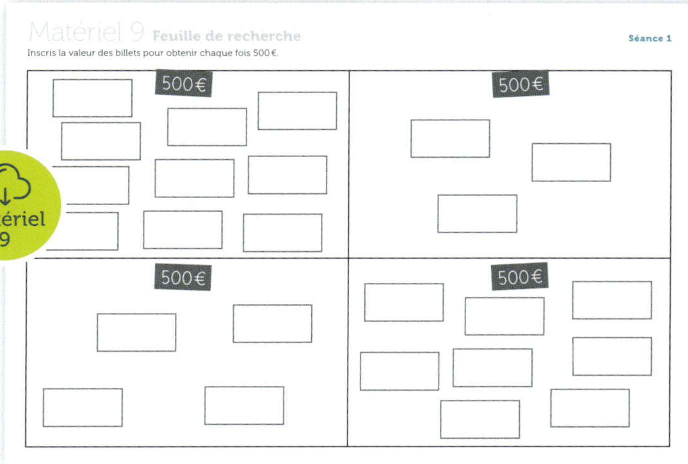

Matériel 9

④ Synthèse

Recenser les différentes manières d'obtenir 500 €.

- 10 billets de 50 €
- 2 billets de 200 €, 1 billet de 100 €
- 2 billets de 200 € et 2 billets de 50 €
- 1 billet de 200 €, 2 billets de 100 €, 1 billet de 50 €, 2 billets de 20 € et 2 billets de 5 €
- ...

⑤ Institutionnalisation

Ce qu'il faut retenir

Il existe 7 sortes de billets en euros.

On peut obtenir la même somme d'argent avec un nombre de billets différents :

1 billet de 100 € a la même valeur que 2 billets de 50 € car 100 € = 2 x 50 €.
1 billet de 200 € a la même valeur que 4 billets de 50 € car 200 € = 4 x 50 €.
1 billet de 500 € a la même valeur que 2 billets de 200 € et 2 billets de 50 € car 500 € = 250 € + 250 €.

Il existe 2 sortes de pièces en euros.

1 pièce de 2 € a la même valeur que 2 pièces de 1 € car 2 € = 2 x 1 €.

Séance 2

45 min

Rendre la monnaie

→ CALCULER

Résoudre des problèmes en utilisant les opérations sur les grandeurs ou sur les nombres : principes d'utilisation de la monnaie.

MATÉRIEL ET SUPPORT

- Par binôme, une barquette contenant les pièces et billets des planches 4 et 5 prédécoupées fournies avec le cahier de l'élève ***Maths au CE2***.

DÉROULEMENT DE LA SÉANCE

① Recherche Chercher différentes manières de réunir exactement 187 € avec des pièces et billets donnés.	10 min	**Expérimentation Manipulation** Groupes de 2
② Mise en commun Recenser les réponses. Les valider à l'aide d'une addition.	5 min	**Manipulation Verbalisation** Oral collectif
③ Nouvelle recherche Chercher une procédure permettant de régler un achat quand on ne dispose pas de la somme exacte.	10 min	**Expérimentation Manipulation** Groupes de 2
④ Institutionnalisation Comprendre ce qui se passe quand on rend la monnaie.	5 min	**Manipulation Verbalisation** Oral collectif
⑤ Entraînement Résoudre des problèmes du champ additif.	15 min	**Expérimentation Manipulation** Écrit individuel

① Recherche

Séquence 9

Appropriation du problème 1 écrit au tableau

Madame Leduc règle ses achats à la caisse du supermarché. Elle doit payer 187 €.
Voici ce qu'elle a dans son portemonnaie : un billet de 100 euros, un billet de 50 euros, un billet de 20 euros, trois billets de 10 euros, un billet de 5 euros, trois pièces de 2 euros et une pièce de 1 euro.

Dessiner au tableau les pièces et les billets ou utiliser l'animation **Séquence 9**.

Distribuer le matériel et demander aux élèves de préparer les pièces et billets contenus dans le portemonnaie de Madame Leduc.

Vérifier ensemble que Madame Leduc aura assez d'argent pour régler ses achats. **Réponse** Oui car elle a 212 € et 212 > 187.

Consigne *« Par groupes de deux, vous allez chercher différentes manières d'obtenir 187 € avec les pièces et billets du portemonnaie. »*
Vous écrirez vos réponses dans votre cahier de recherche.

② Mise en commun

Recenser et valider les réponses. Dessiner les pièces et les billets permettant d'obtenir exactement la somme demandée.

Réécrire les réponses sous forme additive.

187 € = 100 € + 50 € + 20 € + 10 € + 5 € + 2 €
187 € = 100 € + 50 € + 20 € + 10 € + 2 € + 2 € + 2 € + 1 €
187 € = 100 € + 50 € + 10 € + 10 € + 10 € + 5 € + 2 €
187 € = 100 € + 50 € + 10 € + 10 € + 10 € + 2 € + 2 € + 2 € + 1 €

9 Résoudre des problèmes impliquant des prix : les euros

❸ Nouvelle recherche

Séquence 9

Problème 2

Madame Leduc doit maintenant payer 173 €.

Dessiner au tableau ce qu'elle a dans son portemonnaie ou vidéoprojeter à l'aide de l'animation **Séquence 9** :

Vérifier ensemble qu'elle aura assez d'argent pour régler ses achats.
Réponse Oui car elle a 195 € et 195 > 173

Consigne « Par groupes de deux, vous allez chercher comment Madame Leduc va faire pour régler ses achats. Vous écrirez votre réponse dans votre cahier de recherche. Il y a plusieurs solutions. »

Mise en commun
Demander à un élève de venir jouer le rôle de la caissière.
Faire formuler le problème rencontré : *« Madame Leduc ne dispose pas de la somme exacte. »*
Inventorier les réponses proposées par les élèves en commençant par celles qui sont erronées. Faire expliquer les erreurs.

Madame Leduc ne peut pas donner moins de 173 € mais elle peut donner plus et la caissière lui rendra la monnaie (ce qu'elle a donné en trop).

1re solution
Elle peut donner 175 € : **100 € + 50 € + 20 € + 5 € = 175 €.**
Constater que Madame Leduc a payé des euros en trop et qu'il faut chercher ce qu'elle a payé en trop. On cherche la différence entre ce qu'elle doit payer et ce qu'elle a donné comme argent.

Cela revient à chercher combien il faut pour aller de 173 € à 175 €.
Écrire l'addition à trou : 173 + ? = 175. On peut aussi calculer 175 – 173 mais l'addition à trou est ici plus rapide pour obtenir le résultat.
175 €, c'est 2 € de trop (175 € = 173 € + 2 €).
La caissière rendra 2 € à Madame Leduc.

2e solution
Elle peut donner 190 € : **100 € + 50 € + 20 € + 20 € = 190 €.**
Constater que Madame Leduc a payé des euros en trop et qu'il faut chercher ce qu'elle a payé en trop.

Cela revient à chercher combien il faut pour aller de 173 € à 190 €.
Écrire l'addition à trou : 173 + ? = 190. On peut aussi calculer 190 – 173 mais l'addition à trou est ici plus rapide pour obtenir le résultat.
Le calcul se fait en deux étapes. Je cherche combien il faut pour aller de 173 à 180 puis de 180 à 190.

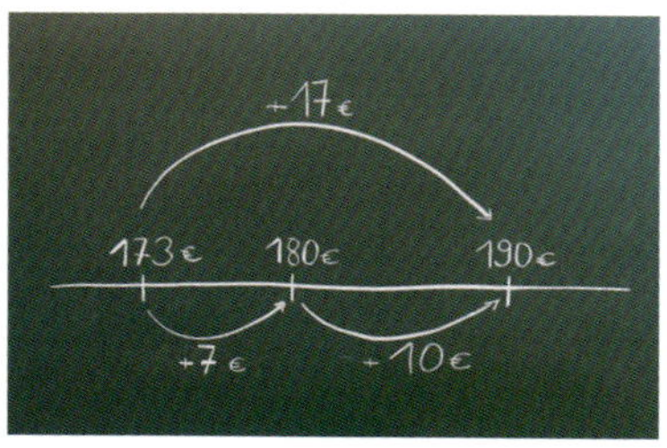

190 €, c'est 17 € de trop (190 € = 173 € + 17 €).
La caissière rendra 17 € à Madame Leduc.

❹ Institutionnalisation

Ce qu'il faut retenir

Si j'achète un livre qui coute 8 € et que je donne 20 € au vendeur, il doit me rendre 12 €.
Pour vérifier, je cherche combien il faut ajouter à 8 € pour aller à 20 €. Je calcule 8 € + ? = 20 €.
Sur la droite numérique, je pars du prix que je dois payer et j'ajoute ce qu'il manque pour aller à la somme que j'ai donnée.

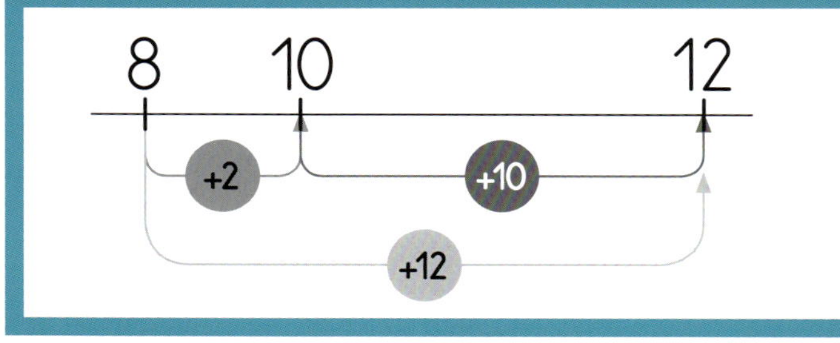

❺ Entrainement

Les élèves font les exercices de **ExoSup9.pdf**, page 1.

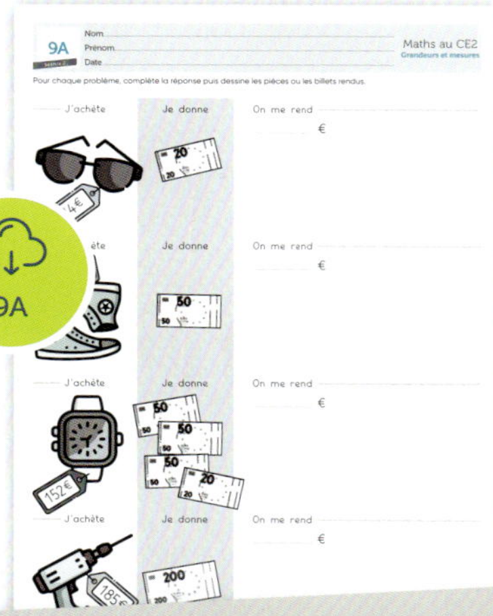

DIFFÉRENCIATION
- Proposer les planches d'euros factices aux élèves en difficulté.

Séance 3

30 min

Bilan de la séquence

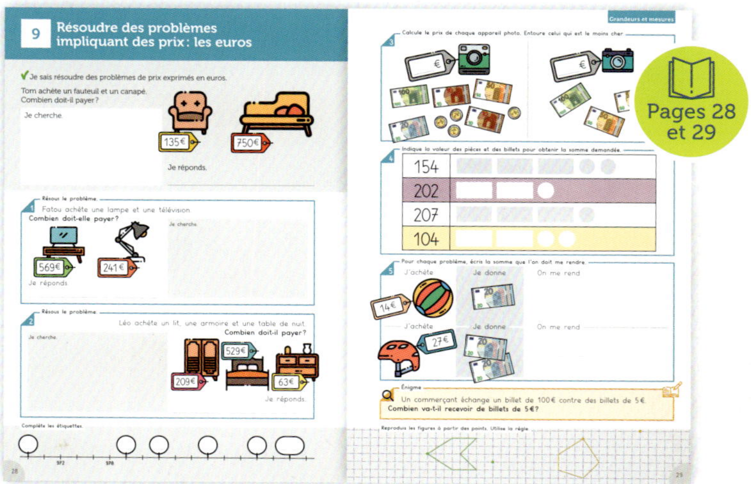

Période 2

Nombres | Calculs | Résolution de problèmes | Grandeurs et mesures | Espace et Géométrie | Apprendre à chercher*

*Pas de séquences spécifiques pour **Apprendre à chercher**.
Les énigmes du cahier de l'élève ***Maths au CE2*** permettent de développer les capacités à chercher.

ORGANISATION DE LA PÉRIODE 2

Organisation 2

Annexe 2

Les principaux apprentissages de la période 2

Nombres	Les nombres jusqu'à 10 000
Calculs	**Calcul mental** • Ajouter, soustraire 9, 90, 99 • Ajouter 11, ajouter 110 • Soustraire 11, 110, 111 • Compter de 2 en 2, de 5 en 5, de 10 en 10, de 25 en 25, de 50 en 50 jusqu'à 1000 • Tables de multiplication de 2, 3, 4, 5, 6, 8 et 10
	Calcul en ligne • Sommes de nombres inférieurs à 10 000 • Produits du type 20 x 6, 16 x 20, 5 x 300... **Calcul posé** • Additions de nombres inférieurs à 10 000
Résolution de problèmes	Résolution de problèmes additifs en une ou deux étapes Résolution de problèmes multiplicatifs en une ou deux étapes Résolution de problèmes nécessitant l'exploration d'un tableau
Grandeurs et mesures	Les prix : les centimes d'euro
Espace et Géométrie	Les solides

Le plan de travail de la période 2

	Calcul mental 1 séance de 15 min/jour	Séquences d'apprentissage séances de 30 ou 45 min			Atelier problèmes 1 atelier de 45 min/semaine
Semaine 8	- Compter de 2 en 2 jusqu'à 1000. - Connaître la table de multiplication de 2.	10	UTILISER LES NOMBRES JUSQU'À 1999	Séances 1 2 3 4 5	Résoudre des problèmes du champ additif (addition et soustraction) en deux étapes
Semaine 9	- Compter de 10 en 10 jusqu'à 1000. - Ajouter 9, ajouter 90, ajouter 99. - Connaître la table de multiplication de 10.	11	UTILISER LES NOMBRES JUSQU'À 10 000	Séances 1 2 3 4 5	Modéliser des problèmes additifs (addition, soustraction) en une étape à l'aide de schémas : transformation d'une quantité (diminution)
Semaine 10	- Compter de 5 en 5 jusqu'à 1000. - Ajouter 11, ajouter 110. - Connaître la table de multiplication de 5.	12	RÉSOUDRE DES PROBLÈMES IMPLIQUANT DES PRIX : LES CENTIMES D'EURO	Séances 1 2 3	Résoudre des problèmes additifs (addition, soustraction) en une ou deux étapes.
		13	CALCULER EN LIGNE DES SOMMES DONT LE RÉSULTAT EST INFÉRIEUR À 10 000	Séances 1 2	
Semaine 11	- Compter de 100 en 100 jusqu'à 1000. - Soustraire 9, 90, 99. - Connaître la table de multiplication de 3.	14	DÉCRIRE ET REPRODUIRE QUELQUES SOLIDES	Séances 1 2 3 4	Résoudre des problèmes nécessitant l'exploration d'un tableau.
Semaine 12	- Compter de 50 en 50 et de 25 en 25 jusqu'à 1000. - Soustraire 11, 110 ou 111. - Connaître la table de multiplication de 6.	15	POSER ET CALCULER DES ADDITIONS AVEC DES NOMBRES JUSQU'À 10 000	Séances 1 2	Résoudre des problèmes multiplicatifs en une ou deux étapes.
		16	RÉSOUDRE DES PROBLÈMES MULTIPLICATIFS (2)	Séances 1 2 3	
Semaine 13	- Écrire en chiffres les nombres de 0 à 9999. - Connaître la table de multiplication de 4.	17	RÉSOUDRE DES PROBLÈMES MULTIPLICATIFS (3)	Séances 1 2 3	Résoudre des problèmes multiplicatifs en une ou deux étapes.
		18	MULTIPLIER UN NOMBRE PAR 10, 100, 1000	Séances 1 2	
Semaine 14	- Écrire en chiffres les nombres de 0 à 9999. - Connaître la table de multiplication de 8.	19	MULTIPLIER UN NOMBRE PAR 20, 30, 40... 200, 300, 400...	Séances 1 2 3	Résoudre des problèmes multiplicatifs en une ou deux étapes
		P2	JE RÉVISE		
			BILAN DES APPRENTISSAGES **Période 2**		

Cette progression présente les apprentissages visés au cours de la période. Chaque séance de 15 minutes débute par un court moment de travail de la numération orale ou écrite (1 minute) suivi d'un temps de révision d'une notion déjà apprise (4 minutes) et se termine par une phase d'apprentissage plus longue (10 minutes).

Progression 2Calcul

Annexe 2

	Objectifs	Exemples d'activités
Semaine 8	**Numération orale** Compter de 2 en 2 jusqu'à 1000.	Compter de 2 en 2 de 50 à 100. Compter de 2 en 2 en reculant de 1000 à 960.
	Faits numériques Connaitre la table de multiplication de 2.	Proposer un par un les calculs 6x2 7x2 8x2 9x2 10x2 Varier les questions : 7x2=? Dans 20, combien de fois 2 ? Combien de fois 2 pour faire 16 ? ?x2=18. *« Un cahier coute 2 €. **Quel est le prix de 7 cahiers ?** »* *« Deux enfants se partagent 18 images. **Combien d'images chaque enfant aura-t-il ?** »*
Semaine 9	**Numération orale** Compter de 10 en 10 jusqu'à 1000.	Compter de 10 en 10 de 567 à 867. Compter de 10 en 10 en reculant de 1000 à 700.
	Procédures de calcul mental Ajouter 9, ajouter 90, ajouter 99.	45+9 9+73 70+9 61+9 348+9 9+854 630+9 708+9 *« Loïc a 48 ans. **Quel âge aura-t-il dans 9 ans ?** »*
	Faits numériques Connaitre la table de multiplication de 10.	Dans 90, combien de fois 10 ? ?x10=50 0x10=? Dans 100 combien de fois 10 ? Combien de fois 10 pour faire 60 ? Combien de fois 10 pour faire 20 ? 8x10=? ?x10=10
Semaine 10	**Numération orale** Compter de 5 en 5 jusqu'à 1000.	Compter de 5 en 5 de 870 à 1000. Compter de 5 en 5 en reculant de 1000 à 850.
	Procédures de calcul mental Ajouter 11, ajouter 110.	64+11 11+82 60+11 49+11 237+11 11+829 530+11 806+11
	Faits numériques Connaitre la table de multiplication de 5.	Dans 45, combien de fois 5 ? Combien de fois 5 pour faire 10 ? Combien de fois 5 pour faire 30 ? Dans 50, combien de fois 5 ? ?x5=25 8x5=? 0x5=? ?x5=5 *« Louise a 3 bandes dessinées. Lili en a 5 fois plus. **Combien de BD Lili a-t-elle ?** »*
Semaine 11	**Numération orale** Compter de 100 en 100 jusqu'à 1000.	Compter de 100 en 100 de 134 à 934. Compter de 100 en 100 en reculant de 975 à 75.
	Procédures de calcul mental Soustraire 9, 90, 99.	359−9 705−9 541−90 324−99
	Faits numériques Connaitre la table de multiplication de 3.	Combien de fois 3 pour faire 18 ? Dans 30, combien de fois 3 ? ?x3=15 8x3=? 0x3=? ?x3=3 Combien de fois 3 pour faire 6 ? 9x3=? ?x3=12 *« Chaque chanson dure 3 minutes. J'ai écouté 4 chansons. **Combien de temps ai-je écouté de la musique ?** »*
Semaine 12	**Numération orale** Compter de 50 en 50 et de 25 en 25 jusqu'à 1000.	Compter de 50 en 50 en reculant de 1000 à 0. Compter de 25 en 25 en avançant de 500 à 1000.
	Procédures de calcul mental Soustraire 11, 110 ou 111.	237−11 829−11 530−11 1000−11 564−110 786−110 930−110 1000−110
	Faits numériques Connaitre la table de multiplication de 6.	10x6=? 7x6=? Combien de fois 6 pour faire 36 ? Dans 54, combien de fois 6 ? ?x6=30 0x6=? *« Tom a 9 enveloppes. Dans chaque enveloppe, il met 6 images. **Combien Tom a-t-il d'images en tout ?** »*
Semaine 13	**Numération écrite** Écrire en chiffres les nombres de 0 à 9999.	*Écrire les nombres en chiffres sur l'ardoise :* *« **mille-deux-cent-soixante-douze** » et « **cinq-mille-neuf-cent-trois** ».*
	Faits numériques Connaitre la table de multiplication de 4.	10x4=? 7x4=? Combien de fois 4 pour faire 24 ? Combien de fois 4 pour faire 8 ? 8 x 4=? ?x4=16 Dans 36, combien de fois 4 ? ?x4=12 0 x 4=? Dans 40 combien de fois 4 ? 9x4=? ?x4=28 *« Un kilo d'abricots coute 4 €. **Quel est le prix de 5 kg d'abricots ?** »*
Semaine 14	**Numération écrite** Écrire en chiffres les nombres de 0 à 9999.	Écrire les nombres en chiffres sur l'ardoise : *« **quatre-mille-deux** » et « **sept-mille-sept-cent-soixante-dix-sept** ».*
	Faits numériques Connaitre la table de multiplication de 8.	10x8=? ?x8=40 8x8=? 7x8=? 0x8=? ?x8=8 Dans 72 combien de fois 8 ? Combien de fois 8 pour faire 16 ? 9x8=? ?x8=32 Combien de fois 8 pour faire 48 ? Dans 80 combien de fois 8 ? *« Huit personnes se partagent 48 kilos de pommes. **Quelle quantité de pommes chaque personne aura-t-elle ?** »*

15 min par jour

Calcul mental

- Compter de 2 en 2 jusqu'à 1 000.
- Connaitre la table de multiplication de 2.

Séance 1

❶ Le jeu du Furet : de 2 en 2 jusqu'à 1000 1 min

Dire la suite orale des nombres de 0 à 50 en avançant de 2 en 2.

❷ Addition d'un nombre à un chiffre et d'un nombre inférieur à 1000 : entrainement 4 min

Poser les questions une à une par écrit au tableau en demandant une réponse rapide (moins de 10 secondes).
Les élèves répondent sur l'ardoise.

78 + 6 **235 + 7** **567 + 9** **853 + 8**

❸ Table de multiplication par 2 : réactivation 10 min

Proposer un par un les calculs :
0 x 2 **1 x 2** **2 x 2** **3 x 2** **4 x 2** **5 x 2**
Les élèves répondent sur l'ardoise.

Visualiser la procédure visée à l'aide de l'animation **Calcul 8**.

Calcul 8

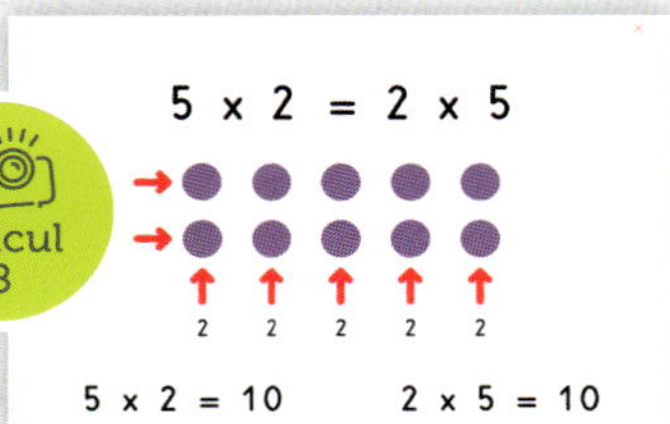

Procédure à privilégier
5x2=2x5 On peut changer l'ordre des facteurs d'une multiplication pour calculer plus facilement. 5x2 est égale à 2x5, c'est le double de 5.

Varier les questions : *« 5x2 = ? », « Dans 4, combien de fois 2 ? », « Combien de fois 2 pour faire 6 ? », « ?x2 = 10 ».*

Séance 2

Calcul 8

❶ Le jeu du Furet : de 2 en 2 jusqu'à 1000 1 min

Compter de 2 en 2 de 50 à 100.

❷ Addition d'un nombre à un chiffre et d'un nombre inférieur à 1000 : évaluation 4 min

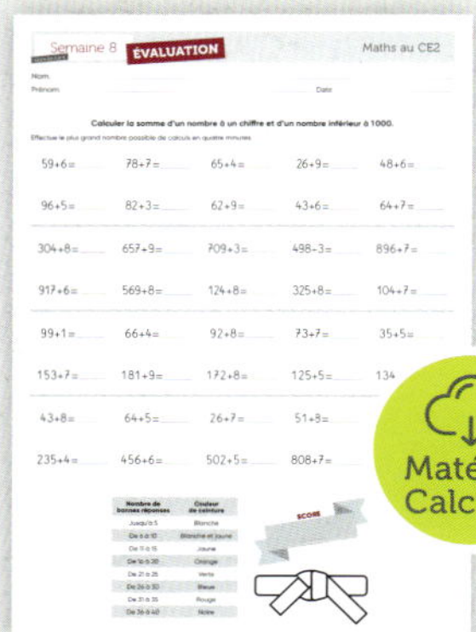

L'enseignant propose l'évaluation de **MaterielCalcul8.pdf**, page 1. Lorsque les 4 minutes sont écoulées, demander aux élèves de prendre un stylo d'une autre couleur et de terminer les calculs.

Matériel Calcul 8

❸ Table de multiplication par 2 : réactivation 10 min

Proposer un par un les calculs :
6 x 2 **7 x 2** **8 x 2** **9 x 2** **10 x 2**
Les élèves répondent sur l'ardoise.

Visualiser la procédure visée à l'aide de l'animation **Calcul 8**.

Varier les questions : *« 7x2 = ? », « Dans 20, combien de fois 2 ? », « Combien de fois 2 pour faire 16 ? », « ?x2 = 18 ».*

Procédure à privilégier
8x2=2x8 On peut changer l'ordre des facteurs d'une multiplication pour calculer plus facilement. 8x2 est égale à 2x8, c'est le double de 8.

Séance 3

Calcul 8

❶ Le jeu du Furet : de 2 en 2 jusqu'à 1000 1 min

Compter de 2 en 2 de 760 à 800.

❷ Addition d'un nombre à un chiffre et d'un nombre inférieur à 1000 : consolidation 4 min

Proposer les calculs où les erreurs ont été les plus fréquentes lors de l'évaluation de la séance 2.

❸ Table de multiplication par 2 : mémorisation 10 min

Mémoriser la table de multiplication de 2 à l'aide de la barre des tables de l'animation **Calcul 8**. Demander d'écrire sur l'ardoise le résultat qui se trouve à l'endroit indiqué par la flèche ou par la main de l'enseignant.

« Pour trouver le résultat de 9x2, je sais que c'est le résultat de 10x2 moins 2 ou que c'est aussi le double de 9 car 9x2 = 2x9. »

La table est complétée au fur et à mesure pour parvenir à la retrouver entièrement.

Verbaliser chaque résultat dans son intégralité *« 4 fois 2 égale 8 ».*

Remarquer que tous les résultats se terminent par 0, 2, 4, 6 ou 8.

Remarquer que *« 6x2, c'est le double de 3x2 », « 8x2, c'est le double de 4x2 », « 10x2, c'est le double de 5x2 ».*

Faire compléter **MaterielCalcul8.pdf**, page 2 et le conserver comme trace écrite.

Matériel Calcul 8

Séance 4

Matériel Calcul 8

❶ Le jeu du Furet : de 2 en 2 jusqu'à 1000 1 min

Compter de 2 en 2 en reculant de 1000 à 960.

❷ Addition d'un nombre à un chiffre et d'un nombre inférieur à 1000 : évaluation 4 min

Proposer à nouveau l'évaluation de la séance 2.

❸ Table de multiplication par 2 : réinvestissement 10 min

Résoudre les petits problèmes oraux sur l'ardoise.

*« Un cahier coute 2 €. **Quel est le prix de 7 cahiers ?** »*

*« Deux enfants se partagent 18 images. **Combien d'images chaque enfant aura-t-il ?** »*

*« Tom a 8 enveloppes. Dans chaque enveloppe, il met 2 images. **Combien Tom a-t-il d'images en tout ?** »*

*« Chaque sachet de pommes pèse 2 kg. **Combien pèsent 6 sachets de pommes ?** »*

*« Louise a 5 bandes dessinées. Lili en a 2 fois plus. **Combien de BD Lili a-t-elle ?** »*

Calcul@tice Les élèves travaillent en autonomie sur les ordinateurs de la classe
calculatice.ac-lille.fr > les exercices > Niveau CE2
- Table de x2 : **Quadricalc** et **L'oiseau**
- Résoudre des problèmes : **Le bus**

45 min par semaine

Atelier problèmes
Résoudre des problèmes du champ additif (addition et soustraction) en deux étapes

Page 37 — Atelier 8

CHERCHONS ENSEMBLE

Résous chaque problème. Complète les schémas.

Problème 1 Une pâtissière a préparé 120 éclairs, dont 33 sont au café et 45 à la vanille. Les autres éclairs sont au chocolat.
Combien d'éclairs au chocolat a-t-elle préparés ?

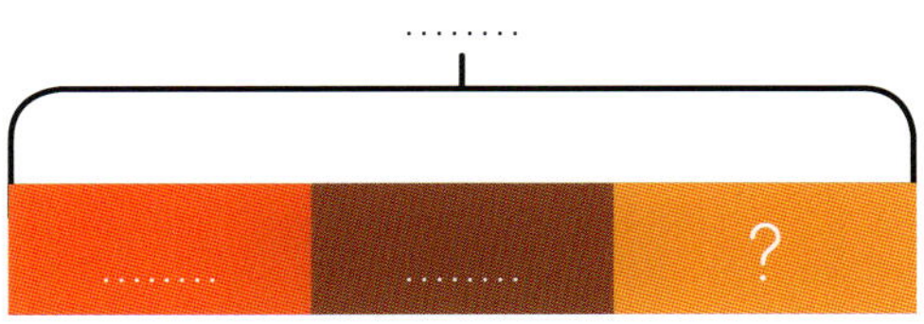

Problème 2 Tom a emprunté un livre de 200 pages à la bibliothèque. Il a lu 84 pages lundi, 28 pages mardi et 57 pages mercredi.
Combien de pages lui reste-t-il à lire ?

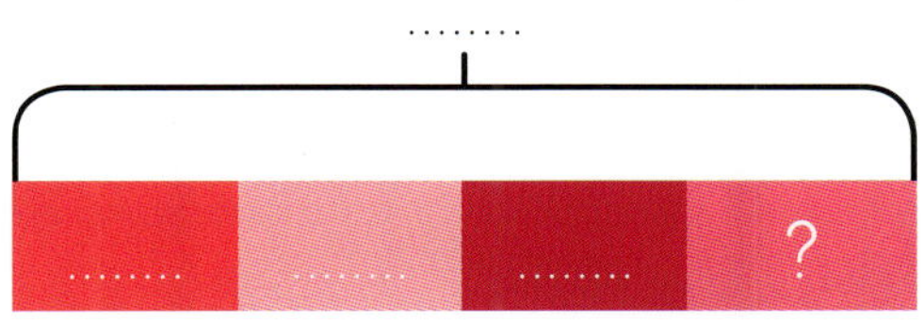

Utilise la calculatrice.

JE M'ENTRAINE

Résous les problèmes dans un cahier.
Commence par ceux avec le symbole ✖ puis résous les problèmes de ton choix.
Essaie d'en résoudre le plus possible.

✖ Problème 3 Léo achète un camion de pompiers, une voiture et un livre. Il paye en tout 67 €. Le livre coute 15 € et la voiture 23 €.
Quel est le prix du camion de pompiers ?

Problème 4 Lina vide sa tirelire qui contient 67 €. Sa tante lui donne 25 € pour son anniversaire. *« Il me manque encore 23 € pour acheter le globe terrestre dont j'ai envie »* dit-elle.
Quel est le prix de ce globe terrestre ?

Problème 5 Il y a 57 passagers dans un bus. Au premier arrêt, 17 passagers descendent et 8 montent.
Combien y a-t-il alors de passagers dans le bus ?

✖ Problème 6 Dans la bibliothèque de l'école, il y a 790 livres, dont 230 romans et 120 bandes dessinées. Les autres sont des livres documentaires.
Combien y a-t-il de livres documentaires ?

10 Utiliser les nombres jusqu'à 1 999

Séance 1 — 45 min

Dénombrer des quantités jusqu'à 1 999 (1)

→ **REPRÉSENTER**

Dénombrer des collections de cubes en utilisant des groupements par 1000, par 100 et par 10.

MATÉRIEL ET SUPPORT

- Une collection de 13 plaques de 100 cubes emboitables, 6 barres de 10 cubes et 8 cubes isolés pour mener la manipulation collective (ou le matériel des **planches 1, 2 et 3**).
- Les feuilles de recherche (**Materiel10.pdf**, pages 1 et 2).
- La trace écrite (**Materiel10.pdf**, page 3).

DÉROULEMENT DE LA SÉANCE

1 Recherche Dénombrer une collection de 1368 cubes partiellement groupée.	10 min	**Expérimentation** Groupes de 2
2 Mise en commun Inventorier et confronter les procédures utilisées.	10 min	**Manipulation** **Verbalisation** Oral collectif
3 Nouvelle recherche Dénombrer une collection de 102d et 3u et la désigner par 1m 0c 2d 3u puis par 1023.	20 min	**Abstraction** Écrit individuel
4 Institutionnalisation Comprendre le fonctionnement de la numération écrite chiffrée.	5 min	**Verbalisation** **Abstraction** Oral collectif

1 Recherche

Matériel 10

Annoncer aux élèves qu'ils ont reçu une nouvelle boite de cubes et qu'ils doivent trouver combien de cubes elle contient.

Présenter la collection de cubes et expliquer que cette collection est représentée sur la feuille de recherche 1 (**Materiel10.pdf**, page 1).

Consigne « Chaque équipe de deux élèves doit trouver le nombre de cubes représentés sur le document et écrire ce nombre. »

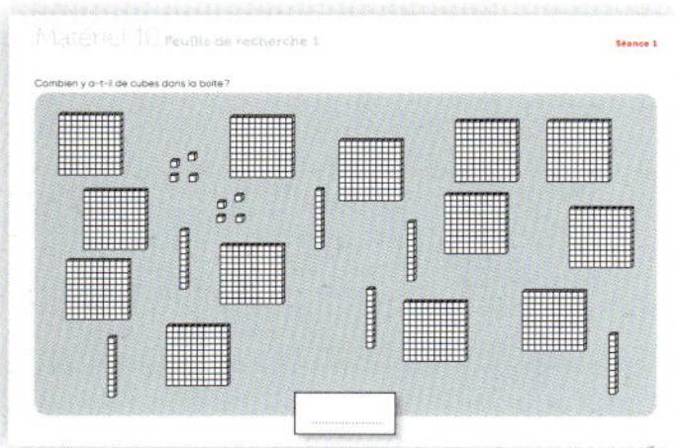

La collection est constituée de 13 plaques de 100 cubes emboitables, 6 barres de dix cubes et 8 cubes.

2 Mise en commun

Séquence 10

Écrire au tableau le calcul correspondant à l'organisation de la collection : 13c + 6d + 8u. Vidéoprojeter l'animation **Séquence 10** pour terminer les groupements en entourant les centaines non groupées puis coder avec une écriture chiffrée.

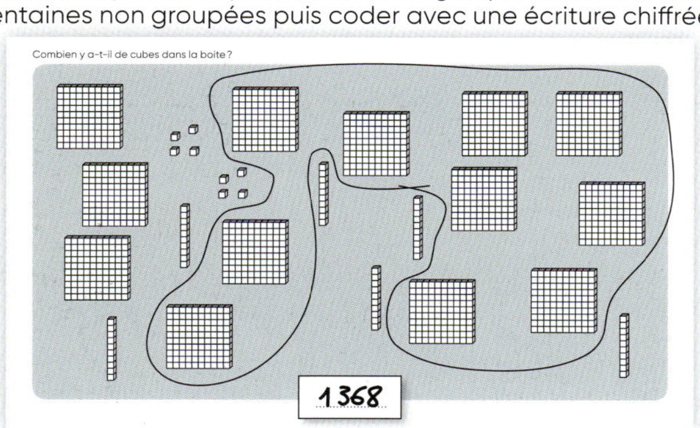

Production d'un élève

Rappeler les règles de groupement : *« Dès qu'on a 10 unités, on peut les grouper pour obtenir une dizaine. Ici, il y a 8 unités : on ne peut pas former une dizaine. » « Dès qu'on a 10 dizaines, on peut les grouper pour obtenir une centaine. Ici, il y a 6 dizaines, on ne peut pas former une centaine. »*

Les élèves ont découvert au cours de la séquence 2 que *« dès qu'on a 10 centaines, on peut les grouper pour obtenir un millier : 13c devient 1m 3c. »*

Valider en manipulant le matériel des **planches 1, 2 et 3** ou les cubes base 10 en terminant les groupements de cubes non effectués : assembler 10 plaques de 100 cubes pour obtenir un cube de 1000 cubes.

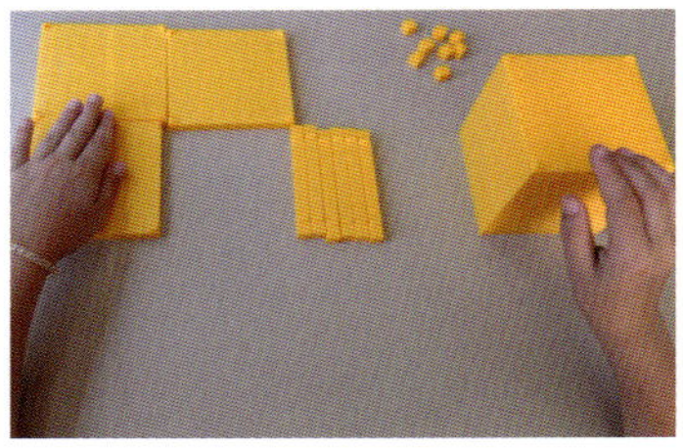

Écrire les conversions au tableau.

Synthèse

Ce nombre s'écrit 1368 avec une écriture chiffrée.
C'est un nombre à 4 chiffres.
Avec les écritures de numération, on peut l'écrire de plusieurs façons : 1m 3c 6d 8u, 6d 8u 1m 3c, 13c 6d 8u, 8u 136d, 1368u, 68u 1m 3c.
Dans notre numération écrite, on écrit ce nombre 1368. Comme les unités de numération ne sont plus indiquées, c'est la position des chiffres dans le nombre qui indique de quelle unité il s'agit : les unités, les dizaines, les centaines et les milliers.
Pour lire plus facilement les nombres, on fait des tranches de 3 chiffres en partant de la droite c'est-à-dire que pour 1368, on laisse un espace entre le chiffre des milliers et le chiffre des centaines : 1368 s'écrit alors 1 368.
Écrire au tableau :

1 millier est égal à 10 centaines
1000 = 10 x 100
1000 = 100 + 100 + 100 + 100 + 100 + 100 + 100 + 100 + 100 + 100

3 Nouvelle recherche

Séquence 10

Consigne « Chaque équipe de deux élèves doit trouver le nombre de cubes représentés sur le document et écrire ce nombre. »

DIFFÉRENCIATION

- Les élèves qui rencontrent des difficultés sont regroupés auprès de l'enseignant pour effectuer les exercices en s'aidant de la manipulation (cubes emboitables ou carrés des **planches 1 à 3**).

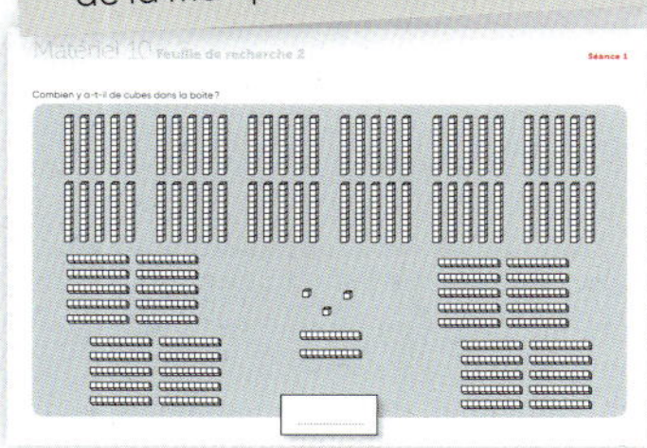

La feuille de recherche ***Materiel10.pdf****, page 2*

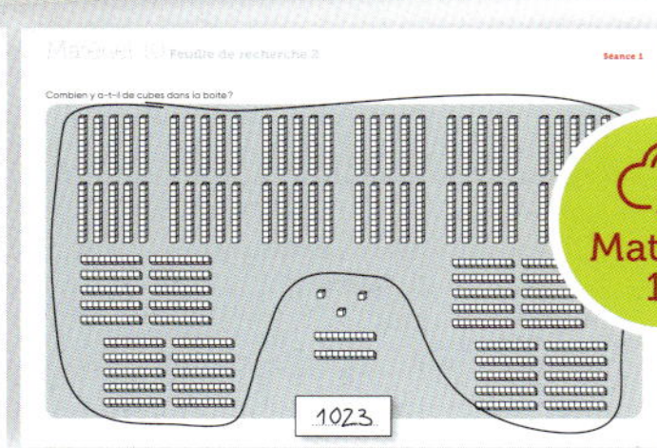

Matériel 10

Production d'un élève

Faire constater qu'il y a 102d et 3u. Écrire 102d 3u au tableau.

Rappeler que 10 dizaines, c'est 1 centaine. On obtient alors 10 plaques de 100 cubes, 2 barres de 10 cubes et 3 cubes. Rappeler que 10 plaques de 100 cubes peuvent se grouper pour obtenir un millier (un cube de 1000 cubes). On obtient alors 1m 0c 2d 3u. Écrire 1m 0c 2d 3u au tableau puis 1023.

❹ Institutionnalisation - Trace écrite

Séquence 2

Reprendre l'animation **Séquence 2** pour synthétiser les connaissances sur le nombre 1000.

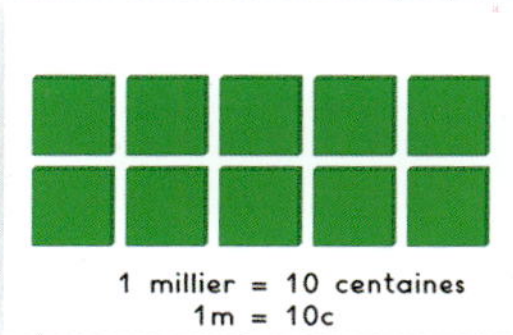

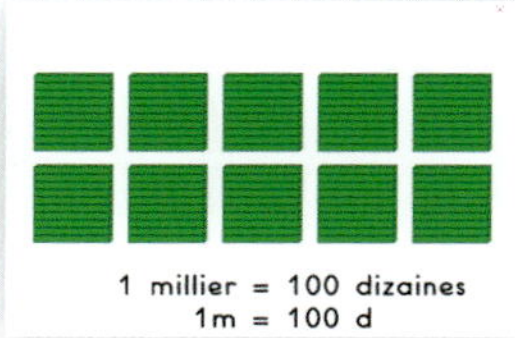

Ce qu'il faut retenir **1 millier, c'est**
10 centaines - 100 dizaines - 1000 unités

1000, c'est
10 fois 100 - 100 fois 10
100 + 100 + 100 + 100 + 100 + 100 + 100 + 100 + 100 + 100

Matériel 10

Une trace écrite est livrée en **Materiel10.pdf**, page 3.

Séance 2

45 min

Dénombrer des quantités jusqu'à 1999 (2)

→ REPRÉSENTER

À partir d'un cardinal donné, et en utilisant le matériel (9 unités, 9 barres de 10, 9 plaques de 100 et 1 cube de 1000), constituer des collections ayant ce cardinal.

MATÉRIEL ET SUPPORT
- Une collection de cubes base 10 : 1 cube de 1000, 9 plaques de 100, 9 barres de 10 et 9 unités (ou le matériel des **planches 1, 2 et 3**).

DÉROULEMENT DE LA SÉANCE

❶ Recherche Constituer une collection dont le nombre d'éléments est désigné à l'aide d'une écriture en unités de numération ou d'une écriture chiffrée.	30 min	Expérimentation Groupes de 2
❷ Entrainement Dénombrer des collections et les désigner par une écriture chiffrée.	15 min	Abstraction Écrit individuel

❶ Recherche

Annoncer que vous allez faire des commandes de cubes aux binômes qui devront préparer le matériel commandé sur la table.

Commande 1 Écrire **14c 4d 5u** au tableau.
Pour constituer la collection de 14c 4d 5u avec le matériel des **planches**, les binômes doivent convertir les 14c en 1m 4c en verbalisant que 1 millier = 10 centaines.
Demander aux élèves d'écrire sur l'ardoise le nombre en chiffres (**1445**).

Pour comprendre le nom de ce nombre, expliquer en manipulant le matériel que ce nombre se dit ***« mille-quatre-cent-quarante-cinq »*** car c'est **1000 + 445** ou **1000 + 400 + 40 + 5** ou encore **1000 + (4 x 100) + (4 x 10) + 5**.

Commande 2 Écrire au tableau **1m 8c 4d 5u**.
Demander aux élèves d'écrire sur l'ardoise le nombre en chiffres (**1845**).

Pour comprendre le nom de ce nombre, expliquer en manipulant le matériel que ce nombre se dit ***« mille-huit-cent-quarante-cinq »*** car c'est **1000 + 845** ou **1000 + 800 + 40 + 5** ou encore **1000 + (8 x 100) + (4 x 10) + 5**.

Commande 3 Écrire au tableau **1650u**.
Les binômes n'ont pas 1650 unités à leur disposition, ils doivent effectuer des conversions.
Rappeler que 1000 unités = 1 millier. Faire les conversions nécessaires pour écrire **1m 6c 5d 0u**. Demander aux binômes d'écrire le nombre en chiffres (**1650**) puis en lettres sur l'ardoise.

Commande 4 Écrire au tableau **147d 1u**.
Les binômes n'ont pas 147 dizaines à leur disposition, ils doivent effectuer des conversions.
Rappeler que 100 dizaines = 1 millier. Faire les conversions nécessaires et écrire **1m 4c 7d 1u**. Demander aux élèves d'écrire le nombre en chiffres (**1471**) puis en lettres sur leur ardoise.

Commande 5 Écrire au tableau **1793**.
Les élèves doivent comprendre qu'il s'agit de **1m + 7c + 9d + 3u**.

Commande 6 Écrire au tableau **1060**.
Les élèves doivent comprendre qu'il s'agit de **1m + 0c + 6d + 0u**.

10 Utiliser les nombres jusqu'à 1999

❷ Entrainement

Les élèves font individuellement les exercices 1, 2 et 3 du cahier de l'élève *Maths au CE2*.

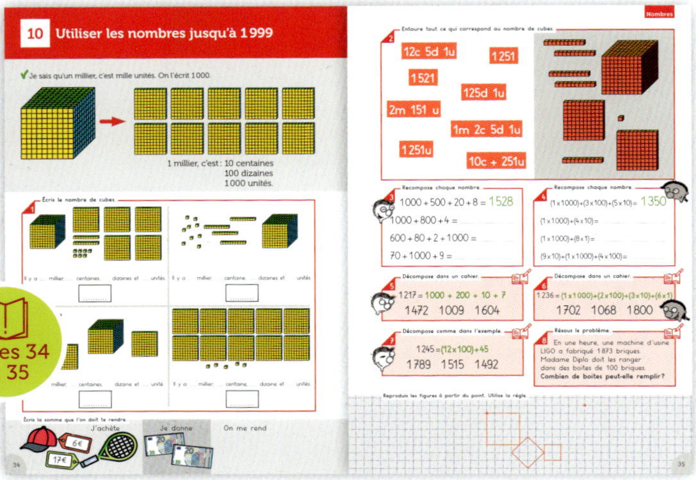

Pages 34 et 35

Séance 3 ⏳ 45 min

Recomposer et décomposer les nombres jusqu'à 1999

→ **REPRÉSENTER**

Recomposer et décomposer un nombre avec l'addition et la multiplication.

MATÉRIEL ET SUPPORT
- Les problèmes (**Materiel10.pdf**, page 4).

DÉROULEMENT DE LA SÉANCE

❶ **Recherche** Retrouver un nombre à partir d'une décomposition.	25 min	**Manipulation Verbalisation** Groupe de 2
❷ **Entrainement** Décomposer et recomposer des nombres jusqu'à 1999.	20 min	**Abstraction** Écrit individuel

Matériel 10 · Séquence 10

❶ Recherche

Présenter successivement chaque problème à l'aide de l'animation **Séquence 10** ou du document élève **Materiel10.pdf**, page 4.

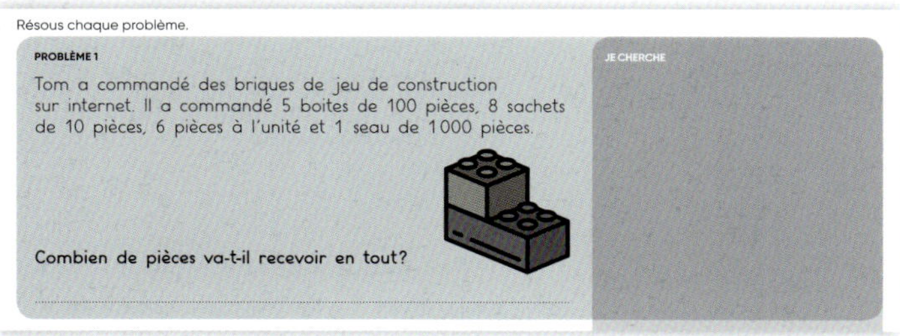

Lors de la correction qui suit, utiliser les écritures suivantes :
(1 x 1000) + (5 x 100) + (8 x 10) + (1 x 6) = 1586
et 1000 + 500 + 80 + 6 = 1586.

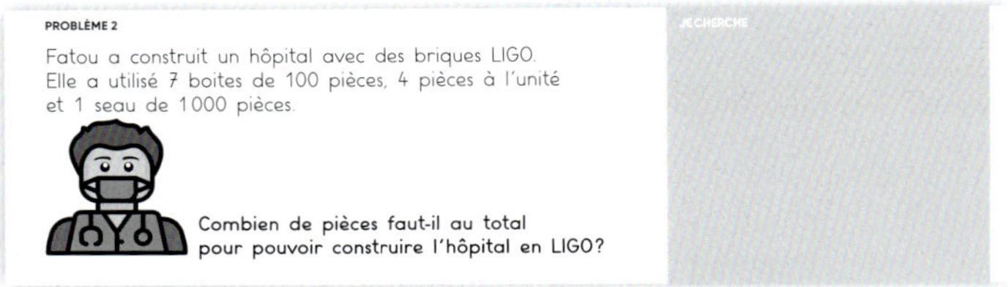

Lors de la correction, utiliser les écritures suivantes :
(1 x 1000) + (7 x 100) + (1 x 4) = 1704
et 1000 + 700 + 4 = 1704.

Lors de la correction, rappeler que 10 centaines = 1 millier, donc 17 boites de 100, c'est 17 centaines, c'est pareil que 10 boites de 100 + 7 boites de 100 ce qui donne 1000 + 700.

Verbaliser que « ***dix-sept-cents*** *est égal à* ***mille-sept-cents*** ».

Préciser aux élèves qu'en Histoire, les dates sont parfois énoncées de cette manière (exemples : 1515 quinze-cent-quinze, 1789 dix-sept-cent-quatre-vingt-neuf…).

Utiliser les écritures suivantes :
17 x 100 = (10 x 100) + (7 x 100) = 1000 + 700 = 1700
17 x 100 = 1700

Lors de la correction, utiliser les écritures suivantes :
1583 = (1 x 1000) + (5 x 100) + (8 x 10) + 3
1583 = 1000 + 500 + 80 + 3

❷ Entrainement

Les élèves font individuellement les exercices 4 à 8 du cahier de l'élève *Maths au CE2*. (Ils répondent aux exercices 5 à 8 dans un autre cahier.)

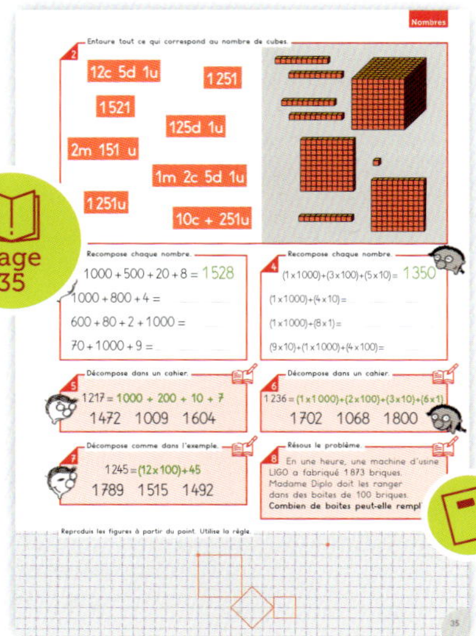

Page 35

Séance 4

30 min

Lire et écrire les nombres jusqu'à 1 999 (1)

→ **REPRÉSENTER**

Lire et écrire en chiffres et en lettres les nombres jusqu'à 1999.

MATÉRIEL ET SUPPORT
- Une boite contenant des cubes base 10 : 1 cube de 1000, 9 plaques de 100, 9 barres de 10 et 9 cubes isolés ou le matériel des **planches 1, 2 et 3.**

DÉROULEMENT DE LA SÉANCE

❶ Recherche Écrire en chiffres et en lettres le nombre de cubes d'une collection.	20 min	**Manipulation** Oral collectif
❷ Entrainement Écrire en chiffres et en lettres les nombres dictés par l'enseignant.	10 min	**Abstraction** Écrit individuel

❶ Recherche

Manipulation collective

Placer le cube de 1000 cubes emboitables sur la table. Demander à chaque élève d'écrire sur l'ardoise le nombre mille en chiffres et en lettres.

Demander d'ajouter 7 cubes à la collection initiale. Faire écrire sur l'ardoise le nombre 1007 en chiffres et en lettres. Pour amener les élèves à comprendre comment on écrit ce nombre en lettres, faire remarquer que c'est 1000 + 7.

Demander d'ajouter 3 barres de 10. Faire écrire sur l'ardoise le nombre 1037 en chiffres et en lettres : c'est 1000 + 37.

Ajouter 5 plaques de 100. Faire écrire sur l'ardoise le nombre 1537 en chiffres et en lettres : c'est 1000 + 500 + 37 ou 1000 + 537 ou 1000 + (5 x 100) + 37.

❷ Entrainement

- L'enseignant dicte les nombres. Les élèves les écrivent en chiffres sur l'ardoise.
1435 1804 1670 1400 1997
- Faire écrire sur l'ardoise en lettres les nombres écrits au tableau.
1856 1042

Séance 5

30 min

Lire et écrire les nombres jusqu'à 1 999 (2)

Les élèves font individuellement les exercices 9 à 14 du cahier de l'élève ***Maths au CE2***.
(Ils répondent aux exercices 12 et 14 dans un autre cahier.)

10 Utiliser les nombres jusqu'à 1 999 — Nombres

9 Écris en chiffres.
mille-quatre-cent-trois :
mille-douze :
mille-cinq-cents :
mille-neuf-cent-trente-six :
mille-sept :

10 Coche les réponses qui sont correctes.
mille-trois-cent-quarante-et-un
☐ 1000341 ☐ 1314 ☐ 1341
☐ 1000 + 341 ☐ 130041 ☐ 13401

11 Barre les écritures en lettres qui ne conviennent pas.
1 408 : mille-quatre-vingts / mille-quatre-cent-huit / mille-quarante-huit
1 573 : mille-cinq-cent-treize / mille-cinq-cent-soixante-trois / mille-cinq-cent-soixante-treize

12 Écris les nombres en lettres.
1 647 1003 1 800 1 991

13 Résous le problème.
Un chocolatier a fabriqué 1 854 chocolats. Il les range dans les boites de 10.
Combien de boites complètes peut-il préparer ?
Je cherche

14 Résous le problème.
Pour construire une cabane, Nassim a utilisé 13 boites de 100 vis et 7 sachets de 10 vis.
Combien de vis a-t-il utilisées au total ?

Énigme
La construction de la tour Eiffel a été achevée en dix-huit-cent-quatre-vingt-neuf.
Écris cette date en chiffres.

Écris la somme que l'on doit te rendre.
J'achète — 5 € l'unité | Je donne — 50 | On me rend

36

Page 36

15 min par jour

Calcul mental

- Compter de 10 en 10 jusqu'à 1 000.
- Ajouter 9, ajouter 90, ajouter 99.
- Connaitre la table de multiplication de 10.

Séance 1

Matériel Calcul 9

❶ Le jeu du Furet : de 10 en 10 jusqu'à 1 000 — 1 min

Dire la suite orale des nombres de 0 à 300 en avançant de 10 en 10.

❷ Table de multiplication par 2 : évaluation — 4 min

L'enseignant propose l'évaluation de **MaterielCalcul9.pdf**, page 1.

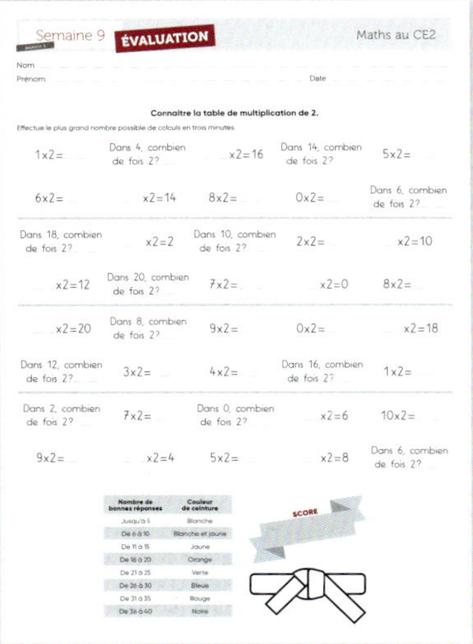

Semaine 9 ÉVALUATION — Maths au CE2

Nom
Prénom — Date

Connaitre la table de multiplication de 2.

Effectue le plus grand nombre possible de calculs en trois minutes.

1x2=	Dans 4, combien de fois 2?	... x2=16	Dans 14, combien de fois 2?	5x2=
6x2=	... x2=14	8x2=	0x2=	Dans 6, combien de fois 2?
Dans 18, combien de fois 2?	... x2=2	Dans 10, combien de fois 2?	2x2=	... x2=10
... x2=12	Dans 20, combien de fois 2?	7x2=	... x2=0	8x2=
... x2=20	Dans 8, combien de fois 2?	9x2=	0x2=	... x2=18
Dans 12, combien de fois 2?	3x2=	4x2=	Dans 16, combien de fois 2?	1x2=
Dans 2, combien de fois 2?	7x2=	Dans 0, combien de fois 2?	... x2=6	10x2=
9x2=	... x2=4	5x2=	... x2=8	Dans 6, combien de fois 2?

Nombre de bonnes réponses	Couleur de ceinture
Jusqu'à 5	Blanche
De 6 à 10	Blanche et jaune
De 11 à 15	Jaune
De 16 à 20	Orange
De 21 à 25	Verte
De 26 à 30	Bleue
De 31 à 35	Rouge
De 36 à 40	Noire

SCORE

Lorsque les 3 minutes sont écoulées, demander aux élèves de prendre un stylo d'une autre couleur et de terminer les calculs.

❸ Ajout de 9 — 10 min

Poser les questions une à une par écrit au tableau sans contrainte de temps. Les élèves répondent sur l'ardoise.

45 + 9	**9 + 73**	**70 + 9**	**61 + 9**
348 + 9	**9 + 854**	**630 + 9**	**708 + 9**

Procédures visées
- Pour **45 + 9**, ajouter 10 puis retirer 1 : 45 + 10 - 1 = 54.
- Pour **70 + 9**, c'est 7 dizaines et 9 unités.
- Pour **61 + 9**, utiliser la connaissance des compléments à 10.

Séance 2

❶ Le jeu du Furet : de 10 en 10 jusqu'à 1 000 — 1 min

Compter de 10 en 10 de 567 à 867.

❷ Table de multiplication par 10 : réactivation — 4 min

Proposer oralement un par un les calculs sans contrainte de temps. Les élèves répondent sur l'ardoise.

Varier les questions : *« 3 x 10 », « 7 x 10 = ? », « Dans 90, combien de fois 10 ? », « Combien de fois 10 pour faire 60 ? », « ? x 10 = 50 », « 0 x 10 = ? », « Combien de fois 10 pour faire 20 ? », « Dans 100 combien de fois 10 ? », « 8 x 10 = ? », « ? x 10 = 10 », « 10 x 10 = ? », « ? x 10 = 40 ».*

Procédure à privilégier
8 x 10, c'est 8 fois 1 dizaine, cela fait 8 dizaines. 8 dizaines s'écrit 80.

❸ Ajout de 90 — 10 min

Poser les questions une à une par écrit au tableau sans contrainte de temps. Les élèves répondent sur l'ardoise.

63 + 90	**90 + 75**	**300 + 90**	**510 + 90**
721 + 90	**604 + 90**	**240 + 90**	**349 + 90**

Procédures visées
- Pour **63 + 90**, ajouter 100 puis retirer 10 : 63 + 100 - 10 = 153.
- Pour **300 + 90**, c'est 3 centaines + 9 dizaines.
- Pour **510 + 90**, utiliser la connaissance des compléments à 100.

Séance 3

❶ Le jeu du Furet : de 10 en 10 jusqu'à 1 000 — 1 min

Compter de 10 en 10 en reculant de 1 000 à 700.

❷ Table de multiplication par 10 : réactivation — 4 min

Proposer oralement un par un les calculs en demandant une réponse rapide (moins de 10 secondes). Les élèves répondent sur l'ardoise.

Varier les questions : « 8 x 10 », « Dans 100 combien de fois 10 ? », « Combien de fois 10 pour faire 60 ? », « ? x 10 = 90 ».

❸ Ajout de 99 — 10 min

L'enseignant pose les questions une à une par écrit au tableau sans contrainte de temps. Les élèves répondent sur l'ardoise.

32 + 99	**99 + 40**	**401 + 99**	**620 + 99**
705 + 99	**800 + 99**	**240 + 99**	**99 + 546**

Procédures visées
- Pour **32 + 99**, ajouter 100 puis retirer 1 : 32 + 100 - 1 = 131.
- Pour **800 + 99**, c'est 8 centaines + 9 dizaines + 9 unités.
- Pour **401 + 99**, utiliser la connaissance des compléments à 100.

Séance 4

Calcul 9

❶ Le jeu du Furet : de 10 en 10 jusqu'à 1 000 — 1 min

Compter de 10 en 10 en reculant de 897 à 597.

❷ Table de multiplication par 10 : mémorisation — 4 min

À l'aide de l'animation **Calcul 9**, demander d'écrire sur l'ardoise le résultat qui se trouve à l'endroit indiqué par la flèche.

Faire compléter **MaterielCalcul9.pdf**, page 2 et le conserver comme trace écrite.

Matériel Calcul 9

❸ Ajout de 9, 90 ou 99 : réinvestissement — 10 min

Résoudre les petits problèmes oraux sur l'ardoise.

« Dounia se rend chez sa grand-mère en voiture. Elle a déjà parcouru 76 km. Il lui reste 90 km à parcourir. ***À combien de kilomètres de chez sa grand-mère habite-t-elle ? »***

« Loïc a 48 ans. ***Quel âge aura-t-il dans 9 ans ? »***

« Mardi, 234 enfants ont déjeuné à la cantine. Jeudi, 99 élèves de plus ont déjeuné à la cantine. ***Combien d'élèves ont déjeuné à la cantine jeudi ? »***

« Ce matin, un fleuriste a reçu une livraison de 286 roses rouges, 90 roses blanches et 9 roses jaunes. ***Combien de roses lui a-t-on livrées ? »***

« Lili et Louise jouent aux cartes. Lili a 675 points et Louise a 90 points de plus. ***Combien de points Louise a-t-elle obtenus ? »***

Calcul@tice Les élèves travaillent en autonomie sur les ordinateurs de la classe

calculatice.ac-lille.fr > les exercices > Niveau CE2
- Table de x2 : **Opérations à trous** et **L'oiseau**
- Résoudre des problèmes : **Le bus**

45 min
par semaine

Atelier problèmes

Modéliser des problèmes additifs (addition, soustraction) en une étape à l'aide de schémas : transformation d'une quantité (diminution)

Atelier 9

CHERCHONS ENSEMBLE

Résous les problèmes et complète les schémas.

Problème 1 Léo avait 54 billes. À la récréation, il perd 23 billes.
Combien de billes a-t-il après la récréation ?

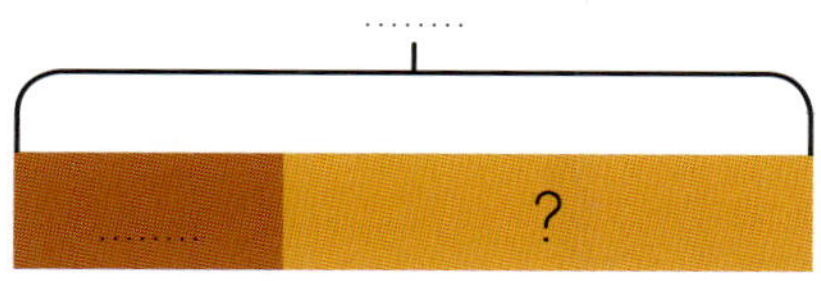

Problème 2 Léo a perdu 14 billes pendant la récréation. Maintenant, il a 86 billes.
Combien de billes avait-il avant la récréation ?

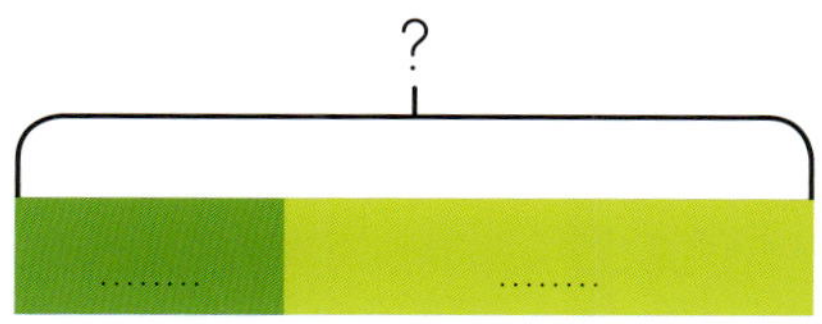

Problème 3 Léo avait 78 billes. Il a perdu des billes pendant la récréation. Maintenant, il a 36 billes. **Combien de billes a-t-il perdues pendant la récréation ?**

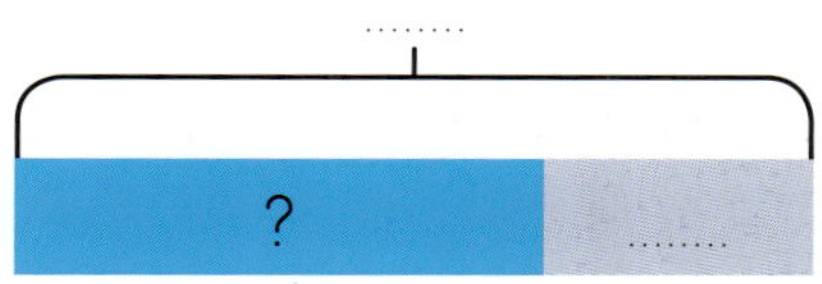

JE M'ENTRAINE

Relie chaque problème à l'opération qui convient puis fais les schémas dans un cahier.

Problème 4 Un avion décolle de Paris avec 576 passagers à son bord. Lors de l'escale à New York, 257 passagers descendent. Les autres passagers restent dans l'avion pour aller à Chicago.
Combien de passagers vont à Chicago ?

Problème 5 Un avion décolle de Paris avec 576 passagers à son bord. Lors de l'escale à New York des passagers descendent. 319 passagers restent dans l'avion pour aller à Chicago.
Combien de passagers sont descendus à New York ?

Problème 6 Deux avions se sont posés à l'aéroport de Nice : il y avait 576 passagers dans le premier avion et 257 passagers dans le deuxième avion.
Combien de passagers au total ont débarqué ?

- $576 + 257 = 833$
- $576 + 319 = 895$
- $576 - 257 = 319$
- $576 - 319 = 257$

11 Utiliser les nombres jusqu'à 10 000

Séance 1

30 min

Dénombrer des quantités jusqu'à 10 000 (1)

→ REPRÉSENTER

Dénombrer des collections de cubes en utilisant des groupements par 1000, par 100 et par 10.

MATÉRIEL ET SUPPORT
- Une collection de cubes base 10 : 4 cubes de 1000, 12 plaques de 100, 3 barres de 10 et 7 cubes isolés pour mener la manipulation collective (ou le matériel des **planches 1 à 4**).
- Les feuilles de recherche et d'entrainement (**Materiel11.pdf**, pages 1 et 2).
- La trace écrite (**Materiel11.pdf**, page 3).

DÉROULEMENT DE LA SÉANCE

❶ Recherche Dénombrer une collection de 5237 cubes partiellement groupée.	10 min	**Expérimentation** Groupes de 2
❷ Mise en commun Inventorier et confronter les procédures utilisées.	5 min	**Manipulation** **Verbalisation** Oral collectif
❸ Institutionnalisation Comprendre le fonctionnement de la numération écrite chiffrée	5 min	**Verbalisation** **Abstraction** Oral collectif
❹ Entrainement Dénombrer une collection de 9078 cubes totalement groupée.	10 min	**Abstraction** Écrit individuel

❶ Recherche

Matériel 11

Annoncer aux élèves qu'ils ont reçu une nouvelle boite de cubes : les binômes doivent trouver combien de cubes elle contient.

Présenter la collection de cubes et expliquer que cette collection est représentée sur la feuille de recherche 1 (**Materiel11.pdf**, page 1).

Consigne *« Chaque équipe de deux élèves doit trouver le nombre de cubes représentés sur le document et écrire ce nombre. »*

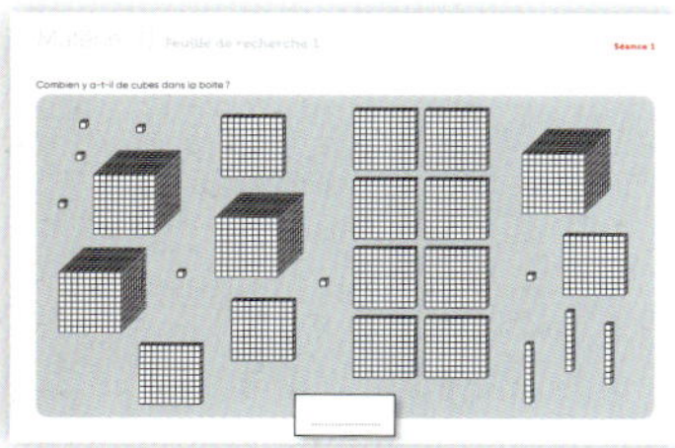

La collection est constituée de 4 cubes de 1000, 12 plaques de 100, 3 barres de 10 et 7 cubes.

❷ Mise en commun

Séquence 11

Écrire au tableau le nombre de cubes tel que la collection est organisée : 4m + 12c + 3d + 7u.

Vidéoprojeter l'animation **Séquence 11** pour terminer les groupements en entourant les centaines non groupées puis coder avec une écriture chiffrée.

Valider par manipulation du matériel en terminant les groupements de cubes non effectués. Assembler 10 plaques de 100 cubes pour obtenir un cube de 1000 cubes.

Écrire les conversions au tableau.

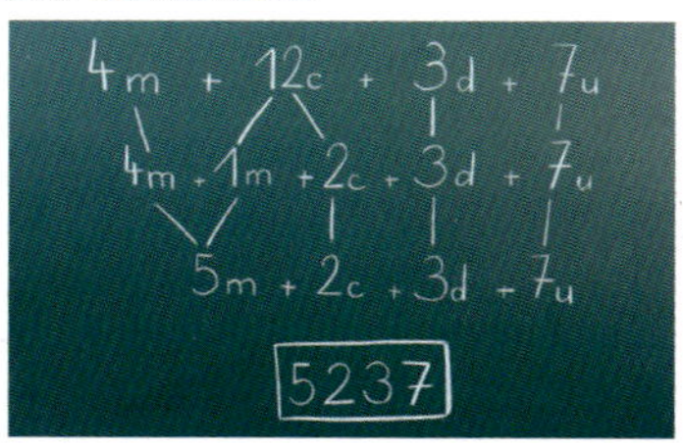

❸ Institutionnalisation - Trace écrite

Matériel 11

Ce qu'il faut retenir

Le nombre qui s'écrit 5237 peut aussi s'écrire

5m 2c 3d 7u **52c 3d 7u** **523d 7u** **5237u**

Il faut distinguer chiffre et nombre.

- Dans 5237, le nombre de milliers est 5.
- Dans 5237, le nombre de centaines est 52.
- Dans 5237, le nombre de dizaines est 523.
- Dans 5237, le nombre d'unités est 5237.

5237 est un nombre de 4 chiffres. La valeur du chiffre dépend de sa place dans le nombre. Dans 5237 :
- 5 est le chiffre des milliers,
- 2 est le chiffre des centaines,
- 3 est le chiffre des dizaines,
- 7 est le chiffre des unités.

Pour t'aider à trouver la valeur de chaque chiffre, tu peux utiliser un tableau de numération.

millier	centaine	dizaine	unité
5	2	3	7

Une trace écrite est livrée en **Materiel11.pdf**, page 3.

❹ Entrainement

Séquence 11

Consigne *« Trouvez le nombre de cubes représentés sur le document : écrivez ce nombre en chiffres et en lettres. »*

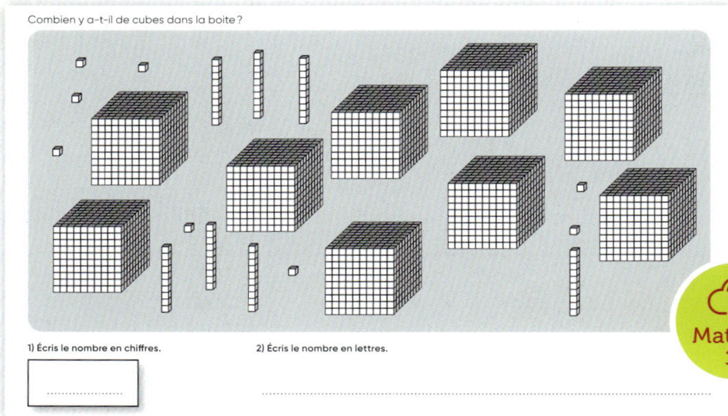

Matériel 11

Materiel 11.pdf, page 2

Séance 2

45 min

Dénombrer des quantités jusqu'à 10 000 (2)

→ REPRÉSENTER

À partir d'un cardinal donné et en utilisant le matériel (9 unités, 9 barres de 10, 9 plaques de 100 et 9 cubes de 1000) constituer des collections ayant ce cardinal.

MATÉRIEL ET SUPPORT
- Une collection de cubes base 10 : 9 cubes de 1000, 9 plaques de 100, 9 barres de 10 et 9 unités (ou le matériel des **planches 1 à 4**)

DÉROULEMENT DE LA SÉANCE

❶ Recherche Constituer une collection dont le nombre d'éléments est désigné à l'aide d'une écriture en unités de numération ou d'une écriture chiffrée.	30 min	**Expérimentation** Groupes de 2
❷ Entrainement Dénombrer des collections et les désigner par une écriture chiffrée.	15 min	**Abstraction** Écrit individuel

❶ Recherche

Annoncer que vous allez faire des commandes de cubes aux binômes qui devront préparer sur la table le matériel commandé. La validation sera effectuée avec les cubes base 10.

Commande 1 Écrire au tableau **75c 8d 2u**.
Pour constituer la collection de 75c 8d 2u, les binômes doivent convertir les 75c en 7m 5c en verbalisant que 1 millier = 10 centaines. Demander aux élèves d'écrire sur l'ardoise le nombre en chiffres (**7 582**).

Pour comprendre le nom de ce nombre, expliquer en manipulant le matériel que ce nombre se dit ***« sept-mille-cinq-cent-quatre-vingt-deux »*** car c'est **(7 x 1 000) + (5 x 100) + 82**.

Commande 2 Écrire au tableau **9m 3c 7d 5u**.
Demander aux élèves d'écrire sur l'ardoise le nombre en chiffres (**9 375**).

Pour comprendre le nom de ce nombre, expliquer en manipulant le matériel que ce nombre se dit ***« neuf-mille-trois-cent-soixante-quinze »*** car c'est **(9 x 1 000) + (3 x 100) + 75**.

Commande 3 Écrire au tableau **258d 3u**.
Les élèves n'ont pas 258 dizaines à leur disposition, ils doivent effectuer des conversions.
Rappeler que 100 dizaines = 1 millier. Faire les conversions nécessaires et écrire **2m 5c 8d 3u**. Demander aux élèves d'écrire sur l'ardoise le nombre en chiffres (2 583) puis en lettres.

Commande 4 Écrire au tableau **8 790**.
Comprendre qu'il s'agit de **8m + 7c + 9d + 0u**.

Commande 5 Écrire au tableau **5 064u**.
Les élèves n'ont pas 5 064 unités à leur disposition, ils doivent effectuer des conversions.

Rappeler que 1 000 unités = 1 millier. Faire les conversions nécessaires et écrire **5m 0c 6d 4u** puis **5m 6d 4u**. Demander aux élèves d'écrire sur l'ardoise le nombre en chiffres (**5 064**) puis en lettres.

Commande 6 Écrire au tableau **4 006**.
Comprendre qu'il s'agit de **4m + 0c + 0d + 6u**.

❷ Entrainement

Les élèves font individuellement les exercices 1, 2 et 3 du cahier de l'élève ***Maths au CE2***.

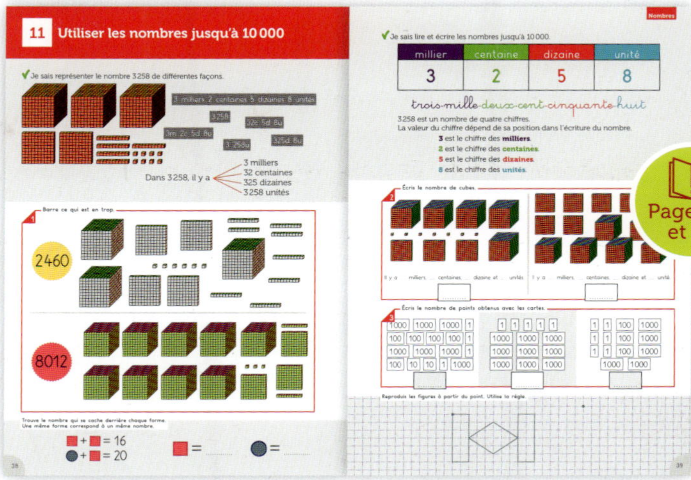

Séance 3

45 min

Recomposer et décomposer les nombres jusqu'à 10 000

→ **REPRÉSENTER**

Recomposer et décomposer un nombre avec l'addition et la multiplication.

MATÉRIEL ET SUPPORT
- Les problèmes (**Materiel11.pdf**, page 4).

DÉROULEMENT DE LA SÉANCE

❶ Recherche Retrouver un nombre à partir d'une décomposition.	25 min	**Manipulation** **Verbalisation** Groupes de 2
❷ Entrainement Décomposer et recomposer des nombres jusqu'à 10 000.	20 min	**Abstraction** Écrit individuel

❶ Recherche

Présenter successivement chaque problème à l'aide de l'animation **Séquence 11** ou à l'aide du document élève **Materiel11.pdf**, page 4.

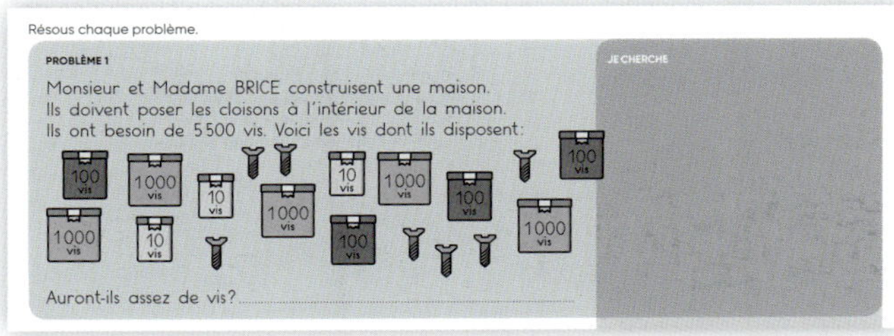
Résous chaque problème.

PROBLÈME 1

Monsieur et Madame BRICE construisent une maison.
Ils doivent poser les cloisons à l'intérieur de la maison.
Ils ont besoin de 5 500 vis. Voici les vis dont ils disposent :

Auront-ils assez de vis ?

Lors de la correction qui suit, recomposer le nombre de vis en utilisant les écritures suivantes :
(5 x 1 000) + (4 x 100) + (3 x 10) + (7 x 1) = 5 437
et 5 000 + 400 + 30 + 7 = 5 437

PROBLÈME 2

Monsieur THIERY construit une maison.
Pour installer les plaques de plâtre, il a utilisé :
- 4 boites de 1 000 vis,
- 3 boites de 10 vis.

Combien de vis a-t-il utilisées au total ?

Séquence 11

Matériel 11

Lors de la correction qui suit, recomposer le nombre de vis en utilisant les écritures suivantes :
(4 x 1 000) + (0 x 100) + (3 x 10) + (0 x 1) = 4 030
que l'on peut réduire à (4 x 1 000) + (3 x 10) = 4 030
et 4 000 + 30 = 4 030.

11 Utiliser les nombres jusqu'à 10 000

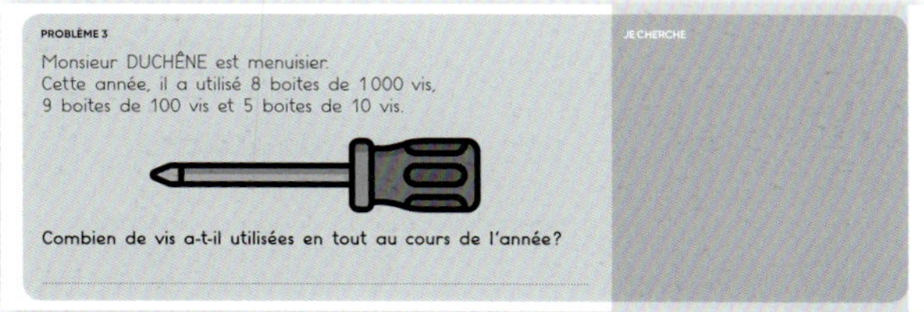
PROBLÈME 3
Monsieur DUCHÊNE est menuisier.
Cette année, il a utilisé 8 boites de 1 000 vis, 9 boites de 100 vis et 5 boites de 10 vis.
Combien de vis a-t-il utilisées en tout au cours de l'année?

Lors de la correction qui suit, recomposer le nombre de vis en utilisant les écritures suivantes :
(8 x 1000) + (9 x 100) + (5 x 10) = (0 x 1) = 8 950
que l'on peut réduire à (8 x 1000) + (9 x 100) + (5 x 10)
et 8 000 + 900 + 50 = 8 950

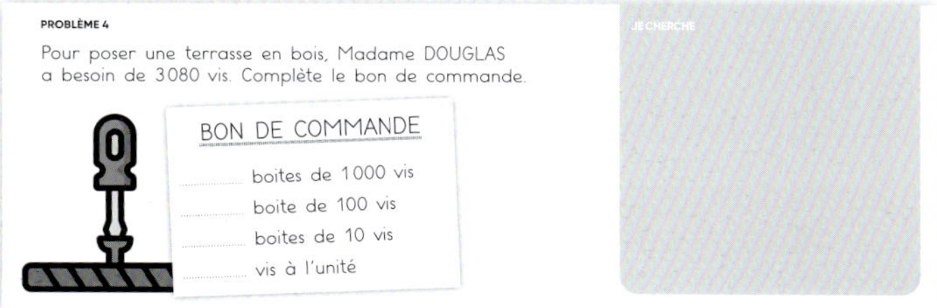
PROBLÈME 4
Pour poser une terrasse en bois, Madame DOUGLAS a besoin de 3080 vis. Complète le bon de commande.

Lors de la correction qui suit, décomposer le nombre de vis en utilisant les écritures suivantes :
3 080 = (3 x 1000) + (0 x 100) + (8 x 10) + (0 x 1)
3 080 = (3 x 1000) + (8 x 10)
et 3 080 = 3 000 + 80

❷ Entrainement

Les élèves font individuellement les exercices 4 à 9 du cahier de l'élève ***Maths au CE2***. Ils répondent aux exercices 8 à 9 dans un autre cahier.

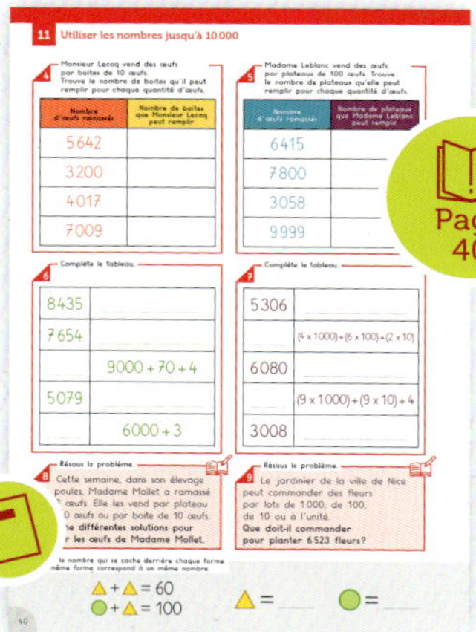

Séance 4

45 min

Lire et écrire les nombres jusqu'à 10 000 (1)

→ REPRÉSENTER

Lire et écrire en chiffres et en lettres les nombres jusqu'à 10 000.

MATÉRIEL ET SUPPORT

• Une boite contenant des cubes base 10 : 9 cubes de 1000, 9 plaques de 100, 9 barres de 10 et 9 cubes pour chaque groupe de 2 élèves ou le matériel des **planches 1 à 4**.

DÉROULEMENT DE LA SÉANCE

❶ Recherche Écrire en chiffres et en lettres le nombre de cubes d'une collection.	25 min	Manipulation Écrit individuel Groupes de 4
❷ Entrainement Écrire en chiffres et en lettres les nombres dictés par l'enseignant.	20 min	Abstraction Écrit individuel

❶ Recherche

Distribuer la boite contenant le matériel à chaque binôme. Un groupe travaille avec le matériel base 10, les autres avec le matériel des **planches 1 à 4.**

Demander à chaque groupe de placer 4 cubes de 1000 cubes sur la table. Demander à chaque élève d'écrire sur l'ardoise le nombre en chiffres et en lettres.

Demander d'ajouter 3 cubes à la collection initiale. Faire écrire sur l'ardoise le nombre 4 003 en chiffres et en lettres.
Pour amener les élèves à comprendre comment on écrit ce nombre en lettres, faire remarquer que c'est 4 000 + 3 ou (4 x 1000) + 3.

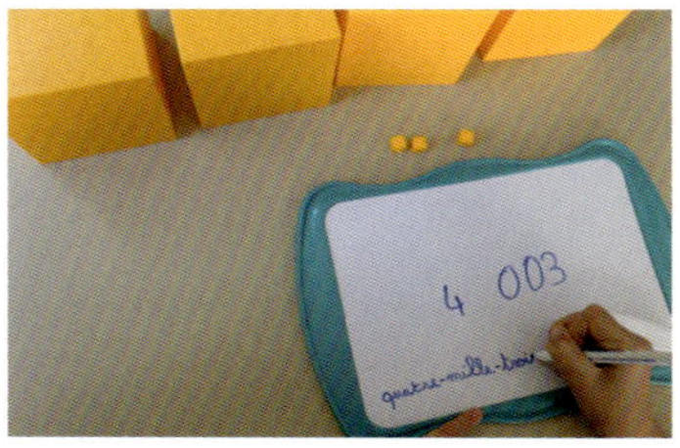

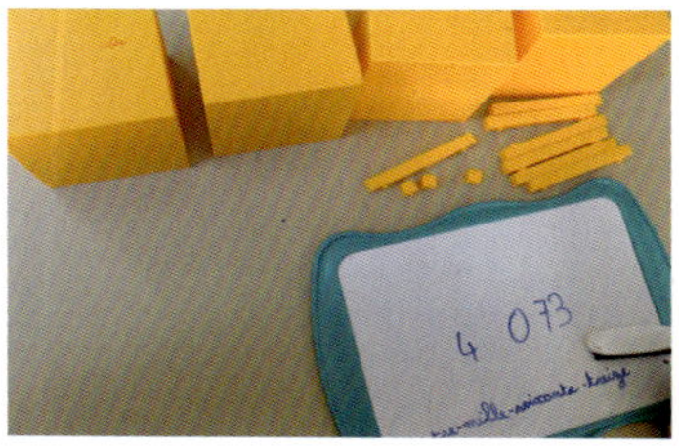

Faire ajouter 7 barres de 10 et écrire sur l'ardoise le nombre 4 073 en chiffres et en lettres.
Écrire que c'est 4 000 + 73 ou (4 x 1000) + 73.

Faire ajouter 9 plaques de 100 et écrire sur l'ardoise le nombre 4 973 en chiffres et en lettres.
Écrire que c'est 4 000 + 900 + 73 ou 4 000 + 973 ou (4 x 1000) + (9 x 100) + 73.

Utiliser le tableau de numération pour expliquer comment s'écrit le nombre 4 973.

millier	centaine	dizaine	unité
4	9	7	3

4 mille 973

❷ Entrainement

• Dans un cahier, les élèves écrivent en chiffres les nombres dictés par l'enseignant : **6 892 7 000 9 580 3 200 5 001.**

• Dans un cahier, les élèves écrivent en lettres les nombres écrits au tableau : **7 894 8 076**

Séance 5

30 min

Lire et écrire les nombres jusqu'à 10 000 (2)

Les élèves font individuellement les exercices 10 à 13 du cahier de l'élève ***Maths au CE2***.
(Ils répondent à l'exercice 13 dans un autre cahier.)

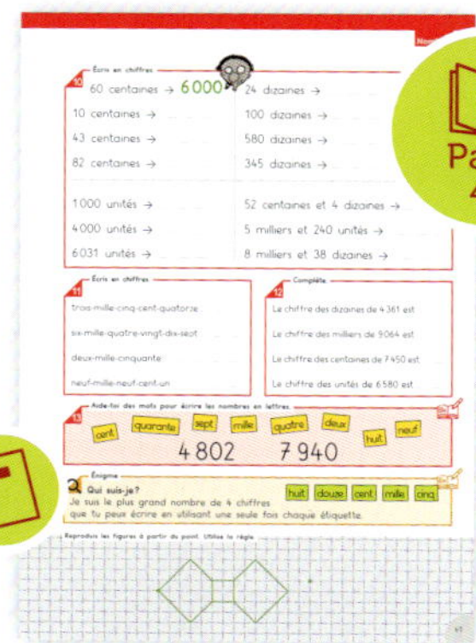

Séance 1

Matériel 11 Feuille de recherche 1

Combien y a-t-il de cubes dans la boite ?

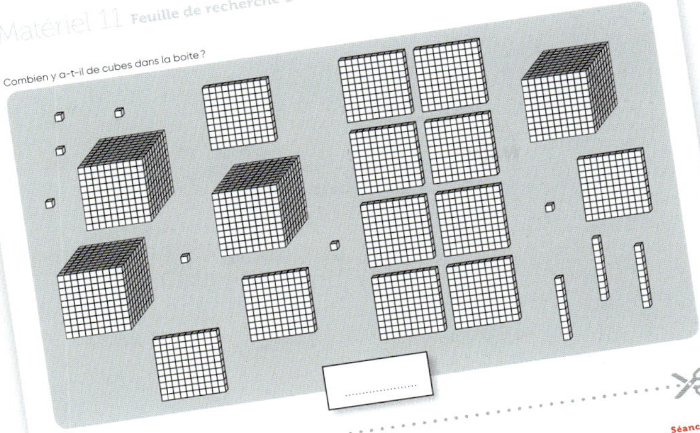

....

Séance 1

Matériel 11 Feuille de recherche 1

Combien y a-t-il de cubes dans la boite ?

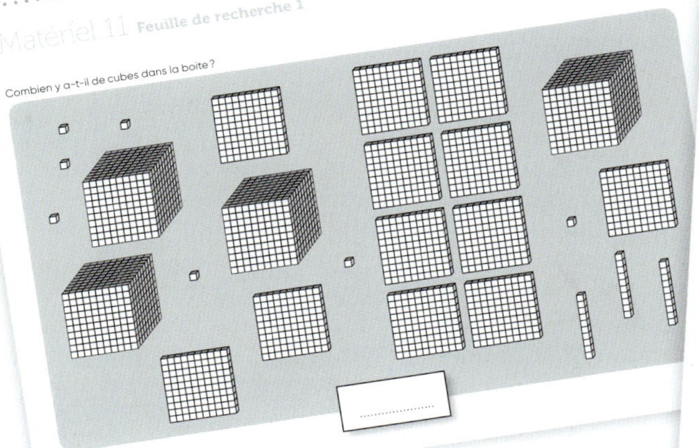

....

Matériel 11 Feuille de recherche 2

Séance 1

Combien y a-t-il de cubes dans la boite ?

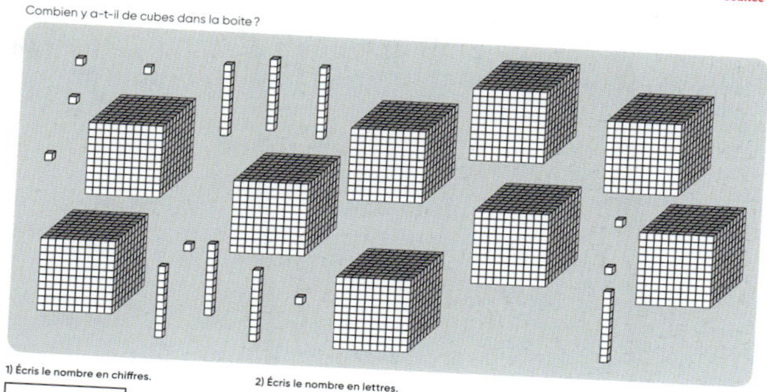

1) Écris le nombre en chiffres.

....

2) Écris le nombre en lettres.

....

Matériel 11 Feuille de recherche 2

Séance 1

Combien y a-t-il de cubes dans la boite ?

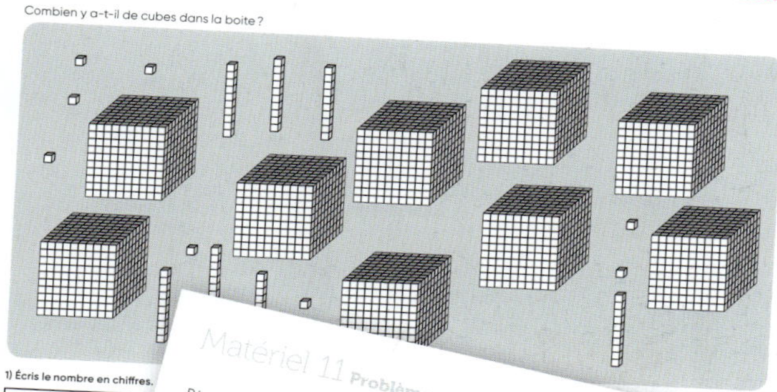

1) Écris le nombre en chiffres.

....

Matériel 11 Trace écrite

Séance 1

Utiliser les nombres jusqu'à 10 000

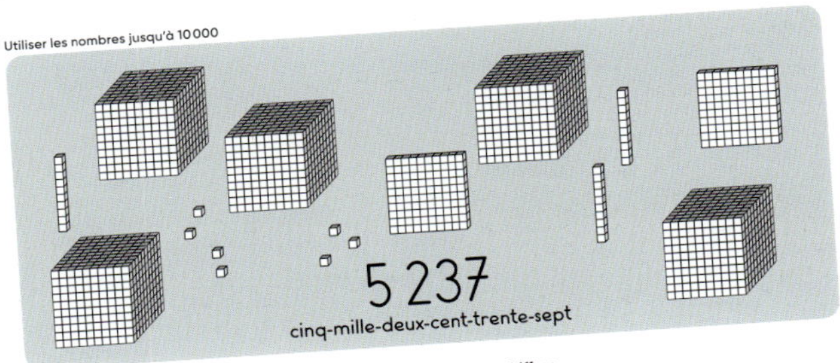

5 237 est un nombre de 4 chiffres.
La valeur du chiffre dépend de sa position dans l'écriture du nombre.

Dans 5 237 :

- 5 est le chiffre des milliers,
- 2 le chiffre des centaines,
- 3 est le chiffre des dizaines,
- 7 est le chiffre des unités,

Pour trouver la valeur de chaque chiffre, tu peux utiliser un tableau de numération.

millier	centaine	dizaine	unité
5	2	3	7

5237 peut aussi s'écrire :

- 5m 2c 3d 7u
- 52c 2d 7u
- 523d 7u
- 5237u

- Dans 5 237, le nombre de milliers est 5.
- Dans 5 237, le nombre de centaines est 52.
- Dans 5 237, le nombre de dizaines est 523.
- Dans 5 237, le nombre d'unités est 5 237.

Matériel 11 Problèmes

Séance 3

Résous chaque problème.

PROBLÈME 1

Monsieur et Madame BRICE construisent une maison.
Ils doivent poser les cloisons à l'intérieur de la maison.
Ils ont besoin de 5 500 vis. Voici les vis dont ils disposent :

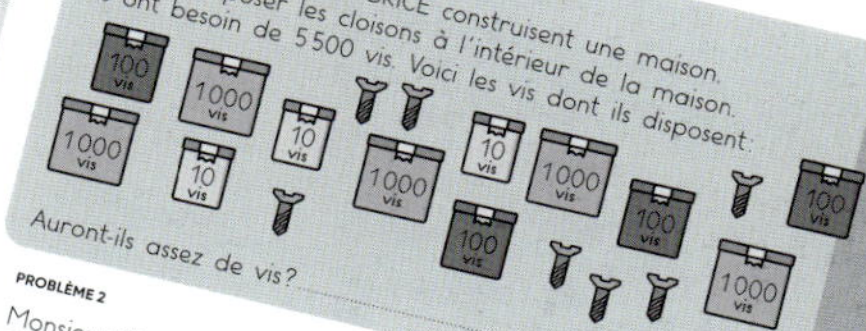

Auront-ils assez de vis ? ....

JE CHERCHE

PROBLÈME 2

Monsieur THIERY construit une maison.
Pour installer les plaques de plâtre, il a utilisé :

- 4 boites de 1000 vis,
- 3 boites de 10 vis.

Combien de vis a-t-il utilisées au total?

....

JE CHERCHE

PROBLÈME 3

Monsieur DUCHÊNE est menuisier.
Cette année, il a utilisé 8 boites de 1000 vis,
9 boites de 100 vis et 5 boites de 10 vis.

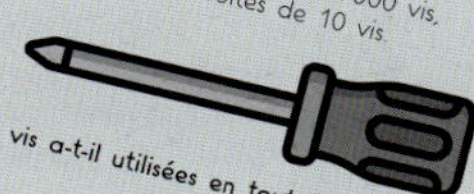

Combien de vis a-t-il utilisées en tout au cours de l'année?

....

JE CHERCHE

PROBLÈME 4

Pour poser une terrasse en bois, Madame DOUGLAS a besoin de 3080 vis. Complète le bon de commande.

BON DE COMMANDE

.... boites de 1000 vis
.... boite de 100 vis
.... boites de 10 vis
.... vis à l'unité

JE CHERCHE

15 min par jour

Calcul mental

- Compter de 5 en 5 jusqu'à 1 000.
- Ajouter 11, ajouter 110.
- Connaitre la table de multiplication de 5.

Séance 1

❶ Le jeu du Furet : de 5 en 5 jusqu'à 1000 — 1 min

Dire la suite orale des nombres de 0 à 130 en avançant de 5 en 5.

❷ Ajout de 11 — 4 min

Poser les questions une à une oralement sans contrainte de temps. Les élèves répondent sur l'ardoise.

64 + 11	**11 + 82**	**60 + 11**	**49 + 11**
237 + 11	**11 + 829**	**530 + 11**	**806 + 11**

Procédures visées
- Pour **64 + 11**, ajouter 1 puis ajouter 10 : 64 + 1 + 10 = 75
- Pour **49 + 11**, utiliser la connaissance des compléments à 10.

❸ Table de multiplication par 5 : réactivation — 10 min

Proposer oralement un par un les calculs sans contrainte de temps à l'aide de l'animation **Calcul 10**. Les élèves répondent sur l'ardoise.

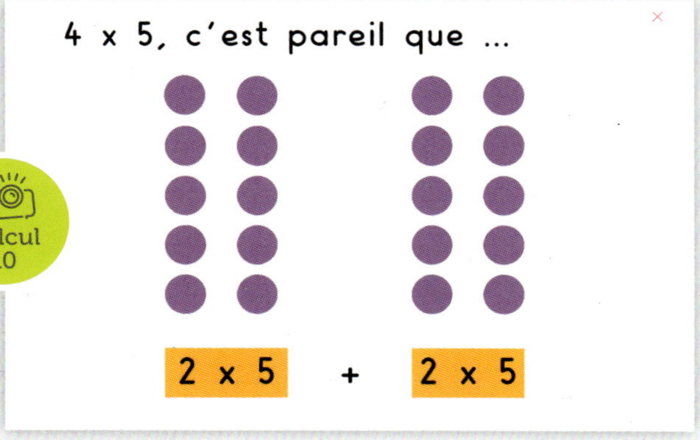

Calcul 10

Procédures à privilégier
- **0 x 5**, c'est 0 fois 5 *ou* 5 fois 0 *ou* 0 + 0 + 0 + 0 + 0.
- **1 x 5**, c'est *une fois cinq*.
- **2 x 5** : *deux fois cinq*, c'est le double de 5.
- **3 x 5**, c'est (2 x 5) + (1 x 5).
- **4 x 5**, c'est (2 x 5) + (2 x 5) *ou* 2 x (2 x 5).
- **5 x 5**, c'est (4 x 5) + (1 x 5).
- **6 x 5**, c'est (5 x 5) + (1 x 5) *ou* (3 x 5) + (3 x 5) *ou* 2 x (3 x 5).
- **7 x 5**, c'est (6 x 5) + (1 x 5) *ou* (5 x 5) + (2 x 5).
- **8 x 5**, c'est (7 x 5) + (1 x 5) *ou* (4 x 5) + (4 x 5) *ou* 2 x (4 x 5).
- **9 x 5**, c'est (10 x 5) - (1 x 5) *ou* (8 x 5) + (1 x 5).
- **10 x 5** = 5 x 10 donc 5 fois 1 dizaine ce qui fait 5 dizaines.

Séance 2

❶ Le jeu du Furet : de 5 en 5 jusqu'à 1000 — 1 min

Compter de 5 en 5 de 560 à 700.

❷ Ajout de 11 — 4 min

Poser les questions une à une oralement sans contrainte de temps.

237 + 11	**11 + 829**	**530 + 11**	**806 + 11**

❸ Table de multiplication par 5 : réactivation — 10 min

Proposer oralement un par un les calculs sans contrainte de temps. Les élèves répondent sur l'ardoise.

Varier les questions : « 10 x 5 », « 7 x 5 = ? », *« Dans 45, combien de fois 5 ? », « Combien de fois 5 pour faire 30 ? », « ? x 5 = 25 », « 0 x 5 = ? », « Combien de fois 5 pour faire 10 ? », « Dans 50, combien de fois 5 ? », « 8 x 5 = ? », « ? x 5 = 5 », « 9 x 5 = ? », « ? x 5 = 20 ».*

Faire compléter **MaterielCalcul10.pdf**, page 1 et le conserver comme trace écrite.

Matériel Calcul 10

Séance 3

❶ Le jeu du Furet : de 5 en 5 jusqu'à 1000 — 1 min

Compter de 5 en 5 de 870 à 1000.

❷ Ajout de 110 — 4 min

Poser les questions oralement une à une sans contrainte de temps. Les élèves répondent sur l'ardoise.

36 + 110	**110 + 68**	**300 + 110**	**110 + 590**

Procédures visées
- Pour **36 + 110**, ajouter 10 puis ajouter 100 : 36 + 10 + 100 = 146.
- Pour **110 + 590**, utiliser la connaissance des compléments à 100.

❸ Table de multiplication par 5 : mémorisation — 10 min

Demander d'écrire sur l'ardoise le résultat qui se trouve à l'endroit indiqué par la flèche dans l'animation **Calcul 10**.

Mobiliser les procédures réactivées au cours de la séance 1. Remarquer que tous les résultats se terminent par 0 ou 5.

Calcul 10

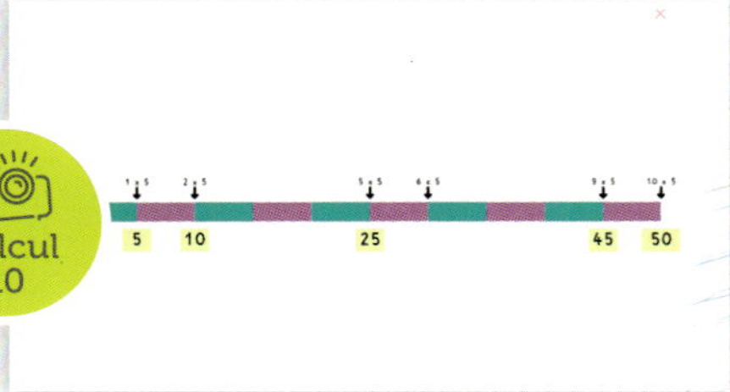

Séance 4

❶ Le jeu du Furet : de 5 en 5 jusqu'à 1000 — 1 min

Compter de 5 en 5 en reculant de 1000 à 850.

❷ Ajout de 110 : entrainement — 4 min

Poser les questions oralement une à une sans contrainte de temps. Les élèves répondent sur l'ardoise.

453 + 110	**704 + 110**	**840 + 110**	**429 + 110**

❸ Table de multiplication par 5 : réinvestissement — 10 min

- Demander d'écrire sur l'ardoise le résultat qui se trouve à l'endroit indiqué par la flèche sur la barre des tables dans l'animation **Calcul 10**.

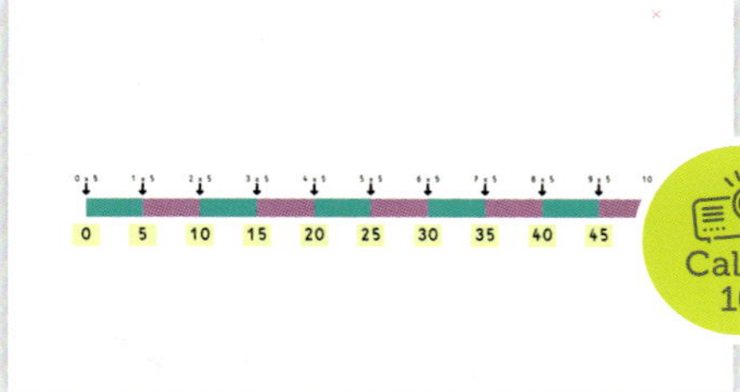

Calcul 10

- Résoudre sur l'ardoise les petits problèmes oraux.

« Une trousse coute 5 €. ***Quel est le prix de 7 trousses ?*** *»*

« Cinq enfants se partagent 30 images.
Combien d'images chaque enfant aura-t-il ? *»*

« Tom a 8 enveloppes. Dans chaque enveloppe, il met 5 images.
Combien Tom a-t-il d'images en tout ? *»*

« Chaque sachet de pommes pèse 5 kg.
Combien pèsent 6 sachets de pommes ? *»*

« Louise a 3 bandes dessinées. Lili en a 5 fois plus.
Combien de BD Lili a-t-elle ? *»*

Calcul@tice Les élèves travaillent en autonomie sur les ordinateurs de la classe

calculatice.ac-lille.fr > les exercices > Niveau CE2
- Table de x 5 : Quadricalc et L'oiseau
- Résoudre des problèmes : Les cibles

45 min
par semaine

Atelier problèmes
Résoudre des problèmes additifs (addition, soustraction) en une ou deux étapes

Atelier 10

JE M'ENTRAINE

Résous les problèmes dans un cahier.
Commence par ceux avec le symbole ✖ puis résous les problèmes de ton choix.
Essaie d'en résoudre le plus possible.

✖ Problème 1 Ayah avait 57 € dans sa tirelire. Elle reçoit un billet de 20 € et deux billets de 5 €. **Quelle somme a-t-elle maintenant dans sa tirelire ?**

Problème 2 Lilou a gagné 30 billes pendant la récréation. Elle en a maintenant 95. **Combien de billes avait-elle avant la récréation ?**

✖ Problème 3 En février, un sapin mesurait 65 cm. En octobre, il mesure 78 cm. **De combien de centimètres a-t-il grandi ?**

Problème 4 Dimanche matin, un boulanger a préparé 240 croissants. À midi, il lui en reste 23. **Combien de croissants a-t-il vendus ?**

Problème 5 Au début de l'année, il y avait 301 cahiers dans la réserve de la classe. À la fin de l'année, il reste 37 cahiers. **Combien de cahiers les élèves ont-ils utilisés au cours de l'année ?**

✖ Problème 6 Madame Bobet achète un vélo. Sur son compte en banque, elle a 944 €. Après avoir payé le vélo, il reste 376 € sur son compte en banque. **Quel est le prix du vélo ?**

Problème 7 Une fleuriste a 276 roses dans son magasin. Ce matin, elle a vendu 8 bouquets de 5 roses et 6 bouquets de 10 roses. **Combien de roses lui reste-t-il encore à vendre ?**

✖ Problème 8 60 personnes sont dans un bus au départ.
Au 1er arrêt, 20 personnes descendent.
Au 2e arrêt, 4 personnes montent.
Au 3e arrêt, 32 personnes descendent et 11 montent.
Combien reste-t-il de passagers dans le bus ?

12 Résoudre des problèmes impliquant des prix : les centimes d'euro

Séance 1 — 45 min

Connaitre la relation entre centime d'euro et euro

→ CALCULER

Réaliser des sommes en centimes d'euro.

MATÉRIEL ET SUPPORT
- Une barquette par élève contenant les pièces en centimes d'euro des **planches 6 et 7** livrées avec le cahier de l'élève ***Maths au CE2***.
- Les problèmes et la trace écrite (**Materiel12.pdf**, pages 1 à 3).

DÉROULEMENT DE LA SÉANCE

1 Recherche Trouver le prix d'un objet en centimes d'euro.	10 min	**Verbalisation** **Expérimentation** Groupes de 2
2 Mise en commun Savoir que 1€ équivaut à 100 c.	10 min	**Verbalisation** Oral collectif
3 Nouvelle recherche Réaliser 1€ avec une seule sorte de pièce.	10 min	**Expérimentation** **Manipulation** Écrit individuel
4 Mise en commun Inventorier les réponses et les procédures.	5 min	**Verbalisation** **Manipulation** Oral collectif
5 Institutionnalisation Mémoriser ce qu'il faut retenir.	10 min	**Verbalisation** **Abstraction** Oral collectif

1 Recherche

Séquence 12 — Matériel 12

Présenter le 1er problème à l'aide de l'animation **Séquence 12** ou du document **Materiel12.pdf**, page 1.

Les binômes répondent au crayon sur le document élève.

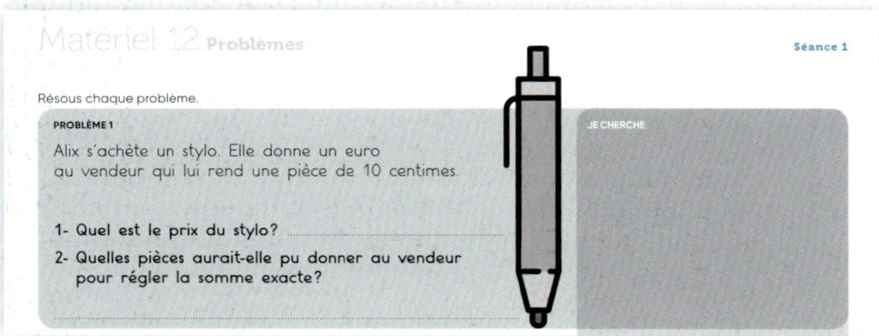
Matériel 12 Problèmes — Séance 1

Résous chaque problème.

PROBLÈME 1

Alix s'achète un stylo. Elle donne un euro au vendeur qui lui rend une pièce de 10 centimes.

1- Quel est le prix du stylo?

2- Quelles pièces aurait-elle pu donner au vendeur pour régler la somme exacte?

JE CHERCHE

2 Mise en commun

Question 1

En donnant 1€, Louisa a donné 10 c de trop. Le stylo coute donc moins d'un euro. Il coute 1€ moins 10 centimes.
1 euro équivaut à 100 centimes.

Rappeler que ***centime*** s'abrège ***c***. Dans ***centime***, on entend ***cent***. Cela signifie que, dans un euro, il y a 100 centimes (faire le parallèle avec mètre et centimètre).

Écrire au tableau : **1€ = 100 c**

Pour trouver le prix du stylo, il fallait calculer :
100 c – 10 c = 90 c   Le stylo coute 90 c.

Demander aux élèves de raconter l'histoire du problème sans les nombres.

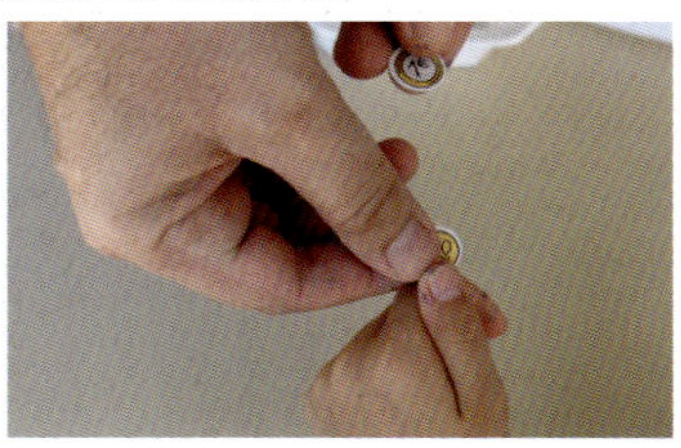

Faire jouer la scène en utilisant du matériel (pièces des **planches 6 et 7** et un stylo) : avec des pièces factices, mimer ce que fait le caissier et énoncer le calcul à haute voix.

Question 2

Lister, avec les élèves, les pièces en centimes qui existent.
Montrer de vraies pièces et présenter les pièces des **planches 6 et 7**.

Inventorier les différentes décompositions trouvées par les élèves pour obtenir 90 c.
- 50 c + 20 c + 20 c
- 50 c + 20 c + 10 c + 10 c
- 20 c + 20 c + 20 c + 20 c + 10 c

Trouver collectivement de nouvelles décompositions.

3 Nouvelle recherche

Séquence 12 — Matériel 12

Présenter le 2e problème à l'aide de l'animation **Séquence 12** ou du document **Materiel12.pdf**, page 1.

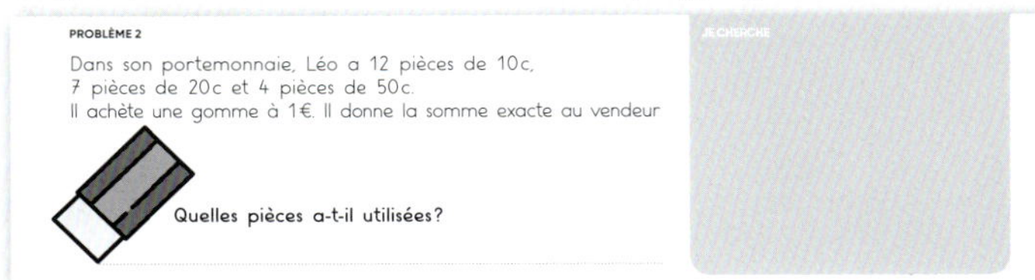
PROBLÈME 2

Dans son portemonnaie, Léo a 12 pièces de 10 c, 7 pièces de 20 c et 4 pièces de 50 c.
Il achète une gomme à 1€. Il donne la somme exacte au vendeur.

Quelles pièces a-t-il utilisées?

JE CHERCHE

Avant de lancer la recherche, demander aux élèves de reconstituer le contenu du portemonnaie de Léo avec les pièces factices.
Rappeler que 1€ = 100 c.
Demander aux élèves de manipuler les pièces pour trouver les différentes solutions.

4 Mise en commun

Réponses à privilégier

1 pièce de 1€ = 10 pièces de 10 c
1 pièce de 1€ = 5 pièces de 20 c
1 pièce de 1€ = 2 pièces de 50 c

1 pièce de 1€ = 1 pièce de 50 c, 2 pièces de 20 c et 1 pièce de 10 c

1 pièce de 1€ = 4 pièces de 20 c et 2 pièces de 10 c

5 Institutionnalisation - Trace écrite

Ce qu'il faut retenir

Dans un euro, il y a cent centimes. 1€ = 100 c
Il existe 6 sortes de pièce en centimes d'euro.

Les pièces en centimes d'euro

1 pièce de 1€ équivaut à 10 pièces de 10 c.
1 pièce de 1€ équivaut à 5 pièces de 20 c.
1 pièce de 1€ équivaut à 2 pièces de 50 c.

Une trace écrite est livrée en **Materiel12.pdf**, pages 2 et 3.

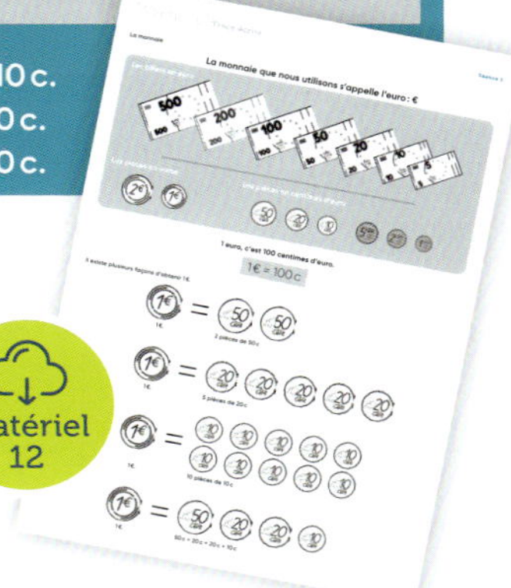

Matériel 12

Séance 2 — 45 min

Rendre la monnaie en euros et centimes d'euro

→ CALCULER

Résoudre des problèmes en utilisant les opérations sur les grandeurs ou sur les nombres.

MATÉRIEL ET SUPPORT
- Une barquette pour deux élèves contenant les pièces et les billets des **planches 6 et 7**.
- Le problème (**Materiel12.pdf**, page 4).

DÉROULEMENT DE LA SÉANCE

1 Recherche Calculer la somme de deux prix exprimés en euros et centimes d'euro.	10 min	**Expérimentation** Groupes de 2
2 Mise en commun Recenser les réponses et les procédures.	10 min	**Verbalisation** Oral collectif
3 Nouvelle recherche Calculer le montant de la monnaie rendue en euros et centimes d'euro.	10 min	**Expérimentation** Écrit individuel
4 Mise en commun Recenser les réponses et les procédures.	10 min	**Verbalisation** Oral collectif
5 Institutionnalisation Mémoriser ce qu'il faut retenir.	5 min	**Abstraction** Oral collectif

1 Recherche

Séquence 12 — Matériel 12

Présenter le problème à l'aide de l'animation **Séquence 12** ou du document **Materiel12.pdf**, page 4.

Les binômes répondent au crayon sur le document élève.

Matériel 12 Problèmes — Séance 2

Résous le problème.

PROBLÈME

Pour son anniversaire, Emma reçoit un billet de 20 € de sa grand-mère. Elle aimerait s'acheter un cerf-volant qui coute 12 € 90 c et un frisbee qui coute 4 € 50 c.

Aura-t-elle assez d'argent pour régler ses achats ? Explique pourquoi.

JE CHERCHE

2 Mise en commun

Convenir collectivement de ce qu'il fallait calculer. Il fallait chercher si le prix des deux jouets ensemble dépassait ou non 20 €.
Écrire au tableau 12 € 90 c + 4 € 50 c = ?

Procédures visées

- Additionner séparément les euros puis les centimes puis calculer le total.
  12 € + 4 € = 16 € et 90 c + 50 c = 140 c
  140 c, c'est 100 c + 40 c donc c'est 1 € et 40 c.
  16 € + 1 € 40 c = 16 € + 1 € + 40 c = 17 € 40 c
  17 € 40 c < 20 € donc Emma peut acheter ces deux jouets.
- Utiliser un calcul approché.
  12 € 90 c, c'est presque 13 €. 4 € 50 c, c'est presque 5 €.
  13 € + 5 € = 18 €
  18 € < 20 € donc Emma peut acheter ces deux jouets.

3 Nouvelle recherche

Élargir le problème oralement.

« Emma va payer avec son billet de 20 €. Que va-t-il se passer ? Le caissier va lui rendre la monnaie. Combien va-t-il lui rendre ? »

Faire comprendre que Emma va donner trop d'argent. Le caissier va lui rendre la différence.

Les élèves recherchent la solution individuellement sur l'ardoise.

4 Mise en commun

Utiliser la droite numérique pour comprendre les étapes du calcul.

« Je calcule combien il faut ajouter à 17 € 40 c pour obtenir 20 € » ou *« je cherche combien il y a de 17 € 40 c pour aller à 20 € ».*

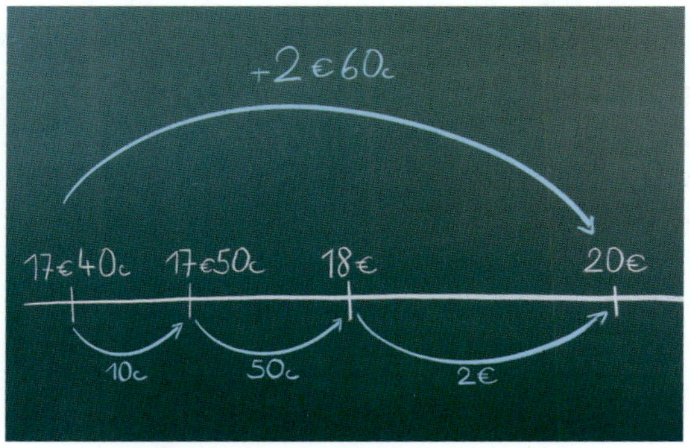

Utiliser la droite numérique pour expliciter les étapes du calcul.

Avec des pièces factices, faire mimer ce que fait le caissier et énoncer les calculs à haute voix :

« 17 € 40 c plus 10 c égale 17 € 50 c, plus 50 c égale 18 €, plus 2 € égale 20 €. »

2 € + 50 c + 10 c = 2 € 60 c

Le caissier va rendre 2 € 60 c à Emma.

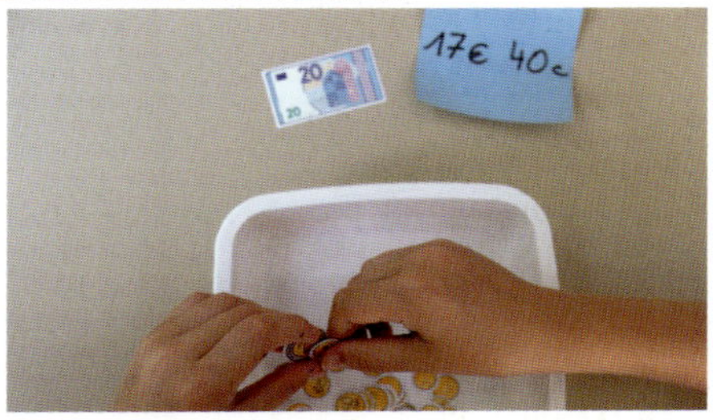

5 Institutionnalisation

Ce qu'il faut retenir

Pour additionner deux sommes exprimées en euros et centimes d'euro, on peut additionner séparément les euros et les centimes puis convertir le résultat en euros et centimes.

Pour calculer le montant de la monnaie à rendre, je pars du prix que je dois payer et je calcule ce qui manque pour aller à la somme que j'ai donnée.

Séance 3 — 30 min

Bilan des apprentissages

Les élèves font individuellement les exercices 1 à 8 du cahier de l'élève ***Maths au CE2***.
(Ils résolvent le problème 8 dans un autre cahier.)

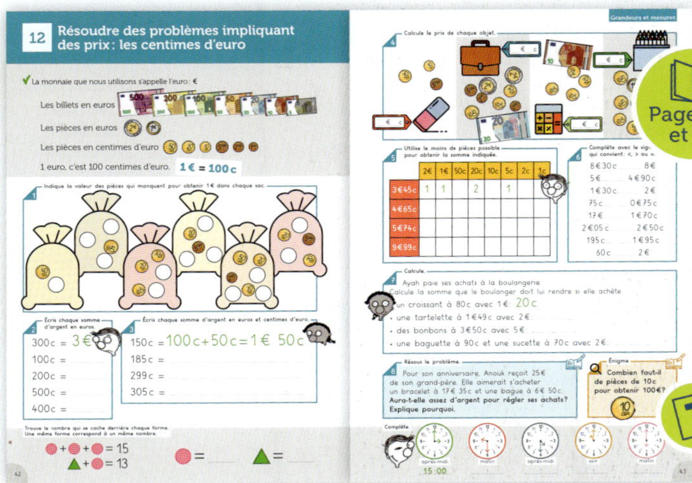

Pages 42 et 43

13 Calculer en ligne des sommes dont le résultat est inférieur à 10 000

Séance 1 — 30 min

Calculer en ligne : sommes de centaines entières ou de milliers entiers

→ **CALCULER**

Calculer en ligne des sommes du type : 600 + 800, 300 + 4 900, 2 000 + 5 000, 2 700 + 4 800.

MATÉRIEL ET SUPPORT
- Des cubes emboîtables ou le matériel des **planches 1, 2 et 3**.
- La feuille de recherche (**Materiel13.pdf**, page 1).

DÉROULEMENT DE LA SÉANCE

❶ **Recherche** Calculer en ligne des sommes en utilisant des procédures variées.	20 min	**Expérimentation** Écrit individuel
❷ **Mise en commun** Privilégier les procédures qui utilisent les unités de numération.	10 min	**Verbalisation** **Représentation** Oral collectif

❶ Recherche

Matériel 13

! Le calcul en ligne se distingue à la fois :
- **du calcul mental, en donnant la possibilité à chaque élève, s'il en ressent le besoin, d'écrire des étapes de calcul intermédiaires qui seraient trop lourdes à garder en mémoire,**
- **du calcul posé, dans le sens où il ne consiste pas en la mise en œuvre d'un algorithme indépendant des nombres en jeu.**

L'enseignant distribue à chaque élève la feuille de recherche **Materiel13.pdf**, page 1.

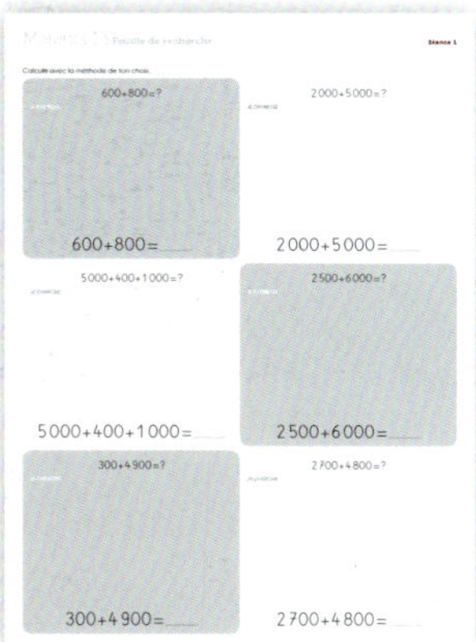
600+800=?
2000+5000=?
600+800=
2000+5000=
5000+400+1000=?
2500+6000=?
5000+400+1000=
2500+6000=
300+4900=?
2700+4800=?
300+4900=
2700+4800=

Consigne
« Calculez avec la méthode de votre choix. »

Procédures visées

600 + 800 = ?
600 + 800, c'est 6c + 8c. 6c + 8c = 14c = 1m 4c
donc 600 + 800 = 1400

2 000 + 5 000 = ?
2 000 + 5 000, c'est 2m + 5m. 2m + 5m = 7m donc 7 000.

5 000 + 400 + 1000 = ?
5 000 + 400 + 1000, c'est 5m + 1m + 4c qui devient 6m + 4c donc 6 400.

2 500 + 6 000 = ?
2 500 + 6 000, c'est 2m 5c + 6m, c'est-à-dire 8m + 5c donc 8 500.

300 + 4 900 = ?
- Changer l'ordre des termes de la somme pour mettre le plus grand nombre en premier. 300 + 4 900 devient 4 900 + 300.
- Décomposer et recomposer les termes de la somme pour faciliter le calcul : 4 900 + 300 = 4 000 + 900 + 300 = 4 000 + 1200 = 4 000 + 1 000 + 200 = 5 000 + 200 = 5 200.

2 700 + 4 800 = ?
Réorganiser les termes de la somme pour faciliter le calcul, en utilisant la commutativité de l'addition :
2 700 + 4 800 = 2 000 + 700 + 4 000 + 800
2 700 + 4 800 = 2 000 + 4 000 + 700 + 800 = 6 000 + 1 500 = 7 500.

❷ Mise en commun

Inventorier les procédures utilisées par les élèves.

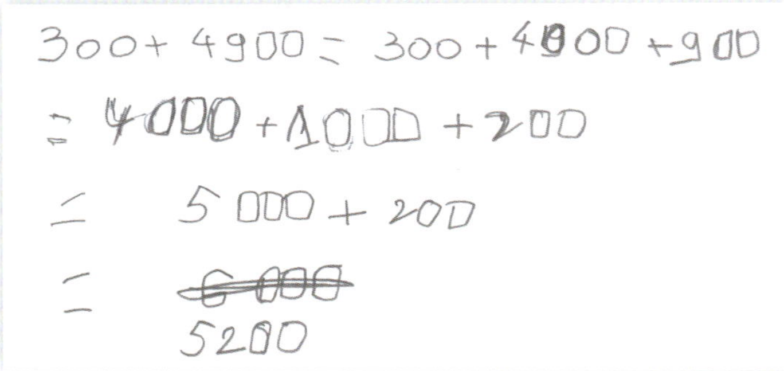

Calcul en ligne de 300 + 4 900

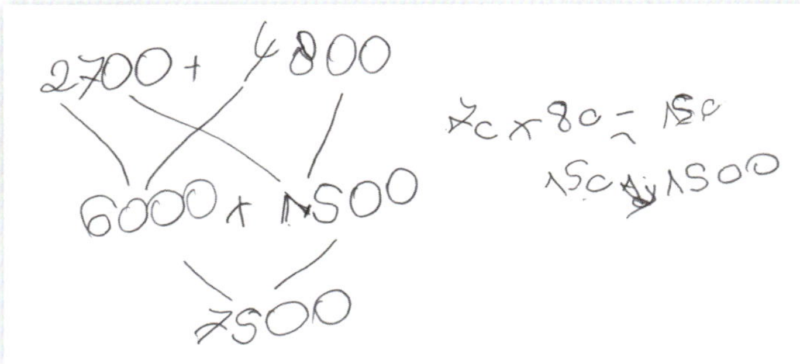

Calcul en ligne de 2 700 + 4 800

Manipulation collective au coin maths

Valider si besoin les résultats par la manipulation puis avec la calculatrice.

Pour le calcul **300 + 4 900**, les élèves constatent que l'on obtient 4 cubes de 1000 et 12 plaques de 100.
Ils groupent 10 plaques de 100 pour obtenir 1 cube de 1000, il reste 2 plaques de 100.

Ils obtiennent 5 milliers et 2 centaines c'est-à-dire 5 200.

Pour le calcul 2 700 + 4 800, les élèves constatent que l'on obtient 6 cubes de 1000 et 15 plaques de 100. Ils groupent 10 plaques de 100 pour obtenir un 7e cube de 1000 et constatent qu'il reste 5 plaques de 100. Ils obtiennent 7 500.

Séance 2

45 min

Calculer en ligne en regroupant par unités, par dizaines, par centaines et par milliers

→ CALCULER

Calculer en ligne des sommes du type : 2 437 + 4 252, 1 239 + 132, 2 379 + 500 et 456 + 840.

MATÉRIEL ET SUPPORT
- Des cubes emboitables ou le matériel des **planches 1, 2 et 3**.
- La feuille de recherche (**Materiel13.pdf**, page 2).

DÉROULEMENT DE LA SÉANCE

❶ Recherche Calculer en ligne des sommes en utilisant des procédures variées.	10 min	**Expérimentation** Écrit individuel
❷ Mise en commun Expliciter ses procédures de calcul en ligne.	10 min	**Verbalisation** **Représentation** Oral collectif
❸ Entrainement Calculer en ligne des sommes dont le résultat est inférieur à 10 000.	25 min	**Abstraction** Écrit individuel

❶ Recherche

L'enseignant distribue à chaque élève la feuille de recherche **Materiel13.pdf**, page 2.

Consigne « Calculez avec la méthode de votre choix. »

Matériel 13 Feuille de recherche

Séance 2

Calcule avec la méthode de ton choix.

456 + 840 = ?
JE CHERCHE
456 + 840 = ……

2 379 + 500 = ?
JE CHERCHE
2 379 + 500 = ……

1 239 + 132 = ?
JE CHERCHE
1 239 + 132 = ……

2 437 + 4 252 = ?
JE CHERCHE
2 437 + 4 252 = ……

Matériel 13

❷ Mise en commun

Inventorier les procédures utilisées par les élèves.

Procédures visées

456 + 840 = ?

Décomposer et recomposer les termes de la somme pour faciliter le calcul : 456 + 840 = 400 + 800 + 50 + 40 + 6 = 1 200 + 90 + 6 = 1 296

2 379 + 500 = ?

2 379 + 500 = 2 000 + 300 + 500 + 70 + 9 = 2 000 + 800 + 70 + 9 = 2 879

1 239 + 132 = ?

1 239 + 132 = 1 000 + 200 + 100 + 30 + 30 + 9 + 2

1 239 + 132 = 1 000 + 300 + 60 + 11 = 1 371

2 437 + 4 252 = ?

Regrouper par unités, par dizaines, par centaines et par milliers.

2 437 + 4 252 = 2 000 + 4 000 + 400 + 200 + 30 + 50 + 7 + 2 = 6 689

Valider si besoin les résultats par la manipulation puis avec la calculatrice.

Lors de la manipulation, tous les groupements sont effectués au maximum.

Pour le calcul **456 + 840**, les élèves constatent que l'on obtient 12 plaques de 100, 9 barres de 10 et 6 unités. Ils groupent 10 plaques de 100 pour obtenir 1 cube de 1000, il reste 2 plaques de 100. Donc 1296.

Pour le calcul **1239 + 132**, les élèves constatent que l'on obtient 1 cube de 1000, 3 plaques de 100, 6 barres de 10 et 11 unités. Ils groupent 10 unités pour former une barre de 10, il reste 1 unité. Donc 1371.

Pour le calcul **2437 + 4252**, les élèves constatent que l'on obtient 6 cubes de 1000, 6 plaques de 100, 8 barres de 10 et 9 unités. Donc 6689.

❸ Entrainement

Bilan des apprentissages

Les élèves font individuellement les exercices 1 à 3 du cahier de l'élève ***Maths au CE2***.
(Ils répondent à l'exercice 3 dans un autre cahier.)

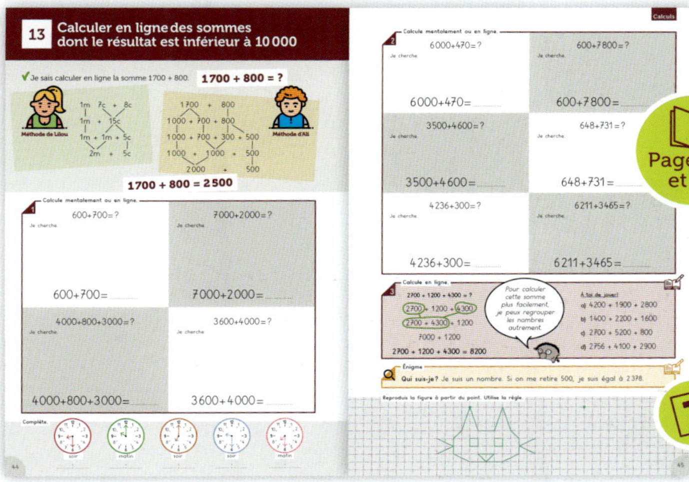

Pages 44 et 45

15 min par jour

Calcul mental

- Compter de 100 en 100 jusqu'à 1 000.
- Soustraire 9, 90 ou 99.
- Connaitre la table de multiplication de 3.

Séance 1

❶ Le jeu du Furet : de 100 en 100 jusqu'à 1000 — 1 min

Dire la suite orale des nombres de 0 à 1000 en avançant de 100 en 100.

❷ Table de multiplication par 5 : évaluation — 4 min

L'enseignant propose l'évaluation de **MaterielCalcul11.pdf**, page 1.

Lorsque les 3 minutes sont écoulées, demander aux élèves de prendre un stylo d'une autre couleur et de terminer les calculs.

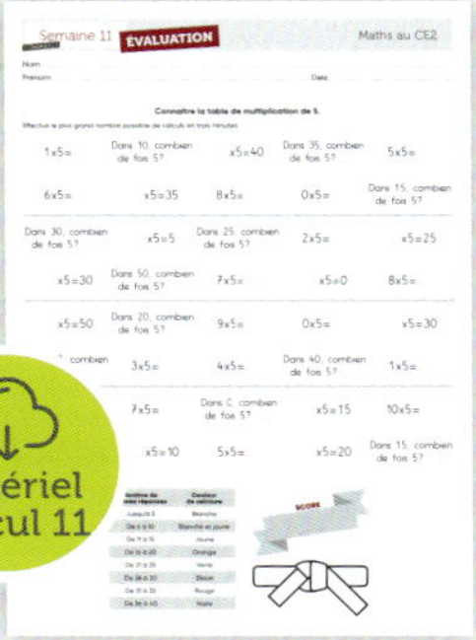

Matériel Calcul 11

❸ Retrait de 9, de 90 ou de 99 : découverte — 10 min

Poser les questions une à une par écrit au tableau sans contrainte de temps. Les élèves répondent sur l'ardoise.

62 - 9	**85 - 9**	**234 - 90**	**563 - 90**
562 - 99	**784 - 99**		

Procédures visées
- Pour **62 - 9**, retirer 10 puis ajouter 1.
- Pour **234 - 90**, retirer 100 puis ajouter 10.
- Pour **562 - 99**, retirer 100 puis ajouter 1.

Expliquer et visualiser les procédures sur la demi-droite graduée représentée au tableau.

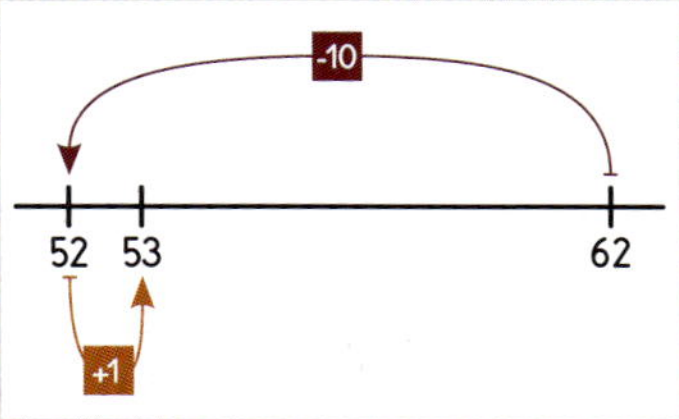

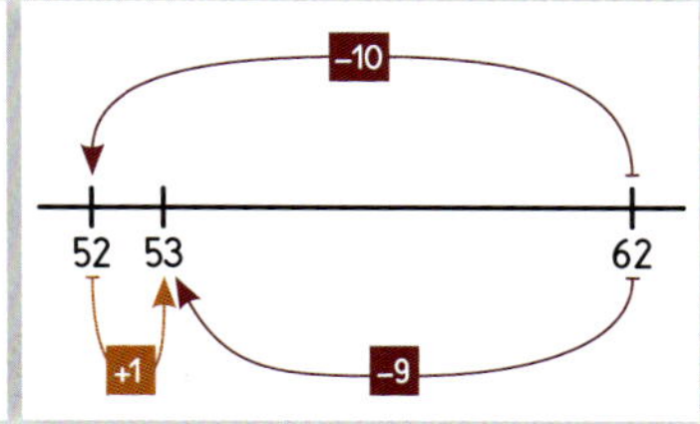

Séance 2

❶ Le jeu du Furet : de 100 en 100 jusqu'à 1000 — 1 min

Compter de 100 en 100 de 5 à 905.

❷ Retrait de 9, de 90 ou de 99 : entrainement — 4 min

Poser les questions une à une par écrit au tableau sans contrainte de temps. Les élèves répondent sur l'ardoise.

87 - 9	**453 - 9**	**756 - 90**	**834 - 99**

❸ Table de multiplication par 3 : réactivation — 10 min

Proposer oralement un par un les calculs sans contrainte de temps à l'aide de l'animation **Calcul 11**. Les élèves répondent sur l'ardoise.

Calcul 11

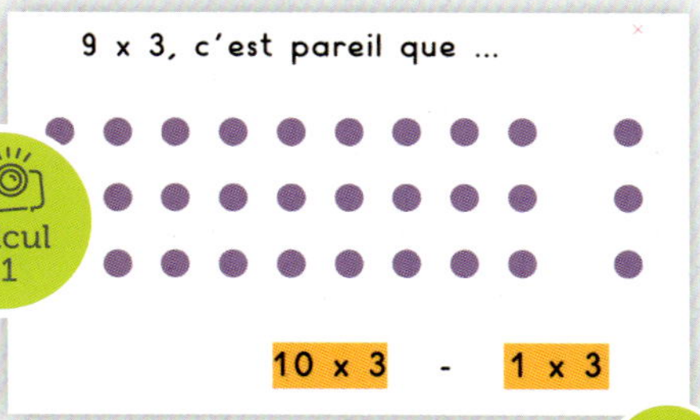

Faire compléter **MaterielCalcul11.pdf**, page 2 et le conserver comme trace écrite.

Matériel Calcul 11

Séance 3

❶ Le jeu du Furet : de 100 en 100 jusqu'à 1000 — 1 min

Compter de 100 en 100 de 134 à 934.

❷ Retrait de 9, de 90 ou de 99 : entrainement — 4 min

Poser les questions une à une par écrit au tableau sans contrainte de temps. Les élèves répondent sur l'ardoise.

500 - 9	**450 - 9**	**897 - 90**	**451 - 99**

❸ Table de multiplication par 3 : entrainement — 10 min

Proposer oralement un par un les calculs sans contrainte de temps. Les élèves répondent sur l'ardoise.

Varier les questions : *« 10 x 3 », « 7 x 3 = ? », « Dans 27 combien de fois 3 ? », « Combien de fois 3 pour faire 18 ? », « ? x 3 = 15 », « 0 x 3 = ? », « Combien de fois 3 pour faire 6 ? », « Dans 30 combien de fois 3 ? », « 8 x 3 = ? », « ? x 3 = 3 », « 9 x 3 = ? », « ? x 3 = 12 ».*

Séance 4

❶ Le jeu du Furet : de 100 en 100 jusqu'à 1000 — 1 min

Compter de 100 en 100 en reculant de 975 à 75.

❷ Retrait de 9, 90 ou 99 : entrainement — 4 min

Poser les questions une à une par écrit au tableau sans contrainte de temps. Les élèves répondent sur l'ardoise.

359 - 9	**705 - 9**	**541 - 90**	**324 - 99**

❸ Table de multiplication par 3 : réinvestissement — 10 min

• Écrire sur l'ardoise le résultat qui se trouve à l'endroit indiqué par la flèche sur la barre des tables présentée à l'aide de l'animation **Calcul 11**. Mobiliser les procédures réactivées au cours de la séance 2.

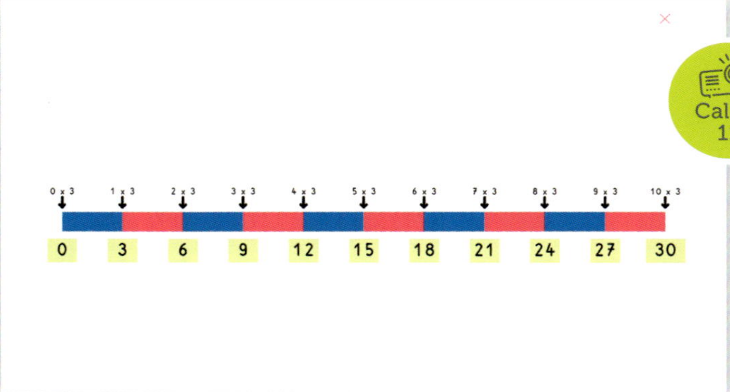

Calcul 11

• Résoudre sur l'ardoise les petits problèmes oraux.

« Un livre coute 3 €. ***Quel est le prix de 3 livres ?*** *»*

« Trois enfants se partagent 18 images. ***Combien d'images chaque enfant aura-t-il ?*** *»*

« Tom a 9 enveloppes. Dans chaque enveloppe, il met 3 images. ***Combien Tom a-t-il d'images en tout ?*** *»*

« Chaque chanson dure 3 minutes. J'ai écouté 4 chansons. ***Combien de temps ai-je écouté de la musique ?*** *»*

« Louise a ramassé 7 champignons. Lili en a ramassé 3 fois plus. ***Combien de champignons Lili a-t-elle ramassés ?*** *»*

Calcul@tice Les élèves travaillent en autonomie sur les ordinateurs de la classe

calculatice.ac-lille.fr > les exercices > Niveau CE2

- Table de x 5 : Les opérations à trous
- Table de x 3 : Quadricalc et L'oiseau
- Résoudre des problèmes : Les cibles

45 min par semaine

Atelier problèmes
Résoudre des problèmes nécessitant l'exploration d'un tableau

Page 49
Atelier 11

CHERCHONS ENSEMBLE

Problème 1 Complète le tableau de répartition des classes de l'école Jules Ferry puis réponds aux questions.

	CP	CE1	CE2	CM1	CM2	Total
Nombre de filles	8	14	....	13	16	....
Nombre de garçons	13	9	8	15	....	....
Total	....	....	25	....	29	....

Combien y a-t-il d'élèves inscrits à l'école Jules Ferry?

....

Dans quelle classe y a-t-il le plus d'élèves?

....

La directrice doit commander 3 stylos bleus pour chaque élève de l'école. Combien doit-elle commander de stylos?

....

....

JE M'ENTRAINE

Lis le tableau puis résous les problèmes.

TARIFS DE LOCATION DE VTT

	1 demi-journée	1 journée	2 journées	1 semaine
VTT enfant	5 €	8 €	15 €	32 €
VTT adulte	8 €	11 €	20 €	44 €

Problème 2 Quel prix doit payer Monsieur Ventoux qui loue des VTT pour lui et son fils Léo pendant une journée?

Problème 3 Quel prix doit payer Madame Tourmalet qui loue des VTT pour elle et ses trois enfants pendant deux journées?

Problème 4 Quel prix doivent payer Monsieur et Madame Huez qui louent des VTT pour eux et leurs deux enfants pendant une semaine?

Problème 5 Quelle est la différence de prix entre la location d'un VTT enfant et celle d'un VTT adulte pour une durée d'une semaine?

14 Décrire et reproduire quelques solides

Séance 1 — 45 min

Réactivation des connaissances du CE1

→ **COMMUNIQUER**

Décrire un cube, une pyramide, un pavé droit en utilisant les termes ***face, sommet*** et ***arête***.

MATÉRIEL ET SUPPORT
- Des solides et des emballages : cubes, boules, cônes, pyramides, cylindres, pavés droits.
- La carte d'identité des solides (**Materiel14.pdf**, page 1).

DÉROULEMENT DE LA SÉANCE

❶ Appropriation du problème Classer des solides selon les critères de son choix.	10 min	**Manipulation** Groupes de 4
❷ Mise en commun Nommer les solides.	10 min	**Verbalisation** **Abstraction** Oral collectif
❸ Recherche Classer des solides en deux catégories : polyèdres / non polyèdres.	5 min	**Manipulation** Groupes de 4
❹ Institutionnalisation Vérifier les classements et lister les solides appartenant à chaque catégorie.	5 min	**Verbalisation** **Abstraction** Oral collectif
❺ Nouvelle recherche Établir la carte d'identité de trois polyèdres : cube, pyramide et pavé droit.	15 min	**Manipulation** **Abstraction** **Verbalisation** Groupes de 4

❶ Appropriation du problème

Annoncer aux élèves qu'ils vont poursuivre leurs apprentissages concernant les solides commencés au CP et poursuivis au CE1. Expliquer qu'ils vont d'abord réactiver leurs connaissances grâce à une série d'exercices qu'ils réaliseront en groupe.

Distribuer à chaque groupe une collection de solides et d'emballages : des cubes, des boules, des cônes, des pyramides, des cylindres, des pavés droits.

Consigne *« Vous allez classer les solides que vous avez reçus en regroupant ceux que vous pensez aller ensemble. Vous écrirez sur une petite feuille la liste des catégories que vous avez réalisées. »*

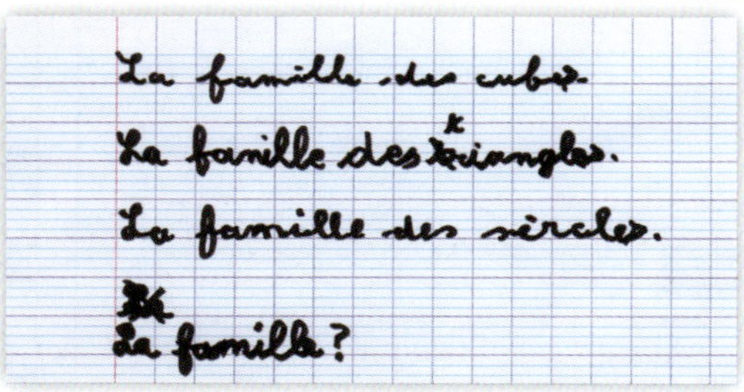

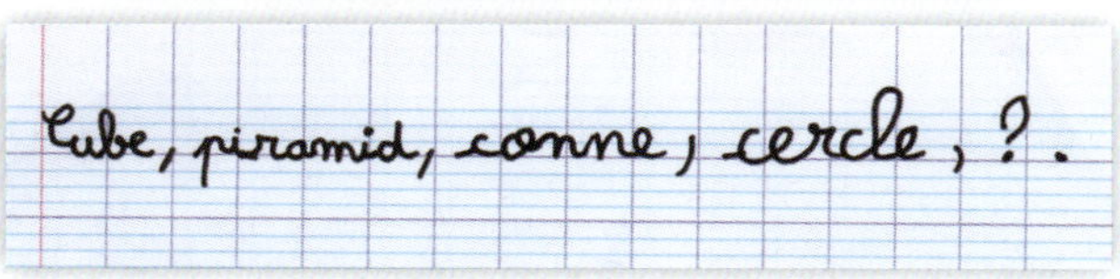

Exemples de productions de groupes d'élèves.

❷ Mise en commun

Inventorier les critères de classement retenus et valider ou non les réponses en fonction de leur pertinence. Un même solide ne peut appartenir à plusieurs catégories. Nommer les différents solides : cube, boule, cône, pyramide, cylindre, pavé droit.

❸ Recherche

Consigne *« Vous allez maintenant classer les solides en deux catégories : ceux qui peuvent rouler et ceux qui ne peuvent pas rouler. »*

Exemples de productions de groupes d'élèves

❹ Institutionnalisation

Ce qu'il faut retenir

Expliquer que les solides dont toutes les faces sont planes (solides qui ne peuvent pas rouler) sont des polyèdres. Les autres sont des non polyèdres, ils ont des faces qui ne sont pas planes.

Nommer les solides de chaque catégorie.
Polyèdres le cube, la pyramide, le pavé droit
Non polyèdres la boule, le cône, le cylindre

Distribuer à chaque groupe un cube, une pyramide ou un pavé droit (2 types de pavés : 6 faces rectangulaires ou 4 faces rectangulaires et 2 faces carrées).

❺ Nouvelle recherche

Matériel 14

- Rappeler les termes utilisés au CE1 : face, sommet et arête. Pour cela, demander aux élèves de prendre chacun un polyèdre et de montrer l'élément demandé : une arête, un sommet, une face (faire balayer la surface de la face avec la main).
- Réaliser la carte d'identité du cube, de la pyramide et du pavé droit (**Materiel14.pdf**, page 1).

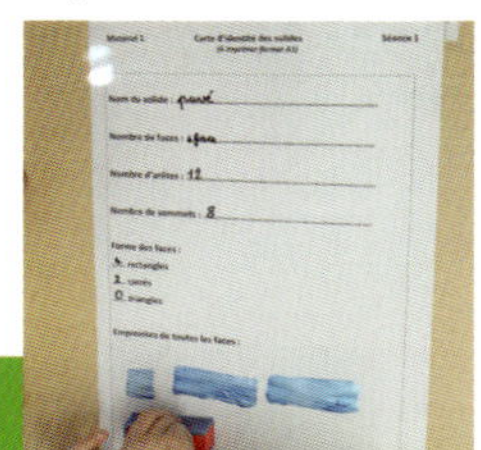

Consigne *« Vous allez, sur cette feuille A3, compléter la carte d'identité du solide que vous avez reçu. »*

Ce qu'il faut retenir

Exemple pour le pavé droit
Un pavé droit est un solide qui a 6 faces : 6 faces rectangulaires ou 4 faces rectangulaires et 2 faces carrées.
Expliciter une méthode permettant de dénombrer les faces, les sommets et les arêtes sans faire d'erreur : éviter de tourner le solide dans tous les sens pour pouvoir organiser un parcours de dénombrement sur le solide.
Afficher les cartes d'identité réalisées dans le coin maths avec une collection de solides de chaque catégorie.

Séance 2 — 45 min

Fabriquer un cube

→ **CHERCHER**

Décrire un cube en utilisant les termes ***face, sommet*** et ***arête.***

MATÉRIEL ET SUPPORT
- De la pâte à modeler et des tiges (pailles en papier ou piques à brochettes dont les extrémités ont été coupées par sécurité) de 10 cm, de 8 cm.
- Des cubes en bois ou en plastique ou des emballages en carton en forme de cube.
- Un rouleau de scotch pour deux élèves.
- Le catalogue de faces (**Materiel14.pdf**, page 2).

DÉROULEMENT DE LA SÉANCE

❶ Recherche Anticiper le matériel nécessaire à la construction d'un squelette de cube (arêtes et sommets).	15 min	**Manipulation** Groupes de 2
❷ Mise en commun Expliciter les procédures permettant de construire le squelette de cube.	5 min	**Verbalisation** Oral collectif
❸ Nouvelle recherche Anticiper le matériel nécessaire à la construction d'un cube à partir de ses faces.	20 min	**Manipulation** Groupes de 2
❹ Institutionnalisation Décrire un cube.	5 min	**Abstraction** Oral collectif

❶ Recherche

Expliquer aux élèves qu'ils vont devoir construire le squelette d'un cube à l'aide de tiges (pailles en papier) et de boules de pâte à modeler.

Le matériel : tiges découpées dans des pailles en papier, boules de pâte à modeler

Un squelette de cube

Présenter les tiges (2 tailles différentes : 8 cm et 10 cm), les boules de pâte à modeler ainsi qu'un squelette de cube fabriqué avec ce matériel. Écrire au tableau le nom des éléments que les binômes peuvent commander.

Consigne *« Vous allez, par groupe de deux, écrire la commande du matériel nécessaire à la reproduction du squelette de cube puis vous irez chercher ce matériel et construirez votre cube. Si vous vous êtes trompés, vous pourrez modifier votre commande et recommencer. Pour vous aider à passer votre commande, je vais distribuer à chaque groupe un cube en bois, en plastique ou en carton pour observation. »*

Rédaction de la commande

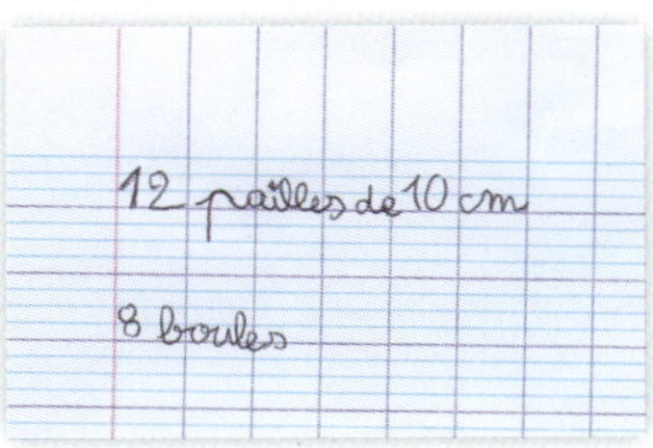

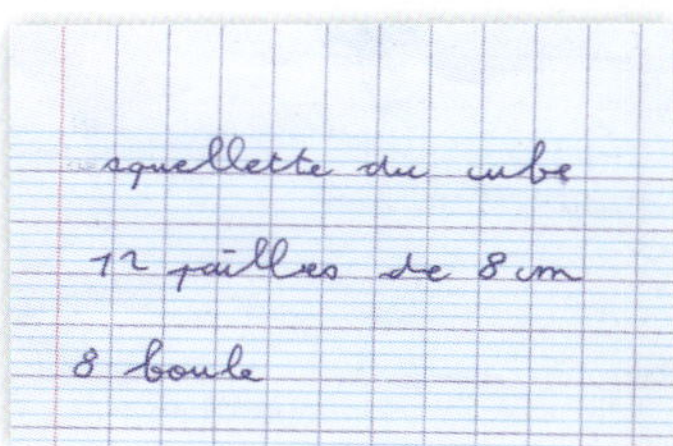

Exemples de productions d'élèves

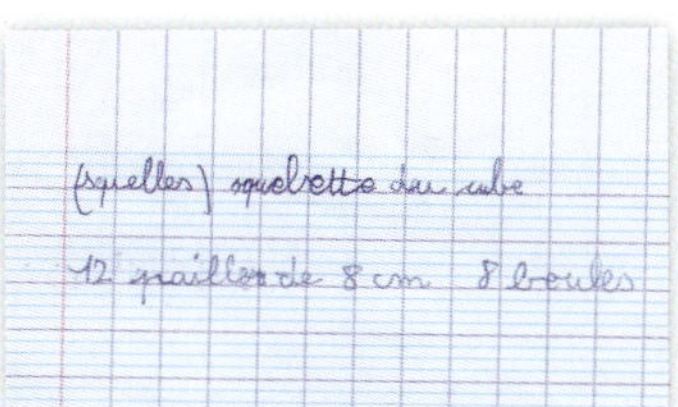

Procédures visées
- Dénombrer les arêtes et les sommets sur le cube distribué.
- Commander 12 tiges de même longueur pour les arêtes et 8 boules de pâte à modeler pour les sommets.

Validation Construction du cube

Les élèves commencent par l'assemblage de 4 pailles/arêtes avec 4 boules/sommets avant de monter les 4 pailles/arêtes pour former le volume. Puis, ils fixent les 4 boules/sommets suivantes pour assembler les 4 dernières pailles/arêtes.

Amener les élèves à utiliser le vocabulaire approprié : cube, arête et sommet. Faire dénombrer les sommets (boules) et les arêtes (pailles) du cube terminé.

❷ Mise en commun

Faire mémoriser que le cube a 8 sommets et 12 arêtes.
Toutes les arêtes du cube ont la même longueur.

Exposer les cubes réalisés, valoriser les réussites et repérer les erreurs éventuelles. Les élèves font remarquer que *« les faces du cube sont des carrés et qu'il faudrait donc qu'elles aient 4 angles droits. »*

❸ Nouvelle recherche

Matériel 14

Présenter le catalogue de faces (**Materiel14.pdf**, page 2).
Expliquer qu'il va falloir choisir des faces dans ce catalogue pour construire un cube.

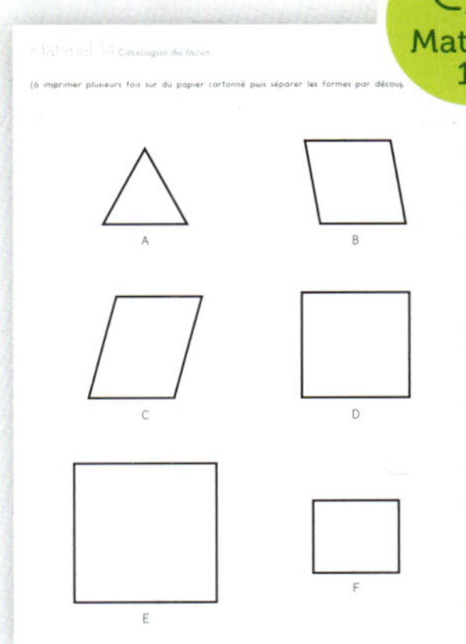

Le catalogue de faces

L'enseignant a préalablement construit un cube avec des faces de ce catalogue pour expliciter le but à atteindre.

14 Décrire et reproduire quelques solides

Annoncer aux élèves qu'ils vont maintenant fabriquer un cube en carton à l'aide de faces qu'ils vont devoir découper et assembler avec du scotch.

Consigne *« Vous allez, par groupe de deux, écrire la commande du matériel nécessaire à la construction d'un cube en carton puis vous irez chercher ce matériel regroupé dans des barquettes et vous construirez votre cube. Si vous vous êtes trompés, vous pourrez modifier votre commande et recommencer. Pour vous aider à faire votre commande, vous vous appuierez sur le catalogue de faces : par exemple, commandez 5 faces A et 3 faces D. Vous pourrez également utiliser le cube en bois, en plastique ou en carton que je vous ai donné tout à l'heure. »*

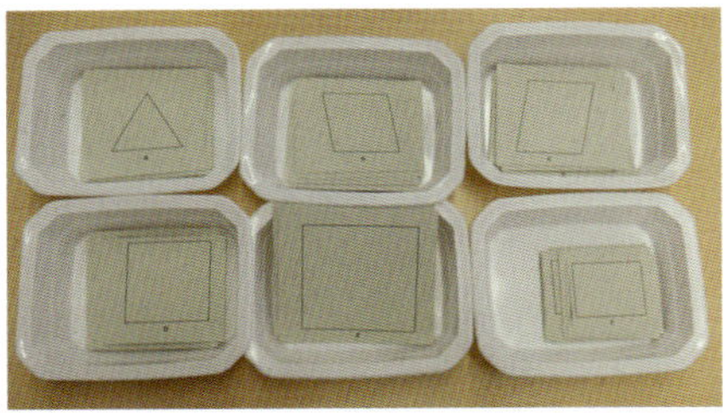

Rédaction de la commande

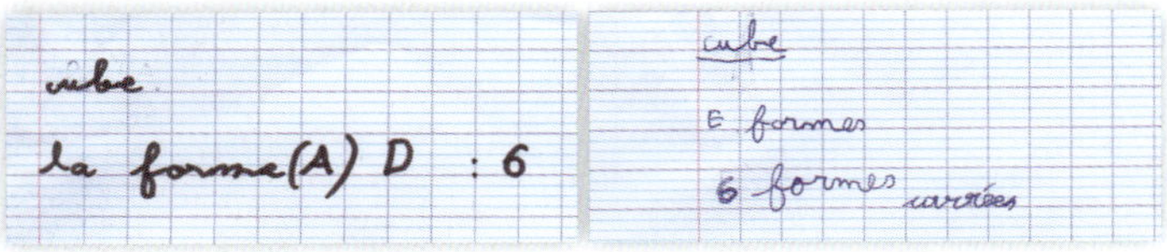

Exemples de productions d'élèves

Validation Construction du cube

Prévoir des morceaux de rouleaux de scotch prédécoupés pour faciliter la tâche des élèves.

Amener les élèves à utiliser le vocabulaire approprié : cube, face, carré, arête, sommet. Les faces d'un cube sont des carrés.
Il faut prendre 6 carrés de dimensions identiques pour pouvoir construire un cube.

Procédures visées

- Commander 6 carrés (D ou E) de dimensions identiques.
- Construire le cube en assemblant les faces les unes après les autres ou disposer les 6 faces, à plat, sur la table et les assembler avec du scotch. Plier et ajouter du scotch là où il en manque. Faire très attention car, lors du pliage, les faces ne doivent pas se superposer.

❹ Institutionnalisation

Ce qu'il faut retenir

Un cube a **6 faces carrées**.
Pour mémoriser le nombre de faces du cube, je pense aux 6 faces d'un dé.
Les **12 arêtes** d'un cube sont de même longueur.
Un cube a **8 sommets**.

Séance 3 — 45 min

Le patron du cube ou du pavé droit

→ **REPRÉSENTER**

Approcher la notion de patron d'un solide.

MATÉRIEL ET SUPPORT

- Des patrons de boites d'emballage en carton apportées par les élèves (boites de tisane, de pâtes, de dentifrice...) obtenus par démontage (retirer les onglets de collage).
- Des patrons de solides incomplets (patrons de boites d'emballage auxquels l'enseignant a enlevé une ou plusieurs faces).
- Des gabarits carrés de 4 cm de côté et du scotch, du matériel de type *Polydron*.
- Les patrons du cube (**Materiel14.pdf**, pages 3 et 4).

DÉROULEMENT DE LA SÉANCE

❶ **Recherche** Chercher si un assemblage de formes est un patron de solide ou non.	15 min	**Manipulation** **Verbalisation** Groupes de 2
❷ **Nouvelle recherche** Compléter un patron de cube auquel manque une face.	15 min	**Expérimentation** **Verbalisation** Groupes de 2
❸ **Entrainement** Chercher d'autres patrons du cube avec le matériel *Polydron*.	15 min	**Manipulation** Travail individuel

❶ Recherche

Présenter aux élèves une boite d'emballage en carton qui a été démontée et à laquelle on a retiré les onglets de collage.
Leur expliquer que lorsqu'on déplie un solide pour le mettre à plat, on obtient le patron de ce solide.

À partir du patron, on peut reconstituer le solide par pliage. En faire la démonstration.

Consigne *« Vous allez, par groupe de deux, observer le patron que je vais vous distribuer. Vous écrirez sur votre feuille, si vous pensez que ce patron est complet ou non et vous expliquerez pourquoi. Vous vérifierez ensuite votre réponse en essayant de reconstituer ce solide par pliage. »*

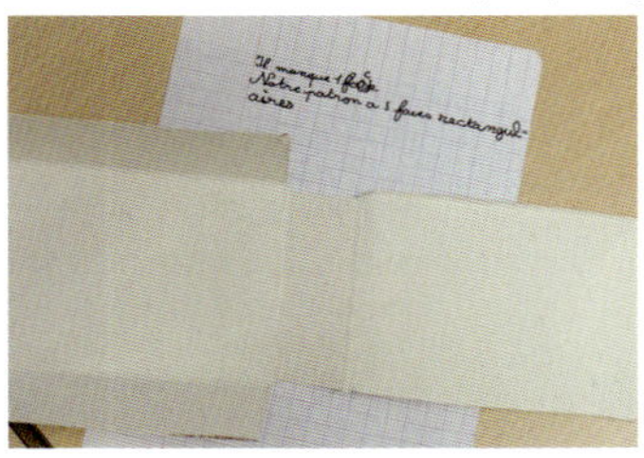

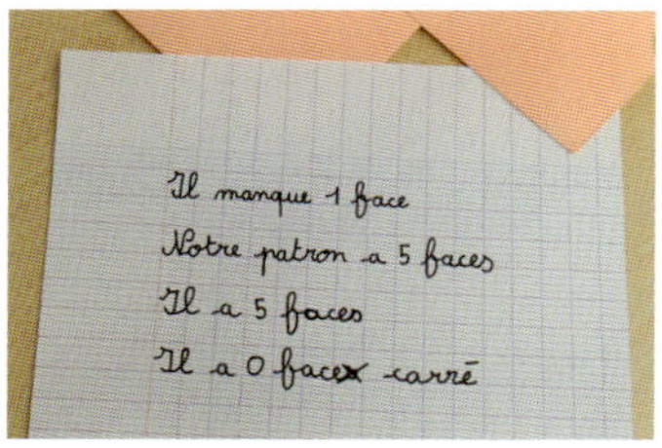

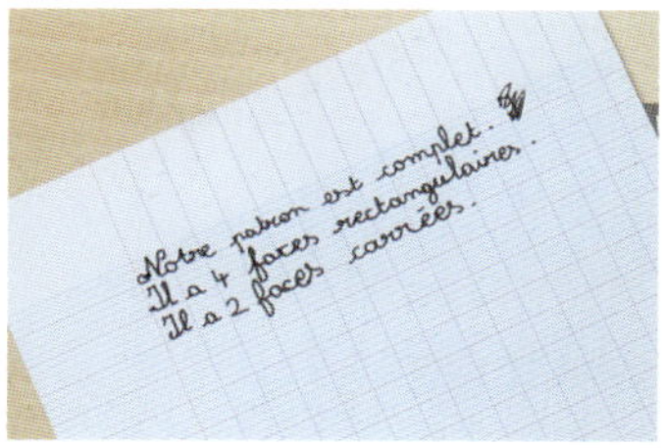

Exemples d'écrits produits par les élèves

Procédures visées
- Dénombrer les rectangles ou les carrés correspondant aux faces du solide et vérifier qu'il y en a bien 6.
- Anticiper la figure qu'on obtiendrait dans l'espace par pliage.

❷ Nouvelle recherche

Matériel 14

*Consigne « Je vais maintenant vous distribuer un 1er patron de cube auquel il manque une face (**Materiel14.pdf**, page 3). À deux, vous allez devoir le compléter en dessinant au bon endroit la face qui manque. Vous vérifierez ensuite votre travail en découpant le patron du cube et en le reconstituant par pliage. Vous pourrez utiliser du scotch pour faire tenir l'ensemble. Si vous vous êtes trompés, vous pourrez recommencer en me demandant une nouvelle feuille de recherche. »*

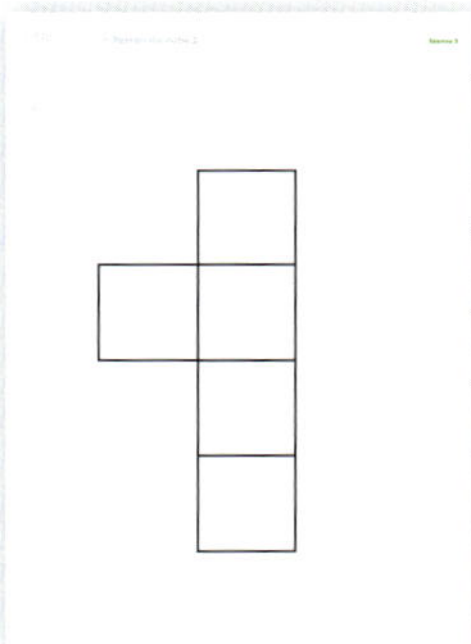

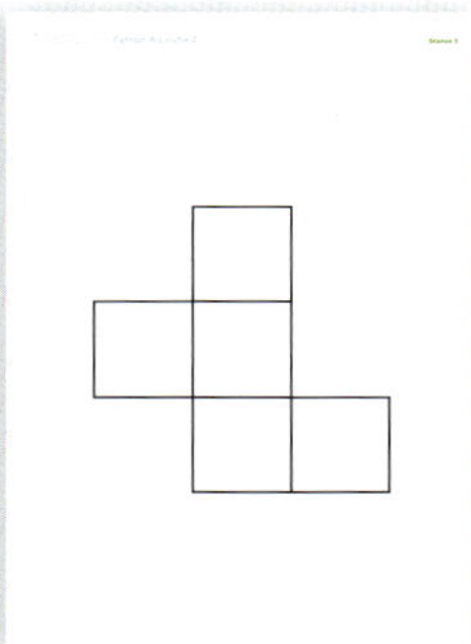

Les groupes qui auront terminé rapidement pourront travailler sur le deuxième patron (**Materiel14.pdf**, page 4).

Utiliser un gabarit pour tracer la face qui manque dans le patron du cube.

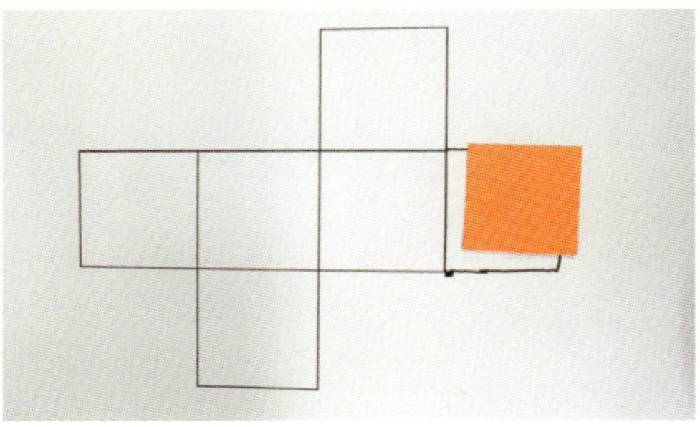

Procédures visées
- Se représenter mentalement le solide après pliage.
- Anticiper le fait que les faces ne doivent pas se superposer.

Validation

Les élèves effectuent plusieurs essais avant de réussir à reconstituer le patron du cube.

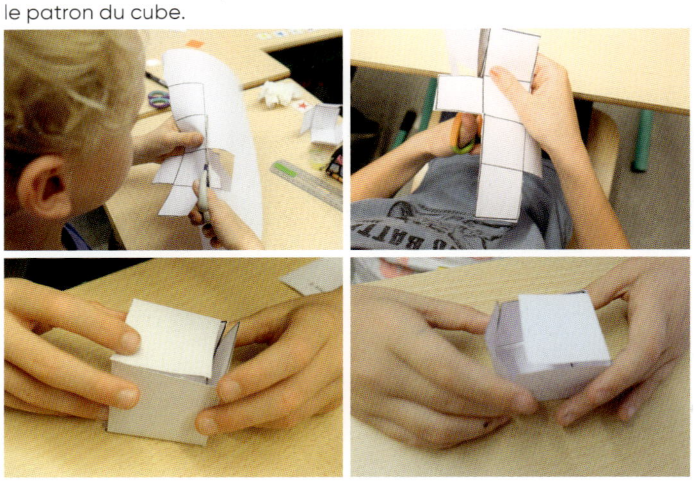

❸ Entrainement

Chercher individuellement le plus possible de patrons de cubes différents à l'aide du matériel *Polydron*.

DIFFÉRENCIATION

- Aide possible : demander aux élèves de construire un cube puis l'ouvrir de différentes manières pour obtenir un patron.

Les élèves commencent par procéder par tâtonnement.

Ils anticipent ensuite le résultat de leur manipulation en se représentant mentalement le solide qu'ils obtiendront.

Ils gardent une trace des patrons obtenus sur une feuille quadrillée.

Organiser une mise en commun des différents patrons trouvés par la classe. Valider si nécessaire avec le matériel *Polydron*. Repérer les patrons qui sont identiques en justifiant son propos. Comprendre que deux patrons sont identiques quand ils sont superposables même après retournement.

Faire verbaliser les conditions à respecter pour obtenir le patron d'un cube : *« il faut 6 faces, que des carrés »*, *« les faces ne sont pas disposées toutes du même côté »*, *« elles ne sont pas alignées sur une seule bande »*. Ces affirmations sont vérifiées avec le matériel.

Les repères de progressivité des programmes précisent les attendus de fin de CE2. L'objectif du CE2 est d'approcher la notion de patron d'un cube. Le but de cette activité n'est pas donc pas de trouver les 11 patrons du cube.

14 Décrire et reproduire quelques solides

Les 11 patrons du cube ***Materiel14.pdf**, page 5*

Institutionnalisation

Ce qu'il faut retenir

On peut représenter un cube à l'aide de son patron.
Un patron est une représentation à plat du cube
Le patron est formé de toutes les faces composant ce solide.
Il existe plusieurs patrons pour un même cube.
J'utilise le patron pour construire un cube
en découpant le contour puis en pliant selon les arêtes.

Séance 4 — 30 min

Bilan de la séquence

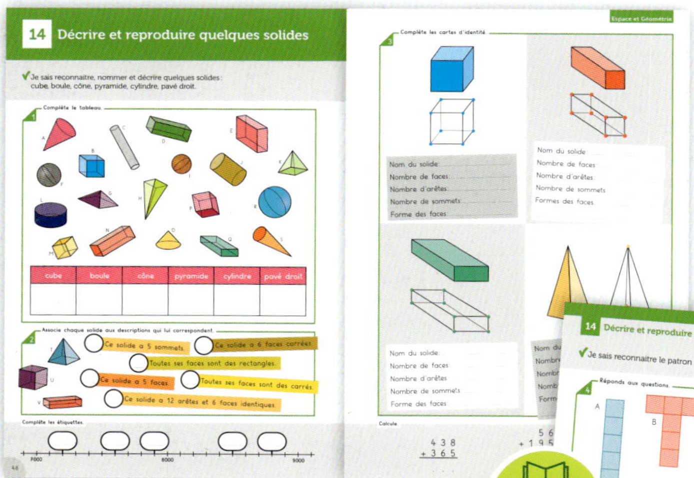

COIN MATHS

Assemblage de solides

- Commander par écrit à un camarade le nombre de cubes nécessaires pour reproduire l'assemblage de cubes.

***Materiel14.pdf**, page 6*

- Construire ensuite l'assemblage pour valider la commande réalisée.

- Mettre en commun les procédures utilisées pour dénombrer rapidement les cubes utilisés.
- Constater qu'avec un nombre de cubes identiques, on peut obtenir des assemblages de formes différentes.

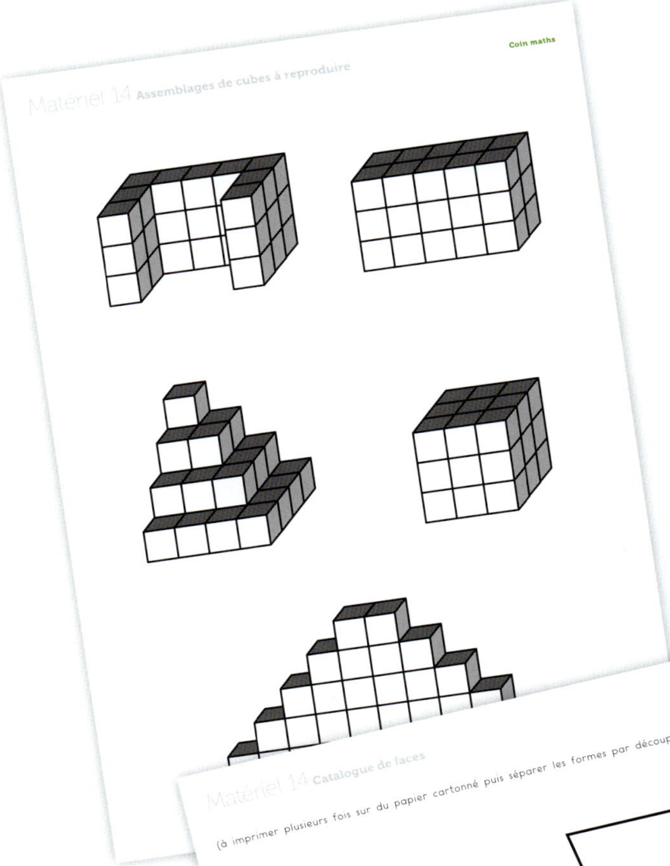
Coin maths

Matériel 14 **Assemblages de cubes à reproduire**

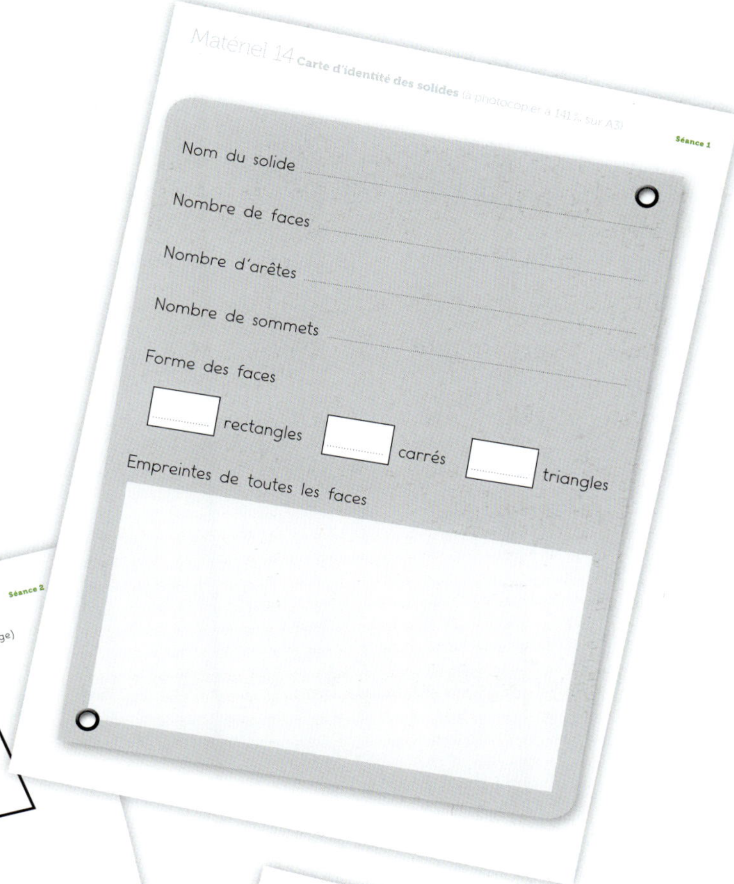
Matériel 14 **Carte d'identité des solides** (à photocopier à 141 % sur A3)

Séance 1

Nom du solide

Nombre de faces

Nombre d'arêtes

Nombre de sommets

Forme des faces

rectangles carrés triangles

Empreintes de toutes les faces

Séance 2

Matériel 14 **Catalogue de faces**

(à imprimer plusieurs fois sur du papier cartonné puis séparer les formes par découpage)

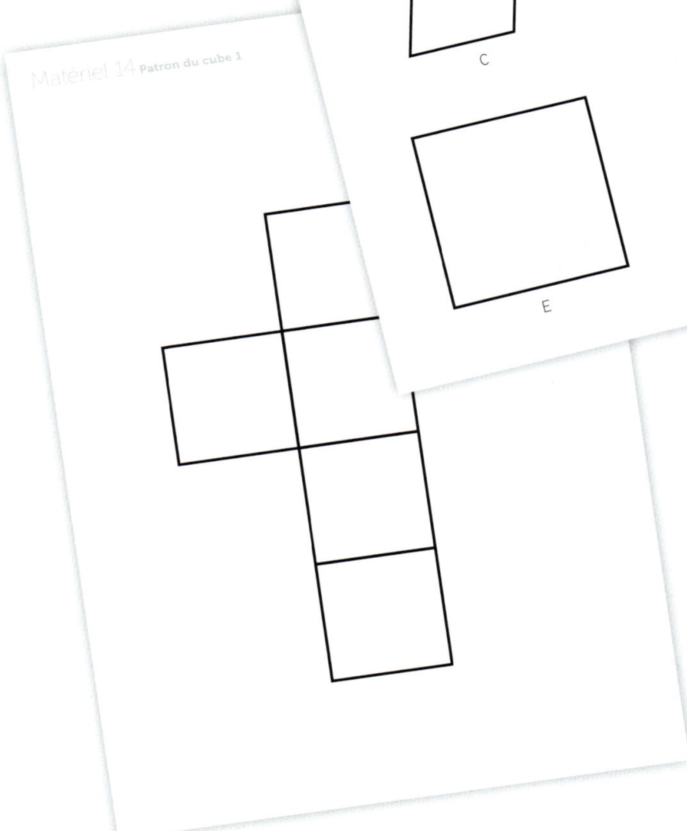
Matériel 14 **Patron du cube 1**

Matériel 14 **Patron du cube 2**

Séance 3

15 min par jour

Calcul mental

- Compter de 50 en 50 et de 25 en 25 jusqu'à 1 000.
- Soustraire 11, 110 ou 111.
- Connaitre la table de multiplication de 6.

Séance 1

Matériel Calcul 12

❶ Le jeu du Furet : de 50 en 50 jusqu'à 1000 — 1 min

Dire la suite orale des nombres de 0 à 1000 en avançant de 50 en 50.

❷ Table de multiplication par 3 : évaluation — 4 min

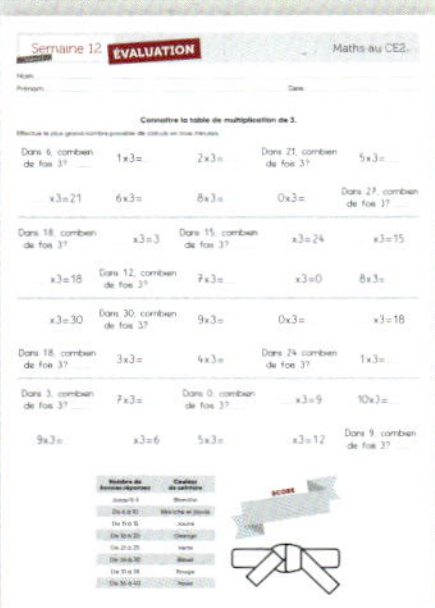

L'enseignant propose l'évaluation de **MaterielCalcul12.pdf**, page 1.

Lorsque les 3 minutes sont écoulées, demander aux élèves de prendre un stylo d'une autre couleur et de terminer les calculs.

❸ Retrait de 11, 110 ou 111 — 10 min

Poser les questions une à une oralement sans contrainte de temps. Les élèves répondent sur l'ardoise.

56 - 11 **89 - 11** **343 - 11** **675 - 110**
326 - 110 **587 - 111** **947 - 111**

Procédures visées
56 - 11 Soustraire 1 puis soustraire 10.
326 - 110 Soustraire 10 puis soustraire 100.
587 - 111 Soustraire 1 puis soustraire 10 puis soustraire 100.

Séance 2

❶ Le jeu du Furet : de 50 en 50 jusqu'à 1000 — 1 min

Compter de 50 en 50 en reculant de 1000 à 0.

❷ Retrait de 11 — 4 min

Poser les questions une à une oralement sans contrainte de temps. Les élèves répondent sur l'ardoise.

237 - 11 **829 - 11** **530 - 11** **1000 - 11**

❸ Table de multiplication par 6 : découverte — 10 min

Découverte
10 x 6 **1 x 6** **2 x 6** **3 x 6** **0 x 6** **4 x 6** **5 x 6**

Proposer oralement un par un les calculs sans contrainte de temps à l'aide de l'animation **Calcul 12**. Les élèves répondent sur l'ardoise.

Repérer dans la table de 6 les résultats déjà appris dans les autres tables.

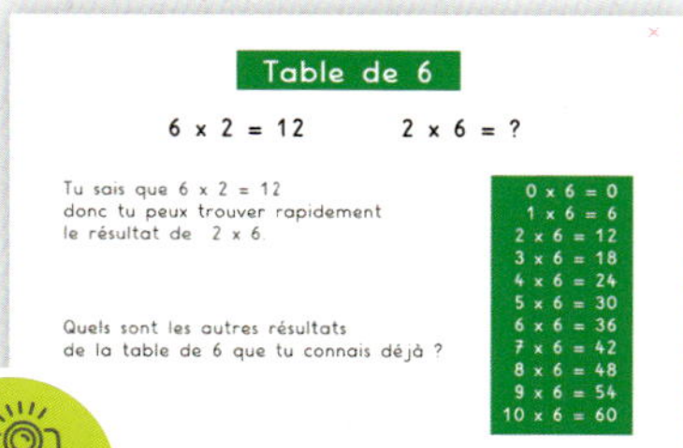

Calcul 12

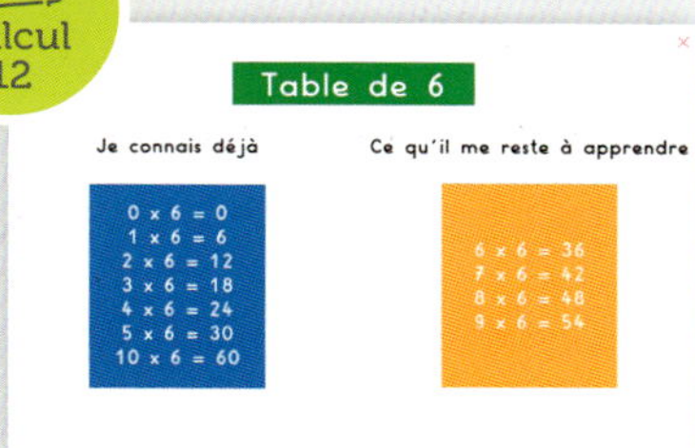

Séance 3

❶ Le jeu du Furet : de 25 en 25 jusqu'à 1000 — 1 min

Compter de 25 en 25 de 0 à 500.

❷ Retrait de 110 — 4 min

Poser les questions une à une oralement sans contrainte de temps. Les élèves répondent sur l'ardoise.

564 - 110 **786 - 110** **930 - 110** **1000 - 110**

❸ Table de multiplication par 6 : découverte — 10 min

Découverte
6 x 6 **7 x 6** **8 x 6** **9 x 6**

Proposer oralement un par un les calculs sans contrainte de temps à l'aide de l'animation **Calcul 12**. Les élèves répondent sur l'ardoise.

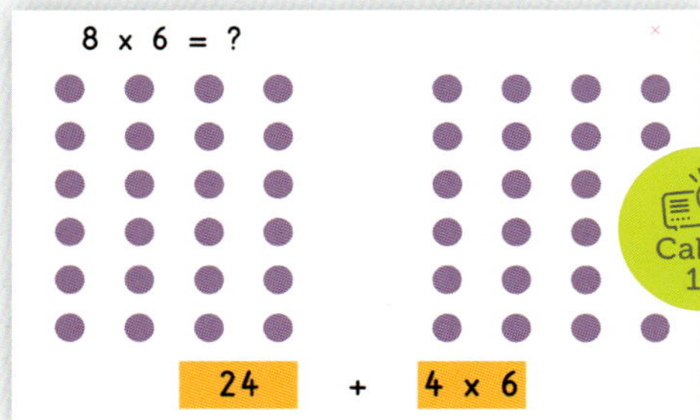

Calcul 12

Procédures à privilégier
- **6 x 6**, c'est (5 x 6) + (1 x 6) = 30 + 6.
- **7 x 6**, c'est (5 x 6) + (2 x 6) = 30 + 12.
- **8 x 6**, c'est (4 x 6) + (4 x 6) = 24 + 24.
- **9 x 6**, c'est (10 x 6) - (1 x 6) = 60 - 6.

Faire compléter **MaterielCalcul12.pdf**, page 2 et le conserver comme trace écrite.

Matériel Calcul 12

Séance 4

❶ Le jeu du Furet : de 25 en 25 jusqu'à 1000 — 1 min

Compter de 25 en 25 de 500 à 1000.

❷ Retrait de 111 — 4 min

Poser les questions une à une oralement sans contrainte de temps. Les élèves répondent sur l'ardoise.

784 - 111 **555 - 111** **1000 - 111** **400 - 111**

❸ Table de multiplication par 6 : entrainement — 10 min

- Proposer oralement un par un les calculs sans contrainte de temps. Les élèves répondent sur l'ardoise.

  Varier les questions :
  « 10 x 6 », « 7 x 6 = ? », « Dans 54 combien de fois 6 ? », « Combien de fois 6 pour faire 36 ? », « ? x 6 = 30 », « 0 x 6 = ? », « Combien de fois 6 pour faire 12 ? », « Dans 60 combien de fois 6 ? », « 8 x 6 = ? », « ? x 6 = 6 », « 9 x 6 = ? », « ? x 6 = 24 ».

- Résoudre sur l'ardoise les petits problèmes oraux.

  *« Une assiette coute 6 €. **Quel est le prix de 8 assiettes ?** »*

  *« Six enfants se partagent 42 billes. **Combien de billes aura chaque enfant ?** »*

  *« Tom a 9 enveloppes. Dans chaque enveloppe, il met 6 images. **Combien Tom a-t-il d'images en tout ?** »*

  *« Chaque cagette de carottes pèse 6 kg. **Combien pèsent 3 cagettes de carottes ?** »*

  *« Louise a mangé 4 fraises. Lili en a mangé 6 fois plus. **Combien de fraises Lili a-t-elle mangées ?** »*

Calcul@tice Les élèves travaillent en autonomie sur les ordinateurs de la classe

calculatice.ac-lille.fr > les exercices > Niveau CE2
- Table de x 3 : Les opérations à trous
- Table de x 6 : Quadricalc et L'oiseau
- Résoudre des problèmes : La caisse

45 min par semaine

Atelier problèmes
Résoudre des problèmes multiplicatifs en une ou deux étapes

Atelier 12

CHERCHONS ENSEMBLE

Résous chaque problème.

Problème 1 Tom achète 7 balles à 2 € et un jeu de cartes à 4 €.
Combien doit-il payer ?

Problème 2 Dans ma poche, j'ai 4 pièces de 2 € et 4 billets de 5 €.
Aurai-je assez d'argent pour acheter un jeu à 30 € ? Explique pourquoi.

JE M'ENTRAINE

Résous les problèmes dans un cahier.
Commence par celui avec le symbole ✖ puis résous les problèmes de ton choix.
Essaie d'en résoudre le plus possible.

✖ Problème 3 Dans une boite de chocolats, il y a 7 lignes de 5 chocolats.
Combien de chocolats y a-t-il dans la boite ?

Problème 4 Pour son gouter d'anniversaire, Aïcha a acheté 9 sachets de sucettes. Dans chaque paquet, il y a 3 sucettes.
Aura-t-elle assez de sucettes pour donner une sucette à chacun de ses 23 invités ? Explique pourquoi.

Problème 5 Lilou a découpé 7 bandes de papier de 5 cm qu'elle colle bout à bout.
Quelle longueur obtient-elle ?

Problème 6 2 enfants se partagent 16 images.
Combien d'images recevra chaque enfant ?

Problème 7 Un fleuriste a reçu 24 roses. Il veut préparer 3 bouquets. Il doit y avoir la même quantité de roses dans chaque bouquet.
Combien de roses le fleuriste doit-il mettre dans chaque bouquet ?

Problème 8 Dans une classe de 30 élèves, la maitresse veut former des équipes de 5 joueurs pour organiser un tournoi.
Combien d'équipes peut-elle former ?

15 Poser et calculer des additions avec des nombres jusqu'à 10 000

Séance 1 — 45 min

Appliquer la technique opératoire de l'addition aux nombres à quatre chiffres

→ **CALCULER**

Maitriser l'utilisation de la retenue pour les milliers.

MATÉRIEL ET SUPPORT
- Des cubes base 10.
- La trace écrite (**Materiel15.pdf**, page 1) et la feuille d'entrainement (**ExoSup15.pdf**, page 1).

DÉROULEMENT DE LA SÉANCE

1 Recherche Poser et effectuer l'opération 5835 + 3412	25 min	**Expérimentation** **Verbalisation** Oral collectif
2 Institutionnalisation Valider avec le matériel et comprendre les étapes du calcul.	10 min	**Verbalisation** Oral collectif
3 Entrainement S'entrainer à poser et calculer des additions en colonnes.	10 min	**Abstraction** Écrit individuel

1 Recherche

Séquence 15

Appropriation du problème

Observer l'image de l'animation **Séquence 15** et commenter. Comprendre qu'il s'agit d'une file d'attente sous la tour Eiffel car c'est une photographie prise depuis le 1er étage.

Demander aux élèves d'émettre des hypothèses sur le nombre de visiteurs en une matinée. Écrire leurs propositions au tableau.

Présenter le problème à l'aide de l'animation **Séquence 15**. Demander aux élèves d'essayer de le résoudre dans leur cahier de recherche.

Recherche individuelle puis par 2

La recherche s'effectue dans un cahier. Les groupes de 2 élèves comparent ensuite leurs réponses pour parvenir à une réponse commune.

Mise en commun

La mise en commun qui suit le temps de recherche individuelle dans un cahier permet d'écrire au tableau l'opération en ligne : 5835 + 3412 = ?

Constater que les réponses sont différentes pour certains groupes et formuler la nécessité de maitriser la technique opératoire de l'addition avec des nombres à 4 chiffres.

La technique opératoire sera présentée au cours de la phase suivante.

Nouvelle recherche

Expliquer que des élèves d'une autre classe ont posé l'opération mais ne trouvent pas tous le même résultat. Trois opérations sont reproduites au tableau ou vidéoprojetées à l'aide de l'animation **Séquence 15**.

Consigne « Écrivez sur l'ardoise la lettre qui correspond à l'opération correcte. »

A	B	C
(retenue 1) 5 835 + 3412 = 6 1762	5 835 + 3 412 = 81247	(retenue 1) 5 835 + 3 412 = 9 247

Mise en commun

Amener les élèves à justifier leur choix.
La signification et le placement des chiffres sont explicités.

Écrire le calcul avec les unités de numération :

5m 8c 3d 5u
+3m 4c 1d 2u
9m 12c 4d 7u

→

(retenue 1m)
5m 8c 3d 5u
+3m 4c 1d 2u
9m 2c 4d 7u

Faire comprendre que 12c, c'est aussi 1m + 2c.

2 Institutionnalisation

Vérification de la vraisemblance du résultat par le calcul approché

Demander aux élèves d'estimer un ordre de grandeur du résultat en explicitant leur raisonnement.

« 5835 est proche de 6000 et 3412 est proche de 3500.
Le résultat est proche de 6000 + 3500 = 9500.
Je peux aussi calculer mentalement 5800 + 3400
et j'obtiens 5000 + 3000 + 800 + 400 = 8000 + 1200 = 9200.
Le résultat est proche de 9200. »

Conclure que pour estimer l'ordre de grandeur d'une somme, j'additionne un ordre de grandeur de chaque terme.

Validation à l'aide du matériel

La validation s'effectue par la manipulation de cubes.

Associer le chiffre 7 du résultat à 7 unités.
Associer le chiffre 4 du résultat à 4 dizaines.
Amener les élèves à visualiser et à comprendre que 8c + 4c = 12c et que 12c, c'est 1m + 2c.

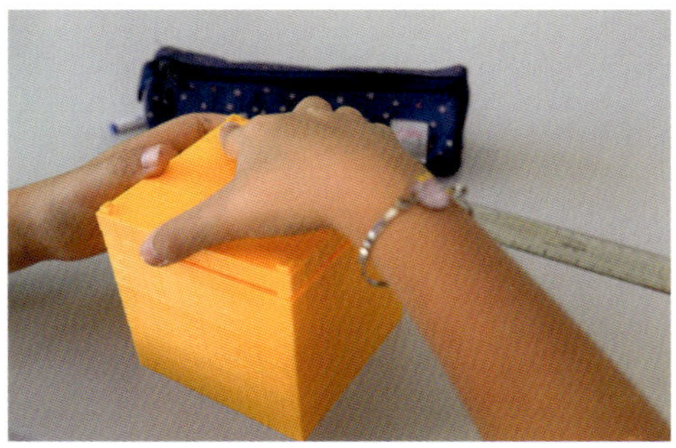

10 centaines sont groupées pour obtenir un millier.

Associer le chiffre 2 du résultat à 2 centaines et la retenue à 1 millier qu'il faut placer dans la colonne des milliers avec les autres milliers à additionner.
Utiliser le vocabulaire approprié : « *retenue* » et « *je retiens* ».
Associer le chiffre 9 du résultat à 9 milliers.
Faire lire le résultat « *5835 plus 3412 égale 9247* ».

Validation à l'aide de la calculatrice

Vérifier le calcul à l'aide d'une calculatrice ce qui permet de rappeler comment procéder.

Verbalisation et trace écrite
L'animation **Séquence 15** sert de support à l'institutionnalisation.
La trace écrite est fournie en **Materiel15.pdf**, page 1.

Ce qu'il faut retenir

1. **Je pose l'addition en alignant les unités sous les unités, les dizaines sous les dizaines, les centaines sous les centaines et les milliers sous les milliers.**

m	c	d	u
5	8	3	5
+3	4	1	2

Séquence 15

Matériel 15

2. **Je commence par les unités.**
   5u + 2u = 7u
   J'écris 7 unités au résultat dans la colonne des unités.

m	c	d	u
5	8	3	5
+3	4	1	2
			7

3. **Je continue avec les dizaines.**
   3d + 1d = 4d
   J'écris 4 dizaines au résultat dans la colonne des dizaines.

m	c	d	u
5	8	3	5
+3	4	1	2
		4	7

4. **Je continue avec les centaines.**
   8c + 4c = 12c
   10 centaines, c'est 1 cube de 1 millier.
   12 centaines, c'est 1 millier et 2 centaines.
   J'écris 2 centaines au résultat dans la colonne des centaines et je retiens 1 millier dans la colonne des milliers.

m	c	d	u
1			
5	8	3	5
+3	4	1	2
	2	4	7

5. **Je termine avec les milliers.**
   1m + 5m + 3m = 9m
   J'écris 9 milliers au résultat dans la colonne des milliers.

m	c	d	u
1			
5	8	3	5
+3	4	1	2
9	2	4	7

6. **J'obtiens le résultat.**
   5835 + 3412 = 9247

Je vérifie le résultat en estimant l'ordre de grandeur de la somme.
Deux procédures sont possibles :
- **5835 est proche de 6000 et 3412 est proche de 3500. Le résultat doit donc être proche de 9500.**
- **Je peux aussi calculer mentalement 5800 + 3400 et j'obtiens 5000 + 3000 + 800 + 400 = 8000 + 1200 = 9200**

Le résultat est donc proche de 9200.

❸ Entrainement

De nouvelles additions posées avec et sans retenue sont proposées dans le document élève **ExoSup15.pdf**, page 1.
Les corrections peuvent se faire à l'aide de l'animation **Séquence 15**.

Séquence 15

15A Séance 1 — Nom ... Prénom ... Date ... — Maths au CE2 — **Nombres**

1 - Barre les opérations qui sont mal posées.

2 652 +7 09 9 742	57 +8 324 8 894	5 308 +1 295 6 603
4 594 + 63 +3 250 7 907	986 +1 78 +6 721 9 487	1 380 +4 279 +3 041 8 700

15A

2 - Effectue les additions.

4 652 +3 427	4 578 +2 945	986 + 878 +5 609

Séance 2

30 min

Bilan des apprentissages

Les élèves font individuellement les exercices 1 à 8 du cahier de l'élève *Maths au CE2*.
(Ils répondent aux exercices 4, 6 et 7 dans un autre cahier.)

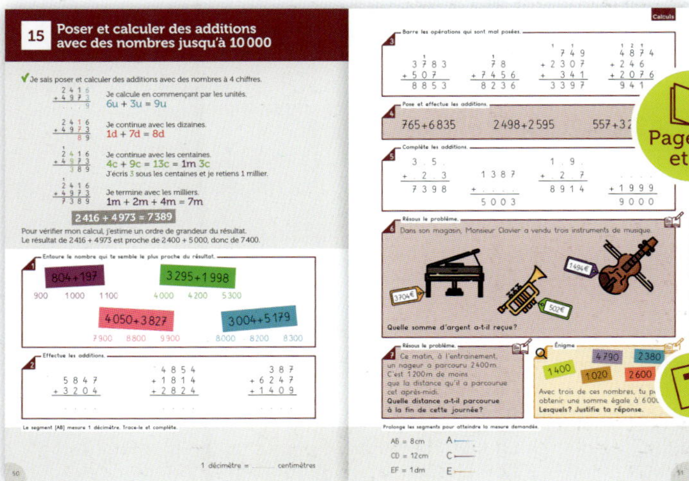

Pages 50 et 51

16 Résoudre des problèmes multiplicatifs (2)

Séance 1 — 45 min

Utiliser la multiplication : objets disposés selon une configuration rectangulaire (1)

→ **MODÉLISER**

Résoudre un problème du champ multiplicatif : éléments disposés en lignes et colonnes.

MATÉRIEL ET SUPPORT
- 24 cubes emboitables ou 24 carrés en papier par groupe de 2.

DÉROULEMENT DE LA SÉANCE

❶ Réactivation Chercher les produits qui correspondent au nombre d'emplacements d'une boite de chocolats rectangulaire.	10 min	**Verbalisation** Oral collectif
❷ Recherche Décomposer un nombre sous la forme de produits.	25 min	**Manipulation** Groupes de 2
❸ Nouvelle recherche Comprendre l'intérêt de la multiplication.	10 min	**Abstraction** Travail individuel

❶ Réactivation

Séquence 16

Vidéoprojeter l'animation **Séquence 16.**

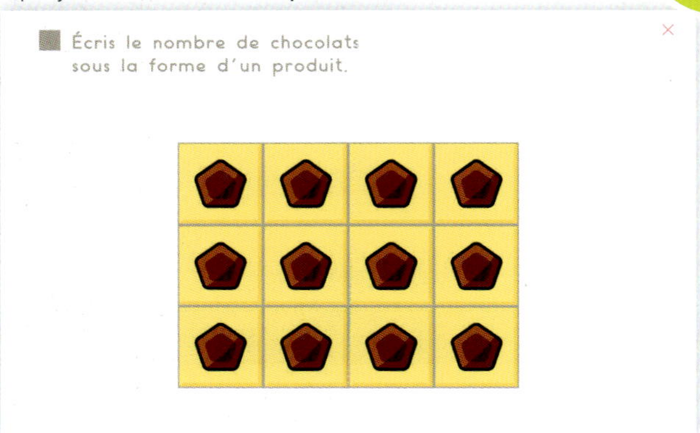

Demander aux élèves d'écrire le nombre de chocolats. Recenser toutes les écritures utilisées. Faire le lien entre addition réitérée et multiplication.

Lors de la synthèse, rappeler que 4 x 3 ou 3 x 4, c'est le nombre de chocolats rangés dans une boite de 3 lignes et 4 colonnes, c'est le produit de 4 et 3. 4 x 3 = 3 x 4 car on obtient le même nombre de chocolats, 12 dans la boite. Repérer que les chocolats sont rangés dans un rectangle quadrillé.

Écrire le nombre de carreaux sous la forme d'un produit.
Dire combien de chocolats on pourra ranger dans chaque rectangle.

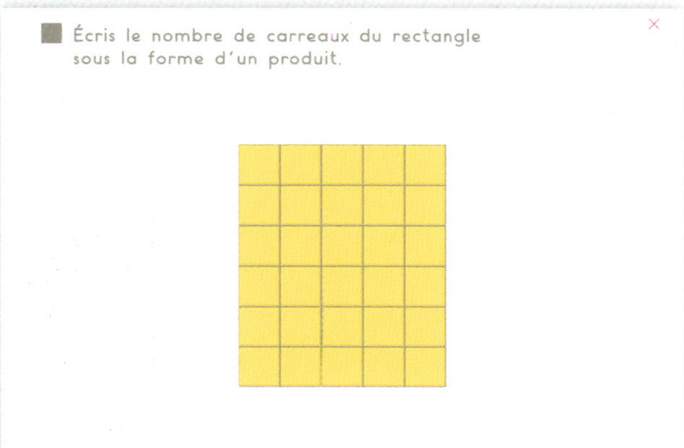

❷ Recherche

Problème A
Un chocolatier souhaite trouver le plus possible de boites rectangulaires différentes pour ranger 12 chocolats.
Il nous a demandé de l'aider.

Résoudre le problème en s'aidant de la manipulation de cubes.

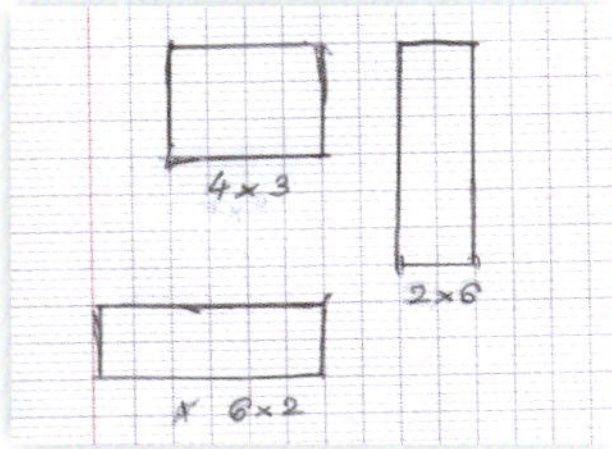

Écrire les produits correspondant aux rectangles trouvés et dessiner les rectangles dans un cahier.

Les différents produits trouvés sont inventoriés : 4 x 3 ; 3 x 4 ; 2 x 6 ; 6 x 2 ; 1 x 12 ; 12 x 1.

Les procédures utilisées sont explicitées notamment celles qui prennent appui sur la connaissance des tables de multiplication et la commutativité. Faire constater que l'écriture multiplicative est plus synthétique et plus rapide que le dessin du rectangle.

Problème B
Résoudre le problème avec 24 chocolats.

Les différents produits trouvés sont inventoriés :

8 x 3	3 x 8	2 x 12	12 x 2
1 x 24	24 x 1	4 x 6	6 x 4

Procédures observées
- Utilise la commutativité de la multiplication.
- Cherche à faire des parts égales pour construire les lignes ou les colonnes.
- Prend appui sur les faits numériques mémorisés : tables de multiplication.

❸ Nouvelle recherche

Séquence 16

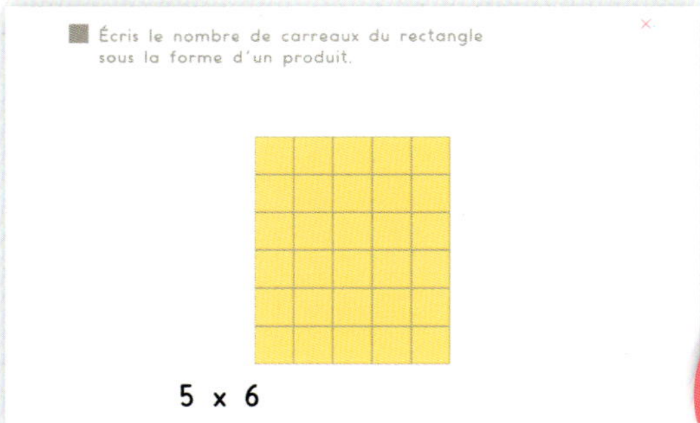

Utilise la calculatrice.

Comprendre que si des chocolats sont rangés en lignes et en colonnes, on peut trouver rapidement combien il y en a en utilisant la multiplication.

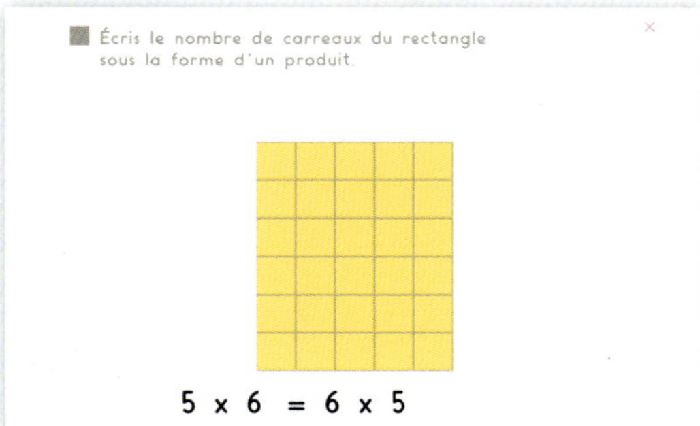

Séance 2

45 min

Utiliser la multiplication : objets disposés selon une configuration rectangulaire (2)

→ MODÉLISER

Résoudre un problème de division (recherche du nombre de parts) dans un contexte de configuration rectangulaire.

MATÉRIEL ET SUPPORT

- 56 cubes emboitables ou jetons ou carrés en papier pour la validation collective.

DÉROULEMENT DE LA SÉANCE

❶ **Appropriation du problème** Comprendre ce qu'il faut chercher.	5 min	**Verbalisation** Oral collectif
❷ **Recherche** Résoudre un problème de division.	20 min	**Manipulation** Groupes de 2
❸ **Nouvelle recherche** Résoudre un problème de division avec des nombres plus grands.	20 min	**Abstraction** Travail individuel

❶ Appropriation du problème

Séquence 16

Expliquer que le chocolatier veut ranger 36 chocolats dans une boite rectangulaire en les disposant par colonnes de 4 chocolats. Présenter une colonne de 4 cubes.

Faire reformuler ce que l'on cherche : *« Combien de colonnes de 4 chocolats le chocolatier peut-il former ? »*

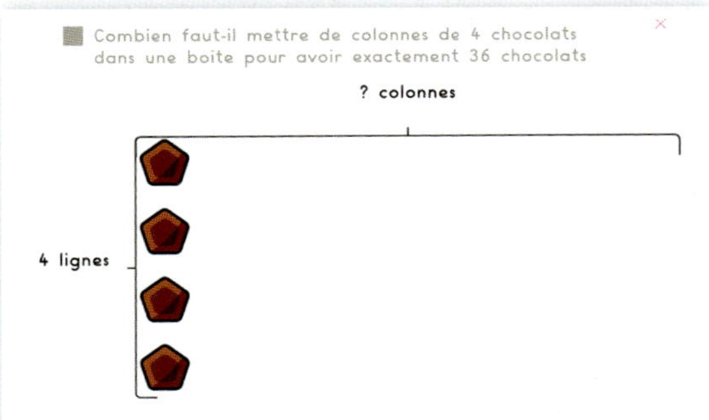

❷ Recherche

Résoudre individuellement le problème dans un cahier.
Se concerter avec un autre élève pour parvenir à une réponse commune pour le binôme.

DIFFÉRENCIATION

- Faire résoudre le problème avec un plus petit nombre de chocolats : 20, par exemple.

Mise en commun

Inventorier les résultats trouvés au tableau. Faire expliciter et confronter les procédures utilisées.

Procédures observées

- Dessine des colonnes de 4 chocolats, les dénombre puis barre ou ajoute des colonnes.
- Fait des essais en représentant des rectangles sur son cahier avec un côté de 4 carreaux, en augmentant progressivement le nombre de colonnes par tâtonnement.
- Prend appui sur les faits numériques mémorisés : tables de multiplication.
- Cherche le résultat de ? x 4 = 36 et fait des essais avec différents nombres. *« 3x4 = 12, c'est trop petit », « 10x4 = 40, c'est trop grand. »...*

Validation

Faire vérifier le résultat à l'aide du matériel.
Faire verbaliser qu'*« il fallait chercher combien on pouvait former de colonnes de 4 chocolats avec 36 chocolats. »*

❸ Nouvelle recherche

Résoudre un problème du même type avec des nombres plus grands dans un contexte différent.

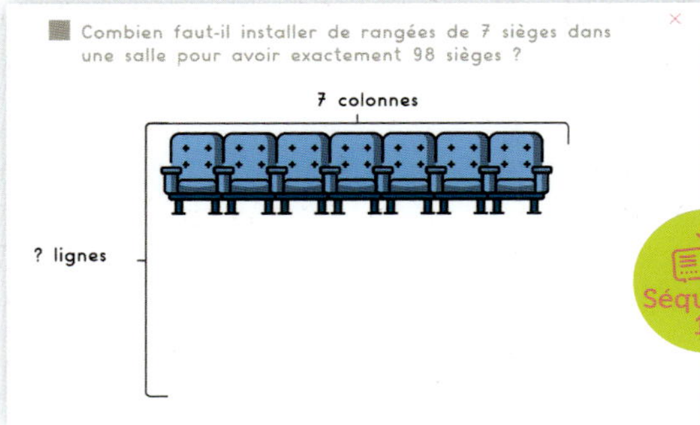

Séquence 16

Procédures observées

- Dessine des lignes de 7 chaises, dénombre les chaises puis barre ou ajoute des lignes.
- Fait des essais en représentant des rectangles sur son cahier avec un côté de 7 carreaux, en augmentant progressivement le nombre de lignes par tâtonnement.
- Prend appui sur les faits numériques mémorisés : 7 x 10 = 70.
- Cherche le résultat de ? x 7 = 98 et fait des essais avec différents nombres. *« 5x7 = 35, c'est trop petit », « 10x7 = 70, c'est trop petit aussi. »* puis ajoute des multiples de 7 : 70 + 14 = 84 puis nouvel ajout de 7 jusqu'à 98.

DIFFÉRENCIATION

- Effectuer des exercices du même type dans le cahier du jour avec 48 chocolats puis 60 chocolats.

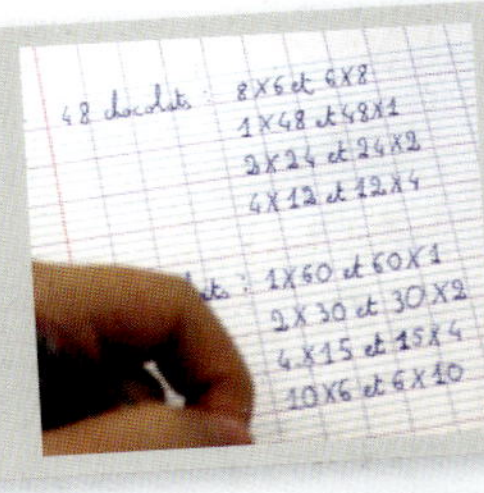

COIN MATHS

- Demander aux élèves d'apporter des boites vides de gâteaux ou de chocolats.
- Les coller sur une ou des affiches et écrire en dessous les multiplications qui correspondent

- En faisant tourner la boite d'un quart de tour, les élèves pourront constater que 3x4 = 4x3.

Séance 3

30 min

Bilan des apprentissages

Les élèves font individuellement les exercices 1 à 8 du cahier de l'élève ***Maths au CE2***.
(Ils répondent aux exercices 6, 7 et 8 dans un autre cahier.)

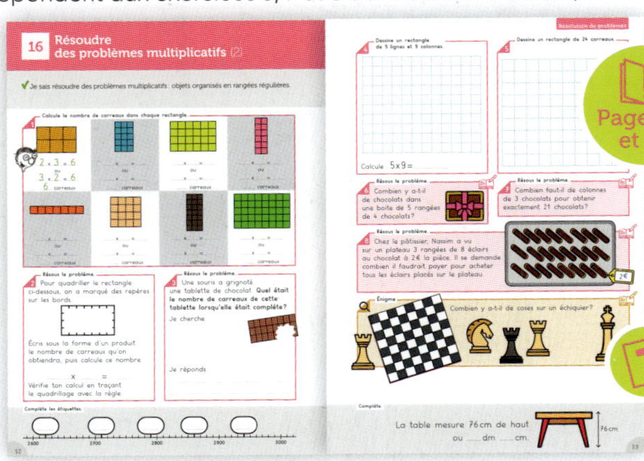

Pages 52 et 53

15 min par jour

Calcul mental

- Écrire en chiffres les nombres de 0 à 9 999.
- Connaitre la table de multiplication de 4.

Séance 1

Calcul 13

❶ Dictée de nombres jusqu'à 9999 1 min

Écrire les nombres en chiffres sur l'ardoise : « *mille-deux-cent-soixante-douze* » et « *cinq-mille-neuf-cent-trois* ».

❷ Table de multiplication par 6 : mémorisation 4 min

Demander d'écrire sur l'ardoise le résultat qui se trouve à l'endroit indiqué par la flèche sur la barre des tables présentée à l'aide de l'animation **Calcul 13**.

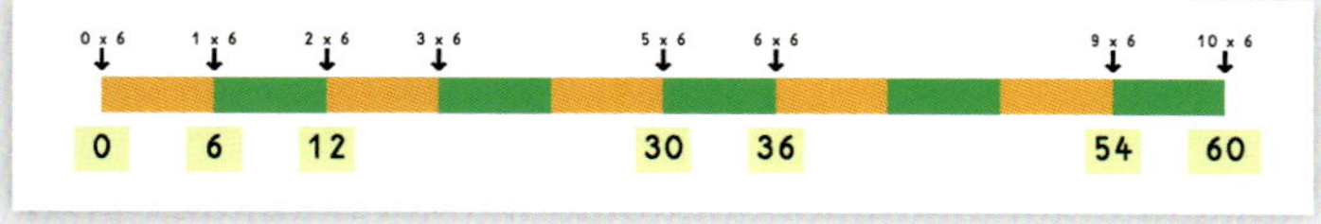

❸ Table de multiplication par 4 : réactivation 10 min

Proposer oralement un par un les calculs sans contrainte de temps à l'aide de l'animation **Calcul 13** :

0x4 **1x4** **2x4** **5x4** **10x4**

Les élèves répondent sur l'ardoise.

Procédures à privilégier

- **0x4**, c'est 0 fois 4 *ou* 4 fois 0 *ou* 0+0+0+0.
- **1x4**, c'est *une fois quatre*.
- **2x4**, *deux fois quatre*, c'est le double de 4.
- **5x4**, je connais le résultat 4x5=20 (table de 5).
- **10x4**=4x10 donc 4 fois 1 dizaine ce qui fait 4 dizaines.

Séance 2

Matériel Calcul 13

❶ Dictée de nombres jusqu'à 9999 1 min

Écrire les nombres en chiffres sur l'ardoise : « *quatre-mille-cinq-cents* » et « *deux-mille-quatre-vingts* ».

❷ Table de multiplication par 6 : évaluation 4 min

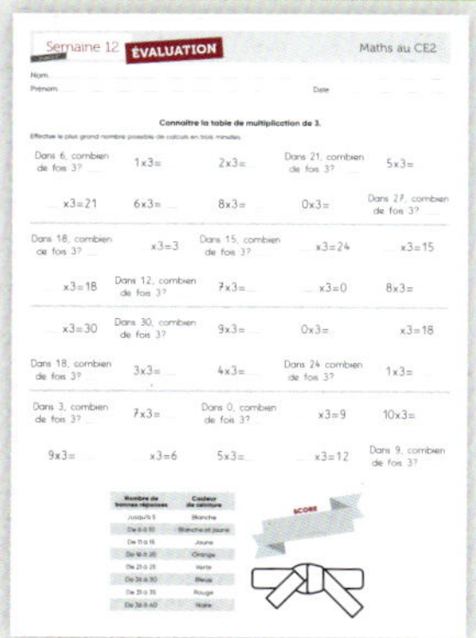

L'enseignant propose l'évaluation de **MaterielCalcul13.pdf**, page 1.

Lorsque les 3 minutes sont écoulées, demander aux élèves de prendre un stylo d'une autre couleur et de terminer les calculs

❸ Table de multiplication par 4 : réactivation 10 min

Proposer oralement un par un les calculs sans contrainte de temps à l'aide de l'animation **Calcul 13** :

3x4 **4x4**
6x4 **8x4**

Les élèves répondent sur l'ardoise.

Calcul 13

Procédures à privilégier

- **3x4**, je connais le résultat 4x3=12 (table de 3) *ou* c'est (2x4)+(1x4)
- 4x4, c'est (2x4)+(2x4)=2x8
- 6x4, je connais le résultat 4x6=24 (table de 6) *ou* c'est (5x4)+(1x4).
- 8x4, c'est (5x4)+(3x4)=20+12.

Séance 3

Calcul 13

❶ Dictée de nombres jusqu'à 9999 1 min

Écrire les nombres en chiffres sur l'ardoise : « *quatre-mille-neuf-cent-quatre-vingt-dix-neuf* » et « *sept-mille-six* ».

❷ Table de multiplication par 6 : consolidation 4 min

Proposer oralement un par un les calculs avec une contrainte de temps. Les élèves répondent sur l'ardoise.

Varier les questions :
« *8x6=?* », « *5x6=?* », « *Dans 42, combien de fois 6 ?* », « *Combien de fois 6 pour faire 24 ?* », « *9x6=?* », « *Combien de fois 6 pour faire 36 ?* ».

❸ Table de multiplication par 4 : réactivation 10 min

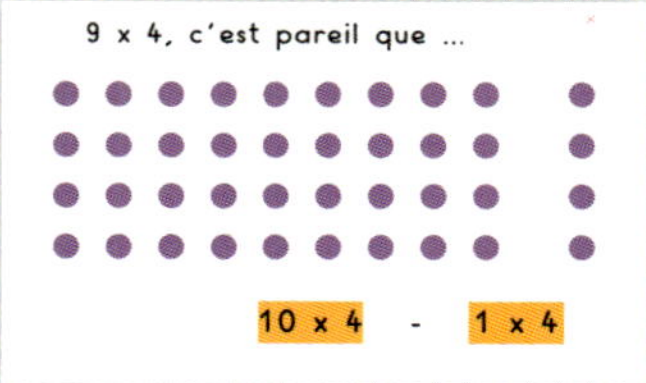

Proposer oralement un par un les calculs sans contrainte de temps à l'aide de l'animation **Calcul 13** :

7x4 **9x4**.

Les élèves répondent sur l'ardoise.

Procédures à privilégier

- **7x4**, c'est (5x4)+(2x4)=20+8.
- **9x4**, c'est (10x4)-(1x4)=40-4.

Mémoriser l'ensemble des résultats de la table de 4.

Faire compléter **MaterielCalcul13.pdf**, page 2 et le conserver comme trace écrite.

Matériel Calcul 13

Séance 4

❶ Dictée de nombres jusqu'à 9999 1 min

Écrire les nombres en chiffres sur l'ardoise : « *neuf-mille-soixante* » et « *six-mille-cent* ».

❷ Table de multiplication par 6 : évaluation 4 min

Proposer à nouveau l'évaluation de la séance 2 (**MaterielCalcul13.pdf**, page 1) et mesurer les progrès.

Repérer les résultats qui restent à mémoriser.

Matériel Calcul 13

❸ Table de multiplication par 4 : entrainement 10 min

- Proposer oralement un par un les calculs sans contrainte de temps. Les élèves répondent sur l'ardoise.

Varier les questions :
« *10x4=?* », « *7x4=?* », « *Dans 36, combien de fois 4 ?* », « *Combien de fois 4 pour faire 24 ?* », « *?x4=12* », « *0x4=?* », « *Combien de fois 4 pour faire 8 ?* », « *Dans 40 combien de fois 4 ?* », « *8x4=?* », « *?x4=16* », « *9x4=?* », « *?x4=28* ».

- Résoudre sur l'ardoise les petits problèmes oraux.

« *Un kilo d'abricots coute 4 €.* ***Quel est le prix de 5 kg d'abricots ?*** »

« *Quatre joueurs de belote se partagent 32 cartes.* ***Combien de cartes chaque joueur aura-t-il ?*** »

« *Anouk a 7 pots. Dans chaque pot, elle a planté 4 fleurs.* ***Combien de fleurs Anouk a-t-elle plantées ?*** »

« *Chaque dessin animé dure 4 minutes. Aïcha a regardé 3 dessins animés.* ***Combien de temps Aïcha a-t-elle regardé des dessins animés ?*** »

« *Léo a ramassé 8 marrons. Tarik en a ramassé 4 fois plus.* ***Combien de marrons Tarik a-t-il ramassés ?*** »

Calcul@tice Les élèves travaillent en autonomie sur les ordinateurs de la classe

calculatice.ac-lille.fr > les exercices > Niveau CE2

- Table de x6 : **Les opérations à trous**
- Table de x4 : **Quadricalc** et **L'oiseau**
- Résoudre des problèmes : **La caisse**

45 min
par semaine

Atelier problèmes
Résoudre des problèmes multiplicatifs en une ou deux étapes

Atelier 13

CHERCHONS ENSEMBLE

Résous chaque problème.

Problème 1 Dans un restaurant, il y a 9 tables de 5 places et une table de 8 places. **Combien ce restaurant peut-il recevoir de clients ?**

Problème 2 Un jardinier a planté 3 rangées de 16 salades. Les limaces ont mangé 5 salades. **Combien reste-t-il de salades ?**

JE M'ENTRAINE

Résous les problèmes dans un cahier.
Commence par celui avec le symbole ✖ puis résous les problèmes de ton choix.
Essaie d'en résoudre le plus possible.

✖ Problème 3 Une fermière a rempli 5 boites de 6 œufs et 2 boites de 12 œufs. **Quel est le nombre total d'œufs qu'elle a rangés dans les boites ?**

Problème 4 Le directeur achète 4 sachets de balles à 2 € le sachet et 6 raquettes de tennis de table à 5 € l'une. **Combien paie-t-il en tout ?**

Problème 5 Fatou a découpé 8 bandes de papier de 11 cm qu'elle colle bout à bout. **Quelle longueur obtient-elle ?**

Problème 6 À la fête foraine, un tour de manège coute 3 €. **Combien de tours de manège peut-on faire avec 12 € ?**

Problème 7 Dans la bibliothèque de Léo, il y a 6 étagères. Sur chaque étagère, Léo a rangé 13 livres. **Combien de livres a-t-il rangés dans sa bibliothèque ?**

Problème 8 Avec 40 €, Monsieur Cupidon a acheté 2 bouquets à 13 € l'un. **Combien d'argent lui reste-t-il après son achat ?**

17 Résoudre des problèmes multiplicatifs (3)

Séance 1 — 45 min

Résoudre des problèmes multiplicatifs à une étape

→ MODÉLISER

Distinguer un problème de réunion d'un problème de groupement.

MATÉRIEL ET SUPPORT
- Des boites de 6 et 12 œufs.
- Des jetons, des cubes ou des balles de golf ou de pingpong pour représenter les œufs.
- Les problèmes (**Materiel17.pdf**, page 1).

DÉROULEMENT DE LA SÉANCE

1 Recherche Résoudre un problème multiplicatif à une étape.	20 min	**Manipulation Expérimentation** Travail individuel Oral collectif
2 Entrainement Résoudre un problème multiplicatif à une étape nécessitant un calcul en ligne	15 min	**Manipulation** Travail individuel
3 Consolidation Distinguer un problème additif d'un problème multiplicatif.	10 min	**Manipulation Verbalisation** Travail individuel Oral collectif

1 Recherche

Matériel 17

Appropriation de la situation

Présenter les boites de 6 et 12 œufs apportées par les élèves. Expliquer que les œufs proviennent d'élevage de poules pondeuses. Annoncer aux élèves qu'ils vont devoir résoudre des problèmes dans lesquels il sera question de boites d'œufs.

Les problèmes sont présentés successivement à l'aide de l'animation **Séquence 17**. Les élèves disposent d'une photocopie (**Materiel17.pdf**, page 1) et répondent sur l'ardoise pour le premier problème, dans un cahier pour les deux suivants.

Problème 1

L'objectif de ce problème est de consolider l'identification d'une situation de groupement de quantités identiques et de rappeler l'intérêt de mémoriser les tables de multiplication.

Séquence 17

Mise en commun

Inventorier les procédures. Justifier le recours à la multiplication.

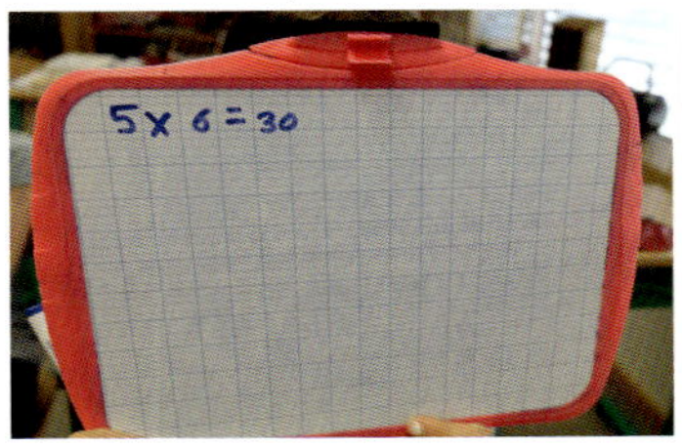

Validation

Des élèves sont chargés de la manipulation collective de boites à œufs et de jetons (ou de balles de golf ou de pingpong). Le but est de faire comprendre et verbaliser que la multiplication permet de calculer plus rapidement qu'une addition réitérée si les groupements sont de même taille. La multiplication 5x6 est plus rapide à effectuer que 6+6+6+6+6 à condition de connaitre les tables de multiplication. D'où l'intérêt de les apprendre !

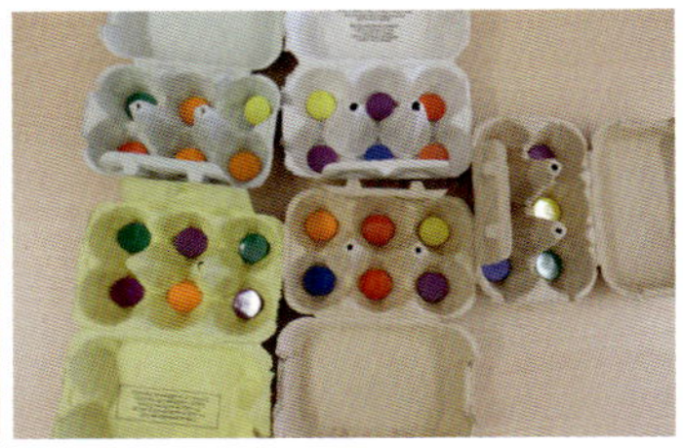

Vérifier qu'il y a 6 œufs dans chaque boite.

Schématisation

À l'aide de l'animation **Séquence 17**, présenter le schéma en barres déjà utilisé au CE1. Repérer le tout et les parts égales.

Séquence 17

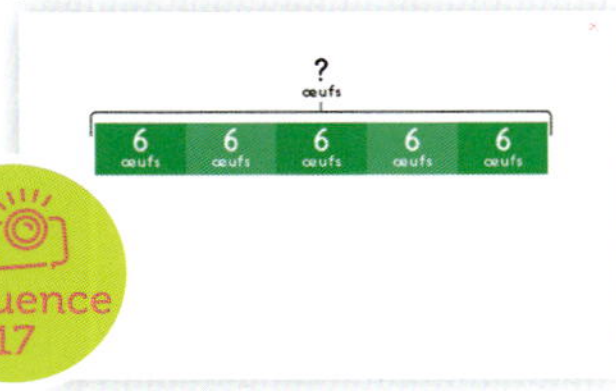

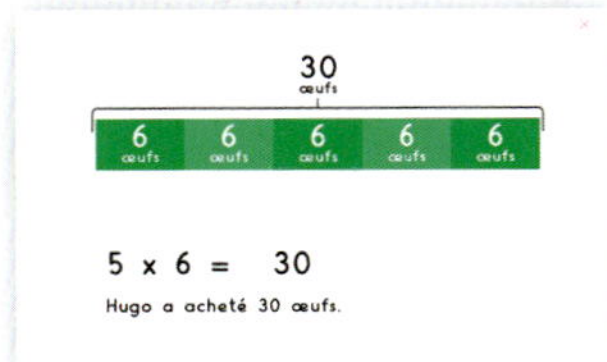

2 Entrainement

Matériel 17

Problème 2

Les élèves travaillent dans un cahier.

Séquence 17

Mise en commun

Les différentes procédures sont présentées et confrontées au tableau.

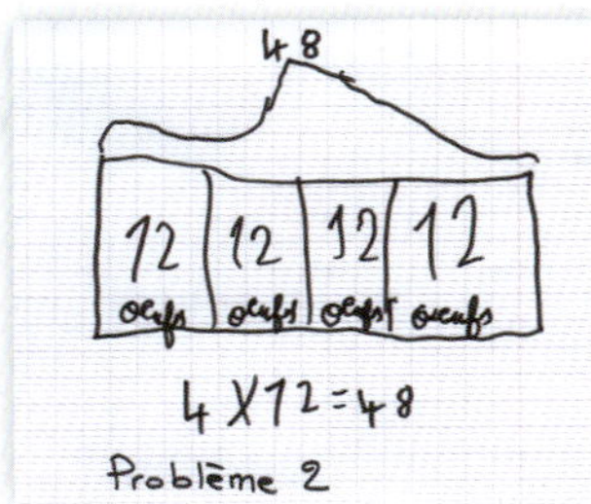

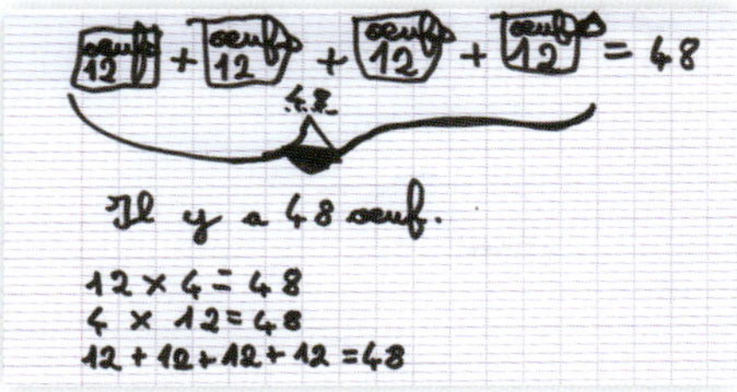

Productions d'élèves

Validation par la manipulation
Des élèves sont chargés de la manipulation collective de 4 boites à œufs contenant chacune 12 jetons ou 12 balles de golf.

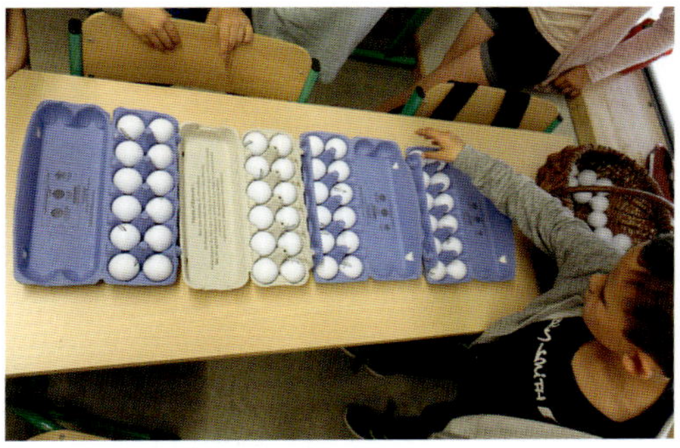

Mobiliser le calcul en ligne en utilisant la distributivité de la multiplication sur l'addition :
4 x 12 = (4 x 10) + (4 x 2) = 40 + 8 = 48

Montrer avec le matériel que 4 x 12 = (4 x 10) + (4 x 2) en collant une gommette sur 2 œufs dans chaque boite.
On visualise ainsi 4 paquets de 10 œufs et 4 paquets de 2 œufs.

Institutionnalisation

Ce qu'il faut retenir

Il faut un groupement de quantités égales (itération d'additions) pour avoir une multiplication.

Vérifier qu'il y a 12 œufs dans chaque boite et dans chaque barre du schéma. À l'aide de l'animation Séquence 17, présenter le schéma en barres déjà utilisé au CE1.

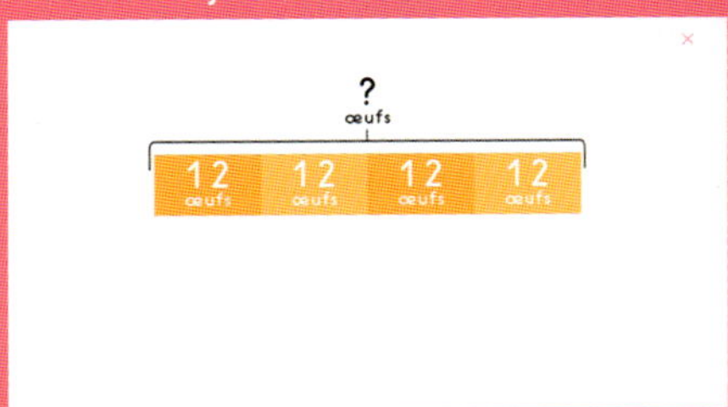

3 Consolidation

Matériel 17

Problème 3
L'objectif de ce problème est d'amener les élèves à faire la différence entre une situation de réunion où les parts ne sont pas égales et une situation de groupement de parts égales.

Les élèves travaillent dans un cahier.

Séquence 17

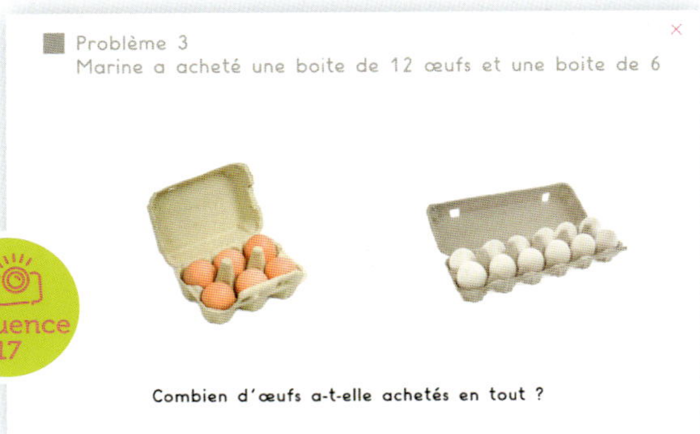

Il s'agit ici d'un problème de réunion mais sans itération. Les deux quantités à ajouter ne sont pas égales.

Mise en commun

Production d'élève

Les schémas sont confrontés au tableau. Distinguer une situation de réunion de quantités différentes d'une situation de réunion de quantités égales. Faire remarquer que les quantités d'œufs sont différentes dans les deux barres.

Validation
Un élève est chargé de la manipulation collective d'une boite à œufs contenant 12 balles de golf et d'une autre en contenant 6.

Institutionnalisation

Les élèves proposent des schémas puis découvrent un schéma en barre de type parties-tout. Ils repèrent le tout et les parties qui ne sont pas égales.

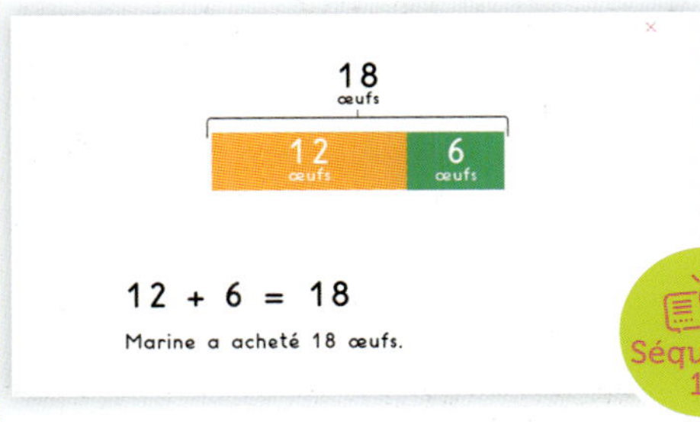

Séquence 17

Les élèves cherchent et proposent ensuite oralement un problème avec des œufs correspondant à 12 x 6. Ils manipulent des jetons pour comparer avec la situation correspondant à 12 + 6.
Ils constatent qu'il y a 12 parts égales de 6 œufs.

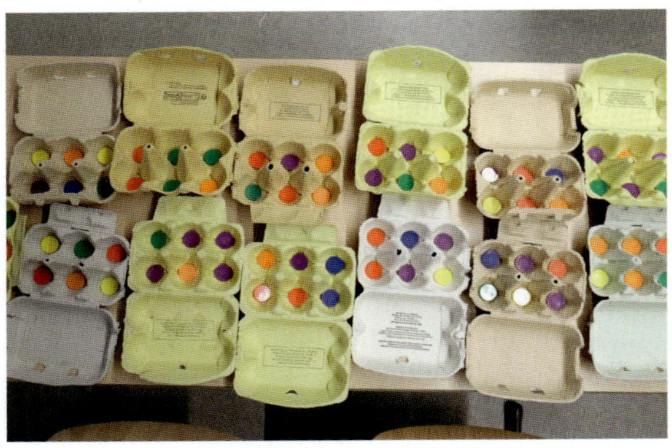

17 Résoudre des problèmes multiplicatifs (3)

Séance 2 — 30 min

Résoudre des problèmes à deux étapes

→ MODÉLISER

Résoudre des problèmes à étapes mixant plusieurs opérations.

MATÉRIEL ET SUPPORT
- Des boites d'œufs de différentes tailles : 6 œufs, 10 œufs, 12 œufs.
- Des jetons, des cubes ou des balles de golf ou de pingpong pour remplacer les œufs.
- Trois ou quatre calculatrices simples.
- Le problème (**Materiel17.pdf**, page 2).

DÉROULEMENT DE LA SÉANCE

❶ Recherche Résoudre un problème multiplicatif deux étapes	20 min	Manipulation Expérimentation Travail individuel
❷ Mise en commun Représenter la situation à l'aide d'un schéma en barres.	10 min	Verbalisation Abstraction Oral collectif

❶ Recherche

Matériel 17

Appropriation du problème (animation **Séquence 17**)
Présenter des boites de 6, 10 et 12 œufs apportées par les élèves. Expliquer que la classe va travailler sur des énoncés de problèmes où il est question de personnes qui achètent des œufs.

Faire résoudre le problème individuellement dans un cahier.

Séquence 17

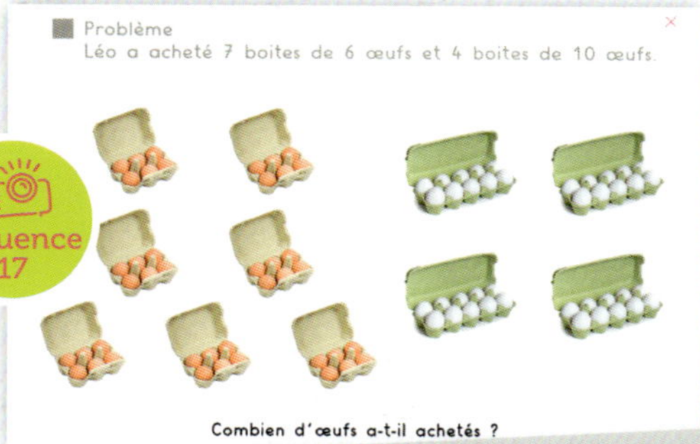

DIFFÉRENCIATION
- Un groupe d'élèves travaille avec l'enseignant pour résoudre le problème en utilisant le matériel (boites à œufs, jetons, cubes ou balles de pingpong pour remplacer les œufs).

Procédures observées

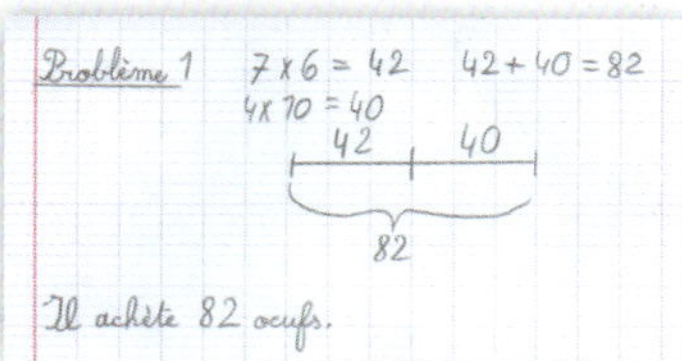

Utilise un schéma du type parties-tout puis calcule (7 x 6) + (4 x 10).

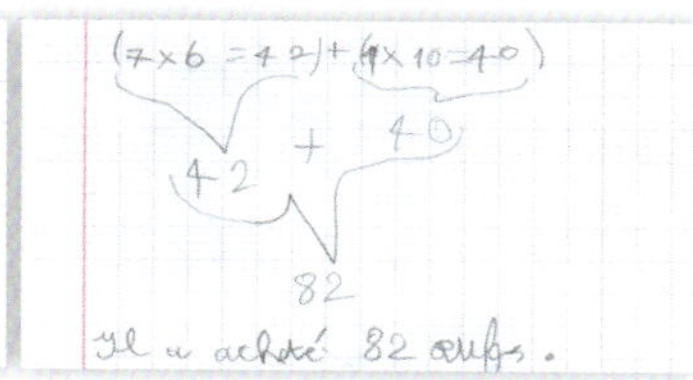

Utilise un arbre de calculs faisant apparaitre le calcul (7 x 6) + (4 x 10).

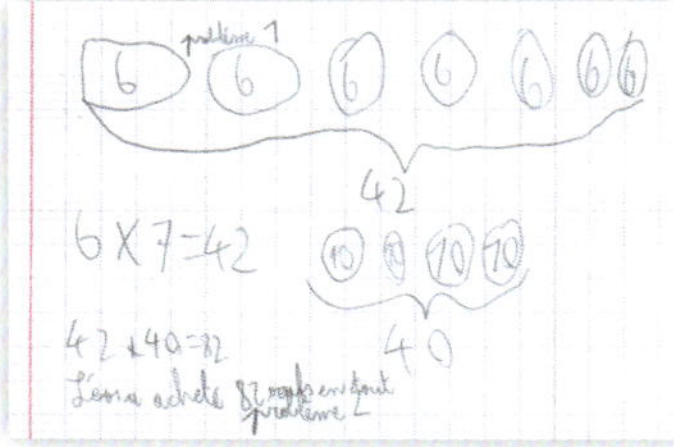

Utilise un schéma faisant apparaitre les parties égales d'un tout et effectue les calculs qui correspondent.

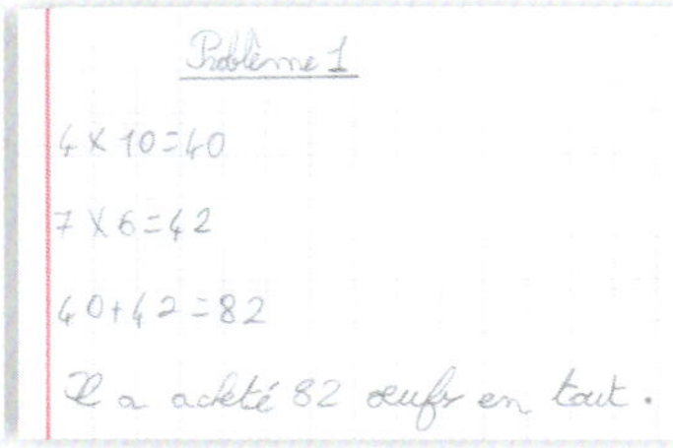

Résout le problème sans faire de schéma. Modélise et effectue les calculs correctement.

❷ Mise en commun

Après la mise en commun des procédures utilisées pour résoudre ce problème, demander aux élèves de chercher quel schéma on pourrait réaliser pour aider des élèves qui n'auraient pas compris. Plusieurs manières de représenter le problème à l'aide d'un schéma sont présentées au tableau à l'aide d'un visualiseur.

Présenter ensuite, à l'aide de l'animation **Séquence 17**, le schéma utilisé l'année passée par une classe de CE2 en précisant que les élèves ne sont pas obligés de l'utiliser. Expliquer qu'il peut aider certains d'entre eux à mieux comprendre le problème.

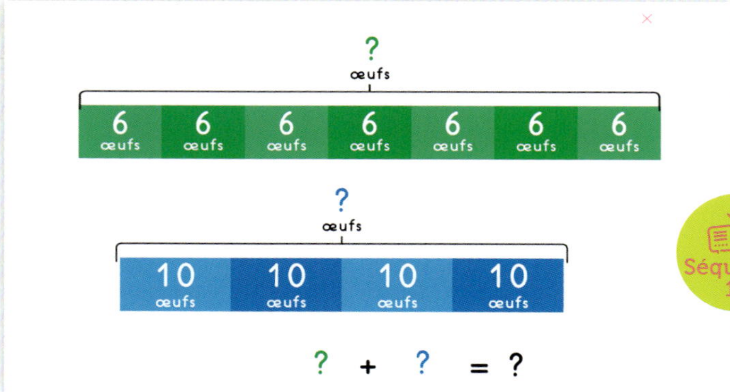

Séquence 17

Séance 3 — 30 min

Bilan des apprentissages

Les élèves font individuellement les exercices 1 à 6 du cahier de l'élève *Maths au CE2*.

(Ils résolvent les problèmes 5 et 6 dans un autre cahier.)

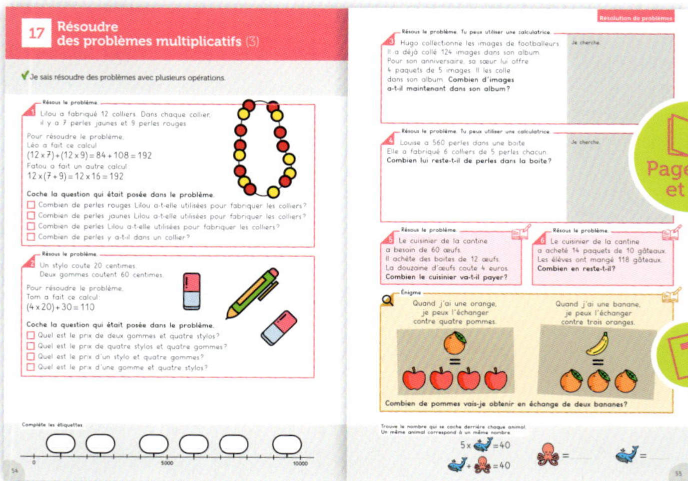

Pages 54 et 55

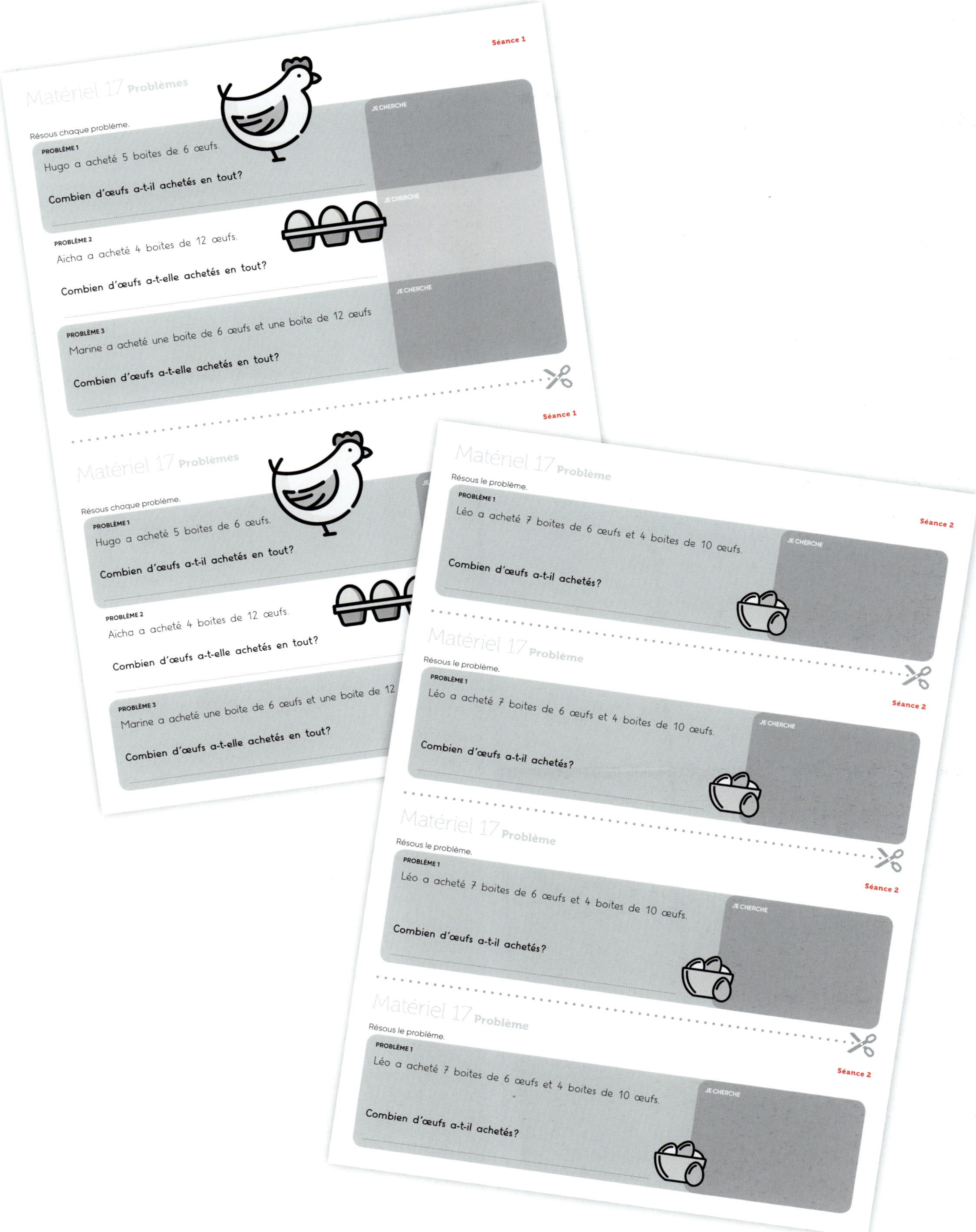

Séance 1

Matériel 17 Problèmes

Résous chaque problème.

PROBLÈME 1

Hugo a acheté 5 boites de 6 œufs.

Combien d'œufs a-t-il achetés en tout?

JE CHERCHE

PROBLÈME 2

Aïcha a acheté 4 boites de 12 œufs.

Combien d'œufs a-t-elle achetés en tout?

JE CHERCHE

PROBLÈME 3

Marine a acheté une boite de 6 œufs et une boite de 12 œufs

Combien d'œufs a-t-elle achetés en tout?

JE CHERCHE

Séance 1

Matériel 17 Problèmes

Résous chaque problème.

PROBLÈME 1

Hugo a acheté 5 boites de 6 œufs.

Combien d'œufs a-t-il achetés en tout?

PROBLÈME 2

Aïcha a acheté 4 boites de 12 œufs.

Combien d'œufs a-t-elle achetés en tout?

PROBLÈME 3

Marine a acheté une boite de 6 œufs et une boite de 12

Combien d'œufs a-t-elle achetés en tout?

Matériel 17 Problème

Résous le problème.

Séance 2

PROBLÈME 1

Léo a acheté 7 boites de 6 œufs et 4 boites de 10 œufs.

Combien d'œufs a-t-il achetés?

JE CHERCHE

Matériel 17 Problème

Résous le problème.

Séance 2

PROBLÈME 1

Léo a acheté 7 boites de 6 œufs et 4 boites de 10 œufs.

Combien d'œufs a-t-il achetés?

JE CHERCHE

Matériel 17 Problème

Résous le problème.

Séance 2

PROBLÈME 1

Léo a acheté 7 boites de 6 œufs et 4 boites de 10 œufs.

Combien d'œufs a-t-il achetés?

JE CHERCHE

Matériel 17 Problème

Résous le problème.

Séance 2

PROBLÈME 1

Léo a acheté 7 boites de 6 œufs et 4 boites de 10 œufs.

Combien d'œufs a-t-il achetés?

JE CHERCHE

18 Multiplier un nombre par 10, 100, 1 000

Séance 1 — 45 min

Multiplier par 10 et par 100

→ **REPRÉSENTER**

Calculer mentalement des produits : multiplier par 10 ou par 100.

DÉROULEMENT DE LA SÉANCE

1 Réactivation Multiplier par 10, par 100, des nombres inférieurs à 10.	5 min	**Verbalisation** Oral collectif
2 Recherche Multiplier par 10 un nombre de deux chiffres.	10 min	**Expérimentation** Travail individuel
3 Institutionnalisation Comprendre la procédure visée pour multiplier par 10. Visualiser le déplacement des chiffres à l'aide du *glisse nombre*.	10 min	**Verbalisation Abstraction** Oral collectif
4 Nouvelle recherche Multiplier par 100 un nombre de deux chiffres.	10 min	**Expérimentation** Travail individuel
5 Institutionnalisation Comprendre la procédure visée pour multiplier par 100. Visualiser le déplacement des chiffres à l'aide du *glisse nombre*.	10 min	**Verbalisation Abstraction** Oral collectif

1 Réactivation

Faire calculer individuellement aux élèves sur l'ardoise **7 x 10** et **7 x 100** avec la méthode de leur choix.

Rappeler que 7 x 10, c'est 7 fois une dizaine ; cela donne 7 dizaines, c'est-à-dire 70.

Rappeler que 7 x 100, c'est 7 fois une centaine ; cela donne 7 centaines, c'est-à-dire 700.

Proposer d'autres calculs si nécessaire :

10 x 6 9 x 100 4 x 10 100 x 6

« Dans 500, combien de fois 100 ? » « Dans 80, combien de fois 10 ? »

2 Recherche

Faire calculer sur l'ardoise **10 x 23** avec la méthode de son choix.

Inventorier et confronter les procédures utilisées.

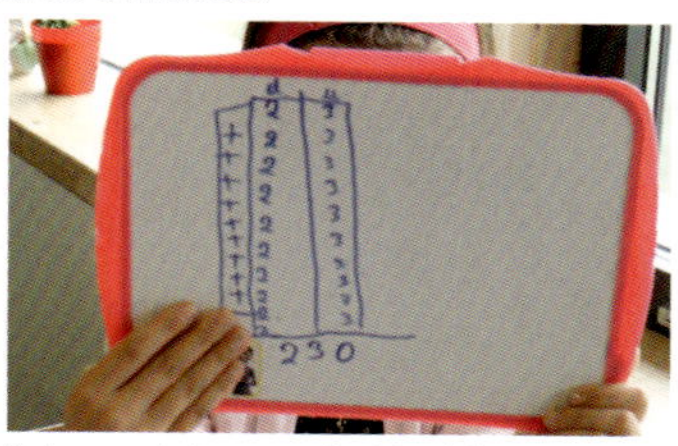

Ces élèves utilisent l'addition réitérée. Faire constater que c'est fastidieux.

Cet élève réinvestit le fait que 10 x 23 et 23 x 10 donnent le même résultat. Faire constater que c'est long à écrire et à calculer.

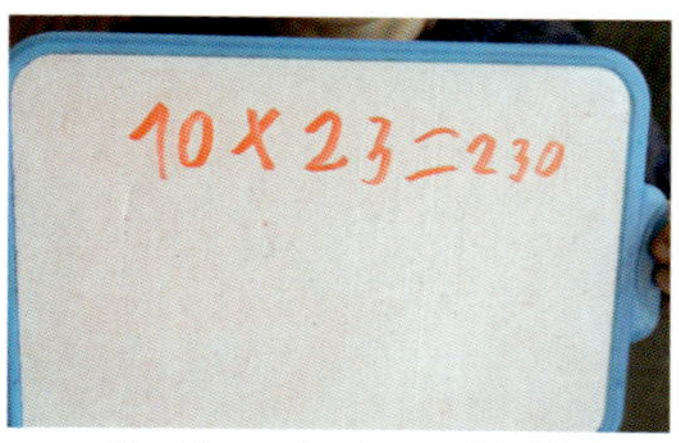

Cet élève verbalise que ***10 x 23****, c'est* ***« 23 fois une dizaine »****, c'est* ***« 23 dizaines, cela fait 230 »****.*

Faire comprendre qu'il faut utiliser la commutativité de la multiplication et que donc pour calculer 10 x 23, je peux calculer 23 x 10, c'est plus rapide pour obtenir directement le résultat.

3 Institutionnalisation

Séquence 18

Utiliser l'animation **Séquence 18** pour reformuler les procédures visées.

Procédures visées

- **Pour calculer 10 x 23, je peux changer l'ordre des nombres. Pour calculer plus facilement, je calcule 23 x 10.**
- **23 x 10, c'est 23 fois 1 dizaine ; cela fait 23 dizaines. 23 dizaines s'écrit aussi 230. 10 x 23 = 230**

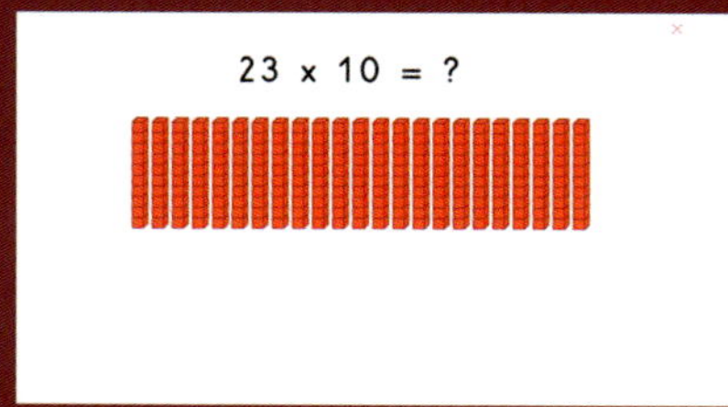

23 x 10, c'est 23 fois une dizaine.

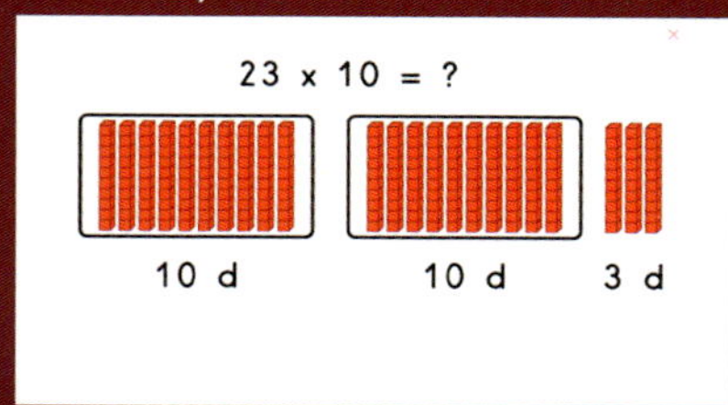

23 dizaines, c'est 10 dizaines + 10 dizaines + 3 dizaines.

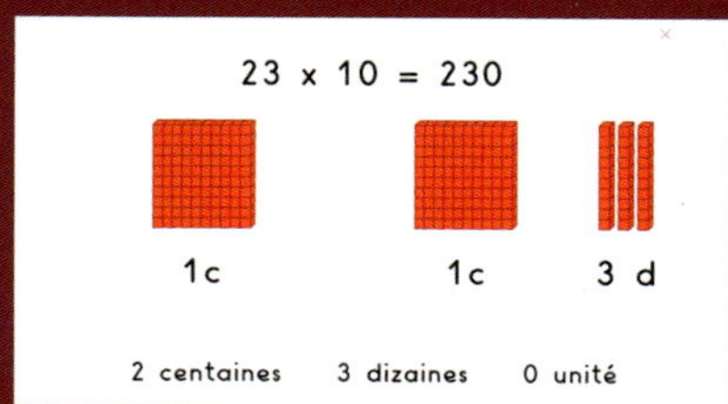

10 dizaines, c'est une centaine donc on obtient 2 centaines et 3 dizaines.

- **Je peux aussi calculer 10 x 3u puis 10 x 2d. Visualiser le déplacement des chiffres dans le tableau des nombres :**

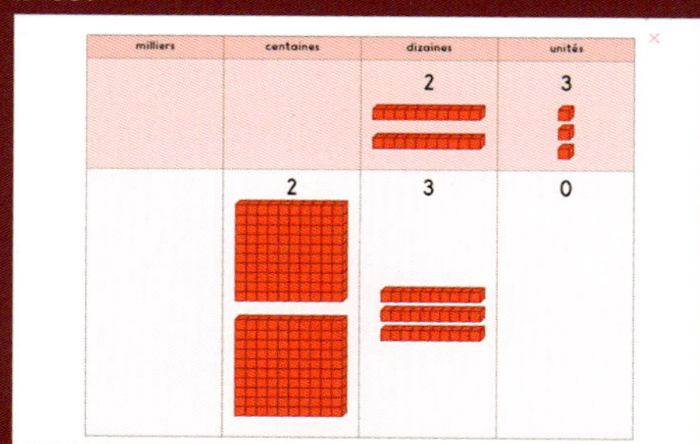

- **Multiplier par 10, c'est donner à chaque chiffre une valeur 10 fois plus grande, le chiffre des unités devient donc le chiffre des dizaines, le chiffre des dizaines devient donc le chiffre des centaines. Il faut écrire un zéro dans la colonne des unités.**
- **Décomposer 23 en 2 dizaines et 3 unités dans le tableau de numération. Chaque terme est pris 10 fois. En multipliant 1 unité par 10, on obtient une dizaine. Donc, si on multiplie 3 unités par 10, on obtient 3 dizaines. En multipliant 1 dizaine par 10, on obtient 10 dizaines c'est-à-dire une centaine. Donc en multipliant 2 dizaines par 10, on obtient 2 centaines.**

Visualiser le déplacement des chiffres à l'aide du *glisse nombre* (animation **Séquence 18**).

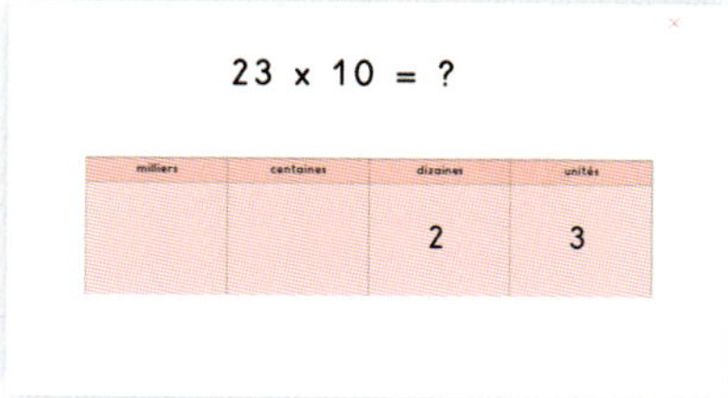

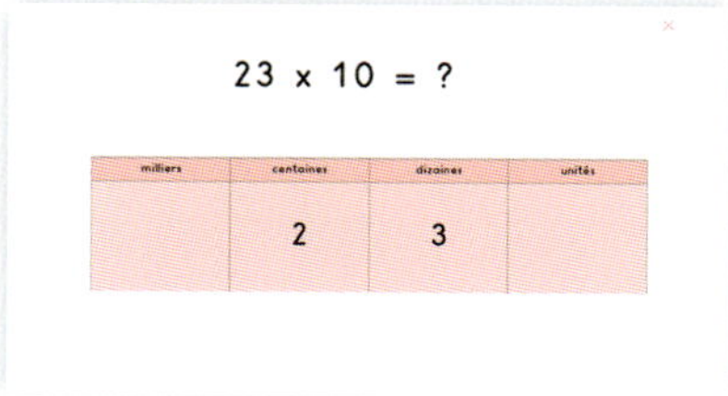

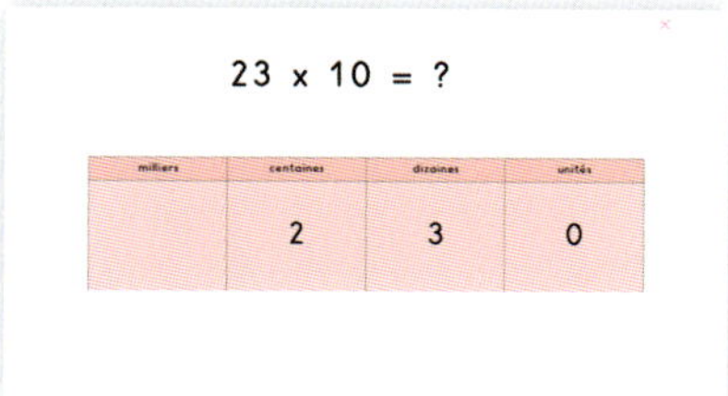

❹ Nouvelle recherche

Faire calculer sur l'ardoise **100 x 23** avec la méthode de son choix.

Inventorier et confronter les procédures utilisées.

❺ Institutionnalisation

Séquence 18

Utiliser l'animation **Séquence 18** pour reformuler les procédures visées.

Procédures visées

- **Pour calculer 100 x 23, je change l'ordre des nombres. Pour calculer plus facilement, je calcule 23 x 100.**
- **23 x 100, c'est *23 fois 1 centaine*. 10 centaines, c'est un millier donc 23 centaines, c'est 2 milliers et 3 centaines. 2 milliers et 3 centaines s'écrit 2 300. 100 x 23 = 2 300**
- **Multiplier par 100, c'est donner à chaque chiffre une valeur 100 fois plus grande, le chiffre des unités devient donc le chiffre des centaines, le chiffre des dizaines devient donc le chiffre des milliers. Une unité devient une centaine. Une dizaine devient un millier.**

Visualiser le déplacement des chiffres dans le tableau des nombres.

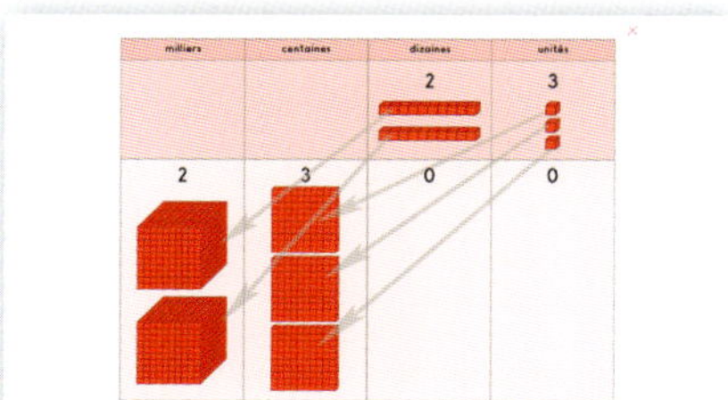

Visualiser le déplacement des chiffres à l'aide du *glisse nombre*.

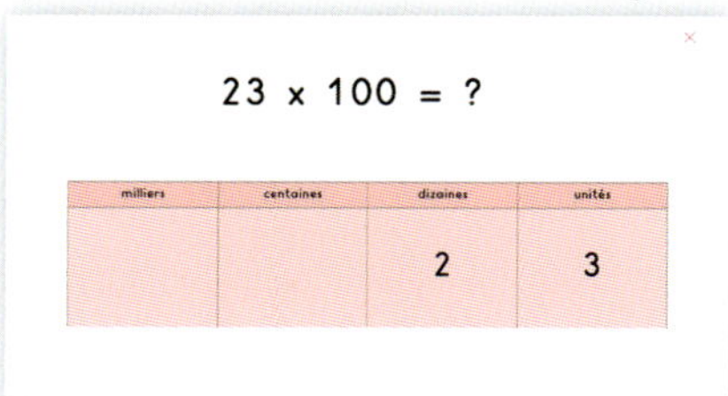

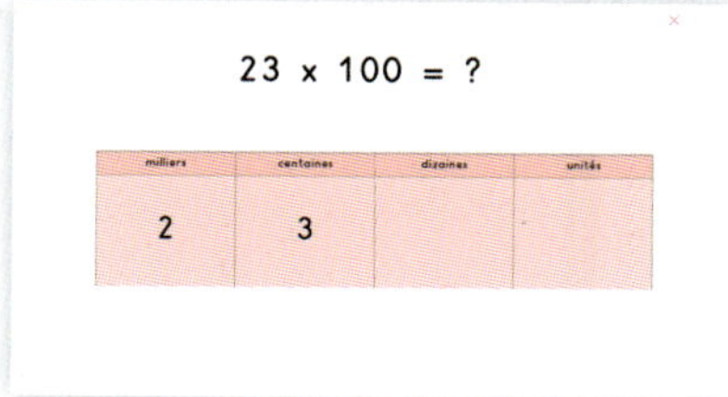

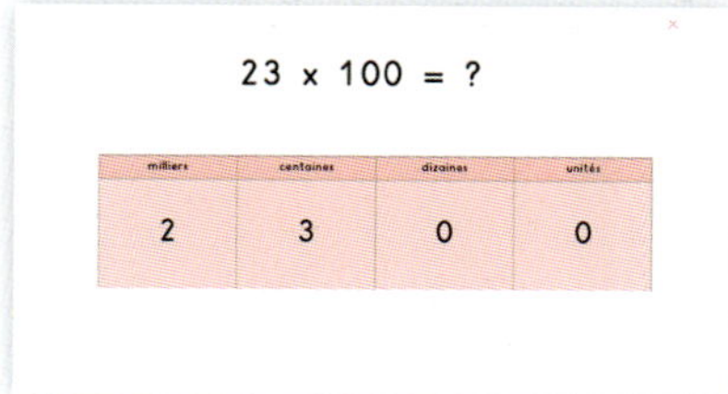

Séance 2

30 min

Utiliser le *glisse nombre*

→ **CALCULER**

Calculer mentalement des produits : multiplier par 10, par 100 et par 1000.

MATÉRIEL ET SUPPORT

- Un *glisse nombre* par élève : le corps du *glisse nombre* est fourni sur la **planche 9** du cahier de l'élève ***Maths au CE2*** ; la bande coulissante est à fabriquer (Prendre une feuille A4 assez épaisse, la plastifier, découper des bandes de 2,5 cm de large et de 21 cm de long. Chacune servira plusieurs fois à un élève qui y écrira les nombres au feutre effaçable).

DÉROULEMENT DE LA SÉANCE

❶ Recherche Calculer 87 x 10 puis 56 x 100 avec le *glisse nombre*.	5 min	Abstraction Verbalisation Travail individuel
❷ Entraînement Effectuer les exercices 1 et 2 du cahier de l'élève ***Maths au CE2***.	5 min	Abstraction Travail individuel
❸ Nouvelle recherche Calculer 5 x 1000 puis 7 x 1000 avec le *glisse nombre*.	10 min	Abstraction Verbalisation Travail individuel
❹ Consolidation Effectuer les exercices 3 et 4 du cahier de l'élève ***Maths au CE2***.	10 min	Abstraction Travail individuel

❶ Recherche

Matériel 18

Présenter le *glisse nombre* (collectif **Materiel18.pdf**, page 1).

Faire calculer 87 x 10 puis 56 x 100 avec le *glisse nombre*.

Procédures visées

a) Multiplier 87 par 10

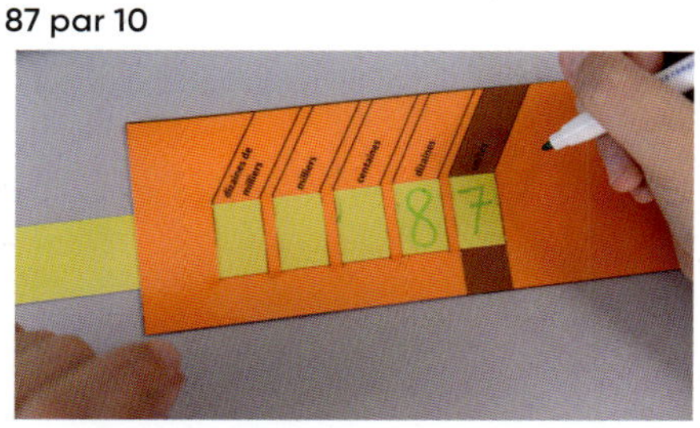

Écrire le nombre 87 sur la bande qui coulisse en plaçant les chiffres dans les bonnes colonnes. Chercher de combien de rangs il faut faire glisser la bande pour obtenir le résultat.

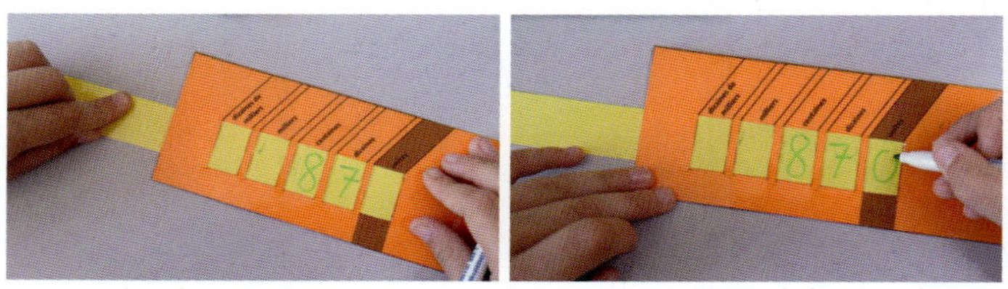

Faire glisser d'un rang vers la gauche pour multiplier par 10. Écrire 0 dans la colonne des unités. On obtient 87 dizaines et 0 unité, c'est-à-dire 870.

18 Multiplier un nombre par 10, 100, 1 000

b) Multiplier 56 par 100

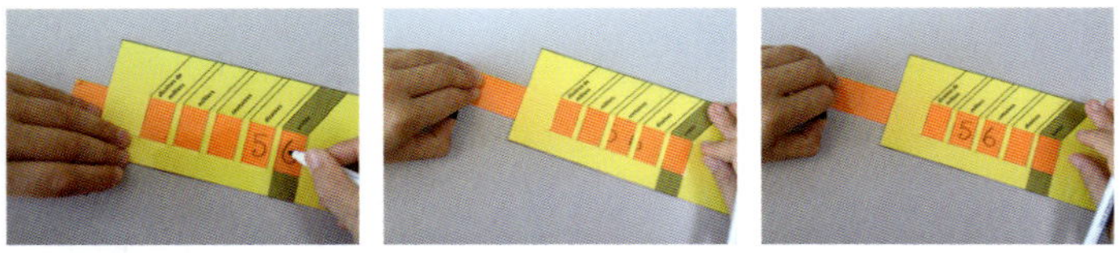

Écrire le nombre 56 sur la bande qui coulisse en plaçant les chiffres dans les bonnes colonnes. Chercher de combien de rangs il faut faire glisser la bande pour obtenir le résultat. Faire glisser de deux rangs vers la gauche pour multiplier par 100. Écrire 0 dans la colonne des dizaines et 0 dans la colonne des unités On obtient 56 centaines 0 dizaine et 0 unité c'est-à-dire 5 600.

❷ Entrainement

Les élèves effectuent les exercices 1 et 2 du cahier de l'élève ***Maths au CE2.***

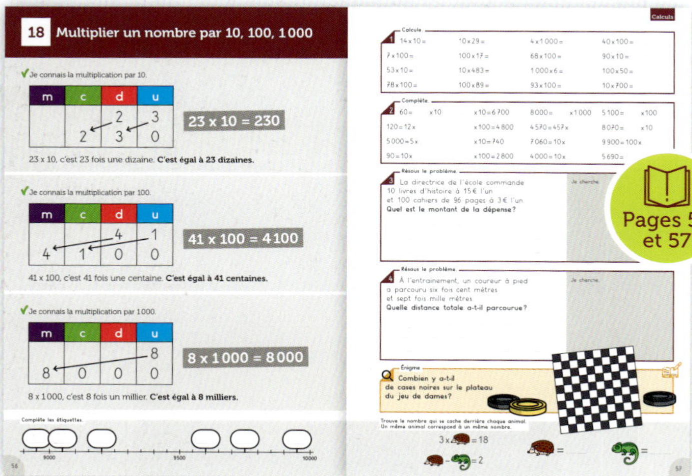

18 Multiplier un nombre par 10, 100, 1 000

Je connais la multiplication par 10.

23 x 10 = 230

23 x 10, c'est 23 fois une dizaine. C'est égal à 23 dizaines.

Je connais la multiplication par 100.

41 x 100 = 4 100

41 x 100, c'est 41 fois une centaine. C'est égal à 41 centaines.

Je connais la multiplication par 1000.

8 x 1000 = 8 000

8 x 1000, c'est 8 fois un millier. C'est égal à 8 milliers.

Pages 56 et 57

❸ Nouvelle recherche

Calculer 6 x 1000 puis 9 x 1000 avec le *glisse nombre*.

Mais aussi 87 x 1000 (ce calcul est hors programme mais permet de mieux comprendre le fonctionnement de notre numération).

Exemple 6 x 1000

Écrire le nombre 6 sur la bande qui coulisse dans la colonne des unités. Chercher de combien de rangs il faut faire glisser la bande pour obtenir le résultat : pour multiplier par 1000, il faut la glisser de trois rangs vers la gauche.
Écrire 0 dans la colonne des centaines, 0 dans la colonne des dizaines et 0 dans la colonne des unités.
On obtient 6 milliers, 0 centaine, 0 dizaine et 0 unité.
Cela fait 6 000.

❹ Consolidation

Les élèves effectuent les exercices 3 et 4 du cahier de l'élève ***Maths au CE2.***

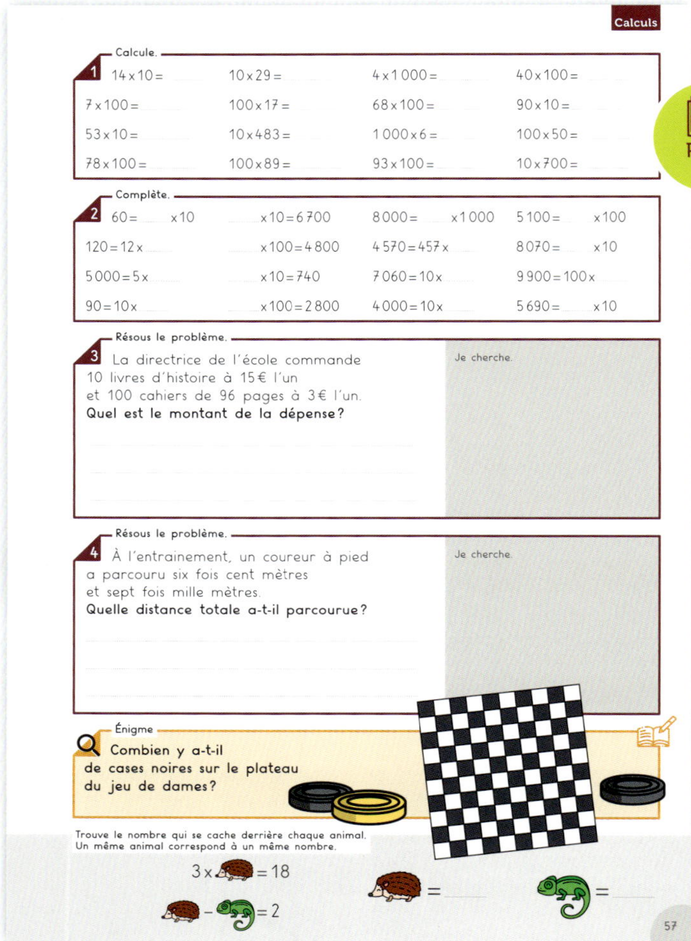

Calculs

1 Calcule.

14 x 10 =	10 x 29 =	4 x 1 000 =	40 x 100 =
7 x 100 =	100 x 17 =	68 x 100 =	90 x 10 =
53 x 10 =	10 x 483 =	1 000 x 6 =	100 x 50 =
78 x 100 =	100 x 89 =	93 x 100 =	10 x 700 =

2 Complète.

60 = ... x 10	... x 10 = 6 700	8 000 = ... x 1 000	5 100 = ... x 100
120 = 12 x ...	... x 100 = 4 800	4 570 = 457 x ...	8 070 = ... x 10
5 000 = 5 x ...	... x 10 = 740	7 060 = 10 x ...	9 900 = 100 x ...
90 = 10 x ...	... x 100 = 2 800	4 000 = 10 x ...	5 690 = ... x 10

3 Résous le problème.

La directrice de l'école commande 10 livres d'histoire à 15 € l'un et 100 cahiers de 96 pages à 3 € l'un.
Quel est le montant de la dépense ?

Je cherche.

4 Résous le problème.

À l'entrainement, un coureur à pied a parcouru six fois cent mètres et sept fois mille mètres.
Quelle distance totale a-t-il parcourue ?

Je cherche.

Énigme

Combien y a-t-il de cases noires sur le plateau du jeu de dames ?

Trouve le nombre qui se cache derrière chaque animal. Un même animal correspond à un même nombre.

3 x 🦔 = 18

🦔 – 🦎 = 2

🦔 = ... 🦎 = ...

57

Page 57

COIN MATHS

Matériel 18

Apports du *glisse nombre*

- Le *glisse nombre* est un outil permettant d'illustrer le fait que, lorsqu'on multiplie ou divise un nombre par une puissance de 10, ce sont les chiffres qui composent le nombre qui prennent une valeur 10 fois supérieure ou 10 fois inférieure.
- Cet outil présente l'avantage de donner à voir, physiquement, les chiffres se déplacer dans la colonne de gauche où leur valeur sera dix fois plus grande, ou dans la colonne de droite où leur valeur sera dix fois plus petite.

Dizaines de milliers
Milliers
Centaines
Dizaines
Unités
5
6
0
0

15 min par jour

Calcul mental

- Écrire en chiffres les nombres de 0 à 9 999
- Connaitre la table de multiplication de 8.

Séance 1

❶ Dictée de nombres jusqu'à 9 999 — 1 min

Écrire les nombres en chiffres sur l'ardoise : *« **quatre-mille-deux** »* et *« **sept-mille-sept-cent-soixante-dix-sept** »*.

❷ Table de multiplication par 4 : évaluation — 4 min

L'enseignant propose l'évaluation de **MaterielCalcul14.pdf**, page 1.

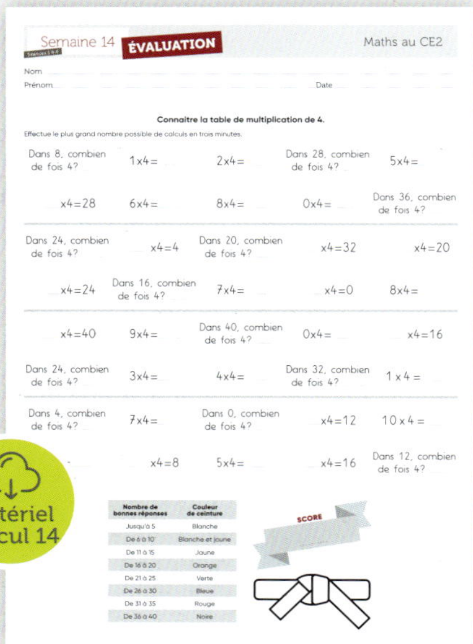
Semaine 14 ÉVALUATION — Maths au CE2

Nom

Prénom Date

Connaitre la table de multiplication de 4.

Effectue le plus grand nombre possible de calculs en trois minutes.

Dans 8, combien de fois 4 ?	1x4=	2x4=	Dans 28, combien de fois 4 ?	5x4=
x4=28	6x4=	8x4=	0x4=	Dans 36, combien de fois 4 ?
Dans 24, combien de fois 4 ?	x4=4	Dans 20, combien de fois 4 ?	x4=32	x4=20
x4=24	Dans 16, combien de fois 4 ?	7x4=	x4=0	8x4=
x4=40	9x4=	Dans 40, combien de fois 4 ?	0x4=	x4=16
Dans 24, combien de fois 4 ?	3x4=	4x4=	Dans 32, combien de fois 4 ?	1 x 4 =
Dans 4, combien de fois 4 ?	7x4=	Dans 0, combien de fois 4 ?	x4=12	10 x 4 =
	x4=8	5x4=	x4=16	Dans 12, combien de fois 4 ?

Nombre de bonnes réponses	Couleur de ceinture
Jusqu'à 5	Blanche
De 6 à 10	Blanche et jaune
De 11 à 15	Jaune
De 16 à 20	Orange
De 21 à 25	Verte
De 26 à 30	Bleue
De 31 à 35	Rouge
De 36 à 40	Noire

SCORE

Matériel Calcul 14

Lorsque les 3 minutes sont écoulées, demander aux élèves de prendre un stylo d'une autre couleur et de terminer les calculs.

❸ Table de multiplication par 8 : découverte — 10 min

Découverte

0x8 1x8 2x8 3x8 4x8 5x8 10x8

Proposer oralement un par un les calculs sans contrainte de temps à l'aide de l'animation **Calcul 14**. Les élèves répondent sur l'ardoise.

Repérer les résultats déjà connus dans la table de 8.

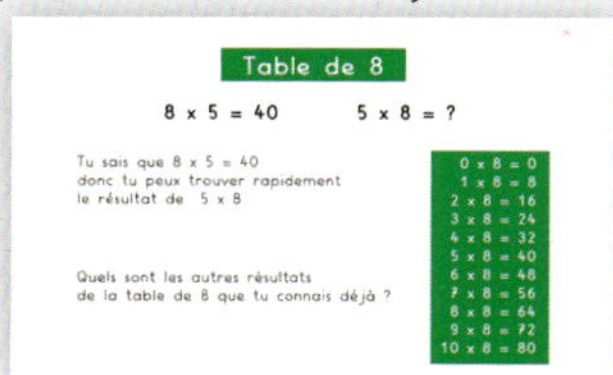

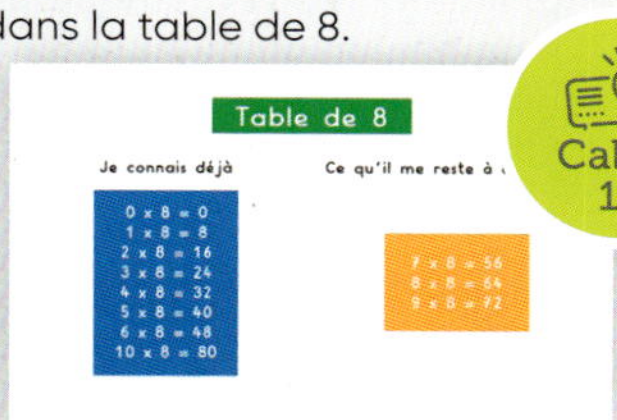

Calcul 14

Séance 2

Calcul 14

❶ Dictée de nombres jusqu'à 9 999 — 1 min

Écrire les nombres en chiffres sur l'ardoise : *« **six-mille-cinquante** »* et *« **huit-mille-trois-cents** »*.

❷ Table de multiplication par 4 : consolidation — 4 min

Proposer les calculs où les erreurs ont été les plus fréquentes lors de l'évaluation de la séance 1.

Poser les questions une à une oralement en demandant une réponse immédiate. Les élèves répondent sur l'ardoise.

❸ Table de multiplication par 8 : découverte — 10 min

6x8 7x8 8x8 9x8

Proposer oralement un par un les calculs sans contrainte de temps à l'aide de l'animation **Calcul 14**. Les élèves répondent sur l'ardoise.

Séance 3

❶ Dictée de nombres jusqu'à 9 999 — 1 min

Écrire sur l'ardoise les nombres en chiffres : *« **cinq-mille** »* et *« **deux-mille-neuf-cent-quatre-vingt-dix-huit** »*.

❷ Table de multiplication par 4 : mémorisation — 4 min

Mémoriser la table de multiplication de 4 à l'aide de la barre des tables de l'animation **Calcul 14**.

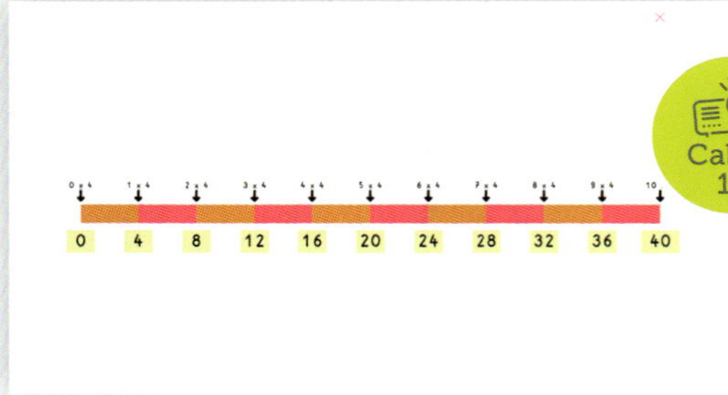

Calcul 14

❸ Table de multiplication par 8 : entrainement — 10 min

Proposer oralement un par un les calculs sans contrainte de temps. Les élèves répondent sur l'ardoise.

Varier les questions :
« 10x8 », « 7x8 = ? », « Dans 72 combien de fois 8 ? », « Combien de fois 8 pour faire 48 ? », « ?x8 = 40 », « 0x8 = ? », « Combien de fois 8 pour faire 16 ? », « Dans 80 combien de fois 8 ? », « 8x8 = ? », « ?x8 = 8 », « 9x8 = ? », « ?x8 = 32 ».

Séance 4

Matériel Calcul 14

❶ Dictée de nombres jusqu'à 9 999 — 1 min

Écrire les nombres en chiffres sur l'ardoise : *« **neuf-mille-six-cent-neuf** »* et *« **cinq-mille-quarante-deux** »*.

❷ Table de multiplication par 4 : évaluation — 4 min

Proposer à nouveau l'évaluation de la séance 1 (**MaterielCalcul14.pdf**, page 1).

❸ Table de multiplication par 8 : réinvestissement — 10 min

- Mémoriser la table de multiplication de 8 à l'aide de la barre des tables de l'animation **Calcul 14**.

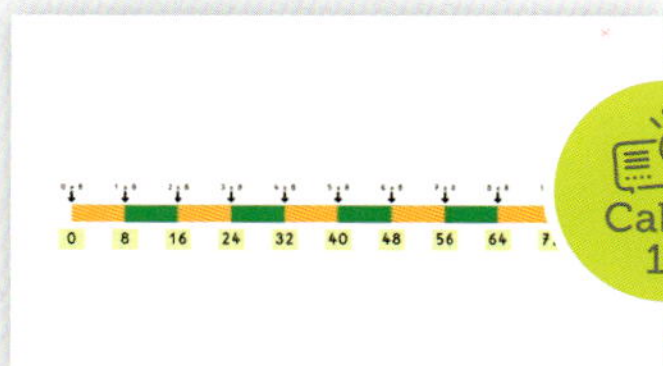

Calcul 14

- Résoudre sur l'ardoise les petits problèmes oraux.

*« Une place de cinéma coute 8 €. **Quel est le prix de 4 places ?** »*

*« Huit personnes se partagent 48 kilos de pommes. **Quelle quantité de pommes chaque personne aura-t-elle ?** »*

*« Hugo a 9 enveloppes. Dans chaque enveloppe, il met 8 images. **Combien Hugo a-t-il d'images en tout ?** »*

*« Chaque cagette de melons pèse 8 kg. **Combien pèsent 5 cagettes de melons ?** »*

*« En jouant aux fléchettes, Alice a marqué 7 points. Fatou en a marqué 8 fois plus. **Combien de points Fatou a-t-elle marqués ?** »*

Calcul@tice Les élèves travaillent en autonomie sur les ordinateurs de la classe

calculatice.ac-lille.fr > les exercices > Niveau CE2

- Table de x 4 : **Les opérations à trous**
- Table de x 8 : **Quadricalc** et **L'oiseau**
- Résoudre des problèmes : **Le banquier**

45 min par semaine

Atelier problèmes
Résoudre des problèmes multiplicatifs en une ou deux étapes

Page 61 — Atelier 14

CHERCHONS ENSEMBLE

Résous les problèmes.

Problème 1 La directrice commande du matériel à la librairie. Aide-la à compléter le bon de commande.

	Quantité	Prix unitaire en €	Prix total en €
Compas	9	3	
Règle	8	2	
Trousse		4	20
Agrafeuse	2		12
Total à payer			

Problème 2 Monsieur Lambert est électricien. Il commande des outils pour ses employés. Aide-le à compléter le bon de commande.

	Quantité	Prix unitaire en €	Prix total en €
Marteau	2	14	
Tournevis	7		28
Perceuse	3	200	
Pince		3	12
Frais de port			13 €
Total à payer			

JE M'ENTRAINE

Résous les problèmes dans un cahier.

Commence par ceux avec le symbole ✖ puis résous les problèmes de ton choix.
Essaie d'en résoudre le plus possible.

✖ Problème 3 Madame Frémot achète 8 parts de tarte aux pommes à 3 € l'une. **Peut-elle payer cet achat avec le billet de 20 € qu'elle a dans son portemonnaie ?**

Problème 4 Pour son gouter d'anniversaire, Nassim a préparé 2 tartes aux abricots. Dans chaque tarte, il découpe 8 parts. Ses 9 invités, ses parents et lui-même mangent une part. **Combien de parts de tarte reste-t-il ?**

Problème 5 Lilou et Tom préparent des bouquets de 6 roses chacun. Lilou fabrique 3 bouquets et Tom 5 bouquets. **Combien de roses utilisent-ils à eux deux ?**

✖ Problème 6 Monsieur Harpagon a 3 690 € dans son coffre-fort. Il retire 8 billets de 5 € et 5 billets de 10 €. **Combien d'argent reste-t-il dans son coffre ?**

Problème 7 Un pâtissier a préparé 4 tartes aux pommes. Il découpe 6 parts dans chaque tarte. Une part de tarte coute 3 €. **Combien d'argent recevra-t-il s'il vend toutes les parts ?**

19 Multiplier un nombre par 20, 30, 40… 200, 300, 400…

Séance 1 — 30 min

Calculer en ligne 20 x 6

→ CALCULER

Calculer en ligne des produits du type 20 x 6, 50 x 8, 6 x 40.

DÉROULEMENT DE LA SÉANCE

1 Recherche Calculer 20 x 6.	10 min	**Expérimentation** Travail individuel
2 Entrainement Multiplier par 20, 30, 40, 50 un nombre inférieur à 10.	10 min	**Abstraction** Travail individuel
3 Consolidation Multiplier par 20, 30, 40, 50 un nombre inférieur à 10.	10 min	

1 Recherche

Le problème est présenté oralement.

« Un cuisinier a acheté 20 boites de 6 œufs.
***Combien d'œufs a-t-il achetés ?** »*

Écrire les données du problème au tableau et demander aux élèves de proposer un calcul pour trouver la réponse.

Consigne « Calculez sur l'ardoise 20 x 6 avec la méthode de votre choix. »

Inventorier et confronter les procédures utilisées

Procédures visées

- Pour calculer 20 x 6, je change l'ordre des nombres : pour calculer plus facilement, je calcule 6 x 20.
  « 6 x 20, c'est 6 fois 2 dizaines. 6 fois 2 dizaines, c'est 12 dizaines. 12 dizaines, c'est 120. Donc 20 x 6 = 120. »
  Je calcule d'abord 6 x 2 puis je multiplie le résultat par 10.
  6 x 20 = 6 x (2 x 10) = (6 x 2) x 10 = 12 x 10 = 120
  Pour multiplier par 20, on peut multiplier par 2 puis par 10.
- *« 6 x 20, c'est 6 fois 1 dizaine plus 6 fois 1 dizaine.*
  C'est 6 dizaines + 6 dizaines.
  C'est 2 fois 6 dizaines, c'est 12 dizaines. »
  6 x 20 = 6 x (10 x 2) = (6 x 10) x 2 = 60 x 2 = 120
  Pour multiplier par 20, on peut multiplier par 10 puis par 2.

2 Entrainement

Les calculs sont écrits au tableau.
Les élèves effectuent les calculs dans un cahier.

7 x 20 = ?
Rappeler que pour multiplier par 20,
on peut multiplier par 2 puis par 10 ou multiplier par 10 puis par 2.

40 x 6 = ?
Conclure que pour multiplier par 40,
on peut multiplier par 4 puis par 10 ou multiplier par 10 puis par 4.

50 x 8 = ?
Conclure que pour multiplier par 50,
on peut multiplier par 5 puis par 10 ou multiplier par 10 puis par 5.

3 Consolidation

Pages 58 et 59

Les élèves effectuent les exercices 1 et 2 du cahier de l'élève.

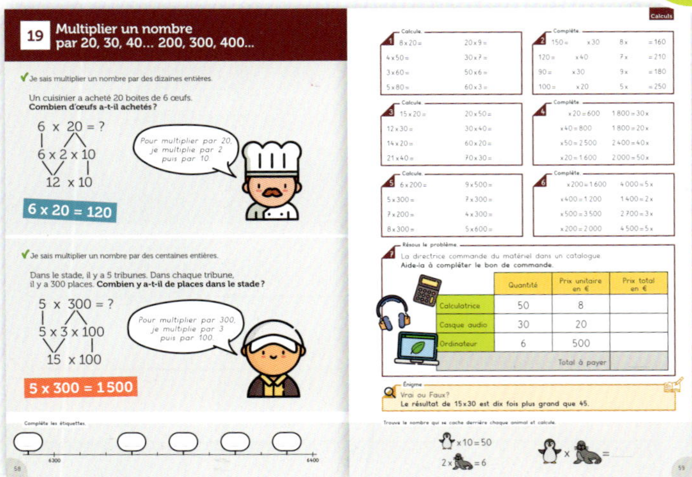

Séance 2 — 30 min

Calculer en ligne 16 x 20

→ CALCULER

Calculer en ligne des produits du type 16 x 20, 30 x 14.

DÉROULEMENT DE LA SÉANCE

1 Recherche Calculer 16 x 20.	10 min	**Verbalisation** Oral collectif
2 Entrainement Multiplier par 20, 30, 40, 50 un nombre à deux chiffres.	10 min	**Abstraction** Travail individuel
3 Consolidation Multiplier par 20, 30, 40, 50 un nombre à deux chiffres.	10 min	

1 Recherche

Le problème est présenté oralement.

*« Pour la fête de l'école, la directrice a acheté 16 paquets de 20 ballons de baudruche. **Combien de ballons a-t-elle achetés ?** »*

Écrire les données du problème au tableau et demander aux élèves de proposer un calcul pour trouver la réponse.

Consigne « Calculez sur l'ardoise 16 x 20 avec la méthode de votre choix. »

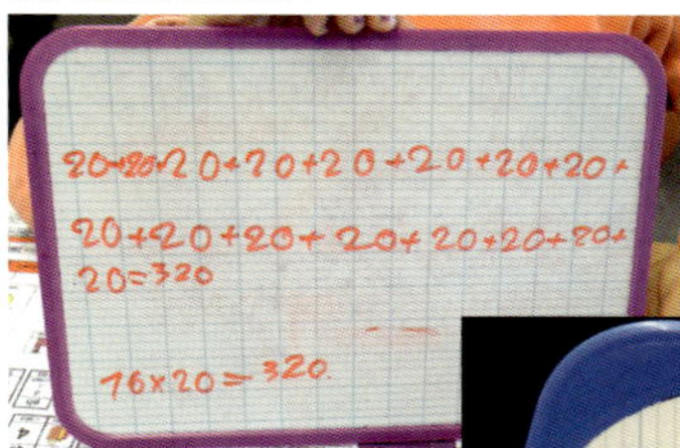

Utilise l'addition réitérée.

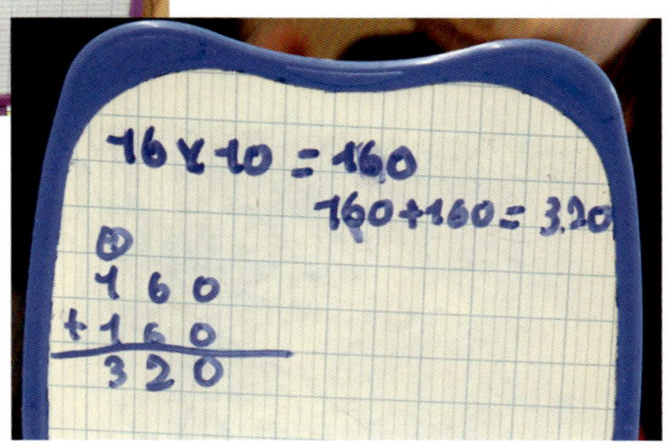

Calcule (16 x 10) + (16 x 10).

Décomposent 16 en (10 + 6) puis calcule 20 x (10 + 6) = (20 x 10) + (20 x 6).

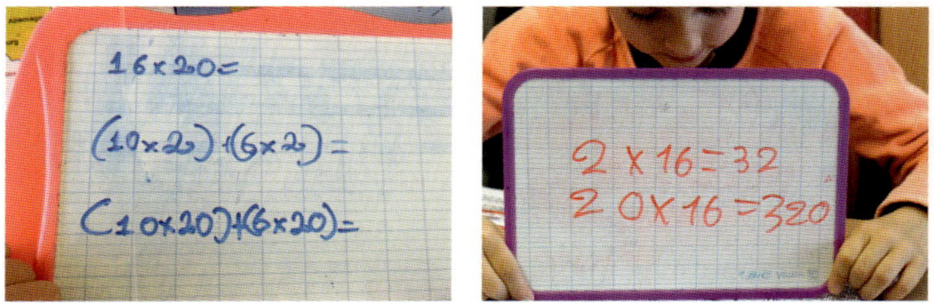

Calculent 2 x 16 puis 20 x 16.

Inventorier et confronter les procédures utilisées.

Procédures visées

- *« 16 x 20, c'est 16 fois 2 dizaines. Je calcule d'abord 16 x 2 puis je multiplie le résultat par 10. 16 x 2 = 32. Cela fait 32 dizaines. 32 dizaines s'écrit aussi 320. »*
  16 x 20 = 16 x (2 x 10) = (16 x 2) x 10 = 32 x 10 = 320
  Pour multiplier par 20, on peut multiplier par 2 puis par 10.
- 16 x 20 = 16 x (10 x 2) = (16 x 10) x 2 = 160 x 2 = 320
  Pour multiplier par 20, on peut multiplier par 10 puis par 2.

❷ Entrainement

Les calculs sont écrits au tableau.
Les élèves effectuent les calculs dans un cahier.

20 x 12 = ?
Rappeler que pour multiplier par 20,
on peut multiplier par 2 puis par 10 ou multiplier par 10 puis par 2.

30 x 14 = ?
Conclure que pour multiplier par 30,
on peut multiplier par 3 puis par 10 ou multiplier par 10 puis par 3.

12 x 40 = ?
Conclure que pour multiplier par 40,
on peut multiplier par 4 puis par 10 ou multiplier par 10 puis par 4.

30 x 50 = ?
Conclure que 30 fois 50, c'est égal à 5 x 10 x 3 x 10 et donc, à l'aide d'un arbre à calculs, égal à 5 x 3 x 10 x 10 c'est-à-dire 15 x 100 = 1 500.

☆ DIFFÉRENCIATION

Calculer 12 x 20 = ?

- Pour calculer 12 x 20, c'est 12 fois 2d, cela fait 12 x 2 x 10 = 24 x 10 = 240.

❸ Consolidation

Les élèves effectuent les exercices 3 et 4 du cahier de l'élève.

Page 59

3 Calcule.

15 x 20 =	20 x 50 =
12 x 30 =	30 x 40 =
14 x 20 =	60 x 20 =
21 x 40 =	70 x 30 =

4 Complète.

… x 20 = 600	1 800 = 30 x …
… x 40 = 800	1 800 = 20 x …
… x 50 = 2 500	2 400 = 40 x …
… x 20 = 1 600	2 000 = 50 x …

Séance 3

⌛ 30 min

Calculer en ligne 5 x 300

→ **CALCULER**

Calculer en ligne des produits du type 5 x 300.

DÉROULEMENT DE LA SÉANCE

❶ **Recherche** Calculer 5 x 300.	5 min	**Expérimentation** Travail individuel
❷ **Entrainement** Multiplier un nombre à un chiffre par des centaines entières.	10 min	**Abstraction** Travail individuel
❸ **Consolidation** Multiplier par 200, 300, 400, 500 un nombre à un chiffre.	15 min	

❶ Recherche

Le problème est présenté oralement.

« Dans le stade, il y a 5 tribunes pour accueillir les spectateurs. Dans chaque tribune, il y a 300 places
Combien y a-t-il de places dans le stade ? »

Écrire les données du problème au tableau et demander aux élèves de proposer un calcul pour trouver la réponse.

Consigne « Calculez sur l'ardoise 5 x 300 avec la méthode de votre choix. »

Inventorier et confronter les procédures utilisées.

Procédures visées

- 5 x 300 = 5 x (3 x 100) = (5 x 3) x 100 = 15 x 100 = 1 500
  Pour multiplier par 300, on peut multiplier par 3 puis par 100.
- 5 x 300 = 5 x (100 x 3) = (5 x 100) x 3 = 500 x 3 = 1 500
  Pour multiplier par 300, on peut multiplier par 100 puis par 3.

❷ Entrainement

Les calculs sont écrits au tableau.
Les élèves effectuent les calculs dans un cahier.

300 x 4 = ?
Rappeler que pour multiplier par 300,
on peut multiplier par 3 puis par 100 ou multiplier par 100 puis par 3.

200 x 9 = ?
Conclure que pour multiplier par 200,
on peut multiplier par 2 puis par 100 ou multiplier par 100 puis par 2.

5 x 400 = ?
Conclure que pour multiplier par 400,
on peut multiplier par 4 puis par 100 ou multiplier par 100 puis par 4.

❸ Consolidation

Les élèves effectuent les exercices 5, 6 et 7 du cahier de l'élève.

5 Calcule.

6 x 200 =	9 x 500 =
5 x 300 =	7 x 300 =
7 x 200 =	4 x 300 =
8 x 300 =	5 x 600 =

6 Complète.

… x 200 = 1 600	4 000 = 5 x …
… x 400 = 1 200	1 400 = 2 x …
… x 500 = 3 500	2 700 = 3 x …
… x 200 = 2 000	4 500 = 5 x …

7 Résous le problème.

La directrice commande du matériel dans un catalogue.
Aide-la à compléter le bon de commande.

	Quantité	Prix unitaire en €	Prix total en €
Calculatrice	50	8	
Casque audio	30	20	
Ordinateur	6	500	
		Total à payer	

Page 59

19 Multiplier un nombre par 20, 30, 40… 200, 300, 400…

✔ Je sais multiplier un nombre par des dizaines entières.

Un cuisinier a acheté 20 boites de 6 œufs.
Combien d'œufs a-t-il achetés ?

$6 \times 20 = ?$

$6 \times 2 \times 10$

12×10

6 x 20 = 120

✔ Je sais multiplier un nombre par des centaines entières.

Dans le stade, il y a 5 tribunes. Dans chaque tribune, il y a 300 places. **Combien y a-t-il de places dans le stade ?**

$5 \times 300 = ?$

$5 \times 3 \times 100$

15×100

5 x 300 = 1 500

Période 3

Nombres | Calculs | Résolution de problèmes | Grandeurs et mesures | Espace et Géométrie | Apprendre à chercher*

*Pas de séquences spécifiques pour **Apprendre à chercher**.
Les énigmes du cahier de l'élève ***Maths au CE2*** permettent de développer les capacités à chercher.

ORGANISATION DE LA PÉRIODE 3

Organisation 3

Annexe 2

Les principaux apprentissages de la période 3

Calculs	**Calcul mental** • Tables de multiplication par 7, par 9 • Compléments au millier supérieur ou inférieur • Quotient et reste d'une division euclidienne par un nombre à un chiffre	• Doubles et moitiés jusqu'à 10 000 • Additions et soustractions de centaines entières • Multiplication par 19, par 18
	Calcul en ligne • Produits • Divisions par un nombre à un chiffre	**Calcul posé** • Multiplications • Soustractions de nombres à 4 chiffres
Résolution de problèmes	Résolution de problèmes de comparaison en une ou deux étapes Résolution de problèmes multiplicatifs en une ou deux étapes Résolution de problèmes du champ de la division Résolution de problèmes en plusieurs étapes mixant les opérations	
Grandeurs et mesures	Les longueurs : mètre, décimètre, centimètre, millimètre	
Espace et Géométrie	Les polygones	

Le plan de travail de la période 3

	Calcul mental 1 séance de 15 min/jour	Séquences d'apprentissage séances de 30 ou 45 min			Atelier problèmes 1 atelier de 45 min/semaine
Semaine 15	- Écrire en chiffres les nombres de 0 à 9999. - Connaitre les tables de multiplication de 7 et de 8.	20	CALCULER EN LIGNE DES PRODUITS	Séances 1 2 3 4 5	Résoudre des problèmes du champ additif : recherche de l'écart entre deux quantités ou deux valeurs lorsqu'elles sont comparées.
Semaine 16	- Écrire en chiffres les nombres de 0 à 9999. - Connaitre la table de multiplication de 9.	21	POSER ET CALCULER UNE MULTIPLICATION EN COLONNES (1)	Séances 1 2 3 4 5	Résoudre des problèmes de comparaison : déterminer l'une des quantités (ou l'une des valeurs)
Semaine 17	- Écrire les nombres en lettres jusqu'à 10 000. - Connaitre les compléments au millier supérieur ou inférieur.	22	RECONNAITRE ET DÉCRIRE UN POLYGONE	Séances 1 2 3	Reconnaitre les relations entre des quantités (ou des valeurs) dans des problèmes de comparaison.
		23	POSER ET CALCULER UNE MULTIPLICATION EN COLONNES (2)	Séances 1 2	
Semaine 18	- Compter de 10 en 10 et de 100 en 100 jusqu'à 10 000. - Connaitre les doubles et les moitiés des nombres jusqu'à 10 000.	24	POSER ET CALCULER UNE MULTIPLICATION EN COLONNES (3)	Séances 1 2 3 4 5 6	Résoudre des problèmes de comparaison en une étape.
Semaine 19	- Compter de 1000 en 1000, de 50 en 50 et de 500 en 500 jusqu'à 10 000. - Additionner ou soustraire des centaines entières.	25	MESURER DES LONGUEURS : MÈTRE, DÉCIMÈTRE, CENTIMÈTRE	Séances 1 2 3	Résoudre des problèmes de comparaison en deux étapes.
		26	MESURER DES LONGUEURS : LE MILLIMÈTRE	Séances 1 2 3	
Semaine 20	- Compter de 25 en 25. - Multiplier un nombre par 20, par 19, par 18.	27	COMPRENDRE LE SENS DE LA DIVISION (1)	Séances 1 2 3 4	Résoudre des problèmes multiplicatifs en une ou deux étapes.
		28	CALCULER DES SOUSTRACTIONS AVEC DES NOMBRES À 4 CHIFFRES	Séances 1 2	
Semaine 21	- Connaitre les tables de multiplication de 6, 7, 8 et 9. - Obtenir le quotient et le reste d'une division euclidienne par un nombre à un chiffre.	29	DIVISER PAR UN NOMBRE À UN CHIFFRE	Séances 1 2 3 4	Résoudre des problèmes en plusieurs étapes mixant les opérations.
		P3	JE RÉVISE		
			BILAN DES APPRENTISSAGES **Période 3**		

Cette progression présente les apprentissages visés au cours de la période. Chaque séance de 15 minutes débute par un court moment de travail de la numération orale ou écrite (1 minute) suivi d'un temps de révision d'une notion déjà apprise (4 minutes) et se termine par une phase d'apprentissage plus longue (10 minutes).

Progression 3Calcul

Annexe 2

	Objectifs	Exemples d'activités
Semaine 15	**Numération écrite** Écrire en chiffres les nombres de 0 à 9999.	Dicter les nombres à écrire en chiffres sur l'ardoise : « ***sept-mille-cinq-cent-quatre, huit-mille-cent…*** »
	Faits numériques Connaitre les tables de multiplication de 7 et de 8.	Proposer des calculs à résoudre sur l'ardoise, sans contrainte de temps : **4 x 7 = ?** **Combien de fois 7 pour faire 42 ?** **Dans 63, combien de fois 7 ?** Mémoriser la table à l'aide de la barre des tables (animation **Calcul 15**). « *Hugo a 7 enveloppes. Dans chaque enveloppe, il met 7 images.* ***Combien Hugo a-t-il d'images en tout ?*** »
Semaine 16	**Numération écrite** Écrire en chiffres les nombres de 0 à 9999.	Dicter les nombres à écrire en chiffres sur l'ardoise : « ***mille-sept-cent-neuf, huit-mille…*** »
	Faits numériques Connaitre la table de multiplication par 9.	Proposer des calculs à résoudre sur l'ardoise sans contrainte de temps : **5 x 9 = ?** **Combien de fois 9 pour faire 54 ?** **Dans 81, combien de fois 9 ?** « *Louise a 9 bandes dessinées. Lili en a 3 fois plus.* ***Combien de BD Lili a-t-elle ?*** »
Semaine 17	**Numération écrite** Écrire les nombres en lettres jusqu'à 10 000.	Écrire en lettres sur l'ardoise : 4 307.
	Faits numériques Connaitre les compléments au millier supérieur ou inférieur	Proposer des calculs à résoudre sur l'ardoise, sans contrainte de temps : **1570 + ? = 2000** **De 2850 pour aller à 3000 ?** « *Pour préparer des gâteaux, un cuisinier utilise 4 700 g de farine qu'il prend dans 5 paquets de 1000 g.* ***Quelle quantité de farine reste-t-il ?*** »
Semaine 18	**Numération orale** Compter de 10 en 10 et de 100 en 100 jusqu'à 10 000.	Dire la suite des nombres en avançant **de 10 en 10 de 5 820 à 6 000.** Dire la suite des nombres en reculant **de 10 en 10 de 2 004 à 1 874.** Dire la suite des nombres en avançant **de 100 en 100 de 7 500 à 10 000.** Dire la suite des nombres en reculant **de 100 en 100 de 7 892 à 4 692.**
	Procédures de calcul mental Connaitre les doubles et les moitiés des nombres jusqu'à 10 000.	Calculer le double de 1400. Calculer la moitié de 4 600. « *Un coureur à pied doit parcourir deux fois un circuit de 4 350 m.* ***Quelle distance va-t-il parcourir ?*** »
Semaine 19	**Numération orale** Compter de 1000 en 1000, de 50 en 50 et de 500 en 500 jusqu'à 10 000.	Dire la suite des nombres en avançant **de 1000 en 1000 de 234 à 9 234.** Dire la suite des nombres en reculant **de 1000 en 1000 de 9 876 à 876.** Dire la suite des nombres en avançant **de 50 en 50 de 250 à 1050…**
	Procédures de calcul mental Additionner et soustraire des centaines entières.	Proposer des calculs à résoudre sur l'ardoise, sans contrainte de temps : **2500 + 800 = ?** **1500 + 300 = ?** **900 – 600 = ?** **2700 – 800 = ?**
Semaine 20	**Numération orale** Compter de 25 en 25, de 250 à 250.	Dire la suite des nombres en avançant **de 25 en 25 de 0 à 500, de 500 à 1000.** Dire la suite des nombres en avançant **de 250 en 250 de 5 000 à 10 000.**
	Procédures de calcul mental Multiplier un nombre par 20, par 19, par 18.	Proposer des calculs à résoudre sur l'ardoise, sans contrainte de temps : **12 x 20 = ?** **9 x 19 = ?** **6 x 18 = ?** …
Semaine 21	**Faits numériques** Connaitre les tables de multiplication de 6, 7 et 8.	Proposer des problèmes. « *Une agricultrice vend ses œufs par boite de 6.* ***Combien peut-elle remplir de boites avec 54 œufs ?*** » « *Dans son album, Lilou peut ranger 8 images par page.* ***Combien de pages peut-elle remplir avec 72 images ?*** »
	Procédures de calcul mental Obtenir le quotient et le reste d'une division euclidienne par un nombre à un chiffre.	« ***Combien de morceaux de 5 cm Tom peut-il découper dans une ficelle de 32 cm, de 46 cm… ?*** » **36 divisé par 5** : il y a 7 fois 5, il reste 1.

15 min par jour

Calcul mental

- Écrire en chiffres les nombres de 0 à 9 999.
- Connaitre les tables de multiplication de 7 et de 8.

Séance 1

❶ Dictée de nombres jusqu'à 10 000 — 1 min

Dicter les nombres à écrire en chiffres sur l'ardoise :
« huit-mille-six-cent-soixante-sept »
« sept-mille-cinq-cent-quatre ».

❷ Table de multiplication par 8 : évaluation — 4 min

Proposer l'évaluation de **MaterielCalcul15.pdf**, page 1.

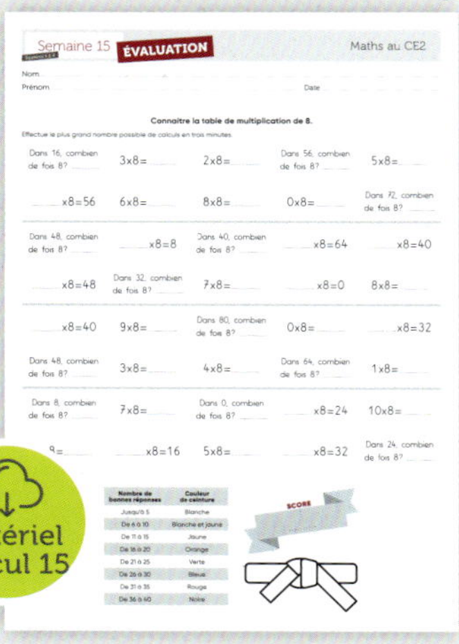

Matériel Calcul 15

Lorsque les 3 minutes sont écoulées, demander aux élèves de prendre un stylo d'une autre couleur et de terminer les calculs.

❸ Table de multiplication par 7 : découverte — 10 min

Découverte 0 x 7 1 x 7 2 x 7 3 x 7 4 x 7 5 x 7 10 x 7

Proposer oralement, un par un, les calculs à découvrir sans contrainte de temps à l'aide de l'animation **Calcul 15**
Les élèves répondent sur l'ardoise.

Repérer les résultats déjà connus dans les autres tables.

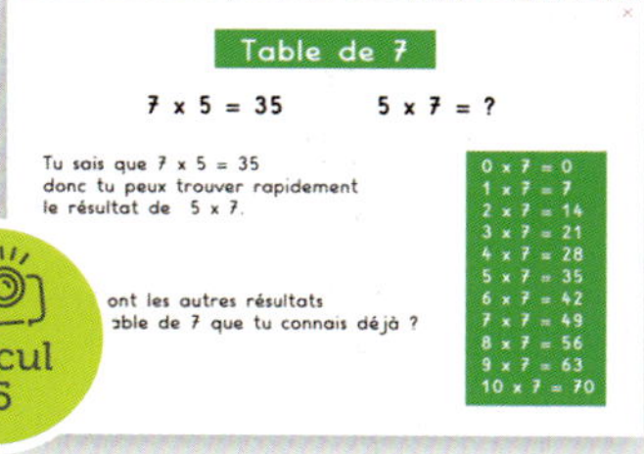

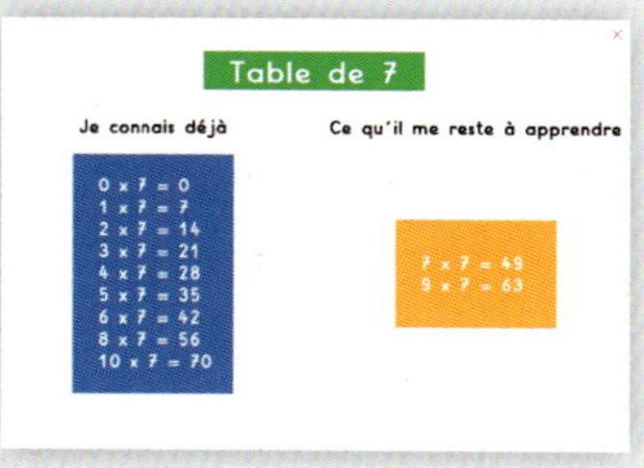

Calcul 15

Séance 2

Calcul 15

❶ Dictée de nombres jusqu'à 10 000 — 1 min

Dicter les nombres à écrire en chiffres sur l'ardoise :
« neuf-mille-quarante » et ***« huit-mille-cent ».***

❷ Table de multiplication par 8 : consolidation — 4 min

Proposer les calculs où les erreurs ont été les plus fréquentes lors de l'évaluation de la séance 1. L'enseignant pose les questions une à une oralement en demandant une réponse immédiate.
Les élèves répondent sur l'ardoise.

❸ Table de multiplication par 7 : découverte — 10 min

Découverte 6 x 7 8 x 7 7 x 7 9 x 7

Proposer oralement, un par un, les calculs sans contrainte de temps à l'aide de l'animation **Calcul 15**. Les élèves répondent sur l'ardoise.

Séance 3

❶ Dictée de nombres jusqu'à 10 000 — 1 min

Dicter les nombres à écrire en chiffres sur l'ardoise :
« six-mille » et ***« sept-mille-neuf-cent-quatre-vingt-dix-huit ».***

❷ Table de multiplication par 8 : mémorisation — 4 min

Faire mémoriser la table de multiplication de 8 à l'aide de la barre des tables de l'animation **Calcul 15**.

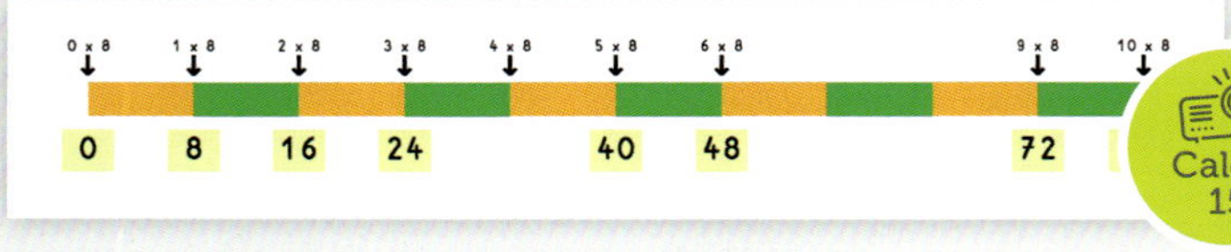

Calcul 15

❸ Table de multiplication par 7 : entrainement — 10 min

Proposer oralement, un par un, les calculs sans contrainte de temps.
Les élèves répondent sur l'ardoise.

Varier les questions :

« 10 x 7 = ? »	*« 7 x 7 = ? »*	***« Dans 63, combien de fois 7 ? »***	
« Combien de fois 7 pour faire 42 ? »		*« ? x 7 = 35 »*	*« 0 x 7 = ? »*
« Combien de fois 7 pour faire 14 ? »		***« Dans 70, combien de fois 7 ? »***	
« 8 x 7 = ? »	*« ? x 7 = 7 »*	*« 9 x 7 = ? »*	*« ? x 7 = 28 »*

Séance 4

Matériel Calcul 15

❶ Dictée de nombres jusqu'à 10 000 — 1 min

Dicter les nombres à écrire en chiffres sur l'ardoise :
« six-mille-quatre-cent-trois » et ***« dix-mille ».***

❷ Table de multiplication par 8 : évaluation — 4 min

Proposer à nouveau l'évaluation de la séance 1.
Lorsque les 3 minutes sont écoulées, demander aux élèves de prendre un stylo d'une autre couleur et de terminer les calculs.

❸ Table de multiplication par 7 : réinvestissement — 10 min

Mémoriser la table de multiplication de 7 à l'aide de la barre des tables de l'animation **Calcul 15**.

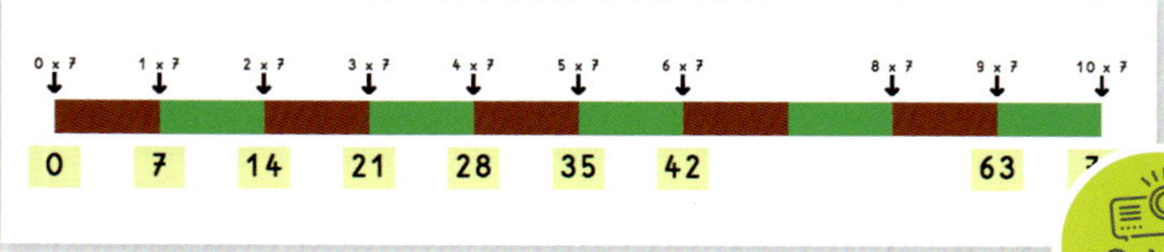

Calcul 15

Faire résoudre les petits problèmes oraux sur l'ardoise.

« Une place de cinéma coute 7 €. ***Quel est le prix de 6 places ? »***

« Sept personnes se partagent 35 kilos de pommes.
Quelle masse de pommes chaque personne aura-t-elle ? »

« Hugo a 7 enveloppes. Dans chaque enveloppe, il met 7 images.
Combien Hugo a-t-il d'images en tout ? »

« Chaque cagette de melons pèse 7 kg.
Combien pèsent 9 cagettes de melons ? »

« En jouant aux fléchettes, Léo a marqué 7 points.
Tom en a marqué 7 fois plus.
Combien de points Tom a-t-il marqués ? »

Calcul@tice Les élèves travaillent en autonomie sur les ordinateurs de la classe
calculatice.ac-lille.fr > les exercices > Niveau CE2
- Révision tables d'addition : **Pokémaths**
- Révision tables x2, x3, x4, x5 : **Triple Tiers**

45 min
par semaine

Atelier problèmes

Résoudre des problèmes du champ additif : recherche de l'écart entre deux quantités ou deux valeurs lorsqu'elles sont comparées.

Atelier 15

CHERCHONS ENSEMBLE

Résous les problèmes.

Problème 1 Alice et Lilou jouent à la bataille. Chaque carte gagnée vaut 1 point. Lilou a gagné 38 cartes et Alice en a gagné 14.

a) Quel est l'écart de points entre les deux joueuses?

....

b) Complète les deux phrases.

Lilou a gagné .... points de .... qu'Alice.

Alice a gagné .... points de .... que Lilou.

c) Complète le schéma.

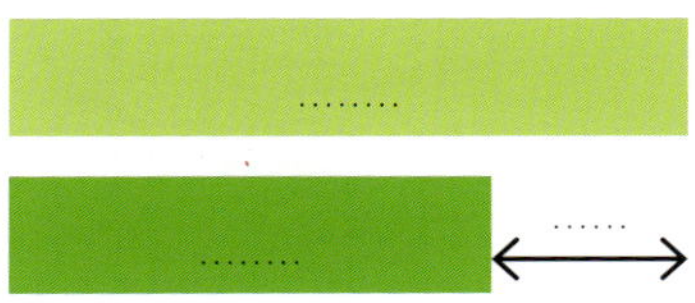

Problème 2 Amir mesure 156 cm et son petit frère Nassim mesure 89 cm.

a) Quelle est leur différence de taille?

....

b) Complète les deux phrases.

Nassim mesure .... cm de .... que son grand frère Amir.

Amir mesure .... cm de .... que son petit frère Nassim.

c) Complète le schéma.

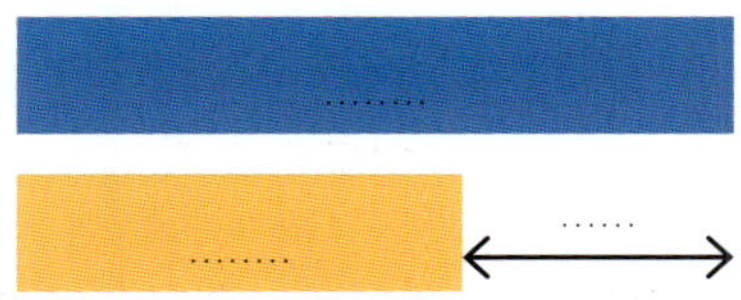

JE M'ENTRAINE

Résous les problèmes de ton choix dans un cahier.

Commence par ceux avec le symbole ✕ puis résous les problèmes de ton choix. Essaie d'en résoudre le plus possible.

✕ Problème 3 Léo et Nassim jouent à un jeu vidéo. Léo a obtenu 245 points et Nassim a obtenu 657 points.

Quel est l'écart de points entre leurs scores?

✕ Problème 4 Chloé a 16 ans et sa maman 40 ans.

a) Quelle est leur différence d'âge?

b) Dans 20 ans, quel âge auront Chloé et sa maman?
Quelle sera alors leur différence d'âge?

Problème 5 Un ordinateur portable coute 435 € sur le site PIXAL et 399 € sur le site MICRO. Le site PIXAL fait une remise de 50 € pour l'achat d'un portable. Le site MICRO propose de son côté une remise de 20 €.

Sur quel site est-il plus intéressant d'acheter le portable? Explique pourquoi.

Problème 6 Une vache mesure 145 cm et pèse 797 kg. Son veau mesure 92 cm et pèse 43 kg.

Quelle est leur différence de masse?

Combien pèsent-ils tous les deux ensemble?

20 Calculer en ligne des produits

Séance 1 — 45 min

Utiliser la distributivité de la multiplication sur l'addition

→ **CALCULER**

Réactiver des procédures découvertes au CE1 : calcul en ligne de produits.

MATÉRIEL ET SUPPORT
- Le problème 1 (**Materiel20.pdf**, page 1).

DÉROULEMENT DE LA SÉANCE

1 Recherche Résoudre le problème en s'appuyant sur le schéma.	25 min	**Expérimentation** Travail individuel puis groupes de 2
2 Mise en commun Inventorier les procédures utilisées pour calculer 9 x 15.	10 min	**Verbalisation** Oral collectif
3 Institutionnalisation Comprendre la procédure de calcul en ligne visée : 9 x 15 = (9 x 10) + (9 x 5)	10 min	**Verbalisation** **Abstraction** Oral collectif

1 Recherche

Appropriation du problème

Vidéoprojeter la photo prise dans une salle de cinéma.
Demander aux élèves de repérer les rangées et de dénombrer les sièges d'une rangée puis d'une autre rangée.
Faire constater que l'on ne voit pas la totalité des rangées et émettre des hypothèses sur le nombre de sièges par rangée et sur le nombre de rangées.

Séquence 20

Faire lire le début de l'énoncé du problème écrit au tableau.
« Dans une salle de cinéma, il y a 9 rangées de 15 fauteuils. »

Recherche

Après lecture de la question du problème écrite au tableau, faire rechercher une solution individuellement puis par groupes de 2.
« Y a-t-il assez de places pour accueillir les 138 élèves de l'école Victor Hugo ? »

Matériel 20

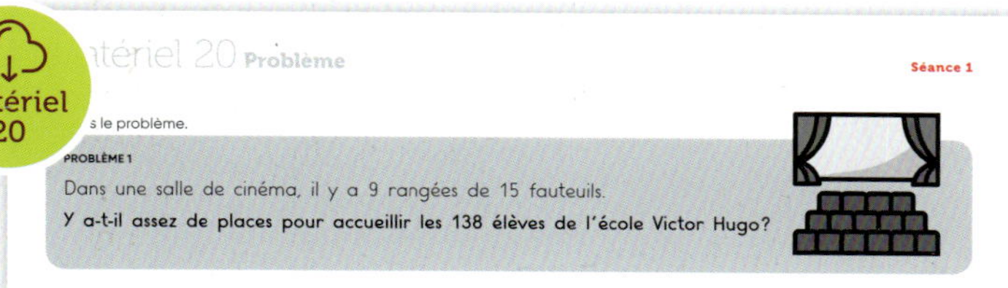
Matériel 20 Problème — Séance 1

PROBLÈME 1

Dans une salle de cinéma, il y a 9 rangées de 15 fauteuils.
Y a-t-il assez de places pour accueillir les 138 élèves de l'école Victor Hugo ?

2 Mise en commun

Utiliser le visualiseur pour vidéoprojeter des productions d'élèves.

Procédures observées

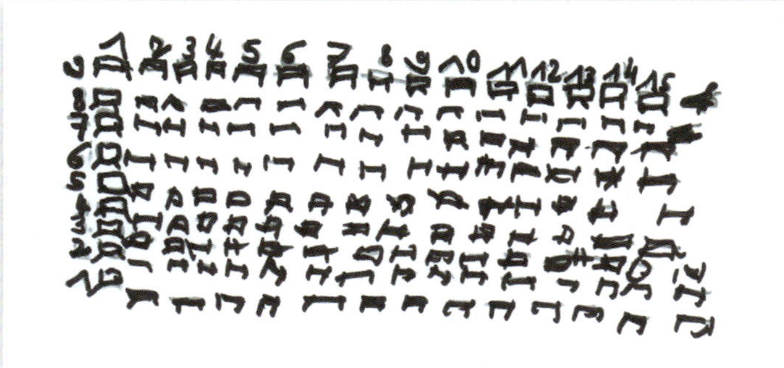

Dessine tous les fauteuils et les dénombre.

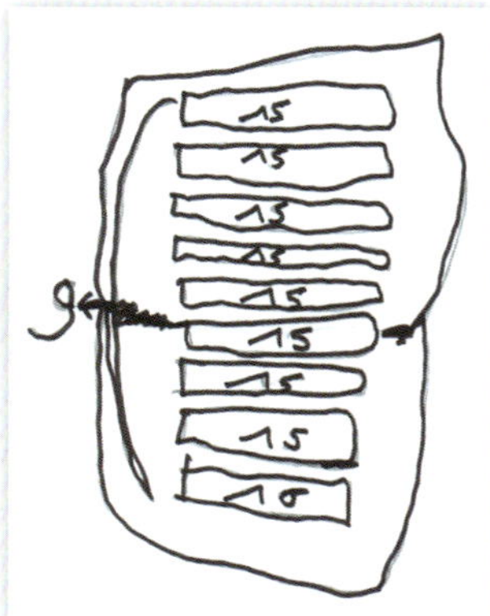

Schématise la salle et 9 rangées de 15 fauteuils.

Faire constater que le dessin de l'ensemble des fauteuils est long et fastidieux. Chercher comment encore simplifier les schémas.
Si le schéma d'un rectangle de 9 x 15 n'est pas proposé, expliquer que vous allez vidéoprojeter ou tracer au tableau les schémas utilisés les années précédentes par des élèves de CE2 (animation **Séquence 20**).

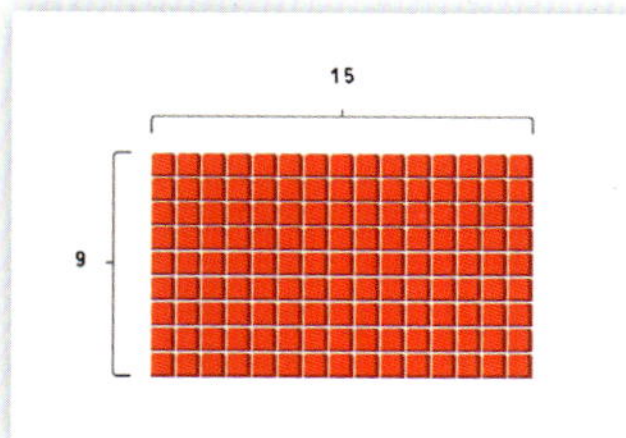

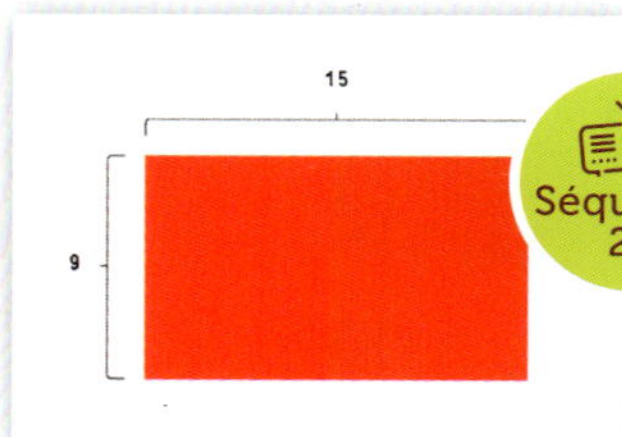

Séquence 20

Chercher dans le premier schéma ce que l'on pourrait supprimer (les carreaux) pour parvenir au deuxième schéma qui est plus rapide à tracer et apporte les informations suffisantes.

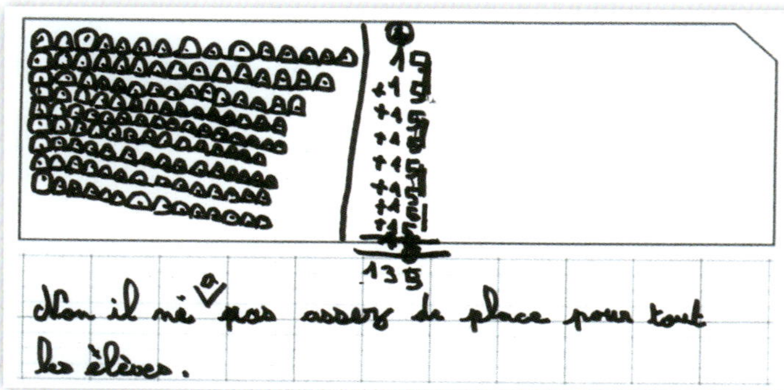

Dessine 9 rangées de 15 sièges et utilise l'addition réitérée.

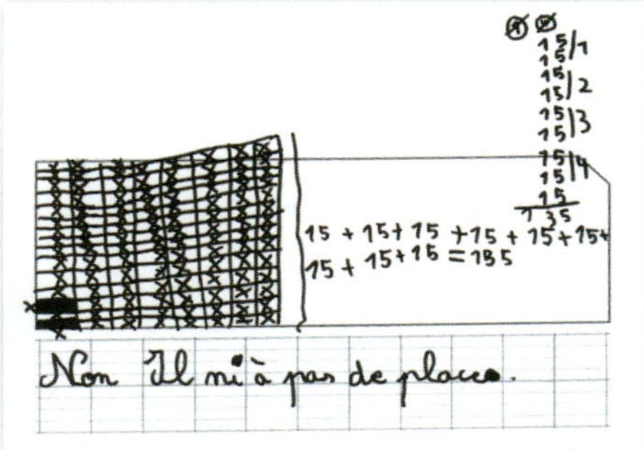

Utilise l'addition itérée et un schéma rectangulaire 9x15.

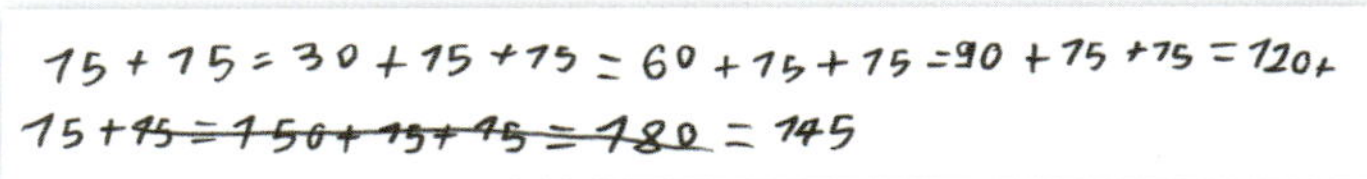

Utilise l'addition itérée avec des calculs intermédiaires en prenant appui sur la connaissance du double de 15. Erreur dans le dernier calcul.

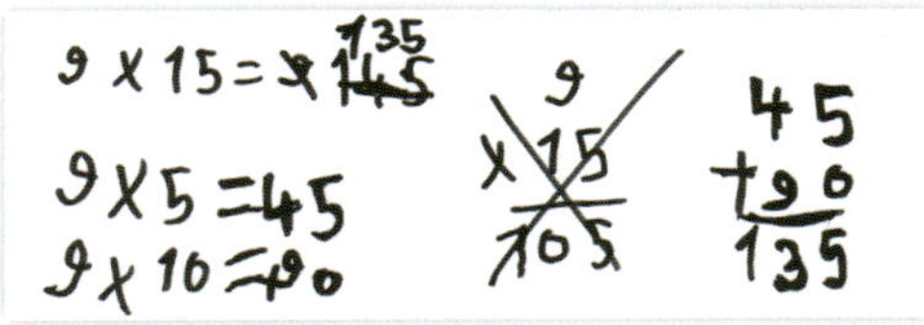

Calcule mentalement ou en ligne 9x15 = (9x10) + (9x5) = 90 + 45 = 135.

❸ Institutionnalisation

La procédure que l'on souhaite privilégier repose sur la distributivité de la multiplication par rapport à l'addition : 9x15 = (9x10) + (9x5).

Vidéoprojeter le schéma de l'animation **Séquence 20**.

- La commutativité est utilisée pour comprendre que 15x9 = 9x15, ce qui facilitera le calcul posé.

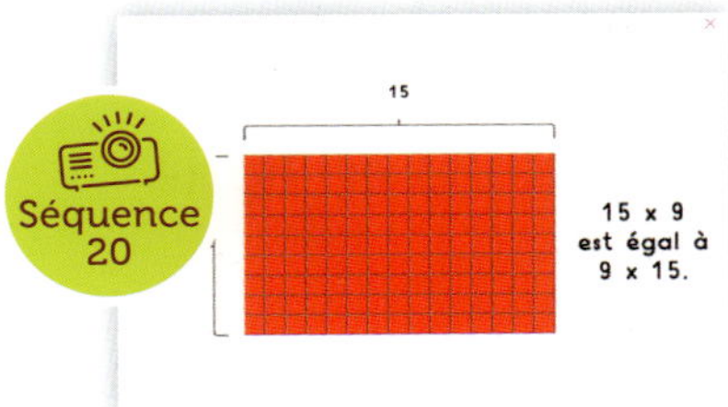

- Pour faciliter le calcul, on décompose le nombre 15 en 10 + 5.
- Pour faciliter la compréhension de l'utilisation de la distributivité de la multiplication sur l'addition, on visualise des fauteuils rouges et des fauteuils jaunes : 9x15 = (9x10) + (9x5).
  On obtient deux rectangles : un de 9x10 et un autre de 9x5.

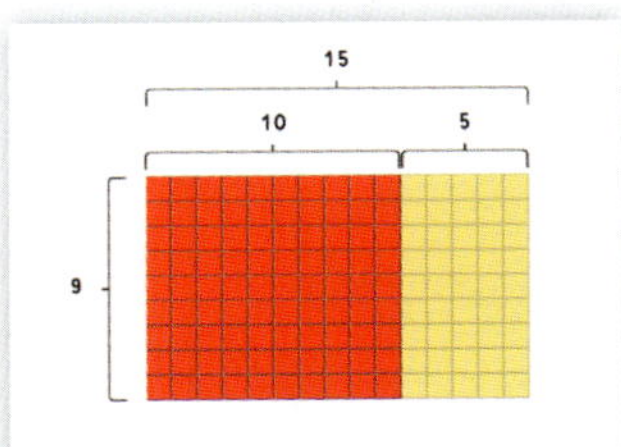

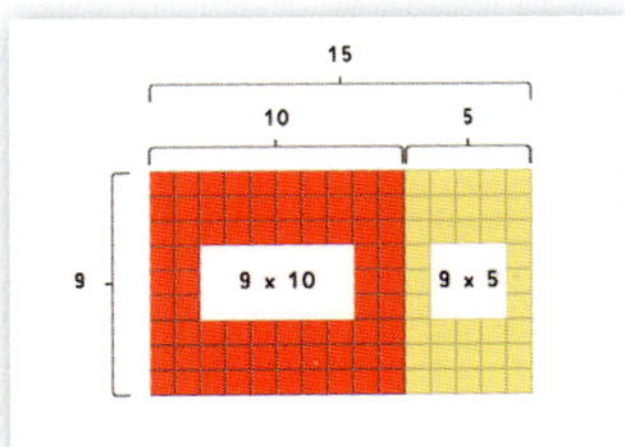

- On fait disparaitre les carreaux pour progresser dans l'abstraction.
- On écrit l'arbre de calculs pour obtenir le nombre de sièges.

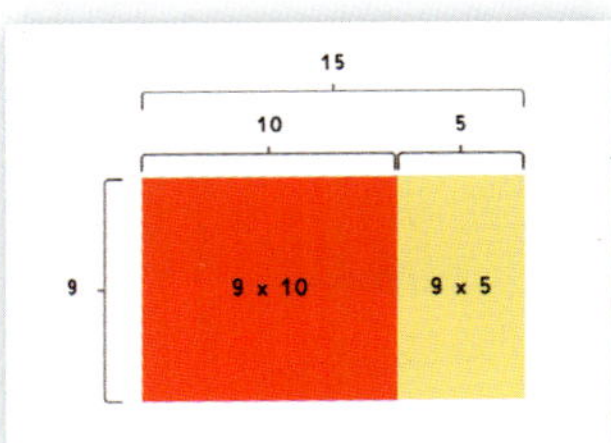

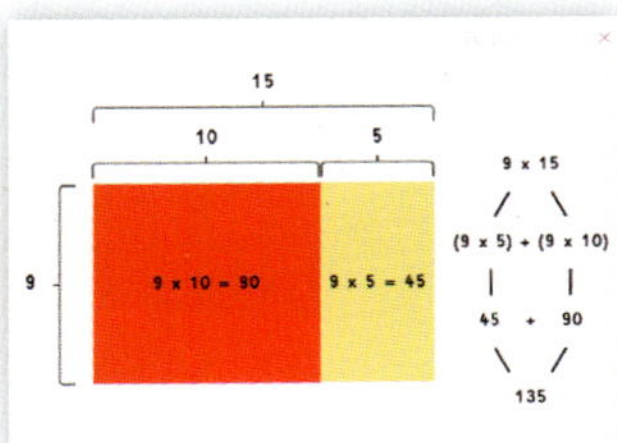

On peut maintenant répondre à la question du problème.

Séance 2

45 min

Calculer des produits en ligne en décomposant les nombres

→ **CALCULER**

Calculer des produits en ligne en utilisant la distributivité de la multiplication par rapport à l'addition.

MATÉRIEL ET SUPPORT

- La feuille de papier quadrillé (**Materiel20.pdf**, page 2) pour chaque élève.

DÉROULEMENT DE LA SÉANCE

❶ Appropriation du problème Chercher différentes décompositions de 5x6.	15 min	Expérimentation Oral collectif
❷ Recherche Chercher différentes décompositions de 5x16.	10 min	Expérimentation Groupes de 2
❸ Mise en commun Inventorier et confronter les solutions trouvées par les élèves.	10 min	Verbalisation Oral collectif
❹ Nouvelle recherche Chercher une manière rapide de calculer en ligne 5x27.	10 min	Expérimentation Groupes de 2

❶ Appropriation du problème

Matériel 20

Expliquer aux élèves qu'ils vont découper des rectangles dans du papier quadrillé. Donner un exemple avec le découpage d'un rectangle de 3x6 carreaux. Écrire sur le quadrillage le produit et le résultat correspondant.

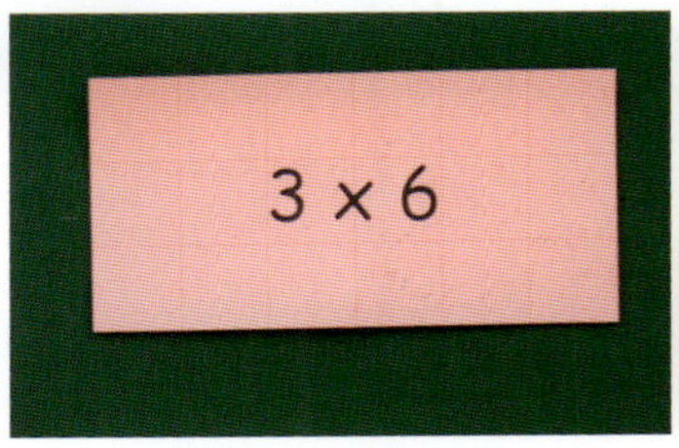

Donner un exemple avec 3x6.

Des rectangles de 5x1, 5x2, 5x3, 5x4, 5x5, 5x6, 5x7, 5x8, 5x9, 5x10 carreaux sont affichés au tableau.

Demander à chaque groupe de 2 élèves de découper des rectangles de 5x1 carreaux, 5x2, 5x3, 5x4, 5x5, 5x6, 5x7, 5x8, 5x9, 5x10 dans du papier quadrillé (**Materiel20.pdf**, page 2).
Répartir la tâche entre les élèves de la classe de façon à obtenir deux rectangles de chaque sorte.

Consigne « Cherchez plusieurs manières d'obtenir un rectangle de 5x6 carreaux avec les rectangles affichés au tableau : 5x1, 5x2, 5x3, 5x4,5x5, 5x6, 5x7, 5x8, 5x9, 5x10. »

Faire lister les solutions possibles.

Exemples de productions d'élèves

20 Calculer en ligne des produits

Mettre en commun et confronter les solutions obtenues.

5 x 6 (5 x 4) + (5 x 2) (5 x 1) + (5 x 5)
(5 x 3) + (5 x 3) (5 x 2) + (5 x 3) + (5 x 1)

Représenter schématiquement les solutions au tableau.

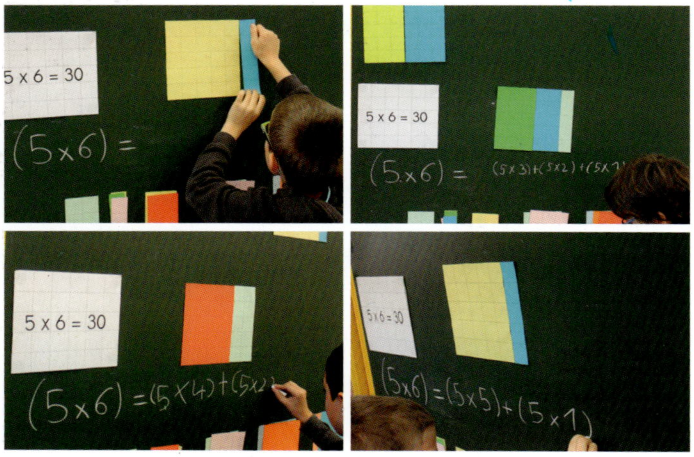

Faire constater que l'on obtient toujours le même résultat 5 x 6 = 30.

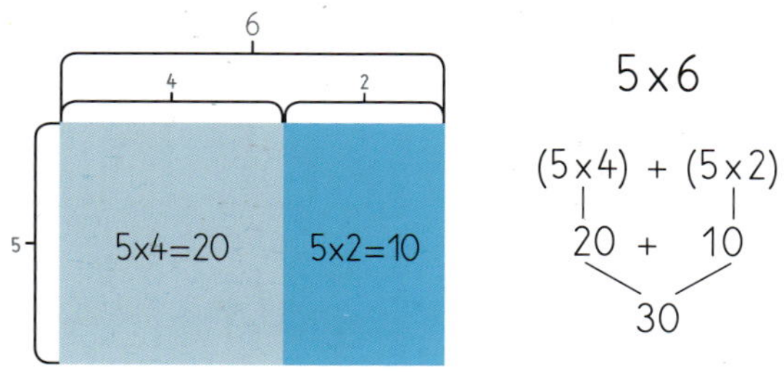

❷ Recherche

Faire chercher plusieurs manières d'obtenir un rectangle de 5 x 16 carreaux avec les rectangles affichés au tableau (deux rectangles de chaque sorte).

Pour chaque solution, faire un schéma pour présenter sa solution à la classe.

❸ Mise en commun

Inventorier et confronter les solutions trouvées par les élèves.

Exemples (5 x 8) + (5 x 8) (5 x 9) + (5 x 7) (5 x 6) + (5 x 10)
avec trois rectangles (5 x 3) + (5 x 3) + (5 x 10)

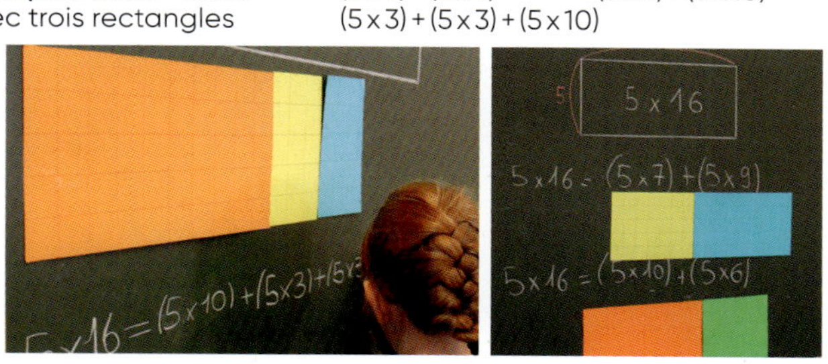

Représenter les solutions avec le matériel au tableau.
Demander aux élèves quelle est la façon d'obtenir le résultat le plus facilement. Faire expliciter pourquoi (5 x 6) + (5 x 10) est plus rapide à calculer que les autres découpages.

❹ Nouvelle recherche

Faire chercher une manière rapide d'obtenir un rectangle de 5 x 27 carreaux avec les rectangles affichés au tableau.

Parvenir à la solution (5 x 7) + (5 x 10) + (5 x 10).
Faire remarquer que c'est aussi (5 x 7) + (5 x 20).

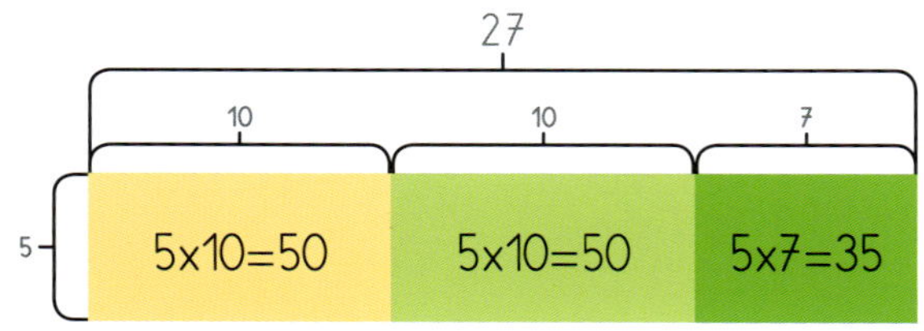

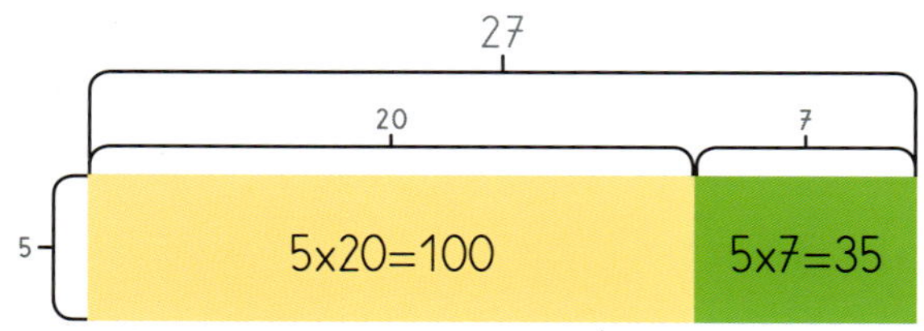

Séance 3 ⌛ 45 min

Calculer des produits en ligne

→ **CALCULER**

Consolider les procédures de calcul en ligne découvertes en séances 1 et 2.

MATÉRIEL ET SUPPORT
- La feuille de papier quadrillé (**Materiel20.pdf**, page 2) pour chaque élève.

DÉROULEMENT DE LA SÉANCE

❶ Recherche Résoudre un problème multiplicatif nécessitant un calcul en ligne : 5 x 18.	10 min	**Expérimentation** Travail individuel
❷ Institutionnalisation Expliciter les calculs à l'aide d'un schéma *en rectangle*.	10 min	**Verbalisation** Oral collectif
❸ Entrainement Résoudre des problèmes multiplicatifs nécessitant un calcul en ligne.	25 min	**Expérimentation** Travail individuel

❶ Recherche

Matériel 20

Faire lire l'énoncé du problème écrit au tableau.

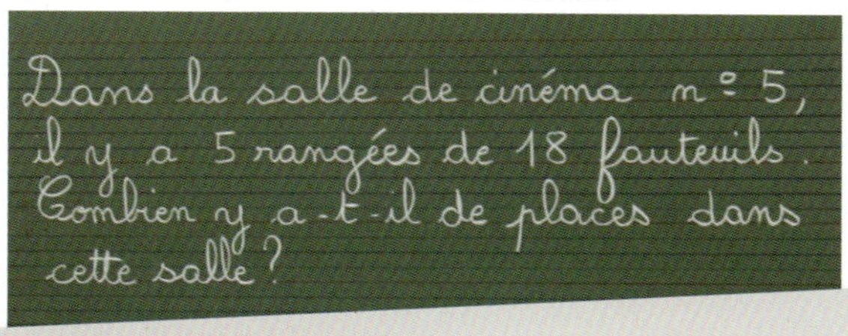

DIFFÉRENCIATION

- Proposer de manipuler les rectangles de papier quadrillé aux élèves qui rencontrent des difficultés.

Mise en commun
Inventorier et confronter les solutions trouvées par les élèves.

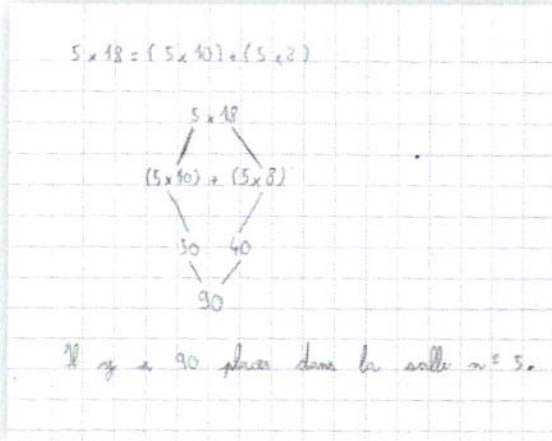

❷ Institutionnalisation

Expliciter les calculs à l'aide du schéma de l'animation **Séquence 20**.

Séquence 20

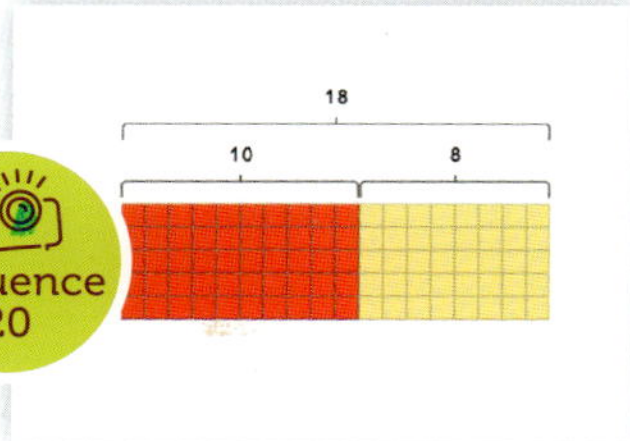

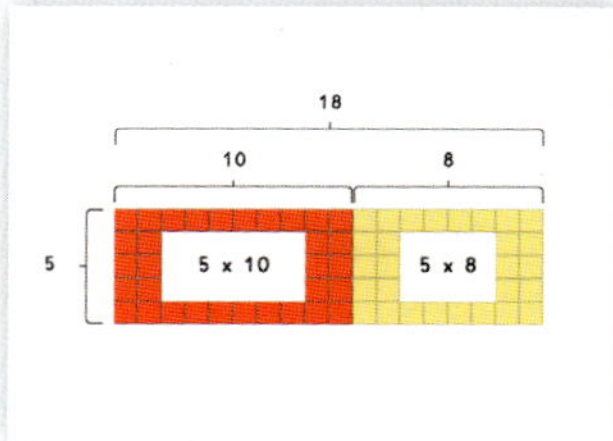

On décompose 18 pour effectuer le calcul en deux étapes : 5 x 18 = 5 x (10 + 8) = (5 x 8) + (5 x 10).

Demander aux élèves quelle est la façon d'obtenir le résultat le plus facilement et pourquoi (5 x 10) + (5 x 8) est plus rapide à calculer que les autres découpages.

On utilise aussi un arbre de calculs pour expliciter les étapes du calcul en ligne.

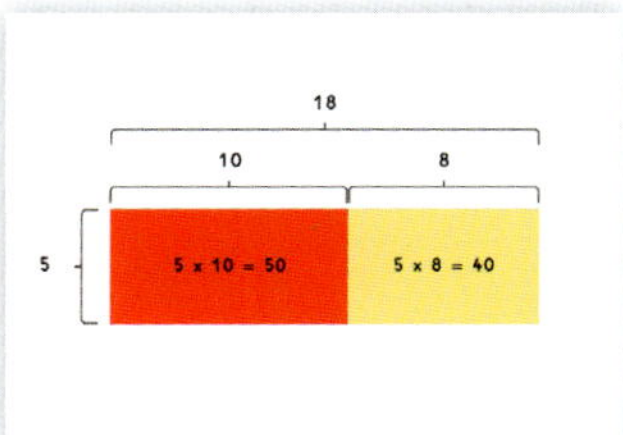

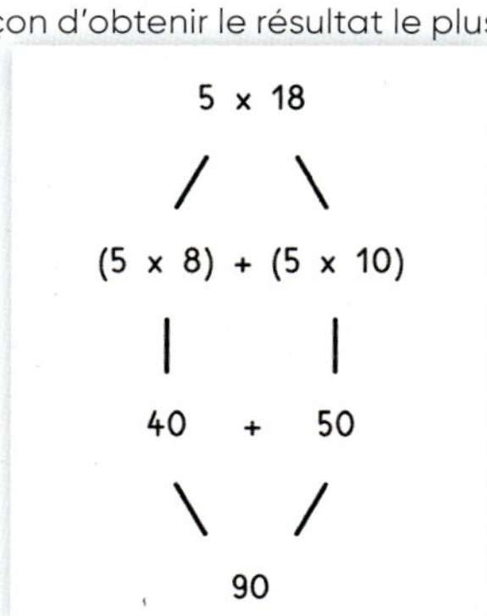

❸ Entrainement

Effectuer les calculs en ligne des exercices 1 à 5 proposés dans le cahier de l'élève ***Maths au CE2***.

DIFFÉRENCIATION

- Permettre l'utilisation des tables de multiplication.

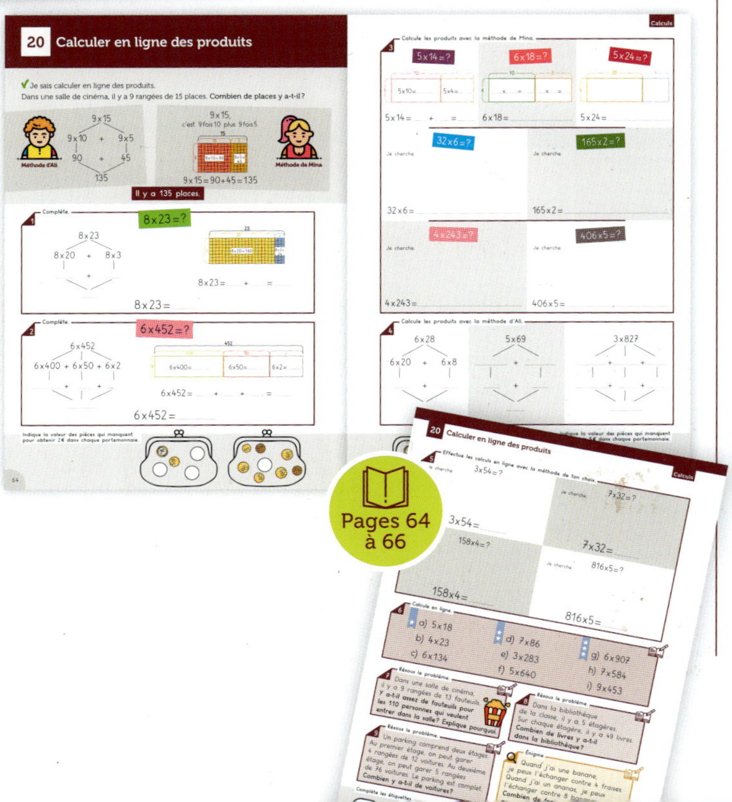

Séance 4 — 30 min

Effectuer des calculs en ligne plus complexes

→ **CALCULER**

Consolider les procédures découvertes dans des calculs plus complexes.

MATÉRIEL ET SUPPORT
- Le problème 2 (**Materiel20.pdf**, page 3).

DÉROULEMENT DE LA SÉANCE

❶ Recherche Résoudre un problème multiplicatif nécessitant un calcul en ligne : 8 x 23	10 min	**Expérimentation** Travail individuel
❷ Entrainement Effectuer des produits en ligne.	10 min	
❸ Nouvelle recherche Effectuer un calcul plus complexe : 153 x 4.	10 min	

❶ Recherche

Matériel 20

Faire lire l'énoncé à l'aide de l'animation **Séquence 20**.

Séquence 20

Il s'agit donc de calculer 8 x 23.

Procédures observées

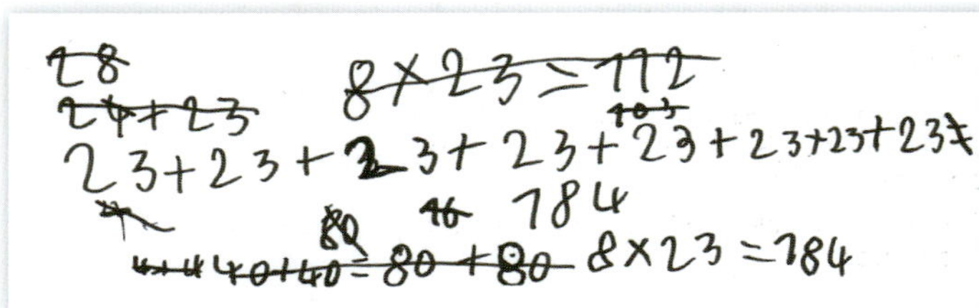

Utilise l'addition itérée avec des calculs intermédiaires.

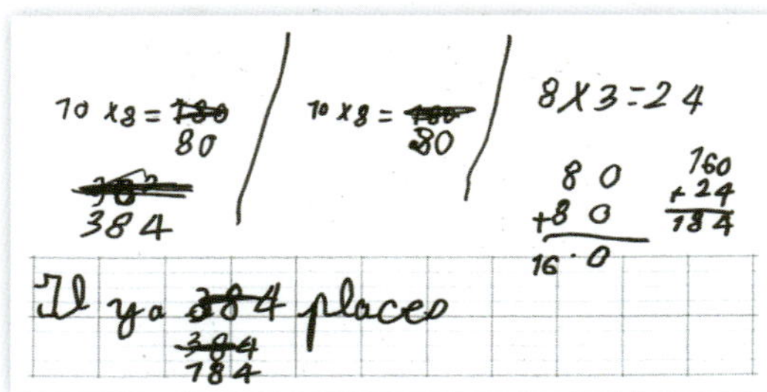

Utilise un schéma rectangulaire pour décomposer 8 x 23 en (8 x 10) + (8 x 10) + (8 x 3).

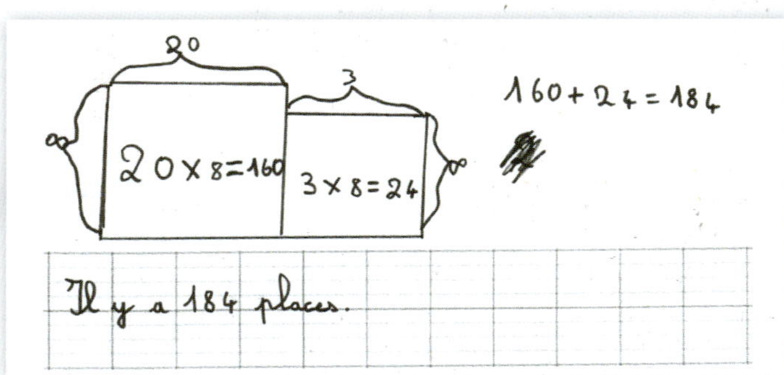

Utilise un schéma rectangulaire pour décomposer 8 x 23 en (8 x 20) + (8 x 3).

20 Calculer en ligne des produits

L'objectif est de parvenir à des calculs en ligne du type :

8 x 23

8 x 3 = 24   8 x 20 = 160

160 + 24 = 184

8 x 23 = 184

Inventorier et confronter les solutions des élèves.

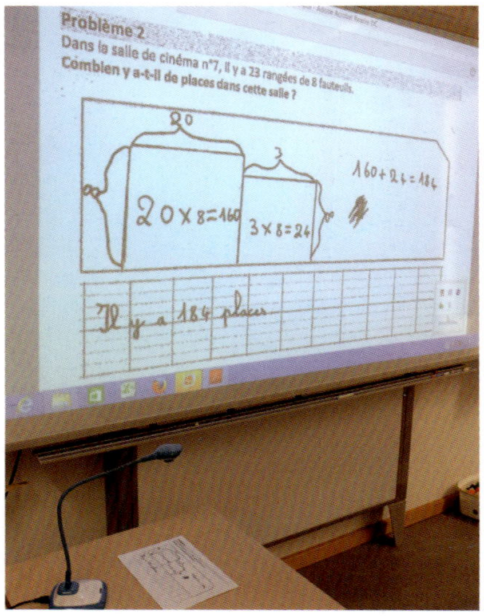

Vidéoprojeter le schéma de l'animation **Séquence 20** pour expliciter les étapes du calcul.

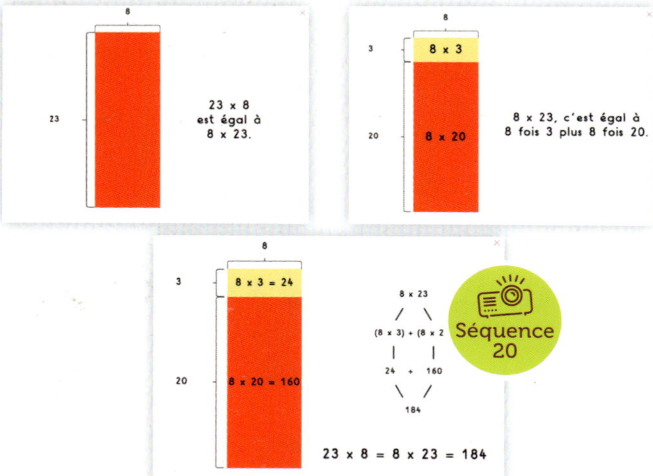

❷ Entrainement

Effectuer des calculs en ligne dans un cahier

36 x 2   5 x 47   26 x 5

l'objectif étant de parvenir à des calculs en ligne du type :

36 x 2

30 x 2 = 60   6 x 2 = 12

60 + 12 = 72

36 x 2 = 72

Procédures observées

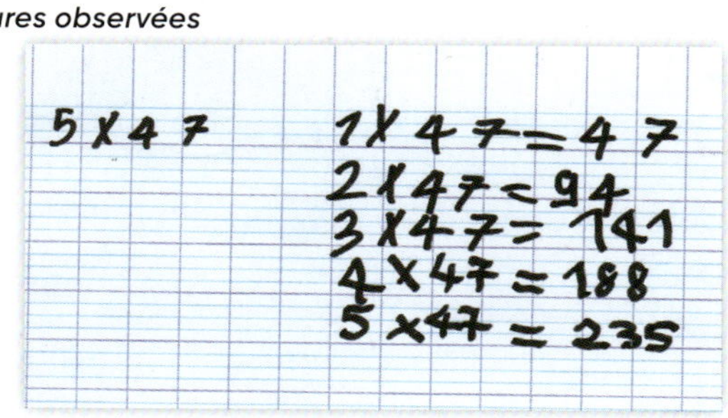

Écrit la table de multiplication de 47 jusqu'à 5 x 47.

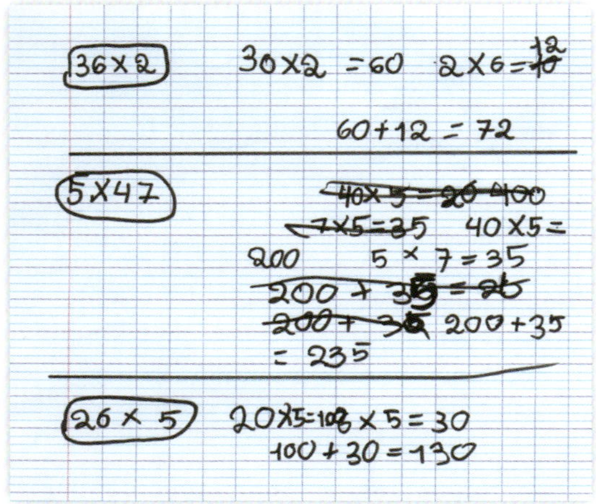

Utilise la distributivité de la multiplication par rapport à l'addition.

Lors de la correction, expliciter les calculs en utilisant des schémas rectangulaires au tableau.

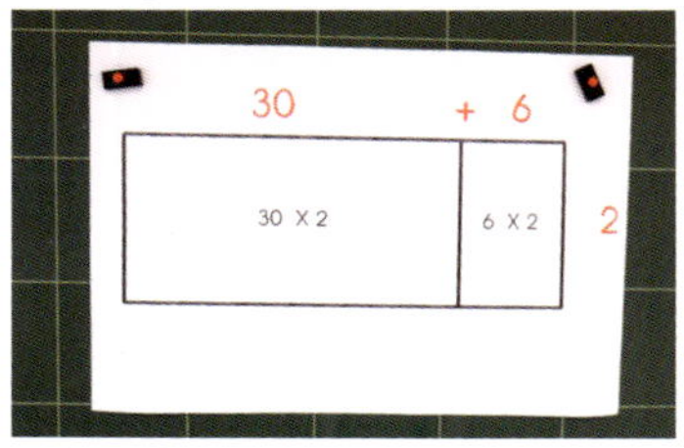

Au tableau, faire le schéma simplifié : 36 x 2, c'est aussi 30 x 2 + 6 x 2.

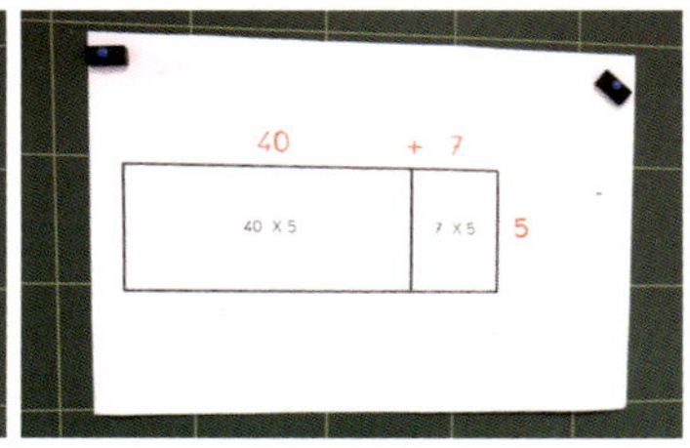

Au tableau, faire le schéma simplifié : 47 x 5, c'est aussi 40 x 5 + 7 x 5

❸ Nouvelle recherche

153 x 4 = ?

Faire calculer le produit en ligne en recherchant sur l'ardoise, l'objectif étant de parvenir à des calculs en ligne du type :

153 x 4

100 x 4 = 400   50 x 4 = 200   3 x 4 = 12

400 + 200 + 12 = 612

153 x 4 = 612

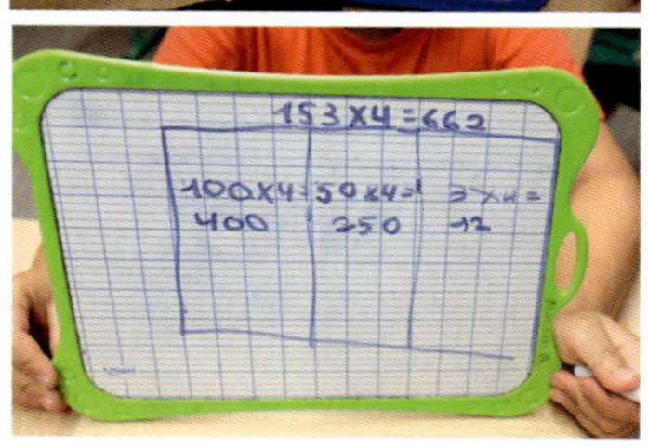

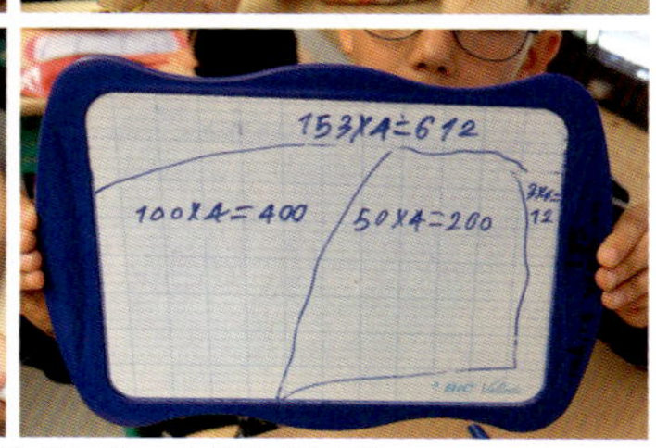

Les élèves calculent 4 x (100 + 50 + 3) ou 4 x (50 + 50 + 53).

Au tableau, faire le schéma simplifié.

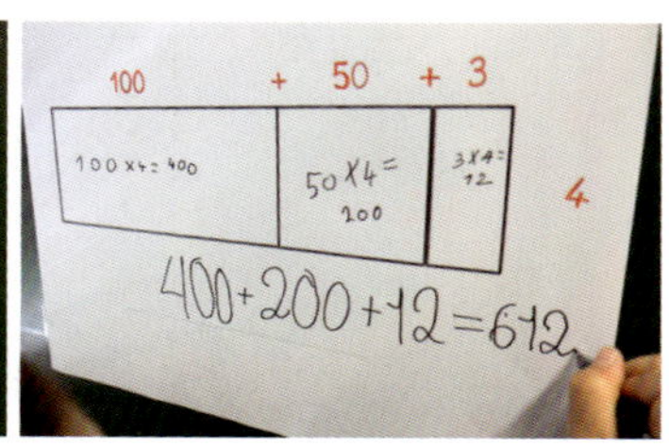

Demander à un élève de le compléter.

Séance 5 — 30 min

Bilan des apprentissages

→ **CALCULER**

Consolider les procédures découvertes dans des calculs plus complexes.

DÉROULEMENT DE LA SÉANCE

1 Entrainement Calculer en ligne des produits complexes.	15 min	**Expérimentation** Groupes de 2
2 Réinvestissement Résoudre des problèmes du champ multiplicatif.	15 min	**Abstraction** Travail individuel

1 Entrainement

Calculer en ligne sur l'ardoise **452 x 6 = ?** **205 x 8 = ?**

Calculer en ligne dans un cahier **521 x 3 = ?**

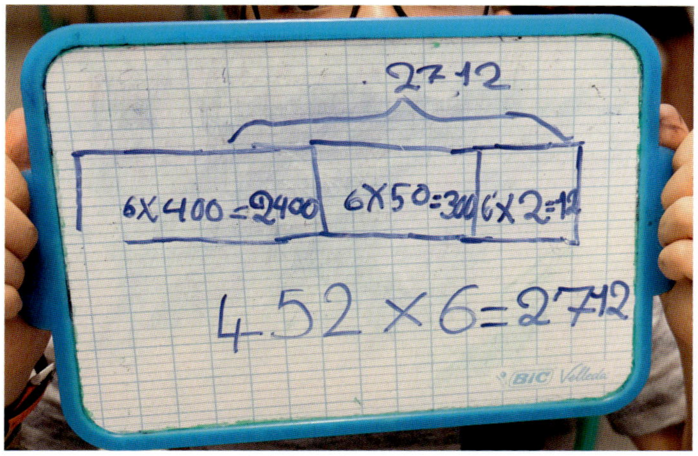

Calculer sur l'ardoise 452x6

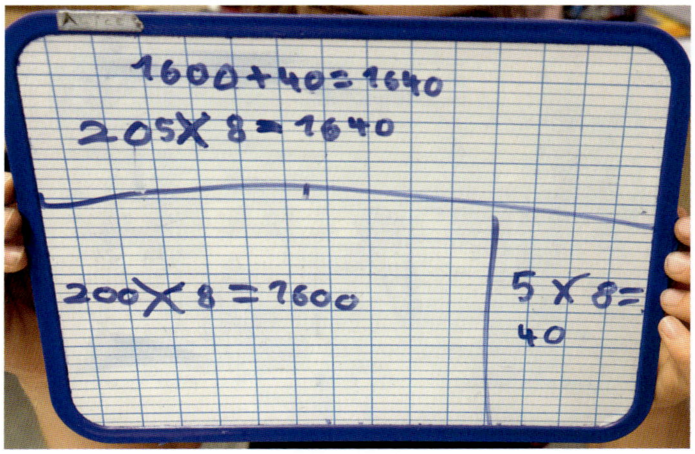

Calculer 205x8

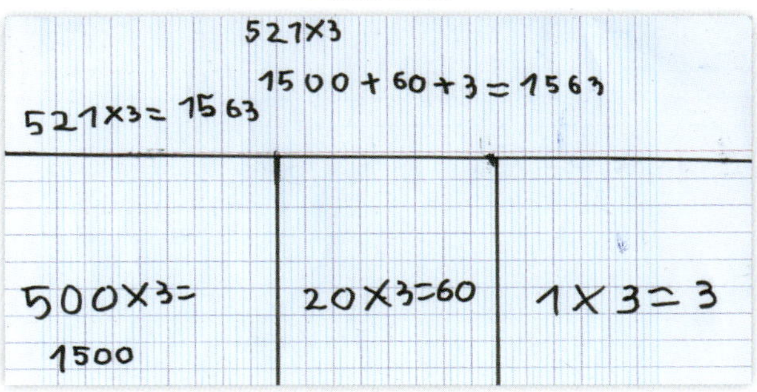

Calculer dans un cahier 521x3

L'objectif est de parvenir à des calculs en ligne du type :

452 x 6

400 x 6 = 2400 | 50 x 6 = 300 | 2 x 6 = 12

2400 + 300 + 12 = 2712

452 x 6 = 2712

Lors de la mise en commun, expliciter les étapes des calculs en utilisant un schéma.

2 Réinvestissement

Les élèves effectuent les exercices 6 à 9 du cahier de l'élève ***Maths au CE2*** dans un cahier annexe en fonction de leurs besoins.

DIFFÉRENCIATION

- Les élèves effectuent les calculs de l'exercice 6 et résolvent les problèmes des exercices 7 à 9 en fonction de leurs besoins.
- Les calculs ***1 étoile*** mobilisent les tables de multiplication de 1 à 6 tandis que les calculs ***2 et 3 étoiles*** sont plus complexes.

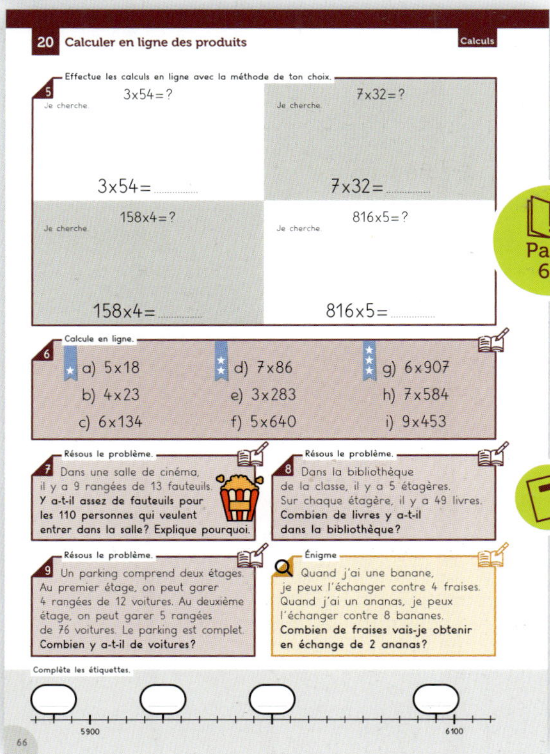

20 Calculer en ligne des produits — Calculs

5 Effectue les calculs en ligne avec la méthode de ton choix.

Je cherche 3x54 = ? ... 3x54 = ...	Je cherche 7x32 = ? ... 7x32 = ...
Je cherche 158x4 = ? ... 158x4 = ...	Je cherche 816x5 = ? ... 816x5 = ...

6 Calcule en ligne.

★ a) 5x18	★★ d) 7x86	★★★ g) 6x907
b) 4x23	e) 3x283	h) 7x584
c) 6x134	f) 5x640	i) 9x453

7 Résous le problème.
Dans une salle de cinéma, il y a 9 rangées de 13 fauteuils. **Y a-t-il assez de fauteuils pour les 110 personnes qui veulent entrer dans la salle ? Explique pourquoi.**

8 Résous le problème.
Dans la bibliothèque de la classe, il y a 5 étagères. Sur chaque étagère, il y a 49 livres. **Combien de livres y a-t-il dans la bibliothèque ?**

9 Résous le problème.
Un parking comprend deux étages. Au premier étage, on peut garer 4 rangées de 12 voitures. Au deuxième étage, on peut garer 5 rangées de 76 voitures. Le parking est complet. **Combien y a-t-il de voitures ?**

Énigme
Quand j'ai une banane, je peux l'échanger contre 4 fraises. Quand j'ai un ananas, je peux l'échanger contre 8 bananes. **Combien de fraises vais-je obtenir en échange de 2 ananas ?**

Complète les étiquettes.

5900 ... 6100

66

Page 66

15 min par jour

Calcul mental

- Écrire en chiffres les nombres de 0 à 9 999.
- Connaitre la table de multiplication de 9.

Séance 1

❶ Dictée de nombres jusqu'à 10 000 — 1 min

Dicter les nombres à écrire en chiffres sur l'ardoise :
« quatre-mille-six » et *« mille-sept-cent-neuf »*.

❷ Table de multiplication par 7 : évaluation — 4 min

Proposer l'évaluation de **MaterielCalcul16.pdf**, page 1.

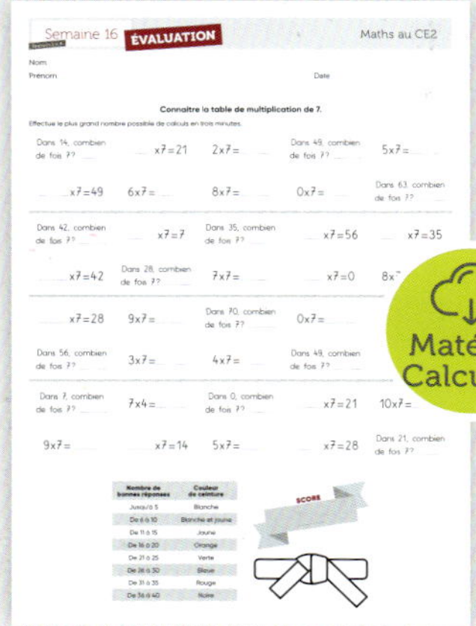

Matériel Calcul 16

Lorsque les 3 minutes sont écoulées, demander aux élèves de prendre un stylo d'une autre couleur et de terminer les calculs.

❸ Table de multiplication par 9 : découverte — 10 min

Découverte	0 x 9	1 x 9	2 x 9	3 x 9
	4 x 9	5 x 9	10 x 9	

Proposer oralement, un par un, les calculs à découvrir sans contrainte de temps à l'aide de l'animation **Calcul 16**.
Les élèves répondent sur l'ardoise.

Repérer les résultats déjà connus dans les autres tables.

Faire remarquer que si on additionne les chiffres des résultats de la table de 9, on obtient toujours **neuf** ce qui facilite la vérification et la mémorisation.

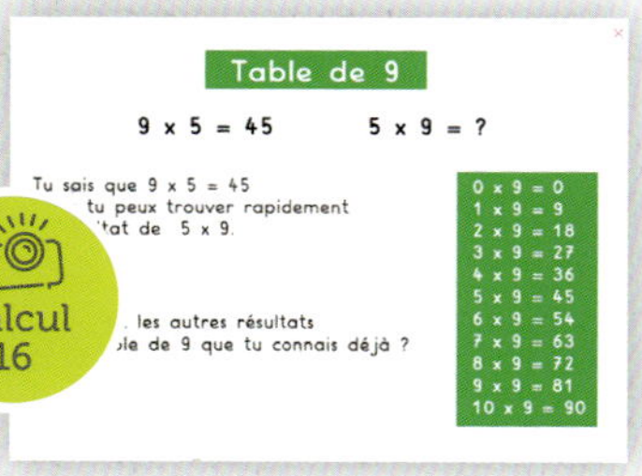

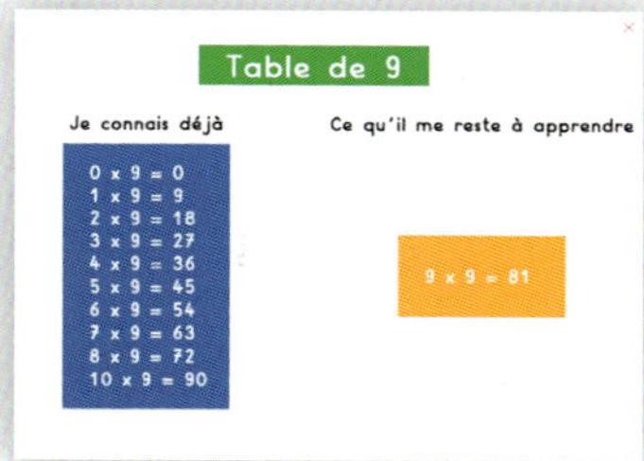

Calcul 16

Séance 2

Calcul 16

❶ Dictée de nombres jusqu'à 10 000 — 1 min

Dicter les nombres à écrire en chiffres sur l'ardoise :
« huit-mille » et *« cinq-mille-neuf-cent-quarante-six »*.

❷ Table de multiplication par 7 : consolidation — 4 min

Proposer les calculs où les erreurs ont été les plus fréquentes lors de l'évaluation de la séance 1. L'enseignant pose les questions une à une oralement en demandant une réponse immédiate.
Les élèves répondent sur l'ardoise.

❸ Table de multiplication par 9 : découverte — 10 min

Découverte	6 x 9	8 x 9	7 x 9	9 x 9

Proposer oralement, un par un, les calculs sans contrainte de temps à l'aide de l'animation **Calcul 16**. Les élèves répondent sur l'ardoise.

Séance 3

❶ Dictée de nombres jusqu'à 10 000 — 1 min

Écrire le nombre **6452** au tableau.
Les élèves l'écrivent en lettres sur l'ardoise.

❷ Table de multiplication par 7 : mémorisation — 4 min

Faire mémoriser la table de multiplication de 7 à l'aide de la barre des tables de l'animation **Calcul 16**.

Calcul 16

❸ Table de multiplication par 9 : entrainement — 10 min

Proposer oralement, un par un, les calculs sans contrainte de temps.
Les élèves répondent sur l'ardoise.

Varier les questions :

« 10 x 9 = ? » ***« 9 x 7 = ? »*** ***« Dans 81, combien de fois 9 ? »***
« Combien de fois 9 pour faire 54 ? » ***« ? x 9 = 45 »*** ***« 0 x 9 = ? »***
« Combien de fois 9 pour faire 18 ? » ***« Dans 90, combien de fois 9 ? »***
« 8 x 9 = ? » ***« ? x 9 = 9 »*** ***« 7 x 9 = ? »*** ***« ? x 9 = 36 »***

Séance 4

Matériel Calcul 16

❶ Dictée de nombres jusqu'à 10 000 — 1 min

Écrire le nombre **7654** au tableau.
Les élèves l'écrivent en lettres sur l'ardoise.

❷ Table de multiplication par 7 : évaluation — 4 min

Proposer à nouveau l'évaluation de la séance 1.
Lorsque les 3 minutes sont écoulées, demander aux élèves de prendre un stylo d'une autre couleur et de terminer les calculs.

❸ Table de multiplication par 9 : réinvestissement — 10 min

Faire mémoriser la table de multiplication de 9 à l'aide de la barre des tables de l'animation **Calcul 16**.

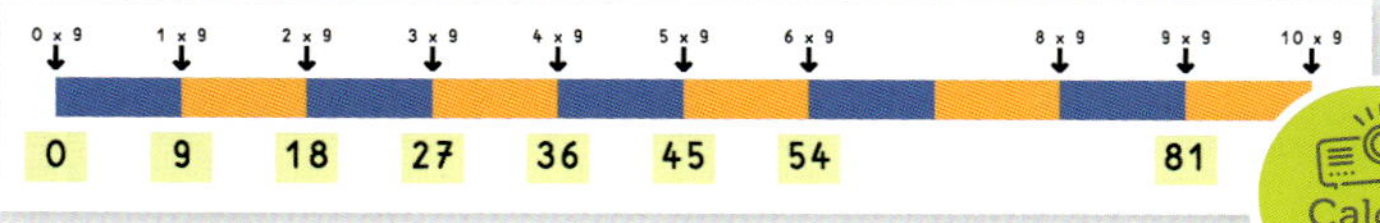

Calcul 16

Faire résoudre les petits problèmes oraux sur l'ardoise.

« Une trousse coute 9 €.
Quel est le prix de 7 trousses ? »

« Cinq enfants se partagent 45 images.
Combien d'images chaque enfant aura-t-il ? »

« Tom a 8 enveloppes. Dans chaque enveloppe, il met 9 images.
Combien d'images Tom a-t-il en tout ? »

« Chaque sac de pommes pèse 9 kg.
Combien pèsent 6 sacs de pommes ? »

« Louise a 9 bandes dessinées. Lili en a 3 fois plus.
Combien de BD Lili a-t-elle ? »

Calcul@tice Les élèves travaillent en autonomie sur les ordinateurs de la classe

calculatice.ac-lille.fr > les exercices > Niveau CE2

- Table de x 8 : L'oiseau - L'araignée
- Somme de plusieurs nombres : Nombres sympathiques

45 min par semaine

Atelier problèmes

Résoudre des problèmes de comparaison : déterminer l'une des quantités (ou l'une des valeurs)

Page 67 · Atelier 16

CHERCHONS ENSEMBLE

Résous chaque problème. Complète les schémas.

Problème 1 Tom et Léo jouent aux fléchettes. Tom a marqué 178 points. Il a marqué 53 points de plus que Léo.
Quel est le score de Léo ?

a) Complète le schéma avec les données du problème et le signe ? pour indiquer ce que l'on cherche.

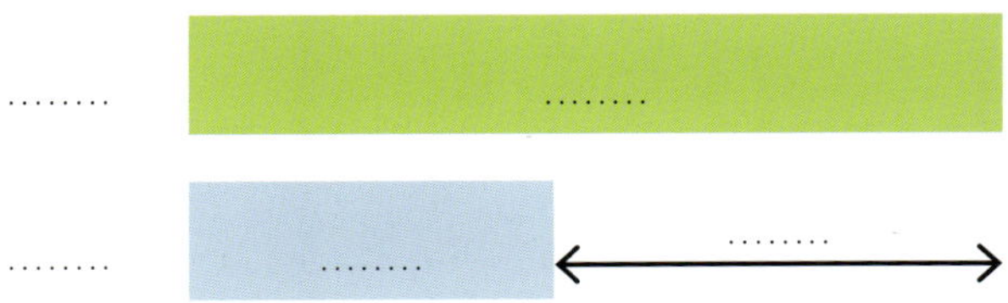

b) Calcule le score de Léo.

....

c) Complète les deux phrases.

Léo a marqué .... points de .... que Tom.

Tom a marqué .... points de .... que Léo.

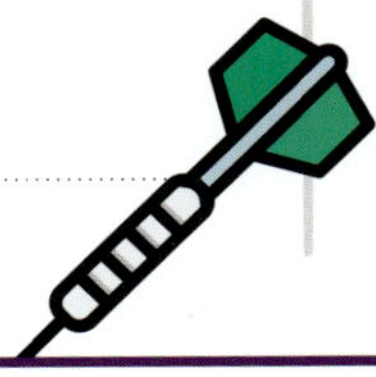

Problème 2 Lou mesure 139 cm. Elle mesure 16 cm de moins que sa sœur Lucie.
Quelle est la taille de Lucie ?

a) Complète le schéma avec les données du problème et le signe ? pour indiquer ce que l'on cherche.

b) Calcule la taille de Lucie.

....

c) Complète les deux phrases.

Lucie mesure .... cm de .... que Lou.

Lou mesure .... cm de .... que Lucie.

JE M'ENTRAINE

Résous les problèmes dans un cahier.
Commence par ceux avec le symbole ✕ puis résous les problèmes de ton choix.

✕ Problème 3 Noa a 14 ans. C'est 58 ans de moins que Vincent, son grand-père.
Trouve l'âge de son grand-père.

✕ Problème 4 Madame Cavaillon a récolté 850 kg de melons. Elle a récolté 325 kg de plus que Monsieur Charentais.
Quelle est la masse des melons récoltés par Monsieur Charentais ?

Problème 5 Nina a 46 billes. Nina a 12 billes de plus que sa sœur. Elles décident de mettre leurs billes dans un même sac.
Combien de billes y aura-t-il dans ce sac ?

Problème 6 Trois enfants ramassent des coquillages sur la plage. Léo a déjà ramassé 175 coquillages. Il a trouvé 25 coquillages de moins que Fatou et 50 de plus que Tom. **Combien de coquillages ont-ils ramassés à eux trois ?**

21 Poser et calculer une multiplication en colonnes (1)

Séance 1 — 45 min

La multiplication posée : découverte

→ CALCULER

Découvrir la technique de calcul posé pour la multiplication.

MATÉRIEL ET SUPPORT
- Des *cubes base 10* pour chaque binôme ou le matériel des **planches prédécoupées 1 et 2** du cahier de l'élève ***Maths au CE2***.

DÉROULEMENT DE LA SÉANCE

❶ Recherche Calculer 18 x 3 avec la méthode de son choix.	5 min	**Expérimentation** Travail individuel
❷ Consolidation Expérimenter deux méthodes de calcul.	10 min	**Manipulation** **Expérimentation** Groupes de 2
❸ Institutionnalisation Poser et calculer une multiplication.	10 min	**Verbalisation** **Abstraction** Oral collectif
❹ Entrainement Effectuer des multiplications posées.	20 min	**Manipulation** **Expérimentation** Travail individuel

❶ Recherche

Faire calculer 18 x 3 sur l'ardoise avec la méthode de son choix.

DIFFÉRENCIATION

- Les élèves peuvent utiliser leurs tables de multiplication.

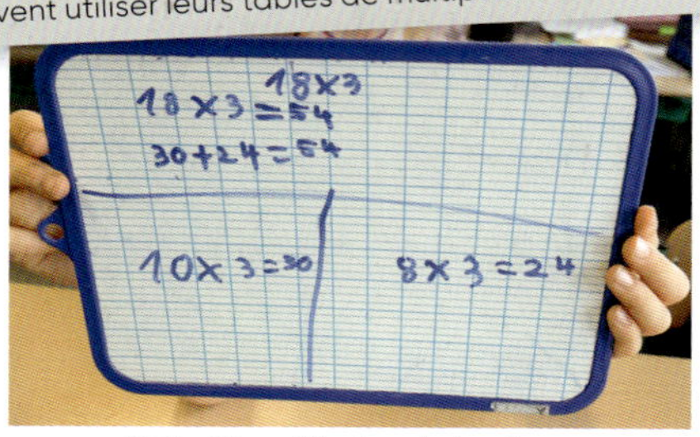

Cette élève utilise le calcul en ligne.

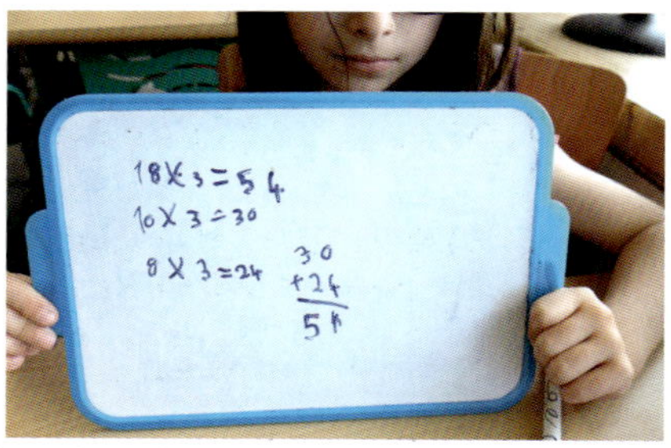

Cette élève utilise le calcul en ligne et une addition posée.

Mise en commun et **verbalisation** des procédures utilisées

❷ Consolidation

Les binômes utilisent le matériel pour vérifier le résultat du calcul 18 x 3.

Faire comprendre qu'on a le choix entre deux méthodes : on peut former des collections de 18 x 3 cubes ou de 3 x 18 cubes.

L'objectif est de trouver le résultat du calcul en s'aidant du matériel et de comprendre qu'il faut commencer par ***dénombrer les unités*** : 3 fois 8 unités, cela donne 24u, c'est-à-dire 2d 4u (visualiser les dizaines en formant 2 barres de 10 et il reste ***4 cubes unités***).

Pour ***dénombrer les dizaines***, on a *3 fois 1 dizaine*, ce qui donne 3 dizaines : il ne faut pas oublier les *2 dizaines* (la retenue) apparues lors du calcul des unités : ce qui fait ***5 dizaines***.

1re possibilité Former 3 x 18 cubes

Les élèves constituent une collection de 3 x 18 cubes.

Ils regroupent ensuite les cubes isolés pour former le plus possible de dizaines et obtiennent 5d 4u.

2e possibilité Former 18 x 3 cubes

Les élèves constituent une collection de 18 x 3 cubes.

Ils regroupent ensuite les cubes isolés pour former le plus possible de dizaines et obtiennent 5d 4u.

Constater que les deux méthodes donnent le même résultat mais que former une collection de 18 fois 3 cubes (18 paquets de 3 cubes) est une méthode plus longue qui n'est pas facile à conduire.

❸ Institutionnalisation

Séquence 21

Expliciter les calculs à l'aide d'un schéma *en rectangle* de l'animation Séquence 21.

Poser l'opération à effectuer à côté du schéma. Expliquer que cette opération, permet d'obtenir le résultat de 18 x 3 et de 3 x 18. On place le nombre qui a le plus de chiffres au-dessus. Compléter l'opération en deux étapes : calcul de 3 x 8 puis de 3 x 10 et addition des deux résultats.

Représenter les 3 collections de 18 cubes au tableau et écrire l'opération à effectuer à sa droite. Expliquer ensuite les différentes étapes du calcul posé en s'aidant du schéma de gauche.

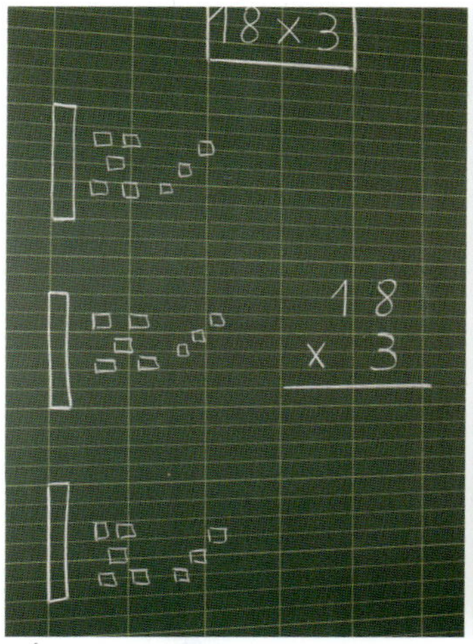

*Étape 1 J'écris l'opération en colonnes. Le signe **x** indique qu'il s'agit d'une multiplication.*

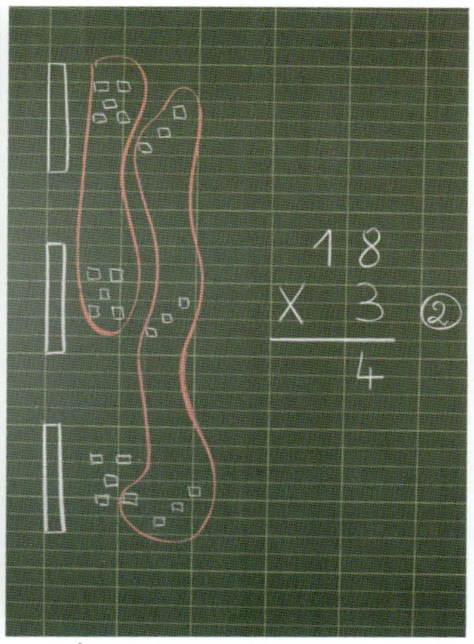

*Étape 2 Je calcule le nombre total de cubes unités : **3 x 8 = 24***
3 x 8u = 24u 24u = 2d 4u
J'écris les 4 unités dans la colonne des unités et je retiens 2 dizaines. J'écris la retenue sur le côté.

! Il est conseillé d'éviter de placer la retenue au-dessus du nombre à multiplier car les élèves auraient tendance à l'additionner au nombre avant de le multiplier. Le choix est de placer la retenue sur le côté et de la barrer une fois utilisée.

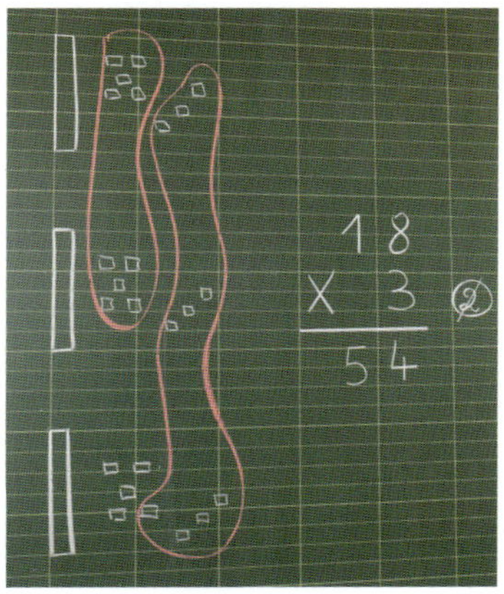

Étape 3 Je calcule le nombre de dizaines : 3 x 1 = 3 donc 3 x 1d = 3d.
J'ajoute les 2 dizaines que j'ai retenues : 3 + 2 = 5 donc 3 dizaines + 2 dizaines = 5 dizaines.
Je barre la retenue quand je l'ai utilisée. J'écris 5 dans la colonne des dizaines.
Étape 4 J'écris le résultat de la multiplication. 18 x 3 = 54.

❹ Entrainement

a) Travail collectif

Poser et effectuer au tableau **35 x 8** et **69 x 3**.

Demander aux élèves de donner un ordre de grandeur des résultats en justifiant leurs réponses. Vérifier en utilisant collectivement au tableau la technique opératoire de la multiplication.

b) Travail individuel

Poser et effectuer les opérations **5 x 31** et **63 x 4** dans un cahier. Auparavant, demander aux élèves de donner un ordre de grandeur des résultats en justifiant leurs réponses.

DIFFÉRENCIATION

- Les élèves peuvent utiliser les tables de multiplication.
- L'enseignant regroupe les élèves qui rencontrent des difficultés de compréhension de la technique utilisée pour un temps de manipulation.

Exemple avec 31 x 5.

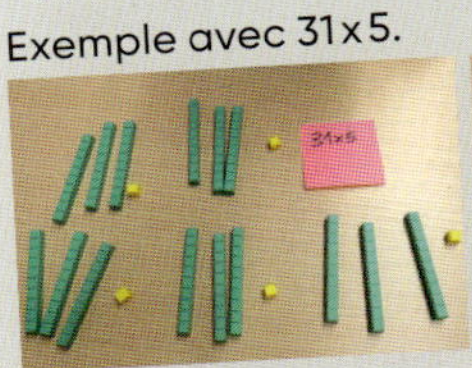

Les élèves forment une collection de 5 x 31 cubes.

Ils effectuent tous les groupements possibles.

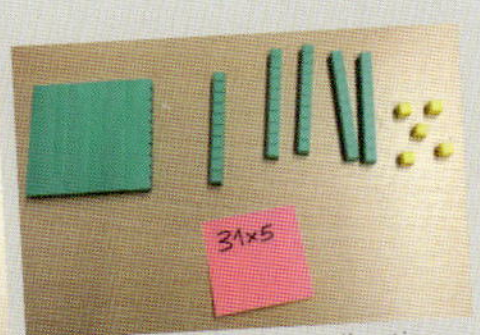

Ils organisent la collection pour trouver le résultat.

Séance 2 — 30 min

La multiplication posée : entrainement

→ CALCULER

Poser et calculer des multiplications d'un nombre à deux chiffres par un nombre à un chiffre.

DÉROULEMENT DE LA SÉANCE

❶ Entrainement Poser et calculer 45 x 7, 62 x 5 et 48 x 8.	10 min	**Verbalisation** Oral collectif
❷ Consolidation Poser et calculer des multiplications.	20 min	**Abstraction** Travail individuel

❶ Entrainement

Poser et effectuer au tableau quelques opérations en collectif.

45 x 7 = **62 x 5 =** **48 x 8 =**

DIFFÉRENCIATION

- Les élèves peuvent utiliser les tables de multiplication.

❷ Consolidation

Les élèves font individuellement les exercices 1 et 2 du cahier de l'élève *Maths au CE2*. Ils peuvent utiliser les tables de multiplication.

(Les opérations de l'exercice 2 sont à faire dans un autre cahier.)

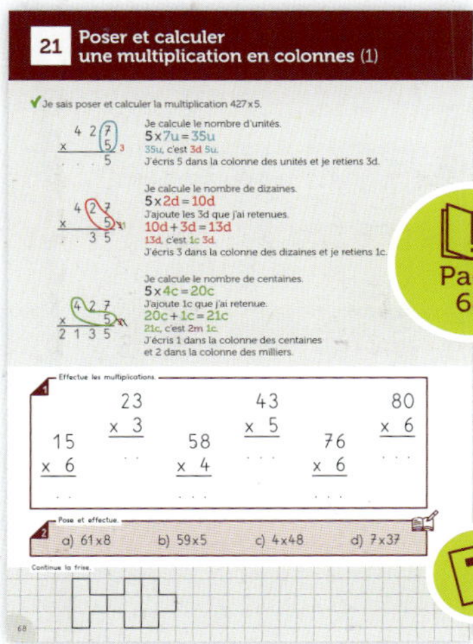

21 Poser et calculer une multiplication en colonnes (1)

✔ Je sais poser et calculer la multiplication 427 x 5.

Je calcule le nombre d'unités.
5 x 7u = 35u
35u, c'est 3d 5u.
J'écris 5 dans la colonne des unités et je retiens 3d.

Je calcule le nombre de dizaines.
5 x 2d = 10d
J'ajoute les 3d que j'ai retenues.
10d + 3d = 13d
13d, c'est 1c 3d.
J'écris 3 dans la colonne des dizaines et je retiens 1c.

Je calcule le nombre de centaines.
5 x 4c = 20c
J'ajoute 1c que j'ai retenue.
20c + 1c = 21c
21c, c'est 2m 1c.
J'écris 1 dans la colonne des centaines et 2 dans la colonne des milliers.

1 Effectue les multiplications.
15 x 6 ; 23 x 3 ; 58 x 4 ; 43 x 5 ; 76 x 6 ; 80 x 6

2 Pose et effectue.
a) 61 x 8 b) 59 x 5 c) 4 x 48 d) 7 x 37

Continue la frise.

68

Page 68

Séance 3 — 45 min

La multiplication posée : réinvestissement

→ CALCULER

Poser et calculer des multiplications d'un nombre à trois chiffres par un nombre à un chiffre.

MATÉRIEL ET SUPPORT
- Des *cubes base 10* pour chaque binôme ou le matériel des **planches prédécoupées 1 et 2** du cahier de l'élève ***Maths au CE2***.

DÉROULEMENT DE LA SÉANCE

❶ Recherche Calculer 257 x 3 avec la méthode de son choix.	5 min	**Expérimentation** Travail individuel
❷ Manipulation Utiliser le matériel pour vérifier le résultat de ce calcul 257 x 3.	10 min	**Manipulation** Travail individuel
❸ Institutionnalisation Expliciter les calculs à l'aide d'un schéma *en rectangle*.	10 min	**Verbalisation** **Abstraction** Oral collectif
❹ Entrainement Effectuer des multiplications posées.	20 min	**Expérimentation** Travail individuel

21 Poser et calculer une multiplication en colonnes (1)

❶ Recherche

Faire calculer 257 x 3 sur l'ardoise avec la méthode de son choix.

DIFFÉRENCIATION

- Les élèves peuvent utiliser les tables de multiplication.

Mise en commun et verbalisation des procédures utilisées

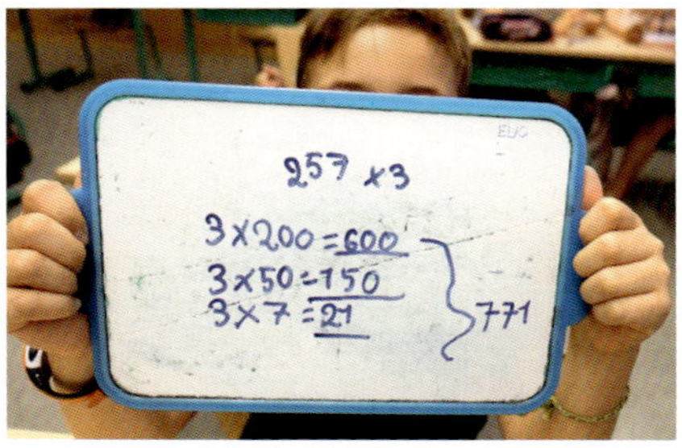

Utilise le calcul en ligne.

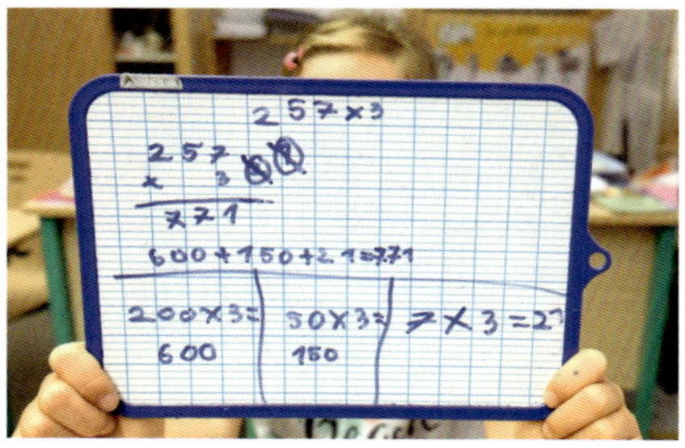

Pose et effectue l'opération en s'aidant d'un schéma en rectangle.

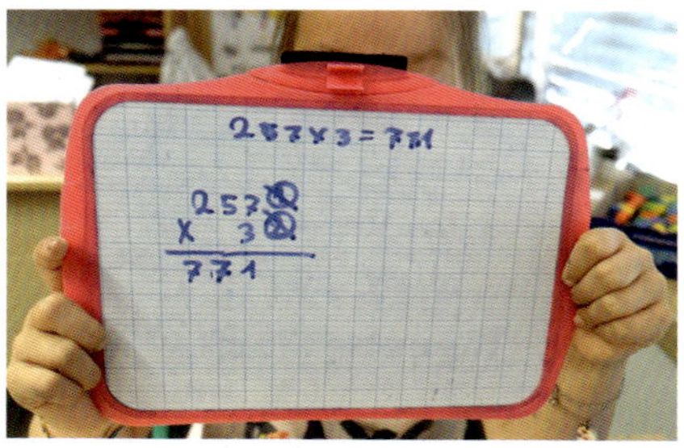

Pose et effectue l'opération.

❷ Manipulation

Utiliser le matériel pour vérifier le résultat de ce calcul.

Les élèves constituent une collection de 3 x 257 cubes.

Ils effectuent tous les groupements possibles.
Ils organisent la collection pour trouver le résultat.

❸ Institutionnalisation

Représenter les 3 collections de 257 cubes au tableau et écrire l'opération à effectuer à sa droite.
Expliquer que la multiplication permet d'obtenir le résultat de 257 x 3 et de 3 x 257.
On place le nombre qui a le plus de chiffres au-dessus.
Puis expliquer les différentes étapes du calcul en s'aidant du schéma de gauche.

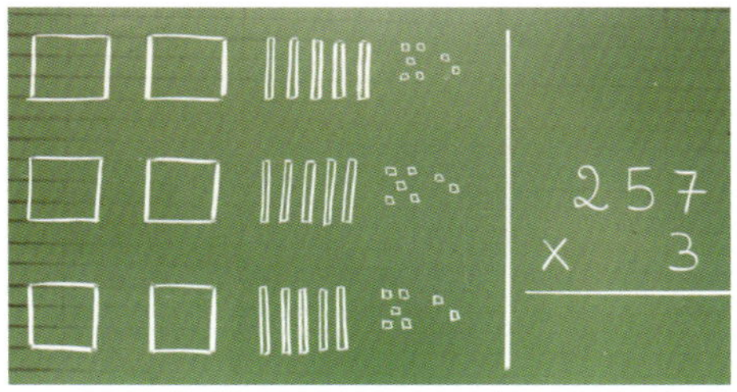

Étape 1 *J'écris l'opération en colonnes.*

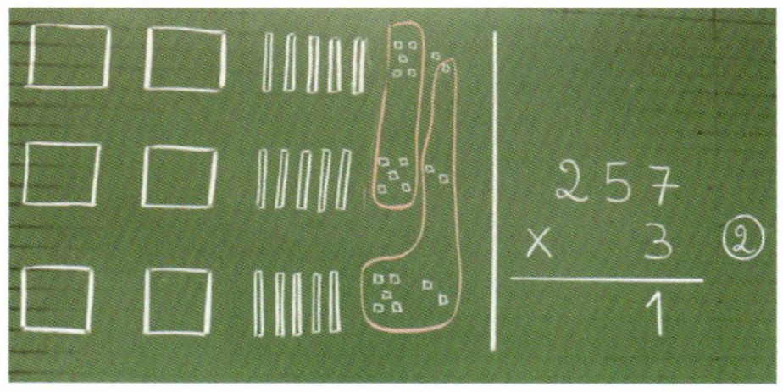

Étape 2 *Je calcule le nombre total de cubes unités : 3 x 7 = 21*
Donc 3 x 7 unités = 21 unités. 21 unités, c'est aussi 2 dizaines 1 unité.
J'écris 1 dans la colonne des unités et je retiens 2 dizaines. J'écris la retenue sur le côté.

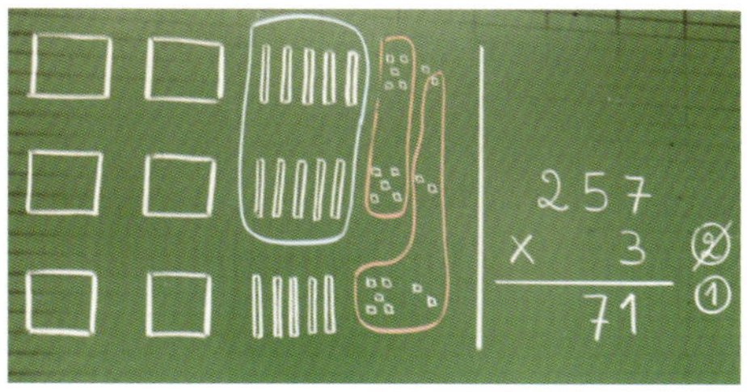

Étape 3 *Je calcule le nombre de dizaines : 3 x 5 = 15. Donc 3 x 5d = 15d.*
J'ajoute les 2 dizaines que j'ai retenues : 15 + 2 = 17 donc 15d + 2d = 17d.
Je barre la retenue quand je l'ai utilisée.
17d = 1c 7d : j'écris 7 dans la colonne des dizaines et je retiens 1 centaine.

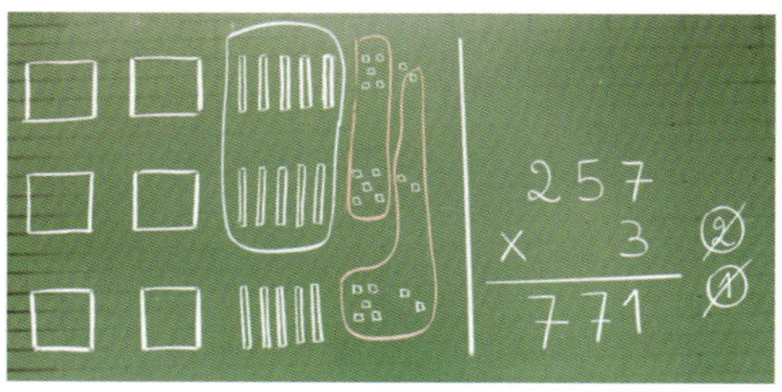

Étape 4 *Je calcule le nombre de centaines : 3 x 2 = 6 donc 3 x 2c = 6c.*
J'ajoute la centaine que j'ai retenue : 6c + 1c = 7c.
Je barre la retenue quand je l'ai utilisée.
J'écris 7 dans la colonne des centaines.

Étape 5 *J'écris le résultat de la multiplication : 257 x 3 = 771*

❹ Entrainement

Rappeler collectivement la technique opératoire de la multiplication en effectuant à haute voix deux opérations au tableau : **245 x 3** et **804 x 6**. Poser et effectuer ces opérations après avoir donné un ordre de grandeur du résultat.

Demander aux élèves de calculer les multiplications suivantes dans un cahier

319	638
x 5	x 3
. . .	. . .

DIFFÉRENCIATION

- Les élèves peuvent utiliser les tables de multiplication.

Séance 4 — 30 min

La multiplication posée : consolidation

→ **CALCULER**

Effectuer des multiplications posées en colonnes : nombre à 3 chiffres multiplié par un nombre à 1 chiffre.

DÉROULEMENT DE LA SÉANCE

❶ Entrainement Poser et calculer des multiplications d'un nombre à trois chiffres par un nombre à un chiffre.	10 min	**Verbalisation** Oral collectif
❷ Consolidation Poser et calculer des multiplications.	20 min	**Abstraction** Travail individuel

❶ Entrainement

Poser et effectuer plusieurs opérations au tableau en collectif :

405 x 6 **760 x 4** **3 x 612** **6 x 859**

DIFFÉRENCIATION

- Les élèves peuvent utiliser les tables de multiplication.

❷ Consolidation

Les élèves font individuellement les exercices 3 et 4 du cahier de l'élève ***Maths au CE2***. Ils peuvent utiliser les tables de multiplication.

Page 69

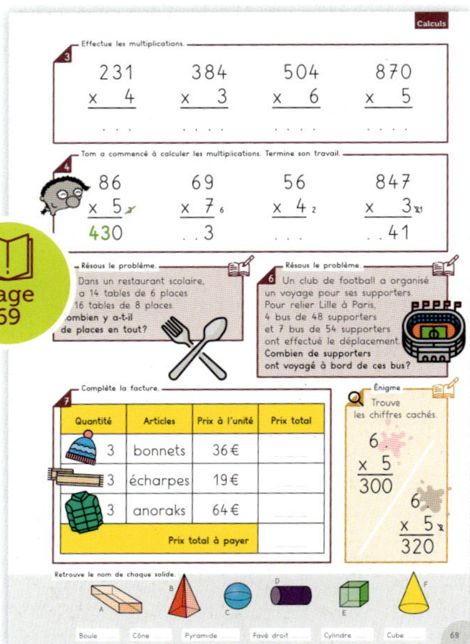

Calculs

3 Effectue les multiplications.

231 x 4 = . . . ; 384 x 3 = ... ; 504 x 6 = ... ; 870 x 5 = ...

4 Tom a commencé à calculer les multiplications. Termine son travail.

86 x 5 = 430 ; 69 x 7 = . . 3 ; 56 x 4 = . . . ; 847 x 3 = . . 41

5 Résous le problème. Dans un restaurant scolaire, il y a 14 tables de 6 places et 16 tables de 8 places. Combien y a-t-il de places en tout ?

6 Résous le problème. Un club de football a organisé un voyage pour ses supporters. Pour relier Lille à Paris, 4 bus de 48 supporters et 7 bus de 54 supporters ont effectué le déplacement. Combien de supporters ont voyagé à bord de ces bus ?

7 Complète la facture.

Quantité	Articles	Prix à l'unité	Prix total
3	bonnets	36 €	
3	écharpes	19 €	
3	anoraks	64 €	
Prix total à payer			

Énigme : Trouve les chiffres cachés. 6 . x 5 = 300 ; 6 . x 5 = 320

Retrouve le nom de chaque solide. Boule … Cône … Pyramide … Pavé droit … Cylindre … Cube …

69

Séance 5 — 30 min

Les élèves résolvent des problèmes 5 à 7 du champ multiplicatif proposés dans le cahier de l'élève ***Maths au CE2***.
(Ils répondent aux problèmes 5 et 6 dans un autre cahier.)

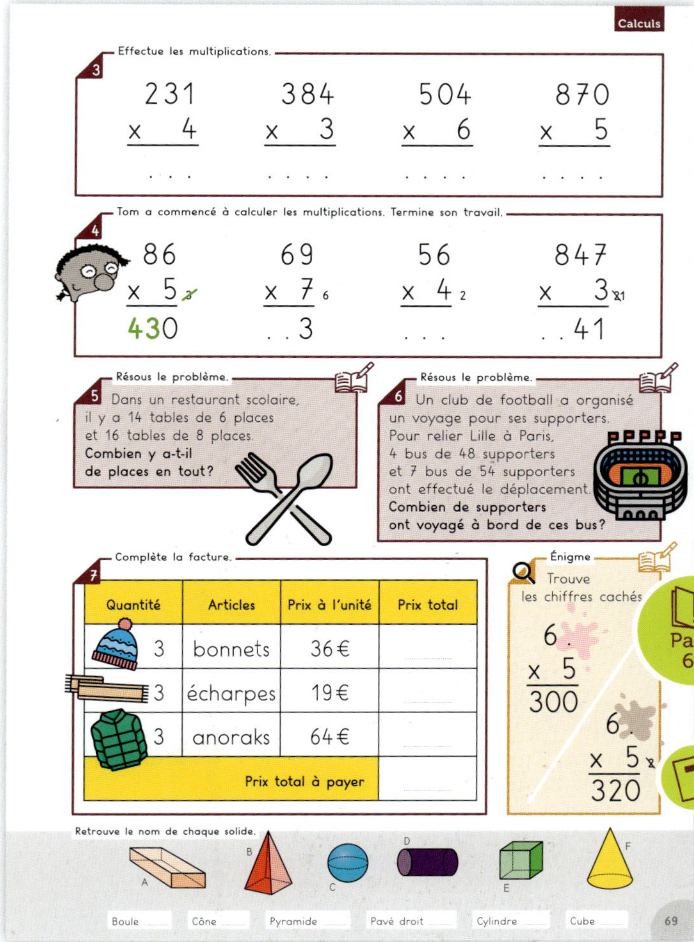

Calculs

3 Effectue les multiplications.

231	384	504	870
x 4	x 3	x 6	x 5
. . .	. . . .	. . . .	. . . .

4 Tom a commencé à calculer les multiplications. Termine son travail.

86	69	56	847
x 5	x 7	x 4	x 3
430	. . 3	. . .	. . 41

5 Résous le problème.
Dans un restaurant scolaire, il y a 14 tables de 6 places et 16 tables de 8 places.
Combien y a-t-il de places en tout ?

6 Résous le problème.
Un club de football a organisé un voyage pour ses supporters. Pour relier Lille à Paris, 4 bus de 48 supporters et 7 bus de 54 supporters ont effectué le déplacement.
Combien de supporters ont voyagé à bord de ces bus ?

7 Complète la facture.

Quantité	Articles	Prix à l'unité	Prix total
3	bonnets	36 €	
3	écharpes	19 €	
3	anoraks	64 €	
Prix total à payer			

Énigme
Trouve les chiffres cachés.

6 . x 5 = 300

6 . x 5 = 320

Retrouve le nom de chaque solide.

A B C D E F

Boule … Cône … Pyramide … Pavé droit … Cylindre … Cube …

69

Page 69

15 min par jour

Calcul mental

- Écrire les nombres en lettres jusqu'à 10 000.
- Connaitre les compléments au millier supérieur ou inférieur.

Séance 1

❶ Dictée de nombres jusqu'à 10 000 — 1 min

Écrire le nombre **10 000** au tableau.
Les élèves l'écrivent en lettres sur l'ardoise.

❷ Table de multiplication par 9 : évaluation — 4 min

Proposer l'évaluation de **MaterielCalcul17.pdf**, page 1.

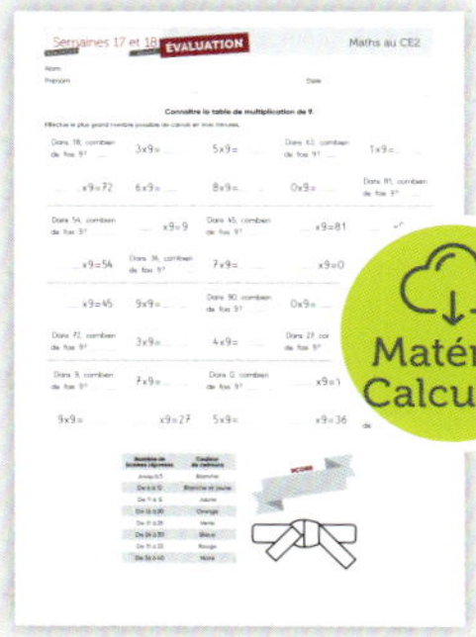

Matériel Calcul 17

Lorsque les 3 minutes sont écoulées, demander aux élèves de prendre un stylo d'une autre couleur et de terminer les calculs.

❸ Compléments au millier supérieur ou inférieur : découverte — 10 min

Poser les questions une à une par écrit au tableau sans contrainte de temps. Les élèves répondent sur l'ardoise.

1300 + ? = 2000 1500 + ? = 2000 3900 + ? = 4000
De 3700 pour aller à 4000 ?
5000 − 4700 = ? en verbalisant « de 4700 pour aller à 5000 ? »
6000 − 5100 = ? en verbalisant « de 5100 pour aller à 6000 ? »

Procédure visée *(pour **1300 + ? = 2000**)*
300 + 700 = 1000 donc 1300 + 700 = 2000

Séance 2

❶ Dictée de nombres jusqu'à 10 000 — 1 min

Écrire le nombre **4307** au tableau.
Les élèves l'écrivent en lettres sur l'ardoise.

❷ Table de multiplication par 9 : consolidation — 4 min

Proposer les calculs où les erreurs ont été les plus fréquentes lors de l'évaluation de la séance 1. L'enseignant pose les questions une à une oralement en demandant une réponse immédiate. Les élèves répondent sur l'ardoise.

❸ Compléments au millier supérieur ou inférieur : découverte — 10 min

Poser les questions une à une en utilisant l'animation **Calcul 17** sans contrainte de temps. Les élèves répondent sur l'ardoise.

1570 + ? = 2000
7690 + ? = 8000
9851 + ? = 10 000
de 2850 pour aller à 3000 ?
5742 + ? = 6000
7926 + ? = 9000

Procédures visées
- Pour **1570 + ? = 2000**. Calculer de 1570 pour aller à 1600 (c'est 30) puis de 1600 pour aller à 2000 (c'est 400) : donc 30 + 400 = 430. 1570 + **430** = 2000
- Pour **5742 + ? = 6000**. Calculer de 5742 pour aller à 5750 (c'est 8) puis de 5750 pour aller à 5800 (c'est 50) puis de 5800 pour aller à 6000 (c'est 200) : donc 8 + 50 + 200 = 258. 5742 + **258** = 6000

Visualiser avec l'animation **Calcul 17**.

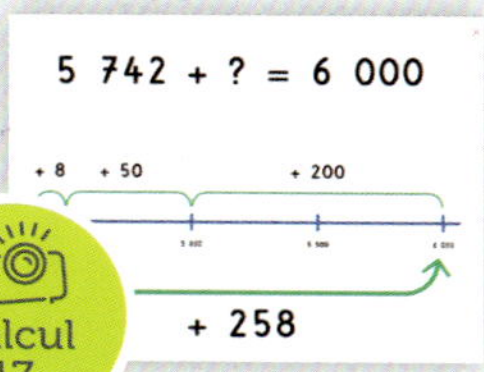

Calcul 17

Séance 3

❶ Dictée de nombres jusqu'à 10 000 — 1 min

Écrire le nombre **8050** au tableau.
Les élèves l'écrivent en lettres sur l'ardoise.

❷ Table de multiplication par 9 : mémorisation — 4 min

Faire mémoriser la table de multiplication de 9 à l'aide de la barre des tables de l'animation **Calcul 16**.

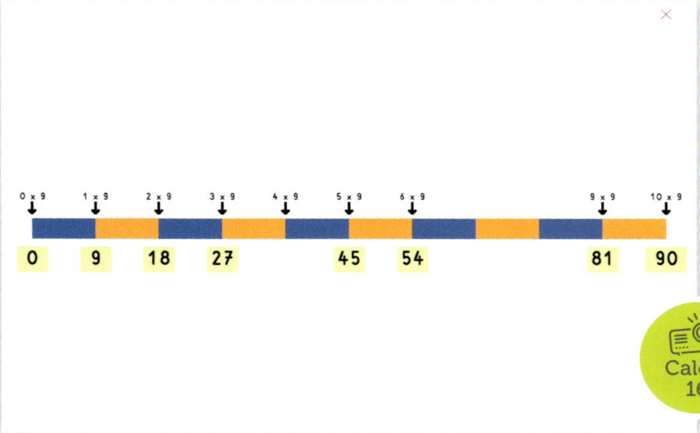

Calcul 16

❸ Compléments au millier supérieur ou inférieur : entrainement — 10 min

Poser les questions une à une par écrit au tableau sans contrainte de temps. Les élèves répondent sur l'ardoise.

8760 + ? = 9000
5190 + ? = 8000
8894 + ? = 9000
6908 + ? = 7000
de 3520 pour aller à 4000 ?
3240 + ? = 5000
7201 + ? = 10 000

Séance 4

Matériel Calcul 17

❶ Dictée de nombres jusqu'à 10 000 — 1 min

Écrire le nombre **8560** au tableau.
Les élèves l'écrivent en lettres sur l'ardoise.

❷ Table de multiplication par 9 : évaluation — 4 min

Proposer à nouveau l'évaluation de la séance 1.
Lorsque les 3 minutes sont écoulées, demander aux élèves de prendre un stylo d'une autre couleur et de terminer les calculs.

❸ Compléments au millier supérieur ou inférieur : réinvestissement — 10 min

Faire résoudre les petits problèmes oraux sur l'ardoise.

« Il y a 4000 places dans les tribunes d'une salle de handball. Pour le match de ce soir, 2785 spectateurs ont acheté un billet. **Combien de places sont encore disponibles ?** »

« Pour préparer des gâteaux, un cuisinier utilise 4700 g de farine qu'il prend dans cinq paquets de 1000 g. **Quelle quantité de farine reste-t-il ?** »

« Tom voyage en avion avec ses parents. L'avion a déjà parcouru 6400 km. **Quelle distance doit-il encore effectuer pour atteindre 9000 km ?** »

« Un coureur à pied doit parcourir la distance de 10 000 m. Il a déjà parcouru 7604 m. **Quelle distance lui reste-t-il à parcourir ?** »

Calcul@tice Les élèves travaillent en autonomie sur les ordinateurs de la classe
calculatice.ac-lille.fr > les exercices > Niveau CE2
- Table de x 7 : L'oiseau - L'araignée
- Somme de plusieurs nombres : Chute de nombres

45 min par semaine

Atelier problèmes

Reconnaitre les relations entre des quantités (ou des valeurs) dans des problèmes de comparaison.

Page 73 Atelier 17

CHERCHONS ENSEMBLE

Résous chaque problème.

Problème 1 Complète l'histoire avec les nombres proposés pour qu'elle soit logique.

4 20 27 8

Aujourd'hui, c'est l'anniversaire de Lina qui a 12 ans.

Elle a .... ans de moins

que Dario qui a .... ans.

Problème 2 Écris les nombres qui manquent pour que l'histoire soit logique.

45 115 78 90

Lors d'un match de basket, l'équipe bleue a battu l'équipe rouge avec une différence de 25 points. L'équipe rouge a marqué .... points et la bleue .... points.

JE M'ENTRAINE

Complète les énoncés pour que les problèmes soient logiques.
Commence par ceux avec le symbole ✖ puis résous les problèmes de ton choix. Essaie d'en résoudre le plus possible.

✖ Problème 3

120 8 142 126

L'infirmière scolaire a mesuré la taille de tous les élèves de la classe de CE2.

Nina mesure 134 cm, c'est .... cm de moins que Louise qui mesure .... cm.

✖ Problème 4

1 234 776 1 012 252

La Seine et la Loire sont deux fleuves français. La différence de longueur entre ces deux fleuves est de 236 km. La Loire est plus longue que la Seine.

La Seine mesure .... km et la Loire mesure .... km.

Problème 5

246 266 276 292

Monsieur Bobet achète un vélo qui coute .... €. Le marchand lui fait une réduction de 30 €. Monsieur Bobet paye .... €.

Problème 6

38 28 34 45

Léo pèse .... kg. Il pèse 4 kg de moins que Tom qui pèse .... kg.

Problème 7

Boubou l'éléphant pèse 5 800 kg.
Il pèse 1 600 kg de plus que Jumbo.
Combien Jumbo pèse-t-il ?

Complète le schéma.

Réponds. ....
....

22 Reconnaitre et décrire un polygone

Séance 1 — 45 min

Reconnaitre un polygone

→ CHERCHER

Identifier quelques figures géométriques : triangle, carré, disque et cercle.

MATÉRIEL ET SUPPORT
- Un puzzle du cœur par élève (**Materiel22.pdf**, page 1) reproduit sur une feuille cartonnée.
- Des aides (**Materiel22.pdf**, page 2) suivant les besoins.

DÉROULEMENT DE LA SÉANCE

❶ Appropriation Reconstituer un puzzle constitué de figures géométriques simples.	10 min	**Manipulation** Travail individuel
❷ Recherche Classer des figures géométriques.	10 min	**Manipulation** Groupes de 2
❸ Mise en commun Définir un polygone et nommer quelques figures géométriques.	5 min	**Verbalisation** **Abstraction** Oral collectif
❹ Réinvestissement Distinguer cercle et disque.	10 min	**Manipulation** Travail individuel
❺ Entrainement Reconnaitre un polygone.	10 min	**Abstraction** Travail individuel

❶ Appropriation

Matériel 22

Demander aux élèves de découper les pièces du puzzle du cœur puis de les mélanger et d'essayer de reconstituer le cœur, sans aide, dans un premier temps.

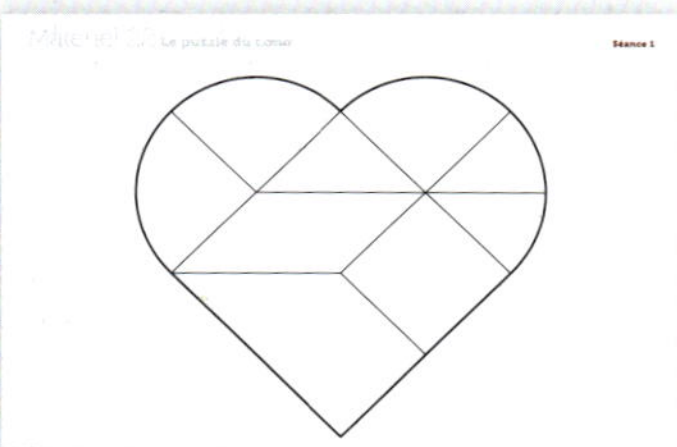

DIFFÉRENCIATION

- Deux types d'aide peuvent être proposés aux élèves qui rencontrent des difficultés :
  - le contour du cœur (**Materiel22.pdf**, page 2 haut),
  - le modèle du puzzle reconstitué (**Materiel22.pdf**, page 2 bas).

❷ Recherche

Consigne « Vous allez, avec votre voisin de table, essayer de classer les pièces du puzzle en deux catégories. Vous donnerez un titre à chaque catégorie et vous l'écrirez sur l'ardoise. »

❸ Mise en commun

Inventorier les critères de classement retenus et valider ou non les réponses en fonction de leur pertinence.

Parvenir à un classement : polygone, non polygone.

Définir le polygone comme une figure fermée dont tous les côtés peuvent être tracés à la règle.

Nommer les figures géométriques reconnues : carré, triangle.

Rappeler ce qui les caractérise.
« Le triangle est un polygone qui a trois côtés. »
« Le carré est un polygone qui a quatre côtés de même longueur et quatre angles droits. »
« Les polygones qui ont 3 côtés s'appellent des triangles. »
« Les polygones qui ont 4 côtés s'appellent des quadrilatères. »

Demander aux élèves d'expliquer pourquoi certaines figures du puzzle ne sont pas des triangles.
Par exemple, *« l'un des côtés est arrondi »*.

Expliciter pourquoi le parallélogramme et le trapèze ne sont pas des rectangles.
« Ils n'ont pas 4 angles droits. »
« Les côtés opposés du trapèze ne sont pas de même longueur. »

❹ Réinvestissement

Faire chercher les figures du puzzle qu'il faut assembler pour obtenir ***un disque***. Construire ce disque.

Faire tracer le contour du disque pour obtenir ***un cercle***.

Les élèves doivent savoir distinguer cercle et disque : faire colorier la surface du disque.

❺ Entrainement

Les élèves font l'exercice 1 du cahier de l'élève ***Maths au CE2***.

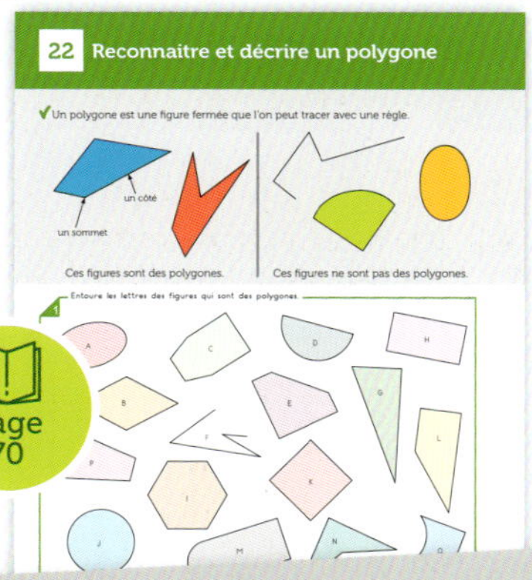
22 Reconnaitre et décrire un polygone

Un polygone est une figure fermée que l'on peut tracer avec une règle.

Ces figures sont des polygones. | Ces figures ne sont pas des polygones.

Page 70

COIN MATHS

Matériel 22

- Reproduire de nouveaux assemblages (8) avec le puzzle du cœur (**Materiel22.pdf**, pages 3 et 4).

Séance 2

⌛ 45 min

Décrire des polygones en utilisant le vocabulaire approprié

→ MODÉLISER

Réactiver et utiliser les notions d'angle droit et d'égalité de longueurs découvertes au CE1.

MATÉRIEL ET SUPPORT
- Un puzzle du cœur par élève (**Materiel22.pdf**, page 1) reproduit sur une feuille cartonnée.
- La feuille d'entrainement (**Materiel22.pdf**, page 5).

DÉROULEMENT DE LA SÉANCE

❶ Recherche Décrire des polygones avec un vocabulaire adapté.	25 min	**Verbalisation** Oral collectif
❷ Entrainement Vérifier à l'aide d'instruments la présence d'angles droits et l'égalité de longueur des côtés.	15 min	**Abstraction** Travail individuel
❸ Mise en commun Justifier ses réponses en utilisant le vocabulaire approprié.	5 min	**Verbalisation** Oral collectif

❶ Recherche

Le jeu du portrait

Jeu 1

Demander à chaque élève de mélanger les pièces du puzzle du cœur et de les étaler sur la table. Expliquer que vous allez décrire une pièce du puzzle que les élèves devront identifier.
Écrire la description de la pièce au tableau : **« c'est un polygone qui a quatre côtés et qui n'a que deux angles droits. »**
Après un temps de recherche, demander aux élèves de mettre de côté la figure qu'ils ont identifiée.
Vérifier en demandant aux élèves de justifier leur choix.

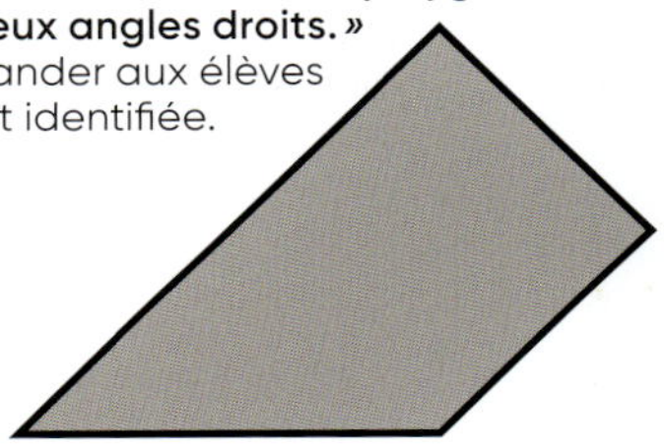

Proposer une nouvelle description au tableau :
« ce polygone a quatre côtés et n'a pas d'angle droit. »

Jeu 2

Expliquer aux élèves que c'est à eux maintenant de poser des questions pour trouver la pièce que vous avez choisie.
Vous ne pourrez répondre que par oui ou par non.
Chaque élève doit écrire une question sur l'ardoise.

Faire découvrir le triangle rectangle pour débuter puis terminer avec le carré.

Avec les élèves, lister au fur et à mesure au tableau les questions qui font avancer la recherche.

Exemples

« Est-ce que c'est un polygone ? »
« La figure a-t-elle quatre côtés ? trois côtés ? »
« La figure a-t-elle un seul angle droit ? que deux angles droits ? quatre angles droits ? »
« La figure a-t-elle quatre côtés de même longueur ? deux côtés de même longueur ? »
« Est-ce que c'est un triangle ? un carré ? »

❷ Entrainement

Matériel 22

Le jeu du portrait (**Materiel22.pdf**, page 5)

Consigne *« Vous devez écrire le numéro du polygone qui correspond à chaque portrait. Vous pouvez utiliser votre règle graduée et votre équerre. »*

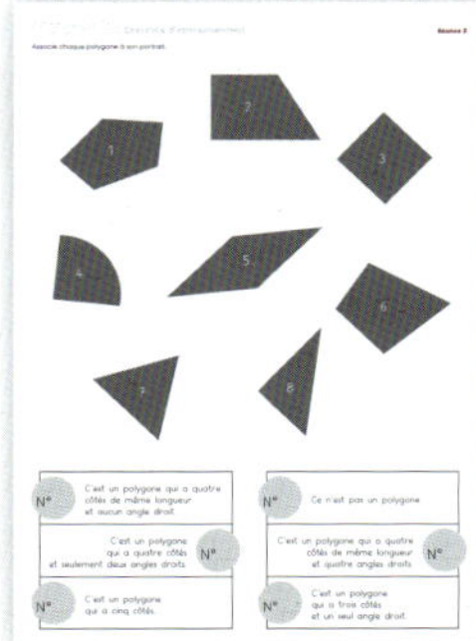

❸ Mise en commun

Commencer par faire identifier la figure qui n'est pas un polygone.
Rappeler qu'un polygone est une ligne fermée tracée à la règle.

Reconnaitre les ***triangles*** et les ***quadrilatères*** dont le ***carré***.
Les noms *losange* et *trapèze* seront utilisés à partir du CM1.
Expliquer qu'un polygone qui a 5 côtés est un ***pentagone***.
Un ***hexagone*** a 6 côtés, un ***heptagone*** a 7 côtés, un ***octogone*** a 8 côtés.

Corrigé

N° 5 — C'est un polygone qui a quatre côtés de même longueur et aucun angle droit.	N° 4 — Ce n'est pas un polygone.
C'est un polygone qui a quatre côtés et seulement deux angles droits. — N° 2	C'est un polygone qui a quatre côtés de même longueur et quatre angles droits. — N° 3
N° 1 — C'est un polygone qui a cinq côtés.	N° 8 — C'est un polygone qui a trois côtés et un seul angle droit.

Séance 3

⌛ 30 min

Bilan des apprentissages

Les élèves font les exercices 2 et 3 du cahier de l'élève ***Maths au CE2***.

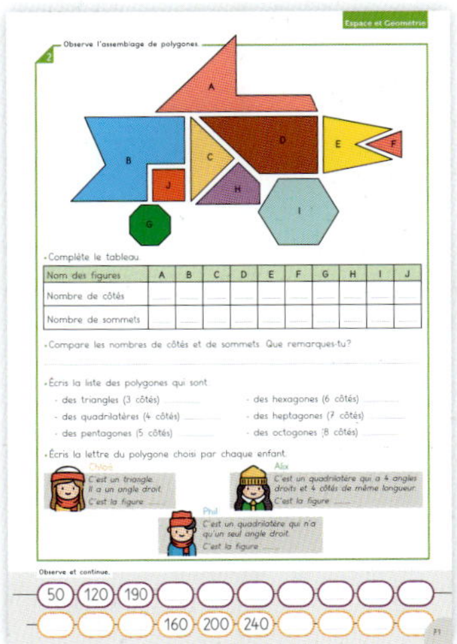

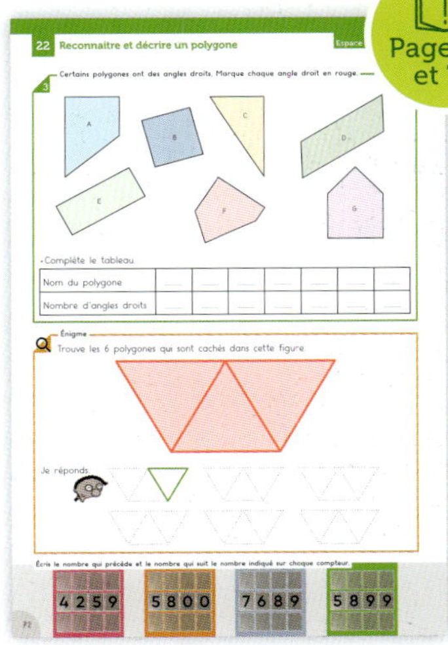

Pages 71 et 72

23 Poser et calculer une multiplication en colonnes (2)

Séance 1 — 45 min

Multiplier un nombre à 2 ou 3 chiffres par un multiple de 10

→ CALCULER

Découvrir la multiplication posée en colonnes : nombre à 2 ou 3 chiffres multiplié par un multiple de 10.

DÉROULEMENT DE LA SÉANCE

❶ Recherche Calculer 16 x 4 et 16 x 40.	15 min	Expérimentation Travail individuel
❷ Institutionnalisation Comprendre que 16 x 40 = 16 x 4 x 10.	10 min	Manipulation Expérimentation Groupes de 2
❸ Nouvelle recherche Calculer 245 x 3 et 245 x 30.	10 min	Expérimentation Travail individuel
❹ Institutionnalisation Comprendre que 245 x 30 = 245 x 3 x 10.	10 min	Manipulation Expérimentation Groupes de 2

❶ Recherche

Demander aux élèves de calculer 16 x 4 et 16 x 40 en posant les deux opérations dans le cahier.

$$\begin{array}{r} 16 \\ \times\ \ 4 \\ \hline \end{array} \qquad \begin{array}{r} 16 \\ \times 40 \\ \hline \end{array}$$

Productions des élèves

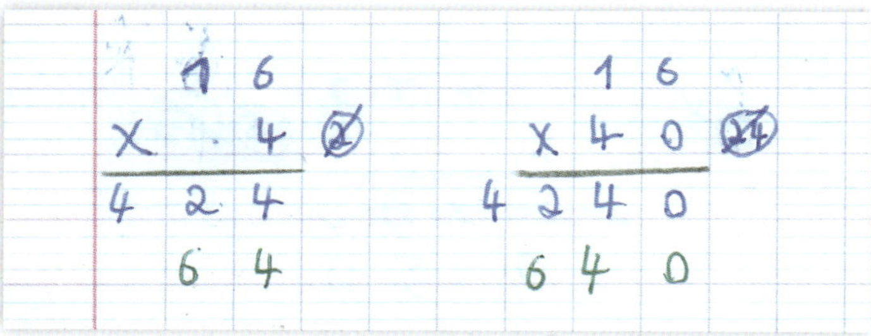

Erreur dans la gestion de la retenue

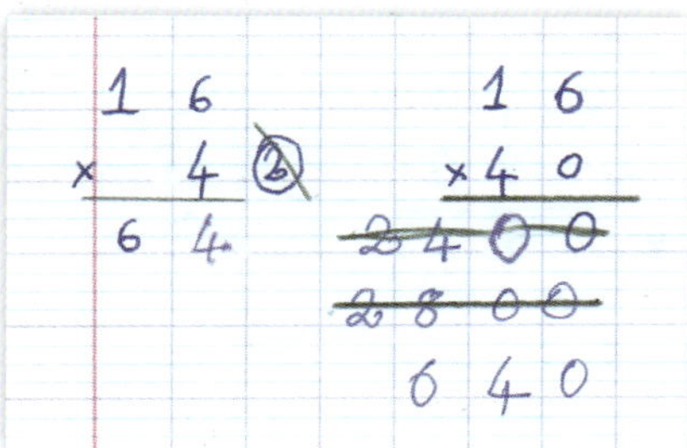

Tâtonnement pour essayer de comprendre l'algorithme de la multiplication

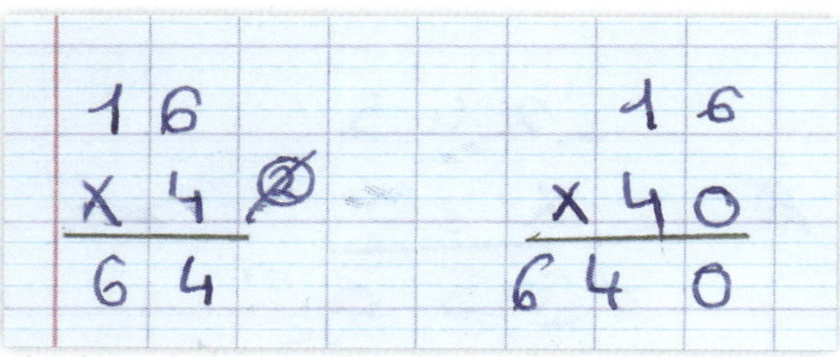

Cet élève ne fait pas apparaître la retenue dans la deuxième opération.

❷ Institutionnalisation

a) Rappel de la technique opératoire pour calculer 16 x 4

Poser l'opération au tableau.

b) Pour le calcul de 16 x 40

Étape 1 J'écris l'opération en colonnes.

$$\begin{array}{r} 16 \\ \times 40 \\ \hline \end{array}$$

Étape 2

$$\begin{array}{r} 16 \\ \times 40 \\ \hline 0 \end{array}$$

16 x 40, c'est 16 x 4 dizaines ce qui fait 64 dizaines soit 640.
On obtient donc un nombre de dizaines et 0 unité.
J'écris 0 dans la colonne des unités.

Étape 3

Poursuivre le calcul en colonnes puis écrire le résultat en ligne : 16 x 40 = 640

Synthèse finale Comparer les deux opérations et demander aux élèves d'expliquer ce qui se passe.
Comprendre que 16 x 40 = 16 x 4 x 10.

❸ Nouvelle recherche

Demander aux élèves de calculer 245 x 3 et 245 x 30 en posant les deux opérations dans le cahier.

Productions des élèves

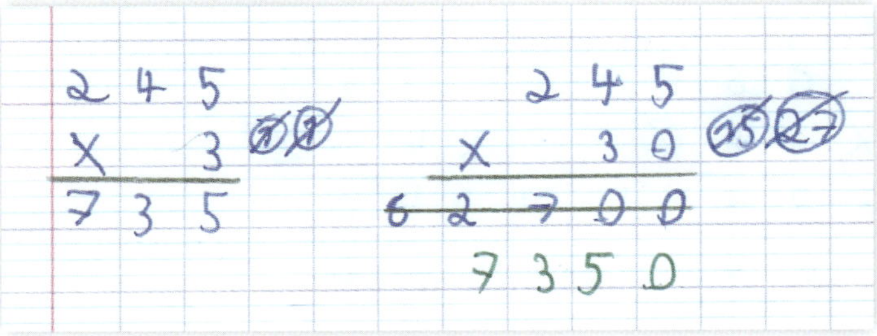

Erreur dans la gestion des retenues de la deuxième opération.

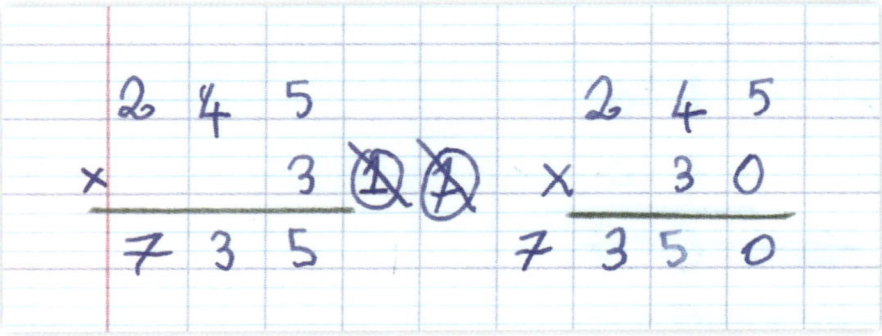

La très grande majorité des élèves trouve le résultat sans faire apparaître la retenue dans la 2e opération.

❹ Institutionnalisation

a) Poser l'opération 245 x 3 au tableau.

```
  245
x   3   1 1
  735
```

b) Pour 245 x 30

```
  245
x  30   1 1
 7350
```

245 x 30, c'est 245 x 3 dizaines ce qui fait 735 dizaines soit 7 350.

Synthèse finale

Comparer les deux opérations et demander aux élèves d'expliquer ce qui se passe.

Comprendre que 245 x 30 = 245 x 3 x 10.

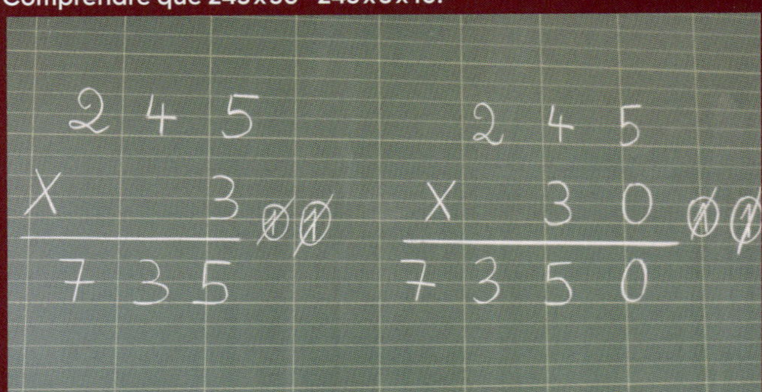

Séance 2

30 min

Bilan des apprentissages

Les élèves font individuellement les exercices 1 à 5 du cahier de l'élève *Maths au CE2*.

(Ils posent les opérations de l'exercice 5 dans un autre cahier.)

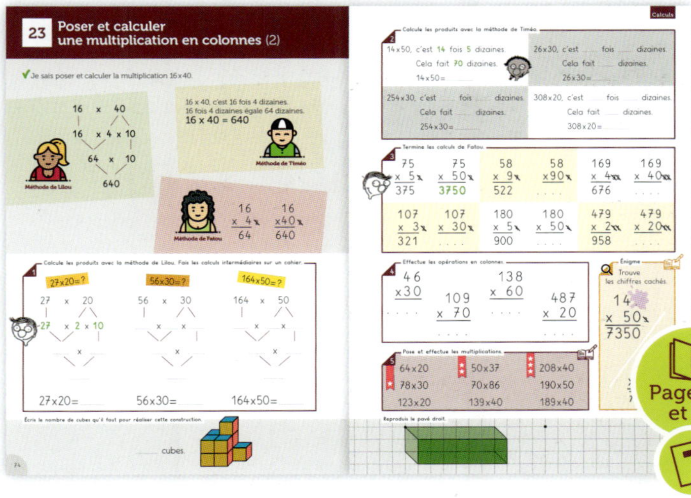

Pages 74 et 75

15 min par jour

Calcul mental

- Compter de 10 en 10 et de 100 en 100 jusqu'à 10 000.
- Connaitre les doubles et les moitiés des nombres jusqu'à 10 000.

Séance 1

❶ Suite orale des nombres jusqu'à 10 000 — 1 min

En avançant de 10 en 10, dire la suite orale des nombres de **5820 à 6000**.

En reculant de 10 en 10, dire la suite orale des nombres de **9870 à 8670**.

❷ Table de multiplication par 9 : mémorisation — 4 min

Faire mémoriser la table de multiplication de 9 à l'aide de la barre des tables de l'animation **Calcul 16**.

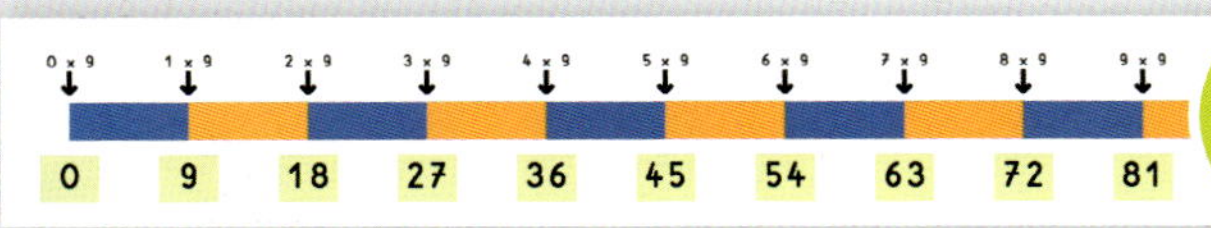

Calcul 16

❸ Doubles et moitiés des nombres jusqu'à 10 000 : découverte — 10 min

Poser les questions une à une, oralement, sans contrainte de temps. Les élèves répondent sur l'ardoise.

Faire calculer le **double de 700, 600, 1400, 1500, 2000, 2500, 3000, 4300, 3600.**

Procédure visée
Pour le **double de 1400**. Décomposer 1400 en 1000 + 400.
Le double de 1400, c'est le double de 1000 + le double de 400 : c'est 2000 + 800 = 2800

Faire calculer la **moitié de 800, 8000, 4600, 6800, 9000.**

Procédure visée
Pour la **moitié de 4600**. C'est la moitié de 4000 + la moitié de 600, c'est-à-dire 2000 + 300 = 2300.

Séance 2

❶ Suite orale des nombres jusqu'à 10 000 — 1 min

En reculant de 10 en 10, dire la suite orale des nombres de **9751 à 6001** puis de **2004 à 1874.**

❷ Table de multiplication par 9 : évaluation — 4 min

Proposer à nouveau l'évaluation de la séance 1 de la semaine 17. Lorsque les 3 minutes sont écoulées, demander aux élèves de prendre un stylo d'une autre couleur et de terminer les calculs.

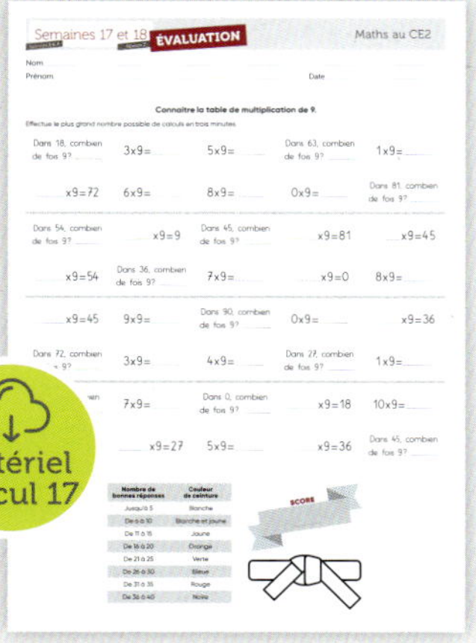

Matériel Calcul 17

❸ Doubles et moitiés des nombres jusqu'à 10 000 : découverte — 10 min

Poser les questions une à une, oralement, sans contrainte de temps. Les élèves répondent sur l'ardoise.

Calculer le **double de 150, 250, 450, 650, 350, 550, 750, 2500, 4500, 3500.**

Calculer la **moitié de 300, 900, 500, 700, 1300, 1900, 2700, 4100.**

Séance 3

❶ Suite orale des nombres jusqu'à 10 000 — 1 min

En avançant de 100 en 100, dire la suite orale des nombres de **7500 à 10 000.**

En reculant de 100 en 100, dire la suite orale des nombres de **4500 à 2300.**

❷ Tables de multiplication de 6, 7, 8 et 9 : mémorisation — 4 min

Poser 15 questions, une à une, oralement, en demandant une réponse rapide (moins de 10 secondes). Les élèves répondent sur l'ardoise.

Les questions seront de types variés sur les tables de 6, 7, 8 et 9 comme ***« 5 x 6 = ? », « 4 x ? = 28 », « Combien de fois 9 dans 45 ? », « 64, c'est combien de fois 8 ? ».***

❸ Doubles et moitiés des nombres jusqu'à 10 000 : entrainement — 10 min

Vidéoprojeter les calculs de l'animation **Calcul 18.**

Les élèves écrivent les réponses dans un cahier.
Deux niveaux sont proposés pour faciliter la différenciation.
Les calculs en bleu sont plus complexes.

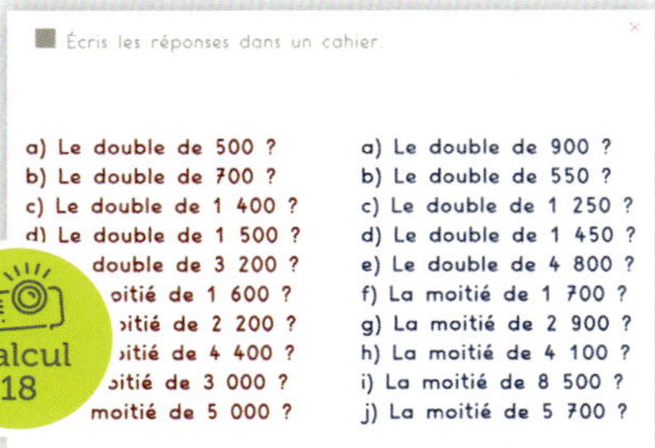
Écris les réponses dans un cahier.

a) Le double de 500 ?
b) Le double de 700 ?
c) Le double de 1 400 ?
d) Le double de 1 500 ?
e) Le double de 3 200 ?
f) La moitié de 1 600 ?
g) La moitié de 2 200 ?
h) La moitié de 4 400 ?
i) La moitié de 3 000 ?
j) La moitié de 5 000 ?

a) Le double de 900 ?
b) Le double de 550 ?
c) Le double de 1 250 ?
d) Le double de 1 450 ?
e) Le double de 4 800 ?
f) La moitié de 1 700 ?
g) La moitié de 2 900 ?
h) La moitié de 4 100 ?
i) La moitié de 8 500 ?
j) La moitié de 5 700 ?

Calcul 18

Séance 4

❶ Suite orale des nombres jusqu'à 10 000 — 1 min

En avançant de 100 en 100, dire la suite orale des nombres de **2345 à 5045.**

En reculant de 100 en 100, dire la suite orale des nombres de **7892 à 4692.**

❷ Tables de multiplication de 6, 7, 8 et 9 : mémorisation — 4 min

Poser 15 questions, une à une, oralement, en demandant une réponse rapide (moins de 10 secondes). Les élèves répondent sur l'ardoise.

Les questions seront de types variés sur les tables de 6, 7, 8 et 9 comme ***« 3 x 7 = ? », « 6 x ? = 48 », « Combien de fois 9 dans 54 ? », « 72, c'est combien de fois 8 ? ».***

❸ Doubles et moitiés des nombres jusqu'à 10 000 : réinvestissement — 10 min

Faire résoudre les petits problèmes oraux sur l'ardoise.

« Au cours d'un jeu vidéo, Tom a marqué 3250 points.
Son cousin Quentin en a marqué le double.
Combien de points Quentin a-t-il marqués ? »

« Madame Pactole a 9000 euros sur son compte en banque.
Elle dépense la moitié de cette somme pour acheter une voiture d'occasion. **Combien lui reste-t-il sur son compte ?** »

« Vendredi soir, il y avait 750 spectateurs au cirque. Samedi soir, il y en avait le double. **Combien de spectateurs y avait-il samedi ?** »

« Un voyage au Canada pour une personne coute 1250 €.
Quel est le prix pour deux personnes ? »

« Un coureur à pied doit parcourir deux fois un circuit de 4350 m.
Quelle distance va-t-il parcourir ? »

Calcul@tice Les élèves travaillent en autonomie sur les ordinateurs de la classe

calculatice.ac-lille.fr > les exercices > Niveau CE2

- Table de x 9 : L'oiseau - L'araignée
- Somme de plusieurs nombres : Le poisson

45 min par semaine

Atelier problèmes
Résoudre des problèmes de comparaison en une étape

Atelier 18

CHERCHONS ENSEMBLE

Écris un énoncé de problème que l'on peut résoudre à l'aide du schéma proposé. N'oublie pas d'écrire une question dans ton énoncé.

Problème 1 Des mots pour t'aider : âge, de plus que, de moins que.

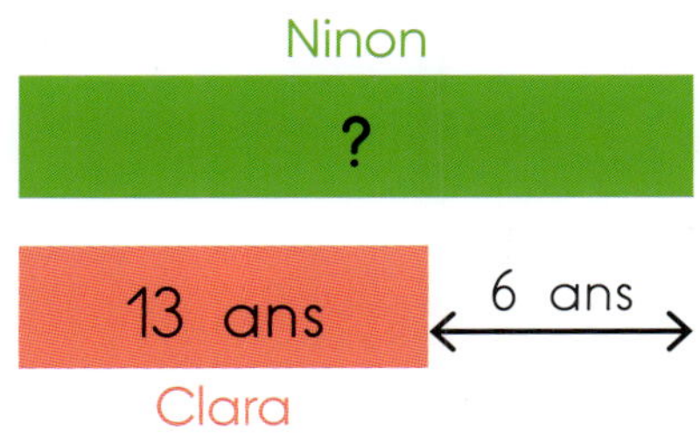

Problème 2 Des mots pour t'aider : mesure, différence, taille, de plus que, de moins que.

JE M'ENTRAINE

Écris un énoncé de problème que l'on peut résoudre à l'aide du schéma proposé.

Problème 3 Des mots pour t'aider : de plus que, de moins que.

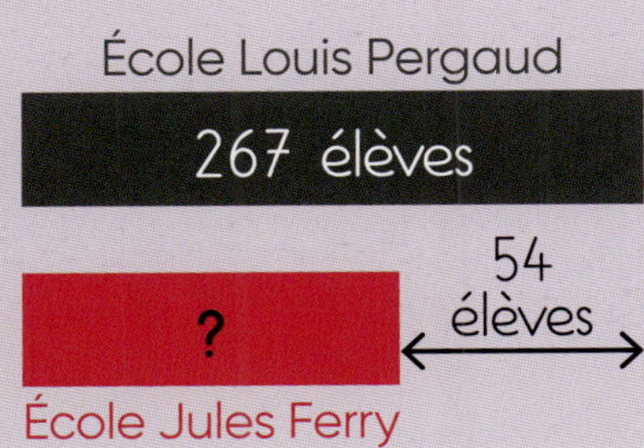

24 Poser et calculer une multiplication en colonnes (3)

Séance 1 — 45 min

Multiplier un nombre à deux chiffres par un autre nombre à deux chiffres (1)

→ **REPRÉSENTER**

Découvrir la multiplication posée en colonnes : nombre à deux chiffres multiplié par un nombre à deux chiffres.

MATÉRIEL ET SUPPORT
- La feuille de recherche (**Materiel24.pdf**, page 1).

DÉROULEMENT DE LA SÉANCE

1 Appropriation du problème Comprendre le but à atteindre.	5 min	**Verbalisation** Oral collectif
2 Recherche Trouver une procédure permettant de calculer 14 x 23.	10 min	**Manipulation** **Expérimentation** Groupes de 2
3 Mise en commun Analyser les procédures utilisées.	10 min	**Verbalisation** **Représentation** Oral collectif Écrit individuel
4 Nouvelle recherche Utiliser un quadrillage pour calculer 14 x 23.	10 min	**Verbalisation** **Représentation** Oral collectif
5 Institutionnalisation Comprendre la technique de calcul posé pour la multiplication.	10 min	**Verbalisation** **Abstraction** Oral collectif

1 Appropriation du problème

Séquence 24

Sur la photographie de l'animation **Séquence 24**, essayer de dénombrer les sièges d'une rangée puis d'une autre rangée.

Les élèves constatent que l'on ne voit pas la totalité des rangées. Faire émettre des hypothèses sur le nombre de sièges dans la salle.

Faire lire l'énoncé du problème écrit au tableau qui apporte des données permettant de répondre à la question.

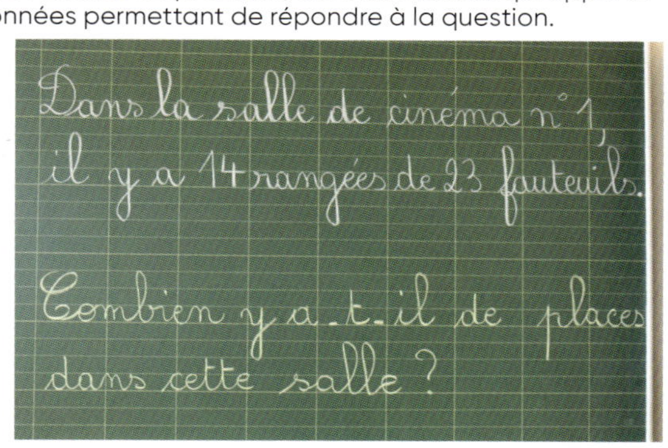

2 Recherche

Convenir qu'il s'agit de calculer 14 x 23.
Faire rechercher individuellement, puis par groupe de deux, une procédure permettant de trouver le résultat.

Procédures observées

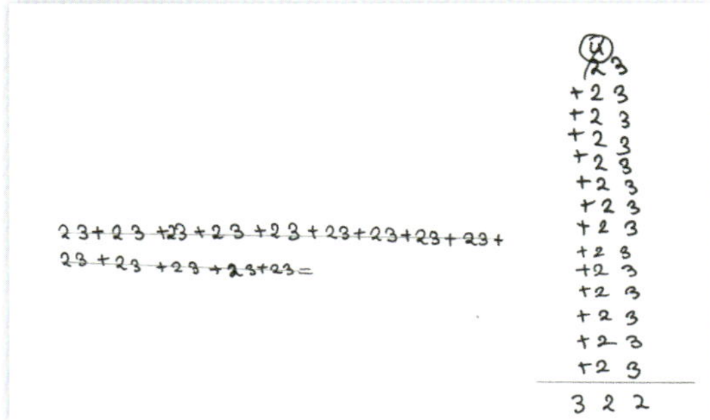

Très peu d'élèves utilisent l'addition réitérée. En profiter pour rappeler que l'utilisation de l'addition rend l'exercice long et fastidieux et augmente le risque d'erreurs.

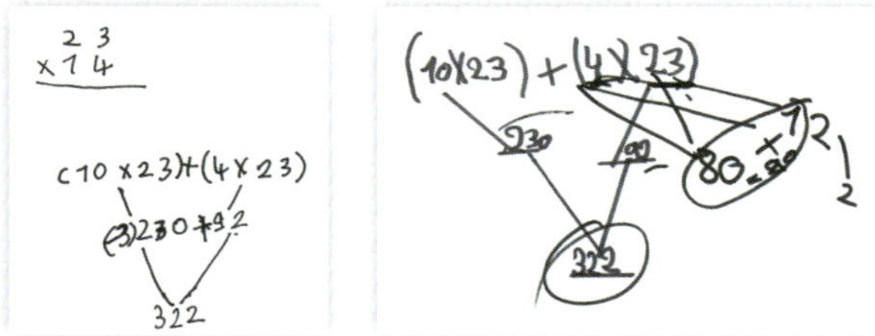

De nombreux élèves utilisent un arbre de calculs.

3 Mise en commun

Mettre en commun les procédures utilisées.
Recenser toutes les solutions proposées.

4 Nouvelle recherche

Matériel 24

Face aux difficultés rencontrées pour trouver la solution de 14 x 23, relancer la recherche en proposant d'utiliser un quadrillage représentant les 14 rangées de 23 fauteuils (**Materiel24.pdf**, page 1).

Les élèves doivent chercher comment utiliser ce quadrillage pour trouver le nombre de fauteuils sans les dénombrer un à un.

Procédures observées

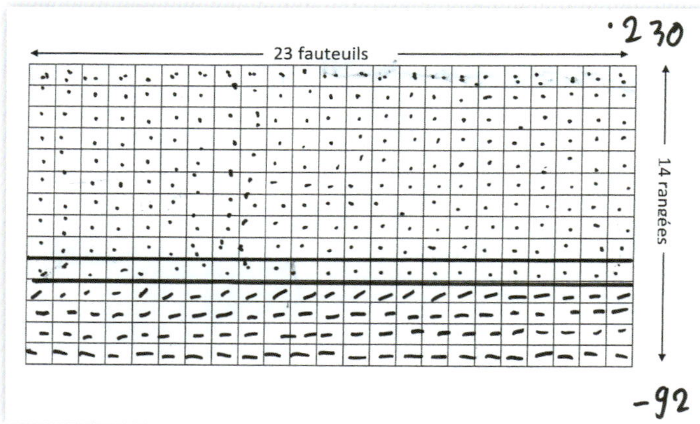

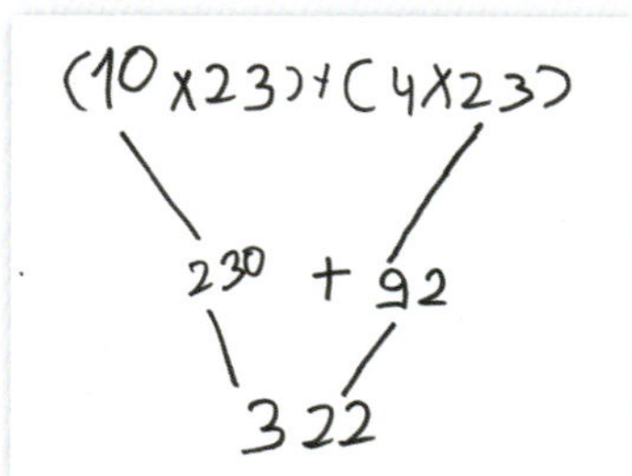

Décompose 14 en 10 + 14 puis calcule 23 x 14 à partir de 10 x 23 et 4 x 23

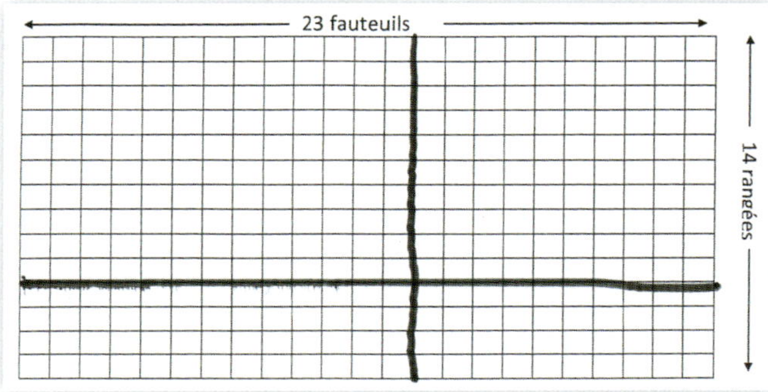

Décompose 14 en 10 + 4 et 23 en 13 + 10.

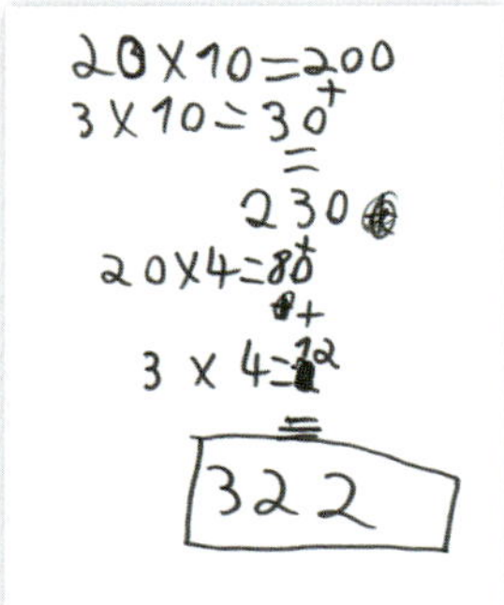

Décompose 14 en 10 + 4 et 23 en 20 + 3
puis calcule 23 x 14 à partir de (10 x 20) + (10 x 3) + (4 x 20) + (4 x 3).

❺ Institutionnalisation

Présenter ce découpage possible du quadrillage de 23 x 4 carreaux en demandant de vérifier qu'il correspond à la situation.

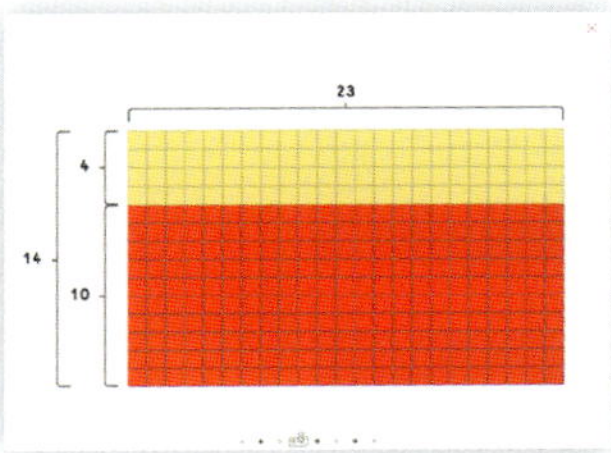

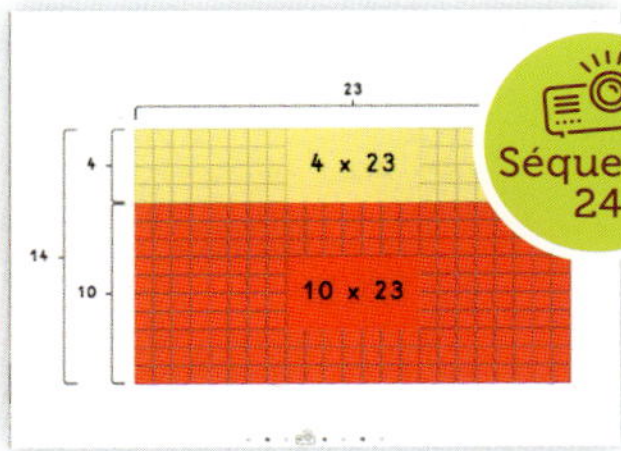

Séquence 24

Comprendre les étapes du calcul à effectuer en décomposant 14 (ou 23). Comprendre la technique opératoire en décomposant l'algorithme.

Poser et effectuer les 3 opérations successives :

1re opération Calcul de 23 x 10

2e opération Calcul de 23 x 14

3e opération Somme des résultats des deux premières opérations.

Puis présenter la technique traditionnelle qui combine les 3 étapes précédentes :

Séance 2

30 min

Multiplier un nombre à deux chiffres par un autre nombre à deux chiffres (2)

→ **CALCULER**

Découvrir la multiplication posée en colonnes : nombre à deux chiffres multiplié par un nombre à deux chiffres.

MATÉRIEL ET SUPPORT

- La feuille de recherche (**Materiel24.pdf**, page 2).

DÉROULEMENT DE LA SÉANCE

❶ **Appropriation du problème** Comprendre le but à atteindre.	5 min	**Verbalisation** Oral collectif
❷ **Recherche** Utiliser un quadrillage pour calculer 24 x 35.	10 min	**Manipulation Expérimentation** Groupes de 2
❸ **Mise en commun** Analyser les procédures utilisées.	5 min	**Verbalisation Représentation** Oral collectif Écrit individuel
❹ **Institutionnalisation** Comprendre la technique opératoire.	10 min	**Verbalisation Abstraction** Oral collectif

❶ Appropriation du problème

Séquence 24

Sur la photographie du Stade de France de l'animation **Séquence 24**, faire repérer les différentes tribunes.

Faire émettre des hypothèses sur le nombre de spectateurs qui peuvent s'assoir dans une tribune de 24 rangées de 35 sièges. Lire l'énoncé du problème écrit au tableau.

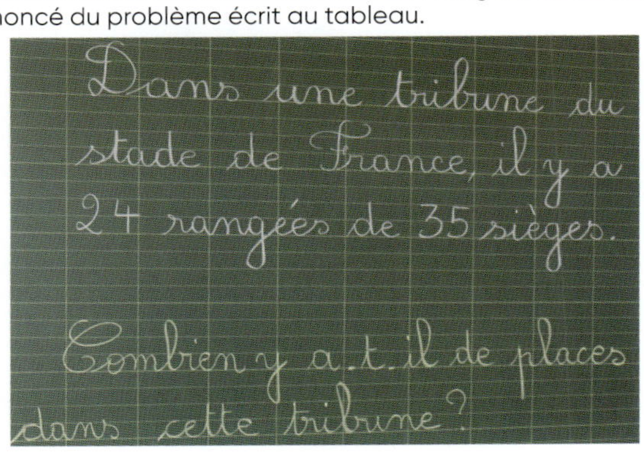

24 Poser et calculer une multiplication en colonnes (3)

❷ Recherche

Matériel 24

Convenir qu'il s'agit de calculer 35 x 24.

Rechercher individuellement puis par groupe de deux le résultat de l'opération à l'aide du quadrillage proposé sur la feuille de recherche (**Materiel24.pdf**, page 2).

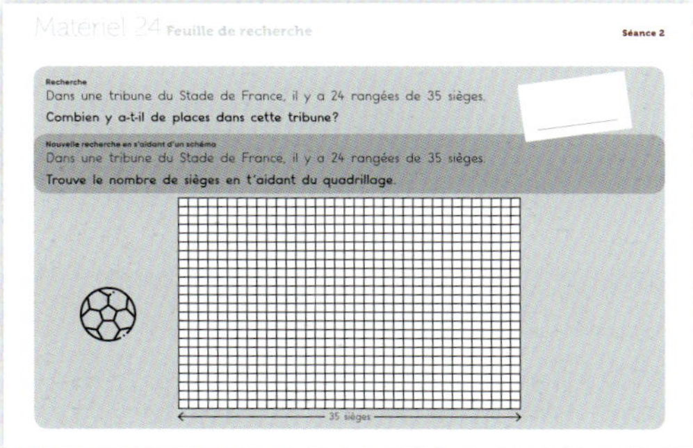

❸ Mise en commun

Mettre en commun les procédures utilisées et recenser toutes les solutions proposées.

Procédures utilisées

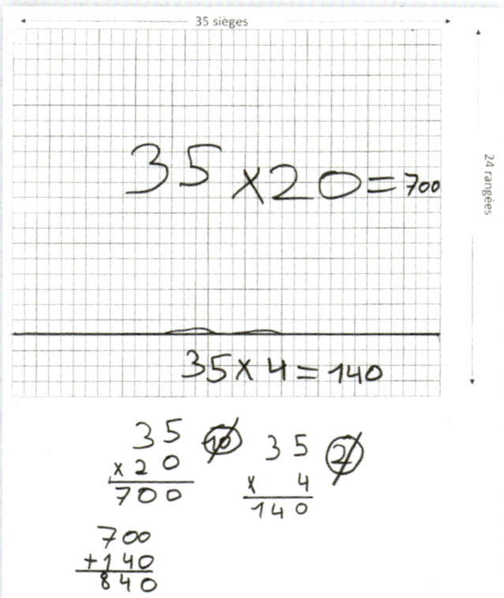

Décompose 24 en 20 + 4 puis calcule 35 x 24 à partir de 35 x 20 et 35 x 4.

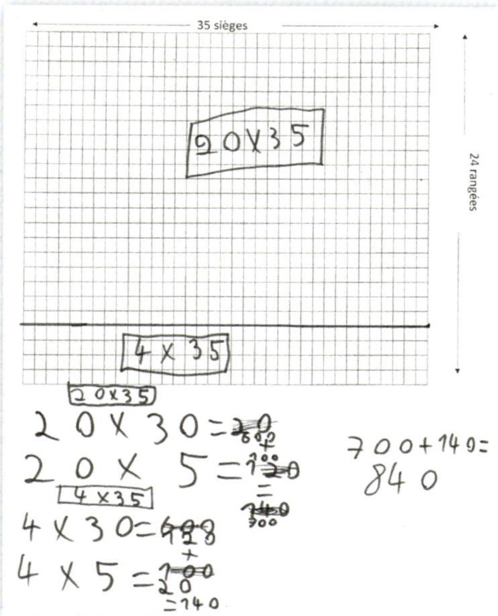

Décompose 24 en 20 + 4 et 35 en 30 + 5 puis calcule 35 x 24 à partir de (20 x 30) + (20 x 5) + (4 x 30) + (4 x 5).

❹ Institutionnalisation

Présenter ce découpage possible du quadrillage de 35 x 24 carreaux de l'animation **Séquence 24** en demandant de vérifier qu'il correspond à la situation.

Les carreaux ne sont plus apparents pour progresser dans l'abstraction.

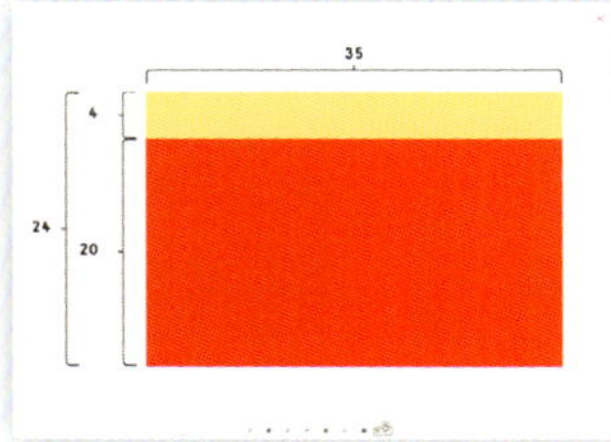

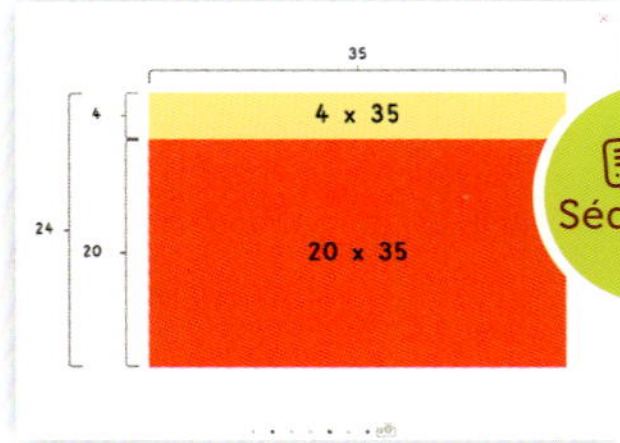

Séquence 24

Poser et effectuer les 3 opérations successives :

1re opération *Calcul de 35 x 4*

2e opération *Calcul de 35 x 20*

3e opération *Somme des résultats des deux premières opérations*

Une affiche collective est réalisée pour garder une trace de ce schéma.
Comprendre la technique opératoire en décomposant l'algorithme

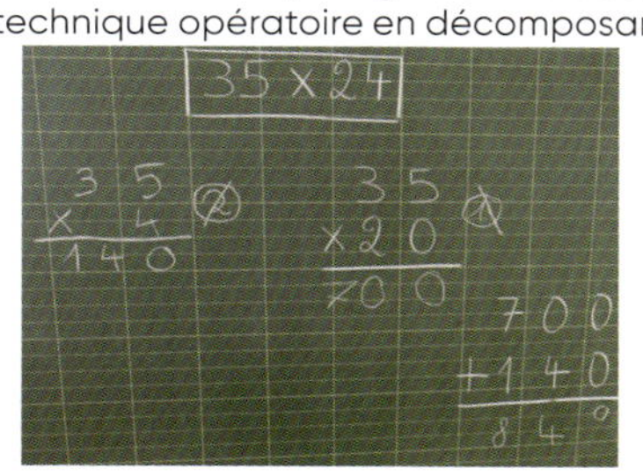

Reformulation des 3 étapes de l'opération

Puis présenter la technique traditionnelle :

$$\begin{array}{rl} 35 & \\ \times\ 24 & {}^{2} \\ \hline 140 & \rightarrow 4 \times 35 \\ +700 & \rightarrow 20 \times 35 \\ \hline 840 & \end{array}$$

Séance 3 — 30 min

Entrainement

Multiplier un nombre à deux chiffres par un nombre à deux chiffres en décomposant l'algorithme.

Proposer les calculs de **ExoSup24.pdf**, page 1.

Demander à un élève de présenter la première décomposition à la classe.
« Pour calculer 21 x 34, on décompose 34 en 30 + 4 puis on calcule 4 x 21 et 30 x 21. Enfin, on additionne ces deux résultats pour obtenir le résultat de 21 x 34. »

Calcule.

21 x 34

a) D'abord, je calcule 21 x 4.	b) Ensuite, je calcule 21 x 30.	c) Enfin, j'additionne les deux nombres obtenus en a) et b).
21 x 4 = . . .	21 x 30 = ...	+ . . . .

21 x 34 = ...

Faire compléter les autres opérations du document en suivant une démarche identique.

52 x 13

52 x 3 = . . . ; 52 x 10 = . . . ; + ...

52 x 13 = ...

32 x 24

32 x 4 = . . . ; 32 x 20 = . . . ; + ...

32 x 24 = ...

25 x 22

25 x 2 = . . ; 25 x 20 = . . . ; + ...

25 x 22 = ...

24A

DIFFÉRENCIATION

- Permettre l'utilisation des tables de multiplication

Séance 4 — 30 min

Entrainement différencié

Former des groupes de besoins. Choisir les exercices de **ExoSup24.pdf**, pages 2 et 3, correspondant aux besoins des élèves.

1) Multiplier un nombre à trois chiffres par un nombre à deux chiffres en décomposant l'algorithme.

1 - Calcule.

135 x 24

135 x 4 = . . . ; 135 x 20 = ... ; + ...

135 x 24 = ...

24B

2) Multiplier un nombre par un nombre à deux chiffres en posant la multiplication en une seule opération.

2 - Effectue les multiplications en colonnes en une seule opération.

31 x 54	316 x 25
. . . ← 4 x 31	. . . . ← 5 x 316
+ . . . . ← 50 x 31	+ . . . . ← 20 x 316
. . . .	. . . .

3) Multiplier un nombre par un nombre à deux chiffres en posant la multiplication en une seule opération.

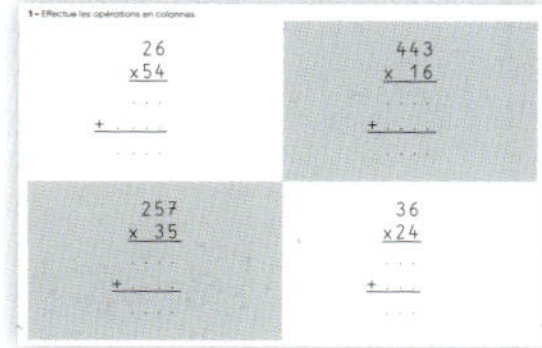

4) Poser et effectuer une multiplication.

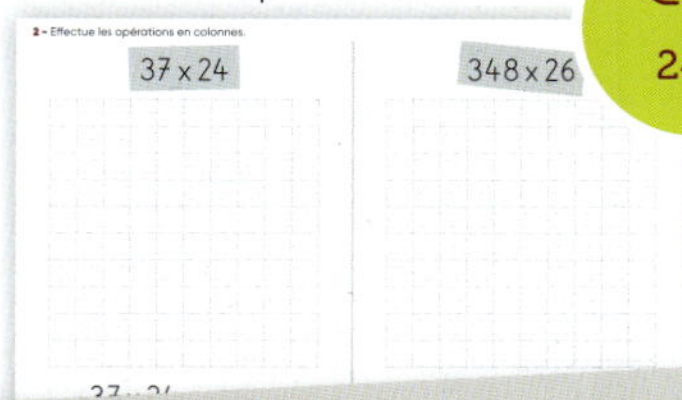

24C

DIFFÉRENCIATION

- Permettre l'utilisation des tables de multiplication

Séance 5 — 30 min

Entrainement

Les élèves font individuellement les exercices 1 à 4 du cahier de l'élève *Maths au CE2*.

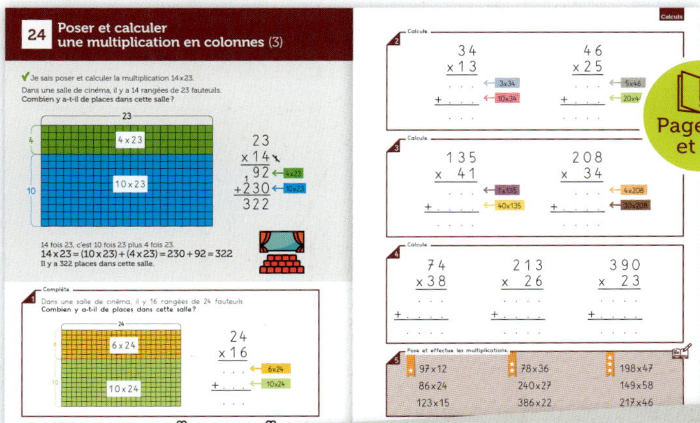

Pages 76 et 77

DIFFÉRENCIATION

- Permettre l'utilisation des tables de multiplication

Séance 6 — 30 min

Entrainement

Les élèves font individuellement les exercices 5 à 7 du cahier de l'élève *Maths au CE2*.
(Ils posent les opérations de l'exercice 5 dans un autre cahier.)

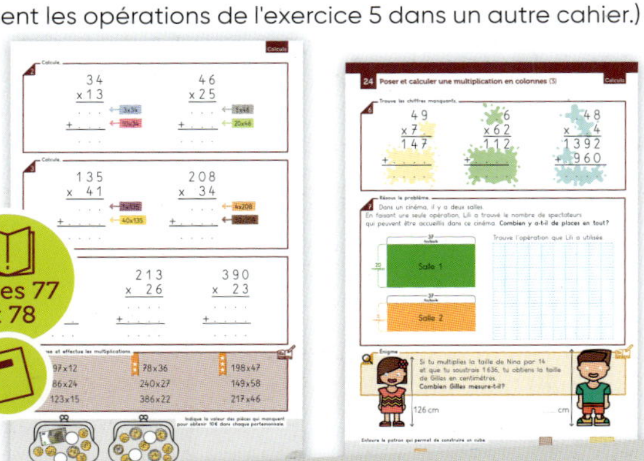

Pages 77 et 78

DIFFÉRENCIATION

- Permettre l'utilisation des tables de multiplication

15 min par jour

Calcul mental

- Compter de 1 000 en 1 000, de 50 en 50 et de 500 en 500 jusqu'à 10 000.
- Additionner ou soustraire des centaines entières.

Séance 1

❶ Le jeu du furet : de 1000 en 1000 — 1 min

En avançant de 1000 en 1000, dire la suite orale des nombres de **234 à 9234** puis en reculant de 1000 en 1000, de **6784 à 784**.

❷ Multiplications par 10, par 100 : réactivation — 4 min

Poser les questions une à une, oralement, en demandant une réponse rapide (moins de 10 secondes). Les élèves répondent sur l'ardoise.

10 x 24	**10 x 237**	**100 x 45**	**89 x 100**
507 x 10	**70 x 100**	**780 x 10**	**51 x 100**

Rappeler que « *multiplier par 10, c'est donner à chaque chiffre une valeur 10 fois plus grande, le chiffre des unités devient donc le chiffre des dizaines, le chiffre des dizaines devient donc le chiffre des centaines. Il faut écrire un zéro dans la colonne des unités.* »

Pour le calcul **10 x 24**, en multipliant 1 unité par 10, on obtient une dizaine donc si on multiplie 4 unités par 10, on obtient 4 dizaines. En multipliant 1 dizaine par 10, on obtient 10 dizaines c'est-à-dire une centaine. Donc en multipliant 2 dizaines par 10 on obtient 2 centaines. Ainsi 4d + 2c = 240.

Visualiser le déplacement des chiffres à l'aide du *glisse nombre* confectionné en séquence 18 et de l'animation **Calcul 19.**

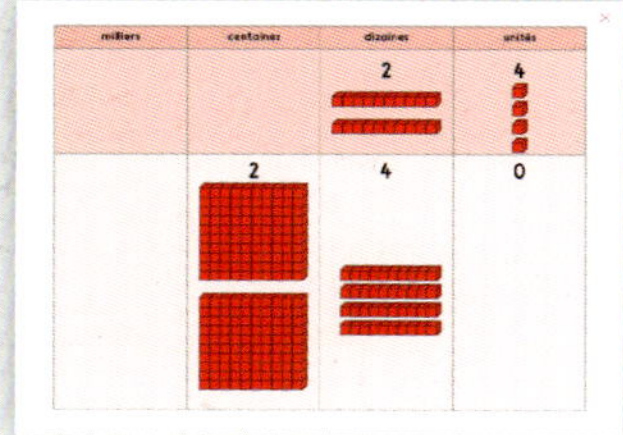

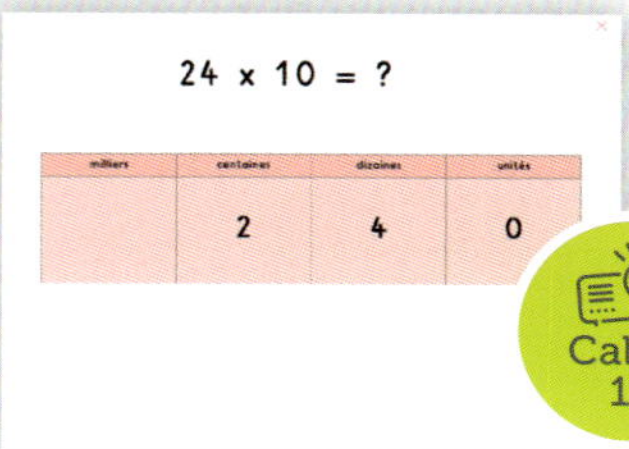

Calcul 19

❸ Additions de centaines entières : découverte — 10 min

Proposer les calculs de l'animation **Calcul 19** sans contrainte de temps. Les élèves répondent sur l'ardoise.

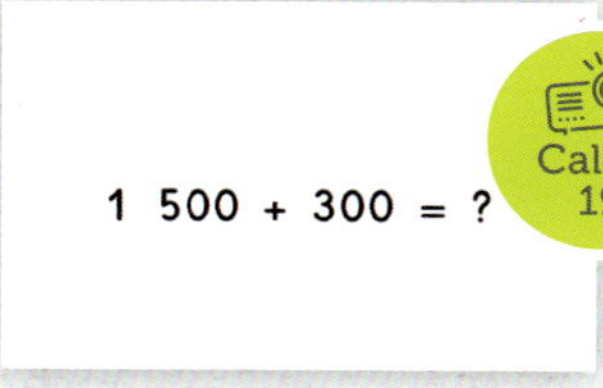

Calcul 19

Calculs proposés			
	300 + 500	**4000 + 3**	**4000 + 30**
4000 + 300	**4000 + 3000**	**1500 + 300**	**500 + 800**
2500 + 800	**3400 + 2000**		

Séance 2

❶ Le jeu du furet : de 1000 en 1000 — 1 min

En reculant de 1000 en 1000, dire la suite orale des nombres de **9876 à 876** puis de **7005 à 5**.

❷ Multiplications par 10, par 100 : réactivation — 4 min

Poser les questions une à une, oralement, en demandant une réponse rapide (moins de 10 secondes). Les élèves répondent sur l'ardoise.

10 x 67	**10 x 410**	**100 x 90**	**62 x 100**
905 x 10	**630 x 10**	**33 x 10**	**50 x 100**

❸ Soustractions de centaines entières : découverte — 10 min

Proposer les calculs oralement sans contrainte de temps. Les élèves répondent sur l'ardoise.

900 − 600	**1000 − 100**	**6000 − 500**	
8000 − 300	**4000 − 200**	**7000 − 3000**	**1500 − 300**
6500 − 800	**2700 − 800**	**5400 − 2000**	

Séance 3

❶ Le jeu du furet : de 50 en 50 — 1 min

En avançant de 50 en 50, dire la suite orale des nombres de **250 à 1050** puis en reculant de 50 en 50, de **7500 à 6500**.

❷ Tables de multiplication : mémorisation — 4 min

Poser 10 questions une à une, oralement, en demandant une réponse rapide (moins de 10 secondes). Les élèves répondent sur l'ardoise.

Les questions seront de types variés sur les tables de 6, 7, 8 et 9 comme ***« 9 x 6 = ? », « 8 x ? = 48 », « Combien de fois 7 dans 35 ? », « 63, c'est combien de fois 9 ? »***.

❸ Additions ou soustractions de centaines entières : entrainement — 10 min

Vidéoprojeter les calculs de l'animation **Calcul 19**.

Les élèves écrivent les réponses dans un cahier. Deux niveaux sont proposés pour faciliter la différenciation. Les calculs bleus sont plus complexes que les calculs rouges.

Calcul 19

Séance 4

❶ Le jeu du furet : de 500 en 500 — 1 min

En avançant de 500 en 500, dire la suite orale des nombres de **0 à 10 000** puis en reculant de 50 en 50, de **8 000 à 3 500**.

❷ Additions ou soustractions de centaines entières : évaluation — 4 min

Proposer l'évaluation de **MaterielCalcul19.pdf**, page 1.

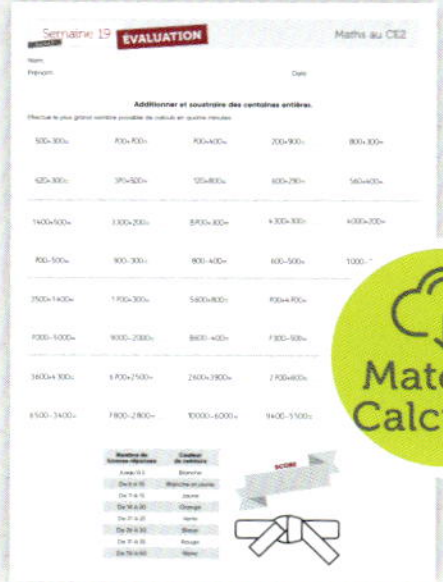

Matériel Calcul 19

Lorsque les 4 minutes sont écoulées, demander aux élèves de prendre un stylo d'une autre couleur et de terminer les calculs.

❸ Tables de multiplication : réinvestissement — 10 min

Faire trouver le plus possible de résultats des tables de multiplication cachés dans la grille (il y en a 29) de **MaterielCalcul19.pdf**, page 2. La grille peut être vidéoprojetée lors de la passation de la consigne (animation **Calcul 19**).

La correction est proposée sur cette animation ainsi que dans **MaterielCalcul19.pdf**, page 3.

Matériel Calcul 19

Calcul 19

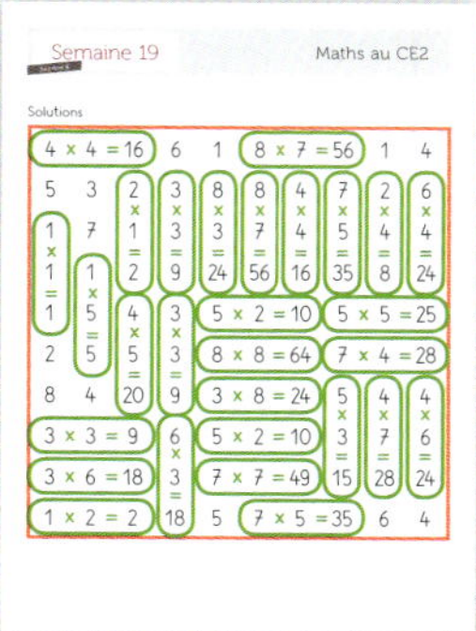

Calcul@tice Les élèves travaillent en autonomie sur les ordinateurs de la classe

calculatice.ac-lille.fr > les exercices > Niveau CE2

- Résoudre des problèmes avec la multiplication : **Le rectangle**
- Somme de plusieurs nombres : **Les fleurs**

45 min
par semaine

Atelier problèmes
Résoudre des problèmes de comparaison en deux étapes

Page 79
Atelier 19

CHERCHONS ENSEMBLE

Complète le schéma et résous le problème.

Problème 1 Antoine a 30 €. Il a 10 € de plus que Kylian.
Combien d'argent ont-ils à eux deux ?

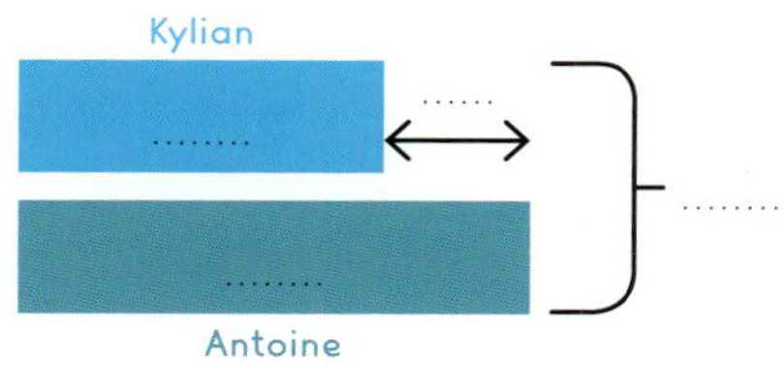

Problème 2 Lilou et Noa son petit frère cueillent des fleurs pour leur maman. Noa a cueilli 34 fleurs, il a cueilli 12 fleurs de moins que Lilou.
Combien de fleurs ont-ils cueillies en tout ?

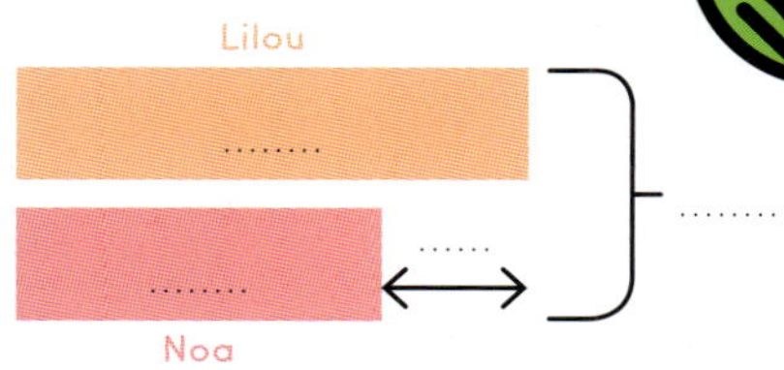

Problème 3 Vendredi, le cirque Zovoto a accueilli 200 spectateurs. Samedi, il a accueilli 80 spectateurs de moins que vendredi. Dimanche, il a accueilli 20 spectateurs de moins que vendredi.
Combien de spectateurs le cirque a-t-il accueillis au total ?

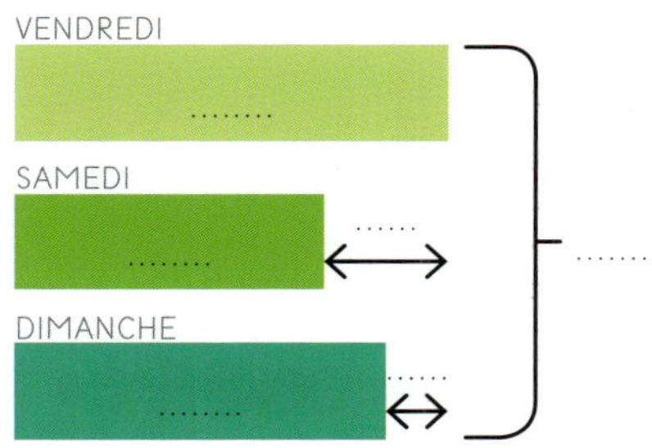

JE M'ENTRAINE

Résous les problèmes dans un cahier.

Problème 4 Madame Texto a reçu 15 SMS cette semaine. C'est 9 SMS de moins que ce qu'elle a reçu la semaine dernière.
Combien de SMS a-t-elle reçus au cours de ces deux semaines ?

Problème 5 Chaque wagon coute 4 €. La locomotive coute 6 € de plus que les trois wagons réunis.
Quel est le prix de ce petit train ?

25 Mesurer des longueurs : mètre, décimètre, centimètre

Séance 1 — 45 min

Mesurer avec une règle graduée en centimètres

→ RAISONNER

Effectuer des mesures avec une règle dont les premières et dernières graduations sont masquées.

MATÉRIEL ET SUPPORT
- Des règles *semi-masquées* : un morceau de chatterton est positionné de trois manières différentes ou règles A, B, C de la **planche prédécoupée 9** livrée avec le cahier de l'élève ***Maths au CE2***.
- Un morceau de ruban ou une bande de papier de 11 cm de long.

DÉROULEMENT DE LA SÉANCE

❶ Recherche Mesurer la longueur d'un ruban avec une règle graduée *semi-masquée*.	15 min	**Verbalisation** Oral collectif
❷ Nouvelle recherche Tracer des segments de longueur donnée avec une règle graduée *semi-masquée*.	10 min	**Manipulation Expérimentation** Groupes de 2
❸ Institutionnalisation Comprendre l'utilisation de la règle graduée.	5 min	**Verbalisation Représentation** Oral collectif Écrit individuel
❹ Entrainement Mesurer et tracer des segments avec une règle graduée.	15 min	**Verbalisation Abstraction** Oral collectif

❶ Recherche

Présenter aux élèves les trois types de règles *semi-masquées* avec du chatterton ou les règles A, B et C de la **planche prédécoupée 9**.

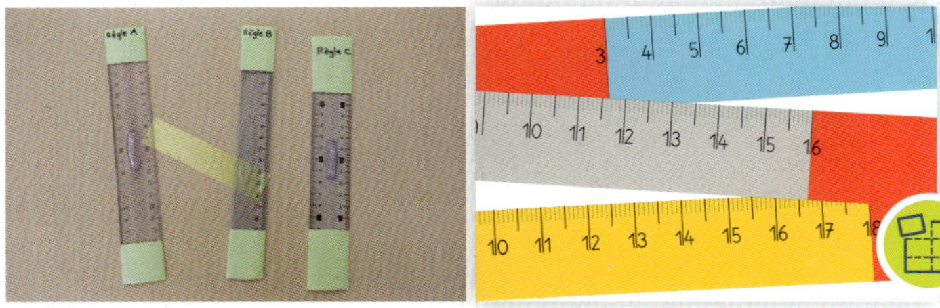

*Utilisation de règles masquées avec du chatterton ou utilisation des règles A, B et C de la **planche prédécoupée 9***

Consigne *« Vous allez utiliser la règle semi-masquée pour mesurer la longueur du ruban que je vous ai distribué. Vous écrirez ensuite dans un cahier comment vous avez fait pour trouver la réponse. »*

Distribuer une règle par élève (A, B ou C selon les groupes) et un morceau de ruban de 11 cm.

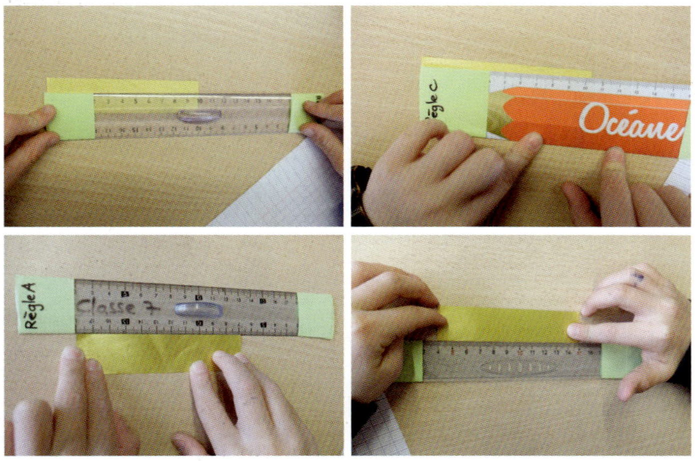

Les élèves tâtonnent, font des essais, des erreurs et réajustent leurs procédures.

Mise en commun

Recenser les mesures et les procédures utilisées.
Identifier les sources d'erreurs.

Procédures observées
- Compte les intervalles entre deux graduations numérotées (cm).
- Calcule l'écart entre la graduation de départ et celle d'arrivée Par exemple, avec la règle A, je mesure un ruban de 11 cm : de 2 pour aller à 13, il y a 11 cm. L'écart peut être calculé avec l'addition à trou : 2 cm + ... = 13 cm ou avec la soustraction : 13 cm – 2 cm = 11 cm.

Erreurs observées
- Exprime la mesure sans unité (16 au lieu de 16 cm).
- Lit directement la graduation qui se trouve à l'extrémité du segment (18 cm).
- Compte les graduations et non des espaces (17 cm au lieu de 16 cm).

Validation

Demander aux élèves de vérifier la mesure du ruban à l'aide d'une règle *normale* (graduations non masquées).
On conclut que le ruban mesure bien 11 cm.

❷ Nouvelle recherche

Consigne *« Vous allez maintenant tracer sur une feuille blanche des segments dont la mesure est donnée au tableau. Vous utiliserez une autre règle semi-masquée. Vous devrez être capables d'expliquer comment vous avez procédé. »*

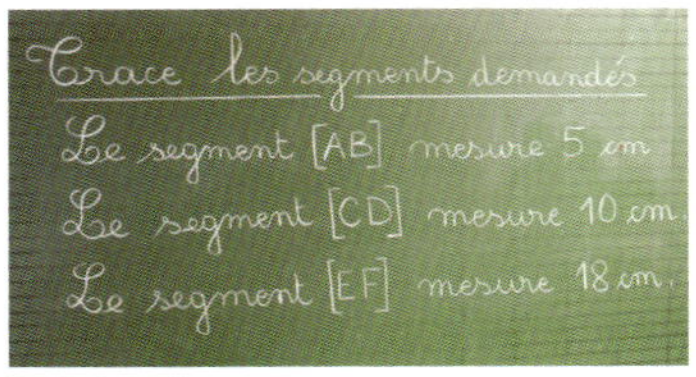

Faire procéder à un échange de règles *semi-masquées*.

*Les élèves utilisent une règle **semi-masquée** pour tracer les segments demandés.*

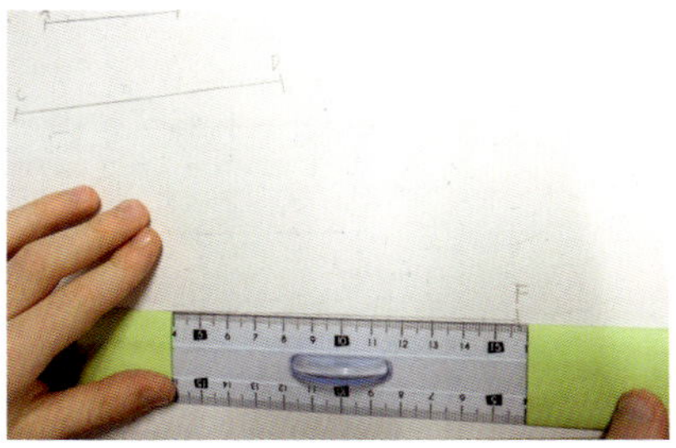

Pour tracer le segment [EF] de 18 cm, il faut effectuer un report et décomposer 18 cm car la règle n'est pas assez longue. (Par exemple avec la règle B, on ajoute 14 cm puis 4 cm).

Mise en commun

Inventorier les procédures utilisées.

Procédures possibles
- Tracer un point matérialisant le début du segment et placer une graduation numérotée face à ce point. Compter autant d'espaces que de cm demandés et placer un deuxième point. Tracer le segment en reliant les deux points.
- Procéder de la même manière mais ajouter à la première graduation numérotée le nombre de cm correspondant à la mesure du segment demandé (Par exemple pour le segment [AB] avec la règle B : 3 cm + 5 cm = ...). Placer le deuxième point en face de la graduation trouvée puis tracer le segment.

❸ Institutionnalisation

Ce qu'il faut retenir

Un intervalle entre deux graduations numérotées représente un centimètre. Pour fabriquer un double décimètre, on met bout à bout 20 centimètres. Les graduations sont numérotées de 0 à 20 pour permettre une lecture directe de la mesure.

❹ Entrainement

Proposer les exercices de **ExoSup25.pdf**, page 1.

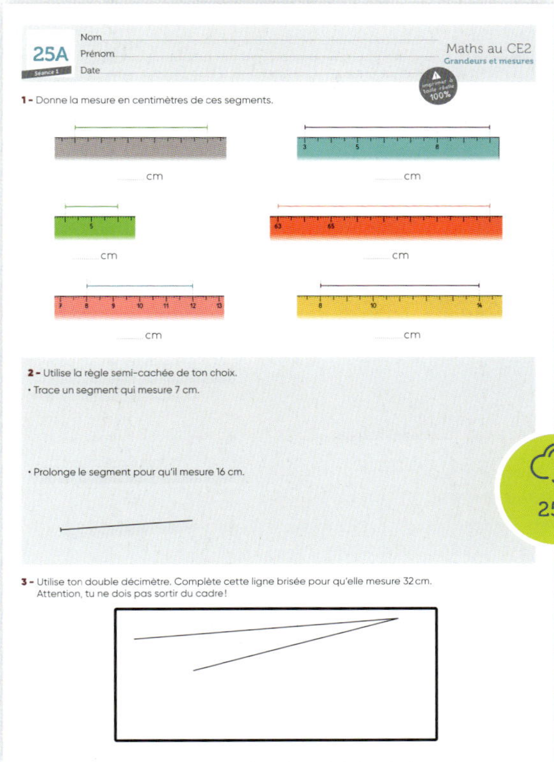

25A Séance 1 Nom Prénom Date Maths au CE2 Grandeurs et mesures

Imprimer à taille réelle 100%

1 - Donne la mesure en centimètres de ces segments.

.... cm .... cm

.... cm .... cm

.... cm .... cm

2 - Utilise la règle semi-cachée de ton choix.

• Trace un segment qui mesure 7 cm.

• Prolonge le segment pour qu'il mesure 16 cm.

3 - Utilise ton double décimètre. Complète cette ligne brisée pour qu'elle mesure 32 cm. Attention, tu ne dois pas sortir du cadre !

25A

Séance 2

30 min

Connaitre les relations entre mètre, centimètre et décimètre

→ **MODÉLISER**

Mesurer des longueurs avec des instruments de mesures.

MATÉRIEL ET SUPPORT

- Des ficelles ou du bolduc de 4 longueurs différentes : 1 m, 1 m 23 cm, 96 cm, 1 m 7 cm (une ficelle pour deux élèves).
- Le mètre du tableau, des mètres-rubans, des mètres de menuisier, des doubles-décimètres.
- Des bandes de 10 cm de longueur (une pour deux élèves) de la **planche prédécoupée 9** livrée avec le cahier de l'élève ***Maths au CE2***.)

DÉROULEMENT DE LA SÉANCE

❶ **Recherche** Établir la relation entre mètre et centimètre.	25 min	**Expérimentation** Groupes de 2
❷ **Nouvelle recherche** Comprendre la nécessité d'une conversion.		**Verbalisation** Oral collectif
❸ **Nouvelle recherche** Établir la relation entre mètre et décimètre.		
❹ **Institutionnalisation** Connaitre les relations entre m, dm, cm.	5 min	**Abstraction** Oral collectif

❶ Recherche

Le but de l'activité est d'estimer la longueur d'une ficelle puis de vérifier en mesurant. Les élèves travaillent en binômes.

Présenter des ficelles de 4 longueurs différentes : 1 m, 1 m 23 cm, 96 cm, 1 m 7 cm (une ficelle ou du bolduc pour deux élèves).

Chaque binôme tire au sort une ficelle puis, sans la mesurer, estime sa longueur.

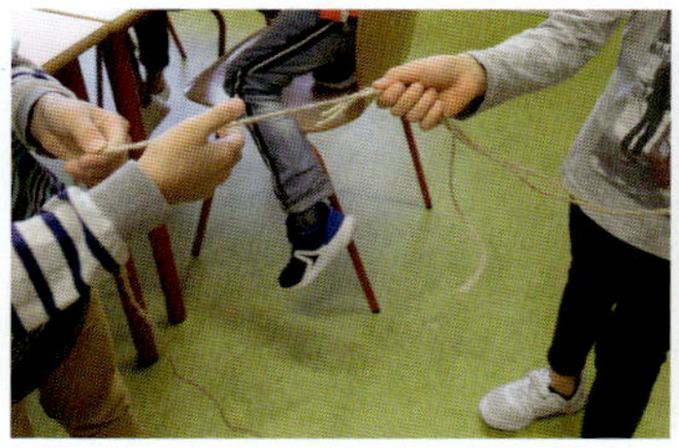

Chaque groupe écrit son estimation sur une ardoise.

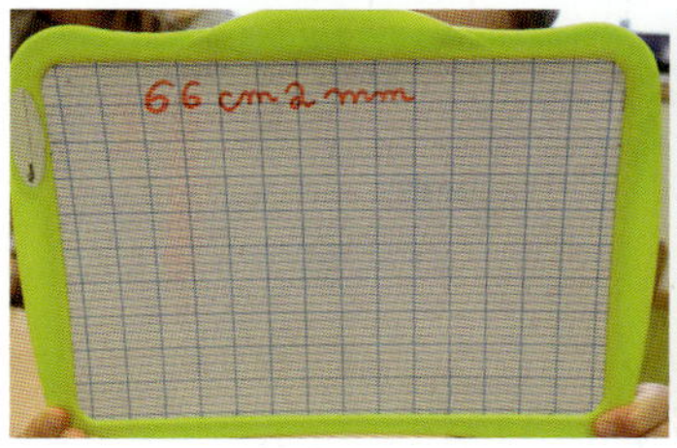

Consigne *« Vous allez maintenant choisir le (ou les) instrument(s) qui vont vous permettre de trouver la mesure exacte de votre ficelle. Vous écrirez cette mesure sur votre ardoise, en dessous de celle que vous avez estimée. »*

Présenter le matériel de mesure mis à disposition : le mètre du tableau, des mètres-rubans, des mètres de menuisier, des doubles-décimètres.

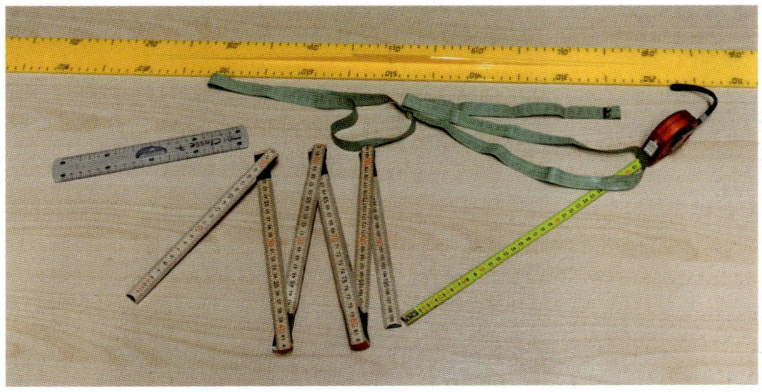

Les élèves mesurent leur ficelle avec l'instrument de leur choix puis écrivent la mesure sur l'ardoise.

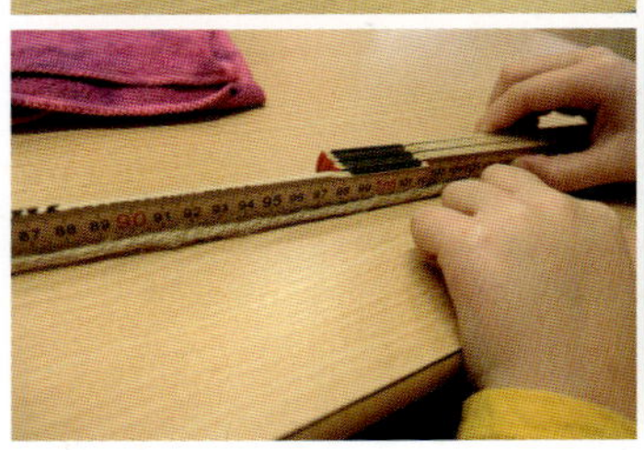

Mise en commun

En se référant au mètre du tableau, on constate que toutes les ficelles ont une longueur proche d'un mètre. On peut donc choisir le mètre et lire directement la mesure de la ficelle si elle est inférieure ou égale à 1 m (1 m, 96 cm). Si la mesure est supérieure à un mètre, on peut prendre le double décimètre pour mesurer *ce qui dépasse* (1 m 7 cm) ou effectuer un report du mètre (1 m 23 cm).

Préciser que les reports sont sources d'imprécision.

Faire remarquer que certaines mesures sont exprimées en cm ou en m et cm. Demander aux élèves si toutes les mesures peuvent être exprimées en cm.

25 Mesurer des longueurs : mètre, décimètre, centimètre

Écrire au tableau les correspondances utilisées.

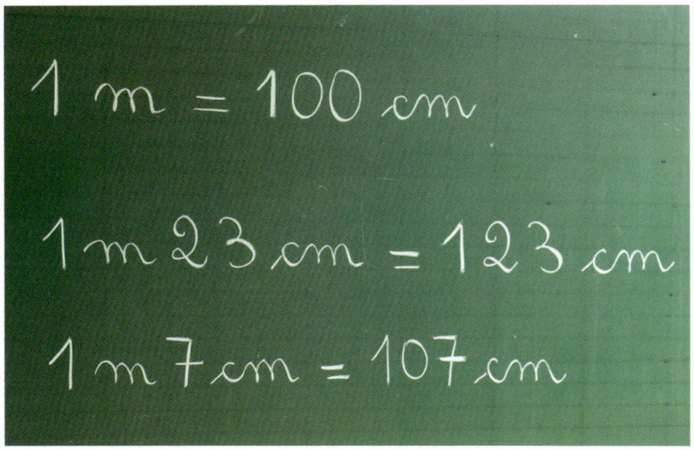

Expliquer qu'en écrivant une mesure dans une autre unité, on effectue des conversions.
Exemple Quand on convertit un mètre en centimètres, on écrit : 1 m = 100 cm.

Comparer si besoin un segment de 1 m 70 cm et un segment de 1 m 7 cm.

❷ Nouvelle recherche

Consigne *« Vous allez maintenant ranger, dans l'ordre croissant, les nouvelles mesures de longueurs indiquées au tableau. Vous devrez pouvoir expliquer comment vous vous y êtes pris. Vous travaillerez à deux dans un cahier. »*

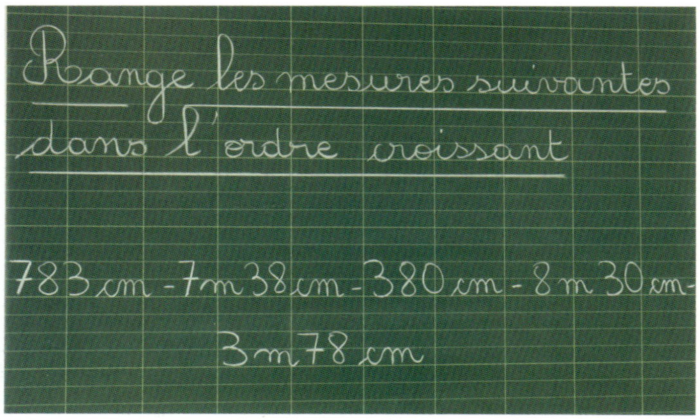

Lire collectivement la consigne et remarquer que certaines mesures sont exprimées en cm et d'autres en m et cm. Des conversions vont donc être nécessaires.

Mise en commun
Inventorier les réponses et amener les élèves à comprendre que, pour ranger ces mesures, il faut qu'elles soient toutes exprimées dans la même unité.

On convertit donc en cm les mesures exprimées en m et cm.
- 7 m 38 cm = 738 cm
- 3 m 78 cm = 378 cm
- 8 m 30 cm = 830 cm

On compare alors tous les nombres écrits dans la même unité de mesure, le centimètre. Puis on peut réécrire et comparer les mesures dans leur unité d'origine.

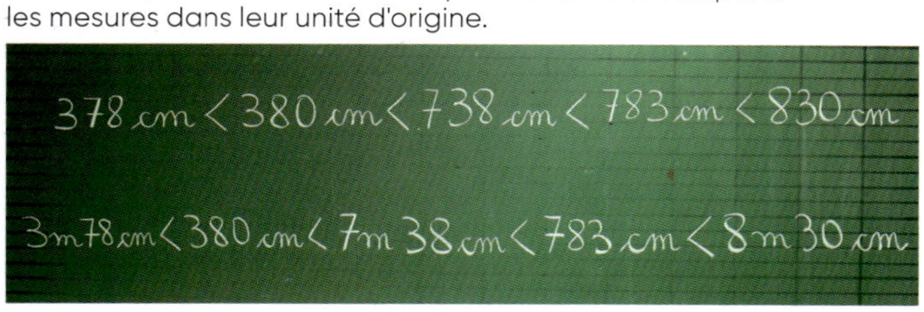

❸ Nouvelle recherche

Distribuer à chaque binôme une bande de 10 cm de la **planche 9** (sans leur en donner la mesure) et leur demander le nombre de reports qu'ils pourraient effectuer sur leur ficelle. Ils écrivent cette estimation sur l'ardoise puis vérifient en reportant la bande.

Lors de la mise en commun, on mesure la bande et on rappelle que 10 cm équivalent à un décimètre (dm).

On vérifie en reportant la bande sur la règle du tableau qu'il y a 10 dm dans un mètre.

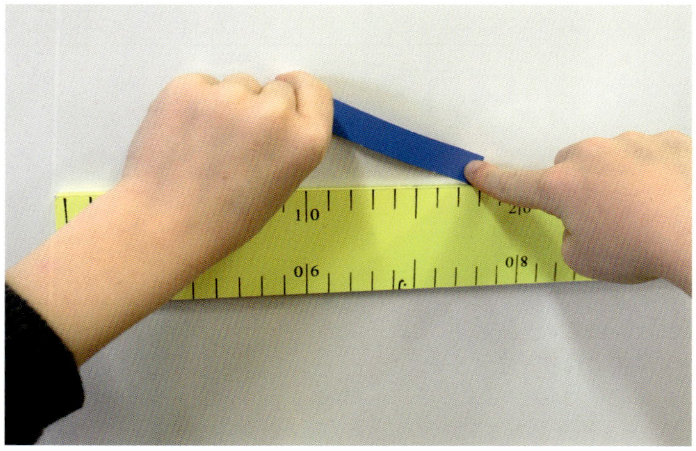

❹ Institutionnalisation

Ce qu'il faut retenir

Je connais les équivalences entre les unités de longueur.

LE MÈTRE

Une longueur de 1 mètre correspond à une longueur de 100 centimètres.
Le mètre se note ***m*** et le centimètre ***cm***.
1 mètre, c'est 100 centimètres.
1 m = 100 cm
La règle du tableau mesure 1 mètre.

LE DÉCIMÈTRE

Le décimètre est une unité de longueur plus grande que le centimètre et plus petite que le mètre.
Le décimètre se note ***dm***.
1 mètre, c'est 10 décimètres.
1 m = 10 dm
Une longueur de 1 dm correspond à une longueur de 10 cm.
1 décimètre, c'est 10 centimètres.
1 dm = 10 cm
Un surligneur mesure 1 décimètre.

Écrire au tableau les correspondances entre m et cm, m et dm et dm et cm.

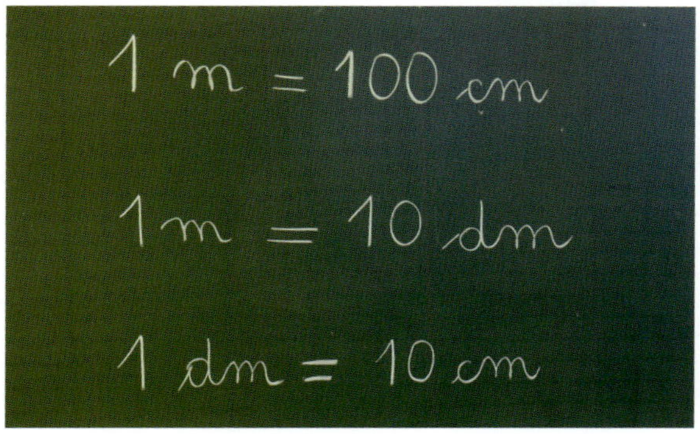

La mesure de chaque ficelle est ensuite exprimée en dm et cm : 9 dm 6 cm, 10 dm, 10 dm 7 cm, 12 dm 3 cm.

Puis la mesure de chaque ficelle est exprimée en cm : 96 cm, 100 cm, 107 cm, 123 cm.

Faire établir le lien avec le fonctionnement de notre système de numération.

Séance 3 — 30 min

Résoudre des problèmes impliquant des longueurs

→ **RAISONNER**

Résoudre des problèmes en une ou deux étapes impliquant des longueurs.

DÉROULEMENT DE LA SÉANCE

❶ **Entrainement** Savoir faire les correspondances entre m, dm et cm.	10 min	**Abstraction** Écrit individuel
❷ **Bilan des apprentissages** Évaluer les progrès réalisés au cours de la séquence.	20 min	

❶ Entrainement

Proposer les exercices de **ExoSup25.pdf**, page 2.

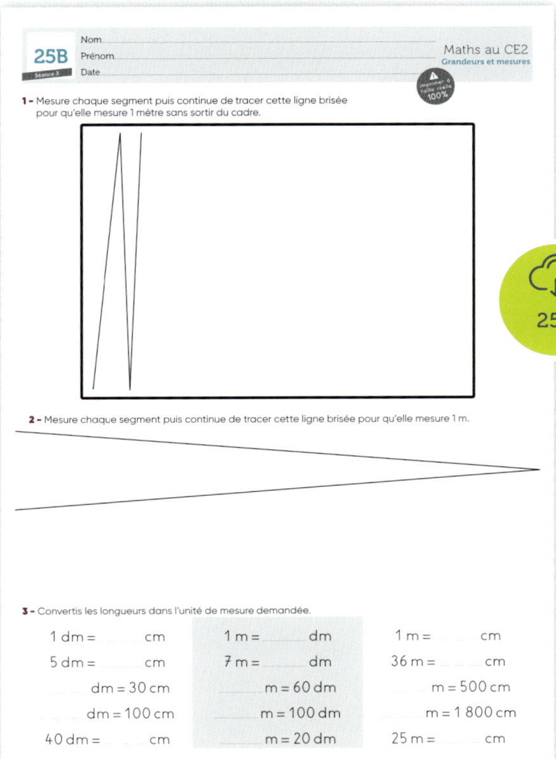
25B — Séance 3 — Nom — Prénom — Date — Maths au CE2 — Grandeurs et mesures

1 - Mesure chaque segment puis continue de tracer cette ligne brisée pour qu'elle mesure 1 mètre sans sortir du cadre.

2 - Mesure chaque segment puis continue de tracer cette ligne brisée pour qu'elle mesure 1 m.

3 - Convertis les longueurs dans l'unité de mesure demandée.

1 dm = ... cm	1 m = ... dm	1 m = ... cm
5 dm = ... cm	7 m = ... dm	36 m = ... cm
..... dm = 30 cm	..... m = 60 dm	..... m = 500 cm
..... dm = 100 cm	..... m = 100 dm	..... m = 1 800 cm
40 dm = ... cm	..... m = 20 dm	25 m = ... cm

25B

❷ Bilan des apprentissages

Les élèves font individuellement les exercices 1 à 7 du cahier de l'élève ***Maths au CE2***.
(Ils répondent aux exercices 6 et 7 dans un autre cahier.)

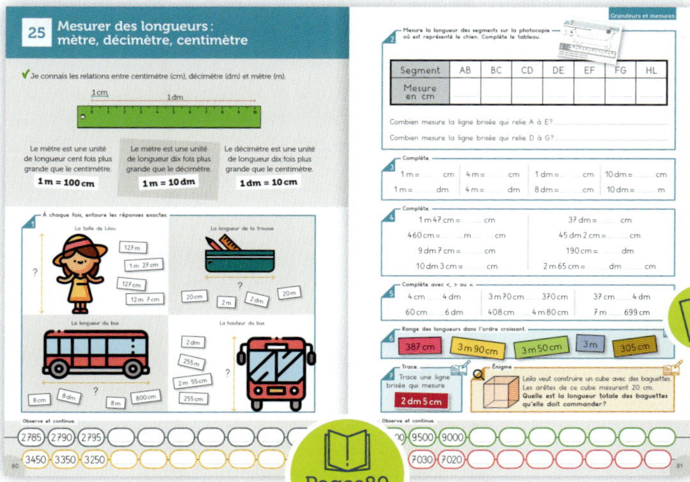

Pages 80 et 81

26 Mesurer des longueurs : le millimètre

Séance 1 — 30 min

Découvrir le millimètre

→ **MODÉLISER**

Connaitre les relations entre les unités de longueur : cm et mm.

MATÉRIEL ET SUPPORT
- Une règle graduée pour chaque élève, un morceau de papier calque de format A5, une bande de papier de 15 cm.
- La feuille de recherche (**Materiel26.pdf**, page 1).

DÉROULEMENT DE LA SÉANCE

❶ **Recherche** Trouver les segments de même longueur.	10 min	**Expérimentation** Écrit individuel
❷ **Mise en commun** Comprendre la nécessité d'une unité de mesure plus petite que le cm.	10 min	**Verbalisation** Oral collectif
❸ **Institutionnalisation** Établir la relation entre cm et mm.	5 min	**Abstraction** Oral collectif
❹ **Nouvelle recherche** Mesurer puis ranger des segments du plus court au plus long	5 min	**Expérimentation** Écrit individuel

❶ Recherche

Matériel 26

Présenter la feuille de recherche (**Materiel26.pdf**, page 1) aux élèves et expliquer qu'ils vont devoir, parmi 6 segments, retrouver ceux qui ont la même longueur. Préciser qu'ils pourront utiliser leur règle graduée.

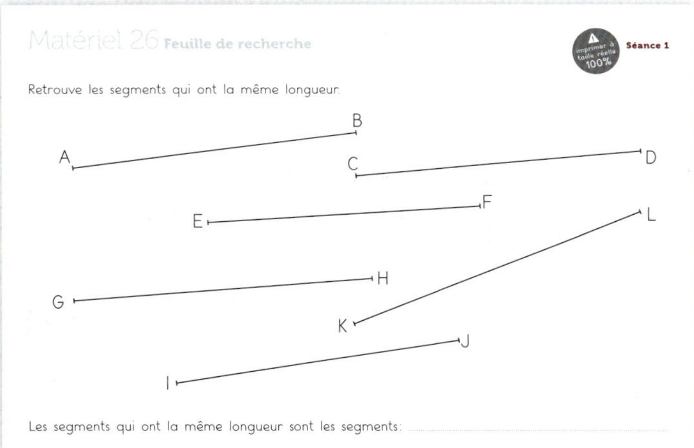

Procédure visée
Mesurer avec la règle graduée et compter les *petits traits* après le nombre entier de cm et noter cette mesure sur chaque segment pour s'en souvenir.

❷ Mise en commun

Inventorier les réponses et les procédures utilisées.
Demander de chercher un moyen de vérifier la réponse donnée.
Proposer de comparer la longueur de ces segments en utilisant une bande de papier puis le calque. Constater que les segments [AB], [CD] et [IJ] sont de même longueur.

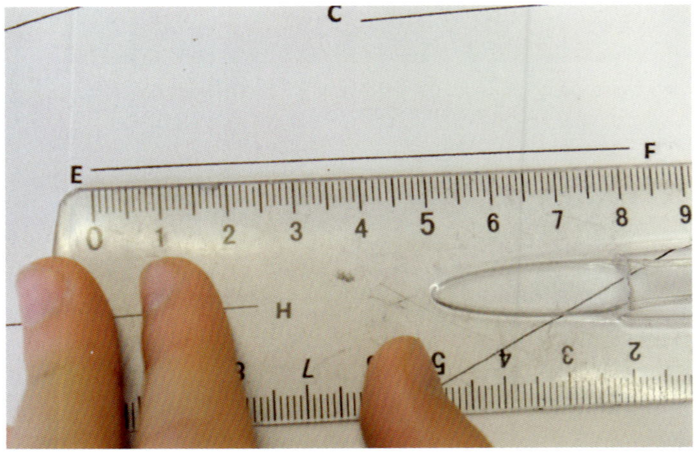

Demander aux élèves d'expliquer comment mesurer la longueur de chaque segment en utilisant la règle graduée.

Expliquer que pour pouvoir comparer la longueur des segments, il faut utiliser une unité plus petite que le centimètre : le millimètre. On le note mm. Repérer les *petits traits* sur la règle et expliquer que la longueur entre ces deux *petits traits*, c'est un mm.
Ces graduations permettent d'obtenir une mesure plus précise qu'une mesure effectuée uniquement en cm.

Faire chercher aux élèves combien il y a de millimètres dans un centimètre. Écrire au tableau : 1 cm = 10 mm

❸ Institutionnalisation

Ce qu'il faut retenir

Il existe une unité de mesure plus petite que le centimètre : le millimètre. On l'écrit mm.
Il y a 10 mm dans 1 cm : 1 cm = 10 mm

A ├─┤ B
Le segment [AB] mesure 7 mm.

C ├──────────────────┤ D
Le segment [CD] mesure 7 cm 6 mm.

❹ Nouvelle recherche

Consigne « Vous allez maintenant mesurer les segments restants : [EF], [GH] et [IJ]. Vous exprimerez cette mesure en cm ou en cm et mm si nécessaire. Vous rangerez ensuite ces mesures dans l'ordre croissant. »

La mise en commun permettra de valider les réponses.
[EF] mesure 8 cm 2 mm
[GH] mesure 9 cm
[KL] mesure 9 cm 3 mm

Les mesures peuvent être converties en mm :
8 cm 2 mm = 82 mm
9 cm = 90 mm
9 cm 3 mm = 93 mm

Faire ranger les longueurs par ordre croissant :
82 mm < 90 mm < 93 mm

Séance 2

30 min

Connaitre les relations entre mm, cm, dm et m

→ RAISONNER

Faire des correspondances entre les unités de longueur : mm, cm, dm et m.

MATÉRIEL ET SUPPORT
- La feuille d'entrainement (**Materiel26.pdf**, page 2).

DÉROULEMENT DE LA SÉANCE

❶ Recherche Trouver la relation entre dm et mm, m et mm.	20 min	**Expérimentation Manipulation** Travail individuel
❷ Entrainement Faire des conversions en mm, cm, dm et m.	10 min	**Abstraction** Travail individuel

❶ Recherche

Faire rappeler aux élèves la relation entre cm et mm (1 cm = 10 mm) puis leur annoncer qu'ils vont chercher les relations entre le millimètre et d'autres unités de mesure.

- **Relation entre décimètre et millimètre**
  Rappeler que 1 dm = 10 cm.
  Puis demander aux élèves de compléter l'égalité : 1 dm = ? mm

DIFFÉRENCIATION
- S'aider d'une règle graduée pour raisonner.

Procédures possibles
1 dm = 10 cm
1 dm = 10 mm + 10 mm + 10 mm + 10 mm + 10 mm + 10 mm + 10 mm + 10 mm + 10 mm + 10 mm = 100 mm
ou 1 dm = 10 x 10 mm = 100 mm

Lors de la mise en commun, écrire au tableau : **1 dm = 100 mm**

- **Relation entre mètre et millimètre**
  Rappeler que 1 m = 10 dm et 1 m = 100 cm
  Puis demander aux élèves de compléter l'égalité : 1 m = ? mm

DIFFÉRENCIATION
- S'aider d'une règle graduée pour raisonner.

Procédures possibles
1 m = 10 dm
1 m = 100 mm + 100 mm + 100 mm + 100 mm + 100 mm + 100 mm + 100 mm + 100 mm + 100 mm + 100 mm = 1 000 mm
ou 1 m = 10 x 100 mm = 1 000 mm

Lors de la mise en commun, écrire au tableau : **1 m = 1 000 mm.**

Croisement entre les enseignements
FRANÇAIS
- Expliciter les préfixes utilisés pour les unités de longueur :
  déci- car un décimètre est dix fois plus petit qu'un mètre,
  centi- car un centimètre est cent fois plus petit qu'un mètre,
  milli- car un millimètre est mille fois plus petit qu'un mètre.

1 m = 1 000 mm
1 m = 100 cm
1 m = 10 dm

❷ Entrainement

Proposer les exercices de **Materiel26.pdf**, page 2.

Matériel 26 **Feuille d'entrainement** — **Séance 2**

1. Fais les conversions demandées.

2 m 87 cm = ….. cm — 7 000 mm = ….. m — 26 mm = ….. cm ….. mm
2 cm = ….. mm — 500 cm = ….. m — 348 cm = ….. m ….. cm
40 mm = ….. cm — 6 m 3 cm = ….. cm

2. Complète avec <, > ou =.

2 000 mm ….. 20 m — 49 cm 5 mm ….. 4 m 95 cm
3 m 45 cm ….. 3 450 mm — 7 m 9 cm ….. 7 090 mm
82 dm ….. 8 m 2 mm — 18 m 7 cm ….. 1 807 cm

3. Les tailles des animaux sont toutes exprimées en mm. Fais les conversions demandées.

	éléphant	4 200 mm	….. m ….. cm
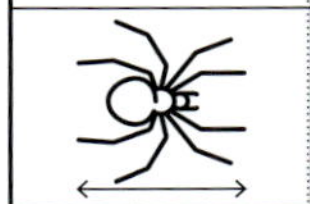	mygale	330 mm	….. cm ….. mm
	anaconda	8 400 mm	….. cm
	dinosaure	5 800 mm	….. m ….. cm
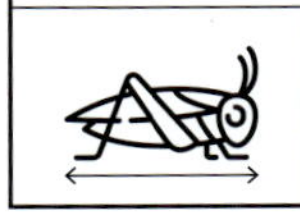	cigale	20 mm	….. cm

Matériel 26

Séance 3

30 min

Bilan des apprentissages

Les élèves font individuellement les exercices 1 à 8 du cahier de l'élève ***Maths au CE2***.
(Ils répondent aux exercices 6, 7 et 8 dans un autre cahier.)

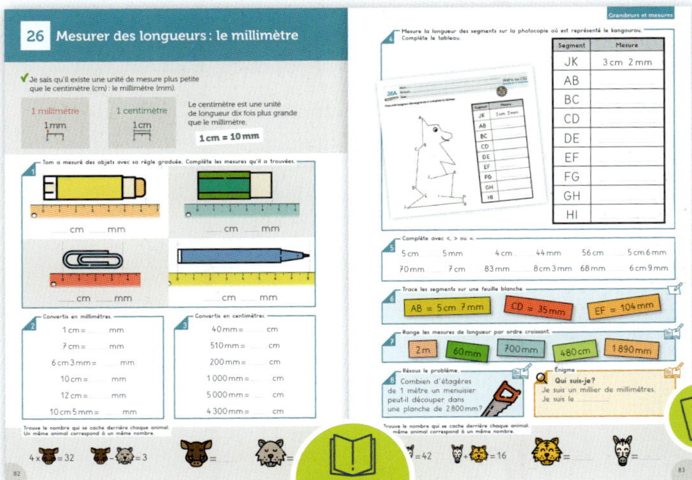

Pages 82 et 83

15 min par jour

Calcul mental

- Compter de 25 en 25.
- Multiplier un nombre par 20, par 19, par 18.

Séance 1

❶ Le jeu du furet : de 25 en 25 — 1 min

En avançant de 25 en 25, dire la suite orale des nombres de **0 à 500**.

❷ Table de multiplication de 6 : réinvestissement — 4 min

Poser les problèmes un à un, oralement, en demandant une réponse rapide (moins de 10 secondes) sur l'ardoise.

« Une fleuriste vend des bouquets de 6 roses.
Combien peut-elle réaliser de bouquets avec 12 roses ? »

Questions identiques avec **30 roses**, **6 roses**, **18 roses**, **36 roses**, **24 roses**, **0 rose**, **48 roses**, **60 roses**, **42 roses**, **54 roses**.

❸ Multiplications par 20 : réactivation — 10 min

Proposer les calculs de l'animation **Calcul 20** sans contrainte de temps. Les élèves répondent sur l'ardoise.

Calcul 20

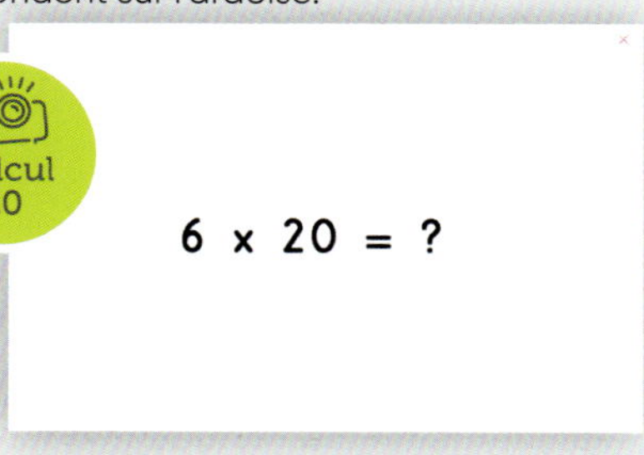

Calculs proposés **6x20** **3x20** **5x20** **2x20** **4x20** **7x20** **9x20** **8x20** **12x20** **30x20** **40x20** **70x20**

Procédures visées

- *« 6x20, c'est 6 fois 2 dizaines. 6 fois 2 dizaines, c'est 12 dizaines. 12 dizaines, c'est 120 donc 6x20 = 120. »*
- *« Je calcule d'abord 6x2 puis je multiplie le résultat par 10. 6x20 = 6x(2x10) = (6x2)x10 = 12x10 = 120. Pour multiplier par 20, on peut multiplier par 2 puis par 10. »*

Séance 2

❶ Le jeu du furet : de 25 en 25 — 1 min

En avançant de 25 en 25, dire la suite orale des nombres de **500 à 1000**.

❷ Table de multiplication de 7 : réinvestissement — 4 min

Poser les problèmes un à un oralement en demandant une réponse rapide (moins de 10 secondes) sur l'ardoise.

« Un ballon de basket coute 7 euros. Le directeur veut acheter 2 ballons.
Combien va-t-il payer ? »

Questions identiques avec **4 ballons**, **8 ballons**, **5 ballons**, **10 ballons**, **1 ballon**, **3 ballons**, **6 ballons**, **7 ballons**, **9 ballons**.

❸ Multiplications par 19 : découverte — 10 min

Proposer les calculs de l'animation **Calcul 20** sans contrainte de temps. Les élèves répondent sur l'ardoise.

Calcul 20

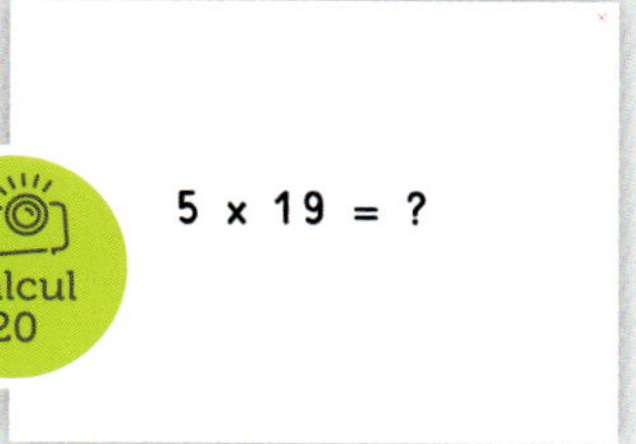

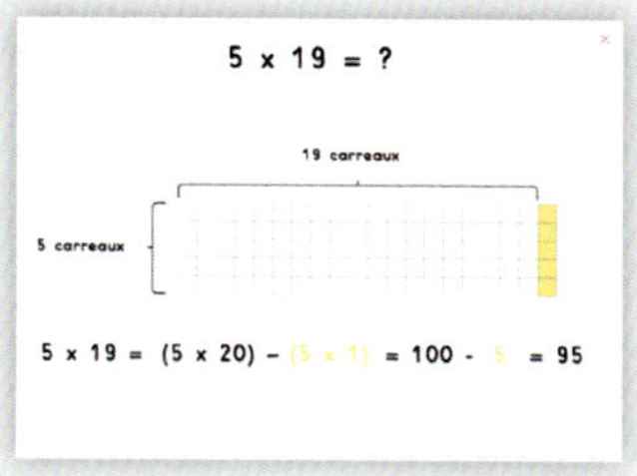

Calculs proposés **5x19 = ?** **3x19 = ?** **2x19 = ?** **4x19 = ?** **8x19 = ?** **6x19 = ?** **9x19 = ?**

Procédure visée

5x19 = (5x20) – (5x1) ou 19x5 = (20x5) – (1x5)

Séance 3

❶ Le jeu du furet : de 250 en 250 — 1 min

En avançant de 250 en 250, dire la suite orale des nombres de **0 à 5000**.

❷ Table de multiplication de 8 : réinvestissement — 4 min

Poser les problèmes un à un, oralement, en demandant une réponse rapide (moins de 10 secondes) sur l'ardoise.

« Dans un jeu d'évasion (escape game), toutes les équipes sont formées de 8 joueurs.
Combien y aura-t-il de joueurs s'il y a 5 équipes qui participent ? »

Questions identiques avec **2 équipes**, **3 équipes**, **6 équipes**, **1 équipe**, **0 équipe**, **4 équipes**, **8 équipes**, **10 équipes**, **9 équipes**, **7 équipes**.

❸ Multiplications par 18 : découverte — 10 min

Proposer les calculs de l'animation **Calcul 20** sans contrainte de temps. Les élèves répondent sur l'ardoise.

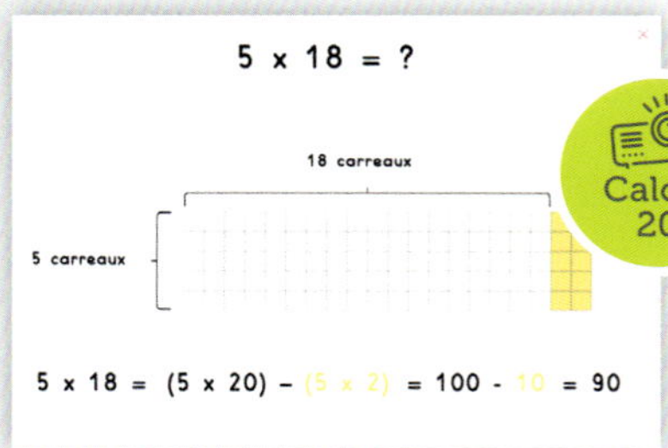

Calcul 20

Calculs proposés **5x18 = ?** **3x18 = ?** **2x18 = ?** **4x18 = ?** **8x18 = ?** **6x18 = ?** **9x18 = ?**

Procédures possibles

3x18 = (3x20) – (3x2) = 60 – 6 = 54
3x18 = (3x10) + (3x8) = 30 + 24 = 54

Séance 4

❶ Le jeu du furet : de 250 en 250 — 1 min

En avançant de 250 en 250, dire la suite orale des nombres de **5000 à 10000**.

❷ Multiplications par 19, par 18 : entrainement — 4 min

Poser les questions une à une, oralement, en demandant une réponse rapide (moins de 10 secondes) sur l'ardoise.

4x19 **6x19** **3x18** **8x19** **6x18**

❸ Tables de multiplication : réinvestissement — 10 min

Trouver le plus possible de résultats des tables de multiplication cachés dans la grille (il y en a 29) de **MaterielCalcul20.pdf**, page 1. La grille peut être vidéoprojetée lors de la passation de la consigne (animation **Calcul 20**).

La correction est proposée sur cette animation ainsi que dans **MaterielCalcul20.pdf**, page 2.

Matériel Calcul 20

Calcul 20

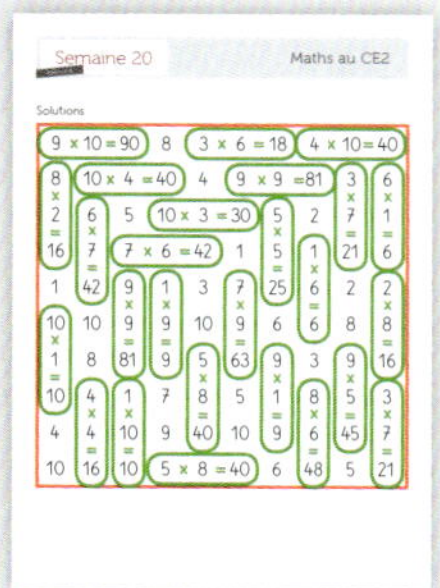

Calcul@tice Les élèves travaillent en autonomie sur les ordinateurs de la classe

calculatice.ac-lille.fr > les exercices > Niveau CE2

- Résoudre des problèmes avec la multiplication : **La surface bleue**
- Somme de plusieurs nombres : **Pacmath**

45 min
par semaine

Atelier problèmes
Résoudre des problèmes multiplicatifs en une ou deux étapes

Atelier 20

CHERCHONS ENSEMBLE

Complète le schéma et résous le problème.

Problème 1 Madame Chatton revient de la boulangerie.
Elle a acheté 6 brioches à 4 € pièce.
Combien a-t-elle dépensé ?

Je complète le schéma.

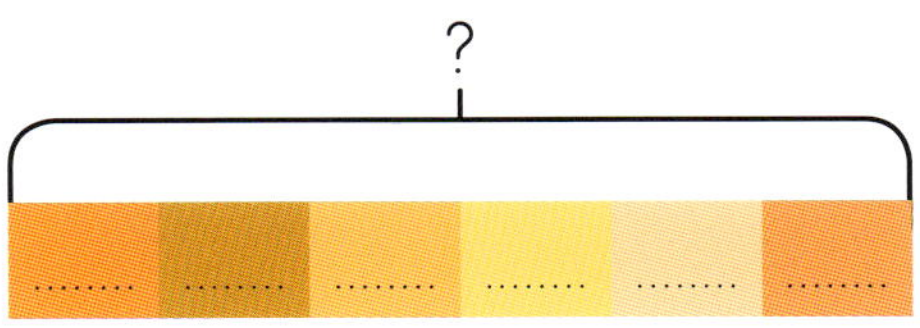

Je calcule et je réponds à la question.

....

....

....

....

....

Problème 2 Madame Poirot a planté 4 rangées de 53 salades pour les vendre au marché.
Combien de salades a-t-elle plantées ?

Je complète le schéma.

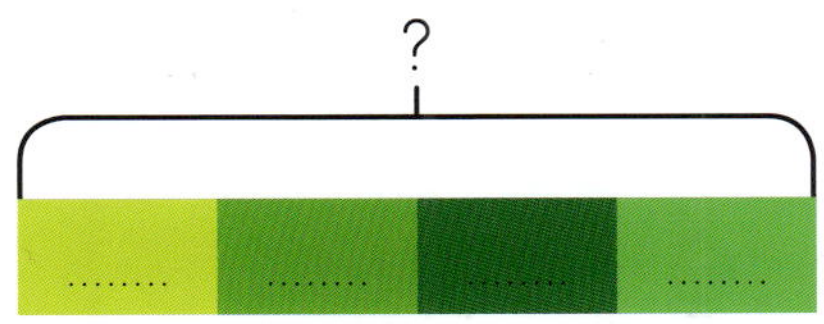

Je calcule et je réponds à la question.

....

....

....

....

....

JE M'ENTRAINE

Résous les problèmes dans un cahier.
Commence par ceux avec le symbole ✕ puis résous les problèmes de ton choix.

✕ Problème 3 Vincent achète des places de cinéma. Il achète 3 places à 6 € et 5 places à 12 €.
Combien va-t-il payer en tout ?

✕ Problème 4 Le chauffeur du bus numéro 14 effectue 126 km par jour dans le cadre de son travail.
Il ne travaille pas le samedi et le dimanche.
Quelle distance parcourt-il chaque semaine ?

Problème 5 Dans la salle de cinéma, il y 8 rangées de 15 places.
Combien de spectateurs la salle peut-elle accueillir ?

Problème 6 La piste d'athlétisme mesure 365 mètres. Un coureur dit : *« Aujourd'hui, je veux faire 3 000 mètres ».*
Aura-t-il parcouru cette distance après avoir effectué 8 tours de piste ? Explique pourquoi.

27 Comprendre le sens de la division (1)

Séance 1 — 30 min

Les œufs (1)

→ CALCULER

Résoudre des problèmes du champ de la division : recherche du nombre de parts.

MATÉRIEL ET SUPPORT

- Au moins 13 boites vides de 6 œufs apportées par les élèves.
- 78 balles de pingpong ou de golf (ou jetons ou cubes) pour remplacer les œufs.

DÉROULEMENT DE LA SÉANCE

❶ **Recherche** Résoudre un problème de division (division exacte).	15 min	**Expérimentation** Travail individuel
❷ **Mise en commun** Inventorier et confronter les procédures utilisées.	10 min	**Manipulation** **Verbalisation** Oral collectif
❸ **Institutionnalisation** Formuler ce qu'il faut retenir.	5 min	**Abstraction** Travail individuel

❶ Recherche

Séquence 27

Commencer par présenter le matériel pour motiver et aider les élèves à comprendre le problème posé avant de s'engager dans la recherche.

Présentation du matériel qui servira à valider ou invalider les solutions proposées

Présenter l'énoncé du problème écrit au tableau ou vidéoprojeté à l'aide de l'animation **Séquence 27**.

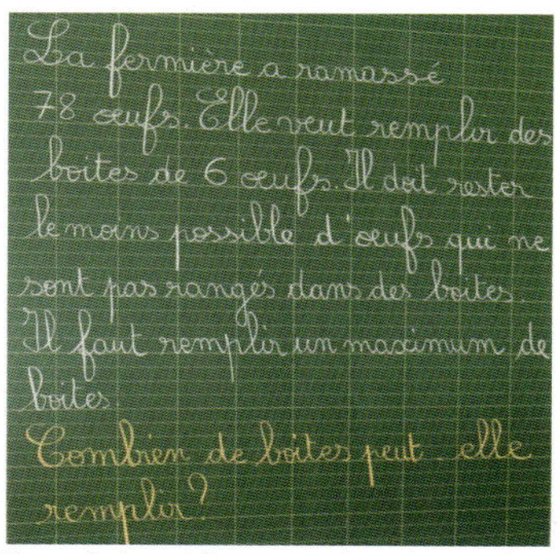

L'énoncé du problème est présenté au tableau.

Demander aux élèves de raconter l'histoire de ce problème sans utiliser les nombres. Faire verbaliser ce que l'on cherche.

❷ Mise en commun

Mutualiser et analyser collectivement les différentes procédures utilisées en commençant par les démarches les moins abouties. Les erreurs sont traitées de façon positive en valorisant les éléments de réussite. Les erreurs permettent aux élèves de prendre conscience de la nécessité de construire une connaissance nouvelle plus rapide et efficace que le dessin par exemple.

Procédures de l'élève A

L'élève A simule l'action en dessinant des groupes de 6 œufs tout en dénombrant les œufs jusqu'à 78. Il dénombre ensuite les boites complètes. L'élève a compris que l'on cherche le nombre de parts. Une erreur dans le dénombrement (77 œufs dessinés au lieu de 78 œufs) l'empêche de trouver la solution. L'amener à constater que l'utilisation du dessin est beaucoup trop longue et source d'erreurs.

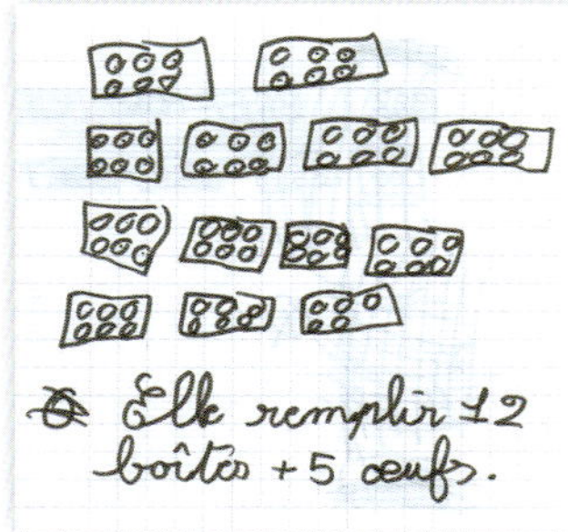

Élève A Dessin figuratif et dénombrement

Procédures de l'élève B

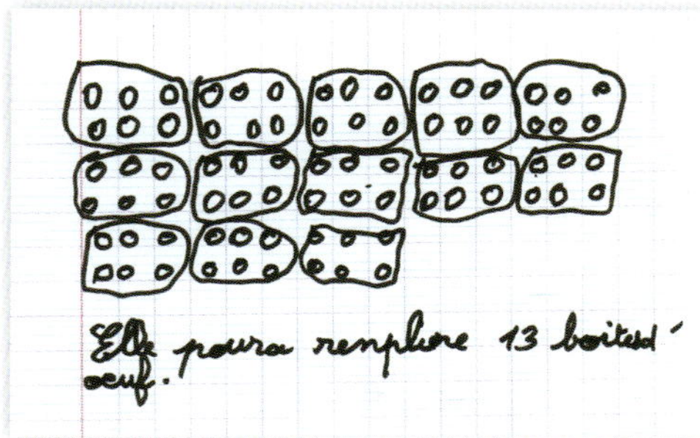

L'élève B dessine et dénombre des boites complètes sans erreur.

Procédures de l'élève C

L'élève C cherche à résoudre l'équation 6 x ? = 78. Il procède à des essais avec 6 x 12 puis avec 6 x 13. Il trouve la solution par le calcul mais ne réussit pas à l'interpréter pour formuler une réponse correcte.

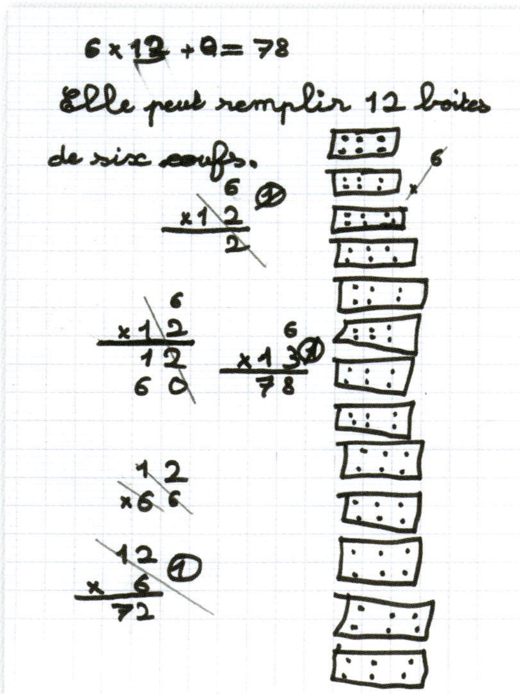

L'élève C procède par essais en réalisant des approches successives.

Procédures de l'élève D

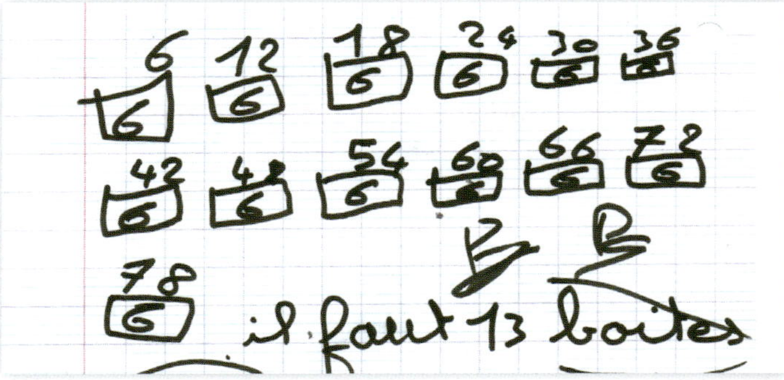

L'**élève D** utilise un schéma pour compter de 6 en 6 et additionne les 6 représentés jusqu'à 78.

Procédures de l'élève E

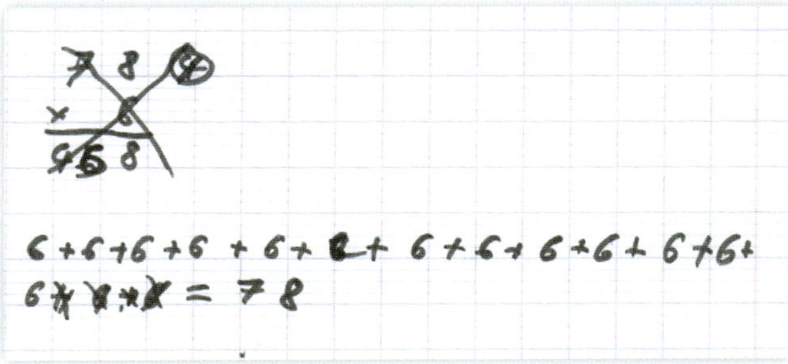

L'**élève E** procède à des essais additifs avec une addition répétée de 6 jusqu'à ce qu'il obtienne 78.

Procédures de l'élève F

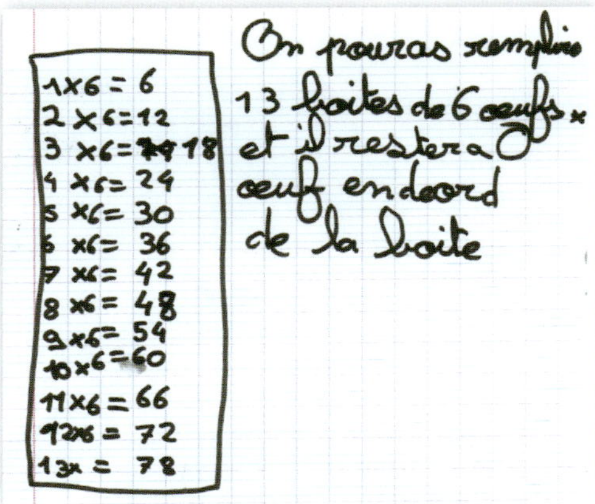

L'**élève F** cherche à résoudre l'équation ? x 6 = 78 en écrivant la table de 6 jusqu'à obtenir 13 x 6 = 78.

Validation avec le matériel

Vérifier que les solutions proposées par les élèves respectent les contraintes fixées :
- partage en parts égales de 6 œufs
- partage maximum réalisé donc reste inférieur à 6.

❸ Institutionnalisation

Reformulation

« Nous avons cherché combien on peut faire de paquets de 6 œufs avec 78 œufs.

On peut trouver le résultat avec des procédures différentes.

Nous avons trouvé que la fermière peut remplir 13 boites de 6 œufs et il reste 0 œuf. On dit que 78 œufs divisés en boite de 6 œufs, cela fait 13 boites et il reste 0 œuf. »

Structuration

Pour trouver combien il y a de fois 6 œufs dans 78 œufs, on utilise une opération qui s'appelle **la division.**

La division permet de savoir *« combien il y a de fois 6 dans 78 ? »*, c'est-à-dire *« en 78, combien de fois 6 ? »*

« En 78, il y a 13 fois 6 et il reste 0. »

« On dit que l'on divise 78 par 6. »

« 78 divisé par 6 est égal à 13. »

On utilise le signe : qui veut dire *divisé par.*

Écrire 78 : 6 = 13, verbaliser *« 78 divisé par 6 égale 13. »*

On peut vérifier le résultat avec une multiplication 13 x 6 = 78.

On dit que *« c'est une division exacte »* ou que la *« division tombe juste »* car le reste est égal à zéro.

On utilise le signe : uniquement quand la division est exacte, c'est-à-dire quand elle tombe juste.

Le quotient

On dit que *« 13 est le quotient de la division de 78 par 6. »*

Le quotient est le résultat de la division.

Les problèmes où l'on cherche combien de parts (de paquets ou de bouquets ou de groupes) on obtient en faisant des parts égales reviennent à chercher combien de fois un nombre est contenu dans un autre.

Exemple *« Combien de fois 6 dans 78 ? »*
On utilise alors la division en divisant 78 par 6.

27 Comprendre le sens de la division (1)

Séance 2 — 30 min

Les œufs (2)

→ CALCULER

Résoudre des problèmes du champ de la division : calculer des quotients et des restes en utilisant l'égalité a = (b x q) + r.

MATÉRIEL ET SUPPORT
- 5 boites vides de 6 œufs.
- 29 balles de golf (ou jetons ou cubes).

DÉROULEMENT DE LA SÉANCE

❶ **Recherche** Résoudre un problème de division (division avec reste).	15 min	**Expérimentation** Travail individuel
❷ **Mise en commun** Inventorier et confronter les procédures utilisées.	10 min	**Verbalisation** Oral collectif
❸ **Institutionnalisation** Inventorier les procédures utilisées pour produire et vérifier des alignements d'objets.	5 min	**Abstraction** Travail individuel

❶ Recherche

Présentation du matériel puis du problème écrit au tableau ou vidéoprojeté à l'aide de l'animation **Séquence 27**.

Énoncé du problème

Séquence 27

❷ Mise en commun

Mutualiser et analyser collectivement les différentes procédures utilisées en commençant par les démarches les moins abouties.

Procédures observées

- Fait une addition itérée de 6 ou une soustraction itérée de 6 à partir de 29.
- Tente des essais de produits par 6.
- Utilise un résultat connu de la table de multiplication par 6.

Validation avec le matériel

Vérifier que les solutions proposées respectent les contraintes fixées :
- partage en parts égales de 6 œufs,
- partage maximum réalisé donc reste inférieur à 6.

❸ Institutionnalisation

Reformulation

« Nous avons cherché combien il y a de fois 6 œufs dans 29 œufs. On peut remplir 4 boites de 6 œufs (6 x 4 = 24) et il reste 5 œufs. On a divisé 29 par 6. Mais on ne peut pas écrire 29 : 6 car il y a un reste, ce n'est pas une division qui tombe juste. Alors, on écrit : 29 = (6 x 4) + 5. »

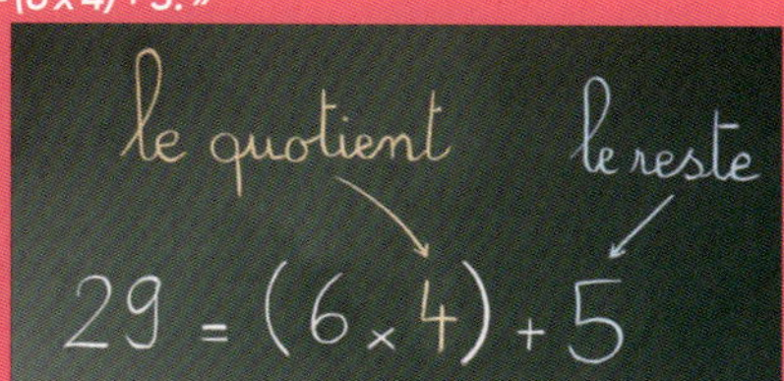

Structuration

Le quotient

On dit que 4 est le quotient de la division de 29 par 6. C'est le résultat de la division de 29 par 6.

Le reste

Le reste est égal à 5. Avec 5 œufs, on ne peut pas remplir une boite de 6 emplacements.

Séance 3 — 45 min

Les ficelles

→ CALCULER

Résoudre des problèmes du champ de la division dans un contexte de mesures de longueurs.

MATÉRIEL ET SUPPORT
- 4 morceaux de ruban ou de ficelle de 48 cm.

DÉROULEMENT DE LA SÉANCE

❶ **Entrainement** Résoudre des problèmes de division.	20 min	**Expérimentation** Écrit individuel
❷ **Mise en commun** Inventorier et confronter les procédures utilisées.	10 min	**Manipulation** **Verbalisation** Oral collectif
❸ **Réinvestissement** Résoudre un problème de division : trouver le dividende.	15 min	**Expérimentation** Écrit individuel

Séquence 27

❶ Entrainement

Présenter une ficelle de 48 cm.

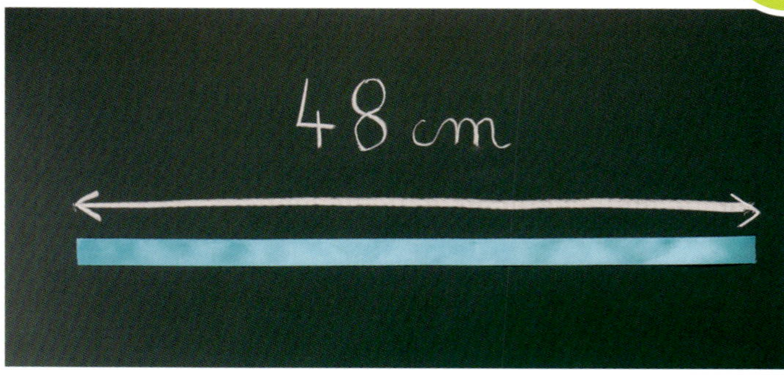

Résoudre successivement les énoncés des problèmes 1, 2 et 3 écrits au tableau ou vidéoprojetés à l'aide de l'animation **Séquence 27**.

Problème 1

Dans un ruban (ou une ficelle) de 48 cm, combien de morceaux de 5 cm peut-on découper ? S'il reste un morceau de ruban, indiquez sa longueur.

Problème 2

Dans un ruban de 48 cm, combien de morceaux de 8 cm peut-on découper ? S'il reste un morceau de ruban, indiquez sa longueur.

Problème 3

Dans un ruban de 48 cm, combien de morceaux de 10 cm peut-on découper ? S'il reste un morceau de ruban, indiquez sa longueur.

❷ Mise en commun

Problème 1

Procédures observées

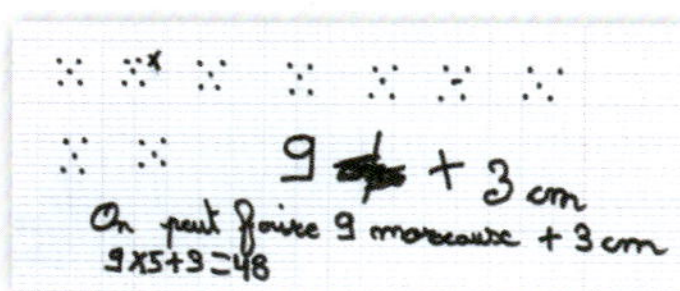

Utilise un dessin ou un schéma pour dénombrer les morceaux de 5 cm que l'on peut obtenir dans un ruban de 48 cm.

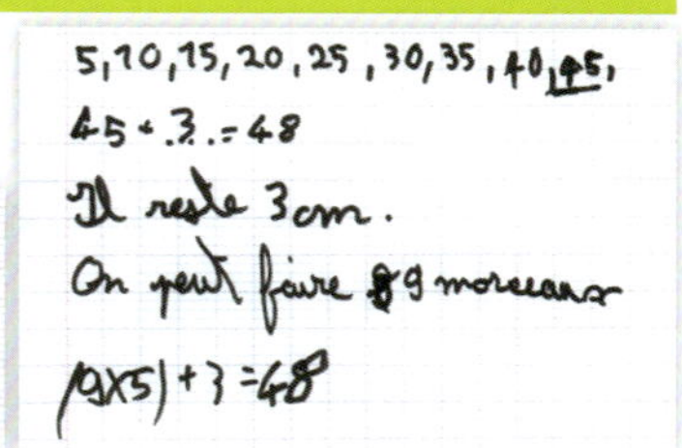

Compte de 5 en 5 jusqu'à 45 puis complète jusqu'à 48.

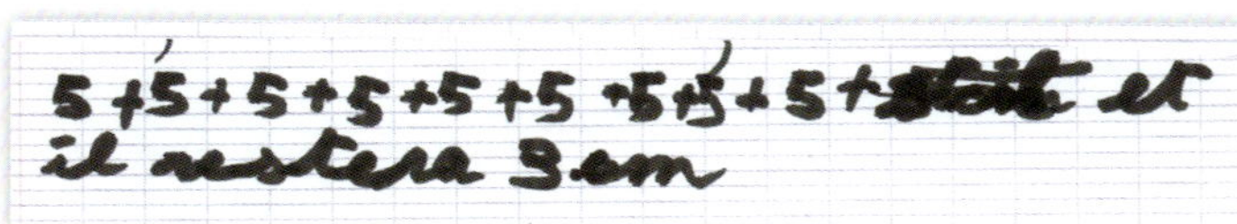

Procède à des essais additifs avec une addition répétée de 5 jusqu'à ce qu'il obtienne un nombre proche de 48 sans le dépasser.

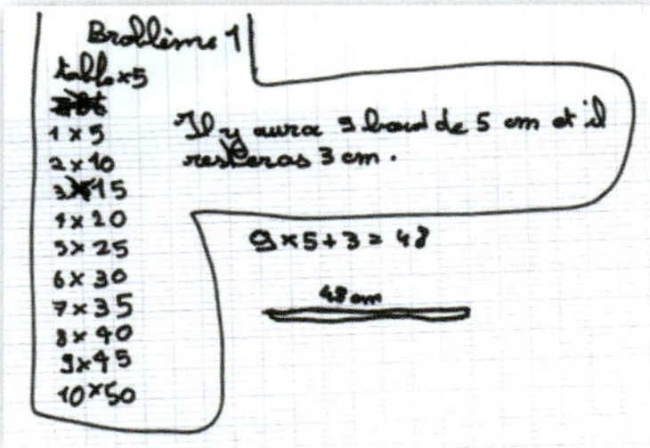

Cherche à résoudre l'équation ? x 5 = 48
en écrivant la table de 5 jusqu'à obtenir 9 x 5 + 3 = 48.

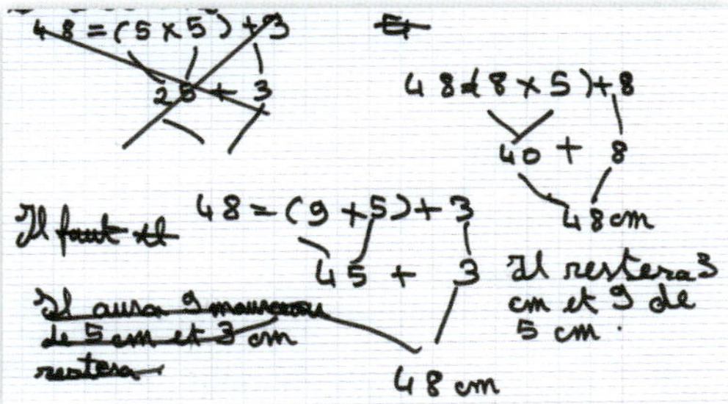

Essais multiplicatifs par approches successives
en utilisant une écriture du type a = (b x q) + r

Il est plus facile de chercher combien il y a de fois 5 dans 48.
Constater que 48 n'est pas un multiple de 5 (il ne se termine pas par 0 ou 5). Il y aura donc un reste.

Validation
Faire vérifier le résultat avec l'égalité : 48 = (5 x 9) + 3 et en découpant 9 morceaux de 5 cm dans le ruban de 48 cm.
Faire verbaliser que 9 est le quotient et 3 le reste.

Faire constater en découpant le ruban que le reste de 3 cm est plus petit que les morceaux de 5 cm qui ont été découpés.

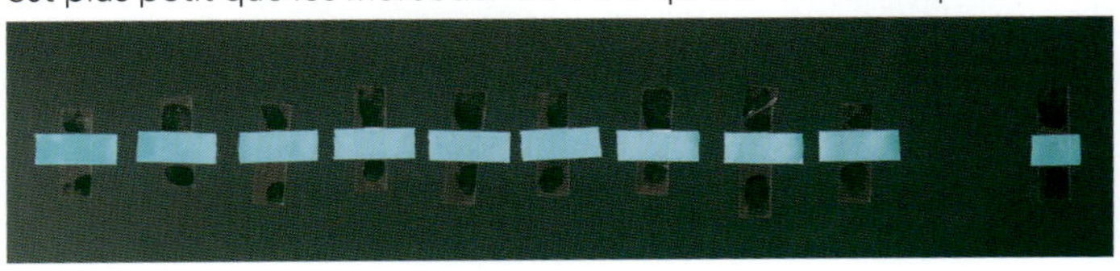

Écrire 48 = (5 x 9) + 3 sous les morceaux de ruban. Repérer le quotient et le reste.

Chercher quel schéma pourrait aider des élèves à comprendre comment trouver la solution.

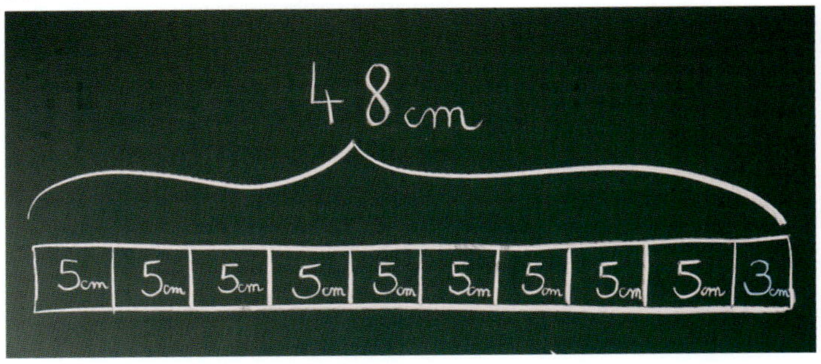

Écrire 48 = (5 x 9) + 3. Repérer le quotient et le reste.

Problème 2
Il est plus facile de chercher combien il y a de fois 8 dans 48.
Écrire 48 : 8 = 6 et vérifier avec 6 x 8 = 48. Le reste est égal à 0.

Schéma au tableau

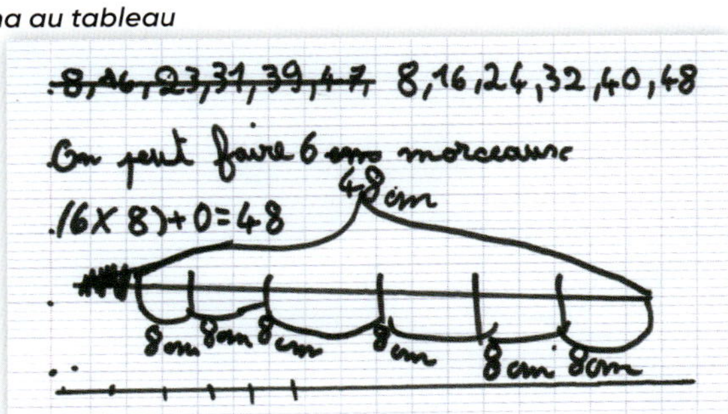

Compte de 8 en 8 et s'aide d'un schéma.

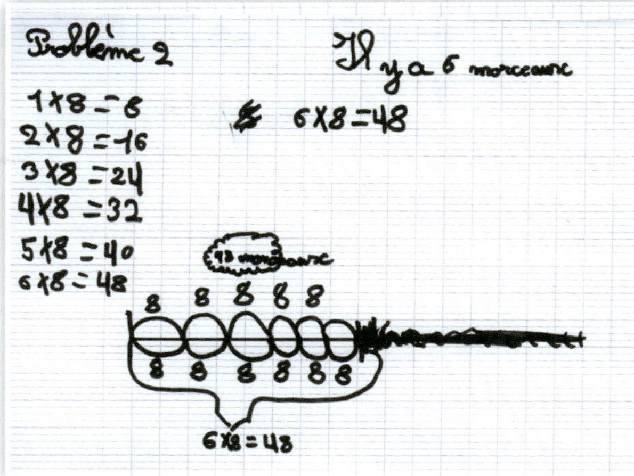

Cherche à résoudre l'équation ? x 8 = 48
en écrivant la table de 8 jusqu'à obtenir 6 x 8 = 48.

Problème 3
Il est plus facile de chercher combien il y a de fois 10 dans 48.
Faire vérifier le résultat avec l'égalité : 48 = (10 x 4) + 8 et en découpant 4 morceaux de 10 cm dans le ruban de 48 cm.
Faire verbaliser que 4 est le quotient et 8 le reste.

Faire constater avec le matériel que le reste de 8 cm est plus petit que les morceaux de 10 cm qui ont été découpés.

❸ Réinvestissement

Séquence 27

Problème 4
Dans une ficelle, je peux découper 7 morceaux de 8 cm chacun.
Il me restera alors un morceau de 3 cm.
Quelle est la longueur de ma ficelle ?

Recherche puis vérification avec le matériel.

Écrire l'égalité : (8 x 7) + 3 = 56 + 3 = 59.

Faire verbaliser : *« Dans une ficelle de 59 cm, je peux découper 7 fois 8 cm et il me reste un morceau de 3 cm ».*

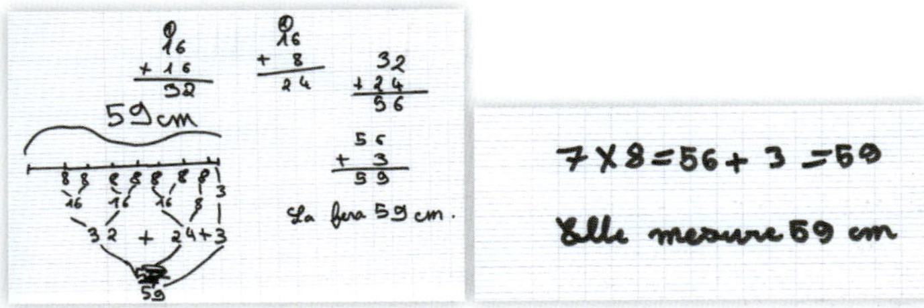

Exemples de procédures utilisées

Séance 4

30 min

Bilan de la séquence

Les élèves font individuellement les exercices 1 à 7 du cahier de l'élève ***Maths au CE2***.
(Ils répondent aux exercices 5 à 7 dans un autre cahier.)

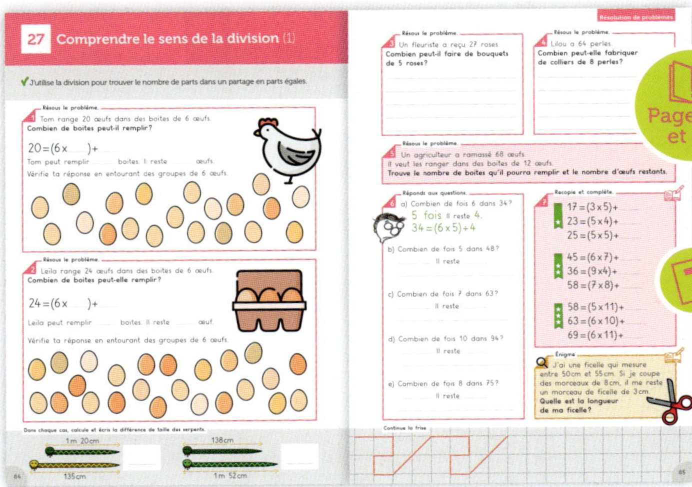

Pages 84 et 85

28 Calculer des soustractions avec des nombres à 4 chiffres

Séance 1 — 30 min

Appliquer la technique de calcul posé de la soustraction aux nombres à quatre chiffres

→ **CALCULER**

Maitriser l'utilisation de la technique du *cassage* d'un millier pour obtenir 10 centaines.

MATÉRIEL ET SUPPORT
- Des cubes base 10 pour une manipulation collective.
- Le schéma de la montagne et la trace écrite (**Materiel28.pdf**, pages 1 et 2).

DÉROULEMENT DE LA SÉANCE

1 Recherche Comprendre la technique opératoire de la soustraction en manipulant des cubes.	15 min	**Manipulation** Groupes de 3
2 Institutionnalisation Soustraire un nombre à quatre chiffres à un nombre à quatre chiffres lorsqu'il y a le *cassage* d'un millier à effectuer.	5 min	**Manipulation Verbalisation** Oral collectif
3 Entrainement Poser et calculer une soustraction en colonnes en utilisant la technique par *cassage*.	10 min	**Abstraction** Écrit individuel

1 Recherche

Séquence 28

Découvrir l'énoncé du problème vidéoprojeté de l'animation **Séquence 28**.

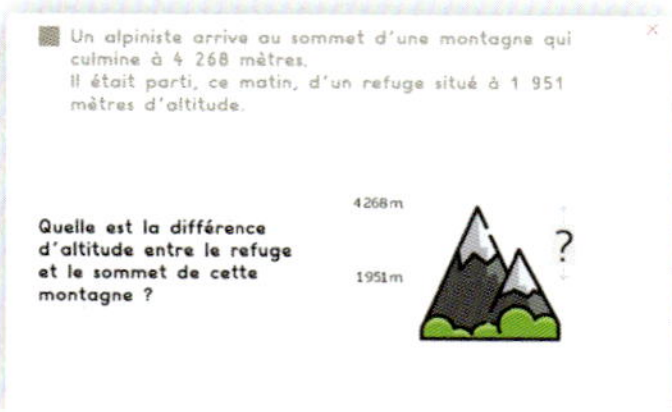

Demander aux élèves de proposer un schéma et un calcul pour trouver la différence d'altitude entre le refuge et le sommet de la montagne.

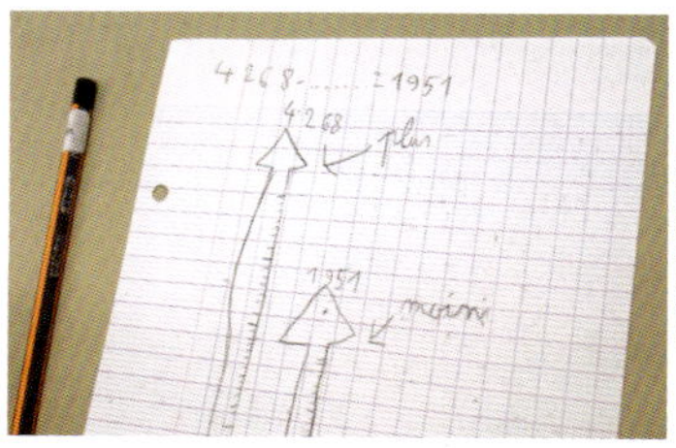

< Utilise un schéma avec deux **barres** orientées pour visualiser la différence ou l'écart entre les deux altitudes.

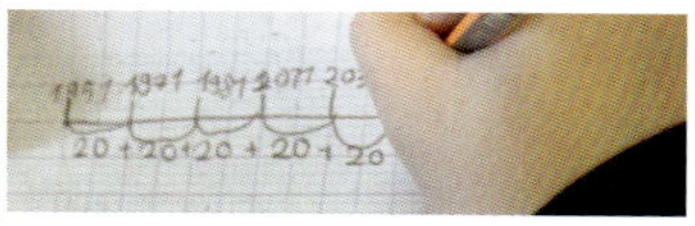

∧ Calcule la différence en utilisant la demi-droite graduée.

Faire découvrir le schéma du document **Materiel28.pdf**, page 1, et de l'animation **Séquence 28**. Le faire commenter.

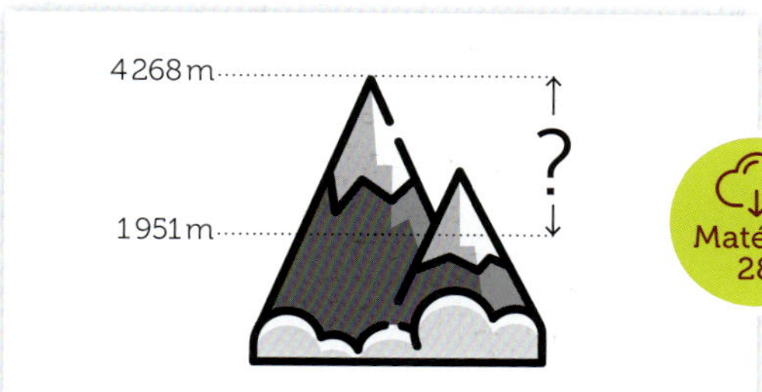

Matériel 28

Estimation du résultat
Écrire le calcul 4268 – 1951 = au tableau.
Demander aux élèves de donner un ordre de grandeur du résultat.
« 1951, c'est proche de 2000. Je calcule mentalement 4268 – 2000 = 2268. Le résultat sera proche de 2268. »

Manipulation Faire découper le schéma.
Pour comprendre que le calcul de la soustraction 4268 – 1951 est équivalent au calcul 1951 + ? = 4268 pour trouver la différence d'altitude, demander à un élève de découper et de retirer la partie avec les 1951 m d'altitude. Faire constater que si on enlève la partie de 1951 m, on obtient la différence recherchée.

Manipulation collective
Calculer 4268 – 1951.
Préparer une collection de 4 cubes de 1000, de 2 plaques de 100, de 6 barres de 10 cubes et de 8 cubes isolés.
Coder cette collection avec le nombre 4268.

Consigne « Trouvez le résultat de la soustraction en manipulant les cubes. »

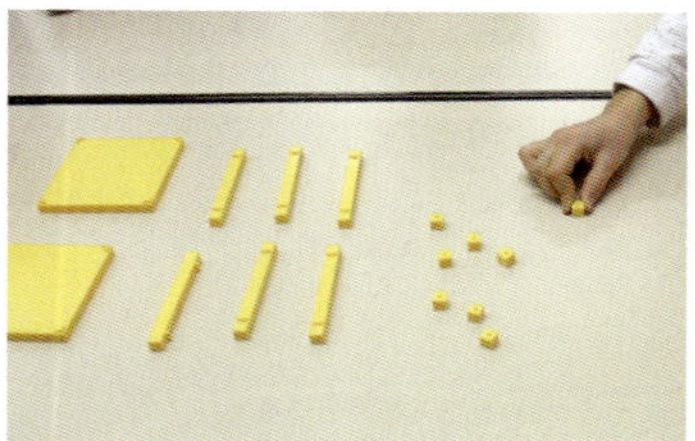

Enlever 1 unité. Il reste 7 unités.

Enlever 5 dizaines. Il reste 1 dizaine.
Il est impossible de retirer 9 centaines car il n'y a que 2 plaques de 100.

Casser un millier pour obtenir 10 plaques de 100.

Il est maintenant possible d'enlever 9 centaines.
Il reste 3 centaines.

Enlever 1 millier. Il reste 2 milliers.

❷ Institutionnalisation

Pour calculer la différence ou l'écart entre deux nombres, on utilise une soustraction. Dans une soustraction, on écrit toujours le nombre le plus grand en premier.

Pour résoudre le problème, il faut écrire 4268 – 1951.

Expliquer au tableau comment poser et calculer la soustraction 4268 – 1951= en colonnes en faisant le parallèle avec la manipulation des cubes.

Préciser que la technique est identique à celle utilisée précédemment pour les nombres à trois chiffres.
La nouveauté se situe au niveau de la colonne des milliers.
Pour pouvoir effectuer l'opération, Il faudra parfois casser 1 millier pour le transformer en 10 centaines.

Reformuler la technique opératoire en utilisant l'animation **Séquence 28.**

! On évitera d'utiliser le terme *retenue* avec les élèves. Dans la soustraction par *cassage*, il n'y a pas de retenue comme dans l'addition. Le terme de retenue est réservé aux enseignants pour alléger la rédaction des préparations.

La trace écrite (**Materiel28.pdf**, page 2) reprend la technique opératoire.

Matériel 28 Trace écrite — Séance 1

Soustraction posée en colonnes (3)

Je sais poser et calculer une soustraction avec des nombres à 4 chiffres.

Je cherche un ordre de grandeur du résultat avant de commencer le calcul

```
  4 2 6 8
– 1 9 5 1
  . . . 7
```
Je commence par les unités.
Retirer 1 unité à 8 unités, c'est possible.
8 – 1 = 7
J'écris 7 au résultat dans la colonne des unités.

```
  4 2 6 8
– 1 9 5 1
  . . 1 7
```
Je continue avec les dizaines.
Retirer 5 dizaines à 6 dizaines, c'est possible.
6 – 5 = 1
J'écris 1 au résultat dans la colonne des dizaines.

```
 ³4 ¹2 6 8
– 1  9 5 1
  .  3 1 7
```
Je continue avec les centaines.
2 centaines – 9 centaines, c'est impossible.
Je casse 1 millier de 4268 pour avoir 10 centaines supplémentaires.
4m 2c 6d 8u devient 3m 12c 6d 8u.
12 centaines – 9 centaines, c'est possible.
12 – 9 = 3
J'écris 3 au résultat dans la colonne des centaines.

```
 ³4 ¹2 6 8
– 1  9 5 1
  2  3 1 7
```
Je continue avec les milliers.
Retirer 1 millier à 3 milliers, c'est possible.
3 – 1 = 2
J'écris 2 au résultat dans la colonne des milliers.

J'écris le résultat de l'opération.
4268 – 1951 = 2317

Je vérifie le résultat.
Je compare le résultat avec mon estimation de départ ou je calcule **2317 + 1951** pour vérifier que j'obtiens **4268**.
Puis je vérifie avec la calculatrice.

Séquence 28

Matériel 28

❸ Entrainement

Poser une soustraction en colonnes pour calculer :
- la différence entre 7378 et 4852,
- la différence entre 3456 et 6029,
- la différence entre 849 et 3524.

Les exercices sont proposés au tableau et réalisés dans un cahier.

Pour calculer 6029 – 3456, les élèves rencontrent un problème avec le 0 de 6029 car il faut casser une centaine pour obtenir 10 dizaines afin de pouvoir calculer 12d – 5d.
6029, c'est 60c 2d 9u donc si je casse une centaine, ce nombre s'écrit 59c 12d 9u.

DIFFÉRENCIATION

- L'enseignant regroupe les élèves qui ont besoin d'un accompagnement spécifique pour effectuer les opérations.

La correction collective permet de rappeler les étapes à suivre pour réussir cette tâche.

Séance 2 — 30 min

Bilan de la séquence

Les élèves font individuellement les exercices 1 à 6 du cahier de l'élève *Maths au CE2*.
(Ils répondent aux exercices 4 à 6 dans un autre cahier.)

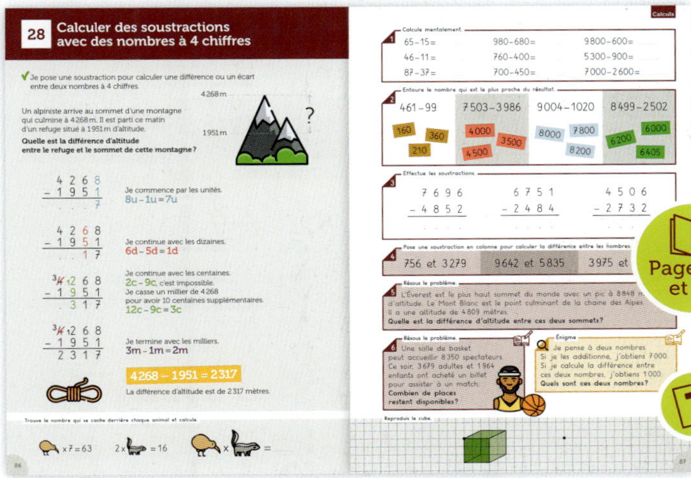

Pages 86 et 87

15 min par jour

Calcul mental

- Connaitre les tables de multiplication de 6, 7, 8 et 9.
- Obtenir le quotient et le reste d'une division euclidienne par un nombre à un chiffre.

Séance 1

❶ Le jeu du furet : les doubles — 1 min

Un élève donne **le double du nombre 5** (10) puis le suivant donne le double de 10. À tour de rôle, les autres élèves continuent de doubler chaque résultat **jusqu'à 2 560**.

❷ Table de multiplication de 6 : réinvestissement — 4 min

Poser les problèmes un à un, oralement, en demandant une réponse rapide (moins de 10 secondes) sur l'ardoise.

« Une agricultrice vend ses œufs par boites de 6 œufs. ***Combien peut-elle remplir de boites avec 12 œufs ? »***

Questions identiques avec **30 œufs, 6 œufs, 18 œufs, 36 œufs, 24 œufs, 0 œuf, 48 œufs, 60 œufs, 42 œufs, 54 œufs.**

❸ Quotient et reste d'une division euclidienne par 5 : découverte — 10 min

Proposer le problème suivant oralement en montrant une ficelle de 32 cm : ***« Combien de morceaux de 5 cm Tom peut-il découper dans une ficelle de 32 cm ?*** *S'il reste un morceau de ficelle, indiquez sa longueur. »*

Procédure visée

Chercher **combien de fois il y a 5 dans 32**. Constater que 32 n'est pas un multiple de 5 (il ne se termine pas par 0 ou 5). Il y aura donc un reste. Utiliser sa connaissance de la table de 5 pour écrire le résultat avec l'égalité **32 = (5 x 6) + 2** et verbaliser ***« 32 divisé par 5 : il y a 6 fois 5 et il reste 2. »***

Valider en découpant 6 morceaux de 5 cm dans la ficelle de 32 cm. Verbaliser *« 6 est le quotient et 2 le reste. »*

Poser le même problème avec des ficelles de 46 cm, 35 cm, 19 cm, 28 cm et 53 cm dans lesquelles on découpe des morceaux de 5 cm. Écrire chaque résultat sous la forme a = (b x q) + r

Séance 2

❶ Le jeu du furet : les doubles — 1 min

Un élève donne **le double du nombre 3** puis, à tour de rôle, les autres élèves continuent de doubler chaque résultat **jusqu'à 1536.**

❷ Table de multiplication de 7 : réinvestissement — 4 min

Poser les problèmes un à un, oralement, en demandant une réponse rapide (moins de 10 secondes) sur l'ardoise.

« Dans un tournoi de handball, chaque équipe est formée de 7 joueurs. ***Combien y aura-t-il de joueurs s'il y a 5 équipes inscrites au tournoi ? »***

Questions identiques avec **2 équipes, 3 équipes, 6 équipes, 1 équipe, 0 équipe, 4 équipes, 8 équipes, 10 équipes, 9 équipes, 7 équipes.**

❸ Quotient et reste d'une division euclidienne par 6 : découverte — 10 min

Poser les problèmes un à un, oralement, sans contrainte de temps avec réponse sur l'ardoise.

« Une agricultrice vend les œufs de ses poules par boites de 6 œufs. ***Combien peut-elle remplir de boites avec 15 œufs ? »***

À l'écrit, les élèves écrivent la réponse sous la forme **15 = (6 x 2) + 3** et à l'oral ***« 15 divisé par 6 : il y a 2 fois 6 et il reste 3. »***

Questions identiques avec **31 œufs, 8 œufs, 24 œufs, 20 œufs, 35 œufs, 26 œufs, 50 œufs, 62 œufs, 44 œufs, 53 œufs.**

Si c'est nécessaire avec les élèves qui rencontrent des difficultés, vérifier avec le matériel pendant que les autres élèves répondent à d'autres questions dans un cahier.

Séance 3

❶ Le jeu du furet : les moitiés — 1 min

Un élève donne **la moitié de 1200** (600) puis le suivant donne la moitié de 600. À tour de rôle, les autres élèves continuent de donner la moitié de chaque résultat **jusqu'à 75.**

❷ Table de multiplication de 8 : réinvestissement — 4 min

Poser les problèmes un à un, oralement, en demandant une réponse rapide (moins de 10 secondes) sur l'ardoise.

« Dans son album, Lilou peut ranger 8 images par page. ***Combien de pages peut-elle remplir avec 16 images ? »***

Questions identiques avec **80 images, 40 images, 24 images, 48 images, 64 images, 32 images, 8 images, 0 image, 56 images, 72 images.**

❸ Quotient et reste d'une division euclidienne par un nombre à un chiffre : entrainement — 10 min

Proposer les calculs de l'animation **Calcul 21**.
Les élèves répondent sur l'ardoise.

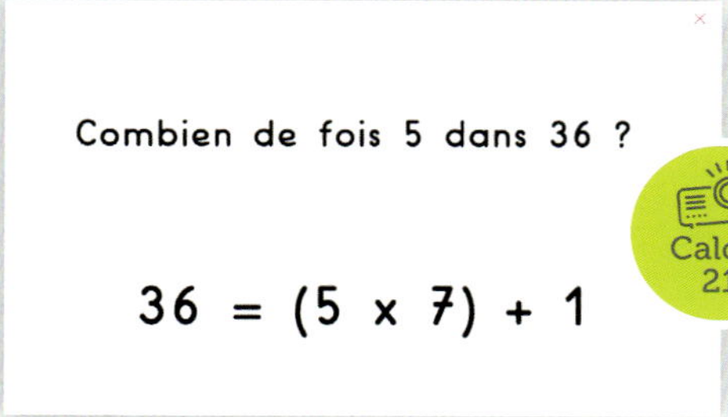

Calcul 21

Donner deux exemples avant de laisser les élèves travailler en autonomie avec une aide différenciée de l'enseignant.

À l'écrit, les élèves écrivent la réponse sous la forme **36 = (5 x 7) + 1** et à l'oral ***« 36 divisé par 5 : il y a 7 fois 5 et il reste 1. »***

Quand la division est exacte, on écrit **45 : 5 = 9** et on dit ***« 45 divisé par 5 égale 9 ».***

Séance 4

❶ Le jeu du furet : les moitiés — 1 min

Un élève donne **la moitié de 8 000** puis, à tour de rôle, les autres élèves continuent à donner la moitié du résultat précédent **jusqu'à 125.**

❷ Table de multiplication de 9 : réinvestissement — 4 min

Poser les problèmes un à un, oralement, en demandant une réponse rapide (moins de 10 secondes) sur l'ardoise.

« Un coureur cycliste a fait 5 tours d'un circuit de 9 km. ***Quelle distance a-t-il parcourue ? »***

Questions identiques avec **2 tours, 4 tours, 8 tours, 7 tours, 3 tours, 6 tours, 9 tours.**

❸ Tables de multiplication : réinvestissement — 10 min

Ce premier labyrinthe (animation **Calcul 21** et **MaterielCalcul21.pdf**, page 1 et solution page 2) a pour objectif de faire découvrir le fonctionnement de ce type d'exercice.

Demander aux élèves d'écrire tous les résultats des calculs proposés dans le labyrinthe. Faire tracer ensuite le chemin qui traverse le labyrinthe de haut en bas.

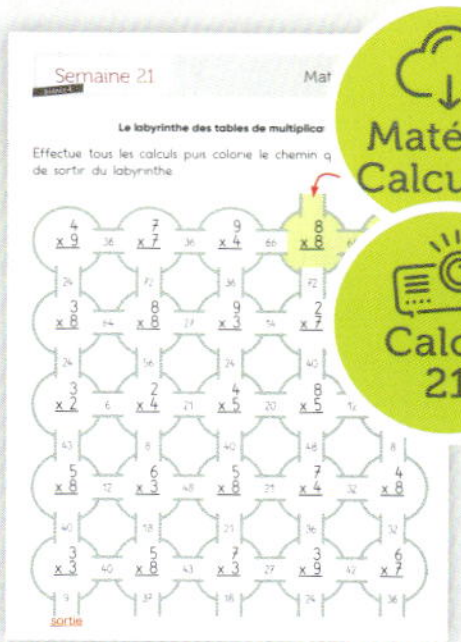

Matériel Calcul 21

Calcul 21

Calcul@tice Les élèves travaillent en autonomie sur les ordinateurs de la classe

calculatice.ac-lille.fr > les exercices > Niveau CE2

- Tables x 6 x 7 x 8 x 9 : **Table attaque**
- Résoudre des problèmes avec la multiplication : **Le fil rouge**

45 min par semaine

Atelier problèmes
Résoudre des problèmes en plusieurs étapes mixant les opérations

Page 91
Atelier 21

CHERCHONS ENSEMBLE

Résous les problèmes.

Problème 1 Observe le dessin.
Pour préparer la fête de l'école, le directeur achète ces 5 caisses de jus de fruits.
Chaque bouteille de jus de fruits coute 2 €.
Combien doit-il payer ?

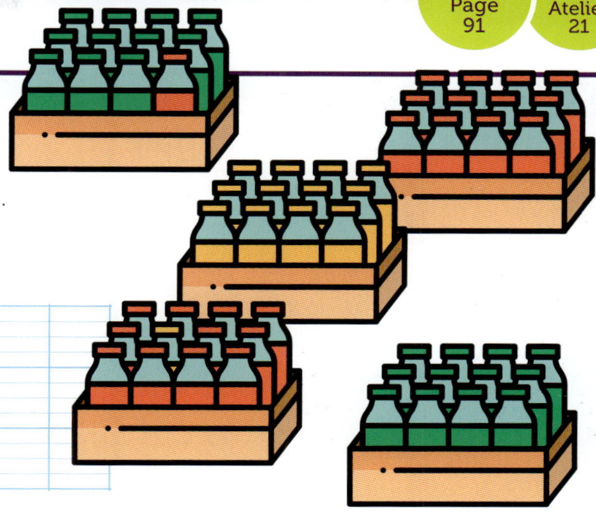

Problème 2 Cent-cinquante-huit personnes participeront à une sortie scolaire.
Le directeur réserve trois autocars de cinquante-cinq places.
Combien de places sont encore libres ?

JE CHERCHE

Résous les problèmes dans un cahier.
Commence par celui avec le symbole ✖ puis résous les problèmes de ton choix.

✖ Problème 3 Pour carreler sa salle de bain, Monsieur Petit devra poser 14 rangées de 12 carreaux.
Il a acheté 7 boites de 25 carreaux.
Aura-t-il assez de carreaux ?
Justifie ta réponse.

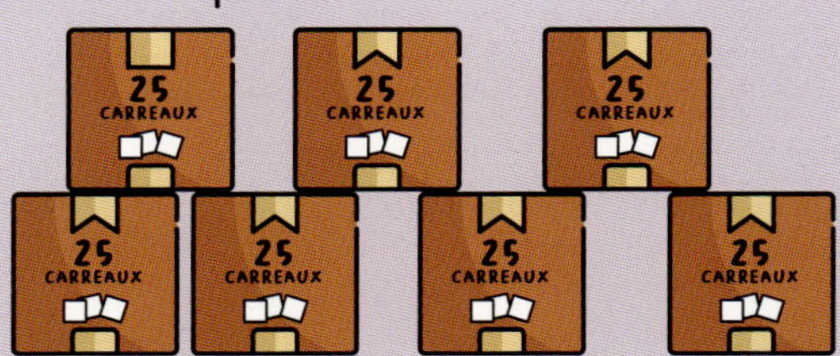

Problème 4 Madame Galibier achète un VTT électrique. Elle s'engage à payer un premier versement de 500 € puis 5 versements de 268 € chacun.
Quel est le prix de ce VTT ?

Problème 5 Un club de ski commande du matériel dans un catalogue.
Complète le bon de commande.

	Quantité	Prix unitaire en €	Prix total en €
Casque	30	24	....
Paire de skis	5	349	....
Paire de bâtons	6	38	....
		Total à payer	....

29 Diviser par un nombre à un chiffre

Séance 1 — 30 min

Découvrir la notion de multiple

→ CALCULER

Comprendre la notion de multiple.

MATÉRIEL ET SUPPORT
- Une image de grenouille verte (**Materiel29.pdf**, page 1 haut).
- Une demi-droite graduée vierge tracée au tableau.

DÉROULEMENT DE LA SÉANCE

❶ **Recherche** Résoudre un problème pour découvrir la notion de multiple.	10 min	**Expérimentation** Écrit individuel
❷ **Mise en commun** Inventorier les réponses et les procédures utilisées.	5 min	**Verbalisation** Oral collectif
❸ **Institutionnalisation** Comprendre la notion de multiple.	5 min	**Verbalisation** **Abstraction** Oral collectif
❹ **Entrainement** Calculer des quotients impliquant des multiples de 3.	10 min	**Expérimentation** Écrit individuel

❶ Recherche

Matériel 29

Présenter la demi-droite graduée vierge tracée au tableau et la grenouille verte en expliquant qu'elle fait des bonds réguliers sur la demi-droite graduée. Elle saute de 4 en 4 à partir de 0.

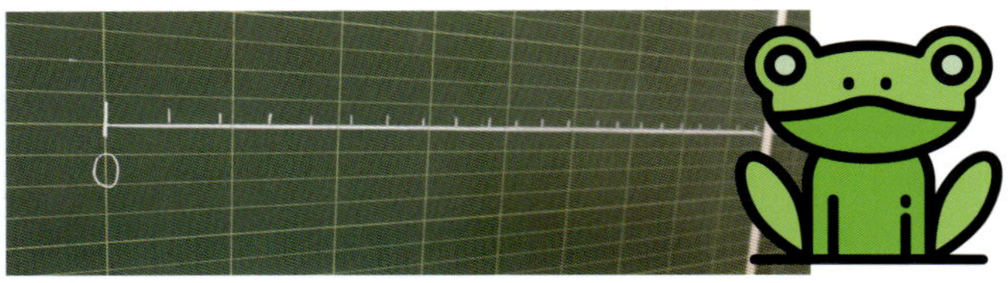

Écrire sous la dictée des élèves (au-dessous de chaque graduation de la demi-droite) la suite des nombres en comptant de 4 en 4 à partir de 0. Aller au moins jusqu'à 48 par exemple pour éviter que les élèves ne réduisent la notion de multiple de 4 aux produits de la table de multiplication de 4.

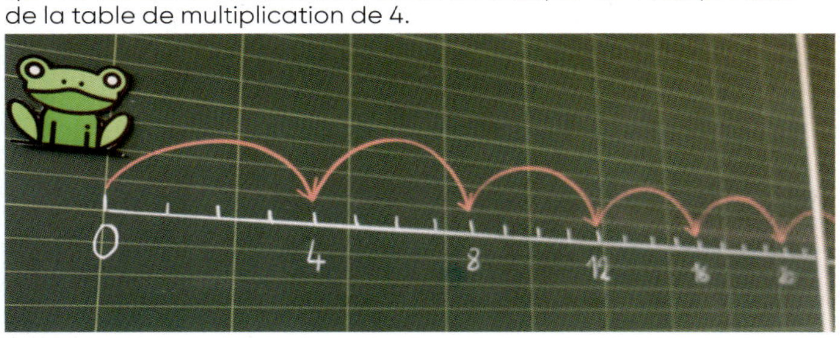

Au tableau, sous la demi-droite graduée, écrire les produits sous chaque multiple jusqu'à 48.

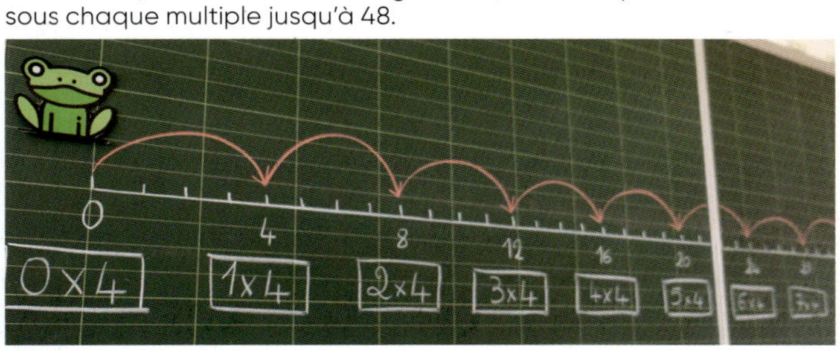

Expliquer que la grenouille verte (qui saute de 4 en 4) voudrait bondir en partant de 0 et se poser exactement sur la graduation (le trait) du nombre 92.

Est-ce possible ? Si oui, en combien de sauts ?

Procédures possibles
- Compter de 4 en 4 jusqu'à 92.
- Utiliser l'addition réitérée (fastidieux).
- Utiliser la multiplication en prenant appui sur des résultats connus : *« 10 x 4, c'est 40 donc 20 x 4, c'est 80. Pour aller jusqu'à 92, il faut encore 12 c'est-à-dire 3 x 4. Il faut donc 23 x 4 pour aller jusqu'à 92. »*

❷ Mise en commun

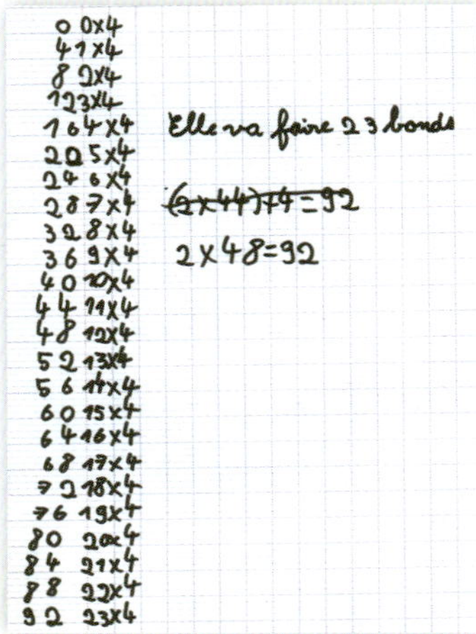

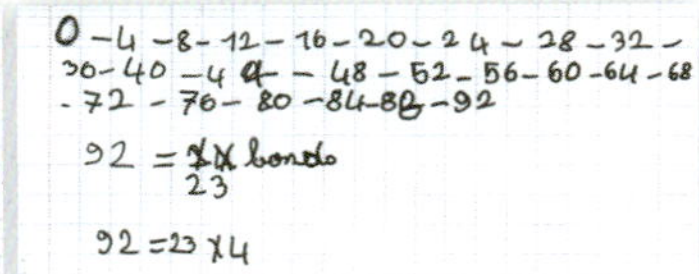

La majorité des élèves a établi une liste des multiples de 4 jusqu'à 92.

Lors de la synthèse, faire le lien entre la division **92 : 4 = ?** et la recherche d'un des facteurs du produit : **? x 4 = 92** ou **4 x ? = 92**
« Dans 92, combien de fois 4 ? »

« Il faut chercher combien il y a de fois 4 dans 92. »
92 : 4 (verbaliser *« 92 divisé par 4 »*) revient à chercher combien il y a de fois 4 dans 92.
? x 4 = 92 ou **4 x ? = 92**

Faire constater et verbaliser que compter de 4 en 4 ou utiliser l'addition est long et fastidieux. Il est plus rapide d'utiliser les résultats de la table : 10 sauts de 4 (10 fois 4) pour aller jusqu'à 40, puis encore 10 sauts de 4 (10 fois 4) pour aller jusqu'à 80 puis encore 3 sauts de 4 (3 fois 4) pour aller jusqu'à 92.

Faire un schéma au tableau :

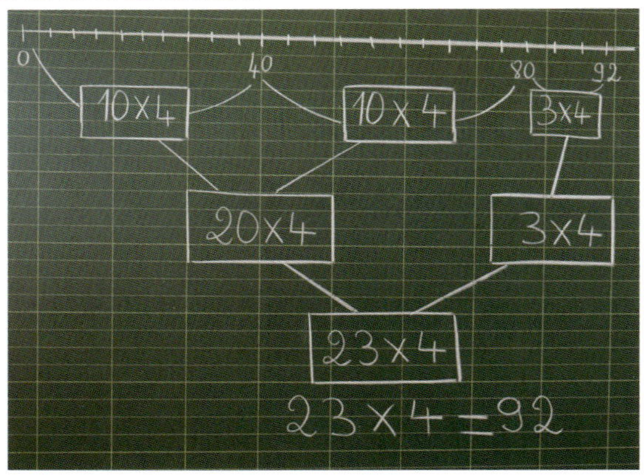

Verbaliser que « dans 80, il y a 20 fois 4 et dans 12, il y a 3 fois 4, donc dans 92, il y 20 + 3 = 23 fois 4 ».

❸ Institutionnalisation

Dans 92, il y a 23 fois 4. Écrire au tableau 92 : 4 = 23.
Verbaliser : « 92 divisé par 4 égale 23 ».
Expliquer que : est le signe de la division.
Le quotient est le résultat de la division. 23 est le quotient.
Vérifier ensuite que 23 x 4 = 92.
Expliquer que 92 est un multiple de 4.
Demander aux élèves de donner d'autres multiples de 4.
Énoncer la liste de 15 premiers multiples de 4.
Un nombre (entier) est un multiple d'un deuxième nombre (entier) s'il est dans la table de multiplication de ce deuxième nombre ou dans le prolongement de la table.
Exemples 32 est un multiple de 4 car 8 x 4 = 32, 52 est un multiple de 4 car 13 x 4 = 52, 400 est un multiple de 4 car 100 x 4 = 400, 408 est un multiple de 4 car 102 x 4 = 108.

❹ Entrainement

Avec les multiples de 3

a) Maintenant la grenouille fait des sauts réguliers de 3 en 3 en partant de 0.
Peut-elle atteindre le nombre 27 ? En combien de sauts ?
27 est-il dans la table de 3 ?

Correction Écrire 27 : 3 = 9 et verbaliser : « 27 divisé par 3 égale 9 » et vérifier avec la multiplication 9 x 3 = 27.

Peut-elle atteindre le nombre 39 et en combien de sauts ?
39 est-il dans la table de 3 *élargie* ?

Peut-elle atteindre le nombre 42 et en combien de sauts ?

Peut-elle atteindre le nombre 66 et en combien de sauts ?

b) Énoncer oralement les 12 premiers multiples de 3.

Séance 2 — 30 min

Calculer le quotient et le reste dans une division par 3, 4, 5 ou 10

→ CALCULER

Utiliser les tables de multiplications pour calculer le quotient et le reste dans une division par 3, 4, 5 ou 10.

MATÉRIEL ET SUPPORT
- Une image de grenouille bleue (**Materiel29.pdf**, page 1 bas)
- Une demi-droite graduée vierge tracée au tableau.
- La feuille d'entrainement (**Materiel29.pdf**, page 2).

DÉROULEMENT DE LA SÉANCE

❶ **Recherche** Obtenir le quotient et le reste lors d'une division du type 23 divisé par 5.	10 min	**Expérimentation** Écrit individuel
❷ **Entrainement** Calculer des quotients en utilisant les résultats de la table de multiplication par 5.	15 min	**Abstraction** Écrit individuel
❸ **Institutionnalisation** Établir ce qu'il faut retenir.	5 min	**Verbalisation Abstraction** Oral collectif

❶ Recherche

Matériel 29

Problème 1
La grenouille saute de 5 en 5 sur la demi-droite graduée.
Peut-elle arriver sur le nombre 20 ? Si oui, en combien de sauts ?

Mise en commun
Cela revient à chercher ? x 5 = 20 ou 5 x ? = 20.
C'est pareil que chercher *« dans 20 combien de fois 5 ? »*
Cela revient à calculer 20 divisé par 5 20 : 5 = ?
20 est dans la table de 5, c'est 4 x 5 = 20.

Écrire 20 : 5 = 4 car c'est une division exacte et faire vérifier avec la multiplication 4 x 5 = 20.

4 est le résultat de la division, on dit que c'est le quotient.
Le quotient est le résultat d'une division.

Problème 2
La grenouille saute de 5 en 5 sur la demi-droite graduée.
Peut-elle arriver sur le nombre 38 ? Si oui, en combien de sauts ?

Prend appui sur sa connaissance des multiples de 5.

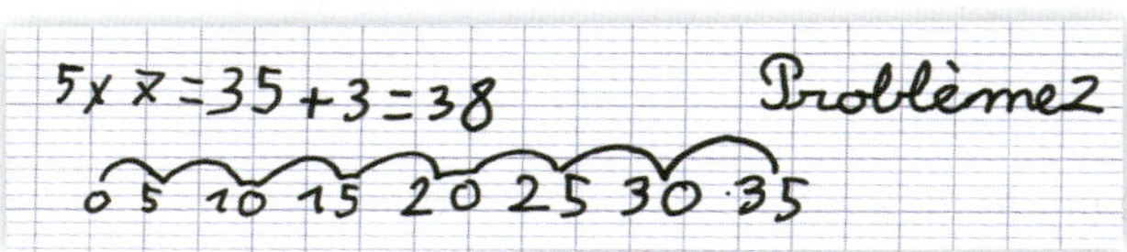

Calcule le quotient et le reste de la division de 38 par 5 en utilisant la connaissance de la table de x 5.
Une erreur dans l'écriture du calcul que l'enseignant aide à réécrire 38 = (7 x 5) + 3.

Mise en commun
Tracer la demi-droite graduée au tableau et placer les multiples de 5 et le nombre 38.

Faire constater que la grenouille peut aller sur les multiples proches de 38, à savoir 35 et 40 mais pas sur 38.

Faire verbaliser et écrire qu'on peut encadrer le nombre 38 par les multiples de 5 les plus proches : 38 est plus grand que 7 x 5 et plus petit que 8 x 5.

35 < 38 < 40
7 x 5 < 38 < 8 x 5

Écrire 38 = (7 x 5) + 3.

❷ Entrainement

En s'aidant de la demi-droite graduée tracée au tableau avec les multiples de 5, compléter les calculs de **Materiel29.pdf**, page 2.

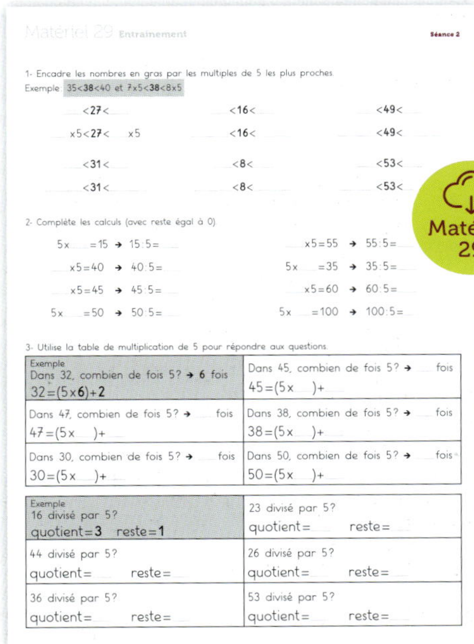

Matériel 29 Entrainement — Séance 2

1- Encadre les nombres en gras par les multiples de 5 les plus proches.
Exemple : 35<**38**<40 et 7x5<**38**<8x5

…<**27**<… …<**16**<… …<**49**<…
…x5<**27**<…x5 …<**16**<… …<**49**<…
…<**31**<… …<**8**<… …<**53**<…
…<**31**<… …<**8**<… …<**53**<…

2- Complète les calculs (avec reste égal à 0).

5x… =15 → 15 : 5 = … …x5 = 55 → 55 : 5 = …
…x5 = 40 → 40 : 5 = … 5x… = 35 → 35 : 5 = …
…x5 = 45 → 45 : 5 = … …x5 = 60 → 60 : 5 = …
5x… = 50 → 50 : 5 = … 5x… = 100 → 100 : 5 = …

3- Utilise la table de multiplication de 5 pour répondre aux questions.

Exemple Dans 32, combien de fois 5 ? → **6** fois 32 = (5 x **6**) + **2**	Dans 45, combien de fois 5 ? → … fois 45 = (5 x …) + …
Dans 47, combien de fois 5 ? → … fois 47 = (5 x …) + …	Dans 38, combien de fois 5 ? → … fois 38 = (5 x …) + …
Dans 30, combien de fois 5 ? → … fois 30 = (5 x …) + …	Dans 50, combien de fois 5 ? → … fois 50 = (5 x …) + …

Exemple 16 divisé par 5 ? quotient = **3** reste = **1**	23 divisé par 5 ? quotient = … reste = …
44 divisé par 5 ? quotient = … reste = …	26 divisé par 5 ? quotient = … reste = …
36 divisé par 5 ? quotient = … reste = …	53 divisé par 5 ? quotient = … reste = …

Matériel 29

❸ Institutionnalisation

Diviser un nombre par 5
- Combien de fois 5 dans 23 ?
  23 = (4 x 5) + 3
  Dans 23, il a 4 fois 5 et il reste 3.
  Dans la division de 23 par 5, le quotient est 4 et le reste est 3.
- Dans 45, combien de fois 5 ?
  45 = (9 x 5) + 0
  Dans 45, il y a 9 fois 5 et il reste 0.
  La division est exacte. 9 est le quotient de la division de 45 par 5.
  C'est un quotient exact car le reste est égal à 0.
  On peut écrire 45 : 5 = 9.
  45 divisé par 5 égale 9.

Les multiples de 5
Énoncer la liste des 12 premiers multiples de 5.
« Comment reconnaitre les multiples de 5 ? »
Remarquer que les multiples de 5 se terminent par 0 ou 5.
Demander si les nombres suivants sont des multiples de 5 et justifier en utilisant la multiplication :
80 ? 95 ? 100 ? 120 ? 165 ? 875 ? 1000 ? 5000 ? 2500 ? 3405 ?

29 Diviser par un nombre à un chiffre

Séance 3 — 30 min

Calculer le quotient et le reste dans une division par 10

→ CALCULER

Utiliser les tables de multiplications pour calculer le quotient et le reste dans une division par 10.

DÉROULEMENT DE LA SÉANCE		
1 Renforcement Reconnaitre les multiples de 10.	10 min	Verbalisation Oral collectif
2 Entrainement Diviser par un nombre à un chiffre et par 10.	20 min	Verbalisation Représentation Oral collectif Écrit individuel

1 Renforcement

Énoncer la liste des 16 premiers multiples de 10.

« Comment reconnaitre les multiples de 10 ? »

Faire remarquer que les multiples de 10 se terminent par le chiffre 0.

Demander si les nombres suivants sont des multiples de 10 et faire justifier en utilisant la multiplication :

690 ? 508 ? 970 ? 1000 ? 1060 ? 8740 ? 5000 ? 2500 ?

2 Entrainement

Les élèves font individuellement les exercices 1 à 3 du cahier de l'élève *Maths au CE2*.

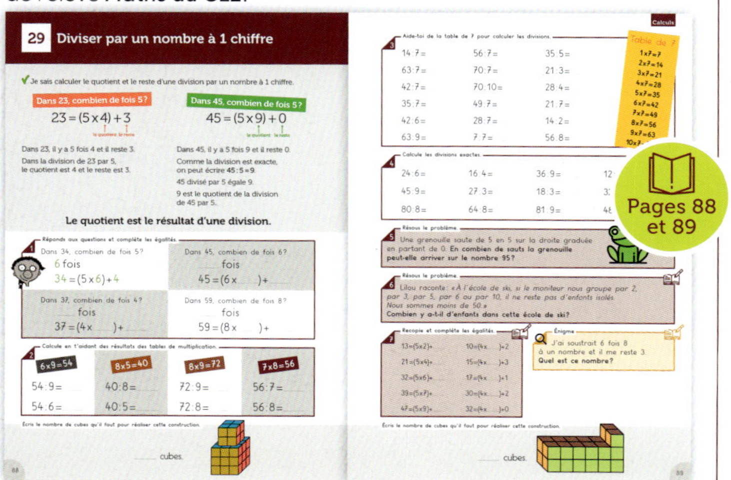

Séance 4 — 30 min

Bilan des apprentissages

Les élèves font individuellement les exercices 4 à 7 du cahier de l'élève *Maths au CE2*.
(Ils répondent aux exercices 5 à 7 dans un autre cahier.)

Calculs

3 Aide-toi de la table de 7 pour calculer les divisions.

14 : 7 =	56 : 7 =	35 : 5 =
63 : 7 =	70 : 7 =	21 : 3 =
42 : 7 =	70 : 10 =	28 : 4 =
35 : 7 =	49 : 7 =	21 : 7 =
42 : 6 =	28 : 7 =	14 : 2 =
63 : 9 =	7 : 7 =	56 : 8 =

Table de 7
1x7=7
2x7=14
3x7=21
4x7=28
5x7=35
6x7=42
7x7=49
8x7=56
9x7=63
10x7=70

4 Calcule les divisions exactes.

24 : 6 =	16 : 4 =	36 : 9 =	12 : 3 =
45 : 9 =	27 : 3 =	18 : 3 =	32 : 4 =
80 : 8 =	64 : 8 =	81 : 9 =	48 : 6 =

Page 89

5 Résous le problème.
Une grenouille saute de 5 en 5 sur la droite graduée en partant de 0. **En combien de sauts la grenouille peut-elle arriver sur le nombre 95 ?**

6 Résous le problème.
Lilou raconte : *« À l'école de ski, si le moniteur nous groupe par 2, par 3, par 5, par 6 ou par 10, il ne reste pas d'enfants isolés. Nous sommes moins de 50. »*
Combien y a-t-il d'enfants dans cette école de ski ?

7 Recopie et complète les égalités.

13=(5x2)+	10=(4x …)+2
21=(5x4)+	15=(4x …)+3
32=(5x6)+	17=(4x …)+1
39=(5x7)+	30=(4x …)+2
47=(5x9)+	32=(4x …)+0

Énigme
J'ai soustrait 6 fois 8 à un nombre et il me reste 3.
Quel est ce nombre ?

Écris le nombre de cubes qu'il faut pour réaliser cette construction.

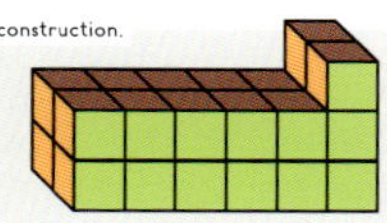

…… cubes.

89

Période 4

Nombres	Calculs	Résolution de problèmes	Grandeurs et mesures	Espace et Géométrie	Apprendre à chercher*

*Pas de séquences spécifiques pour **Apprendre à chercher**.
Les énigmes du cahier de l'élève ***Maths au CE2*** permettent de développer les capacités à chercher.

ORGANISATION DE LA PÉRIODE 4

Organisation 4

Annexe 2

Les principaux apprentissages de la période 4

Calculs	**Calcul mental** • Les tables de multiplication : la table de Pythagore • Estimer la vraisemblance d'un résultat • Calculer avec les diviseurs de 100, de 1000 • Calculer le quotient et le reste d'une division euclidienne par un nombre à un chiffre, par 25, 50 et 100 • Soustraire des dizaines entières, des centaines entières, des milliers entiers à un nombre de 4 chiffres
	Calcul en ligne • Diviser en ligne
Résolution de problèmes	Résoudre des problèmes multiplicatifs à une ou deux étapes Se poser des questions à partir d'un ensemble de données Résoudre des problèmes de partage et de groupement
Grandeurs et mesures	Lire l'heure Mesurer des longueurs : le kilomètre
Espace et Géométrie	Construire un triangle rectangle Reconnaitre et utiliser la notion de symétrie Construire un carré

Le plan de travail de la période 4

	Calcul mental 1 séance de 15 min/jour	Séquences d'apprentissage séances de 30 et 45 min			Atelier problèmes 1 atelier de 45 min/semaine
Semaine 22	- Comprendre le fonctionnement de la table de Pythagore. - Calculer avec les diviseurs de 100.	30	COMPRENDRE LE SENS DE LA DIVISION (2)	Séances 1 2 3	Résoudre des problèmes multiplicatifs à une ou deux étapes.
		31	DIVISER EN LIGNE	Séances 1 2 3 4	
Semaine 23	- Comprendre le fonctionnement de la table de Pythagore. - Calculer avec les diviseurs de 1000.	32	CONSTRUIRE UN TRIANGLE RECTANGLE	Séances 1 2 3	Résoudre des problèmes multiplicatifs à une ou deux étapes.
Semaine 24	- Estimer un ordre de grandeur pour vérifier la vraisemblance d'un résultat. - Obtenir le quotient et le reste d'une division euclidienne par un nombre à un chiffre.	33	RECONNAITRE ET UTILISER LA NOTION DE SYMÉTRIE	Séances 1 2 3	Se poser des questions à partir d'un ensemble de données.
		34	LIRE L'HEURE (1)	Séances 1 2 3	
Semaine 25	- Estimer un ordre de grandeur pour vérifier la vraisemblance d'un résultat. - Calculer le quotient et le reste d'une division euclidienne par 25, par 50 et par 100.	35	LIRE L'HEURE (2)	Séances 1 2	Se poser des questions à partir d'un ensemble de données.
		36	CONSTRUIRE UN CARRÉ	Séances 1 2 3 4	
Semaine 26	- Estimer un ordre de grandeur pour vérifier la vraisemblance d'un résultat. - Soustraire des dizaines entières, des centaines entières, des milliers entiers à un nombre de 4 chiffres.	37	IDENTIFIER LES NOMBRES PAIRS ET LES NOMBRES IMPAIRS	Séances 1 2 3	Résoudre des problèmes de partage et de groupement.
Semaine 27	- Consolider l'utilisation de la réciprocité de l'addition et de la soustraction. - Connaitre les tables de multiplication.	38	MESURER DES LONGUEURS : LE KILOMÈTRE	Séances 1 2 3	Résoudre des problèmes de partage et de groupement.
		P4	JE RÉVISE		
			BILAN DES APPRENTISSAGES **Période 4**		

Cette progression présente les apprentissages visés au cours de la période. Chaque séance de 15 minutes se répartit en deux ou trois temps consacrés, selon le cas, à la numération, aux faits numériques et/ou aux procédures de calcul mental.

Progression 4Calcul

Annexe 2

	Objectifs	Exemples d'activités
Semaine 22	**Numération** Arrondir un nombre à la dizaine ou la centaine près.	Expliquer à l'aide d'une droite graduée. ***« Quelle est la dizaine la plus proche de 243 ? »*** (240) ***« Quelle est la centaine la plus proche de 243 ? »*** (200) Connaitre les carrés.
	Faits numériques Connaitre les tables de multiplication : la table de Pythagore.	Écrire le nombre de carreaux du quadrillage vidéoprojeté (animation **Calcul 22**) : 3x3 = 9. Remarquer que c'est un carré. Expliquer qu'on dit que ***« 9 est le carré du nombre 3 »***. Chercher et repérer d'autres résultats de la table de Pythagore qui sont des carrés. Remarquer qu'ils sont disposés sur une diagonale.
Semaine 23	**Numération** Arrondir un nombre à la dizaine ou la centaine près.	Expliquer à l'aide d'une droite graduée. ***« Quelle est la dizaine la plus proche de 4 562 ? »*** (4 560) ***« Quelle est la centaine la plus proche de 4 562 ? »*** (4 600)
	Faits numériques Connaitre les tables de multiplication : la table de Pythagore.	Chercher le plus de manières possibles de décomposer les nombres proposés sous la forme de produits. Repérer ces résultats sur la table. Chercher dans un cahier tous les produits égaux à 12 en complétant l'égalité **... x ... = 12**. *Solutions* **12 x 1 1 x 12 2 x 6 6 x 2 3 x 4 4 x 3** Relancer la recherche avec **... x ... = 18** puis **... x ... = 24**.
Semaine 24	**Procédures de calcul mental** Estimer la grandeur d'un résultat. Calculer le quotient et le reste d'une division euclidienne par un nombre à un chiffre.	Écrire le calcul à effectuer pour trouver la valeur approchée de la somme à payer (animation **Calcul 24**). *« Une fleuriste veut préparer des bouquets de 10 roses. Elle a reçu une livraison de 123 roses.* ***Combien de bouquets peut-elle préparer ? Combien lui restera-t-il de roses ? »*** *« Lilou a rangé 40 autocollants dans 5 enveloppes.* ***Combien d'autocollants y a-t-il dans chaque enveloppe ? »***
Semaine 25	**Procédures de calcul mental** Estimer un ordre de grandeur pour vérifier la vraisemblance d'un résultat. Calculer le quotient et le reste d'une division euclidienne par 25, 50 et 100.	Estimer le résultat le plus approchant de l'opération proposée par l'animation **Calcul 25** en choisissant parmi 3 réponses. *« Un nageur a parcouru 275 mètres dans un bassin de 50 mètres de long.* ***Combien de longueurs de 50 mètres a-t-il effectuées ? »*** Poser le même problème avec les distances **238 m, 450 m, 806 m, 954 m, 580 m, 1000 m, 2 300 m.** Utiliser le symbole : si c'est une division exacte, par exemple 450 : 50 = 9.
Semaine 26	**Procédures de calcul mental** Estimer un ordre de grandeur pour vérifier la vraisemblance d'un résultat. Soustraire des dizaines entières, des centaines entières, des milliers entiers à un nombre de 4 chiffres.	Estimer le résultat le plus approchant de l'opération proposée par l'animation **Calcul 26** en choisissant parmi 3 réponses. Répondre à 8 calculs proposés un à un oralement sans contrainte de temps. **9 000 – 3 000 = ? 10 000 – 36 000 = ?** **Combien faut-il ajouter à 8 000 pour avoir 10 000 ? 7 000 – 3 000 = ?** **Combien faut-il ajouter à 3 000 pour avoir 8 000 ? 5 000 – 4 000 = ?** **Combien faut-il ajouter à 2 000 pour avoir 9 000 ? 10 000 – 1 000 = ?** ***Procédure visée*** **9 000 – 3 000**, c'est 9 milliers moins 3 milliers donc 6 milliers.
Semaine 27	**Procédures de calcul mental** Consolider l'utilisation de la réciprocité de l'addition et de la soustraction.	Lire le texte de l'animation **Calcul 27** : *« Je pense à un nombre, je lui ajoute 9, j'obtiens 100.* ***Quel est ce nombre ? »***. Verbaliser qu'il suffit d'enlever 9 au nombre obtenu pour trouver le nombre pensé ou encore enlever 10 puis ajouter 1.
	Faits numériques Connaitre les tables de multiplication.	Aller sur le site **Calcul@tice** puis Niveau CE2 - Tables x6 x7 x8 x9 **Jeu 1** Table attaque Dans ce jeu de rapidité, les élèves doivent écrire le résultat des calculs écrits sur des extraterrestres avant que ceux-ci atterrissent sur le sol.

15 min par jour

Calcul mental

- Comprendre le fonctionnement de la table de Pythagore.
- Calculer avec les diviseurs de 100.

Séance 1

Calcul 22

❶ Dizaine la plus proche et centaine la plus proche — 1 min

Les élèves répondent sur l'ardoise et expliquent à l'aide d'une droite graduée. ***« Quelle est la dizaine la plus proche de 243 ? » (240)***
« Quelle est la centaine la plus proche de 243 ? » (200)

❷ Calculs avec les diviseurs de 100 : réactivation — 4 min

Proposer les calculs de l'animation **Calcul 22** sans contrainte de temps. Les élèves répondent sur l'ardoise.

Calculs proposés **25 + 25 = ?** **25 + 50 = ?** **2 x 25 = ?** **100 − 25 = ?** **75 + 25 = ?** **4 x 25 = ?** **4 x 50 = ?**

❸ Multiplication : la table de Pythagore — 10 min

Présenter la table de Pythagore à l'aide de l'animation **Calcul 22**.

Raconter que Pythagore aurait été un mathématicien, philosophe et astronome de la Grèce antique. Les historiens ont encore des doutes sur son existence et pensent que son nom serait en fait en lien avec une communauté de savants.

Expliquer que la table de Pythagore permet de réunir tous les résultats des tables de multiplication sur un seul document.

x	1	2	3	4	5	6	7	8	9	10
1	1	2	3	4	5	6	7	8	9	10
2	2	4	6	8	10	12	14	16	18	20
3	3	6	9	12	15	18	21	24	27	30
4	4	8	12	16	20	24	28	32	36	40
5	5	10	15	20	25	30	35	40	45	50
6	6	12	18	24	30	36	42	48	54	60
7	7	14	21	28	35	42	49	56	63	70
8	8	16	24	32	40	48	56	64	72	80
9	9	18	27	36	45	54	63	72	81	90
10	10	20	30	40	50	60	70	80	90	100

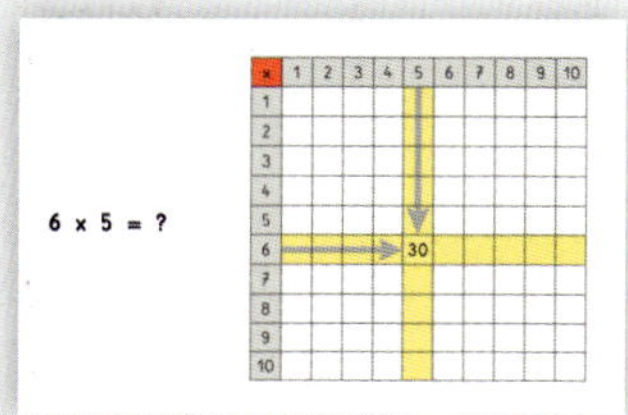

Demander à des élèves de venir montrer la case où se trouve le résultat de 6 x 5. Comprendre que cette case correspond au produit des deux facteurs placés en tête de colonne et en tête de ligne. Repérer la ligne et la colonne concernées.

Comprendre qu'on obtient deux résultats de la table de multiplication avec cette case : 6 x 5 et 5 x 6.

Demander ensuite de repérer les cases où se trouvent les résultats de **8 x 9**, **4 x 1**, **7 x 7** et **10 x 6**.

Séance 2

❶ Dizaine la plus proche et centaine la plus proche — 1 min

Les élèves répondent sur l'ardoise et expliquent à l'aide d'une droite graduée. ***« Quelle est la dizaine la plus proche de 789 ? » (790)***
« Quelle est la centaine la plus proche de 789 ? » (800)

❷ Calculs avec les diviseurs de 100 : réactivation — 4 min

Proposer les calculs de l'animation **Calcul 22** sans contrainte de temps. Les élèves répondent sur l'ardoise.

Calculs proposés **4 x 20 = ?** **100 − 75 = ?** **3 x 25 = ?** **125 + 50 = ?** **2 x 75 = ?** **4 x 75 = ?** **5 x 50 = ?**

❸ Multiplication : la table de Pythagore — 10 min

À l'aide de l'animation **Calcul 22**, faire écrire sur l'ardoise le résultat qui est caché derrière le parapluie puis derrière les autres images.

Calcul 22

Séance 3

Calcul 22

❶ Dizaine la plus proche et centaine la plus proche — 1 min

Les élèves répondent sur l'ardoise et expliquent à l'aide d'une droite graduée. ***« Quelle est la dizaine la plus proche de 3 566 ? » (3 570)***
« Quelle est la centaine la plus proche de 3 566 ? » (3 600)

❷ Calculs avec les diviseurs de 100 : entrainement — 4 min

Proposer les calculs de l'animation **Calcul 22** sans contrainte de temps. Les élèves répondent dans un cahier.

❸ Multiplication : la table de Pythagore — 10 min

Faire observer les résultats qu'affiche successivement l'animation **Calcul 22**. Faire verbaliser les différentes observations.

Multiplier par 0 *« Lorsque l'on multiplie par 0, on obtient toujours 0 comme résultat. »*
Multiplier par 1 *« Lorsque l'on multiplie un nombre par 1, on obtient ce nombre comme résultat. »*
Multiplier par 2 *« Lorsque l'on multiplie un nombre par 2, on obtient le double de ce nombre. On peut trouver chaque résultat en ajoutant 2 au résultat précédent. »*

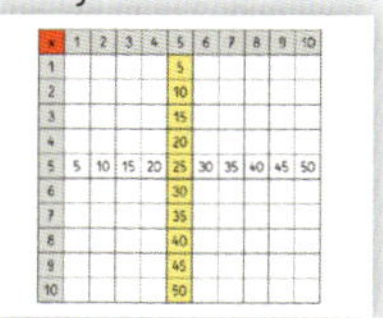

Multiplier par 5 Faire observer le chiffre des unités de tous ces résultats pour remarquer : *« Lorsqu'on multiplie un nombre par 5, on obtient un nombre dont le chiffre des unités est 0 ou 5. On peut trouver chaque résultat en ajoutant 5 au résultat précédent. »*

Multiplier par 9 Faire calculer la somme du chiffre des unités et du chiffre des dizaines de chaque résultat pour remarquer : *« Les résultats de la table de 9 ont une particularité : si on additionne le chiffre des unités avec le chiffre des dizaines, on obtient toujours 9. Par exemple, 3 x 9 = 27, 2 + 7 = 9. »*

Séance 4

❶ Dizaine la plus proche et centaine la plus proche — 1 min

Les élèves répondent sur l'ardoise et expliquent à l'aide d'une droite graduée. ***« Quelle est la dizaine la plus proche de 8 008 ? » (8 010)***
« Quelle est la centaine la plus proche de 8 008 ? » (8 000)

❷ Calculs avec les diviseurs de 100 : réinvestissement — 4 min

Faire résoudre sur l'ardoise les problèmes proposés oralement.

« Un coureur cycliste doit effectuer 250 km. Il a déjà parcouru 75 km. ***Quelle distance lui reste-t-il à parcourir ? »***

« Léonard a 25 ans. Son grand-père a trois fois son âge. ***Quel est l'âge de son grand-père ? »***

❸ Multiplication : la table de Pythagore — 10 min

Connaitre les carrés

Écrire le nombre de carreaux du quadrillage vidéoprojeté (animation **Calcul 22**) : 3 x 3 = 9. Remarquer que c'est un carré. Expliquer qu'on dit que *« 9 est le carré du nombre 3 »*. Chercher et repérer d'autres résultats de la table de Pythagore qui sont des carrés. Remarquer qu'ils sont disposés sur une diagonale.

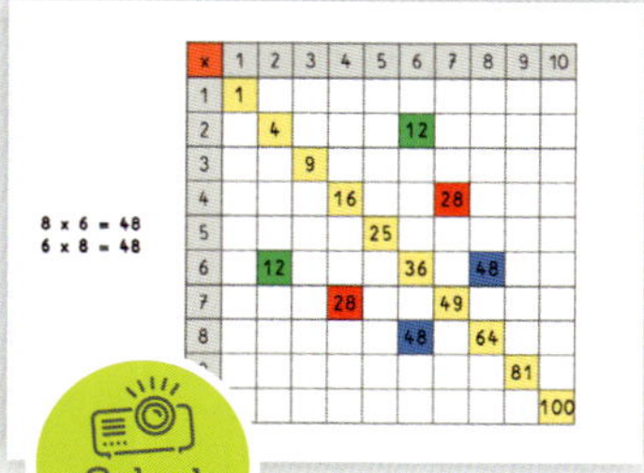

Calcul 22

Utiliser la commutativité

Demander ensuite de montrer la case où se trouve le résultat de 6 x 2.
Rappeler que si je connais 6 x 2, je connais aussi 2 x 6.
Constater qu'il y a une symétrie des cases avec ces résultats par rapport à la diagonale des carrés.

Calcul@tice Les élèves travaillent en autonomie sur les ordinateurs de la classe

calculatice.ac-lille.fr > les exercices > Niveau CE2

- Calculer en chaine : **La grenouille**
- Multiplier en ligne : **Découpage**

45 min par semaine

Atelier problèmes

Résoudre des problèmes multiplicatifs à une ou deux étapes

Atelier 22

CHERCHONS ENSEMBLE

Complète le schéma et résous le problème.

Problème 1 Pour le gouter d'anniversaire de Lilou, sa maman achète 3 gâteaux à 12 € l'un et 4 boites de ballons de baudruche à 7 € l'une.

Quel est le montant de sa dépense ?

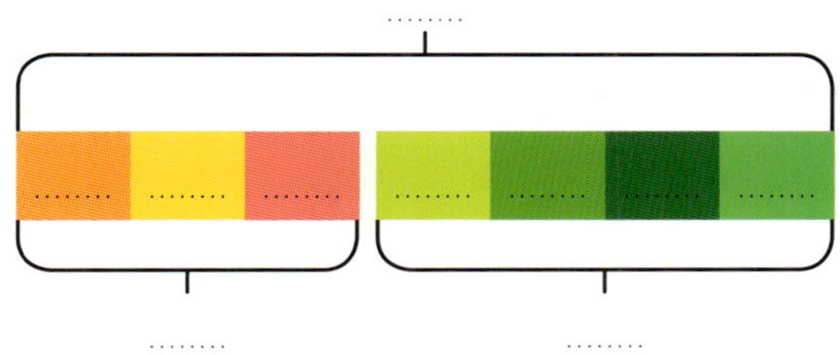

JE M'ENTRAINE

Résous les problèmes dans un cahier.

Commence par ceux avec le symbole ✖ puis résous les problèmes de ton choix. Essaie d'en résoudre le plus possible.

✖ Problème 2 Pour faire des crêpes, un cuisinier a utilisé 3 plateaux de 48 œufs et 7 boites de 12 œufs.

Combien d'œufs a-t-il utilisés ?

✖ Problème 3 Madame Mathieu, la maitresse de CE2, effectue la commande de cahiers pour la classe qu'elle aura l'année prochaine. Elle prévoit que ses élèves utiliseront 3 cahiers de français, 2 cahiers de mathématiques et 4 cahiers pour les autres disciplines.

Pour une classe de 28 élèves, combien de cahiers doit-elle commander ?

Problème 4 Un restaurant a acheté 3 boites de 12 œufs. Le cuisinier a utilisé 17 œufs pour préparer une crème au caramel.

Combien d'œufs reste-t-il ?

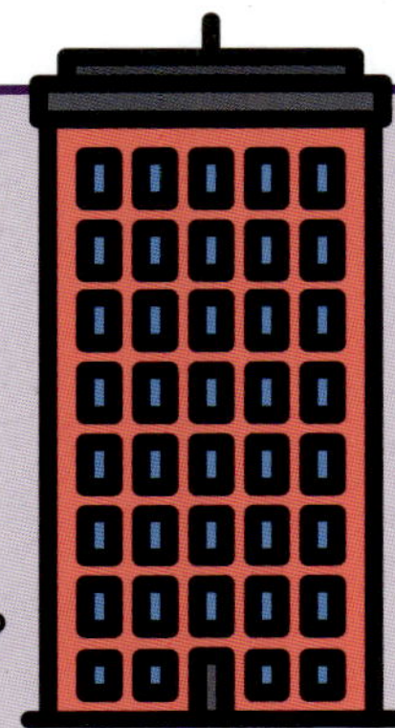

Problème 5 Un immeuble de 8 étages comprend 32 appartements.

Combien y a-t-il d'appartements par étage ?

Problème 6 Un producteur d'oranges a livré 37 caisses de 5 kg aux *Restaurants du cœur* afin qu'elles soient distribuées aux personnes qui en ont besoin.

Quelle masse d'oranges a-t-il livrée ?

Problème 7 Tom dit : *« Moi, je n'ai que des pièces de 2 € dans ma tirelire et cela me fait 27 pièces. »*
Leïla répond : *« Moi, je n'ai que des billets de 5 € et cela me fait 11 billets. »*
Lequel des deux enfants a le plus d'argent ? Explique ta réponse.

30 Comprendre le sens de la division (2)

Séance 1 — 30 min

Les images (1)

→ CHERCHER

Résoudre des problèmes de division : recherche de la valeur d'une part.

MATÉRIEL ET SUPPORT
- Des images (type images de bons points).
- Des enveloppes de trois formats : format A4 pour les paquets de 100 images, format A5 pour les paquets de 10 images, format le plus courant pour les unités.

DÉROULEMENT DE LA SÉANCE

❶ Appropriation du problème Comprendre le but à atteindre.	5 min	**Verbalisation** Oral collectif
❷ Recherche Partager en deux une collection de 268 images.	10 min	**Expérimentation** Écrit individuel
❸ Mise en commun Inventorier et confronter les procédures utilisées.	10 min	**Verbalisation Manipulation** Oral collectif
❹ Institutionnalisation Expliciter ce qu'il faut retenir.	5 min	**Verbalisation** Oral collectif

❶ Appropriation du problème

Présenter les enveloppes contenant les images, les afficher (ou les dessiner au tableau). Les nombres 100, 10 et 8 sont écrits sur les enveloppes comme ci-dessous.

2 enveloppes contenant chacune 100 images, 6 enveloppes contenant chacune 10 images, 1 enveloppe contenant 8 images.

Énoncer le problème à l'oral.

« Léo et Tom veulent se partager ces images. Chaque enfant doit recevoir le même nombre d'images. Chaque enfant doit recevoir le plus grand nombre possible d'images. Il doit donc rester le moins possible d'images. »

❷ Recherche

Le matériel est affiché (ou dessiné) au tableau, les élèves ne peuvent donc pas le manipuler pendant la recherche. Il sera utilisé pour validation.

❸ Mise en commun

Demander aux élèves d'expliciter leurs procédures.

Procédures observées

- Partage en deux le contenu de chaque enveloppe ce qui donne pour chaque enfant : 50 + 50 + 5 + 5 + 5 + 5 + 5 + 5 + 4.
- Recherche un nombre qui, additionné à lui-même, sera égal à 268 ce qui se traduit par ? + ? = 268.

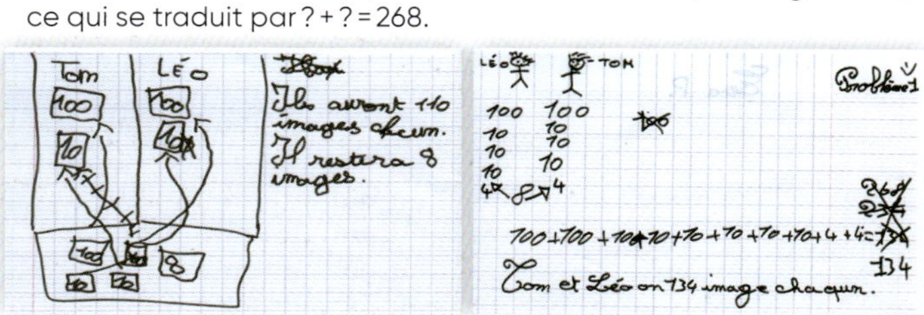

Simule une distribution entre les deux enfants : donne 100 images à chacun puis 10, puis encore 10… puis distribue les 8 images qui restent.

- Recherche un nombre qui, multiplié par 2, fait 268 : 2 x ? = 268 ou ? x 2 = 268

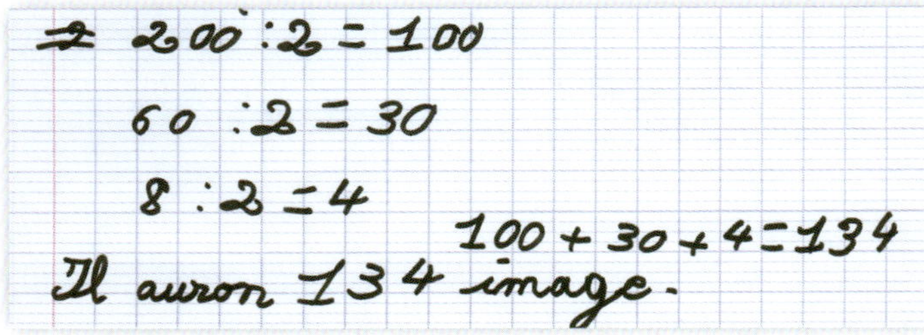

Partage en deux les centaines puis les dizaines puis les unités : 100 + 30 + 4.

Vérifier que les solutions proposées respectent les contraintes fixées.
Vérifier les réponses par le calcul 134 + 134 = 268 ou 2 x 134 = 268.
Valider avec le matériel lors d'une manipulation collective.

Faire un partage entre deux enfants en plusieurs étapes : d'abord 100 à chacun…

…puis partager les dizaines…

…et enfin partager les 8 unités.

On obtient 134 images pour chaque enfant.

❹ Institutionnalisation

Ce qu'il faut retenir

L'opération qui permet de trouver le résultat est une **division**.
Toutes les images peuvent être partagées, il ne reste pas d'image. On peut utiliser le signe **:** parce que la division est exacte, c'est une division qui tombe **juste**, le reste est nul.

268 : 2 = 134

Rappeler que le **quotient** est le résultat de la division.
Ce vocabulaire est utilisé par l'enseignant mais pas exigé au CE2.
Seule l'utilisation de ***divisé par*** est attendue :

« 268 divisé par 2 égale 134. »

On peut vérifier le résultat en effectuant une **multiplication** :

2 x 134 = 268.

Séance 2

45 min

Les images (2)

→ CALCULER

Calculer des quotients et des restes.

MATÉRIEL ET SUPPORT
- Matériel utilisé lors de la séance 1.

DÉROULEMENT DE LA SÉANCE

❶ **Recherche** Partager en 4 une collection de 87 images.	10 min	**Expérimentation** Écrit individuel
❷ **Mise en commun** Inventorier et confronter les procédures utilisées.	10 min	**Verbalisation** Oral collectif
❸ **Institutionnalisation** Expliciter ce qu'il faut retenir.	5 min	**Abstraction** Oral collectif
❹ **Entrainement** Résoudre des problèmes de partage.	20 min	**Expérimentation** Écrit individuel

❶ Recherche

Utiliser une démarche identique à celle de la séance 1.

« Louise, Fatou, Anna et Tom veulent se partager ces images.
Chaque enfant doit recevoir le même nombre d'images.
Chaque enfant doit recevoir le plus possible d'images.
Il doit donc rester le moins d'images possible. »

❷ Mise en commun

Demander aux élèves d'expliciter leurs procédures.

Procédures observées

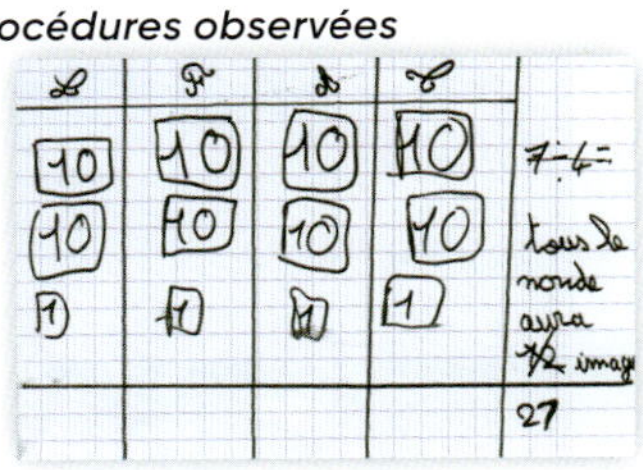

Simule une distribution entre les 4 enfants.

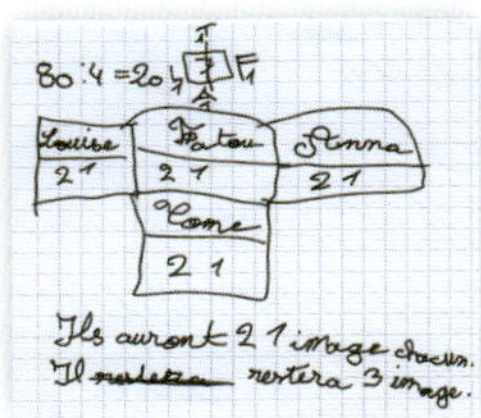

Partage en quatre les 80 images puis les 7 images.

Vérifier que les solutions proposées respectent les contraintes fixées.
Vérifier les réponses par le calcul : 21 + 21 + 21 + 21 + 3 = 87
Puis écrire : (21 x 4) + 3 = 87.

Conclure et vérifier avec le matériel que chaque enfant reçoit 21 images et qu'il reste 3 images. Valider avec le matériel, effectuer le partage entre 4 enfants en plusieurs étapes.

❸ Institutionnalisation

Ce qu'il faut retenir

C'est une division avec reste. On ne peut pas écrire 87 : 4 car cette division n'est pas exacte, elle ne tombe pas juste, il y a un reste. On peut vérifier le résultat avec une multiplication et une addition : 87 = (21 x 4) + 3.

Dans la division de 87 par 4, le quotient est égal à 21 et le reste à 3.
Le quotient est 21 donc chaque enfant reçoit 21 images.
Le quotient, c'est le résultat de la division. Le reste est plus petit que 4 donc on ne peut plus partager les images qui restent (car on ne veut pas découper les images !).

Pour que les parts de chaque enfant soient les plus grandes possibles, on ne s'arrête que lorsque le nombre d'objets qu'il reste à partager ou à distribuer est plus petit que le nombre d'enfants, autrement dit lorsque le reste est plus petit que le diviseur.

❹ Entrainement

Proposer les exercices de **ExoSup30.pdf**, page 1.

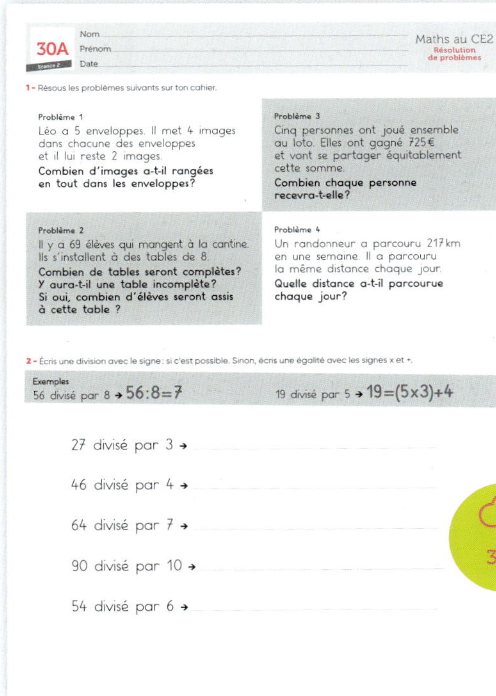

30A Séance 2 — Nom — Prénom — Date — Maths au CE2 — Résolution de problèmes

1 - Résous les problèmes suivants sur ton cahier.

Problème 1
Léo a 5 enveloppes. Il met 4 images dans chacune des enveloppes et il lui reste 2 images.
Combien d'images a-t-il rangées en tout dans les enveloppes ?

Problème 3
Cinq personnes ont joué ensemble au loto. Elles ont gagné 725 € et vont se partager équitablement cette somme.
Combien chaque personne recevra-t-elle ?

Problème 2
Il y a 69 élèves qui mangent à la cantine. Ils s'installent à des tables de 8.
Combien de tables seront complètes ? Y aura-t-il une table incomplète ? Si oui, combien d'élèves seront assis à cette table ?

Problème 4
Un randonneur a parcouru 217 km en une semaine. Il a parcouru la même distance chaque jour.
Quelle distance a-t-il parcourue chaque jour ?

2 - Écris une division avec le signe : si c'est possible. Sinon, écris une égalité avec les signes x et +.

Exemples
56 divisé par 8 → 56 : 8 = 7
19 divisé par 5 → 19 = (5 x 3) + 4

27 divisé par 3 →
46 divisé par 4 →
64 divisé par 7 →
90 divisé par 10 →
54 divisé par 6 →

30A

Séance 3

30 min

Bilan de la séquence

Les élèves font individuellement les exercices 1 à 8 du cahier de l'élève *Maths au CE2*.
(Ils font les exercices 6 à 8 dans un autre cahier.)

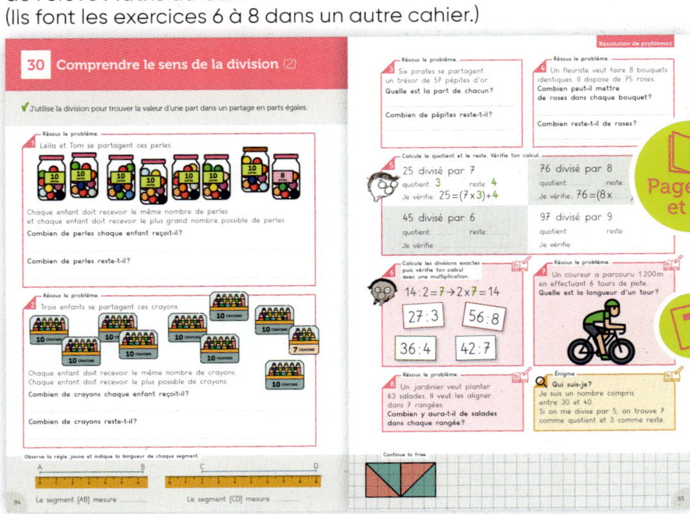

Pages 94 et 95

31 Diviser en ligne

Séance 1 — 30 min

Diviser par 2 en décomposant les nombres

→ **CALCULER**

Trouver le résultat d'une division par 2 d'un nombre de deux ou trois chiffres : quotient et reste.

MATÉRIEL ET SUPPORT
- La feuille de recherche **Materiel31.pdf**, page 1.

DÉROULEMENT DE LA SÉANCE

❶ **Recherche** Diviser par 2 un nombre de deux ou trois chiffres.	10 min	**Expérimentation** Écrit individuel
❷ **Mise en commun** Privilégier une procédure préparant au calcul posé.	10 min	**Verbalisation** Oral collectif
❸ **Entrainement** Calculer en ligne : diviser par 2.	10 min	**Abstraction** Écrit individuel

❶ Recherche

Matériel 31

Consigne « Vous allez effectuer les divisions demandées sur la feuille de recherche que je vais vous distribuer. »

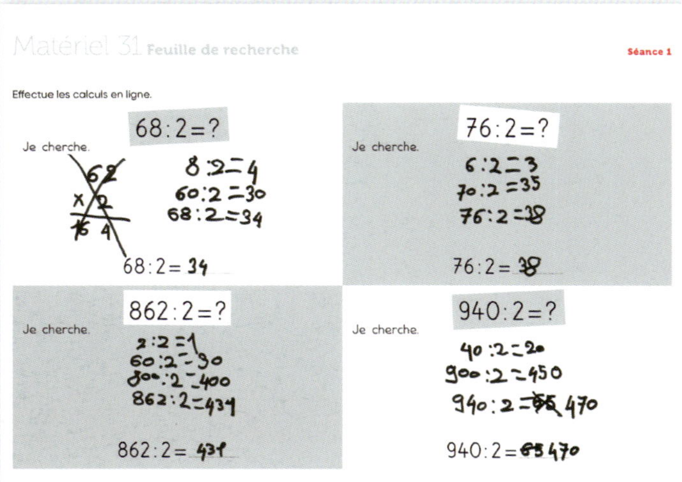

Exemple de production d'un élève qui utilise la procédure visée

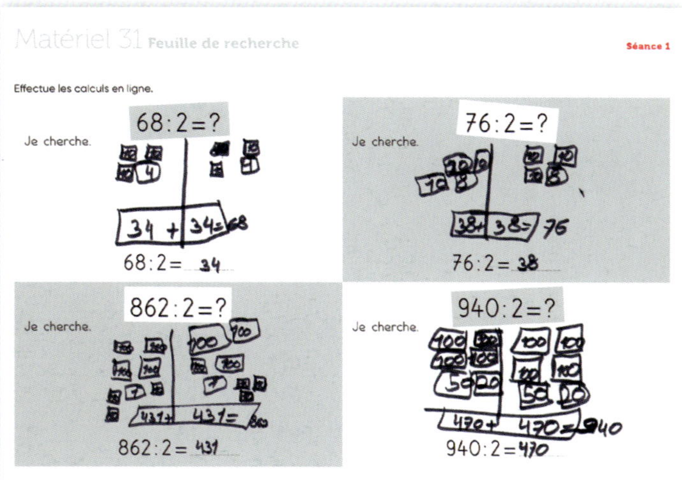

Exemple de production d'un élève qui simule une distribution

❷ Mise en commun

Procédure visée

Cette procédure prépare au calcul posé de la division qui sera abordé au CM1.

- 68 : 2 = (60 : 2) + (8 : 2) = 30 + 4 = 34
  « Pour diviser 68 par 2, je divise 60 par 2, puis je divise 8 par 2 et j'additionne. »
- 862 : 2 = (800 : 2) + (60 : 2) + (2 : 2) = 400 + 30 + 1 = 431
  « Pour diviser 862 par 2, je divise 800 par 2 puis je divise 60 par 2 et enfin je divise 2 par 2. J'additionne les 3 réponses. »

Faire verbaliser : *« quand je divise un nombre par 2, je calcule sa moitié. »*

❸ Entrainement

Les calculs sont écrits au tableau.
Les élèves travaillent dans un cahier.

88 : 2	56 : 2	110 : 2	300 : 2
250 : 2	640 : 2	546 : 2	4 086 : 2

Séance 2 — 30 min

Calculer en ligne : diviser par 3 ou 5

→ **CALCULER**

Trouver le résultat d'une division par 3 ou 5 d'un nombre de deux ou trois chiffres : quotient et reste.

MATÉRIEL ET SUPPORT
- La feuille de recherche **Materiel31.pdf**, page 2.

DÉROULEMENT DE LA SÉANCE

❶ **Recherche** Diviser par 3 ou 5 un nombre de deux ou trois chiffres.	10 min	**Expérimentation** Écrit individuel
❷ **Mise en commun** Privilégier une procédure préparant au calcul posé.	10 min	**Verbalisation** Oral collectif
❸ **Entrainement** Diviser par 3 ou 5.	10 min	**Abstraction** Écrit individuel

❶ Recherche

Matériel 31

Consigne « Vous allez effectuer les divisions demandées sur la feuille de recherche que je vais vous distribuer. »

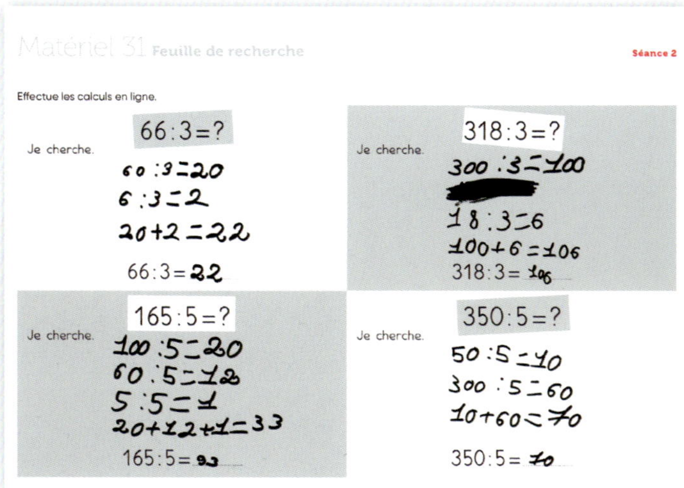

Exemple de production d'un élève qui utilise la procédure visée

❷ Mise en commun

Procédure visée

Cette procédure prépare au calcul posé de la division qui sera abordé au CM1.

318 : 3 = (300 : 3) + (18 : 3) = 100 + 6 = 106

❸ Entraînement

Les calculs sont écrits au tableau.
Les élèves travaillent dans un cahier.

39 : 3	**69 : 3**	**660 : 3**	**606 : 3**
800 : 5	**75 : 5**	**540 : 5**	**405 : 5**

Séance 3 — 30 min

Diviser par un nombre à un chiffre en décomposant les nombres

→ **CALCULER**

Trouver le résultat d'une division d'un nombre de deux ou trois chiffres par un nombre à un chiffre : quotient et reste.

MATÉRIEL ET SUPPORT
- La feuille de recherche **Materiel31.pdf**, page 3.

DÉROULEMENT DE LA SÉANCE

❶ Recherche Diviser un nombre de deux ou trois chiffres par un nombre à un chiffre.	10 min	**Expérimentation** Écrit individuel
❷ Mise en commun Inventorier et confronter les procédures utilisées. Parvenir à des écritures du type 92 = (9 x 10) + 2.	10 min	**Verbalisation** Oral collectif
❸ Entraînement Diviser par un nombre à un chiffre.	10 min	**Abstraction** Écrit individuel

❶ Recherche

Matériel 31

Consigne « Vous allez effectuer les divisions demandées sur la feuille de recherche que je vais vous distribuer. »

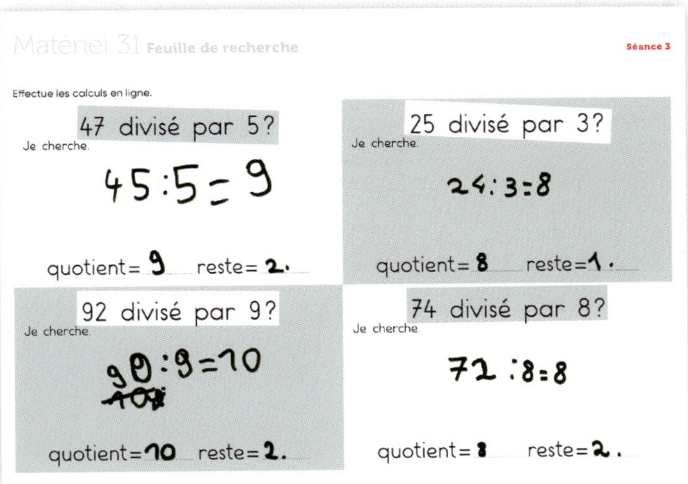
Matériel 31 Feuille de recherche — Séance 3

Effectue les calculs en ligne.

47 divisé par 5 ?
Je cherche. 45 : 5 = 9
quotient = 9 reste = 2.

25 divisé par 3 ?
Je cherche. 24 : 3 = 8
quotient = 8 reste = 1.

92 divisé par 9 ?
Je cherche. 90 : 9 = 10
quotient = 10 reste = 2.

74 divisé par 8 ?
Je cherche. 72 : 8 = 8
quotient = 8 reste = 2.

Exemple de production d'un élève qui utilise la procédure visée

❷ Mise en commun

Parvenir progressivement à ce que les élèves utilisent des écritures du type : 92 = (9 x 10) + 2.

❸ Entraînement

L'exercice est écrit au tableau.
Les élèves travaillent dans un cahier.

17 divisé par 5	**41 divisé par 8**	**87 divisé par 8**
16 divisé par 7	**64 divisé par 6**	**26 divisé par 8**
38 divisé par 9	**84 divisé par 9**	**123 divisé par 10**

Séance 4 — 30 min

Bilan des apprentissages

Les élèves font individuellement les exercices 1 à 5 du cahier de l'élève ***Maths au CE2***.
(Ils répondent à l'exercice 5 dans un autre cahier.)

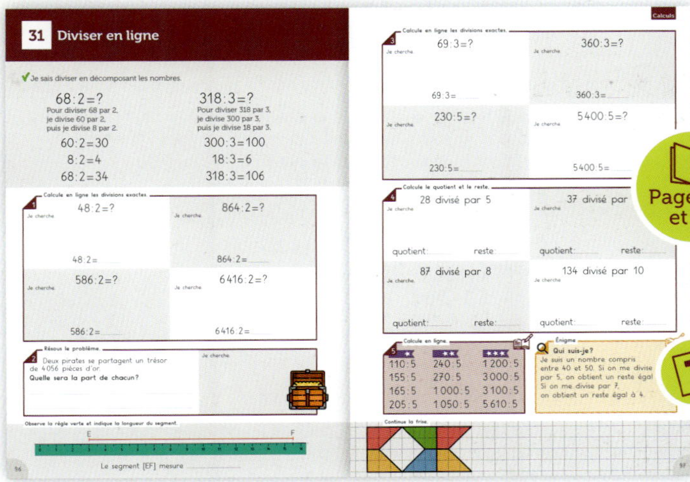

Pages 96 et 97

15 min par jour

Calcul mental

- Comprendre le fonctionnement de la table de Pythagore.
- Calculer avec les diviseurs de 1000.

Séance 1

Calcul 23

❶ Dizaine la plus proche et centaine la plus proche — 1 min

Les élèves répondent sur l'ardoise et expliquent à l'aide d'une droite graduée. « ***Quelle est la dizaine la plus proche de 994 ?*** » *(990)* « ***Quelle est la centaine la plus proche de 994 ?*** » *(1000)*

❷ Calculs avec les diviseurs de 1000 : découverte — 4 min

Proposer les calculs de l'animation **Calcul 23** sans contrainte de temps. Les élèves répondent sur l'ardoise.

Calculs proposés **250 + 250 = ?** **250 + 500 = ?** **2 x 250 = ?** **1000 − 250 = ?** **750 + 250 = ?** **4 x 250 = ?** **4 x 500 = ?** **5 x 500 = ?**

❸ Multiplication : la table de Pythagore — 10 min

Matériel Calcul 23

Présenter le document élève (**MaterielCalcul23.pdf**, page 1)

Rappeler que, si je connais le résultat de 6x8, je connais aussi celui de 8x6. Expliquer que vous avez donc retiré la moitié des résultats.

Demander aux élèves d'entourer sur la table du document tous les résultats qu'ils connaissent par cœur.

Les résultats que je découvre au CE2

x	6	7	8	9
6	36			
7	42	49		
8	48	56	64	
9	54	63	72	81

Les résultats que les élèves découvrent au CE2

Lors de la synthèse, demander quels sont les résultats faciles à retenir. Utiliser l'animation **Calcul 23** pour visualiser le nombre de résultats difficiles à mémoriser, peu importants. Les tables de 0 et 1 ne sont pas utiles dans le tableau. Les tables de 2, 3, 4 et 5 sont connues depuis le CE1. Il reste donc peu de résultats à mémoriser.

Séance 2

Matériel Calcul 23

❶ Dizaine la plus proche et centaine la plus proche — 1 min

Les élèves répondent sur l'ardoise et expliquent à l'aide d'une droite graduée. « ***Quelle est la dizaine la plus proche de 997 ?*** » *(1000)* « ***Quelle est la centaine la plus proche de 997 ?*** » *(1000)*

❷ Calculs avec les diviseurs de 1000 : découverte — 4 min

Proposer les calculs de l'animation **Calcul 23** sans contrainte de temps. Les élèves répondent sur l'ardoise.

Calculs proposés **4 x 200 = ?** **1000 − 750 = ?** **3 x 250 = ?** **1250 + 500 = ?** **2 x 750 = ?** **4 x 750 = ?** **5 x 200 = ?**

❸ Multiplication : la table de Pythagore — 10 min

Faire compléter les deux tables de multiplication de **MaterielCalcul 23.pdf**, page 2.

Calcul 23

x	3	4	5	6
2	6	8	10	12
4	12	16	20	24
8	24	32	40	48

Mise en commun à l'aide de l'animation **Calcul 23**

Observer la première colonne et remarquer comment on passe de 2x3 à 4x3 puis à 8x3.
4x3 = 2x(2x3), c'est le double de 2x3.
8x3 = 2x(4x3), c'est le double de 4x3.

x	3	4	5	6
3	9	12	15	18
6	18	24	30	36
9	27	36	45	54

Observer la première colonne et remarquer comment on passe de 3x4 à 6x4 puis de 3x4 à 9x4.
6x4 = 2x(3x4), c'est le double de 3x4.
9x4 = 3x(3x4), c'est le triple de 3x4.

Séance 3

Calcul 23

❶ Dizaine la plus proche et centaine la plus proche — 1 min

Les élèves répondent sur l'ardoise et expliquent à l'aide d'une droite graduée. « ***Quelle est la dizaine la plus proche de 4562 ?*** » *(4560)* « ***Quelle est la centaine la plus proche de 4562 ?*** » *(4600)*

❷ Calculs avec les diviseurs de 1000 : entrainement — 4 min

Proposer les calculs de l'animation **Calcul 23** sans contrainte de temps. Les élèves répondent dans un cahier.

Deux niveaux sont proposés pour faciliter la différenciation. Les calculs bleus sont plus complexes que les calculs rouges.

Écris les réponses dans un cahier.

a) 250 + 750 = ?
b) 6 x 200 = ?
c) 250 x 4 = ?
d) 750 + 750 = ?
e) 5 x 250 = ?
f) 1 500 + 250 = ?
g) 1 000 - 750 = ?
h) 1 500 - 750

a) 2 250 - 750 = ?
b) 8 x 250 = ?
c) 5 x 500 = ?
d) 3 500 - 750 = ?
e) 8 x 500 = ?
f) 1 500 - 750 = ?
g) 8 x 200 = ?
h) 6 x 250 = ?

❸ Multiplication : la table de Pythagore — 10 min

Faire chercher le plus de manières possible de décomposer les nombres proposés sous la forme de produits. Faire repérer ces résultats sur la table.

Commencer par chercher dans un cahier tous les produits égaux à 12 en demandant de compléter l'égalité **... x ... = 12**.

Solutions **12 x 1** **1 x 12** **2 x 6** **6 x 2** **3 x 4** **4 x 3**

Relancer la recherche avec **... x ... = 18** puis **... x ... = 24**.

Séance 4

Matériel Calcul 23

❶ Dizaine la plus proche et centaine la plus proche — 1 min

Les élèves répondent sur l'ardoise et expliquent à l'aide d'une droite graduée. « ***Quelle est la dizaine la plus proche de 9019 ?*** » *(9020)* « ***Quelle est la centaine la plus proche de 9019 ?*** » *(9000)*

❷ Calculs avec les diviseurs de 1000 : réinvestissement — 4 min

Faire résoudre sur l'ardoise les problèmes proposés oralement.

« Un pot de miel pèse 250 g. ***Combien pèsent 3 pots ? 5 pots ? 8 pots ? 10 pots ? 6 pots ?*** *»*

❸ Multiplication : la table de Pythagore — 10 min

Proposer les exercices du document élève (**MaterielCalcul 23.pdf**, page 3).

Relier les paires de nombres dont le produit est 24. Corriger collectivement à l'aide de l'animation **Calcul 23**.

Calcul 23

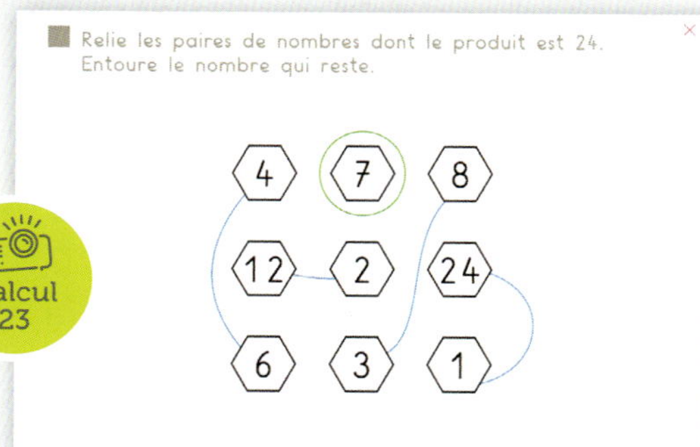

Reprendre cet exercice avec les autres nombres proposés sur le pdf et l'animation.

Calcul@tice Les élèves travaillent en autonomie sur les ordinateurs de la classe

calculatice.ac-lille.fr > les exercices > Niveau CE2

- Tables x 6 x 7 x 8 x 9 : Table attaque
- Compléments à ... 100, 200 : Les fleurs

45 min par semaine

Atelier problèmes

Résoudre des problèmes multiplicatifs à une ou deux étapes

Atelier 23

Tu peux utiliser la calculatrice.

JE M'ENTRAINE

Résous les problèmes dans un cahier.
Commence par ceux avec le symbole ✖ puis résous les problèmes de ton choix.
Essaie d'en résoudre le plus possible.

✖ Problème 1 Le TGV PARIS-NANCY qui part à 18h09 est complet.
Il se compose de 4 voitures de 1re classe, 9 voitures de 2e classe et d'une voiture-bar.

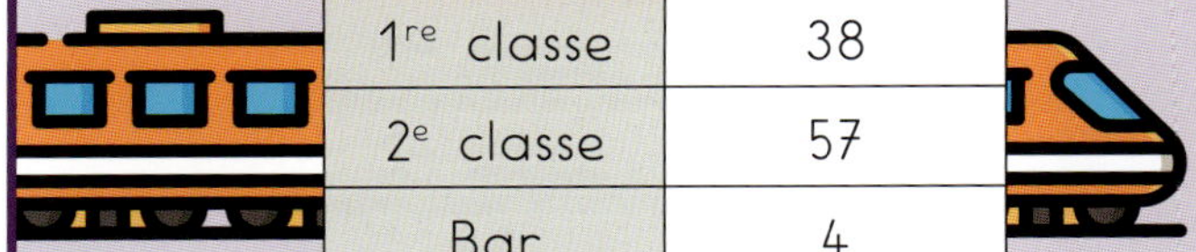

Type de voiture	Nombre de places
1re classe	38
2e classe	57
Bar	4

Combien de passagers sont transportés dans ce train?

✖ Problème 2 Madame et Monsieur Diallo et leurs 3 enfants ont passé 5 jours de vacances en pension complète dans un hôtel en Bretagne. La journée coutait 57 € par adulte et 48 € par enfant.
Combien a couté ce séjour?

✖ Problème 3 Dans une salle de théâtre, il y a 23 rangées de 38 places chacune. Samedi soir, 678 spectateurs ont assisté au spectacle.
Combien de places sont restées inoccupées?

Problème 4 Sur le parking de l'usine automobile, Tom a compté 28 rangées de 37 voitures. **Trouve le nombre total de voitures qui sont parquées.**

Problème 5 Un marchand d'articles de sport a vendu 14 anoraks à 187 € l'un et 23 paires de skis à 239 € l'une.
Quel est le montant total de ces ventes?

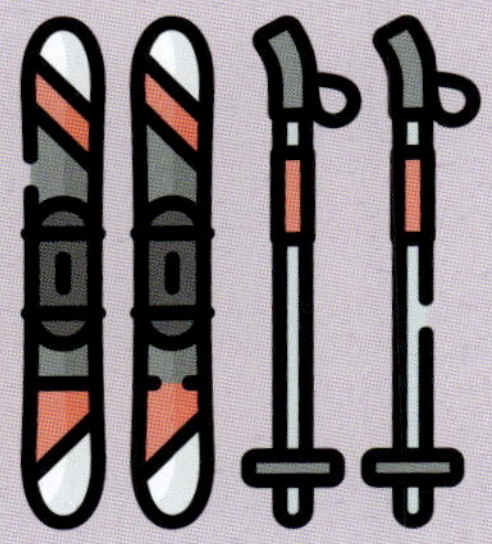

Problème 6 Un fabricant de jouets expédie 59 colis contenant 25 poupées chacun et 268 colis contenant 4 poupées chacun.
Combien de poupées a-t-il expédiées?

Problème 7 Un tour de piste d'athlétisme mesure 365 m. Madame Perec dit: *« Aujourd'hui, je veux parcourir au moins 8000 mètres. »*
Aura-t-elle parcouru cette distance au bout de 21 tours de pistes? Explique pourquoi.

32 Construire un triangle rectangle

Séance 1 — 45 min

Reconnaitre un triangle rectangle

→ **MODÉLISER**

Reconnaitre et nommer un triangle rectangle et le justifier en donnant son nombre de côtés et en identifiant l'angle droit.

MATÉRIEL ET SUPPORT
- Un rectangle (papier couleur, format environ A5) par élève.
- Des carrés et des rectangles de différentes dimensions.
- Des gabarits variés d'angle droit, différentes sortes d'équerres apportées par les élèves, des gommettes carrées de couleur rouge.
- La feuille de recherche **Materiel32.pdf**, page 1.

DÉROULEMENT DE LA SÉANCE

❶ Recherche Chercher comment obtenir deux triangles en pliant un rectangle.	20 min	**Expérimentation** **Verbalisation** Travail individuel
❷ Nouvelle recherche Repérer des angles droits. Utiliser une équerre.	20 min	**Manipulation** **Abstraction** Groupes de 2
❸ Institutionnalisation Définir un triangle rectangle.	5 min	**Abstraction** Oral collectif

❶ Recherche

Distribuer à chaque élève un rectangle (format A5).

Consigne « Vous allez chercher comment obtenir deux triangles en pliant ce rectangle avec un seul pli. Avant de réaliser le pliage, vous devez faire un schéma qui montre où il faut plier le rectangle pour obtenir deux triangles. Nous vérifierons ensuite en réalisant le pliage et en coupant sur le pli. Il ne doit pas y avoir de troisième morceau de papier après le découpage. »

Les élèves testent et essayent plusieurs pistes avant d'obtenir deux triangles.

Poursuivre cette recherche avec des rectangles et des carrés de différentes dimensions.

Mise en commun

Vérifier que les figures obtenues sont deux triangles. Rappeler qu'un triangle a 3 sommets, 3 angles et 3 côtés.

Chercher ce qui est commun à tous les triangles obtenus.

Remarquer que les triangles obtenus ont tous un angle droit. Choisir un gabarit pour vérifier que l'angle est droit : gabarits variés, carré, équerre. Repérer l'angle droit, le marquer avec un carré rouge.

Rappeler qu'un triangle qui a un angle droit est un triangle rectangle. Expliquer que les triangles obtenus s'appellent des triangles rectangles parce que dans un rectangle, on peut découper deux triangles rectangles.

❷ Nouvelle recherche

a) Découvrir des équerres de différentes tailles, en bois, en plastique, graduées ou non graduées, en forme de L, de T…

Chaque groupe manipule une équerre et doit repérer où se situe l'angle droit, puis y coller un carré rouge.

Pour l'équerre de menuisier en L ou en T, les élèves constateront qu'ils ne peuvent pas coller la gommette.

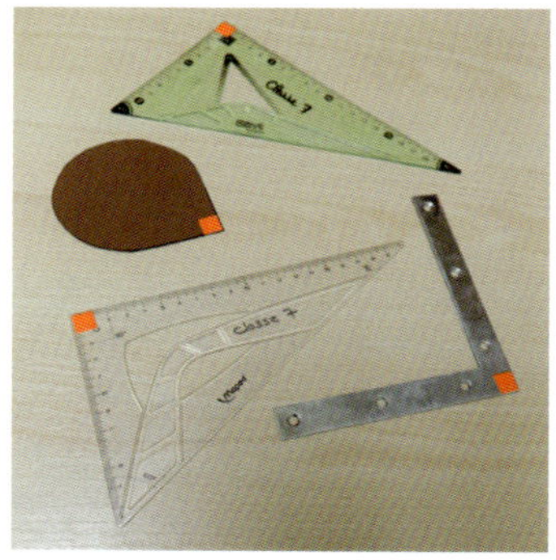

Utiliser les gabarits et les équerres pour vérifier que les triangles découpés ont un angle droit.

Remarquer qu'avec une équerre usuelle il faut, contrairement aux gabarits, repérer où est l'angle droit.

b) Distribuer la feuille de recherche **Materiel32.pdf**, page 1. Dans l'exercice 1, faire repérer des angles droits dans 4 secteurs angulaires en forme de L.

Matériel 32

Positionner correctement l'équerre. Marquer l'angle droit.

c) Dans l'exercice 2 de **Materiel32.pdf**, page 1, faire repérer des triangles rectangles en utilisant une équerre.

Repérer les côtés de l'angle droit.

Matériel 32

❸ Institutionnalisation

Ce qu'il faut retenir

Un **triangle rectangle** est un triangle qui a un angle particulier que l'on nomme angle droit. C'est un angle qui est identique aux angles d'un carré.
Repérer les deux côtés du triangle rectangle formant cet angle droit. Repérer les trois angles du triangle.
Pour indiquer un angle droit, on dessine un petit carré dans l'angle.

Séance 2

45 min

Construire un triangle rectangle

→ MODÉLISER

Construire, reproduire un triangle rectangle avec une règle graduée et une équerre.

MATÉRIEL ET SUPPORT
- La feuille de réinvestissement (**MATERIEL32.pdf**, page 2).
- La feuille de recherche (**MATERIEL32.pdf**, page 3).

DÉROULEMENT DE LA SÉANCE

❶ **Réinvestissement** Décrire un triangle rectangle.	15 min	**Abstraction** Travail individuel
❷ **Recherche** Compléter et construire des triangles rectangles.	15 min	**Manipulation Expérimentation** Travail individuel
❸ **Institutionnalisation** Formuler ce qu'il faut retenir.	5 min	**Verbalisation** Oral collectif
❹ **Entrainement** Reproduire un triangle rectangle puis un assemblage de triangles rectangles.	10 min	**Manipulation Expérimentation** Travail individuel

❶ Réinvestissement

Distribuer la feuille de réinvestissement **Materiel32.pdf**, page 2.

Faire reconnaitre les triangles qui sont décrits.

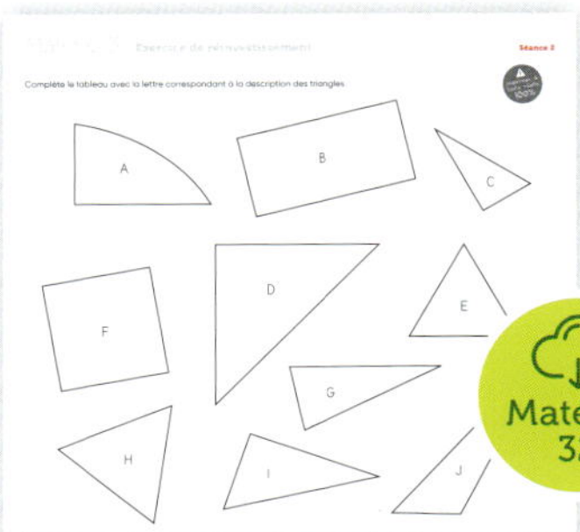

DESCRIPTION DES TRIANGLES	NOM DES TRIANGLES
Ex: Un de ses côtés mesure 2 cm.	C
Ses trois côtés mesurent 4 cm	
Les deux côtés de l'angle droit ont la même longueur	
Les côtés de l'angle droit mesurent 5 cm et 3 cm	
Ce triangle n'a pas d'angle droit. Deux de ses côtés ont la même longueur	
Un de ses côtés mesure 7 cm	

Matériel 32

Repérer les triangles non rectangles.
Reconnaitre les triangles rectangles.
Vérifier les angles droits et mesurer la longueur des côtés.

❷ Recherche

Matériel 32

Distribuer la feuille de recherche **Materiel32.pdf**, page 3.

1. Compléter une figure pour obtenir un triangle rectangle.

Consigne *« Un élève d'une classe de CE2 a tracé un premier côté d'un triangle rectangle. Vous devez tracer le deuxième côté de l'angle droit, puis le troisième côté. Vous devez utiliser l'équerre et la règle graduée. »*

2. Construire un triangle rectangle dont les dimensions des côtés de l'angle droit sont données.

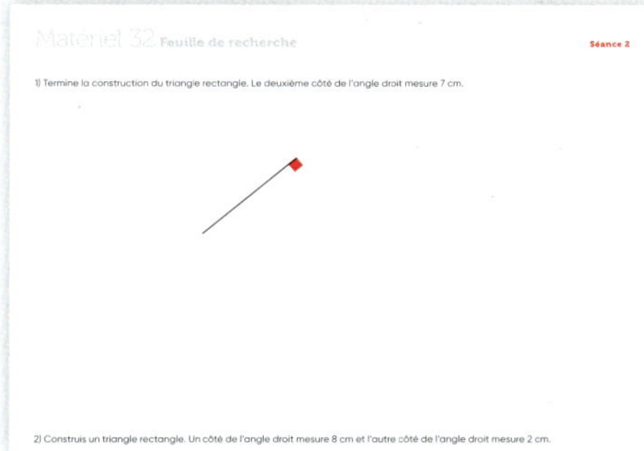

Matériel 32 Feuille de recherche — Séance 2

1) Termine la construction du triangle rectangle. Le deuxième côté de l'angle droit mesure 7 cm.

2) Construis un triangle rectangle. Un côté de l'angle droit mesure 8 cm et l'autre côté de l'angle droit mesure 2 cm.

❸ Institutionnalisation

Ce qu'il faut retenir

Comment construire, reproduire ou terminer la construction d'un triangle rectangle ?
Les étapes de la construction sont les suivantes :
- Placer l'équerre en positionnant un côté de l'angle droit le long du segment déjà tracé en faisant coïncider le sommet avec une extrémité du segment,
- Tracer le deuxième côté de l'angle droit,
- Tracer le troisième côté du triangle.

❹ Entrainement

Proposer les exercices de **ExoSup32.pdf**, page 1.

32A

Séance 3

45 min

Bilan des apprentissages

Les élèves font individuellement les exercices 1 à 6 du cahier de l'élève *Maths au CE2*.
(Ils font les exercices 4 à 6 sur feuille ou dans un autre cahier.)

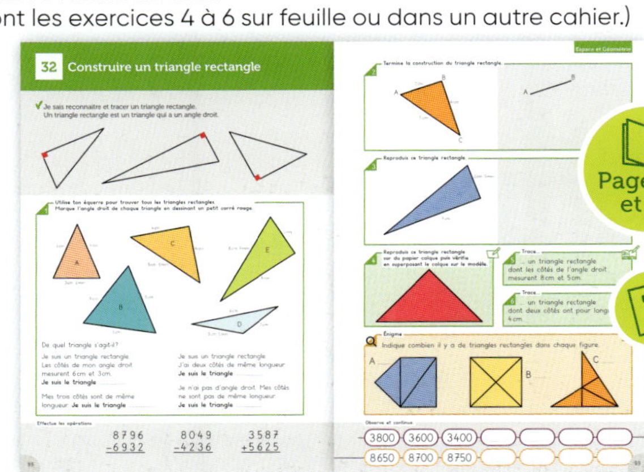

Pages 98 et 99

15 min par jour

Calcul mental

- Estimer un ordre de grandeur pour vérifier la vraisemblance d'un résultat.
- Obtenir le quotient et le reste d'une division euclidienne par un nombre à un chiffre et par 10.

Séance 1

Calcul 24

❶ Estimation d'un ordre de grandeur — 1 min

Demander aux élèves d'écrire sur l'ardoise le calcul à effectuer pour trouver la valeur approchée de la somme à payer (animation **Calcul 24**).

❷ Tables de multiplication : mémorisation — 4 min

L'enseignant pose 10 questions une à une oralement en demandant une réponse immédiate. Les élèves répondent sur l'ardoise.

Poser des questions de types variés sur les tables de 6, 7, 8 et 9 :
« 9 x 7 = ? » ***« 8 x ? = 64 »***
« Combien de fois 7 dans 56 ? » ***« 72, c'est combien de fois 9 ? »***

❸ Calcul du quotient et du reste d'une division euclidienne : réinvestissement — 10 min

Proposer le problème suivant oralement : ***« Dans une classe de 26 élèves, combien d'équipes de 4 élèves peut-on former ? »***

Expliquer que cela revient à calculer 26 divisé par 4.
Dans la division de 26 par 4, l'égalité (4 x 6) + 2 = 26 permet de vérifier que 6 est le quotient et que 2 est le reste.
Vérifier que le reste est bien inférieur à 4.
Écrire au tableau : 26 divisé par 4 quotient = 6 reste = 2
Vérification : (4 x 6) + 2 = 26

Poser le même problème avec des classes de **21 élèves**, **18 élèves**, **28 élèves**, **30 élèves** et **des équipes de 4 élèves**. Utiliser le symbole : 28 : 4 = 7 car c'est une division exacte.

Poser le même problème avec **des équipes de 6 élèves** et des classes de ***20 élèves***, **18 élèves**, **29 élèves**, **24 élèves**, **30 élèves**.

Séance 2

Calcul 24

❶ Estimation d'un ordre de grandeur — 1 min

Demander aux élèves d'écrire sur l'ardoise le calcul à effectuer pour trouver la valeur approchée de la somme à payer (animation **Calcul 24**).

❷ Tables de multiplication : mémorisation — 4 min

L'enseignant pose 10 questions une à une oralement en demandant une réponse immédiate. Les élèves répondent sur l'ardoise.

Poser des questions de types variés sur les tables de 6, 7, 8 et 9 :
« 5 x 7 = ? » ***« 8 x ? = 48 »***
« Combien de fois 6 dans 54 ? » ***« 27, c'est combien de fois 9 ? »***

❸ Calcul du quotient et du reste d'une division euclidienne : réinvestissement — 10 min

Proposer le problème suivant oralement : ***« Dans une école de 234 élèves, combien d'équipes de 10 élèves peut-on former ? »***

Expliquer que cela revient à calculer 234 divisé par 10.
Dans la division de 238 par 10, l'égalité (10 x 23) + 8 = 238 permet de vérifier que 23 est le quotient et que 8 est le reste.
Vérifier que le reste est inférieur à 10.

Poser le même problème avec des classes de **156 élèves**, **180 élèves**, **289 élèves**, **300 élèves** et toujours des **équipes de 10 élèves**.
Faire utiliser le symbole : quand c'est une division exacte, par exemple 300 : 10 = 30.

Séance 3

Calcul 24

❶ Estimation d'un ordre de grandeur — 1 min

Demander aux élèves d'écrire sur l'ardoise le calcul à effectuer pour trouver la valeur approchée de la somme à payer (animation **Calcul 24**).

❷ Tables de multiplication : mémorisation — 4 min

L'enseignant pose 10 questions une à une oralement en demandant une réponse immédiate. Les élèves répondent sur l'ardoise.

Poser des questions de types variés sur les tables de 6, 7, 8 et 9 :
« 4 x 7 = ? » ***« 6 x ? = 42 »***
« Combien de fois 8 dans 40 ? » ***« 45, c'est combien de fois 9 ? »***

❸ Calcul du quotient et du reste d'une division euclidienne : réinvestissement — 10 min

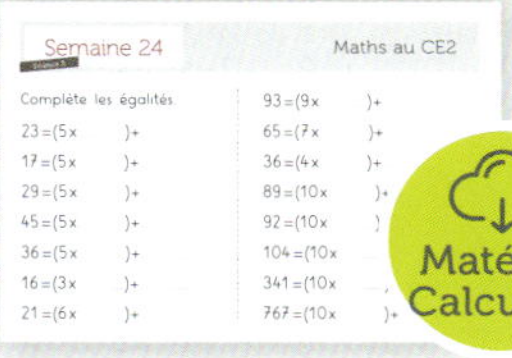

Matériel Calcul 24

Proposer les égalités à compléter de **MaterielCalcul24.pdf**, page 1.

Séance 4

Calcul 24

❶ Estimation d'un ordre de grandeur — 1 min

Demander aux élèves d'écrire sur l'ardoise le calcul à effectuer pour trouver la valeur approchée de la somme à payer (animation **Calcul 24**).

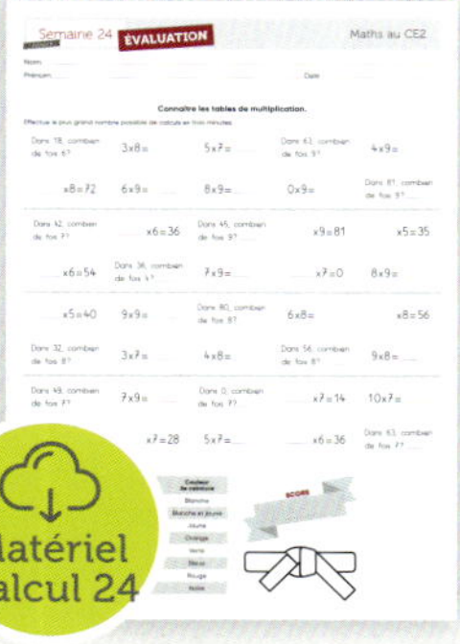

Matériel Calcul 24

❷ Tables de multiplication : évaluation — 4 min

Proposer l'évaluation de **MaterielCalcul24.pdf**, page 2.
Lorsque les 3 minutes sont écoulées, demander aux élèves de prendre un stylo d'une autre couleur et de terminer les calculs.

❸ Calcul du quotient et du reste d'une division euclidienne : réinvestissement — 10 min

Proposer à la résolution sur l'ardoise les petits problèmes oraux. Écrire les données de chaque problème au tableau.

« Une fleuriste veut préparer des bouquets de 10 roses. Elle a reçu une livraison de 123 roses
Combien de bouquets peut-elle préparer ?
Combien lui restera-t-il de roses ? »

« Lilou a rangé 40 autocollants dans 5 enveloppes.
Combien d'autocollants y a-t-il dans chaque enveloppe ? »

« Léo distribue 32 cartes entre 5 joueurs.
Combien de cartes chaque joueur aura-t-il ?
Restera-t-il des cartes non distribuées et combien ? »

Calcul@tice Les élèves travaillent en autonomie sur les ordinateurs de la classe

calculatice.ac-lille.fr > les exercices > Niveau CE2

- Tables x 6 x 7 x 8 x 9 : Le rectangle - Pokémaths
- Compléments à ... 100, 200 : Math brique

45 min par semaine

Atelier problèmes
Se poser des questions à partir d'un ensemble de données

Page 103 | Atelier 24

CHERCHONS ENSEMBLE

Résous les problèmes.

Problème Les élèves de l'école Jacques Prévert se rendent au cirque Zovoto. 22 élèves de CP, 47 élèves de CE2 et 76 élèves de CM1 participent à cette sortie.
Les places coutent 6 € par élève. Elles sont gratuites pour les 10 accompagnateurs. La directrice réserve 3 autocars de 56 places à 350 € chacun. Le départ est prévu à 13h30.

1. Dans cet énoncé de problème, il manque la ou les questions. Tom te propose plusieurs questions. Réponds, si c'est possible, à ses questions.

a) Combien d'élèves de CE2 participent à la sortie au cirque?

b) Combien d'élèves de l'école se rendent au cirque?

c) Combien d'élèves de l'école ne participent pas à la sortie au cirque?

d) Combien la directrice doit-elle payer pour les autocars?

e) Quelle est la durée de cette sortie?

f) Quel est le nom du cirque où se rendent les élèves?

2. Complète le tableau

	Questions de l'exercice 1.
Il faut faire un calcul pour trouver la réponse.	
La réponse est donnée directement dans l'énoncé.	
Il manque une donnée pour pouvoir répondre.	
La question n'est pas mathématique.	

3. À ton tour, invente une question à laquelle on peut répondre par un calcul. Écris aussi la réponse à ta question.

Ma question

Ma réponse

33 Reconnaitre et utiliser la notion de symétrie

Séance 1 — 45 min

Reconnaitre les axes de symétrie d'une figure

→ MODÉLISER

Reconnaitre si une figure présente un axe de symétrie en utilisant du papier calque, des découpages et des pliages.

MATÉRIEL ET SUPPORT
- Pour chaque élève, 3 ou 4 carrés ou rectangles de papier, une paire de ciseaux, une règle, un feutre noir.
- La feuille de recherche **Materiel33.pdf**, page 2.

DÉROULEMENT DE LA SÉANCE

❶ Appropriation du problème Utiliser le découpage et le pliage pour obtenir une figure symétrique.	5 min	**Manipulation** Travail individuel
❷ Recherche Anticiper le découpage à effectuer pour obtenir une figure qui possède un axe de symétrie.	10 min	**Expérimentation Manipulation** Travail individuel
❸ Nouvelle recherche Percevoir qu'une figure possède un ou plusieurs axes de symétrie et le vérifier.	15 min	
❹ Entrainement Utiliser le papier calque pour vérifier qu'une figure possède un axe de symétrie.	15 min	**Abstraction** Travail individuel

❶ Appropriation du problème

Consigne 1. « *Pliez la feuille de manière à obtenir un seul pli.* »

Consigne 2. « *Sur le pli obtenu, tracez deux points suffisamment espacés. Reliez ces deux points en traçant une ligne courbe afin d'obtenir une forme.* »

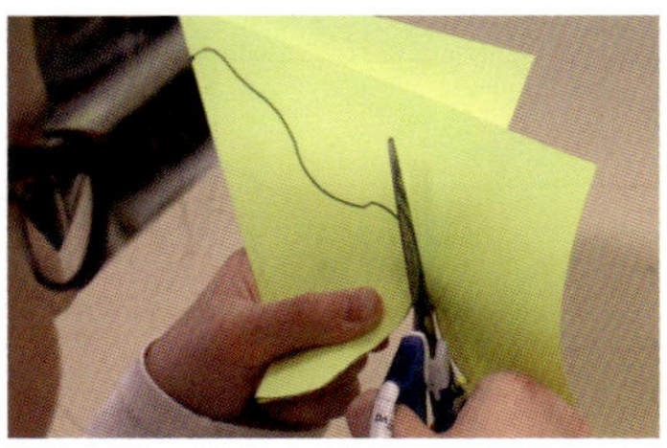

Consigne 3. « *Découpez en suivant la forme obtenue.* »

Consigne 4. « *Dépliez et tracez l'axe de symétrie.* »

Comparer les formes obtenues. Constater que les deux parties de part et d'autre du pli se superposent exactement.

L'axe de pliage est appelé ***axe de symétrie***. Quand on plie une figure sur un axe de symétrie, les deux parties se superposent exactement. Repasser au feutre noir l'axe de symétrie de chaque figure. La droite (trait noir) obtenue est un axe de symétrie.

❷ Recherche

Consigne « *Vous venez de réaliser une figure symétrique à partir d'un tracé que vous avez réalisé au hasard. Vous allez maintenant essayer d'obtenir un papillon en procédant de la même manière. Pour cela, vous devrez imaginer à quoi ressemblera votre découpage quand vous ouvrirez la feuille. Réfléchissez bien !* »

Pour aider les élèves, vidéoprojeter le dessin du papillon fourni au téléchargement en **Materiel33.pdf**, page 1.

Matériel 33

Les étapes de la réalisation du papillon

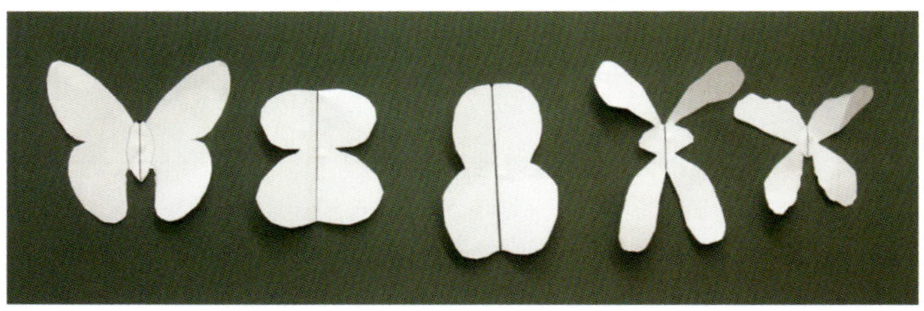

Exemples de productions d'élèves

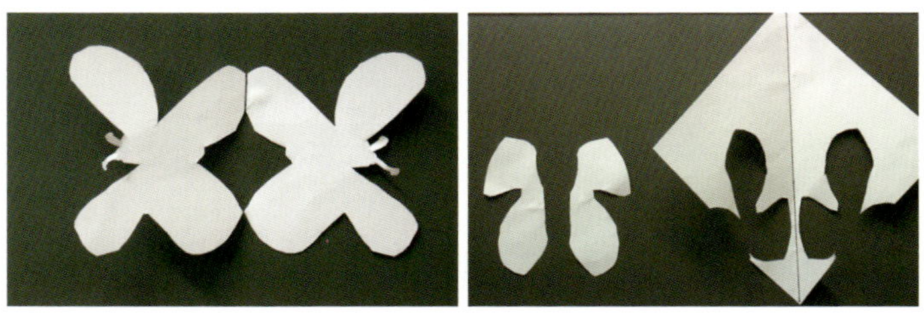

Lors de la mise en commun, amener les élèves à comprendre les erreurs et expliciter la procédure à utiliser.

Observer quelques productions d'élèves. Repasser en noir l'axe de symétrie. Faire de même sur le dessin projeté.

Pour effectuer un tracé correct, il fallait d'abord repérer où se situait l'axe de symétrie sur le dessin puis reproduire la moitié du papillon le long du pli (partie située à gauche ou à droite de l'axe de symétrie).

❸ Nouvelle recherche

Matériel 33

! Le découpage des figures (Materiel33.pdf, page 2) est long (environ 20 minutes). Ce travail peut être réalisé par les élèves en amont de la séance.

Consigne « Sur chaque figure, tracez le ou les axes de symétrie (s'il y en a). Vous vérifierez ensuite votre travail en effectuant les pliages. »

Les élèves cherchent et tracent les axes de symétrie.

Le pliage permet de valider les axes tracés ou de corriger les erreurs.

Pour valider un axe de symétrie, il faut que les 2 parties se superposent exactement au pliage sur l'axe.

Lors de la mise en commun, faire constater qu'une figure peut avoir plusieurs axes de symétrie.

Si les élèves posent la question, expliquer que le cercle a une infinité d'axes de symétrie. Le cercle sera abordé au cours de la période 5.

❹ Entrainement

Distribuer **ExoSup33.pdf**, page 1 et une feuille de papier calque.

Consigne « Cherchez comment utiliser le papier calque pour compléter chaque figure par symétrie. La droite tracée en pointillé est un axe de symétrie de la figure. »

33A

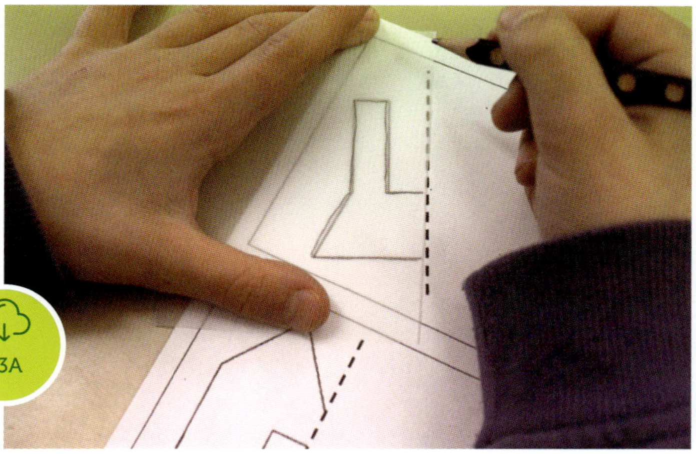

Reproduire la moitié de la figure et l'axe de symétrie sur le calque.

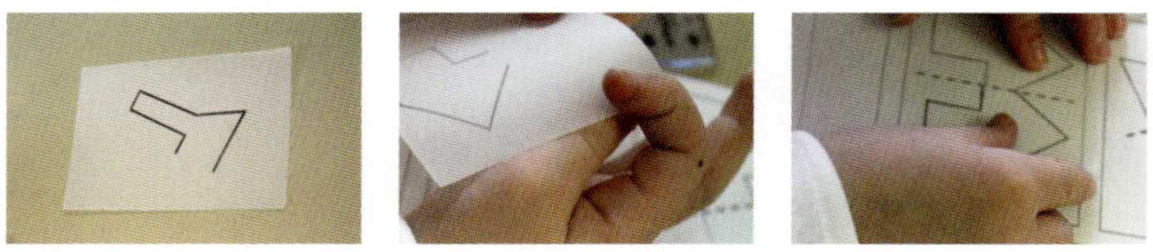

Les élèves doivent comprendre qu'il est nécessaire de retourner le calque le long de l'axe de symétrie.

Ce qu'il faut retenir

Pour trouver les axes de symétrie d'une figure, on peut essayer de la plier en deux, de façon à obtenir deux parties qui se superposent exactement. Le pli est un axe de symétrie de la figure.
On dit que la figure est symétrique par rapport à cet axe.

On peut aussi utiliser du papier calque. Il faut commencer par décalquer une partie de la figure et l'axe de symétrie.
Il faut ensuite faire pivoter le calque le long de cette droite puis le retourner. Si les deux parties coïncident, alors la figure est symétrique par rapport à cet axe.

Séance 2

30 min

Compléter une figure par symétrie axiale

→ MODÉLISER

Compléter, sur une feuille quadrillée ou pointée, une figure pour qu'elle soit symétrique par rapport à un axe donné.

MATÉRIEL ET SUPPORT
- Les feuilles de recherche **Materiel33.pdf**, pages 3, 4 et 5.

DÉROULEMENT DE LA SÉANCE

❶ Appropriation du problème Vérifier en utilisant une feuille quadrillée que des droites sont des axes de symétrie.	5 min	**Manipulation** **Expérimentation** Travail individuel
❷ Recherche Compléter une figure par symétrie axiale sur une feuille quadrillée.	10 min	**Expérimentation** Travail individuel
❸ Nouvelle recherche Utiliser le papier pointé pour compléter une figure par symétrie axiale.	15 min	

❶ Appropriation du problème

Matériel 33

Proposer la feuille de recherche 1 (**Materiel33.pdf**, page 3).
À l'aide du quadrillage, faire vérifier quel(s) axe(s) est (sont) un (des) axe(s) de symétrie de chaque figure. Les repasser en rouge.
Vidéoprojeter le pdf pour mettre en commun et expliciter les procédures utilisées.

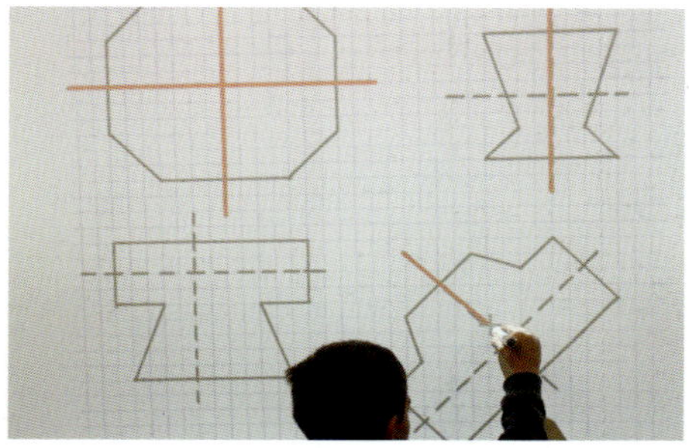

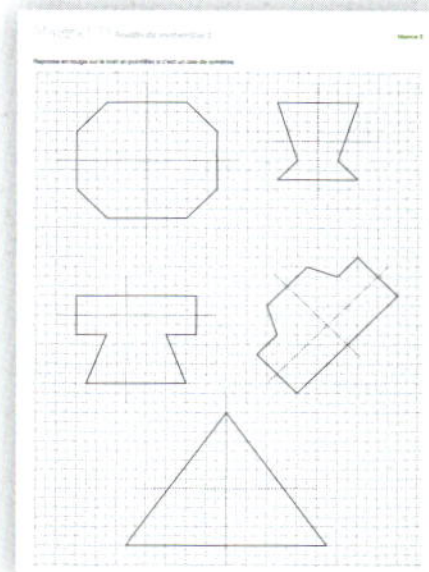

❷ Recherche

Matériel 33

Proposer la feuille de recherche 2 (**Materiel33.pdf**, page 4).
Compléter les figures sur papier quadrillé pour qu'elles soient symétriques par rapport à l'axe donné. Annoncer que la vérification s'effectuera en utilisant du papier calque.

Procédures visées
- Anticiper mentalement le retournement de la figure.
- Reporter le symétrique de chaque sommet de la figure puis tracer les segments qui relient ces points.
- Reporter un point de la figure puis compléter la figure à partir du symétrique de ce point.

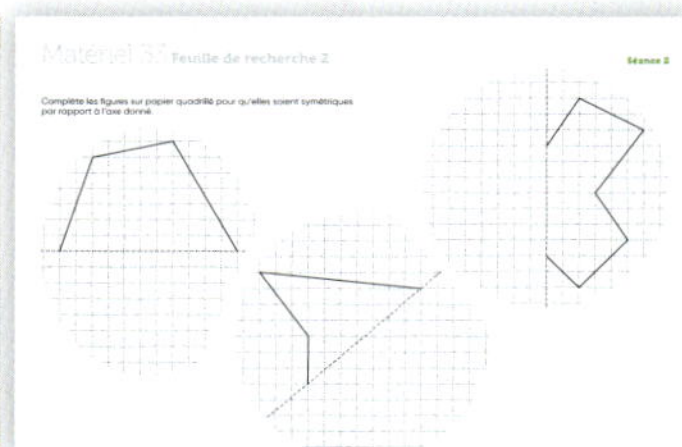

Vidéoprojeter le pdf pour mettre en commun les procédures utilisées et inventorier les erreurs à éviter.

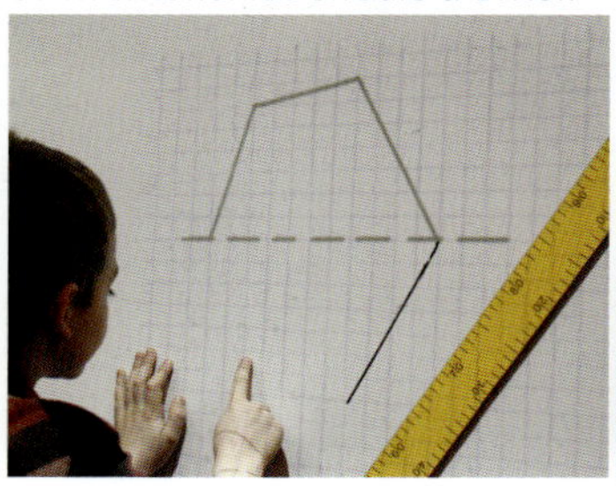

33 Reconnaitre et utiliser la notion de symétrie

❸ Nouvelle recherche

Proposer la feuille de recherche 3 (**Materiel33.pdf**, page 5).
Compléter les figures sur papier pointé pour qu'elles soient symétriques par rapport à l'axe donné. Annoncer que la vérification s'effectuera en utilisant du papier calque.

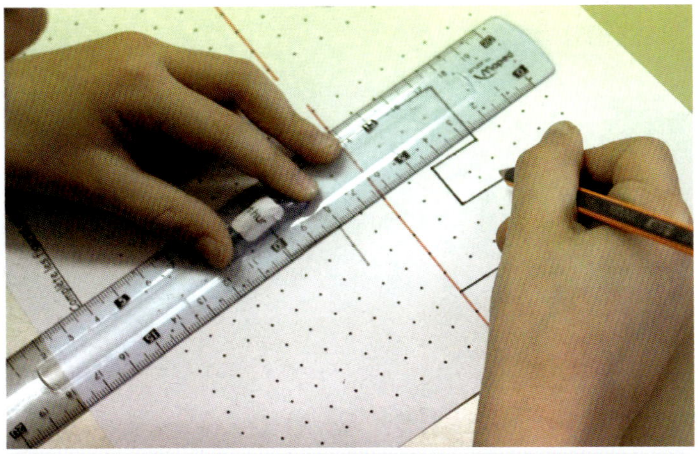

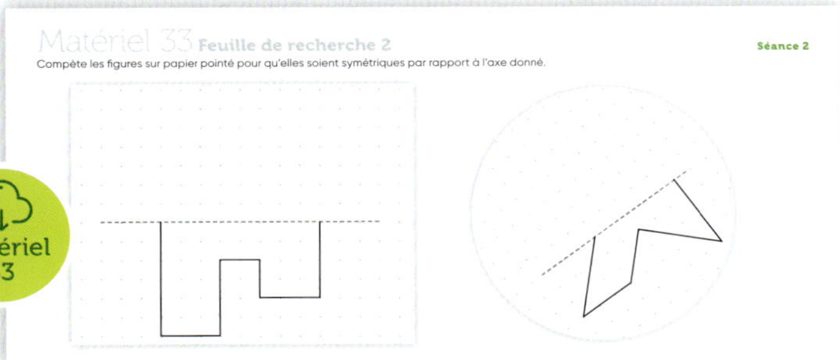
Matériel 33 **Feuille de recherche 2** — Séance 2

Compète les figures sur papier pointé pour qu'elles soient symétriques par rapport à l'axe donné.

Matériel 33

Vidéoprojeter le pdf pour mettre en commun les procédures utilisées et inventorier les erreurs à éviter.

Séance 3 — 30 min

Bilan des apprentissages

Les élèves font individuellement les exercices 1 à 5 du cahier de l'élève *Maths au CE2*.

Pages 100 à 102

Matériel 33 Feuille de recherche
Séance 1
Matériel 33 Papillon à vidéoprojeter
Séance 1
Matériel 33 Feuille de recherche 3
Complète les figures sur papier pointé pour qu'elles soient symétriques par rapport à l'axe donné.
Séance 2
Matériel 33 Feuille de recherche 2
Complète les figures sur papier pointé pour qu'elles soient symétriques par rapport à l'axe donné.
Séance 2
Matériel 33 Feuille de recherche 2
Complète les figures sur papier pointé pour qu'elles soient symétriques par rapport à l'axe donné.
Séance 2
Matériel 33 Feuille de recherche 1
Repasse en rouge sur le trait en pointillés si c'est un axe de symétrie.
Séance 2
Matériel 33 Feuille de recherche 2
Complète les figures sur papier quadrillé pour qu'elles soient symétriques par rapport à l'axe donné.
Matériel 33 Feuille de recherche 2
Complète les figures sur papier quadrillé pour qu'elles soient symétriques par rapport à l'axe donné.

34 Lire l'heure (1)

Séance 1 ⌛ 30 min

Lire des horaires en heures entières et en heures et demie

→ **REPRÉSENTER**

Lire et afficher des horaires en heures entières ou heures et demie sur des montres à cadran ou à affichage digital.

MATÉRIEL ET SUPPORT
- Au moins, une horloge à aiguilles et un réveil à affichage digital au format 24h.
- La feuille de réactivation **Materiel34.pdf**, page 1.

DÉROULEMENT DE LA SÉANCE

❶ Réactivation Placer les aiguilles sur un cadran selon les horaires indiqués.	10 min	**Manipulation** Groupes de 2
❷ Mise en commun Recenser les réponses et les procédures. Renforcer les connaissances acquises.	10 min	**Verbalisation** **Abstraction** Oral collectif
❸ Entrainement Lire des heures exactes et des heures *et demie*.	10 min	**Abstraction** Travail individuel

❶ Réactivation

Les élèves ont apporté des montres, horloges, réveils... à aiguilles ou à affichage digital. Un temps a été consacré à la découverte du matériel en amont de la séance dans le cadre du domaine ***Questionner le monde : se situer dans le temps***.

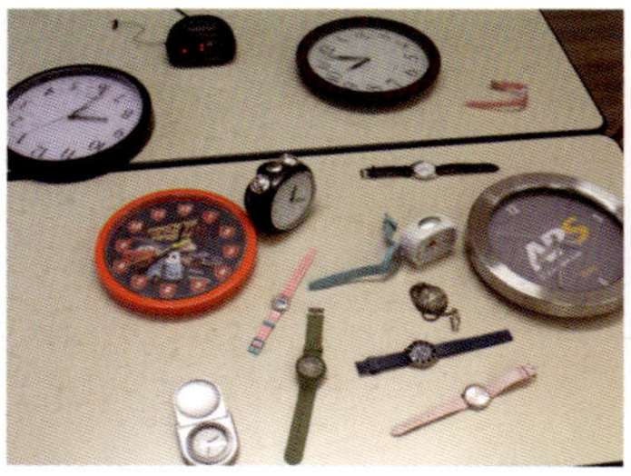

Annoncer aux élèves qu'ils vont perfectionner leur apprentissage de l'heure commencé au CP et poursuivi au CE1. Expliquer qu'ils vont d'abord réactiver leurs connaissances grâce à un exercice qu'ils réaliseront à deux (**Materiel34.pdf**, page 1).

Consigne « Je vais vous donner un document sur lequel figurent des cadrans d'horloge. Vous allez devoir placer les aiguilles selon les horaires indiqués. Vous devrez être capables de justifier votre réponse lors de la mise en commun. »

Matériel 34

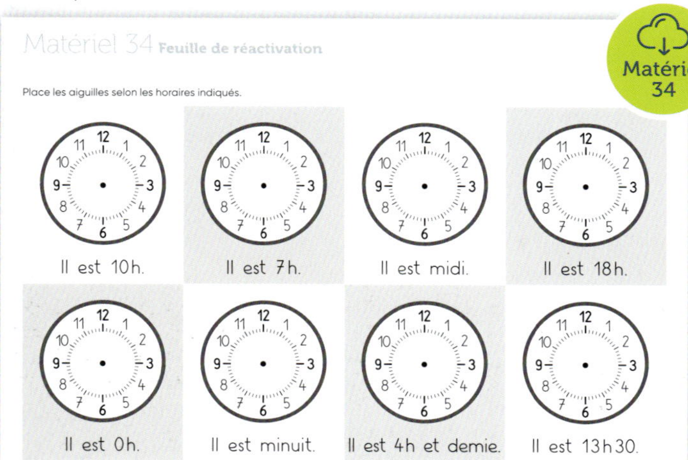
Matériel 34 Feuille de réactivation

Place les aiguilles selon les horaires indiqués.

Il est 10h.	Il est 7h.	Il est midi.	Il est 18h.
Il est 0h.	Il est minuit.	Il est 4h et demie.	Il est 13h30.

Séquence 34

❷ Mise en commun

Recenser les réponses des élèves. Visualiser sur une horloge à aiguilles ou à l'aide de l'animation **Séquence 34**. Valider à l'aide d'une horloge digitale (format 24 h).

Horloges 1 et 2 Il est 10h. Il est 7h
- La petite aiguille indique l'heure. Elle est placée sur le 10 ou le 7.
- La grande aiguille indique les minutes. Quand l'heure est exacte, celle-ci est positionnée sur le 12. On peut aussi écrire 10h00min. Sur le réveil à affichage digital, on lit ***10:00*** et ***07:00***.

Horloge 3 Il est midi.
Midi, c'est *la mi-journée*. Une journée compte 24 heures, donc midi, c'est 12h ou 12h00min. Les deux aiguilles sont sur le 12. Sur le réveil à affichage digital, on lit ***12:00***.

Horloge 4 Il est 18h.
On continue à compter après 12. 18h, c'est 6h du soir. La petite aiguille est sur le 6, la grande aiguille est sur le 12. Sur le réveil à affichage digital, on lit ***18:00***.

Horloges 5 et 6 Il est minuit. Il est 0h.
Minuit, c'est *12h du soir*. Les deux aiguilles sont sur le 12. Comme c'est aussi le début d'une nouvelle journée, on dit qu'il est *0h* (On ne dit pas *24h*). Sur le réveil à affichage digital, on lit ***00:00***.

Horloge 7 Il est 4h et demie.
4 heures et une demi-heure, c'est 4 heures passées de la moitié d'une heure, donc de 30 minutes (Une heure compte 60 minutes).
- La grande aiguille a fait un demi-tour de cadran. Elle est positionnée sur le 6.
- La petite aiguille a fait la moitié du chemin entre le 4 et le 5. Elle est positionnée entre 4 et 5, exactement au milieu.

Sur le réveil à affichage digital, on lit ***04:30***.

Horloge 8 Il est 13h30.
- 13h, c'est 1h de l'après-midi. 13h30, c'est 13h passées de 30 minutes.
- La grande aiguille a fait un demi-tour de cadran. Elle est positionnée sur le 6.
- La petite aiguille a fait la moitié du chemin entre le 1 et le 2. Elle est positionnée entre 1 et 2, exactement au milieu.

« n » heures 30 et « n » heures et demie, c'est pareil.
On ne dit pas « et demie » à partir de 12h.
Sur le réveil à affichage digital, on lit ***13:30***.

❸ Entrainement

Les élèves écrivent sur l'ardoise l'heure qu'affiche l'enseignant sur l'horloge à aiguilles.
- Afficher 11h et dire : *« C'est le matin. »*
- Afficher 6h30 et dire : *« C'est le matin. »*
- Afficher 18h et dire : *« C'est le soir. »*
- Afficher 22h et dire : *« C'est le soir. »*
- Afficher 21h30 et dire : *« C'est le soir. »*
- Afficher 14h et dire : *« C'est l'après-midi. »*
- Afficher 5h et demie et dire : *« C'est le matin. »*
- Afficher 20h30 et dire : *« C'est le soir. »*

DIFFÉRENCIATION

Exercices d'entrainement différenciés à proposer en fonction des besoins repérés
- savoir qu'il y a 60 minutes dans une heure, 24 heures dans une journée.
- se repérer dans la journée par rapport à une horloge, situer un moment par rapport à un autre en fonction de l'heure, indiquer les heures qui régissent la journée.
- différencier l'heure du matin et l'heure de l'après-midi.
- lire les heures exprimées par une montre à aiguilles et une montre à affichage digital.

34A et 34B

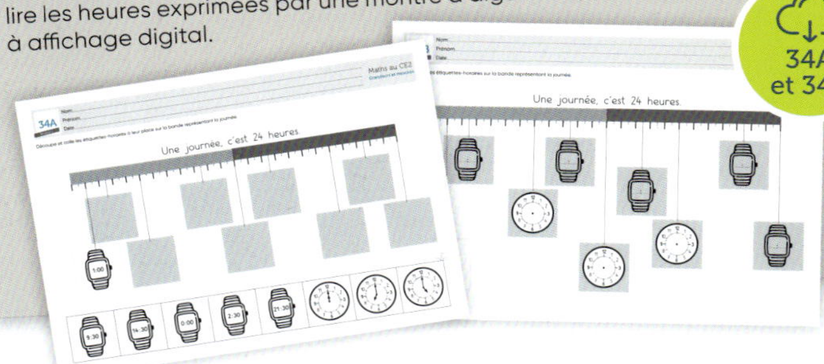

Séance 2

30 min

Lire des horaires en heures et minutes

→ **REPRÉSENTER**

Se repérer dans la graduation des minutes.

MATÉRIEL ET SUPPORT
- Une horloge à aiguilles.
- La feuille de recherche **Materiel34.pdf**, page 2.
- L'horloge de la **planche 8** fournie avec le cahier *Maths au CE2*.

DÉROULEMENT DE LA SÉANCE

❶ Recherche Lire des horaires en heures et minutes.	10 min	**Expérimentation** Groupes de 2
❷ Mise en commun Recenser les réponses et les procédures.	5 min	**Verbalisation** Oral collectif
❸ Institutionnalisation Faire une synthèse de ce qu'il faut retenir.	5 min	**Abstraction** Oral collectif
❹ Entraînement Afficher des horaires en heures et minutes.	10 min	**Manipulation** Travail individuel

❶ Recherche

Matériel 34

Annoncer aux élèves qu'ils vont apprendre à lire de nouveaux horaires. Ils vont, pour cela, travailler par deux (**Materiel34.pdf**, page 2).

Consigne *« Je vais vous distribuer un document sur lequel figurent des cadrans d'horloge. Vous allez devoir, pour chaque cadran, écrire l'horaire indiqué. Vous devrez être capables de justifier votre réponse lors de la mise en commun. »*

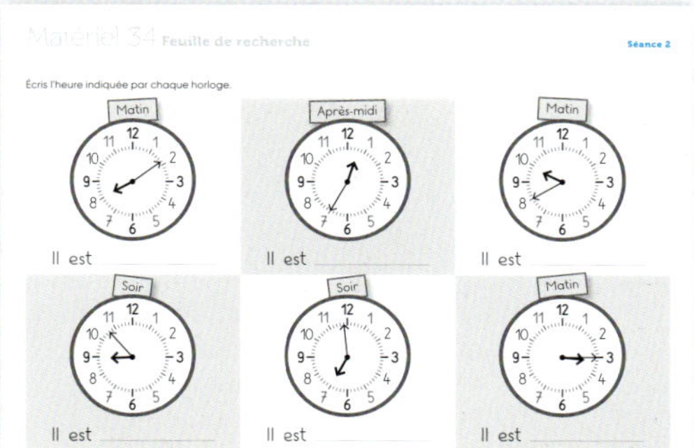

❷ Mise en commun

Au tableau ou à l'aide de l'animation **Séquence 34** commencer par un rappel collectif : la grande aiguille indique les minutes, chaque petite graduation correspond à une minute.

Faire remarquer qu'entre deux graduations numérotées, il y a 5 minutes. Pour lire la graduation indiquée par la grande aiguille, on peut compter les minutes de 5 en 5, d'une graduation numérotée à l'autre, pour aller plus vite.

Le cadran est gradué à partir du **12** qui correspond au **0** pour les minutes. Écrire le repère **0** au-dessus de 12 sur le cadran dessiné au tableau. Les minutes se lisent de 5 en 5 : dans 1 heure, il y a 12 fois 5 minutes, ce qui fait 60 minutes.

1er cadran
La petite aiguille indique les heures, il est entre 8 h et 9 h. La grande aiguille est placée sur la neuvième graduation des minutes. **Il est 8 h et 9 minutes.**
On dit qu'il est 8 h 09 min ou 8 h 09 ou 8 h 9 min.

2e cadran
La grande aiguille a dépassé de 5 graduations le repère **30** déjà connu des élèves.
Il est 12 h et 35 minutes.
On dit qu'il est 12 h 35 min ou 12 h 35 ou midi 35.

3e cadran
La grande aiguille a dépassé de 10 graduations le repère **30**. **Il est 9 h et 40 minutes.**
On dit qu'il est 9 h 40 min ou 9 h 40.

4e cadran
La grande aiguille a dépassé de 3 minutes le repère **50**. **Il est 20 h et 53 minutes.**
On dit qu'il est 20 h 53 min ou 20 h 53.

5e cadran
La grande aiguille indique une minute avant le repère **60**. **Il est 18 h et 59 minutes.**
On dit qu'il est 18 h 59 min ou 18 h 59.

6e cadran
Il est 3 h et 15 minutes (5, 10, 15 ou 3 x 5).
On dit qu'il est 3 h 15 min ou 3 h 15.
4 fois 15 minutes, cela fait 60 minutes, c'est-à-dire 1 heure. Il y a 4 fois 15 minutes dans une heure. C'est **un quart d'heure**, il y a quatre fois un quart d'heure dans une heure.
La grande aiguille a fait un quart de tour.
Il s'est donc écoulé un quart d'heure depuis 3 h.
On dit aussi qu'il est **3 h et quart**.

❸ Institutionnalisation

Ce qu'il faut retenir

Il est 10 heures 9 minutes.
La grande aiguille indique la neuvième graduation à partir de 0.
Il est donc 10 h 09 min ou 10 h 09 ou 10 h 9 min.
Au début pour apprendre à lire les heures, on peut aussi s'aider des grandes graduations bleues placées de 5 en 5 de 0 à 60.

Faire le lien entre les nombres de 1 à 12 du cadran et la table de x 5.
Donner un exemple pour le chiffre 7 (7 x 5 = 35 minutes).
Énoncer la valeur des nombres de 1 à 12 lorsqu'ils indiquent des minutes : 5 min pour le 1, 10 min pour le 2, ...0 min pour le 12.
Utiliser les graduations 15 minutes, 30 minutes et 45 minutes pour faciliter le repérage des minutes.
Exemple Pour 0 h 20, 20 minutes c'est 5 min de plus que 15 min.

❹ Entrainement

! Le montage de l'horloge ACCÈS avec le matériel de la planche cartonnée 8 a été effectué en amont dans le cadre du programme de travail hebdomadaire réalisé en autonomie. Préciser aux élèves qu'il faut placer la petite aiguille sur la grande pour qu'elle soit toujours visible.

34 Lire l'heure (1)

Demander aux élèves d'afficher sur l'horloge qu'ils ont fabriquée ou apportée l'horaire demandé :

9 h	7 h 5 ou 7 h 05		10 h 15	0 h 20
6 h 13	10 h 45	8 h 40	9 h 10	11 h 39

Faire repérer que l'aiguille des heures se déplace en même temps que l'aiguille des minutes lorsque cette dernière effectue un tour de cadran. Repérer également que si on affiche 10 h 25 l'aiguille des heures se place entre les nombres 10 et 11.

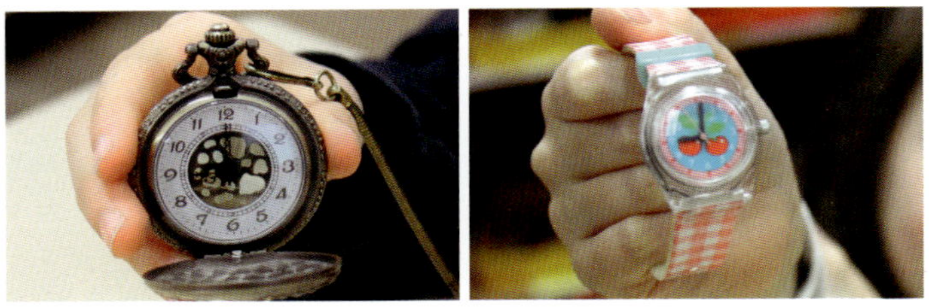

Afficher 9 h

Afficher 10 h 15 min

Afficher 10 h 45 min

DIFFÉRENCIATION

- Proposer aux élèves d'utiliser l'horloge qu'ils ont fabriquée du côté où les minutes sont indiquées.

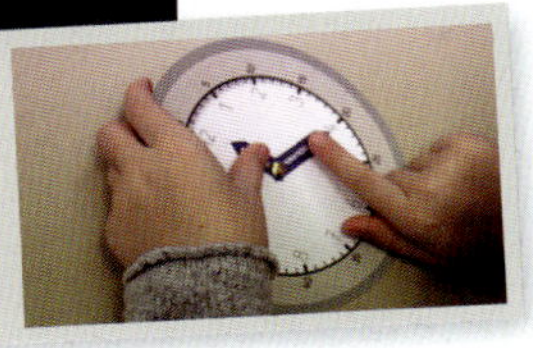

Séance 3 — 30 min

Lire des horaires en heure et *quart*

→ REPRÉSENTER

Lire l'heure exprimée avec le *quart*.

MATÉRIEL ET SUPPORT
- Une horloge à aiguilles.
- La feuille de recherche **Materiel34.pdf**, page 3.

DÉROULEMENT DE LA SÉANCE

❶ Recherche Matérialiser un quart d'heure par pliage.	10 min	Expérimentation Travail individuel
❷ Institutionnalisation Faire la synthèse de ce qu'il faut retenir.	5 min	Abstraction Oral collectif
❸ Entrainement Évaluer les progrès réalisés.	15 min	Abstraction Travail individuel

❶ Recherche

Séquence 34 — Matériel 34

Proposer l'activité de découpage-pliage de **Materiel34.pdf**, page 3.

Demander aux élèves d'anticiper où il faut plier le cadran pour obtenir une portion de 30 minutes. Lors de la mise en commun, recenser et vérifier les différentes solutions trouvées.

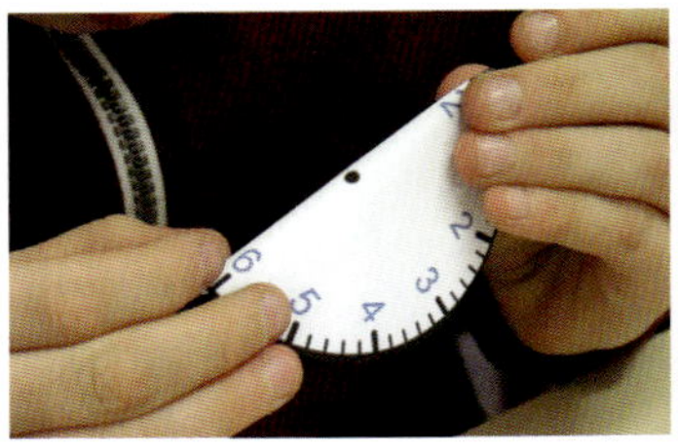

Plier le cadran de façon à obtenir la portion de 0 à 30 minutes.

Plier à nouveau cette partie en deux pour obtenir un quart d'heure.

Visualiser les quatre quarts d'heure en repassant sur les plis au crayon et à la règle. Colorier le premier quart d'heure.

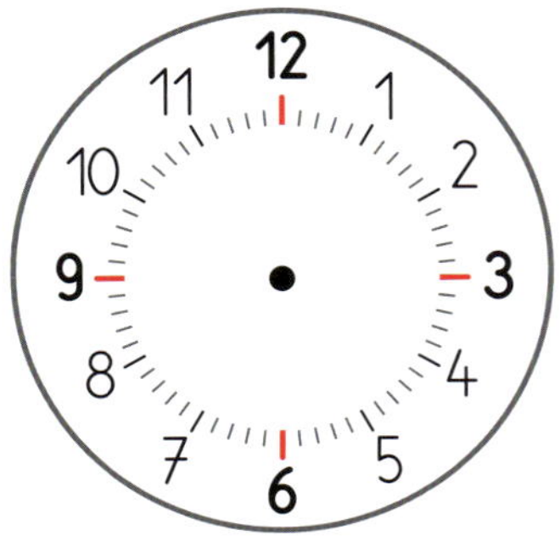

Visualiser le découpage de l'heure en 4 quarts d'heure à l'aide de l'animation **Séquence 34**.

❷ Institutionnalisation

Ce qu'il faut retenir

Il est 10 heures 15 minutes.
10 h 15
10 h et un quart d'heure
10 heures et quart

Il s'est écoulé un quart d'heure après 10 heures.
Quand la grande aiguille fait la moitié de la moitié d'un tour de cadran, elle parcourt 15 minutes.
C'est un quart d'heure car il y a 4 fois 15 minutes dans 60 minutes (1h).

❸ Entrainement

Les élèves font individuellement les exercices 1 à 5 du cahier de l'élève ***Maths au CE2***.
(Ils font l'exercice 5 dans un autre cahier.)

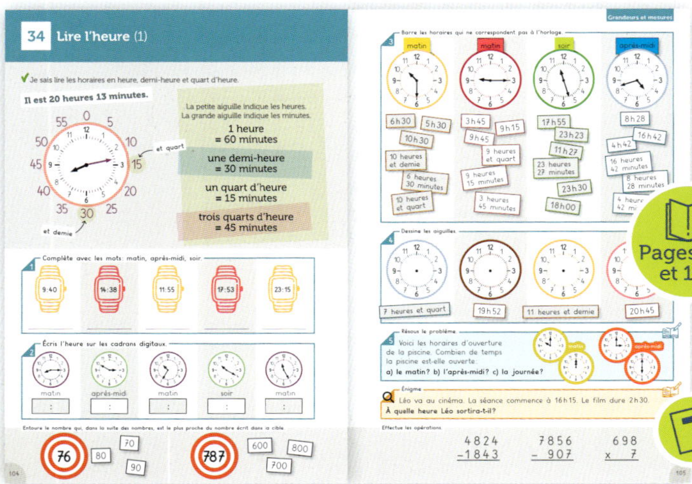

Pages 104 et 105

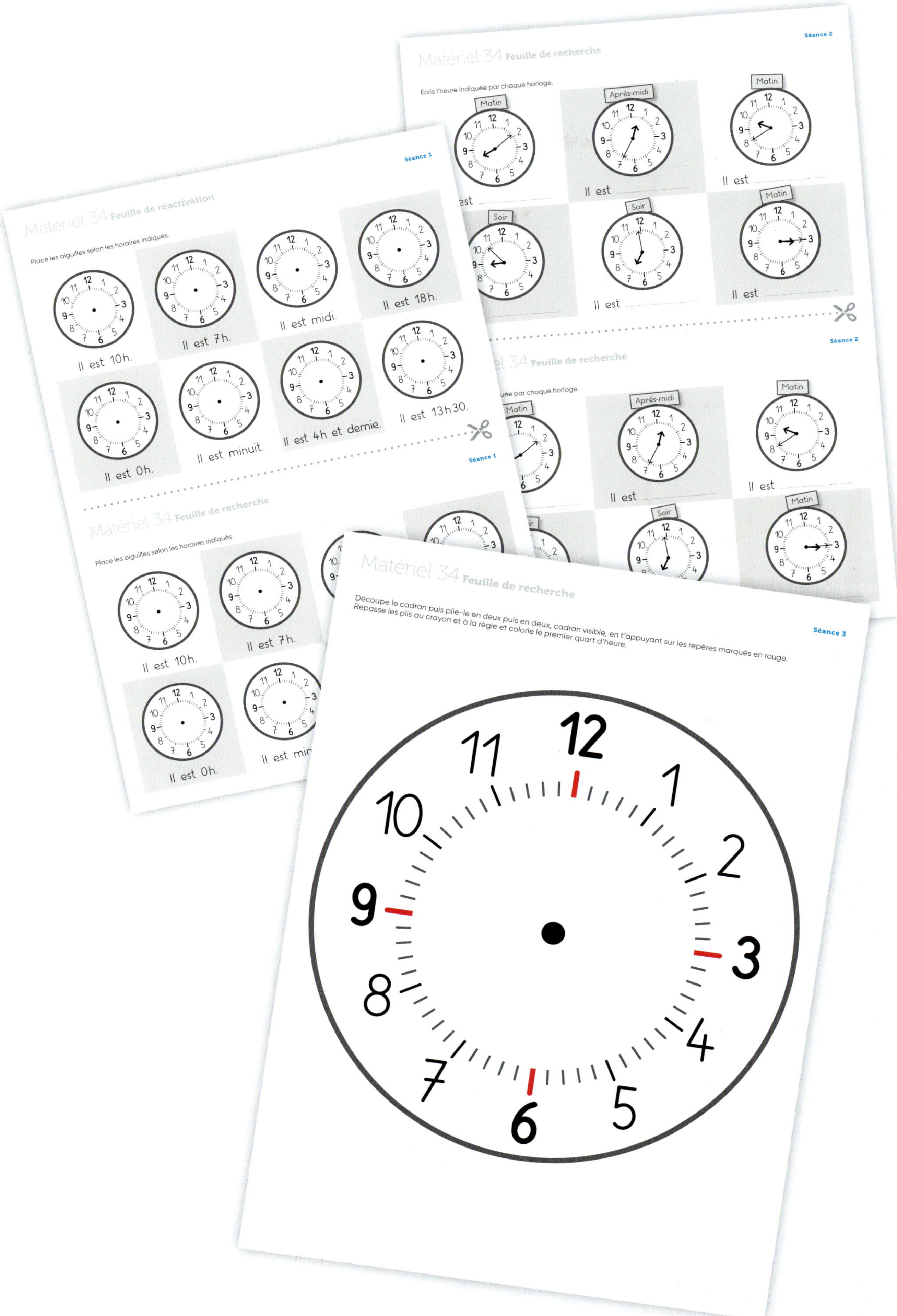
Matériel 34 Feuille de recherche
Séance 2
Écris l'heure indiquée par chaque horloge.
Matin
Après-midi
Soir
Il est
Matériel 34 Feuille de réactivation
Séance 1
Place les aiguilles selon les horaires indiqués.
Il est 10h.
Il est 7h.
Il est midi.
Il est 18h.
Il est 0h.
Il est minuit.
Il est 4h et demie.
Il est 13h30.
Matériel 34 Feuille de recherche
Séance 3
Découpe le cadran puis plie-le en deux puis en deux, cadran visible, en t'appuyant sur les repères marqués en rouge.
Repasse les plis au crayon et à la règle et colorie le premier quart d'heure.

15 min par jour

Calcul mental

- Estimer un ordre de grandeur pour vérifier la vraisemblance d'un résultat.
- Calculer le quotient et le reste d'une division euclidienne par 25, par 50 et par 100.

Séance 1

Calcul 25

❶ Estimation d'un ordre de grandeur — 1 min

Faire estimer sur l'ardoise le résultat le plus approchant de l'opération proposée par l'animation **Calcul 25** en choisissant parmi 3 réponses.

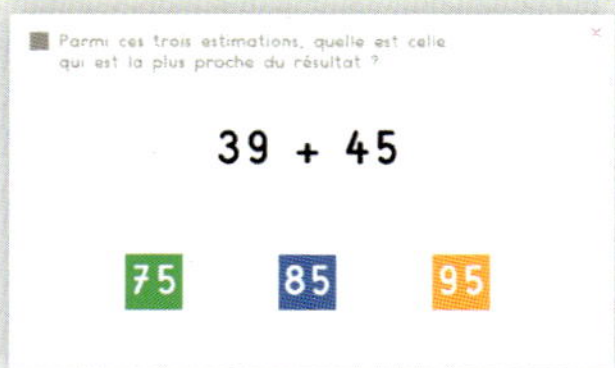

❷ Division exacte : découverte — 4 min

L'enseignant pose 10 questions une à une oralement en demandant une réponse immédiate. Les élèves répondent sur l'ardoise.

Poser les questions suivantes : ***« 45 divisé par 5 ? »***
« 45 divisé par 9 ? » ***« 70 divisé par 10 ? »*** ***« 70 divisé par 7 ? »***
« 35 divisé par 7 ? » ***« 35 divisé par 5 ? »*** ***« 90 divisé par 10 ? »***
« 90 divisé par 9 ? » ***« 30 divisé par 6 ? »*** ***« 30 divisé par 5 ? »***

❸ Calcul du quotient et du reste d'une division euclidienne : réinvestissement — 10 min

Proposer le problème suivant oralement : *« Un pâtissier a fabriqué des chocolats. Il les range dans des boites de 25 chocolats. Il lui reste encore 129 chocolats à ranger.*
Combien de boites peut-il encore remplir ? »

Expliquer que cela revient à calculer 129 divisé par 25.
Dans la division de 129 par 25, l'égalité (25 x 5) + 4 = 129 permet de vérifier que 5 est le quotient et que 4 est le reste.
Vérifier que le reste est inférieur à 25.
Écrire au tableau : 129 divisé par 25 quotient = 5 reste = 4
Vérification : (25 x 5) + 4 = 129

Poser le même problème avec **53 chocolats** à ranger, **45 chocolats, 85 chocolats, 150 chocolats, 176 chocolats, 212 chocolats, 265 chocolats, 500 chocolats.**
Faire utiliser le symbole : si c'est une division exacte, par exemple 150 : 25 = 6.

Séance 2

Calcul 25

❶ Estimation d'un ordre de grandeur — 1 min

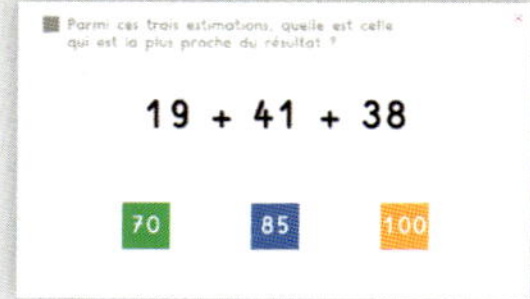

Faire estimer sur l'ardoise le résultat le plus approchant de l'opération proposée par l'animation **Calcul 25** en choisissant parmi 3 réponses.

❷ Division exacte : découverte — 4 min

L'enseignant pose 10 questions une à une oralement en demandant une réponse immédiate. Les élèves répondent sur l'ardoise.

Poser les questions suivantes : ***« 48 divisé par 6 ? »***
« 48 divisé par 8 ? » ***« 24 divisé par 6 ? »*** ***« 24 divisé par 4 ? »***
« 42 divisé par 6 ? » ***« 42 divisé par 7 ? »*** ***« 54 divisé par 6 ? »***
« 54 divisé par 9 ? » ***« 60 divisé par 6 ? »*** ***« 60 divisé par 10 ? »***

❸ Calcul du quotient et du reste d'une division euclidienne : réinvestissement — 10 min

Proposer le problème suivant oralement : *« Un pâtissier a fabriqué des chocolats. Il les range dans des boites de 100 chocolats. Il lui reste encore 345 chocolats à ranger.*
Combien de boites peut-il encore remplir ? »

Poser le même problème avec **679 chocolats** à ranger, **400 chocolats, 806 chocolats, 940 chocolats, 1200 chocolats, 3800 chocolats, 7864 chocolats, 5000 chocolats, 10000 chocolats, 1000 chocolats.**
Faire utiliser le symbole : si c'est une division exacte, par exemple 3800 : 100 = 38.

Séance 3

Calcul 25

❶ Estimation d'un ordre de grandeur — 1 min

Faire estimer sur l'ardoise le résultat le plus approchant de l'opération proposée par l'animation **Calcul 25** en choisissant parmi 3 réponses.

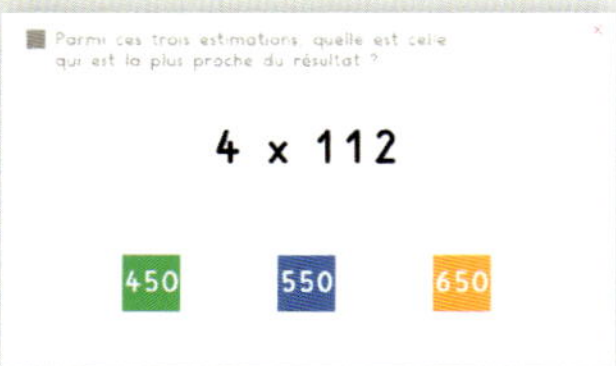

❷ Division exacte : entrainement — 4 min

L'enseignant pose 10 questions une à une oralement en demandant une réponse immédiate. Les élèves répondent sur l'ardoise.

Poser les questions suivantes : ***« Quel est le quotient de 18 par 3 ? »*** puis **le quotient de 18 par 6 ? de 30 par 6 ? de 30 par 5 ? de 28 par 4 ? de 28 par 7 ? de 48 par 6 ? de 48 par 8 ? de 32 par 4 ? de 32 par 8 ?**

❸ Calcul du quotient et du reste d'une division euclidienne : réinvestissement — 10 min

Proposer le problème suivant oralement : *« Un nageur a parcouru 275 mètres dans un bassin de 50 mètres de long.*
Combien de longueurs de 50 mètres a-t-il effectuées ? »

Poser le même problème avec les distances suivantes : ***238 m, 450 m, 806 m, 954 m, 580 m, 1000 m, 2300 m.***
Utiliser le symbole : si c'est une division exacte, par exemple 450 : 50 = 9.

Séance 4

Calcul 25

❶ Estimation d'un ordre de grandeur — 1 min

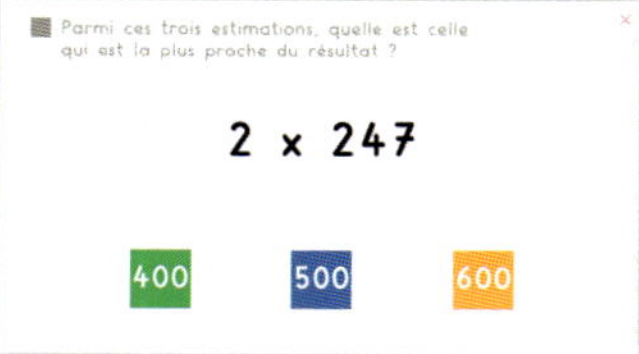

Faire estimer sur l'ardoise le résultat le plus approchant de l'opération proposée par l'animation **Calcul 25** en choisissant parmi 3 réponses.

❷ Division exacte : entrainement — 4 min

L'enseignant pose 10 questions une à une oralement en demandant une réponse immédiate. Les élèves répondent sur l'ardoise.

Poser les questions suivantes : ***« Quel est le quotient de 40 par 5 ? »*** puis **le quotient de 40 par 8 ? de 60 par 10 ? de 60 par 6 ? de 72 par 9 ? de 72 par 8 ? de 64 par 8 ? de 10 par 10 ? de 63 par 7 ? de 63 par 9 ?**

❸ Tables de multiplication : quotient entier — 10 min

Proposer à la résolution sur l'ardoise les petits problèmes oraux. Écrire les données de chaque problème au tableau.

« Madame Frémot a 42 œufs.
Elle veut les ranger dans des boites de 6 œufs.
Combien de boites va-t-elle remplir ? »

« Madame Devos a payé 72 € pour acheter 8 places de cinéma qui sont toutes au même prix.
Quel est le prix d'une place ? »

« Lilou range ses 63 billes dans 7 boites.
Elle veut en mettre autant dans chaque boite.
Combien de billes range-t-elle dans chaque boite ? »

« Léo range les livres de la bibliothèque de l'école.
Il fait des piles de 7 livres. Il doit ranger 56 livres.
Combien de piles va-t-il pouvoir faire ? »

Calcul@tice Les élèves travaillent en autonomie sur les ordinateurs de la classe
calculatice.ac-lille.fr > les exercices > Niveau CE2
- Tables x 6 x 7 x 8 x 9 : Quadricalc inversé - L'araignée
- Multiplier par 10, 20, 30... : HandMaths

45 min par semaine

Atelier problèmes
Se poser des questions à partir d'un ensemble de données

Atelier 25

CHERCHONS ENSEMBLE

Rédige la question qui manque dans chaque énoncé et réponds-y.

Problème 1 La Loire est un fleuve qui mesure 1 015 km, c'est-à-dire 210 km de plus que le Rhône.

Question

Réponse

Problème 2 Pour partir en voyage scolaire, les enfants et leurs accompagnateurs se répartissent dans 3 autocars. Dans chaque autocar, il y a 43 enfants et 4 accompagnateurs.

Question

Réponse

JE M'ENTRAINE

Rédige la question qui manque et résous les problèmes dans un cahier.
Commence par ceux avec le symbole ✖ puis résous les problèmes de ton choix.

✖ **Problème 3** Un club de football a acheté 13 maillots rouges, 13 maillots verts et 13 maillots bleus. Chaque maillot valait 15 €.

✖ **Problème 4** Dans une ville, les pistes cyclables ont une longueur de 3 567 mètres. Des travaux sont effectués pour les allonger de 4 698 mètres.

Problème 5 Léo a 64 images. Il en garde la moitié et partage ce qui reste en parts égales entre ses deux sœurs.

Problème 6 Pour aller dans leur classe, les élèves de CE2 montent un escalier de 15 marches 4 fois par jour.

Problème 7 Le premier Tour de France a eu lieu en 1903. Il y avait 60 coureurs au départ. 40 coureurs ont abandonné avant l'arrivée.

35 Lire l'heure (2)

Séance 1 — 45 min

Connaitre différentes expressions pour un même horaire

→ REPRÉSENTER

Lire des horaires en se référant à l'heure suivante :
8 h 45 se lit aussi 9 h moins le quart.

MATÉRIEL ET SUPPORT
- Une horloge à aiguilles.
- La feuille de recherche **Materiel35.pdf**, page 1.
- L'horloge fabriquée par les élèves en Séquence 34, séance 2.

DÉROULEMENT DE LA SÉANCE

❶ **Recherche** Comprendre des horaires du type 8 h moins 10.	15 min	**Expérimentation** Groupes de 2
❷ **Mise en commun** Découvrir l'équivalence 9 h moins 20 et 8 h 40.	5 min	**Verbalisation** Oral collectif
❸ **Entrainement** Afficher sur une horloge des horaires du type 9 h moins 20.	10 min	**Expérimentation** Travail individuel
❹ **Institutionnalisation** Faire la synthèse de ce qu'il faut retenir.	5 min	**Abstraction** Oral collectif
❺ **Réinvestissement** Résoudre des problèmes impliquant des durées.	10 min	**Expérimentation** Groupes de 2

❶ Recherche

Matériel 35

Afficher l'horaire suivant sur une horloge à aiguilles et demander aux élèves de lire l'heure indiquée.

« Il est 4 h 15 mais on peut dire aussi 4 h et quart ou 16 h 15 si c'est l'après-midi. Pour lire les heures de l'après-midi et du soir en heures, demi-heure et quart d'heure, comme 16 h 15, on dit ***seize heures quinze*** *et non* ***seize heures et quart*** *».*

Demander aux élèves s'ils connaissent d'autres horaires qu'on peut exprimer de différentes manières.

0 h ou minuit   12 h ou midi   7 h du soir ou 19 h
10 h 30 ou 10 h et demie   2 h 15 ou 2 h et quart

Annoncer aux élèves qu'ils vont découvrir, par équipe de deux, une autre manière d'exprimer certains horaires (**Materiel35.pdf**, page 1).

Consigne *« Je vais vous donner un document sur lequel figurent des cadrans d'horloge. Vous allez devoir placer les aiguilles selon les horaires indiqués. Vous devrez être capables de justifier votre réponse lors de la mise en commun. »*

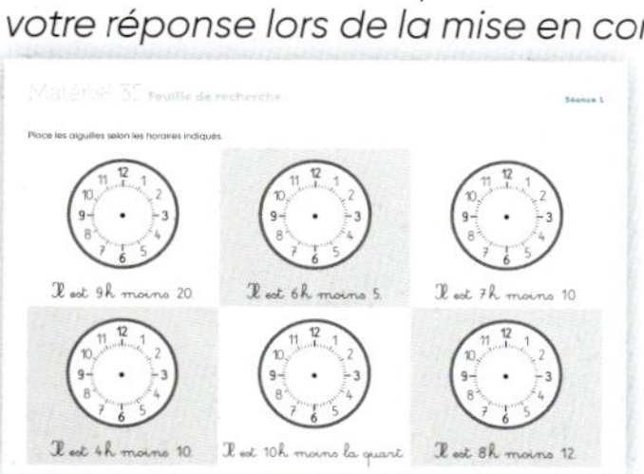

Préciser aux élèves qu'ils peuvent, s'ils le souhaitent, utiliser l'horloge en carton fabriquée précédemment.

❷ Mise en commun

Recenser les réponses et les procédures.

Procédures visées
Quand il est 9 h moins 20, il n'est pas encore 9 h. Il sera 9 heures dans 20 minutes. Pour placer la grande aiguille, on peut :
- reculer de 20 minutes à partir du *0* (en comptant de 5 en 5),
- retirer 20 minutes à 60 minutes (60 – 20 = 40) donc 9 h moins 20, c'est pareil que 8 h 40.

Faire constater que la grande aiguille est sur le *8* et la petite, un peu avant le *9*. Faire de même avec les autres horaires.

- Pour 10 h moins le quart, attirer l'attention des élèves sur le fait qu'il sera 10 h dans un quart d'heure donc dans 15 minutes. On recule de 15 minutes à partir du *0* ou on retire 15 minutes à 60 minutes (60 – 15 = = 45). On dit *« 10 h moins le quart »*, c'est pareil que 9 h 45. On ne dit pas ***« 10 h moins 15 »***.

Préciser qu'on n'utilise pas l'expression avec *moins* pour les heures de l'après-midi et du soir. On n'utilise pas *moins* avec un nombre supérieur ou égal à 30.

❸ Entrainement

Afficher 11 h moins le quart et faire le lien avec 10 h 45.

Demander aux élèves d'afficher l'horaire énoncé sur l'horloge qu'ils ont fabriquée ou apportée :

8 h moins 5	**11 h moins le quart**
11 h moins 20	**9 h moins 25**
7 h moins 12	**0 h moins 3**
4 h moins 10	**midi moins le quart**

Afficher 11 h moins 20 et faire le lien avec 10 h 40.

DIFFÉRENCIATION

- Proposer aux élèves d'utiliser l'horloge en carton du côté où les minutes sont indiquées pour reculer dans notre exemple de 20 minutes à partir du *0* (en comptant de 5 en 5).

❹ Institutionnalisation

Ce qu'il faut retenir

Il est 10 heures 45 minutes ou 11 heures moins le quart.

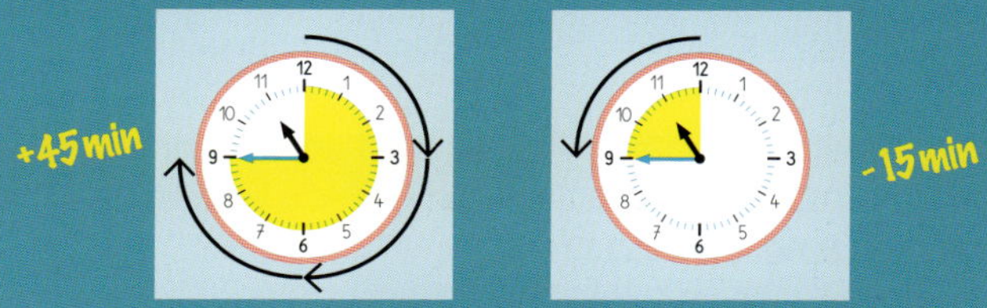

Il s'est écoulé 45 minutes après 10 heures. Il est 10 h 45.
Il sera 11 h dans 15 minutes (ou dans un quart d'heure).
Il est 11 h moins le quart.

Il est 6 heures 40 ou 7 heures moins 20.

Il s'est écoulé 40 minutes après 6 heures. Il est 6 h 40.
Il sera 7 h dans 20 minutes. Il est 7 h moins 20.

❺ Réinvestissement

Proposer le problème suivant : *« Il est 15 h 10. Mon train part dans un quart d'heure. **À quelle heure va-t-il partir ?** »*

DIFFÉRENCIATION

- Proposer aux élèves d'utiliser le matériel de la Séquence 34 (cadran, un quart de cadran, un demi cadran) pour ajouter un quart d'heure.

Lors de la mise en commun, recenser les réponses et les procédures utilisées.

Procédures utilisées

- Établit la correspondance entre un quart d'heure et 15 minutes.
- Compte de 5 en 5 de 15 h 10 à 15 h 25.
- Calcule 10 min + 15 min = 25 min puis écrit 15 h 25 min.

Distinguer l'heure de la durée. Superposer un quart de disque sur le cadran pour repérer 15 h 10 et 15 h 25 et la durée d'un quart d'heure.

Proposer des problèmes du même type :

*« Il est 13 h 55. Mon train part dans un quart d'heure. **À quelle heure va-t-il partir ?** »*

*« Il est 3 h moins 20. Mon train est parti depuis une demi-heure. **À quelle heure est-il parti ?** »*

Pour ajouter 15 min à 13 h 55, compléter jusqu'à 14 h (5 min) puis ajouter 10 min : 14 h10.

3 h moins 20, c'est 2 h 40. Pour retirer 30 min à 2 h 40, reculer de 10 min (2 h 30) puis encore de 20 min (2 h 10).

Séance 2

30 min

Renforcement et évaluation

→ COMMUNIQUER

Lire et afficher des horaires sur une horloge à aiguilles.

MATÉRIEL ET SUPPORT

- L'horloge fabriquée par les élèves en Séquence 34, séance 2.

DÉROULEMENT DE LA SÉANCE

❶ Renforcement Afficher l'horaire indiqué. Lire et exprimer un horaire de différentes manières.	15 min	**Verbalisation** **Abstraction** Écrit individuel
❷ Évaluation Établir un bilan des apprentissages.	15 min	

❶ Renforcement

Proposer aux élèves les exercices différenciés de **ExoSup35.pdf**, page 1.

35A
Nom
Prénom
Date
Maths au CE2
Grandeurs et mesures

Niveau 1 - C'est le matin. Écris l'horaire indiqué par ces horloges.

Il est ... h ... min. Il est ... h ... min. Il est ... h ... min. Il est ... h ... min.

Niveau 2 - Place les aiguilles selon les horaires indiqués. Fais attention à la position de la petite aiguille.

Il est 10 h 3 min. Il est 3 h 37 min. Il est 1 h 50 min. Il est 4 h 15 min.

Niveau 3 - Écris de deux manières différentes les horaires indiqués comme dans l'exemple.

5 h 40 min. 6 heures moins vingt ... h ... min. ... h ... min. ... h ... min.

Niveau 4 - Place les aiguilles selon les horaires indiqués. Fais attention à la position de la petite aiguille.

13 h 40 min 8 heures moins vingt-cinq 6 heures moins le quart 15 h 55 min

35A

❷ Évaluation

Pages 106 et 107

Établir un bilan des apprentissages.

Les élèves font individuellement les exercices 1 à 5 du cahier de l'élève ***Maths au CE2***.
(Ils résolvent les problèmes 4 et 5 dans un autre cahier.)

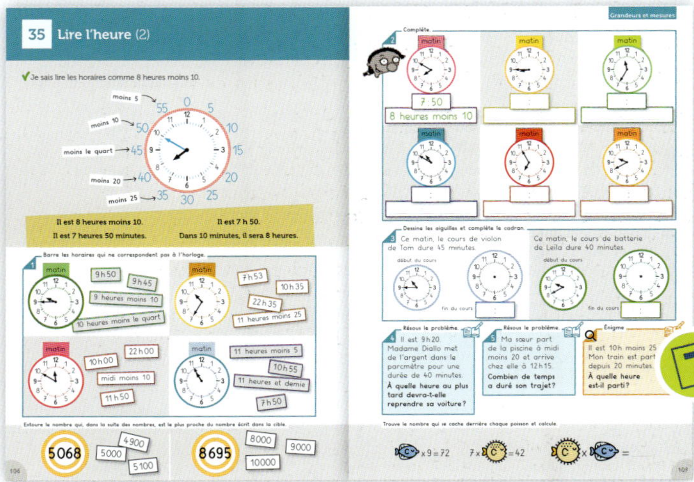

36 Construire un carré

Séance 1 — 30 min

Reconnaitre un carré

→ MODÉLISER

Reconnaitre des carrés dans différentes positions et sur tout support : papier pointé, papier quadrillé, papier blanc.

MATÉRIEL ET SUPPORT
- La feuille de réactivation (**Materiel36.pdf**, page 1).

DÉROULEMENT DE LA SÉANCE

1 Réactivation des acquis du CE1 Reconnaitre les figures usuelles.	15 min	**Expérimentation** Travail individuel
2 Entrainement Décrire un carré en utilisant un vocabulaire approprié.	15 min	**Abstraction** Travail individuel

1 Réactivation des acquis du CE1

Matériel 36

Proposer l'exercice 1 de la feuille de réactivation (**Materiel36.pdf**, page 1). Les élèves doivent reconnaitre des carrés dans différentes positions parmi plusieurs figures et justifier la réponse en donnant le nombre de côtés, leur longueur et en identifiant les angles droits.

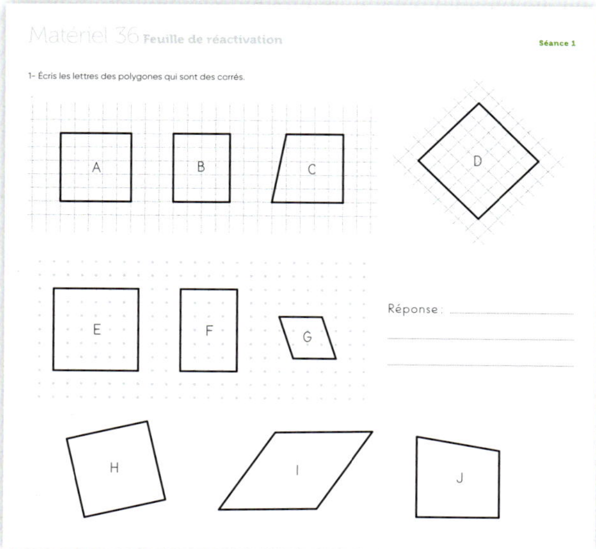

Mise en commun

Demander aux élèves d'expliquer leurs procédures pour reconnaitre un carré. Utiliser les instruments, règle graduée et équerre, pour pouvoir affirmer que c'est un carré. Il faut que les deux propriétés soient respectées en même temps : égalité de longueur des 4 côtés et 4 angles droits.

2 Entrainement

Proposer l'exercice 2 de la feuille de réactivation (**Materiel36.pdf**, page 1). Les élèves doivent expliquer pourquoi les figures ne sont pas des carrés.

Confronter les réponses lors d'une mise en commun.

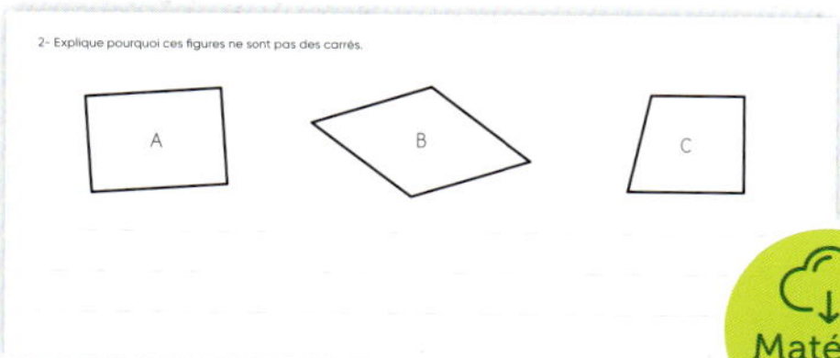

Matériel 36

Séance 2 — 45 min

Reproduire un carré

→ MODÉLISER

Connaitre les propriétés du carré : polygone qui a quatre angles droits et quatre côtés de même longueur.

MATÉRIEL ET SUPPORT
- Pour la classe, une carte pop-up fabriquée à partir de la notice de fabrication (**Materiel36.pdf**, page 2).
- Par élève, un carré de 8 cm de côté (**Materiel36.pdf**, page 3) et une forme sans angle droit, découpée de manière aléatoire dans du papier rouge, assez grande pour contenir un carré de 8 cm de côté.
- Quelques carrés (**Materiel36.pdf**, page 3) reproduits sur du papier calque à se passer entre voisins de table.

DÉROULEMENT DE LA SÉANCE

1 Appropriation Comprendre le but à atteindre : reproduire une figure donnée.	15 min	**Verbalisation** Oral collectif Écrit individuel
2 Recherche Reproduire un carré en prélevant les informations utiles.	10 min	**Manipulation** **Expérimentation** Travail individuel
3 Mise en commun Inventorier les difficultés rencontrées et les méthodes utilisées.	10 min	**Verbalisation** Oral collectif
4 Institutionnalisation Définir un carré.	10 min	**Verbalisation** **Abstraction** Travail individuel

1 Appropriation

Présenter la carte pop-up du poisson. En l'observant, faire constater que le corps du poisson est fabriqué à l'aide d'une seule figure géométrique rouge, méconnaissable à cause du pliage.

Matériel 36

Consigne « *Avant de fabriquer vous-même cette carte, il faut que vous traciez la figure sur du papier rouge. Pour obtenir des informations nécessaires à la reproduction de cette figure, vous allez me poser des questions par écrit.* »

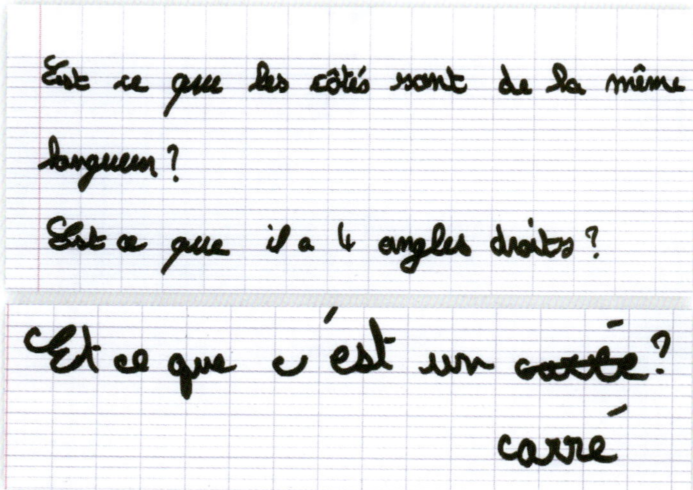

Écrit individuel puis concertation par groupes de 2

Mise en commun
Lister les questions au tableau (sans y répondre).

Exemples de questions possibles :
- Est-ce que la figure rouge est un carré ?
- Est-ce que la figure rouge est un rectangle ?
- Combien mesurent les côtés de cette figure ?
- Les angles de cette figure sont-ils des angles droits ?

❷ Recherche

Distribuer une figure (un carré) par élève (**Materiel36.pdf**, page 3).

Consigne « Voici la figure reproduite sur une feuille blanche. À l'aide des outils nécessaires, vous allez prélever les informations permettant de répondre à vos questions. »

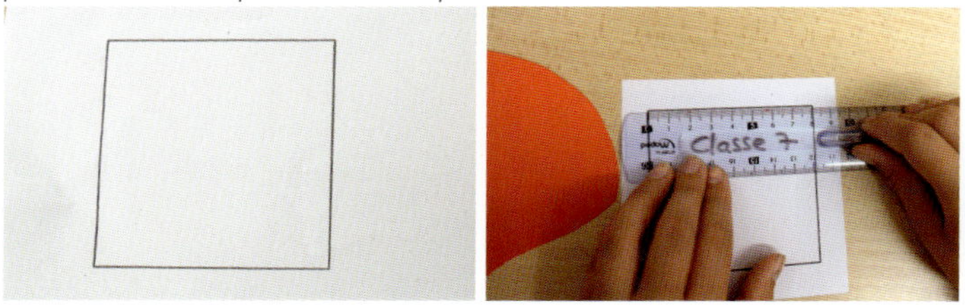

Les élèves mesurent les côtés à l'aide de la règle et vérifient les angles droits à l'aide de l'équerre.

Synthèse
La figure à reproduire a 4 angles droits.
Les 4 côtés sont de même longueur : 8 cm.
La figure est un carré.

Consigne « À l'aide d'une règle graduée et d'une équerre ou d'une équerre graduée, vous allez tracer ce carré sur la feuille rouge que je vais vous donner. Avant de commencer, réfléchissez comment le carré sera placé. Quand vous aurez fini, vous pourrez vérifier votre construction à l'aide d'un carré reproduit sur papier calque. »

Matériel 36

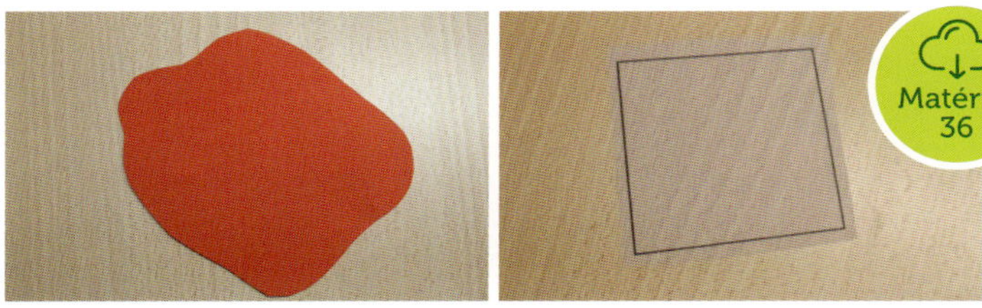

Le matériel : une feuille rouge sans angle droit et le carré reproduit sur papier calque

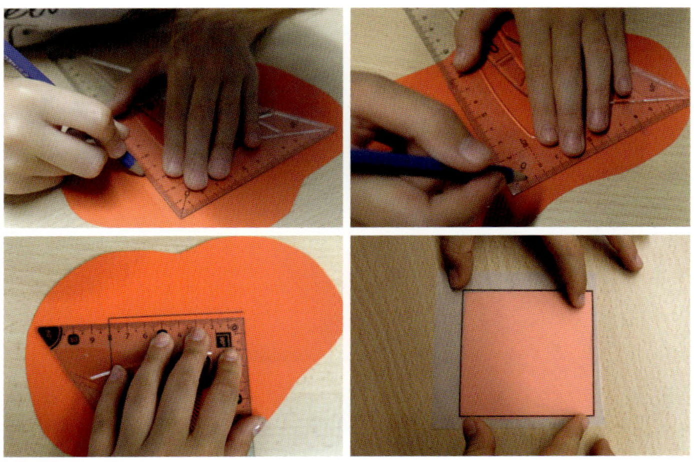

Reproduction du carré sur la feuille rouge et validation avec le papier calque

❸ Mise en commun

Inventorier les difficultés rencontrées et les méthodes utilisées.

Expliquer que, pour être précis, il est nécessaire d'utiliser les instruments de géométrie : règle graduée et équerre.

Les erreurs les plus fréquentes à éviter sont répertoriées :
- mauvais positionnement de l'équerre lors du tracé des angles droits,
- imprécision lors de la mesure des côtés du carré,
- imprécision dans le tracé des côtés du carré.

Rappeler et montrer comment placer l'équerre. Expliquer que l'on peut tracer un segment plus long pour pouvoir ensuite placer le sommet du carré sur ce segment.

❹ Institutionnalisation

Demander aux élèves d'écrire une définition du carré.

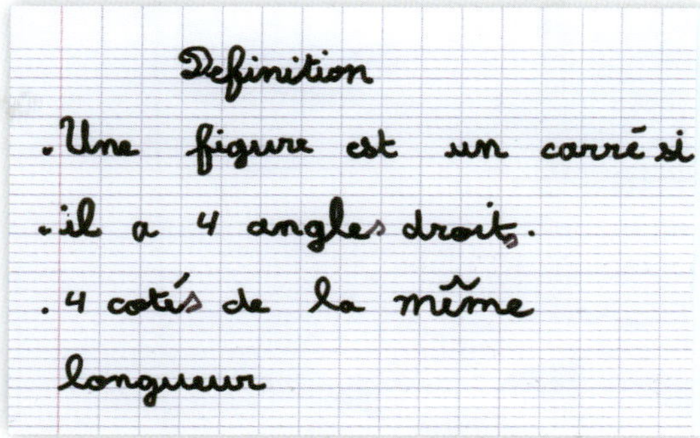
Définition
. Une figure est un carré si
. il a 4 angles droits.
. 4 cotés de la même
longueur

Exemple de production d'élève

CROISEMENT ENTRE ENSEIGNEMENTS

Matériel 36

Questionner le monde des objets
La carte pop-up sera finalisée lors d'une séance du domaine ***Questionner le monde des objets***.
La lecture de la notice de fabrication apporte les informations nécessaires pour la réaliser (**Materiel36.pdf**, page 2).

Notice de fabrication
- Plier une feuille A4 bleue en 2 dans le sens de la longueur ❶ puis en 2 dans l'autre sens ❷.
- Déplier ce second pli qui détermine la hauteur de la carte.
- Plier un carré jaune de 8 cm de côté de façon à obtenir 2 triangles superposés.
- Coller ce carré, pli sur pli, au milieu de la hauteur de la carte ❸.
- Avec une paire de ciseaux, pratiquer une fente (la bouche du poisson) en coupant le triangle en 2 petits triangles ❹.
- Pour marquer les plis qui faciliteront l'animation de la carte, rabattre ces petits triangles vers l'avant et vers l'arrière ❺.
- Ouvrir la feuille bleue, rabattre le dos de la carte vers l'arrière : la feuille bleue est maintenant pliée en 2 dans le sens de la largeur.
- Pour fermer la carte, plier en 2 en maintenant les moitiés de feuille ensemble au niveau du pli central : la bouche s'ouvre largement ❻.
- Agrémenter le poisson d'yeux, de nageoires, d'un aileron, d'une queue… ❼.
- Pour finir, écrire un message dans la bouche du poisson avant d'assembler l'extérieur et l'intérieur de la carte.

36 Construire un carré

Séance 3 — 30 min

Construire un carré

→ CHERCHER

Construire un carré sur tout support (papier quadrillé, pointé, uni ou autre) avec une règle graduée et une équerre.

MATÉRIEL ET SUPPORT
- Pour 4 élèves, un carré de 4 cm de côté tracé sur une feuille de papier calque (**Materiel36.pdf**, page 4).

DÉROULEMENT DE LA SÉANCE

❶ Recherche Construire un carré en utilisant ses propriétés.	15 min	**Manipulation Expérimentation** Travail individuel puis oral collectif
❷ Entrainement Tracer un carré, avec une règle graduée et une équerre.	15 min	**Manipulation Expérimentation** Travail individuel

❶ Recherche

Demander aux élèves de tracer un segment de 4 cm sur une feuille de papier uni. Expliquer que c'est le côté d'un carré.

Consigne « Terminez la construction du carré à partir du côté déjà tracé. Vous pourrez vérifier votre tracé avec le carré reproduit sur la feuille de papier calque. »

Mise en commun

Pour construire un carré, on utilise une règle et une équerre.

1 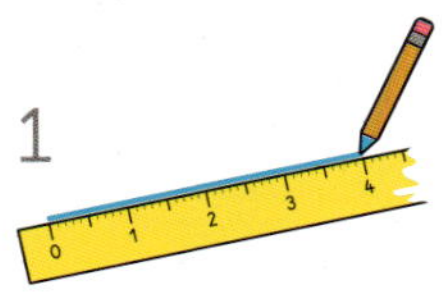	Pour construire un carré dont les côtés mesurent 4 cm, on commence par tracer un segment de longueur 4 cm.
2 	On trace avec l'équerre un segment pour former un angle droit.
3 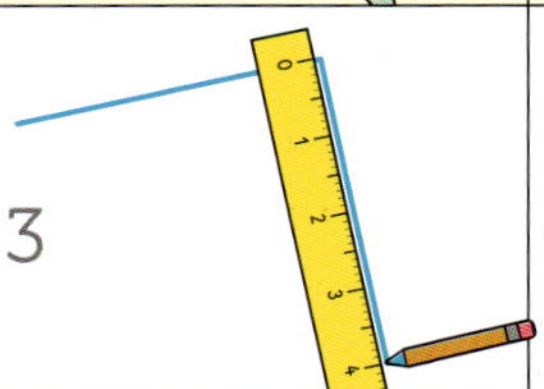	On reporte sur ce segment la mesure du premier côté pour obtenir un deuxième côté de 4 cm.
4 	On trace avec l'équerre un segment pour former un deuxième angle droit, puis on reporte sur ce segment la mesure de 4 cm.
5 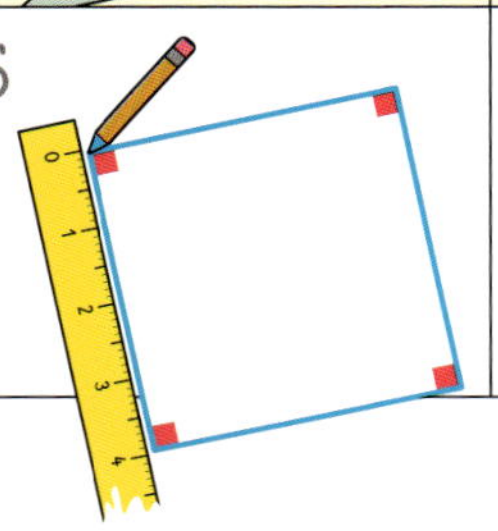	On trace le quatrième côté.

❷ Entrainement

36A et 36B

Proposer les exercices de **ExoSup36.pdf**, pages 1 et 2.

Exercice 1

Il s'agit de terminer les tracés de carrés sur papier uni à partir d'un côté tracé : faire relever que la donnée d'un seul côté suffit pour construire un carré.

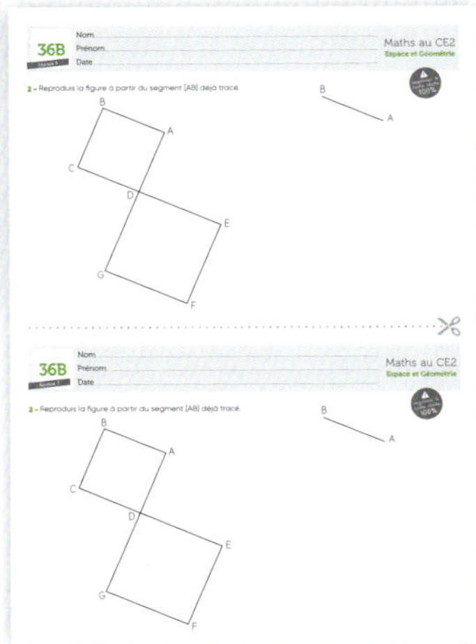

Exercice 2

Faire vérifier que la figure est bien composée de carrés :
- Utiliser la règle graduée pour mesurer la longueur des 4 côtés égaux du quadrilatère ABCD puis des 4 côtés égaux du quadrilatère DEFG.
- Utiliser l'équerre pour vérifier les 8 angles droits.

Faire tracer ABCD.

Faire chercher comment tracer le carré DEFG : prolonger les côtés CD et AD de la longueur du côté de DEFG relevée précédemment.

Faire tracer DEFG.

Séance 4 — 30 min

Bilan des apprentissages

Les élèves font individuellement les exercices 1 à 11 du cahier de l'élève *Maths au CE2*. (Ils effectuent les tracés des figures des exercices 7, 8, 10 et 11 sur papier uni.)

Pages 108 à 110

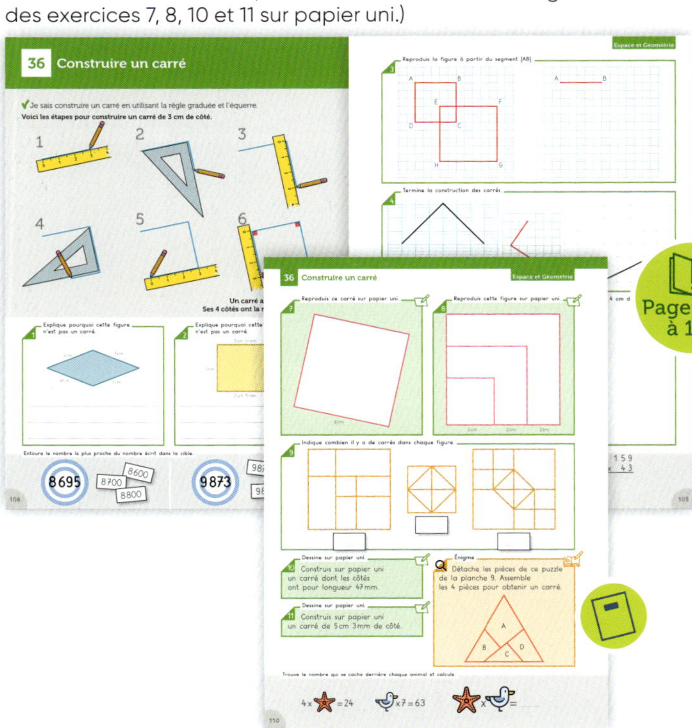

Matériel 36 Un carré

Séance 3

Un carré sur papier calque pour 4 élèves

Matériel 36 Un carré

Séance 2

Un carré sur papier blanc par élève
Un carré sur papier calque pour 2 ou 3 élèves

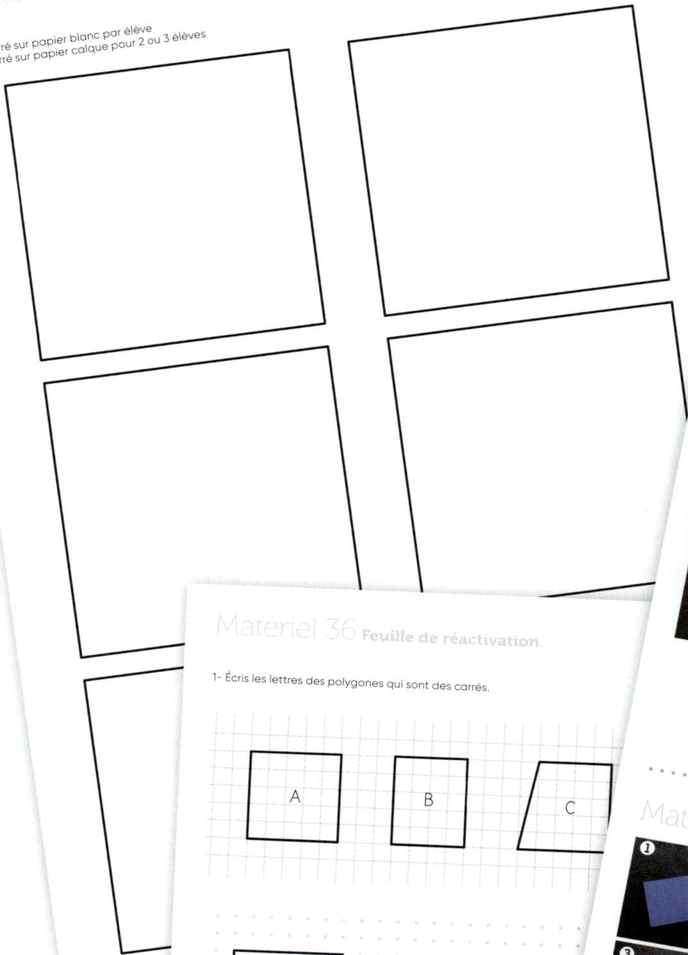

Matériel 36 Feuille de réactivation

1- Écris les lettres des polygones qui sont des carrés.

2- Explique pourquoi ces figures ne sont pas des carrés.

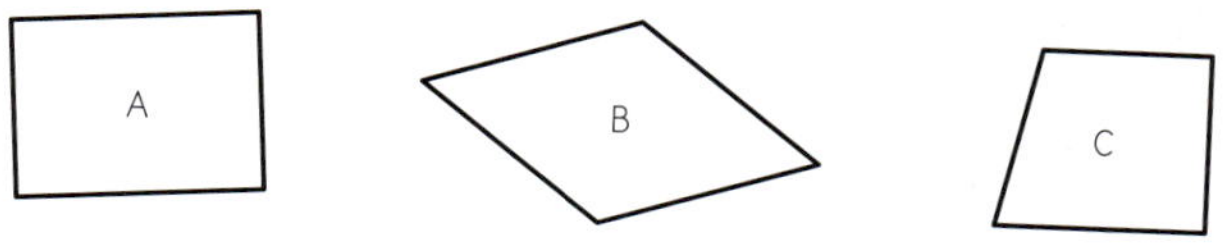

Matériel 36 La carte pop-up du poisson

Séance 2

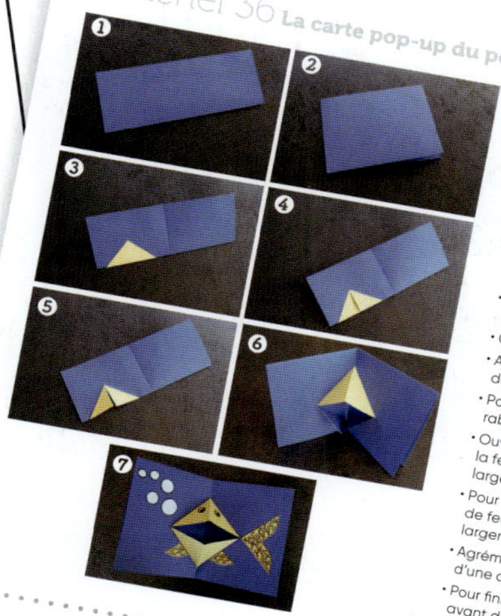

Matériel

- Une feuille A4 bleue
- Un carré de papier jaune de 8 cm de côté
- Des feuilles de papier de couleur pour le décor
- Colle - ciseaux - feutres

Notice de fabrication

- Plier une feuille A4 bleue en 2 dans le sens de la longueur ❶ puis en 2 dans l'autre sens ❷.
- Déplier ce second pli qui détermine la hauteur de la carte.
- Plier un carré jaune de 8 cm de côté de façon à obtenir 2 triangles superposés.
- Coller ce carré, pli sur pli, au milieu de la hauteur de la carte ❸.
- Avec une paire de ciseaux, pratiquer une fente (la bouche du poisson) en coupant le triangle en 2 petits triangles ❹.
- Pour marquer les plis qui faciliteront l'animation de la carte, rabattre ces petits triangles vers l'avant et vers l'arrière ❺.
- Ouvrir la feuille bleue, rabattre le dos de la carte vers l'arrière : la feuille bleue est maintenant pliée en 2 dans le sens de la largeur.
- Pour fermer la carte, plier en 2 en maintenant les moitiés de feuille ensemble au niveau du pli central : la bouche s'ouvre largement ❻.
- Agrémenter le poisson d'yeux, de nageoires, d'un aileron, d'une queue… ❼
- Pour finir, écrire un message dans la bouche du poisson avant d'assembler l'extérieur et l'intérieur de la carte.

Matériel 36 La carte pop-up du poisson

Séance 2

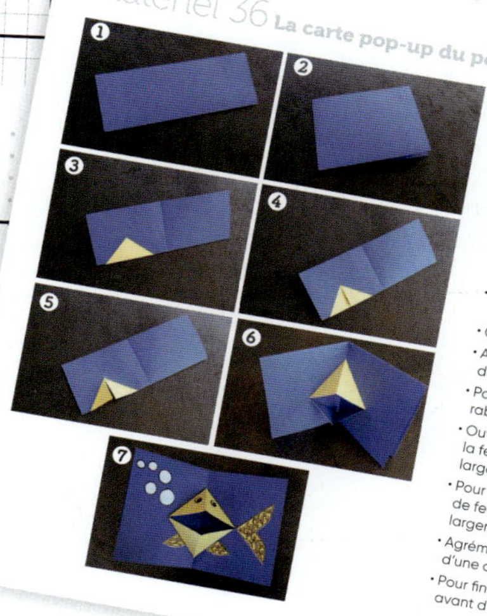

Matériel

- Une feuille A4 bleue
- Un carré de papier jaune de 8 cm de côté
- Des feuilles de papier de couleur pour le décor
- Colle - ciseaux - feutres

Notice de fabrication

- Plier une feuille A4 bleue en 2 dans le sens de la longueur ❶ puis en 2 dans l'autre sens ❷.
- Déplier ce second pli qui détermine la hauteur de la carte.
- Plier un carré jaune de 8 cm de côté de façon à obtenir 2 triangles superposés.
- Coller ce carré, pli sur pli, au milieu de la hauteur de la carte ❸.
- Avec une paire de ciseaux, pratiquer une fente (la bouche du poisson) en coupant le triangle en 2 petits triangles ❹.
- Pour marquer les plis qui faciliteront l'animation de la carte, rabattre ces petits triangles vers l'avant et vers l'arrière ❺.
- Ouvrir la feuille bleue, rabattre le dos de la carte vers l'arrière : la feuille bleue est maintenant pliée en 2 dans le sens de la largeur.
- Pour fermer la carte, plier en 2 en maintenant les moitiés de feuille ensemble au niveau du pli central : la bouche s'ouvre largement ❻.
- Agrémenter le poisson d'yeux, de nageoires, d'un aileron, d'une queue… ❼
- Pour finir, écrire un message dans la bouche du poisson avant d'assembler l'extérieur et l'intérieur de la carte.

Calcul mental

15 min par jour

- Estimer un ordre de grandeur pour vérifier la vraisemblance d'un résultat.
- Soustraire des dizaines entières, des centaines entières, des milliers entiers à un nombre de 4 chiffres.

Séance 1

Calcul 26

❶ Estimation d'un ordre de grandeur — 1 min

Faire estimer sur l'ardoise le résultat le plus approchant de l'opération proposée par l'animation **Calcul 26** en choisissant parmi 3 réponses.

❷ Division exacte : consolidation — 4 min

L'enseignant pose 10 questions une par une à l'aide de l'animation **Calcul 26** en demandant une réponse rapide sur l'ardoise (moins de 10 secondes).

16 : 2 — 20 : 4 — 50 : 10 — 32 : 4 — 45 : 5
63 : 7 — 36 : 6 — 18 : 3 — 27 : 9 — 24 : 8

❸ Soustractions de dizaines entières : découverte — 10 min

L'enseignant propose 8 calculs un à un oralement sans contrainte de temps. Les élèves répondent sur l'ardoise.

9000 – 30 = ? — 6000 – 30 = ? — 3000 – 80 = ?
Combien faut-il ajouter à 40 pour avoir 8000 ? — 8000 – 40 = ?
5000 – 40 = ? — 6000 – 80 = ? — 10000 – 50 = ?

Procédures visées (exemple **9000 – 30**)
- Je recule de 10 puis encore de 10 et encore de 10
- Je sais que 1000 – 30 = 970
  donc 9000 – 30 = 8000 + 1000 – 30 = 8000 + 970 = 8970.

Séance 2

Calcul 26

❶ Estimation d'un ordre de grandeur — 1 min

Faire estimer sur l'ardoise le résultat le plus approchant de l'opération proposée par l'animation **Calcul 26** en choisissant parmi 3 réponses.

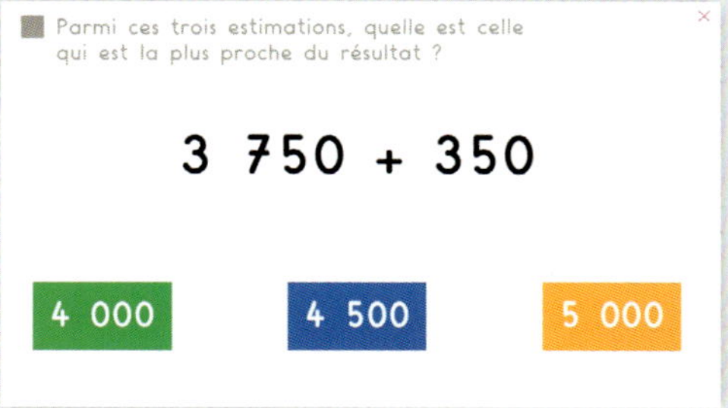

❷ Division exacte : consolidation — 4 min

L'enseignant pose 10 questions une par une à l'aide de l'animation **Calcul 26** en demandant une réponse rapide sur l'ardoise (moins de 10 secondes).

100 : 10 — 25 : 5 — 54 : 6 — 35 : 7 — 48 : 6
42 : 7 — 30 : 6 — 15 : 3 — 28 : 4 — 72 : 8

❸ Soustractions de centaines entières : découverte — 10 min

L'enseignant propose 8 calculs un à un oralement sans contrainte de temps. Les élèves répondent sur l'ardoise.

9000 – 300 = ? — Combien faut-il ajouter à 400 pour avoir 3000 ?
7000 – 400 = ? — Combien faut-il ajouter à 600 pour avoir 8000 ?
5000 – 700 = ? — Combien faut-il ajouter à 100 pour avoir 9000 ?
8000 – 200 = ? — Combien faut-il ajouter à 900 pour avoir 9000 ?

Procédures visées (exemple **9000 – 300**)
- Je recule de 100 puis encore de 100 et encore de 100
- Je sais que 1000 – 300 = 700
  donc 9000 – 300 = 8000 + 1000 – 300 = 8000 + 700 = 8700.

Séance 3

Calcul 26

❶ Estimation d'un ordre de grandeur — 1 min

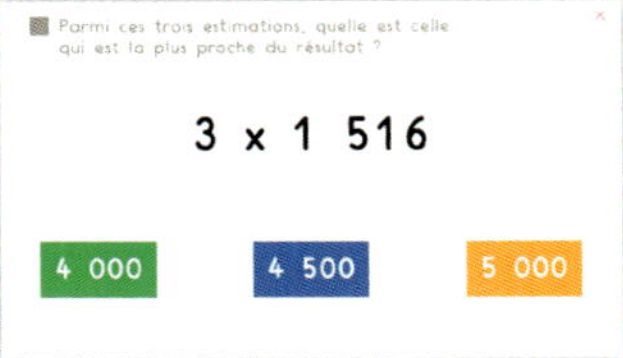

Faire estimer sur l'ardoise le résultat le plus approchant de l'opération proposée par l'animation **Calcul 26** en choisissant parmi 3 réponses.

❷ Division exacte : réinvestissement — 4 min

L'enseignant pose 5 questions sans contrainte de temps à l'aide de l'animation **Calcul 26**.

60 : 2 — 40 : 2 — 140 : 2 — 810 : 2 — 2800 : 2

❸ Soustractions de milliers entiers : découverte — 10 min

L'enseignant propose 8 calculs un à un oralement sans contrainte de temps. Les élèves répondent sur l'ardoise.

9000 – 3000 = ? — 10000 – 6000 = ?
Combien faut-il ajouter à 8000 pour avoir 10000 ? — 7000 – 3000 = ?
Combien faut-il ajouter à 3000 pour avoir 8000 ? — 5000 – 4000 = ?
Combien faut-il ajouter à 2000 pour avoir 9000 ? — 10000 – 1000 = ?

Procédure visée
9000 – 3000, c'est 9 milliers moins 3 milliers donc 6 milliers.

Séance 4

Calcul 26

❶ Estimation d'un ordre de grandeur — 1 min

Faire estimer sur l'ardoise le résultat le plus approchant de l'opération proposée par l'animation **Calcul 26** en choisissant parmi 3 réponses.

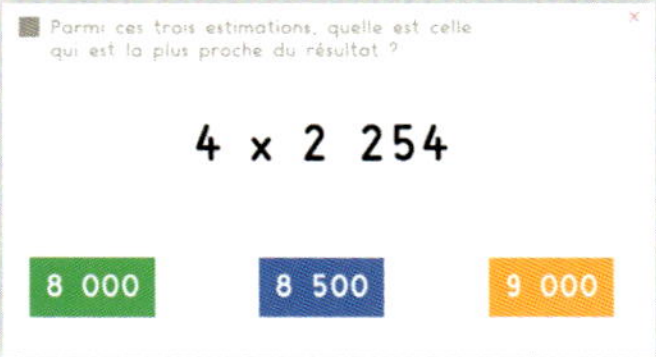

❷ Division exacte : réinvestissement — 14 min

- L'enseignant pose 5 questions sans contrainte de temps à l'aide de l'animation **Calcul 26**.
  160 : 10 — 470 : 10 — 5600 : 10 — 900 : 100 — 5300 : 100
- Faire résoudre les petits problèmes oraux sur l'ardoise. Écrire les données de chaque problème au tableau.

« Mon grand-père joue à la belote avec ses amis. Il distribue 32 cartes entre 4 joueurs. ***Combien de cartes aura chaque joueur ? »***

« Une fleuriste veut préparer des bouquets de 6 roses. Elle a reçu une livraison de 54 roses. ***Combien de bouquets peut-elle préparer ? »***

« Lilou partage 24 bonbons entre 6 enfants, en parts égales. ***Combien de bonbons chaque enfant aura-t-il ? »***

« Léo a rangé 72 autocollants dans 9 enveloppes. ***Combien d'autocollants y a-t-il dans chaque enveloppe ? »***

« Combien de morceaux de 8 cm Lili peut-elle découper dans un ruban de 48 cm ? »

« Leïla range 63 assiettes en 9 piles qui ont le même nombre d'assiettes. ***Combien y a-t-il d'assiettes par pile ? »***

Calcul@tice Les élèves travaillent en autonomie sur les ordinateurs de la classe

calculatice.ac-lille.fr > les exercices > Niveau CE2
- Tables x 6 x 7 x 8 x 9 : **L'oiseau - Table attaque**
- Multiplier par 10, 20, 30… : **Quadricalc**

45 min par semaine

Atelier problèmes
Résoudre des problèmes de partage et de groupement

Page 111 · Atelier 26

CHERCHONS ENSEMBLE

Résous les problèmes.

Problème 1 Un pâtissier veut ranger 91 petits fours dans des boites de 8.

Combien de boites peut-il remplir?

Problème 2 3 enfants se partagent ces billes en parts égales:

Combien de billes chaque enfant reçoit-il?

Problème 3 Lilou a un paquet de bonbons. Elle donne 8 bonbons à chacun de ses 5 camarades. Il lui en reste 3.

Combien y avait-il de bonbons dans le paquet?

Problème 4 Lors d'un mariage, 72 personnes sont invitées. **Si les mariés choisissent de faire des tables de 6 personnes, combien de tables faut-il prévoir?**

Et s'ils choisissent des tables de 9 personnes?

Et s'ils choisissent des tables de 12 personnes?

JE M'ENTRAINE

Résous les problèmes dans un cahier.
Commence par ceux avec le symbole ✖ puis résous les problèmes de ton choix.

✖ Problème 5 Madame Panino reçoit 2 paquets de 12 images. Elle distribue ces images en parts égales à ses 3 enfants.

Combien d'images chaque enfant reçoit-il?

✖ Problème 6 Cinq amis partent trois jours au bord de la mer. Le cout total du séjour est de 675 euros. Ils décident de partager la dépense en cinq parts égales.

Quel est le montant à payer par chacun d'eux?

Problème 7 Un médecin prescrit une boite de 32 pastilles. Monsieur Argan doit en prendre 4 par jour.

Pendant combien de jours Monsieur Argan pourra-t-il suivre ce traitement?

Problème 8 Un groupe de 6 enfants se partage un sac de billes. Chaque enfant reçoit 8 billes et il en reste 4.

Combien de billes y avait-il dans le sac avant le partage?

37 Identifier les nombres pairs et les nombres impairs

Séance 1 — 45 min

Découvrir la notion de parité

→ CHERCHER

Découvrir la notion de parité d'un nombre (pair/impair).

MATÉRIEL ET SUPPORT

- Quelques barquettes contenant une vingtaine de petits objets orientables : petits personnages, animaux, petites voitures, éléments de jeux…

DÉROULEMENT DE LA SÉANCE

1 Recherche Trouver une manière de vérifier l'affirmation énoncée.	20 min	**Expérimentation Manipulation** Groupes de 2
2 Mise en commun Inventorier les procédures des élèves. Valider ou non l'affirmation.	5 min	**Verbalisation Manipulation** Oral collectif
3 Nouvelle recherche Chercher si l'affirmation est toujours vraie, quel que soit le nombre de personnes dans la file.	10 min	**Expérimentation Manipulation** Groupes de 2
4 Institutionnalisation Lister les résultats des recherches effectuées. Découvrir une règle.	10 min	**Verbalisation Abstraction** Oral collectif

Les élèves manipulent des objets orientables comme des briques.

Ils tâtonnent pour vérifier l'affirmation du **Chat** de Geluck.

Quelques élèves utilisent un schéma puis vérifient avec le matériel.

1 Recherche

Séquence 37

Appropriation du problème

Vidéoprojeter la BD du ***Chat*** de Geluck.

Présenter rapidement le personnage du ***Chat*** et son auteur, Philippe Geluck.

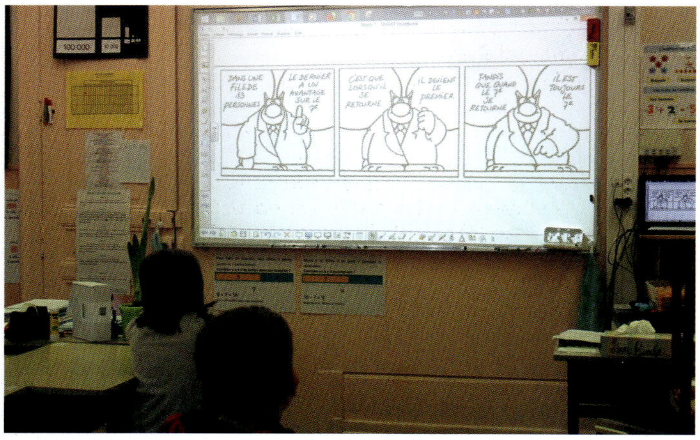

Après un temps de lecture silencieuse, demander aux élèves de reformuler l'affirmation du ***Chat*** : *« Le Chat dit que, dans une file de 13 personnes, si le dernier se retourne, il devient premier mais si le 7e se retourne, il reste 7e. »*

A-t-il raison ? Comment faire pour le savoir ?

Consigne *« Vous allez, par groupe de deux, vérifier l'affirmation du **Chat**. Si vous avez besoin de matériel, vous viendrez vous servir. Vous pourrez aussi utiliser l'ardoise pour faire un schéma ou un calcul. »*

2 Mise en commun

1er	2e	3e	4e	5e	6e	**7e**	8e	9e	10e	11e	12e	13e
●	●	●	●	●	●	●	●	●	●	●	●	●
13e	12e	11e	10e	9e	8e	**7e**	6e	5e	4e	3e	2e	1er

Inventorier les procédures et les réponses des élèves.

Vérification par le schéma

Vérification par le calcul (en prenant appui sur le schéma) : $13 = 6 + 1 + 6$

Vérification par le matériel

On peut également demander à 13 élèves de se placer en file indienne et de mimer la situation.

3 Nouvelle recherche

Problématique Dans une file de 13 personnes, il y a une personne qui ne change pas de rang si elle se retourne : c'est la 7e. Cela est-il vrai si la file compte un nombre différent de personnes ?

Consigne *« Y a-t-il toujours une personne qui ne change pas de rang quel que soit le nombre de personnes dans la file ? Vous allez faire des essais avec d'autres nombres que 13 et vous noterez le résultat de vos recherches. Vous pourrez utiliser du matériel si vous en avez besoin. Sinon, vous pourrez faire un schéma ou un calcul sur l'ardoise. »*

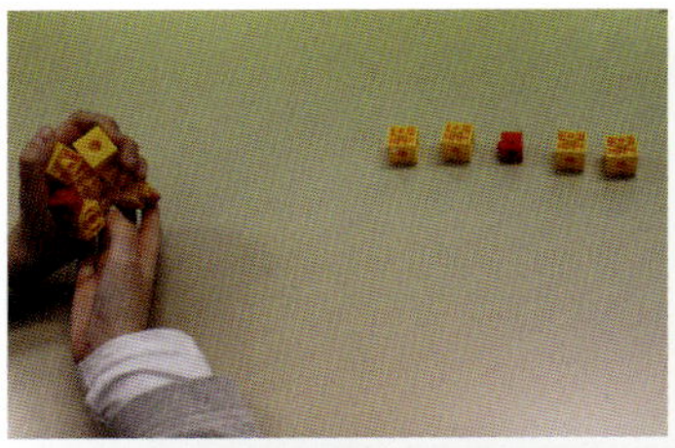

Mise en commun
Inventorier les réponses des élèves à la question *« Y a-t-il toujours une personne qui ne change pas de rang quel que soit le nombre de personnes dans la file ? »*

- Faire constater que pour certains nombres, la réponse est ***« oui »*** : 3, 5, 15, 17, 19, 27...
  Les personnes qui ne changent pas de rang sont respectivement la 2ᵉ, la 3ᵉ, la 8ᵉ, la 9ᵉ, la 10ᵉ, la 14ᵉ...
  Tous ces nombres peuvent se décomposer ainsi **... + 1 + ...** .
  Écrire ces décompositions au tableau.

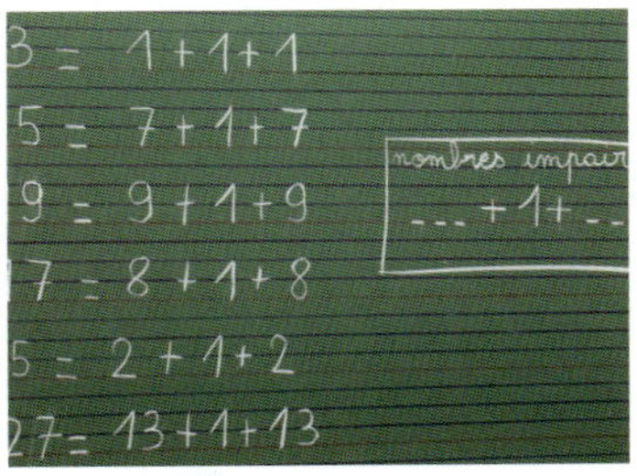

  Organiser les objets symbolisant les personnages par paire (en rangs par deux).
  Constater qu'il reste toujours un personnage tout seul.

  On peut donc écrire ces nombres sous la forme **(2 x ...) + 1** .
  Ce sont des nombres impairs.
- Faire constater que pour certains nombres, la réponse est ***« non »*** : 4, 6, 10, 12... Aucune personne ne garde le même rang dans la file si elle se retourne. Faire constater qu'il ne reste pas de personnage tout seul.
  On ne peut pas écrire ces nombres sous la forme (2 x ...) + 1 mais **2 x ...**. Ce sont des nombres pairs.

❹ Institutionnalisation

Ce qu'il faut retenir

Certains nombres sont des nombres pairs. Ils peuvent s'écrire
2 x ...
Exemple **6 est un nombre pair car 6 = 2 x 3.**

D'autres nombres sont des nombres impairs. Ils peuvent s'écrire
(2 x ...) + 1
Exemple **15 est un nombre impair car 15 = (2 x 7) + 1.**

Séance 2

45 min

Identifier les nombres pairs et impairs (1)

→ **CALCULER**

Identifier la parité d'un nombre à deux ou trois chiffres.

DÉROULEMENT DE LA SÉANCE

❶ Recherche Déterminer si un nombre donné est pair ou impair.	10 min	**Expérimentation** Travail individuel
❷ Mise en commun Identifier la procédure permettant de déterminer la parité d'un nombre à 2 ou 3 chiffres.	5 min	**Verbalisation** Oral collectif
❸ Nouvelle recherche Identifier les nombres divisibles par 2.	15 min	**Abstraction** Travail individuel
❹ Entrainement Identifier les nombres pairs en utilisant le critère de divisibilité par 2.	15 min	**Abstraction** Travail individuel

❶ Recherche

*Consigne « Les nombres **63** et **74** sont-ils pairs ou impairs ? Vous effectuerez vos recherches dans un cahier. Vous devez trouver la réponse sans utiliser de matériel. »*

Effectuer un rappel collectif avant de lancer le travail.
- Un nombre pair peut s'écrire sous la forme 2 x ... .
- Un nombre impair peut s'écrire sous la forme (2 x ...) + 1 .

❷ Mise en commun

Inventorier les réponses et les procédures.

Arriver à une écriture du type :
63 = 60 + 3
63 = (2 x 30) + (2 x 1) + 1
63 = (2 x 31) + 1 → C'est un nombre impair.

74 = 70 + 4
74 = (2 x 35) + (2 x 2)
74 = 2 x 37 → C'est un nombre pair.

Nouvelle recherche avec les nombres : ***132*** et ***179***.
132 = 100 + 30 + 2
132 = (2 x 50) + (2 x 15) + (2 x 1)
132 = 2 x 66 → C'est un nombre pair.

179 = 100 + 70 + 9
179 = (2 x 50) + (2 x 35) + (2 x 4) + 1
179 = (2 x 89) + 1 → C'est un nombre impair.

❸ Nouvelle recherche

Utiliser le procédé *Lamartinière* pour amener les élèves à effectuer un grand nombre d'exercices.

Présenter le problème oralement : *« Les **28 élèves** de la classe de CE2 affirment qu'ils peuvent se mettre en rangs par 2 sans qu'il reste un élève isolé. Et vous, qu'en pensez-vous ? Expliquez votre réponse. »*

Lors de la mise en commun, faire verbaliser que pour résoudre ce problème, il faut diviser 28 par 2. Faire formuler que *« dans 28, il y a 14 fois 2 et il reste 0 »*. C'est une division exacte (*« elle tombe juste »*). On peut donc écrire 28 : 2 = 14. On peut former 14 groupes de 2 élèves. En conclure que *« 28 est un nombre pair car il est divisible par 2 »*. Vérifier si besoin avec des cubes rangés par 2.

Proposer un problème identique avec un effectif de **25 élèves**. Faire verbaliser que pour résoudre ce problème, il faut diviser 25 par 2. Faire formuler que *« dans 25, il y a 12 fois 2 et il reste 1 »*.

Écrire 25 = (2 x 12) + 1.

Faire conclure que 25 est un nombre impair car 25 n'est pas divisible par 2. Un nombre impair est un nombre avec 1 pour reste lorsqu'il est divisé par 2. Vérifier si besoin avec des cubes rangés par 2.

❹ Entrainement

Demander aux élèves d'écrire ***pair*** au recto de l'ardoise et ***impair*** au verso. Écrire successivement les nombres **56**, **146**, **284**, **463**, **4 624** au tableau. Demander aux élèves de montrer le côté de l'ardoise qui convient et de justifier leurs réponses oralement.

37 Identifier les nombres pairs et les nombres impairs

Séance 3 — 30 min

Identifier les nombres pairs et impairs (2)

→ CALCULER

Comprendre que les nombres pairs sont divisibles par 2.

DÉROULEMENT DE LA SÉANCE

❶ **Recherche** Identifier les nombres pairs et impairs à l'aide de leur chiffre des unités.	20 min	**Abstraction** Travail individuel
❷ **Institutionnalisation** Faire une synthèse de ce qui a été appris à propos de la notion de parité d'un nombre.	5 min	**Verbalisation** Oral collectif
❸ **Bilan des apprentissages** Évaluer les progrès réalisés.	20 min	**Abstraction** Travail individuel

❶ Recherche

Présenter le problème oralement : *« Tom affirme que tous les nombres terminés par le chiffre 7 sont des nombres impairs. Et vous, qu'en pensez-vous ? Expliquez votre réponse. »*

Procédures observées

- Fais des essais avec des nombres terminés par le chiffre 7.
- Décompose, par exemple, le nombre 87 en 80 + 7, 80 est pair et il reste 7 qui est impair car c'est (2 x 3) + 1 donc 87 est impair. Nouvel essai avec 167, c'est 160 + 7.
- Décompose, par exemple, le nombre 87 en 86 + 1 en expliquant que dans 86, il y a 2 x 43 et il reste 1.

Lors de la mise en commun, faire constater que tous les nombres terminés par 7 testés par les élèves sont impairs mais que cela ne suffit pas à prouver que c'est vrai. Demander aux élèves qui utilisent des décompositions d'expliquer leurs procédures.

Distribuer à chaque élève un post-it sur lequel est écrit un nombre pair ou impair. **Exemples** 15, 345, 565, 670, 50, 6 000, 41, 781, 4 061, 9 806, 676, 8 948, 528, 96, 846, 7 836, 82, 452, 7 512, 63, 713, 2 673, 54, 694, 1 324, 29, 369, 3 859, 47, 737, 4 567.

Demander aux élèves de chercher si leur nombre est pair ou impair puis de venir le classer au tableau dans la colonne pair ou impair.

Observer les nombres pour vérifier s'il n'y a pas d'erreur. Regrouper les nombres qui se terminent par le même chiffre. Observer et chercher si on peut dégager une règle pour identifier les nombres pairs et les nombres impairs en observant le chiffre des unités.

Faire remarquer que les nombres terminés par 0, 2, 4, 6 et 8 sont pairs et ceux terminés par 1, 3, 5, 7 et 9 sont impairs.

! Remarque pour l'enseignant : cette règle fonctionne dans un système décimal (base 10).

Décomposer, par exemple, 3859 en 3000 + 800 + 50 + 9.
3000 est pair car 3000 = 2 x 1500 donc on peut former 1500 paires de 2.
Même démarche avec 800, 50 et constater que 9 est impair car 9 n'est pas divisible par 2, 9 = (2 x 4) + 1.

Vérifier que 0 est pair car on peut écrire 0 = 2 x 0.

❷ Institutionnalisation

Ce qu'il faut retenir

Un nombre pair est un nombre divisible par 2.
On peut aussi dire que c'est un multiple de 2 (il est dans la table de 2 si on continue la table de 2 après 20).
Si les élèves d'une classe mis en rang par deux forment un nombre exact de couples, le nombre d'élèves est pair. Par contre, s'il reste un élève isolé, c'est un nombre impair.
Un nombre impair n'est pas divisible par 2.

Un nombre est pair si son dernier chiffre est pair.
Si le dernier chiffre est 0, 2, 4, 6 ou 8, alors le nombre est pair.

Un nombre est impair s'il se termine par un chiffre impair.
Si le dernier chiffre est 1, 3, 5, 7 ou 9, alors le nombre est impair.

Comprendre le fonctionnement de notre numération : énoncer la comptine orale en pointant chaque nombre sur la demi-droite graduée jusqu'à 20 : 0 (pair) - 1 (impair) - 2 (pair) - 3 (impair)… 20 (pair). À chaque fois, on ajoute 1 à un nombre pair et on obtient un nombre impair et si on ajoute 1 à un nombre impair, on obtient un nombre pair.

❸ Bilan des apprentissages

Les élèves font individuellement les exercices 1 à 3 du cahier de l'élève ***Maths au CE2***. (Ils font l'exercice 3 dans un autre cahier.)

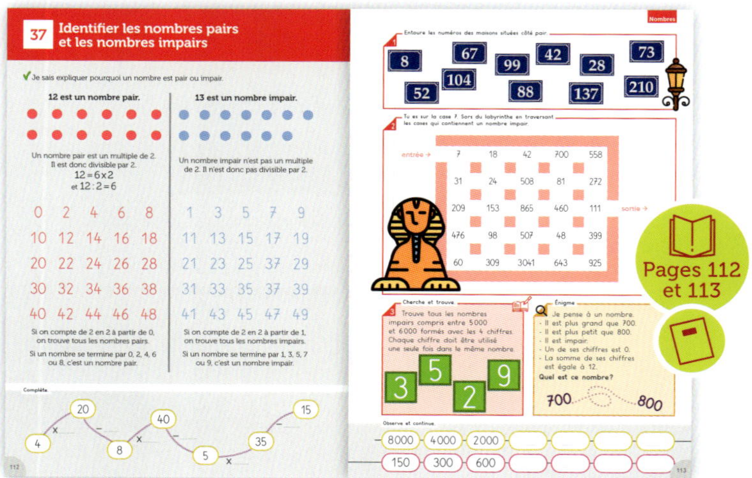

Tu es sur la case 7. Sors du labyrinthe en traversant les cases qui contiennent un nombre impair.

entrée →	7	18	42	700	558	
	31	24	508	81	272	
	209	153	865	460	111	sortie →
	476	98	507	48	399	
	60	309	3041	643	925	

15 min par jour

Calcul mental

- Consolider l'utilisation de la réciprocité de l'addition et de la soustraction.
- Connaitre les tables de multiplication.

Séance 1

Calcul 27

❶ Le nombre pensé — 1 min

Faire lire le texte de l'animation **Calcul 27** : ***« Je pense à un nombre, je lui ajoute 9, j'obtiens 14. Quel est ce nombre ? ».***
Verbaliser qu'il suffit d'enlever 9 au nombre obtenu pour trouver le nombre pensé ou encore enlever 10 puis ajouter 1.

❷ Tables de multiplication — 14 min

Aller sur le site Calcul@tice puis Niveau CE2 - Tables x6 x7 x8 x9

Jeu 1 Table attaque
Dans ce jeu de rapidité, les élèves doivent écrire le résultat des calculs notés sur des extraterrestres avant que ceux-ci atterrissent sur le sol.

Jeu 2 Le rectangle
Il s'agit de créer un rectangle dont on connait le nombre de carreaux. *Exemple* Dessiner un rectangle de 48 carreaux.

Jeu 3 L'oiseau
Dans ce jeu de rapidité, un oiseau sur lequel est écrit un produit apparait dans le ciel en même temps que trois réponses possibles. Les élèves doivent cliquer sur la bonne réponse avant que l'oiseau disparaisse.

Séance 2

Matériel Calcul 27 — Calcul 27

❶ Le nombre pensé — 1 min

Faire lire le texte de l'animation **Calcul 27** : ***« Je pense à un nombre, je lui ajoute 9, j'obtiens 20. Quel est ce nombre ? ».***
Verbaliser qu'il suffit d'enlever 9 au nombre obtenu pour trouver le nombre pensé ou encore enlever 10 puis ajouter 1.

❷ Tables de multiplication : évaluation — 4 min

Proposer l'évaluation de **MaterielCalcul27.pdf**, page 1.

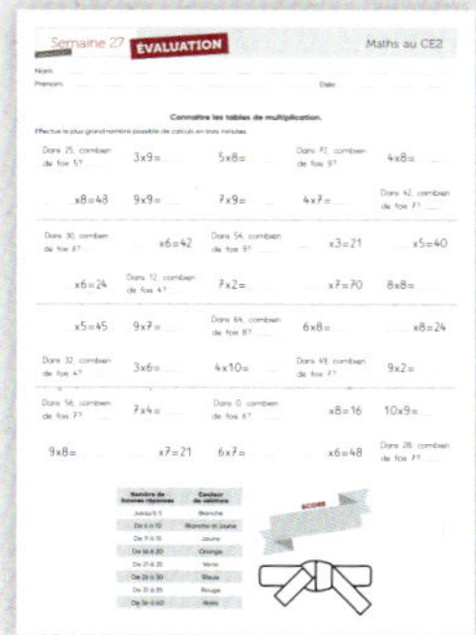

Lorsque les 3 minutes sont écoulées, demander aux élèves de prendre un stylo d'une autre couleur et de terminer les calculs.

❸ Table de multiplication : réinvestissement — 10 min

Demander aux élèves de décrire tous les résultats des calculs proposés dans le labyrinthe (**MaterielCalcul27.pdf**, pages 2 et 3).
Faire tracer ensuite le chemin qui traverse le labyrinthe de haut en bas.

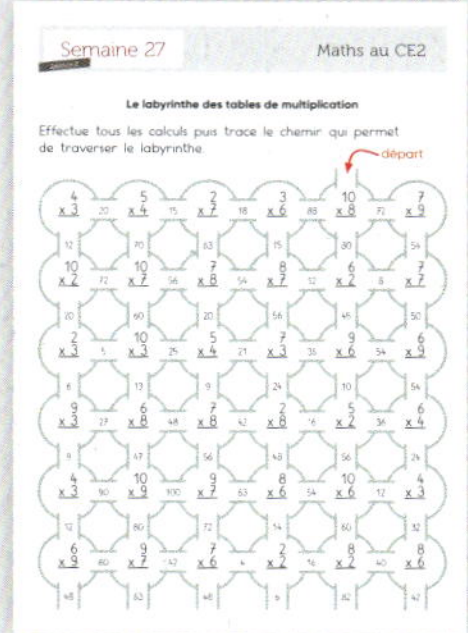

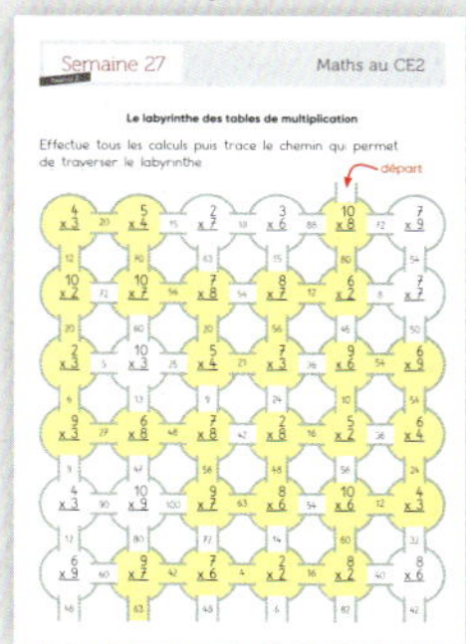

Séance 3

Matériel Calcul 27

❶ Le nombre pensé — 1 min

Faire lire le texte de l'animation **Calcul 27** : ***« Je pense à un nombre, je lui ajoute 9, j'obtiens 100. Quel est ce nombre ? ».***
Verbaliser qu'il suffit d'enlever 9 au nombre obtenu pour trouver le nombre pensé ou encore enlever 10 puis ajouter 1.

❷ Tables de multiplication : évaluation — 4 min

Proposer à nouveau l'évaluation de la séance 2 (**MaterielCalcul27.pdf**, page 1). Lorsque les 3 minutes sont écoulées, demander aux élèves de prendre un stylo d'une autre couleur et de terminer les calculs.

❸ Table de multiplication : réinvestissement — 10 min

Demander aux élèves d'effectuer les exercices du cahier de l'élève ***Maths au CE2***.

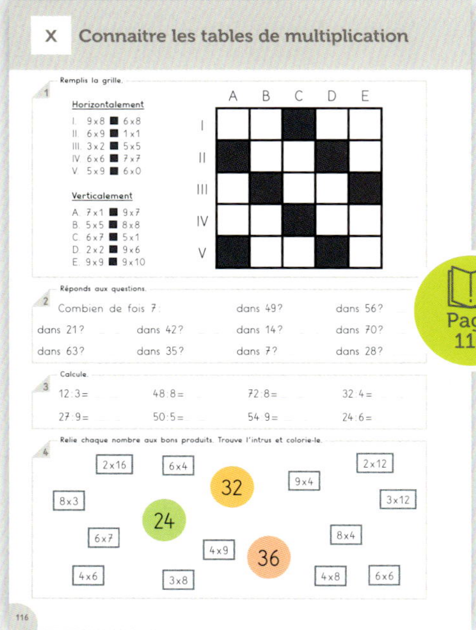

X Connaitre les tables de multiplication

1 Remplis la grille.

Horizontalement
I. 9x8 ■ 6x8
II. 6x9 ■ 1x1
III. 3x2 ■ 5x5
IV. 6x6 ■ 7x7
V. 5x9 ■ 6x0

Verticalement
A. 7x1 ■ 9x7
B. 5x5 ■ 8x8
C. 6x7 ■ 5x1
D. 2x2 ■ 9x6
E. 9x9 ■ 9x10

2 Réponds aux questions.
Combien de fois 7 … dans 49 ? … dans 56 ? … dans 21 ? … dans 42 ? … dans 14 ? … dans 70 ? … dans 63 ? … dans 35 ? … dans 7 ? … dans 28 ?

3 Calcule.
12 : 3 = … 48 : 8 = … 72 : 8 = … 32 : 4 =
27 : 9 = … 50 : 5 = … 54 : 9 = … 24 : 6 =

4 Relie chaque nombre aux bons produits. Trouve l'intrus et colorie-le.
2x16 6x4 32 9x4 2x12 8x3 3x12 24 6x7 4x9 8x4 36 4x6 3x8 4x8 6x6

116

Page 116

Séance 4

❶ Le nombre pensé — 1 min

Faire lire le texte de l'animation **Calcul 27** : ***« Je pense à un nombre, je lui ajoute 9, j'obtiens 3 000. Quel est ce nombre ? ».***
Verbaliser qu'il suffit d'enlever 9 au nombre obtenu pour trouver le nombre pensé ou encore enlever 10 puis ajouter 1.

❷ Tables de multiplication — 14 min

Aller sur le site Calcul@tice puis Niveau CE2 - Tables x6 x7 x8 x9

Jeu 1 Table attaque
Jouer à « Table attaque » dans un niveau supérieur.

Jeu 2 calcul@kart
Dans ce jeu de rapidité, les élèves conduisent une voiture. Pour éviter un camion, ils doivent cliquer sur le panneau donnant la réponse au calcul demandé.

Jeu 3 Multiclic
Ce jeu permet d'utiliser la table de Pythagore.

Calcul@tice Les élèves travaillent en autonomie sur les ordinateurs de la classe
calculatice.ac-lille.fr > les exercices > Niveau CE2
- Toutes les tables x : calcul@kart - double triple quadruple
- Multiplier par 10, 20, 30… : Calcul différé

45 min par semaine

Atelier problèmes
Résoudre des problèmes de partage et de groupement

Page 116 — Atelier 27

CHERCHONS ENSEMBLE

Résous les problèmes.

Problème 1 Madame Moreau achète une tablette qui coute 412 euros.

Elle paie en 4 versements d'un même montant.

Combien paie-t-elle à chaque versement?

Problème 2 Un producteur a récolté 185 kg d'oranges. Il veut répartir sa récolte dans des cagettes de 5 kg.

Combien de cagettes doit-il prévoir?

Problème 3 Un butin de 625 pièces d'or doit être partagé entièrement et en parts égales entre 5 pirates.

Combien de pièces chaque pirate reçoit-il?

Problème 4 Lili a 44 euros. Elle veut acheter le plus possible de bandes dessinées à 7 euros l'une.

Combien de bandes dessinées peut-elle acheter?

JE M'ENTRAINE

Résous les problèmes dans un cahier.
Commence par ceux avec le symbole ✖ puis résous les problèmes de ton choix.

✖ Problème 5 Louise découpe un ruban de 50 cm en morceaux de 8 cm.
Combien de morceaux de 8 cm obtient-elle? Quelle est la longueur du morceau qui reste?

✖ Problème 6 **Combien de bouteilles de 2 litres peut-on remplir avec 1 468 litres de jus de pommes?**

Problème 7 Monsieur Rando doit préparer les sandwichs pour 6 personnes. Avec une baguette de pain, il fait 3 sandwichs. Chaque personne doit recevoir 4 sandwichs.
Combien de baguettes doit-il acheter à la boulangerie?

Problème 8 Un avion vole à 4 500 pieds d'altitude. On sait qu'un mètre vaut à peu près 3 pieds.
Quelle est, en mètres, l'altitude approximative à laquelle vole cet avion?

38 Mesurer des longueurs : le kilomètre

Séance 1 — 45 min

Découvrir une nouvelle unité de longueur : le kilomètre

→ RAISONNER

Connaitre la relation entre mètre et kilomètre.

MATÉRIEL ET SUPPORT
- 4 plots, de la craie et des règles de tableau.

DÉROULEMENT DE LA SÉANCE

❶ Appropriation du problème Estimer la longueur d'un parcours.	10 min	**Expérimentation** Groupes de 4
❷ Mise en commun Établir que le périmètre du rectangle mesure 100 m.	20 min	**Verbalisation** Groupes de 4
❸ Recherche Calculer la distance parcourue quand on fait 10 fois le tour du rectangle.	10 min	**Expérimentation** Écrit individuel
❹ Institutionnalisation Formuler ce qu'il faut retenir.	5 min	**Verbalisation** **Abstraction** Oral collectif

❶ Appropriation du problème

Dans le cadre du module ***Course longue*** en EPS, un parcours est tracé au sol dans la cour de l'école ou dans un gymnase. Ce parcours est un rectangle dont le périmètre mesure 100 mètres. Ses quatre sommets sont matérialisés à l'aide de 4 plots.

Expliquer aux élèves qu'ils vont devoir trouver quelle est la longueur de ce parcours.

Pour permettre aux élèves de visualiser le rectangle, en faire faire le tour en marchant.

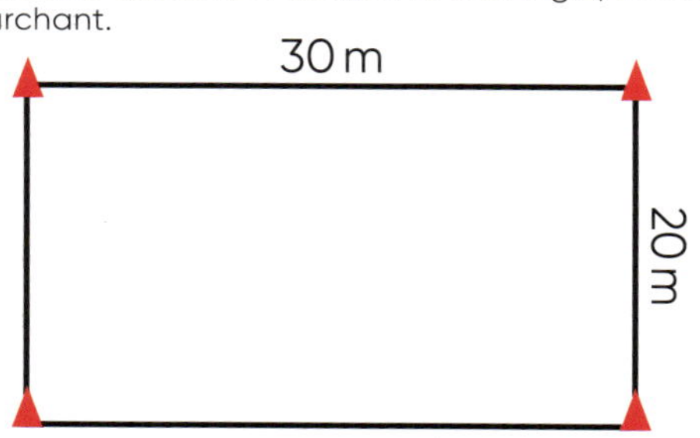

Exemple de parcours
D'autres solutions sont possibles, par exemple, un rectangle dont la longueur mesure 35 m et la largeur 15 m.

Consigne *Vous allez estimer et écrire sur une feuille un ordre de grandeur du **tour** de ce rectangle. Pour cela, vous allez choisir entre les 6 propositions suivantes :*

- environ 50 cm
- environ 9 dm
- environ 1 m
- environ 10 m
- environ 100 m
- plus de 500 m.

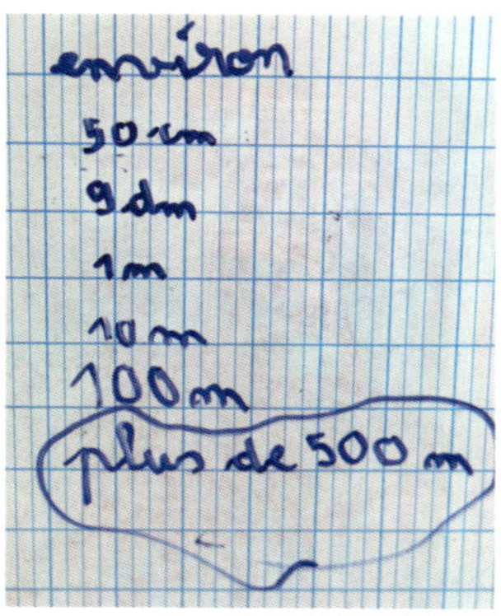

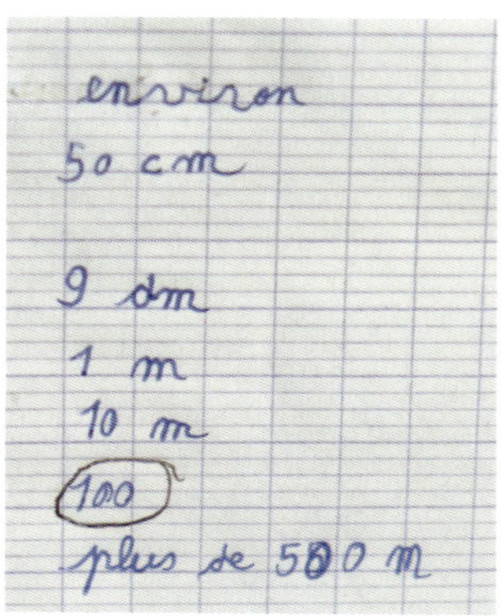

Près de 60 % des élèves estiment que le périmètre du rectangle mesure plus de 500 m.

❷ Mise en commun

Recenser les réponses. Éliminer collectivement les mesures *impossibles*.

- environ **50 cm**, environ **9 dm**, environ **1 m** : ces mesures sont rapidement écartées grâce à un rapide repérage sur le mètre à tableau.
- environ **10 m** : on peut demander à quelques élèves de reporter 10 fois le mètre à tableau sur un côté du rectangle. Cette tâche permet d'éliminer cette réponse.

Les élèves disent que « le tour du rectangle mesure beaucoup plus de 10 m ».

- **100 m** ou **plus de 500 m** : pour répondre à cette question, répartir les élèves en 4 groupes, chacun devant mesurer un côté du rectangle à l'aide du mètre à tableau.

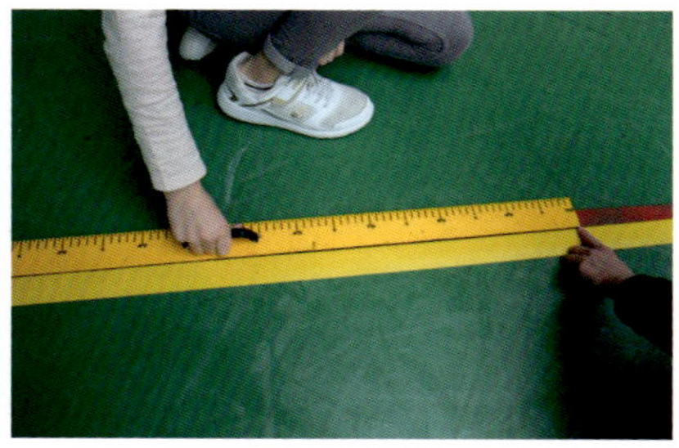

Ajouter les mesures trouvées et conclure que le périmètre du rectangle mesure environ 100 m.

❸ Recherche

Consigne *« Vous allez chercher sur l'ardoise la distance que l'on parcourt si on fait 10 fois le tour du rectangle. »*

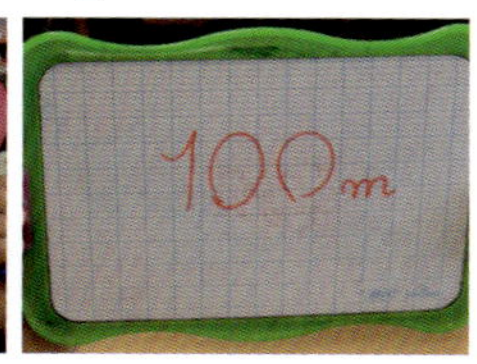

Exemples de réponses des élèves

La mise en commun permet de conclure que 10 fois 100 m, c'est 1000 m. 1000 m, c'est un kilomètre.

Ajouter que 1 km, c'est approximativement la distance de l'école à la piscine par exemple (ou le gymnase, la bibliothèque…).

La distance de la ville ou du village où habitent les élèves à la ville plus importante la plus proche est de … km.

❹ Institutionnalisation

Ce qu'il faut retenir

Pour mesurer une grande distance, on utilise une unité plus grande que le mètre : le kilomètre.
Un kilomètre, c'est 10 fois 100 mètres. C'est aussi 1000 mètres

1 km = 1000 m

Les plots peuvent rester en place pendant quelque temps. Les élèves pourront effectuer 10 tours du rectangle, en marchant ou en courant, pour s'approprier ce que représente une distance d'un kilomètre.

Séance 2

45 min

Résoudre des problèmes impliquant des longueurs

→ CALCULER

Calculer des distances en utilisant la correspondance 1km = 1000m.

MATÉRIEL ET SUPPORT
- La feuille de recherche et la feuille d'entrainement (**Materiel38.pdf**, pages 1 et 2).

DÉROULEMENT DE LA SÉANCE

1 Recherche Calculer une distance en effectuant les conversions nécessaires.	15 min	**Expérimentation** Écrit individuel
2 Mise en commun Recenser les réponses et les procédures utilisées.	10 min	**Verbalisation** Oral collectif
3 Entrainement Résoudre des problèmes impliquant des calculs de distance.	20 min	**Expérimentation** Écrit individuel

1 Recherche

Séquence 38

Présenter la situation en vidéoprojetant l'énoncé du problème et distribuer la feuille de recherche (**Materiel38.pdf**, page 1).

Matériel 38

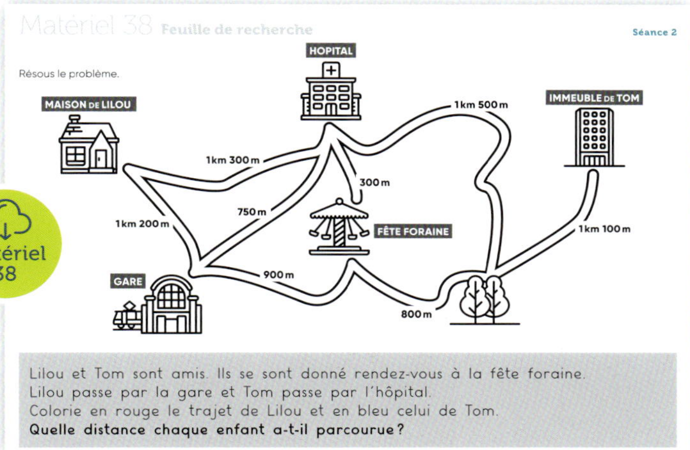
Matériel 38 Feuille de recherche — Séance 2

Résous le problème.

Lilou et Tom sont amis. Ils se sont donné rendez-vous à la fête foraine.
Lilou passe par la gare et Tom passe par l'hôpital.
Colorie en rouge le trajet de Lilou et en bleu celui de Tom.
Quelle distance chaque enfant a-t-il parcourue ?

Lilou et Tom sont amis. Ils se sont donnés rendez-vous à la fête foraine. Lilou passe par la gare et Tom passe par l'hôpital. Colorie en rouge le trajet de Lilou et en bleu celui de Tom. Quelle distance chaque enfant a-t-il parcourue ?

Consigne « Vous allez calculer la distance parcourue par les deux enfants. Vous travaillerez dans un cahier. »

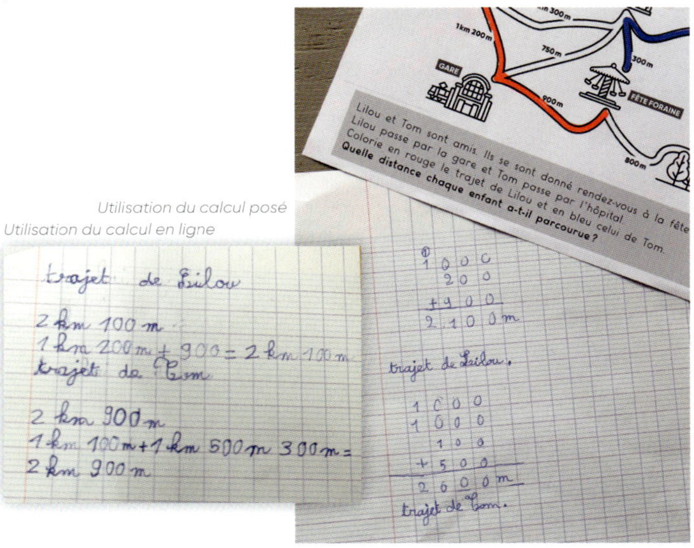

Utilisation du calcul posé

Utilisation du calcul en ligne

2 Mise en commun

Recenser les réponses et les procédures. Faire échanger sur les méthodes de calcul de la distance parcourue par chaque enfant.

- **Distance parcourue par Lilou** 1km 200m + 900m = ?
  - On peut calculer séparément les km et les m.
  200m + 900m = 1100m = 1km 100m
  1km + 1km 100m = 2km 100m
  - On peut tout convertir en mètres.
  1km 200m = 1200m
  1200m + 900m = 2100m
  2100m = 2km 100m
  Lilou a parcouru 2km 100m.
- **Distance parcourue par Tom** 1km 500m + 1km 100m + 300m = ?
  On peut calculer séparément les km et les m.
  1km + 1km = 2km
  500m + 100m + 300m = 900m
  Tom a parcouru 2km 900m.

3 Entrainement

Matériel 38

Proposer les exercices de la feuille d'entrainement **Materiel38. pdf**, page 2.

Matériel 38 Feuille d'entrainement — Séance 2

1- Choisis la bonne unité de longueur : m ou km
- longueur d'une échelle de pompiers : 30 ...
- longueur de la Seine : 777 ...
- hauteur de l'Arc de Triomphe : 50 ...
- longueur d'un terrain de tennis : 23 ...
- distance totale parcourue par un cycliste du Tour de France : 3 365 ...
- distance à parcourir lors d'un marathon : 42 ...
- altitude du Mont Blanc : 4 809 ...

2- Résous les problèmes suivants.

Sami habite à 2km de l'école. Il a déjà parcouru 650m.
Quelle distance lui reste-t-il à parcourir ?

Un coureur à pied participe à une course de 6km. Hélas, il fait une chute à 1 700m de l'arrivée.
Quelle distance avait-il parcourue avant sa chute ?

Un chauffeur routier part de Paris et doit livrer sa marchandise à Rome.
La distance de Paris à Rome est de 1 420km. Il a parcouru 458km ce matin et 356km cet après-midi.
Quelle distance lui reste-t-il encore à parcourir pour arriver à Rome ?

Séance 3

30 min

Bilan des apprentissages

Les élèves font individuellement les exercices 1 à 10 du cahier de l'élève *Maths au CE2*.
(Ils font les exercices 8 à 10 dans un autre cahier.)

Pages 114 et 115

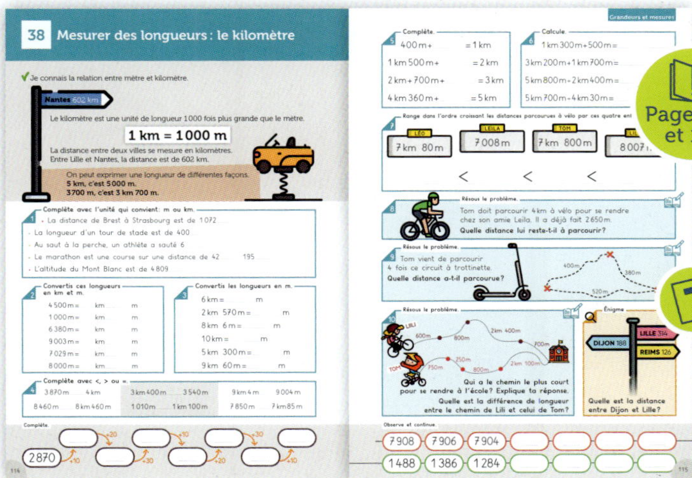

Matériel 38 Feuille de recherche

Résous le problème.

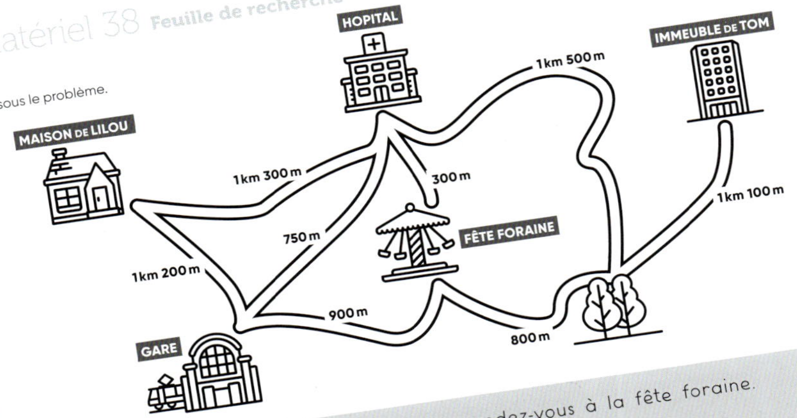

Lilou et Tom sont amis. Ils se sont donné rendez-vous à la fête foraine.
Lilou passe par la gare et Tom passe par l'hôpital.
Colorie en rouge le trajet de Lilou et en b… celui de Tom.
Quelle distance chaque enfant a-t-il parc…

Matériel 38 Feuille de recherche

Résous le problème.

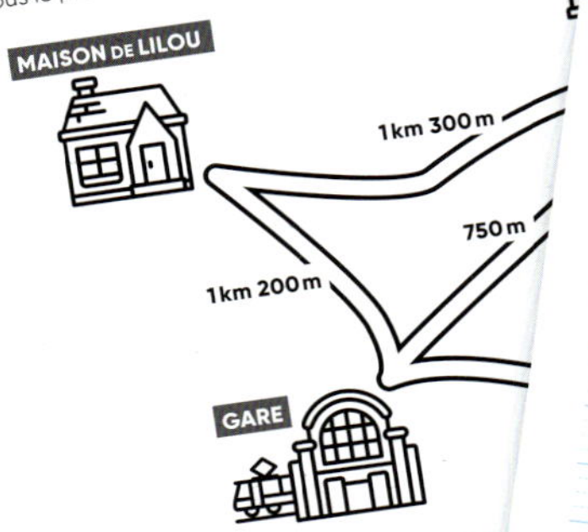

Lilou et Tom sont amis. Ils…
Lilou passe par la gare…
Colorie en rouge le traj…
Quelle distance chaque…

Matériel 38 Feuille d'entrainement

1- Choisis la bonne unité de longueur : m ou km

- longueur d'une échelle de pompiers : 30 ……
- longueur de la Seine : 777 ……
- hauteur de l'Arc de Triomphe : 50 ……
- longueur d'un terrain de tennis : 23 ……
- distance totale parcourue par un cycliste du Tour de France : 3 365 ……
- distance à parcourir lors d'un marathon : 42 ……
- altitude du Mont Blanc : 4 809 ……

2- Résous les problèmes suivants.

Sami habite à 2 km de l'école. Il a déjà parcouru 650 m.
Quelle distance lui reste-t-il à parcourir ?

Un coureur à pied participe à une course de 6 km. Hélas, il fait une chute à 1 700 m de l'arrivée.
Quelle distance avait-il parcourue avant sa chute ?

Un chauffeur routier part de Paris et doit livrer sa marchandise à Rome.
La distance de Paris à Rome est de 1 420 km. Il a parcouru 458 km ce matin et 356 km cet après-midi.
Quelle distance lui reste-t-il encore à parcourir pour arriver à Rome ?

Période 5

Nombres | Calculs | Résolution de problèmes | Grandeurs et mesures | Espace et Géométrie | Apprendre à chercher*

*Pas de séquences spécifiques pour **Apprendre à chercher**.
Les énigmes du cahier de l'élève ***Maths au CE2*** permettent de développer les capacités à chercher.

ORGANISATION DE LA PÉRIODE 5

Organisation 5

Annexe 2

Les principaux apprentissages de la période 5

Calculs	**Calcul mental** • Multiplier et diviser par 25, par 50 et par 15 • Diviser par 10, par 100 • Soustraire des dizaines entières, des centaines entières, des milliers entiers • Tables de multiplications • Compléments à 10 000 • Multiplier un nombre à un chiffre par un nombre à deux chiffres • Stratégies pour calculer plus rapidement une somme • Stratégies pour calculer plus rapidement un produit • Énigmes de calcul
Résolution de problèmes	**Résoudre des problèmes de partage et de groupement** **Résoudre des problèmes de comparaison multiplicative** **Résoudre des problèmes de comparaison additive et multiplicative** **Résoudre des problèmes à deux étapes mixant les opérations** **Résoudre des problèmes nécessitant l'exploration d'un tableau ou d'un graphique**
Grandeurs et mesures	Résoudre des problèmes impliquant des longueurs Mesurer des masses Mesurer des contenances Résoudre des problèmes impliquant des durées
Espace et Géométrie	Construire un rectangle Reproduire des figures : alignement Construire un cercle Reproduire des figures complexes Coder un déplacement

Le plan de travail de la période 5

	Calcul mental 1 séance de 15 min/jour	Séquences d'apprentissage séances de 30 ou 45 min			Atelier problèmes 1 atelier de 45 min/semaine
Semaine 28	- Poser des devinettes orales (le nombre pensé). - Multiplier et diviser par 25, par 50, par 15. - Ajouter 10, 100, 1000 à un nombre à 4 chiffres. - Additionner des dizaines entières, des centaines entières, des milliers entiers.	39	CONSTRUIRE UN RECTANGLE	Séances 1 2 3 4	Résoudre des problèmes de partage et de groupement.
Semaine 29	- Diviser par 10, par 100. - Retirer 10, 100, 1000 à un nombre à 4 chiffres. - Soustraire des dizaines entières, des centaines entières, des milliers entiers à un nombre à 4 chiffres.	40	DIVISER PAR 10, 100, 25, 50 ou 500	Séances 1 2 3	Résoudre des problèmes de partage et de groupement.
		41	RÉSOUDRE DES PROBLÈMES IMPLIQUANT DES LONGUEURS	Séances 1 2 3	
Semaine 30	- Connaitre les tables de multiplication. - Connaitre les compléments à 10 000.	42	RÉSOUDRE DES PROBLÈMES IMPLIQUANT DES DURÉES (1)	Séances 1 2 3 4	Résoudre des problèmes ide comparaison multiplicative.
Semaine 31	- Connaitre les tables de multiplication. - Multiplier un nombre à un chiffre par un nombre à deux chiffres.	43	RÉSOUDRE DES PROBLÈMES IMPLIQUANT DES DURÉES (2)	Séances 1 2 3	Résoudre des problèmes de comparaison multiplicative en s'aidant d'un schéma.
		44	REPRODUIRE DES FIGURES : ALIGNEMENT	Séances 1 2 3	
Semaine 32	- Connaitre les tables de multiplication. - Associer astucieusement des termes pour calculer plus rapidement une somme.	45	CONSTRUIRE UN CERCLE	Séances 1 2 3 4 5	Reconnaitre des relations entre les quantités dans des problèmes de comparaison multiplicative.
Semaine 33	- Connaitre les tables de multiplication. - Associer astucieusement des facteurs pour calculer plus rapidement un produit.	46	MESURER DES MASSES	Séance 1 2 3	Distinguer les problèmes de comparaison additive et les problèmes de comparaison multiplicative.
Semaine 34	- Connaitre les tables de multiplication. - Utiliser le calcul approché pour trouver l'ordre de grandeur d'un résultat.	47	REPRODUIRE DES FIGURES COMPLEXES	Séances 1 2 3 4	Résoudre des problèmes à deux étapes mixant les opérations.
Semaine 35	- Utiliser ses connaissances pour résoudre des énigmes de calcul.	48	MESURER DES CONTENANCES	Séances 1 2 3	Résoudre des problèmes nécessitant l'exploration d'un tableau ou d'un graphique.
Semaine 36	- Utiliser ses connaissances pour résoudre des énigmes de calcul.	49	CODER UN DÉPLACEMENT	Séances 1 2 3	Résoudre des problèmes nécessitant l'exploration d'un tableau ou d'un graphique.
		P5	JE RÉVISE		
			BILAN DES APPRENTISSAGES Période 5		

Cette progression présente les apprentissages visés au cours de la période. Chaque séance de 15 minutes débute par un court moment de travail de la numération orale ou écrite (1 minute) suivi d'un temps de révision d'une notion déjà apprise (4 minutes) et se termine par une phase d'apprentissage plus longue (10 minutes).

Progression 5 Calcul

Annexe 2

	Objectifs	Exemples d'activités
Semaine 28	**Procédures de calcul mental** Multiplier et diviser par 25, par 50 et par 15. Ajouter 10, 100 ou 1000 à un nombre à 4 chiffres. Additionner des dizaines entières, des centaines entières et des milliers entiers.	Proposer des calculs à résoudre sur l'ardoise en moins de 10 secondes. *« **9x25, 175:25, dans 100 combien de fois 25 ?** »* *« **7x50, 1000:50, dans 300 combien de fois 50 ?** »* *« **6x15, 70:15, dans 90 combien de fois 15 ?** »* Proposer 12 calculs à résoudre sur l'ardoise, sans contrainte de temps. *« **3456 + 10 = ?, 8004 + 100 = ?, 2500 + 3200 = ?** »*
Semaine 29	**Procédures de calcul mental** Diviser par 10, par 100. Retirer 10, 100 ou 1000 à un nombre à 4 chiffres. Soustraire des dizaines entières, des centaines entières et des milliers entiers à des nombres à 4 chiffres.	Proposer des problèmes oraux. Demander d'écrire sur l'ardoise le quotient exact. *« Lilou collectionne les autocollants. Elle achète des pochettes de 100 autocollants. **Combien de pochettes doit-elle acheter pour avoir 600 autocollants ?** »* Trouver le nombre pensé. *« Je pense à un nombre, je lui ajoute 99, j'obtiens 123. **Quel est ce nombre ?** »* Calculer des soustractions sur l'ardoise, sans contrainte de temps. *« **8947 – 10 = ?, 7956 – 100 = ?, 3456 – 1000 = ?** »* *« **1500 – 300 = ?, 4368 – 3000 = ?, 1600 – 70 = ?** »*
Semaine 30	**Faits numériques** Connaitre les tables de multiplication. Connaitre les compléments à 10 000.	Proposer des problèmes à résoudre immédiatement sur l'ardoise. *« Une équipe de handball est composée de 7 joueurs. **Combien d'équipes peut-on former avec 35 joueurs ?** »* Lire le portrait du nombre recherché à l'aide de l'animation. ***Procédure visée*** De 8 900 m jusqu'à 9 000 m, il faut 100 m puis de 9 000 m à 10 000 m, il faut 1 000 m. En tout, elle doit encore effectuer 1 100 m.
Semaine 31	**Faits numériques** Connaitre les tables de multiplication.	Écrire sur l'ardoise tous les produits de la table de multiplication égaux à 32, à 54, à 72…
	Procédures de calcul mental Multiplier un nombre à 1 chiffre par un nombre à 2 chiffres.	Écrire sur l'ardoise, sans contrainte de temps, le résultat des multiplications. *« **5 x 13 = ?** » **Procédure visée*** 5 x 13 = (5 x 10) + (5 x 3) = 50 + 15 = 65.
Semaine 32	**Faits numériques** Connaitre les tables de multiplication.	Proposer l'évaluation. Résoudre en 3 minutes le plus possible de calculs.
	Procédures de calcul mental Associer des termes pour calculer plus rapidement une somme.	Répondre dans un cahier à un calcul écrit au tableau, sans contrainte de temps. *« **8 + 17 + 25 + 12 + 75 + 23 = ?** » **Procédure visée*** (8 + 12) + (25 + 75) + (17 + 23) = 20 + 100 + 40 = 160.
Semaine 33	**Faits numériques** Connaitre les tables de multiplication.	Proposer l'évaluation. Résoudre en 3 minutes le plus possible de calculs.
	Procédures de calcul mental Associer des termes pour calculer plus rapidement un produit.	Répondre dans un cahier à un calcul écrit au tableau, sans contrainte de temps. *« **20 x 9 x 5 = ?** » **Procédure visée** 20 x 5 x 9 = 100 x 9 = 900.* *« **16 x 25 = ?** » **Procédure visée** 4 x 4 x 25 = 4 x 100 = 400.*
Semaine 34	**Faits numériques** Connaitre les tables de multiplication.	Proposer l'évaluation. Résoudre en 3 minutes le plus possible de calculs.
	Procédures de calcul mental Utiliser ses connaissances pour résoudre des énigmes de calcul. Compter de 21 en 21, de 19 en 19.	Dire à tour de rôle la suite orale des nombres en comptant de 21 en 21, à partir de 4 501 jusqu'à 4 521. ***Procédure visée*** Ajouter 20 puis ajouter 1.
Semaine 35	**Procédures de calcul mental** Utiliser ses connaissances pour résoudre des énigmes de calcul. Compter de 101 en 101, de 999 en 999, de 99 en 99. Destination CM1	Dire à tour de rôle la suite orale des nombres en comptant de 101 en 101, à partir de 234 jusqu'à 1 244. ***Procédure visée*** Ajouter 100 puis ajouter 1. Effectuer le plus possible de calculs en 10 minutes sans calculs intermédiaires ni calcul posé.
Semaine 36	**Procédures de calcul mental** Utiliser ses connaissances pour résoudre des énigmes de calcul. Destination CM1	À l'aide des signes +, –, x et : et en utilisant une seule fois chacun des nombres donnés, essayer d'obtenir le nombre à trouver ou s'en approcher le plus possible. Effectuer le plus possible de calculs en 10 minutes sans calculs intermédiaires ni calcul posé. Épreuve finale de ***Destination CM1*** (cahier de l'élève ***Maths au CE2*** pages 150 et 151)

15 min par jour

Calcul mental

- Multiplier et diviser par 25, par 50 et par 15.
- Ajouter 10, 100 ou 1 000 à un nombre à 4 chiffres.
- Additionner des dizaines entières, des centaines entières et des milliers entiers.

Séance 1

❶ Le nombre pensé — 1 min

Poser des devinettes orales. Les élèves répondent sur l'ardoise.

« Je pense à un nombre, je le multiplie par 7, j'obtiens 28. Quel est ce nombre ? » (Réponse 4)
« Je pense à un nombre, je le multiplie par 6, j'obtiens 54. Quel est ce nombre ? » (Réponse 9)

❷ Multiplication et division par 25 : consolidation — 4 min

Une par une, l'enseignant pose 12 questions orales aux élèves en demandant une réponse rapide sur l'ardoise (moins de 10 secondes).

2 x 25 | 4 x 25 | 3 x 25 | Dans 150, combien de fois 25 ?
8 x 25 | 10 x 25 | 7 x 25 | 9 x 25
175 : 25 | 11 x 25 | 6 x 25 | Dans 100, combien de fois 25 ?

❸ Additions du type 3456 + 10, 3456 + 100, 3456 + 1000 : découverte — 10 min

L'enseignant pose 12 questions une à une oralement sans contrainte de temps. Les élèves répondent sur l'ardoise.

3456 + 10 = ?	**3456 + 100 = ?**	**3456 + 1000 = ?**
8004 + 100 = ?	**7298 + 1000 = ?**	**2956 + 100 = ?**
5297 + 10 = ?	**3802 + 110 = ?**	**7632 + 1100 = ?**
1010 + 8207 = ?	**6003 + 1110 = ?**	**1010 + 4003 = ?**

Séance 2

Matériel Calcul 28

❶ Le nombre pensé — 1 min

Poser des devinettes orales. Les élèves répondent sur l'ardoise.

« Je pense à un nombre, je le multiplie par 8, j'obtiens 48. Quel est ce nombre ? » (Réponse 6)
« Je pense à un nombre, je le multiplie par 7, j'obtiens 21. Quel est ce nombre ? » (Réponse 3)

❷ Multiplication et division par 50 : consolidation — 4 min

Une par une, l'enseignant pose 12 questions orales aux élèves en demandant une réponse rapide sur l'ardoise (moins de 10 secondes).

2 x 50 | 4 x 50 | 3 x 50 | Dans 300 combien de fois 50 ?
8 x 50 | 10 x 50 | 7 x 50 | 9 x 50 | 1000 : 50
150 : 50 | 250 : 50 | 12 x 50

❸ Additions du type 3456 + 10, 3456 + 100, 3456 + 1000 : découverte — 10 min

Proposer la série de calculs de **MaterielCalcul28.pdf**, page 1.

Semaine 28 — Séance 2 — Maths au CE2

Calcule.

7 857 + 10 =	6 000 + 100 + 10 =
10 + 9 294 =	1 000 + 10 + 4 000 =
8 764 + 100 =	7 000 + 1 100 =
7 805 + 100 =	3 200 + 1 010 =
100 + 5 967 =	1 110 + 8 457 =
8 630 + 1 000 =	5 398 + 1 010 =
1 000 + 5 207 =	7 004 + 1 101 =

Séance 3

❶ Le nombre pensé — 1 min

Poser des devinettes orales. Les élèves répondent sur l'ardoise.

« Je pense à un nombre, je le multiplie par 4, j'obtiens 24. Quel est ce nombre ? » (Réponse 6)
« Je pense à un nombre, je le multiplie par 9, j'obtiens 63. Quel est ce nombre ? » (Réponse 7)

❷ Multiplication et division par 15 : découverte — 4 min

Une par une, l'enseignant pose 12 questions orales aux élèves en demandant une réponse rapide sur l'ardoise (moins de 10 secondes).

2 x 15 | 4 x 15 | 3 x 15 | Dans 90 combien de fois 15 ?
8 x 15 | 10 x 15 | 7 x 15 | 9 x 15 | 45 : 15
6 x 15 | 30 : 15 | 60 : 15

❸ Additions de dizaines entières, de centaines entières et de milliers entiers : réinvestissement — 10 min

L'enseignant pose 12 questions une à une oralement sans contrainte de temps. Les élèves répondent sur l'ardoise.

4000 + 3000 = ?	**5600 + 1300 = ?**	**2500 + 3200 = ?**
3457 + 30 = ?	**6324 + 600 = ?**	**4368 + 3000 = ?**
5807 + 90 = ?	**5630 + 300 = ?**	**400 + 5297 = ?**
6000 + 2098 = ?	**50 + 4003 = ?**	**500 + 8330 = ?**

Séance 4

Matériel Calcul 28

❶ Le nombre pensé — 1 min

Poser des devinettes orales. Les élèves répondent sur l'ardoise.

« Je pense à un nombre, je le multiplie par 7, j'obtiens 35. Quel est ce nombre ? » (Réponse 5)
« Je pense à un nombre, je le multiplie par 8, j'obtiens 64. Quel est ce nombre ? » (Réponse 8)

❷ Multiplication et division par 15 : entrainement — 4 min

Une par une, l'enseignant pose 12 questions orales aux élèves en demandant une réponse rapide sur l'ardoise (moins de 10 secondes).

3 x 15 | 6 x 15 | 1 x 15 | Dans 60 combien de fois 15 ?
2 x 15 | 20 x 15 | 100 x 15 | 30 x 15 | 150 : 15
4 x 15 | 45 : 15 | 75 : 15

❸ Additions de dizaines entières, de centaines entières et de milliers entiers : réinvestissement — 10 min

Proposer la série de calculs de **MaterielCalcul28.pdf**, page 2.

Semaine 28 — Séance 4 — Maths au CE2

Calcule.

3 457 + 30 =	6 000 + 2 098 =
6 324 + 600 =	50 + 4 003 =
4 368 + 3000 =	700 + 5 000 + 45 =
5 807 + 90 =	4 000 + 3 200 + 300 =
5 630 + 300 =	60 + 800 + 5 132 =
400 + 5 297 =	900 + 4 568 + 3 000 =

Calcul@tice Les élèves travaillent en autonomie sur les ordinateurs de la classe

calculatice.ac-lille.fr > les exercices > Niveau CE2

- Multiplier par 10, 20, 30... : **HandMaths**
- Résoudre des problèmes avec l'addition et la soustraction : **Le viaduc**

45 min
par semaine

Atelier problèmes
Résoudre des problèmes de partage et de groupement

Atelier 28

CHERCHONS ENSEMBLE

Complète le schéma et résous le problème.

Problème 1 Quatre joueurs se partagent 32 cartes en parts égales.
Combien chaque joueur aura-t-il de cartes?

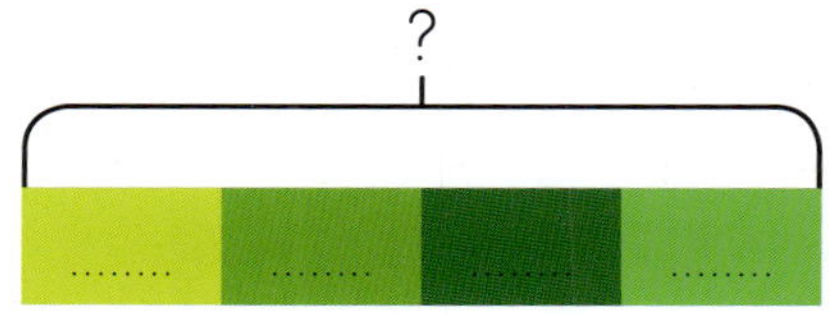

Problème 2 Lilou a récolté 34 œufs.
Combien de boites de 6 œufs peut-elle remplir? Combien reste-t-il d'œufs?

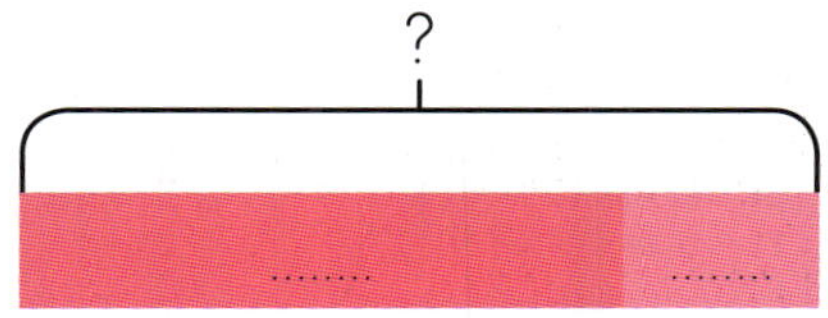

JE M'ENTRAINE

Résous les problèmes dans un cahier.
Commence par ceux avec le symbole ✖ puis résous ceux de ton choix.
Essaie d'en résoudre le plus possible.

✖ Problème 3 Quatre amis veulent se partager 112 euros afin que chacun d'eux ait la même somme.
Quelle somme chacun reçoit-il?

✖ Problème 4 J'ai soustrait 6 fois 15 à un nombre et il me reste 8.
Quel est ce nombre?

✖ Problème 5 Un apiculteur range 132 pots de miel dans des cartons de 6.
Combien de cartons remplit-il?

Problème 6 La maitresse distribue 3 cahiers à chacun de ses 26 élèves. À la fin de la distribution, il reste encore 12 cahiers.
Combien de cahiers la maitresse avait-elle avant de les distribuer?

Problème 7 Leïla a commencé la lecture d'un roman de 116 pages. Elle a décidé de lire 20 pages chaque soir.
Combien de pages lira-t-elle le dernier soir?

Problème 8 Quatre amis jouent à la bataille avec un jeu de 52 cartes. Au début de la partie, on distribue toutes les cartes. Il faut que chaque joueur ait le même nombre de cartes.
Avec combien de cartes chaque joueur commence-t-il la partie?

39 Construire un rectangle

Séance 1 — 45 min

Reconnaitre un rectangle

→ **MODÉLISER**

Connaitre la propriété des angles du rectangle.

MATÉRIEL ET SUPPORT
- La collection de quadrilatères de A à H de **Materiel39.pdf**, page 1, sur une A4 de couleur (ici jaune).
- Les mêmes quadrilatères agrandis pour la synthèse au tableau (**Materiel39.pdf**, pages 2 à 5).
- Des affiches (minimum A3) et des gros feutres.
- Les quadrilatères I, J et K en petit format sur une A4 d'une autre couleur (ici violet) et en grand format pour travailler en collectif au tableau (**Materiel39.pdf**, pages 6 à 7).

DÉROULEMENT DE LA SÉANCE

1 Recherche Classer des quadrilatères en deux catégories.	25 min	**Manipulation Expérimentation** Groupes de 3
2 Mise en commun Comprendre qu'un quadrilatère qui a quatre angles droits est un rectangle.	5 min	**Verbalisation** Oral collectif
3 Nouvelle recherche Classer trois nouveaux quadrilatères.	5 min	**Manipulation Expérimentation** Groupes de 3
4 Mise en commun Comprendre qu'un carré est un rectangle particulier.	5 min	**Verbalisation** Oral collectif
5 Institutionnalisation Faire la synthèse de ce qu'il faut retenir.	5 min	**Verbalisation Abstraction** Oral collectif

1 Recherche

Matériel 39

Chaque groupe reçoit une collection de quadrilatères (**Materiel39.pdf**, page 1) ainsi qu'une feuille A3.

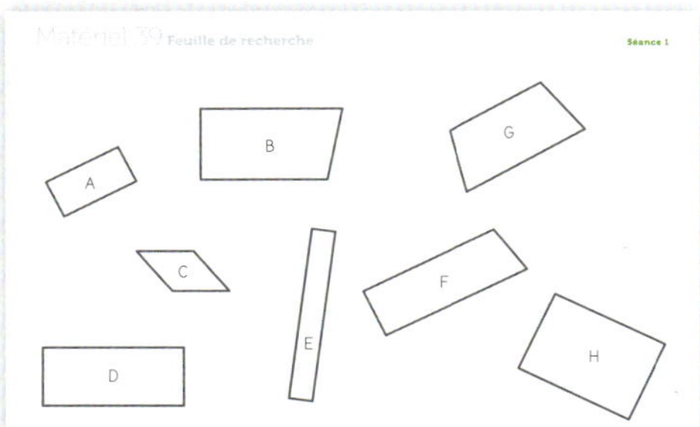

Demander aux élèves de découper les figures pour les séparer sans chercher à découper leur contour.

Consigne 1
« Classez les figures en deux catégories. »

Faire un grand trait vertical au tableau et écrire *catégorie 1* pour la première colonne et *catégorie 2* pour la seconde colonne. Demander aux élèves de faire la même chose sur leur grande feuille.

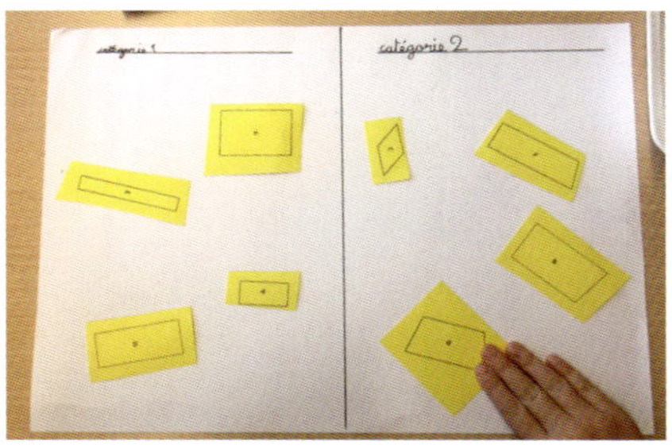

Consigne 2 « Pour chaque catégorie, écrivez pourquoi vous avez mis les figures ensemble. »

Procédures observées
- classe les figures en fonction de la présence d'un angle droit.
- classe les figures en fonction de la présence de 4 angles droits.
- classe les rectangles et les non-rectangles.

2 Mise en commun

Matériel 39

Toutes les figures sont des polygones. Rappeler la définition d'un polygone.

Toutes les figures sont des polygones à 4 côtés.
Ce sont donc des quadrilatères. Les figures qui ont 4 angles droits sont des rectangles. On peut donc classer ces quadrilatères selon le critère suivant : rectangle ou non-rectangle.

On appelle **rectangle** un quadrilatère ayant 4 angles droits.

Pour reconnaitre un rectangle, il n'est pas nécessaire de vérifier que le rectangle possède des côtés opposés de même longueur qui est l'une de ses propriétés.

3 Nouvelle recherche

Matériel 39

Présenter 3 nouvelles figures I, J et K à classer (**Materiel39.pdf,** page 6).

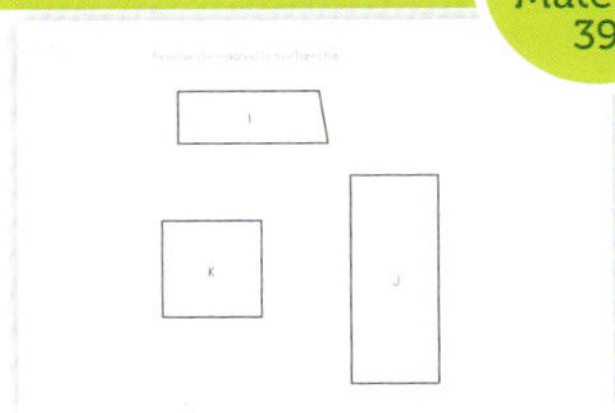

Consigne « Cherchez dans quelle catégorie classer ces 3 figures : rectangles ou non-rectangles. »

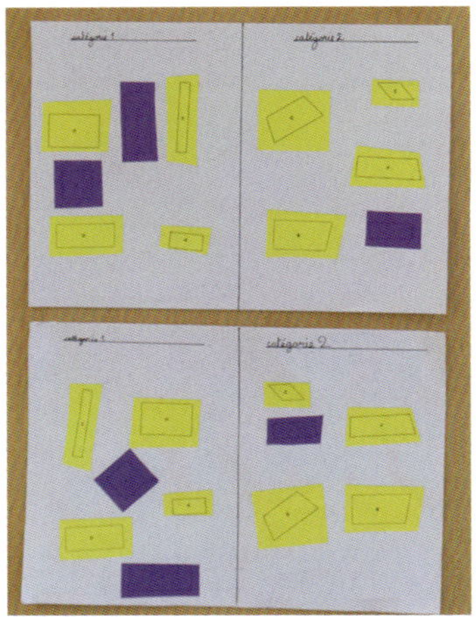

Exemples de productions d'élèves

4 Mise en commun

Matériel 39

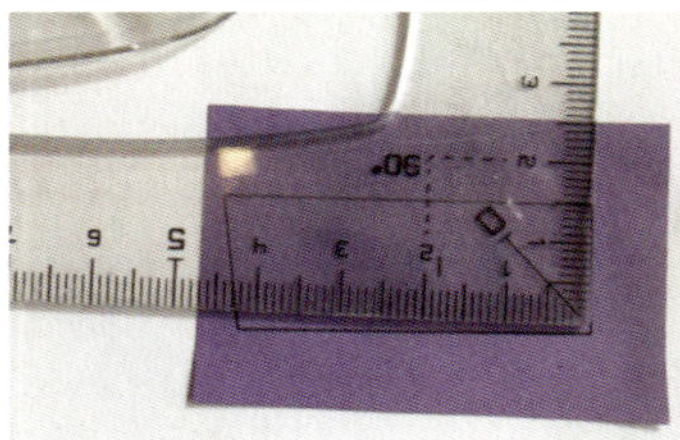

Pour la figure I
Vérifier qu'elle n'a pas 4 angles droits en utilisant l'équerre.

Pour la figure J
Reconnaitre un rectangle et vérifier avec l'équerre qu'il a 4 angles droits.

Pour la figure K Reconnaitre un rectangle et vérifier avec l'équerre qu'il a 4 angles droits. Remarquer que ses 4 côtés sont de même longueur et donc que c'est aussi un carré.

Les carrés sont des rectangles car ils ont 4 côtés et 4 angles droits comme le rectangle.

☆ DIFFÉRENCIATION

- Pour les élèves qui rencontrent des difficultés à comprendre que les figures géométriques sont classées par inclusions, effectuer une transposition dans un autre contexte. On apprend aux enfants à utiliser des mots précis, à dire plutôt une araignée qu'une bête, une voiture qu'un véhicule, un fox-terrier qu'un chien. Un carré est un rectangle particulier.
- Donner l'image que les différentes classes de figures géométriques sont emboitées, comme des poupées russes: les rectangles sont des cas particuliers des quadrilatères, les carrés sont des cas particuliers des rectangles.

❺ Institutionnalisation

Ce qu'il faut retenir

Un polygone qui a quatre côtés est un quadrilatère.
Un polygone qui a 4 côtés et 4 angles droits est un rectangle.
Un carré est aussi un rectangle.
Un rectangle n'est pas toujours un carré.

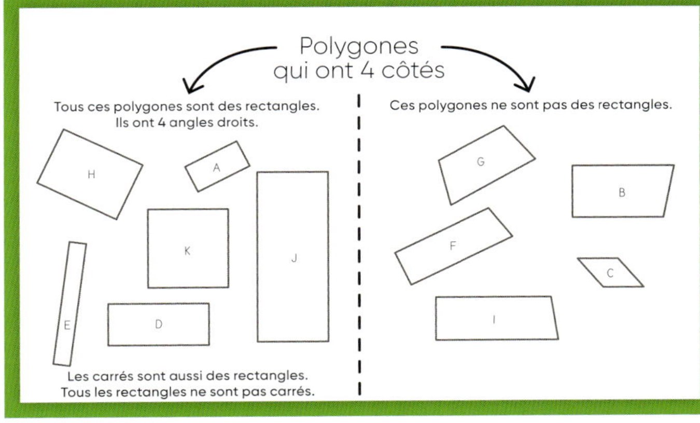

Séance 2

45 min

Reproduire un rectangle

→ **COMMUNIQUER**

Reproduire des rectangles sur tout support, quelles que soient les longueurs des côtés, avec une règle graduée et une équerre.

MATÉRIEL ET SUPPORT
- Des tasseaux de bois, gabarits d'angle droit et équerres, une grande règle du tableau, des mètres.
- Des planches de bois, des cagettes ou emballages en carton.
- Des craies de tableau ou des craies de trottoir.

DÉROULEMENT DE LA SÉANCE

❶ Appropriation Comprendre le but à atteindre.	5 min	**Verbalisation** Oral collectif
❷ Recherche Prélever les informations utiles à la reproduction d'un rectangle.	30 min	**Manipulation** **Expérimentation** Groupes de 3
❸ Mise en commun Faire l'inventaire des procédures utilisées.	5 min	
❹ Institutionnalisation Faire la synthèse de ce qu'il faut retenir.	5 min	**Verbalisation** **Abstraction** Oral collectif

❶ Appropriation

Donner un exemple avec une grande boite en carton.

Montrer une face et annoncer qu'il va falloir reproduire cette face au sol, dans la cour, en utilisant des craies et des instruments de géométrie. Quand le rectangle sera reproduit sur le sol, on devra pouvoir superposer exactement la face de la boite en carton au rectangle dessiné au sol.

Donner un exemple au tableau sans expliquer comment procéder pour effectuer le tracé: auparavant, le rectangle a été tracé à la craie au tableau. Superposer la boite à ce rectangle pour valider le tracé. Annoncer que chaque groupe travaillera avec un objet différent.

Expliquer que les élèves vont devoir prendre des informations sur leur objet en classe puis aller tracer leur rectangle dans la cour sans emporter l'objet mais avec les notes qu'ils auront prises. Ils iront ensuite rechercher leur objet pour valider leur travail.

❷ Recherche

1re étape Prise d'informations en classe

« En classe, utilisez vos instruments (règle graduée, grande règle de tableau, mètre, équerre, gabarit d'angle droit) pour prendre sur votre objet toutes les informations qui vous semblent utiles pour tracer le rectangle à reproduire. Notez toutes ces informations sur une feuille. Vous pouvez faire des dessins ou des schémas. »

2e étape Reproduction du rectangle dans la cour

« Quand vous aurez pris les informations sur l'objet, vous laisserez votre objet dans la classe et vous prendrez vos notes et votre matériel pour aller tracer votre rectangle dans la cour avec une craie. »

3e étape Validation

« Une fois votre tracé dans la cour effectué, vous irez chercher votre objet pour vérifier que votre rectangle a été précisément reproduit. Le rectangle tracé et la face de l'objet reproduite doivent se superposer exactement. »

39 Construire un rectangle

❸ Mise en commun

Expliciter et confronter les procédures utilisées. Répertorier les types d'erreurs à éviter lors de la prise d'informations et lors du tracé.

❹ Institutionnalisation

Faire le lien avec le travail des menuisiers ou des vitriers qui doivent reconnaitre des figures géométriques et prendre des mesures exactes pour fabriquer une porte ou un vitrage par exemple.

Les étapes de la reproduction

1. Identifier le type de figure géométrique à reproduire, vérifier ici que c'est un rectangle (4 angles droits) en utilisant le gabarit d'angle droit.
2. Prendre les dimensions de la figure. Pour un rectangle, il suffit de noter la mesure de sa longueur et celle de sa largeur. Il n'est pas utile de noter les dimensions des 4 côtés. Pour un carré, noterla mesure d'un côté suffit.

Ce qu'il faut retenir

Vérifier et verbaliser sur plusieurs objets que les côtés opposés du rectangle sont de même longueur.
Verbaliser que le côté le plus long s'appelle la longueur et le côté le plus court la largeur.
Quand le rectangle est un carré, il suffit de noter la mesure d'un seul côté car les 4 côtés sont égaux.

CROISEMENTS AVEC D'AUTRES ENSEIGNEMENTS

Prolongements possibles en arts plastiques

- Les rectangles sont par exemple transformés en monstres à partir d'un répertoire de formes de bouches, d'yeux, de pattes, d'écailles, de dents, de griffes élaboré en utilisant des illustrations d'albums de littérature jeunesse (Exemple ***Max et les Maximonstres***).

Séance 3 ⌛ 45 min

Construire un rectangle

→ MODÉLISER

Connaitre les propriétés des angles et des égalités de longueur pour les rectangles.

MATÉRIEL ET SUPPORT
- La feuille de recherche (**Materiel39.pdf**, page 8).
- La règle non graduée fournée en **planche 9** de cahier de l'élève ***Maths au CE2*** (exercices 1 et 2), une règle graduée (exercice 3) et un crayon de papier pour chaque élève.

DÉROULEMENT DE LA SÉANCE

❶ Recherche Finir la construction de deux rectangles avec une règle non graduée.	15 min	**Verbalisation** Oral collectif
❷ Mise en commun Savoir que les côtés opposés d'un rectangle sont de même longueur.	10 min	**Manipulation Expérimentation** Groupes de 2
❸ Nouvelle recherche Construire des rectangles dont les dimensions sont données.	20 min	**Verbalisation Représentation** Oral collectif Écrit individuel

❶ Recherche

Matériel 39

Proposer les tracés de **Materiel39.pdf**, page 8.

Exercice 1

Termine la construction des rectangles sur papier quadrillé avec une règle non graduée et un crayon de papier.

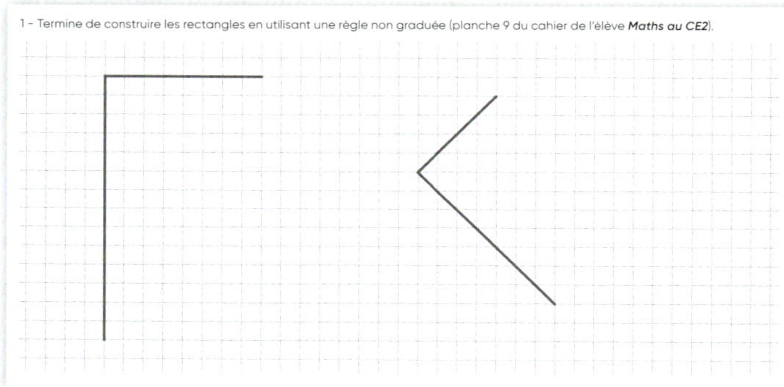

Le papier quadrillé rend le tracé des angles droits plus facile et permet de cibler ce travail sur l'égalité de longueurs des côtés.

Exercice 2

Consignes « J'ai commencé à dessiner des rectangles. Complète ces rectangles en traçant soigneusement ce qui manque. Les sommets des rectangles sont sur les points du réseau. »

« Terminez la construction des rectangles en utilisant une règle non graduée. »

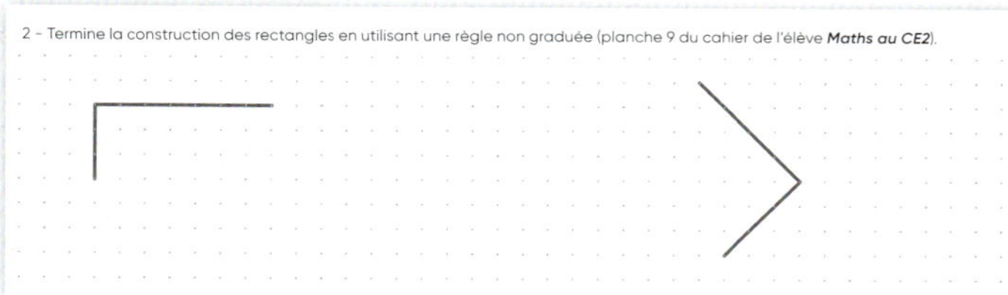

❷ Mise en commun

Revoir que, dans un rectangle, les *côtés opposés* (l'un en face de l'autre) sont de même longueur.

Apporter le vocabulaire : le côté le plus court s'appelle la *largeur* du rectangle, le côté le plus long s'appelle la *longueur* du rectangle.

❸ Nouvelle recherche

Exercice 3 (**Materiel39.pdf**, page 8)
En utilisant l'équerre et la règle graduée, finis de construire le rectangle dont on connait la longueur et la largeur.

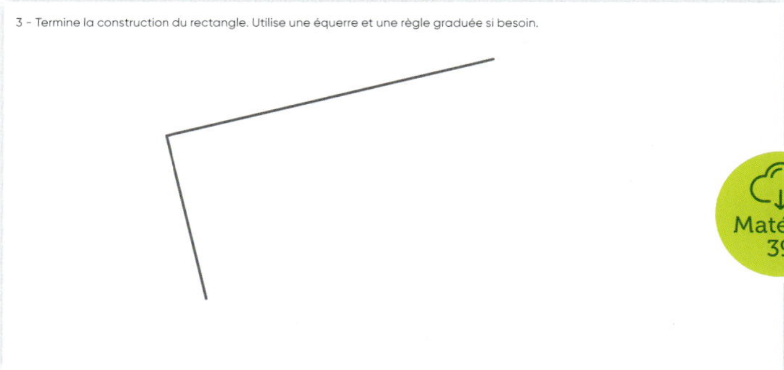
3 - Termine la construction du rectangle. Utilise une équerre et une règle graduée si besoin.

Matériel 39

Procédures visées
- sans mesurer les côtés, avec l'équerre pour obtenir les deux angles droits qui manquent, tracer une demi-droite perpendiculaire à un côté puis une demi-droite perpendiculaire à l'autre côté, on obtient le sommet qui marque l'intersection des deux demi-droites.
- en mesurant un côté (la longueur par exemple) puis en traçant un segment de même longueur perpendiculaire à la largeur en se plaçant à l'extrémité de la largeur. Procédure semblable pour tracer la largeur.

Exercice 4
Construis les rectangles demandés sur une feuille blanche.
Les consignes sont écrites au tableau.

- Tracez le rectangle ABCD dont la longueur mesure 5 cm et la largeur mesure 3 cm.
- Tracez le rectangle EFGH dont la longueur mesure 3 cm 5 mm et la largeur mesure 3 cm.

Séance 4 — 30 min

Bilan des apprentissages

Les élèves font individuellement les exercices 1 à 5 du cahier de l'élève ***Maths au CE2***.
(Ils construisent les rectangles de l'exercice 5 sur du papier uni.)

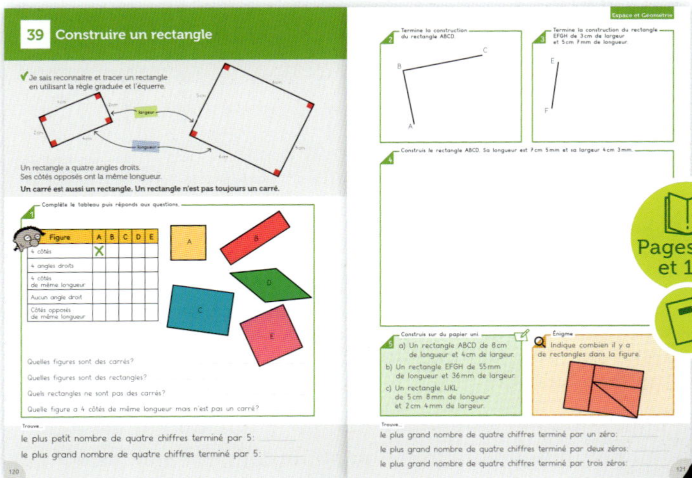
39 Construire un rectangle

Je sais reconnaître et tracer un rectangle en utilisant la règle graduée et l'équerre.

Un rectangle a quatre angles droits.
Ses côtés opposés ont la même longueur.
Un carré est aussi un rectangle. Un rectangle n'est pas toujours un carré.

1 Complète le tableau puis réponds aux questions.

Figure	A	B	C	D	E
4 côtés	X				
4 angles droits					
4 côtés de même longueur					
Aucun angle droit					
Côtés opposés de même longueur					

Quelles figures sont des carrés ?
Quelles figures sont des rectangles ?
Quels rectangles ne sont pas des carrés ?
Quelle figure a 4 côtés de même longueur mais n'est pas un carré ?

Trouve...
le plus petit nombre de quatre chiffres terminé par 5 :
le plus grand nombre de quatre chiffres terminé par 5 :

120

Espace et Géométrie

2 Termine la construction du rectangle ABCD

3 Termine la construction du rectangle EFGH de 3 cm de largeur et 5 cm 7 mm de longueur

4 Construis le rectangle ABCD. Sa longueur est 7 cm 5 mm et sa largeur 4 cm 3 mm.

5 Construis sur du papier uni :
a) Un rectangle ABCD de 8 cm de longueur et 4 cm de largeur.
b) Un rectangle EFGH de 55 mm de longueur et 36 mm de largeur.
c) Un rectangle IJKL de 5 cm 8 mm de longueur et 2 cm 4 mm de largeur.

Énigme
Indique combien il y a de rectangles dans la figure.

Trouve...
le plus grand nombre de quatre chiffres terminé par un zéro :
le plus grand nombre de quatre chiffres terminé par deux zéros :
le plus grand nombre de quatre chiffres terminé par trois zéros :

121

Pages 120 et 121

Calcul mental

15 min par jour

- Diviser par 10, par 100.
- Retirer 10, 100 ou 1 000 à un nombre à 4 chiffres.
- Soustraire des dizaines entières, des centaines entières et des milliers entiers à un nombre à 4 chiffres.

Séance 1

Calcul 29

❶ Le nombre pensé — 1 min

Poser la devinette oralement. Les élèves répondent sur l'ardoise.

« Je pense à un nombre, je lui ajoute 99, j'obtiens 199. Quel est ce nombre ? » (Réponse 100)

❷ Division par 10 : consolidation — 4 min

L'enseignant pose oralement le problème suivant.
Les élèves écrivent le quotient exact sur l'ardoise.

« Tom collectionne les autocollants.
Il achète des pochettes de 10 autocollants.
Combien doit-il acheter de pochettes pour avoir 60 autocollants ? »

Même question avec ***120 autocollants***, ***1000 autocollants***, ***1300 autocollants***, ***4 500 autocollants***.

Procédure visée
1300, c'est 130 dizaines donc il faut 130 pochettes de 10 autocollants.

❸ Soustractions du type 3456 – 10, 3456 – 100, 3456 – 1000 : découverte — 10 min

Une par une, l'enseignant pose les questions aux élèves à l'aide de l'animation **Calcul 29** sans contrainte de temps.
Les élèves répondent sur l'ardoise.

3456 – 10 = ?	**3456 – 100 = ?**	**3456 – 1000 = ?**
4296 – 1000 = ?	**9005 – 100 = ?**	**7956 – 100 = ?**
8947 – 10 = ?	**6039 – 100 = ?**	**9736 – 1000 = ?**
8997 – 1010 = ?	**6103 – 1100 = ?**	**4813 – 1100 = ?**

Séance 2

Matériel Calcul 29

❶ Le nombre pensé — 1 min

Poser la devinette oralement. Les élèves répondent sur l'ardoise.

« Je pense à un nombre, je lui ajoute 99, j'obtiens 234. Quel est ce nombre ? » (Réponse 135)

Procédure visée
Calculer 234 – 100 puis ajouter 1 car on a retiré 1 de *trop*.

❷ Division par 100 : consolidation — 4 min

L'enseignant pose oralement le problème suivant.
Les élèves écrivent le quotient exact sur l'ardoise.

« Lilou collectionne les autocollants.
Elle achète des planches de 100 autocollants.
Combien de planches doit-elle acheter pour avoir 600 autocollants ? »

Même question avec **800 autocollants**, **1000 autocollants**, **1900 autocollants**, **9 400 autocollants**.

Procédure visée
1900, c'est 19 centaines donc il faut 19 planches de 100 autocollants.

❸ Soustractions du type 3456 – 10, 3456 – 100, 3456 – 1000 : découverte — 10 min

Proposer la série de calculs de **MaterielCalcul29.pdf**, page 1.

Semaine 29 — Séance 2 — Maths au CE2

Calcule.

8 056 – 10 =	2 847 – 10 =
9 406 – 100 =	1 039 – 100 =
7 285 – 1 000 =	8 756 – 1 000 =
4 006 – 1 000 =	6 534 – 1 010 =
2 005 – 100 =	9 203 – 1 100 =
4 779 – 100 =	7 942 – 1 100 =

Séance 3

Calcul 29

❶ Le nombre pensé — 1 min

Poser la devinette oralement. Les élèves répondent sur l'ardoise.

« Je pense à un nombre, je lui ajoute 99, j'obtiens 123. Quel est ce nombre ? » (Réponse 24)

❷ Division par 10 et par 100 : consolidation — 4 min

Proposer la série de calculs de **MaterielCalcul29.pdf**, page 2.

Semaine 29 — Séance 3 — Maths au CE2

Calcule.

80 : 10 =	500 : 100 =
700 : 10 =	1 500 : 100 =
670 : 10 =	9 000 : 100 =
860 : 10 =	8 200 : 100 =
5 600 : 10 =	10 000 : 100 =
7 080 : 10 =	3 900 : 100 =

Matériel Calcul 29

❸ Soustractions de dizaines entières, de centaines entières et de milliers entiers : réinvestissement — 10 min

Une par une, l'enseignant pose les questions aux élèves à l'aidede l'animation **Calcul 29** sans contrainte de temps.
Les élèves répondent sur l'ardoise.

1500 – 300 = ?	**7100 – 600 = ?**	**1600 – 70 = ?**
5300 – 800 = ?	**4368 – 3000 = ?**	**7400 – 2300 = ?**
5635 – 1400 = ?	**8997 – 5200 = ?**	

Séance 4

Calcul 29

❶ Le nombre pensé — 5 min

Poser des devinettes orales. Les élèves répondent sur l'ardoise.

« Je pense à un nombre, je lui ajoute 99, j'obtiens 1000. Quel est ce nombre ? » (Réponse 901)
« Je pense à un nombre, je lui ajoute 99, j'obtiens 2000. Quel est ce nombre ? » (Réponse 1901)
« Je pense à un nombre, je lui ajoute 99, j'obtiens 10 000. Quel est ce nombre ? » (Réponse 9901)

❷ Tables de multiplication : réinvestissement — 10 min

Faire trouver le plus possible de résultats des tables de multiplication cachés dans la grille (il y en a 20) de **MaterielCalcul29.pdf**, page 3.
La grille peut être vidéoprojetée lors de la passation de la consigne (animation **Calcul 29**).

Semaine 29 — Séance 4 — Maths au CE2

20 opérations issues des tables de multiplication sont cachées dans cette grille. Elles peuvent être positionnées horizontalement, verticalement ou en diagonale. Essaie d'en trouver le plus possible. L'une d'elles est déjà entourée.

5	7	9	1	10	10	6	1	6
6	3	36	4	4	9	1	10	1
3	4	9	8	6	4	2	9	5
9	4	5	10	3	36	2	40	[illegible]
8	7	45	9	6	24	4	60	[illegible]
7	28	63	70	6	10	10	3	[illegible]
56	9	7	1	8	6	1	8	8
7	10	6	5	8	2	7	14	10
7	7	49	8	1	1	1	10	2

Matériel Calcul 29

La correction est proposée sur cette animation ainsi que dans **MaterielCalcul29.pdf**, page 4.

Calcul@tice Les élèves travaillent en autonomie sur les ordinateurs de la classe

calculatice.ac-lille.fr > les exercices > Niveau CE2

- Toutes les tables x : **Table attaque**
- Calculer le quotient exact d'une division : **Quadricalc**

45 min
par semaine

Atelier problèmes
Résoudre des problèmes de partage et de groupement

Atelier 29

CHERCHONS ENSEMBLE

Résous les problèmes. Pour t'aider, tu peux consulter les tables de multiplication.

Problème 1 Dans la salle de jeux de l'école, les élèves de CE2 ont installé 63 chaises en faisant des rangées. Ils ont mis 9 chaises dans chaque rangée.

Combien de rangées ont-ils faites ?

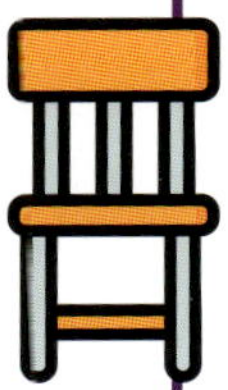

Problème 2 Les 28 élèves de la classe sont répartis en deux équipes. Chaque équipe a le même nombre d'élèves.

Combien d'élèves y a-t-il dans chaque équipe ?

Problème 3 Tom a 60 perles. Il veut fabriquer des bracelets de 15 perles.

Combien de bracelets peut-il fabriquer ?

Problème 4 Lilou a rempli son album avec 72 photos. Sur chaque page, elle a rangé 4 photos.

Combien de pages y a-t-il dans son album ?

JE M'ENTRAINE

Résous les problèmes dans un cahier.

Commence par celui avec le symbole ✖ puis résous les problèmes de ton choix. Essaie d'en résoudre le plus possible.

✖ Problème 5 Dans son album photo, Tom range 5 photos par page. Il a 45 photos à ranger.

Combien de pages Tom remplit-il ?

Problème 6 Un camion transporte 5 caisses qui représentent une masse totale de 1 400 kg.

Quelle est la masse d'une caisse ?

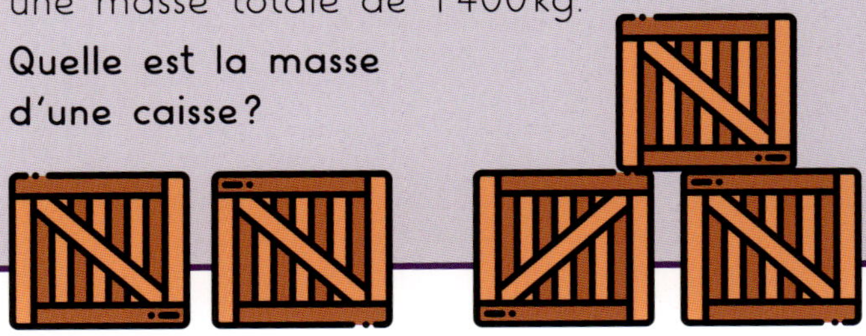

Problème 7 Monsieur Gulliver grimpe les marches d'un escalier 2 à 2. Il monte un escalier de 25 marches de cette manière.

Combien de marches gravit-il lors du dernier pas ?

Problème 8 Lilou range 79 photos dans un album de 20 pages. Elle range 4 photos sur les 19 premières pages et les photos qui restent sur la dernière page.

Combien de photos sont rangées sur la dernière page ?

40 Diviser par 10, 100, 25, 50 ou 500

Séance 1 — 30 min

Diviser mentalement par 10 ou 100

→ CALCULER

Obtenir mentalement le quotient et le reste d'une division euclidienne par 10 ou 100.

DÉROULEMENT DE LA SÉANCE

❶ Recherche Diviser mentalement par 10.	5 min	Expérimentation Écrit individuel
❷ Nouvelle recherche Diviser mentalement par 100.	5 min	
❸ Entrainement Diviser par 10 ou 100.	20 min	Abstraction Écrit individuel

❶ Recherche

Vidéoprojeter le problème à l'aide de l'animation **Séquence 40**.

Consigne *« Vous allez résoudre ce problème sur l'ardoise. »*

Séquence 40

Mise en commun

Pour savoir combien de pages Léo peut remplir, il faut chercher combien il y a de fois 10 timbres dans 456 timbres donc calculer la division ***456 divisé par 10***. Utiliser l'addition (+ 10) ou la soustraction (- 10) réitérée serait long et fastidieux. On cherche combien il y a de fois 10 dans 456 ou combien il y a de dizaines dans 456.

Dans 456, il y a 45 dizaines (45 x 10 = 450) et 6 unités.
Écrire la réponse sous la forme : 456 = (45 x 10) + 6

Léo peut donc remplir 45 pages. Il y aura 6 timbres sur la dernière page.

Synthèse

Diviser par 10 revient à calculer le nombre de dizaines.

❷ Nouvelle recherche

Vidéoprojeter le problème à l'aide de l'animation **Séquence 40**.

Séquence 40

Mise en commun

Pour savoir combien de boites de craies on peut remplir, il faut chercher combien il y a de fois 100 craies dans 9 456 craies donc calculer la division *9 456 divisé par 100*. Là encore, utiliser l'addition (+ 100) ou la soustraction (- 100) réitérée serait long et fastidieux. On cherche combien il y a de fois 100 dans 9 456 ou combien il y a de centaines dans 9 456.

Dans 9 456, il y a 94 centaines (94 x 100 = 9 400) et 56 unités.
Écrire la réponse sous la forme : 9 456 = (94 x 100) + 56.

On peut remplir 94 boites. Il restera 56 craies.

Synthèse

Diviser par 100 revient à calculer le nombre de centaines.

❸ Entrainement

Faire calculer mentalement et répondre sur l'ardoise.

450 : 10 = ? 5 600 : 100 = ? 5 600 : 10 = ?
6 000 : 10 = ? 6 000 : 100 = ?

4 300 divisé par 100
quotient = ? reste = ?
Je vérifie : 4 300 = (...... x 100) + ...

8 749 divisé par 10
quotient = ? reste = ?
Je vérifie : 8 749 = (...... x 10) + ...

Les élèves font les exercices 1 et 2 du cahier de l'élève ***Maths au CE2***.

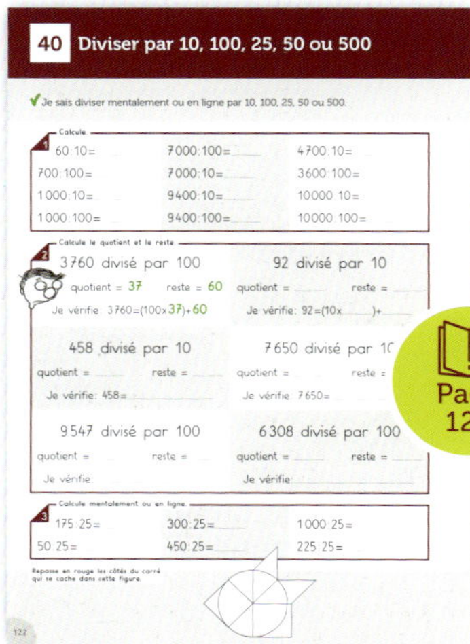

40 Diviser par 10, 100, 25, 50 ou 500

✓ Je sais diviser mentalement ou en ligne par 10, 100, 25, 50 ou 500.

1 Calcule.

60 : 10 =	7 000 : 100 =	4 700 : 10 =
700 : 100 =	7 000 : 10 =	3 600 : 100 =
1 000 : 10 =	9 400 : 10 =	10 000 : 10 =
1 000 : 100 =	9 400 : 100 =	10 000 : 100 =

2 Calcule le quotient et le reste.

3 760 divisé par 100
quotient = 37 reste = 60
Je vérifie : 3 760 = (100 x 37) + 60

92 divisé par 10
quotient = ... reste = ...
Je vérifie : 92 = (10 x ......) + ...

458 divisé par 10
quotient = ... reste = ...
Je vérifie : 458 = ...

7 650 divisé par 10
quotient = ... reste = ...
Je vérifie : 7 650 = ...

9 547 divisé par 100
quotient = ... reste = ...
Je vérifie : ......

6 308 divisé par 100
quotient = ... reste = ...
Je vérifie : ......

3 Calcule mentalement ou en ligne.

175 : 25 =	300 : 25 =	1 000 : 25 =
50 : 25 =	450 : 25 =	225 : 25 =

Repasse en rouge les côtés du carré qui se cache dans cette figure.

122

Page 122

Séance 2 — 30 min

Diviser par 25 mentalement ou en ligne

→ CALCULER

Obtenir mentalement le quotient et le reste d'une division euclidienne par 25.

MATÉRIEL ET SUPPORT

- 3 ficelles mesurant respectivement 110 cm, 2 m et 3 m 75 cm.

DÉROULEMENT DE LA SÉANCE

❶ Recherche Diviser mentalement ou en ligne par 25.	5 min	Expérimentation Écrit individuel
❷ Mise en commun Prendre appui 4 x 25 = 100.	10 min	Verbalisation Oral collectif
❸ Entrainement Diviser par 25.	15 min	Abstraction Écrit individuel

❶ Recherche

Présenter à la classe une ficelle de 110 cm, une ficelle de 2 m et une ficelle de 3 m 75 cm. Les problèmes sont écrits au tableau ou vidéoprojetés à l'aide de l'animation **Séquence 40**.
Les élèves font les recherches dans un cahier.

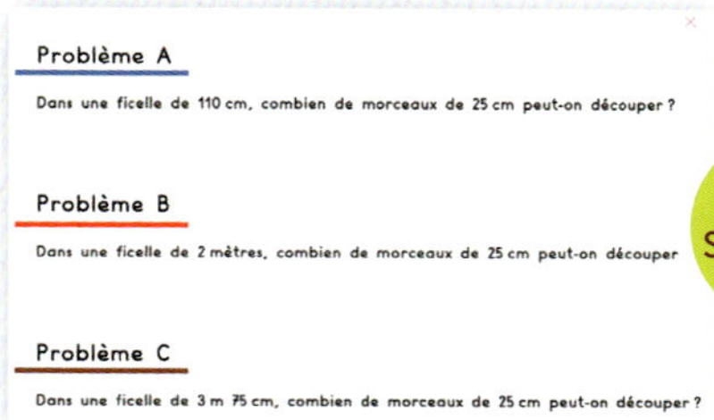

Problème A

Dans une ficelle de 110 cm, combien de morceaux de 25 cm peut-on découper ?

Problème B

Dans une ficelle de 2 mètres, combien de morceaux de 25 cm peut-on découper

Problème C

Dans une ficelle de 3 m 75 cm, combien de morceaux de 25 cm peut-on découper ?

Séquence 40

❷ Mise en commun

Problème A
Utiliser la connaissance de 4 x 25 = 100 pour calculer *110 divisé par 25*. Prendre appui si besoin sur un schéma.

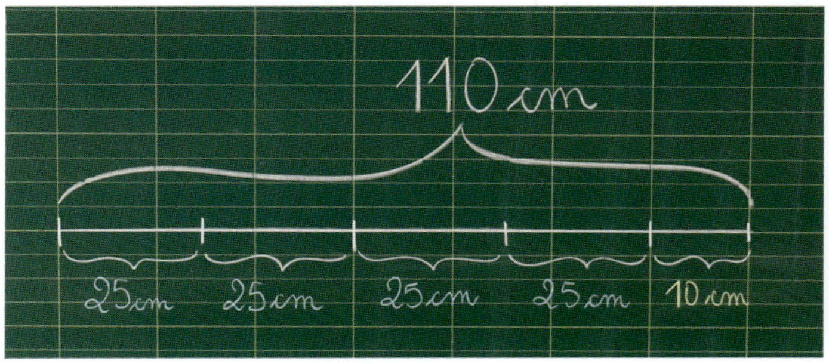

Écrire le résultat au tableau : 110 = (4 x 25) + 10.
Vérifier en découpant la ficelle de 110 cm : on peut bien découper 4 morceaux de 25 cm dans une ficelle de 110 cm. Faire remarquer qu'il reste 10 cm.
Rappeler que 100 cm, c'est 1 mètre, donc 110 cm, c'est 1 m 10 cm.

Problème B
Convertir 2 mètres en cm : 2 m = 200 cm.
Il faut calculer *200 divisé par 25*. Dans 200 cm, combien de fois 25 cm ?

Dans 100 cm, il y a 4 fois 25 cm. Comprendre que dans 200 cm, il y a deux fois 100 cm c'est-à-dire deux fois 4 x 25 cm. Donc dans 200 cm, il y a 8 fois 25 cm. Faire un schéma au tableau.

Vérifier en découpant la ficelle de 2 m : on peut découper 8 morceaux de 25 cm dans une ficelle de 2 mètres.

Problème C
Convertir 3 m 75 cm en cm : 3 m 75 cm = 375 cm.
Il faut calculer *375 divisé par 25*. Dans 375 cm, combien de fois 25 cm ?

Chercher d'abord dans 300 cm, combien de fois il y a 25 cm (trois fois 4x25 cm c'est-à-dire 12 fois).
Puis chercher dans 75 cm, combien de fois il y a 25 cm (3 fois).
En tout, cela fait 12 + 3 = 15.

Vérifier en découpant la ficelle de 3 m 75 cm : on peut découper 15 morceaux de 25 cm dans une ficelle de 3 m 75 cm.
Faire un schéma au tableau.

❸ Entrainement

Faire calculer mentalement et répondre sur l'ardoise.

75 : 25 = ? **125 : 25 = ?** **250 : 25 = ?**

167 divisé par 25
quotient = ? reste = ?
Je vérifie : 167 = (...... x 25) + ...

Les élèves font les exercices 3 et 4 du cahier de l'élève ***Maths au CE2*** et le problème 5 dans un autre cahier.

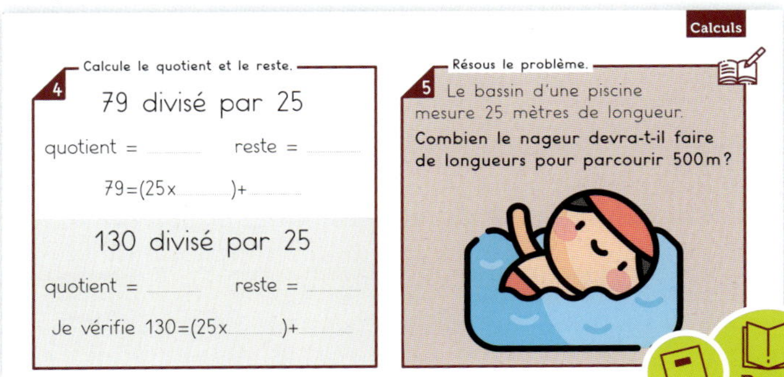
Calculs

4 Calcule le quotient et le reste.
79 divisé par 25
quotient = ______ reste = ______
79 = (25 x ______) + ______
130 divisé par 25
quotient = ______ reste = ______
Je vérifie 130 = (25 x ______) + ______

5 Résous le problème.
Le bassin d'une piscine mesure 25 mètres de longueur.
Combien le nageur devra-t-il faire de longueurs pour parcourir 500 m ?

Page 123

Séance 3

30 min

Diviser mentalement ou en ligne par 50 ou 500.

→ **CALCULER**

Obtenir mentalement le quotient et le reste d'une division euclidienne par 50 ou 500.

MATÉRIEL ET SUPPORT
- 1 ficelle mesurant 4 m.

DÉROULEMENT DE LA SÉANCE

❶ **Recherche** Diviser mentalement par 50.	5 min	**Expérimentation** Écrit individuel
❷ **Nouvelle recherche** Diviser mentalement par 500.	10 min	
❸ **Entrainement** Diviser par 50 ou 500.	15 min	**Abstraction** Écrit individuel

❶ Recherche

Présenter à la classe une ficelle de 4 m et demander combien on peut découper de morceaux de 50 cm dans cette ficelle.

Lors de la mise en commun, rappeler que dans 1 m il y a deux fois 50 cm. Donc dans 4 m, il y a 4 fois 2x50 cm c'est-à-dire 8 morceaux.

Puis proposer les questions suivantes au tableau, les élèves répondent dans un cahier.

Combien y a-t-il de fois 50 dans 150 ?
Dans 80 ? **Dans 110 ?** **Dans 156 ?**
Dans 502 ? **Dans 800 ?** **Dans 750 ?**

❷ Nouvelle recherche

Proposer les questions suivantes au tableau, les élèves répondent dans un cahier.

Combien y a-t-il de fois 500 dans 2 500 ? **Dans 800 ?**
Dans 1 506 ? **Dans 5 000 ?** **Dans 8 000 ?**
Dans 7 500 ? **Dans 6 730 ?** **Dans 5 678 ?**

❸ Entrainement

Faire calculer mentalement et répondre sur l'ardoise.

650 : 50 = ? **5 500 : 500 = ?** **7 000 : 500 = ?**
1000 : 50 = ? **1200 : 50 = ?**

8 400 divisé par 500
quotient = ? reste = ?
Je vérifie : 8 400 = (...... x 500) + ...

807 divisé par 50
quotient = ? reste = ?
Je vérifie : 807 = (...... x 50) + ...

Les élèves font l'exercice 6 dans le cahier de l'élève ***Maths au CE2.*** Ils font l'exercice 8 et les problèmes 7 et 9 dans un autre cahier.

Calculs

4 Calcule le quotient et le reste.
79 divisé par 25
quotient = ______ reste = ______
79 = (25 x ______) + ______
130 divisé par 25
quotient = ______ reste = ______
Je vérifie 130 = (25 x ______) + ______

5 Résous le problème.
Le bassin d'une piscine mesure 25 mètres de longueur.
Combien le nageur devra-t-il faire de longueurs pour parcourir 500 m ?

6 Calcule.
200 : 50 = ______ 500 : 50 = ______
650 : 50 = ______ 1 500 : 500 = ______
3 000 : 500 = ______ 10 000 : 500 = ______
7 500 : 500 = ______ 1 000 : 50 = ______

7 Résous le problème.
Un coureur effectue plusieurs tours d'un circuit de 500 mètres. Il parcourt en tout 7 500 mètres.
Combien de tours a-t-il effectués ?

8 Calcule le quotient et le reste comme dans l'exemple.
186 divisé par 50
quotient = 3 reste = 36
186 = (50 x 3) + 36
2 673 divisé par 500
4 670 divisé par 500
742 divisé par 50

9 Résous le problème.
On veut ranger 238 images dans des albums. On peut ranger 50 images dans chaque album.
Combien d'albums peut-on remplir totalement ?
Combien d'images y aura-t-il dans le dernier album ?

Énigme
Qui suis-je ?
Je suis un nombre. Quand on me divise par 100 on obtient 25.

Repasse en bleu les côtés du rectangle qui n'est pas carré et qui se cache dans cette figure.

123

Page 123

41 Résoudre des problèmes impliquant des longueurs

Séance 1 — 45 min

Résoudre des problèmes impliquant le calcul d'un périmètre

→ CHERCHER

Calculer le périmètre d'un polygone en ajoutant les longueurs de ses côtés.

MATÉRIEL ET SUPPORT
- Pour la classe : une feuille de carton, un polygone vert représentant un pré, 5 épingles de couture, des chevaux en plastique ou l'animation **Séquence 41** qui présente ce matériel. Divers instruments de mesure : mètre à tableau, mètres-rubans, mètres de menuisier…
- Par binôme, un polygone reproduit à la même échelle sur une feuille A3 (**Materiel41.pdf**, page 1), de la ficelle, du ruban adhésif.
- La feuille d'entrainement (**Materiel41.pdf**, page 2).

- DÉROULEMENT DE LA SÉANCE

❶ **Recherche** Calculer le périmètre d'un polygone.	20 min	**Expérimentation** Groupes de 2
❷ **Mise en commun** Découvrir la notion de périmètre.	10 min	**Verbalisation** Oral collectif
❸ **Institutionnalisation** Définir la notion de périmètre.	5 min	**Abstraction** Oral collectif
❹ **Entrainement** Mesurer la longueur des côtés d'un polygone et calculer son périmètre.	10 min	**Abstraction** Écrit individuel

❶ Recherche

Matériel 41 — Séquence 41

Présenter la situation oralement en utilisant le matériel ou l'animation **Séquence 41**.

Lilou a reçu des figurines de chevaux et une ferme.
Elle veut fabriquer un parc pour pouvoir jouer avec ses chevaux.
Elle a déjà fabriqué le parc mais elle aimerait maintenant réaliser une clôture avec de la ficelle.
Elle a déjà planté des piquets pour la fixer.

Présentation du matériel aux élèves ou projection des photographies du parc qui n'est pas encore clôturé.

Faire chercher ce que l'on ne connait pas. Parvenir à ce que les enfants se questionnent sur la longueur de ficelle à prévoir.

Consigne « Vous allez devoir trouver la longueur de ficelle dont Lilou a besoin. Pour cela, vous allez travailler en équipes de deux. Chaque équipe va recevoir une feuille sur laquelle le parc a été reproduit avec des dimensions identiques. Quand vous aurez trouvé, vous viendrez découper un morceau de ficelle de cette longueur et vous la collerez sur le contour du parc pour vérifier. »

Périmètre du polygone reproduit sur une feuille de format A3 : 18 cm + 12 cm + 30 cm + 8 cm + 20 cm = 88 cm.

❷ Mise en commun

Faire l'inventaire des réponses puis faire expliciter les procédures.

Procédure visée
Additionner les mesures des côtés du polygone pour trouver la longueur de son contour.

Validation
Les élèves valident le résultat en découpant un morceau de ficelle de la longueur trouvée par calcul et en le positionnant autour du polygone représenté sur la feuille A3 (extrémités collées avec du ruban adhésif ou fixées avec des épingles de couture ou des punaises ***mémo***).

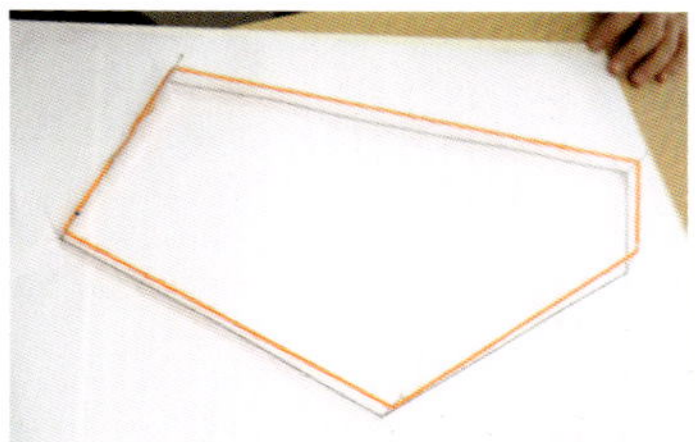

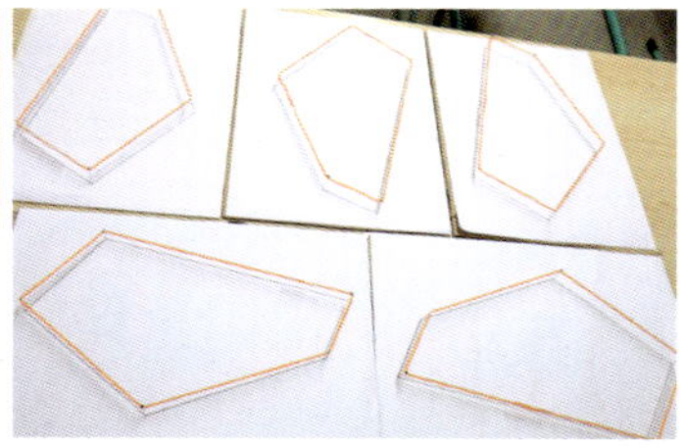

Introduire le terme ***périmètre*** : le périmètre d'un polygone est la longueur de son contour.

Installation de la clôture sur la maquette ou projection de la photographie du parc clôturé.

❸ Institutionnalisation

Ce qu'il faut retenir
Le périmètre d'un polygone est la longueur de son contour.
On calcule le périmètre d'une figure en additionnant la longueur de ses côtés.

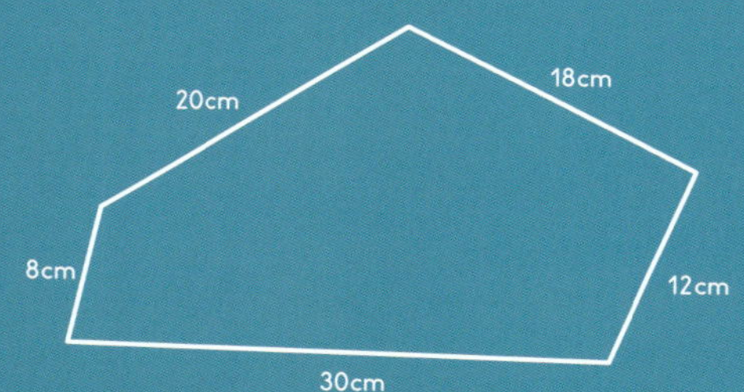

Périmètre du parc = 18 cm + 12 cm + 30 cm + 8 cm + 20 cm = 88 cm
Ce parc a un périmètre de 88 cm.

❹ Entrainement

Proposer les exercices de **Materiel41.pdf**, page 2.

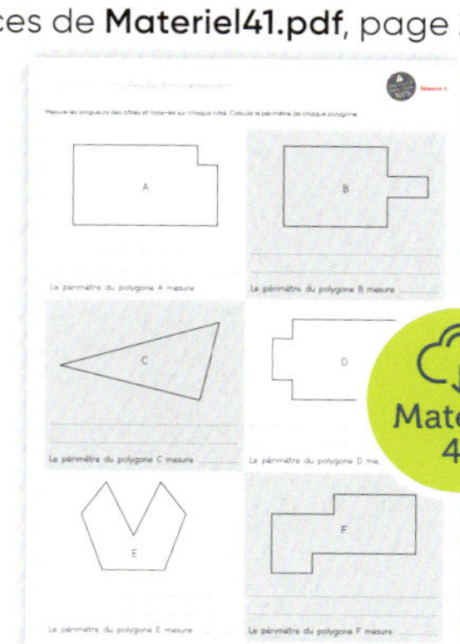

Matériel 41

Séance 2 — 30 min

Résoudre des problèmes à deux étapes impliquant le calcul d'un périmètre

→ RAISONNER

Résoudre des problèmes à deux étapes impliquant des longueurs.

DÉROULEMENT DE LA SÉANCE

❶ Recherche Calculer le périmètre d'un rectangle en effectuant les conversions nécessaires.	20 min	**Expérimentation** Écrit individuel
❷ Mise en commun Inventorier les réponses et les procédures.	10 min	**Verbalisation** Oral collectif

❶ Recherche

Séquence 41

Présentation du problème écrit au tableau ou vidéoprojeté à l'aide de l'animation **Séquence 41**.

Le papa de Léo veut poser du grillage autour de son jardin. Son jardin a la forme d'un rectangle dont la longueur mesure 17 m 50 cm et la largeur 15 m 80 cm. Il a acheté 70 m de grillage. Aura-t-il assez de grillage pour clôturer son jardin ?

Rappeler collectivement la définition du rectangle : *« Le rectangle est un quadrilatère qui 4 angles droits. Ses côtés opposés ont la même longueur. Le côté le plus long s'appelle la longueur. Le côté le moins long s'appelle la largeur. »*

Demander aux élèves de schématiser le jardin dans un cahier et de faire figurer ses dimensions sur le schéma (sans tenir compte de l'échelle).

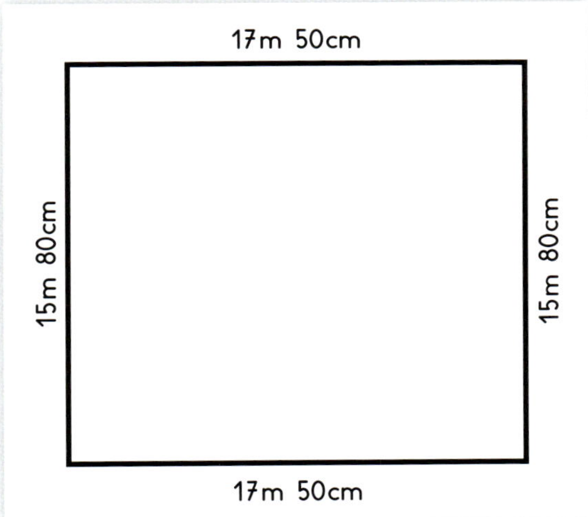

❷ Mise en commun

Faire l'inventaire des procédures utilisées. Comprendre l'origine de certaines erreurs récurrentes et dégager des stratégies de calcul pour les éviter : organiser les calculs et réaliser les conversions nécessaires.

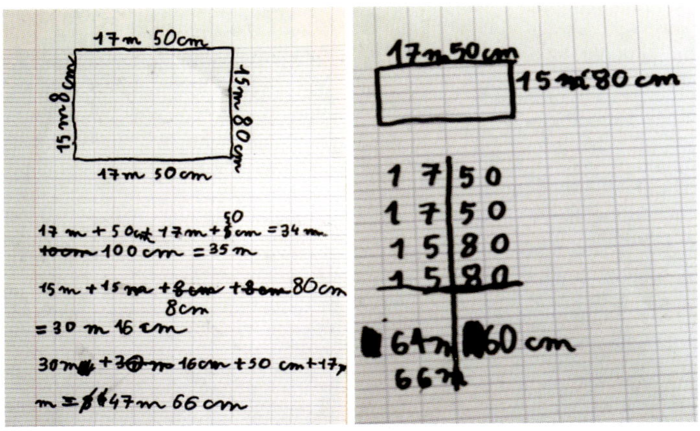

Exemples de productions d'élèves

Procédures observées

- Additionne séparément les mesures en mètres et les mesures en centimètres puis convertit avant d'effectuer le total.
  17 m + 17 m + 15 m + 15 m = 64 m
  50 cm + 50 cm + 80 cm + 80 cm = 260 cm
  260 cm = 2 m 60 cm
  64 m + 2 m 60 cm = 66 m 60 cm
- Convertit toutes les mesures en centimètres puis convertit le résultat en mètres et centimètres.
  1750 cm + 1750 cm + 1580 cm + 1580 cm = 6660 cm = 66 m 60 cm

Le périmètre du jardin mesure 66 m 60 cm. Le papa de Léo aura assez de grillage pour clôturer son jardin car 66 m 60 cm < 70 m.

Séance 3 — 30 min

Bilan des apprentissages

Les élèves font individuellement les exercices 1 à 7 du cahier de l'élève ***Maths au CE2***.
(Ils répondent aux exercices 2, 4, 5 et 7 dans un autre cahier.)

Pages 124 à 126

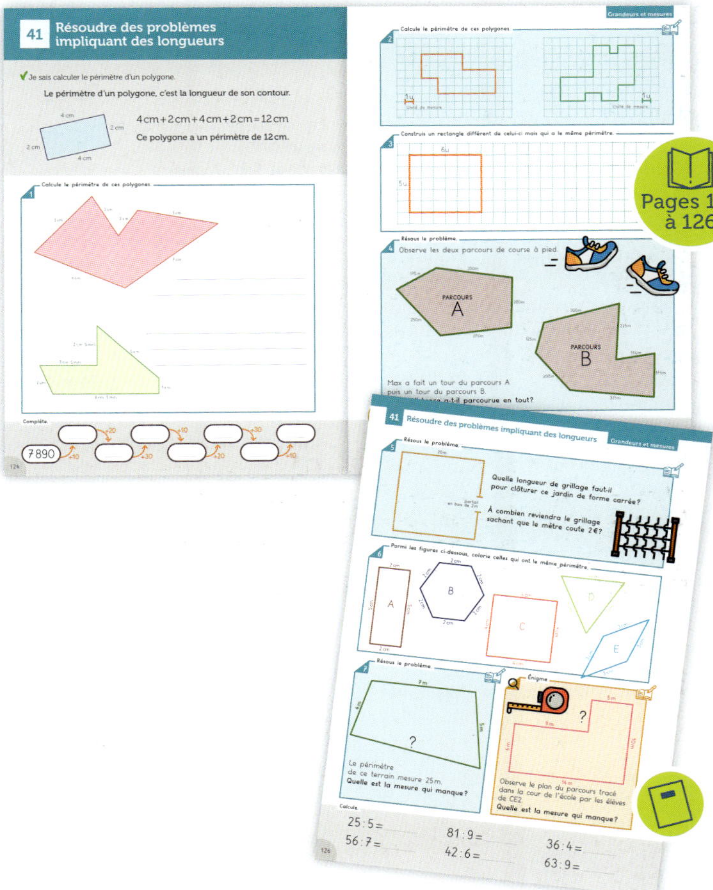

15 min par jour

Calcul mental

- Connaitre les tables de multiplication.
- Connaitre les compléments à 10 000.

Séance 1

Calcul 30

❶ Le jeu du portrait — 1 min

À l'aide de l'animation **Calcul 30**, lire le portrait du nombre recherché.

Confronter les propositions données sur l'ardoise.

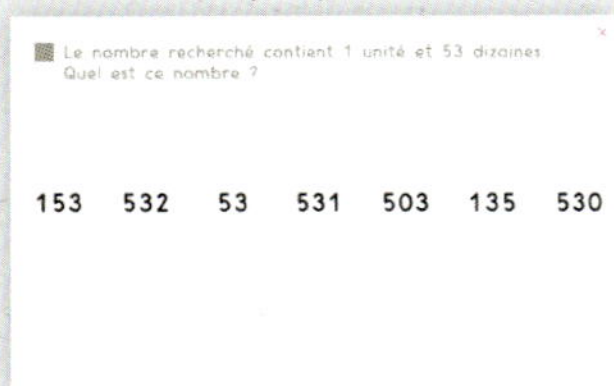

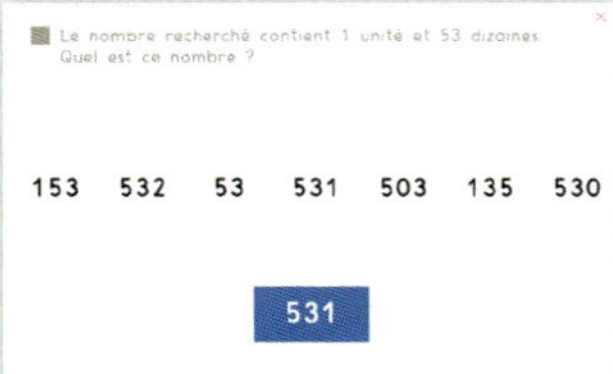

❷ Table de multiplication de 6 : mémorisation — 4 min

Poser les problèmes un à un oralement en demandant une réponse immédiate sur l'ardoise.

« Un fleuriste prépare des bouquets de 6 roses.
Combien lui faut-il de roses pour préparer 5 bouquets ? »

Question identique avec **3 bouquets**, **9 bouquets**, **6 bouquets**, **8 bouquets**, **10 bouquets**, **7 bouquets**, **4 bouquets**, **2 bouquets**.

❸ Soustractions du type 3750 – 550 : découverte — 10 min

Une par une, l'enseignant pose les questions aux élèves à l'aide de l'animation **Calcul 30** sans contrainte de temps. Les élèves répondent sur l'ardoise.

3750 – 550	**4370 – 340**	**8860 – 210**	**5890 – 650**
9980 – 260	**6770 – 320**	**4568 – 153**	

Séance 2

Calcul 30

❶ Le jeu du portrait — 1 min

À l'aide de l'animation **Calcul 30**, lire le portrait du nombre recherché.

Confronter les propositions données sur l'ardoise.

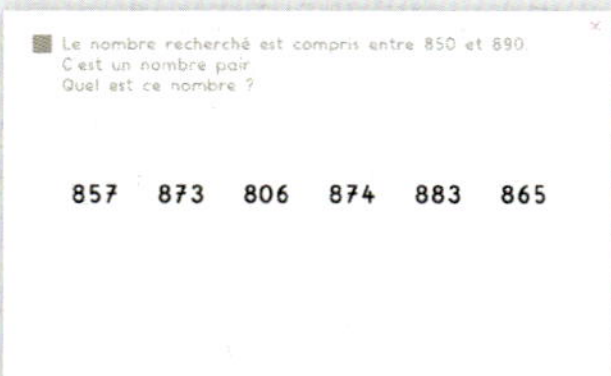

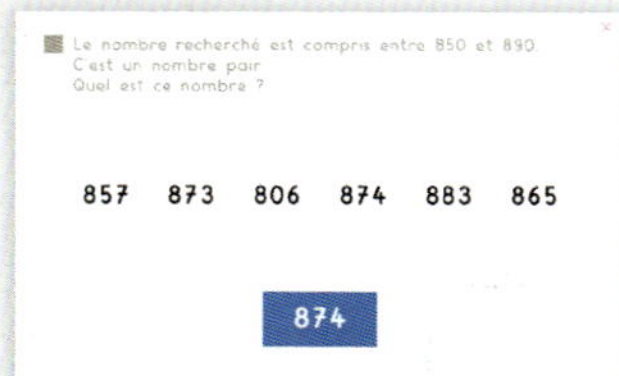

❷ Table de multiplication de 7 : mémorisation — 4 min

Poser les problèmes un à un oralement en demandant une réponse immédiate sur l'ardoise.

« Une équipe de handball est composée de 7 joueurs.
Combien d'équipes peut-on former avec 35 joueurs ? »

Question identique avec **21 joueurs**, **70 joueurs**, **14 joueurs**, **28 joueurs**, **42 joueurs**, **63 joueurs**, **49 joueurs**, **56 joueurs**.

❸ Soustractions du type 3750 – 550 : entrainement — 10 min

Proposer la série de calculs de **MaterielCalcul30.pdf, page 1.**

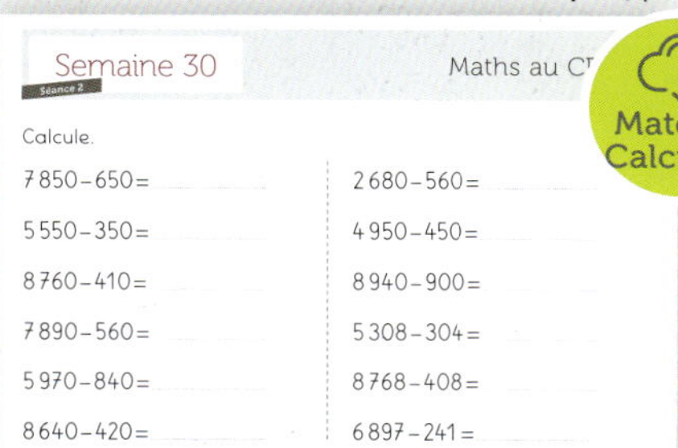

Semaine 30 — Maths au CE2

Calcule.

7850 – 650 =	2680 – 560 =
5550 – 350 =	4950 – 450 =
8760 – 410 =	8940 – 900 =
7890 – 560 =	5308 – 304 =
5970 – 840 =	8768 – 408 =
8640 – 420 =	6897 – 241 =

Matériel Calcul 30

Séance 3

Calcul 30

❶ Le jeu du portrait — 1 min

À l'aide de l'animation **Calcul 30**, lire le portrait du nombre recherché.

Confronter les propositions données sur l'ardoise.

❷ Table de multiplication de 8 : mémorisation — 4 min

Poser les problèmes un à un oralement en demandant une réponse immédiate sur l'ardoise.

« Un livre coute 8 euros. Le directeur de l'école achète 5 livres pour la classe de CE2. ***Combien doit-il payer ? »***

Question identique avec **10 livres**, **7 livres**, **9 livres**, **4 livres**, **6 livres**, **3 livres**, **2 livres**, **8 livres**.

❸ Compléments à 10 000 : découverte — 10 min

L'enseignant pose les problèmes oralement à l'aide de l'**animation 30**. Les élèves répondent sur l'ardoise.

Les premiers problèmes permettent de réactiver l'utilisation des procédures pour compléter à 1000.

Les problèmes qui suivent ont pour objectif la recherche de compléments à 10 000.

Procédure visée

De 8 900 m jusqu'à 9 000 m, il faut 100 m puis de 9 000 m à 10 000 m, il faut 1 000 m. En tout, elle doit encore effectuer 1 100 m.

Séance 4

Calcul 30

❶ Le jeu du portrait — 1 min

À l'aide de l'animation **Calcul 30**, lire le portrait du nombre recherché.

Confronter les propositions données sur l'ardoise.

❷ Table de multiplication de 9 : mémorisation — 4 min

Poser les problèmes un à un oralement en demandant une réponse immédiate sur l'ardoise.

« Tom a 9 billes. Lilou a 2 fois plus de billes que Tom.
Combien de billes Lilou a-t-elle ? »

Question identique avec **5 fois plus de billes**, **3 fois plus**, **6 fois plus**, **10 fois plus**, **7 fois plus**, **4 fois plus**, **8 fois plus**, **9 fois plus**.

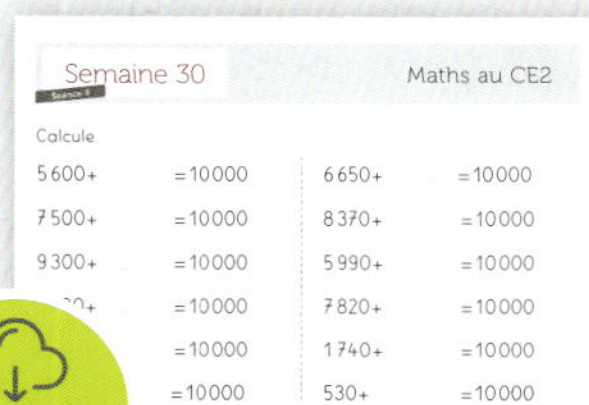

Semaine 30 — Maths au CE2

Calcule.

5600 + = 10000	6650 + = 10000
7500 + = 10000	8370 + = 10000
9300 + = 10000	5990 + = 10000
…0 + = 10000	7820 + = 10000
= 10000	1740 + = 10000
= 10000	530 + = 10000

Matériel Calcul 30

❸ Compléments à 10 000 : entrainement — 10 min

Proposer la série de calculs de **MaterielCalcul30.pdf**, page 2.

Calcul@tice — Les élèves travaillent en autonomie sur les ordinateurs de la classe

calculatice.ac-lille.fr > les exercices > Niveau CE2

- Toutes les tables x : **Multiclic**
- Calculer le quotient exact d'une division : **Table attaque**

45 min par semaine

Atelier problèmes
Résoudre des problèmes de comparaison multiplicative

Page 127 — Atelier 30

CHERCHONS ENSEMBLE

Recherche: problème 1

Présenter le problème oralement concrètement avec une collection de 8 cubes rouges, ceux de Tom. Raconter que Leïla en a trois fois plus et qu'ils sont jaunes. Faire chercher combien de cubes ils ont à eux deux.

Mise en commun: problème 1

Les élèves proposent le plus souvent de résoudre ce problème en deux étapes: recherche du nombre de cubes de Leïla puis du tout.

1re étape

Demander à deux élèves de jouer les rôles de Tom et Leïla. Demander à la classe de chercher ce que pourraient dire Tom et Leïla pour décrire cette situation:

- Tom: *«J'ai 3 fois moins de cubes que Leïla.»*
- Leïla: *«J'ai trois fois plus de cubes que Tom.»*

Faire chercher comment montrer avec le matériel qu'il y a 3 fois moins de cubes rouges que de cubes jaunes et trois fois plus de cubes jaunes que de cubes rouges.

Les élèves proposent rapidement de former 3 groupes de cubes jaunes et un groupe de cubes rouges.

Écrire le calcul qui permet de trouver la réponse:

$$3 \times 8 = 24$$

On peut vérifier la réponse avec la division

$$24 : 3 = 8$$

Chercher quel schéma on pourrait présenter à une autre classe pour l'aider à comprendre la 1re étape du problème.

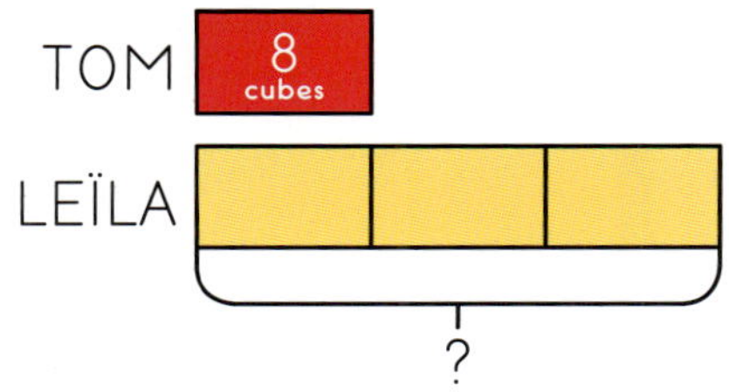

Parvenir à un schéma en barres de ce type.

2e étape

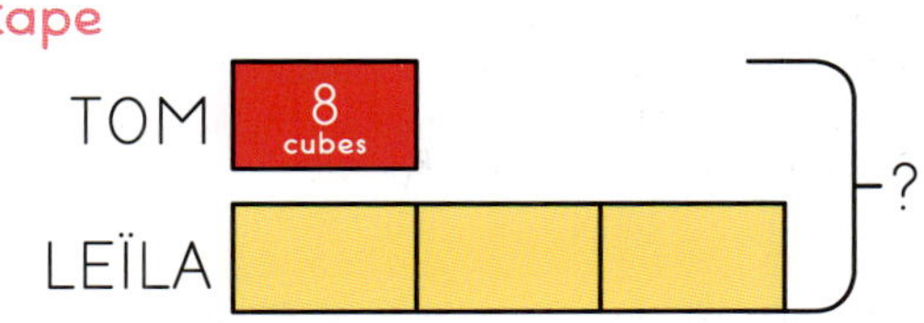

Visualiser le tout sur le schéma à l'aide d'une accolade.

Lors de la synthèse, écrire le calcul qui permet de trouver la solution en deux étapes:

$$(1 \times 8) + (3 \times 8) = 8 + 24 = 32$$

Verbaliser que Tom a 8 cubes, c'est trois fois moins que Leïla qui en a 24.
Comprendre que ce problème peut être résolu en une étape: Tom a 1 fois 8 cubes et Leïla 3 fois 8 cubes, en tout il y a 4 fois 8 cubes.

$$(1 \times 8) + (3 \times 8) = 4 \times 8 = 32$$

Entrainement: problèmes 2 à 6

Résoudre les problèmes 2 à 6 en demandant aux élèves de proposer un schéma au cours de la correction.
Si besoin, les énoncés des problèmes sont reformulés en changeant de point de vue pour montrer que, si dans une collection il y a 5 fois plus d'objets, dans l'autre collection il y a 5 fois moins.

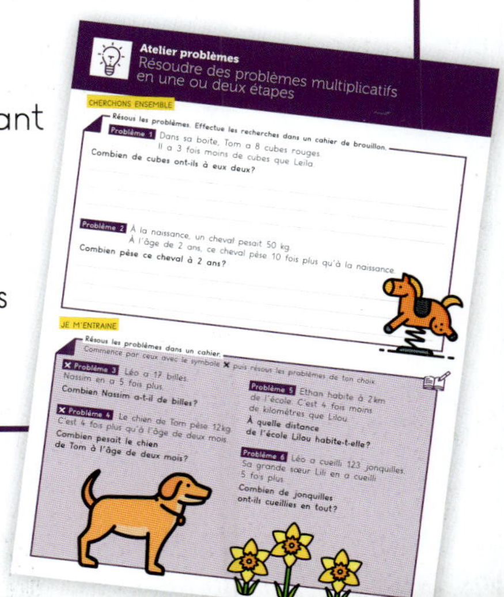
Atelier problèmes
Résoudre des problèmes multiplicatifs en une ou deux étapes

CHERCHONS ENSEMBLE

Résous les problèmes. Effectue les recherches dans un cahier de brouillon.

Problème 1 Dans sa boite, Tom a 8 cubes rouges. Il a 3 fois moins de cubes que Leila.
Combien de cubes ont-ils à eux deux?

Problème 2 À la naissance, un cheval pesait 50 kg. À l'âge de 2 ans, ce cheval pèse 10 fois plus qu'à la naissance.
Combien pèse ce cheval à 2 ans?

JE M'ENTRAINE

Résous les problèmes dans un cahier.
Commence par ceux avec le symbole ✕ puis résous les problèmes de ton choix.

✕ Problème 3 Léo a 17 billes. Nassim en a 5 fois plus.
Combien Nassim a-t-il de billes?

✕ Problème 4 Le chien de Tom pèse 12kg. C'est 4 fois plus qu'à l'âge de deux mois.
Combien pesait le chien de Tom à l'âge de deux mois?

Problème 5 Ethan habite à 2km de l'école. C'est 4 fois moins de kilomètres que Lilou.
À quelle distance de l'école Lilou habite-t-elle?

Problème 6 Léo a cueilli 123 jonquilles. Sa grande sœur Lili en a cueilli 5 fois plus.
Combien de jonquilles ont-ils cueillies en tout?

42 Résoudre des problèmes impliquant des durées (1)

Séances programmées dans les horaires dédiés au champ disciplinaire « Questionner le monde : l'espace »

Séance 1 — 30 min

Calculer des durées

→ CALCULER

Utiliser la relation entre heure et minute pour calculer une durée.

MATÉRIEL ET SUPPORT
- L'horloge de la **planche 8** prédécoupée de la séquence 34.

DÉROULEMENT DE LA SÉANCE

1 Recherche Calculer puis comparer des durées en heures et minutes.	5 min	**Expérimentation** Groupes de 2
2 Mise en commun Inventorier les réponses et les procédures.	5 min	**Verbalisation** Oral collectif
3 Entrainement Résoudre un problème impliquant la comparaison de durées.	10 min	**Abstraction** Écrit individuel
4 Réinvestissement Effectuer des calculs avec les durées.	10 min	

1 Recherche

Vidéoprojeter l'énoncé du problème (animation **Séquence 42**).

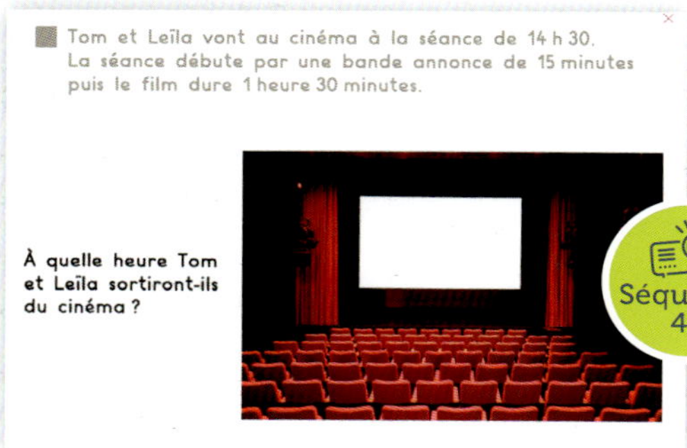

Séquence 42

Consigne « Vous allez essayer de répondre à la question par groupe de deux. Vous pourrez utiliser votre horloge en carton ou écrire directement dans un cahier de recherche. Vous devrez être capables d'expliquer comment vous avez procédé. »

2 Mise en commun

Recenser les réponses et les différentes procédures utilisées.

Utiliser un axe du temps tracé au tableau pour expliciter les étapes du calcul de la durée.

Exemple Pour faciliter le calcul on peut décomposer 1h30 en 1h + 15min + 15min ou calculer 14h30 + 30min + 1h + 15min.

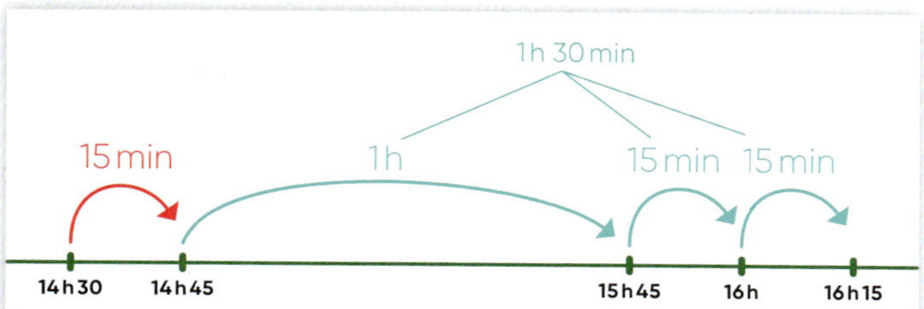

Faire remarquer que la durée de la bande-annonce plus celle du film donne 1h45, soit 2h moins 15 minutes. Pour calculer plus vite, on peut alors ajouter 2h à 14h30 (16h30) puis retirer un quart d'heure (16h15).

3 Entrainement

Séquence 42

À l'aide de l'animation **Séquence 42**, proposer le problème des trains. Les élèves font leur recherche dans un cahier.

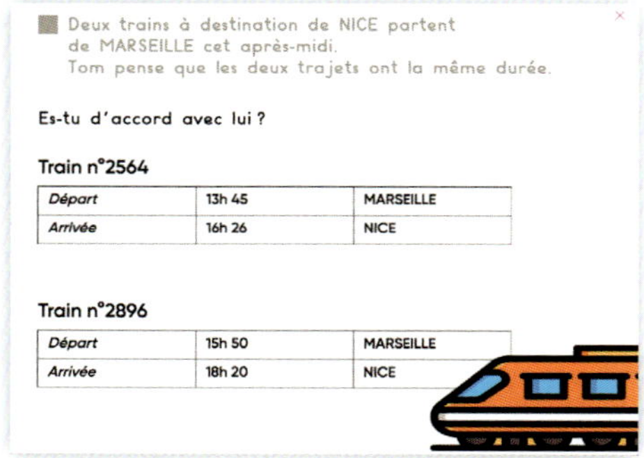

Deux trains à destination de NICE partent de MARSEILLE cet après-midi.
Tom pense que les deux trajets ont la même durée.

Es-tu d'accord avec lui ?

Train n°2564

Départ	13h 45	MARSEILLE
Arrivée	16h 26	NICE

Train n°2896

Départ	15h 50	MARSEILLE
Arrivée	18h 20	NICE

Situer les deux villes sur une carte de France. Faire reformuler ce que l'on cherche dans ce problème.

DIFFÉRENCIATION
- Les élèves pourront utiliser leur horloge en carton.

Mise en commun

Recenser les réponses et les procédures.

Pour le train n° 2564

Afficher l'horaire de départ sur l'horloge en carton (13h45) et faire compter le nombre de minutes jusqu'à 14h : on trouve 15min. De 14h pour aller à 16h, il y a 2h et de 16h pour aller à 16h26, il y a 26min.
15min + 2h + 26min = 2h 41min.

Visualiser les étapes du calcul sur un axe du temps.

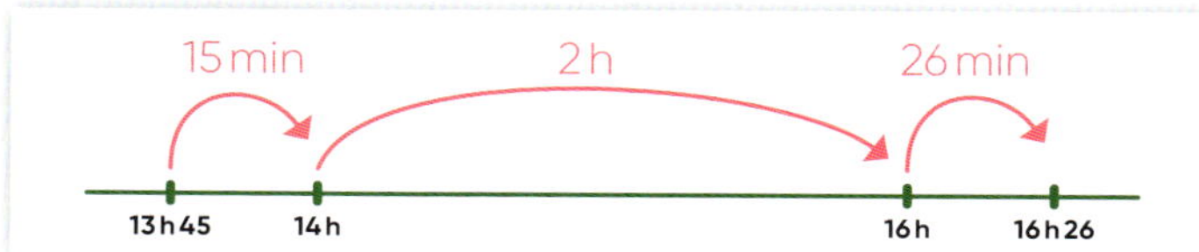

Je sais qu'il y a 15 minutes de 13h45 à 14h car, dans une heure, il y a 60 minutes. De 45 pour aller à 60, il y a 15.

Le train A met 2h 41min pour faire le trajet Marseille - Nice.

Pour le train n° 2896

De 15h50 pour aller à 16h, il y a 10min car de 50 pour aller à 60, il y a 10.
10min + 2h + 20min = 2h30min

Le train B met 2h 30 min pour faire le trajet Marseille - Nice.

Les deux trajets n'ont pas la même durée : 2h30 min ≠ 2h41 min.

4 Réinvestissement

Séquence 42

Proposer les 2 problèmes de l'animation **Séquence 42**. Les élèves font leur recherche dans un cahier.

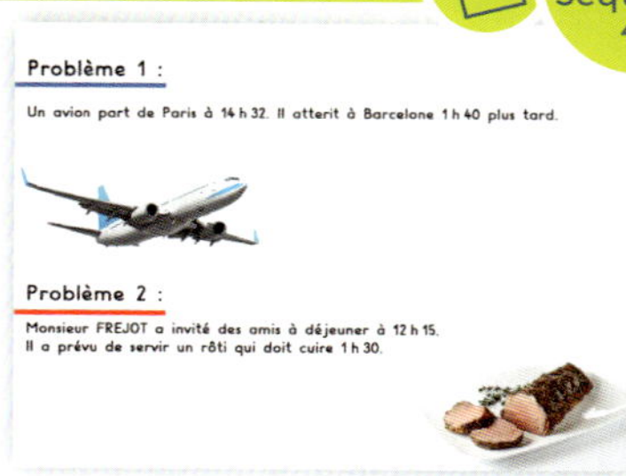

Lors de la synthèse, distinguer un ***horaire*** d'une ***durée*** :
- l'avion décolle à 14h32 est un horaire,
- l'avion a volé pendant 1h40min, c'est une durée.

Séance 2 — 30 min

Découvrir une nouvelle unité de durée : la seconde

→ MODÉLISER

Connaitre les unités de mesures de durées et certaines de leurs relations : minute/seconde.

MATÉRIEL ET SUPPORT
- Une horloge à aiguilles avec trotteuse.
- Une horloge à affichage digital avec les secondes.
- La feuille d'entrainement (**Materiel42.pdf**, page 1).

DÉROULEMENT DE LA SÉANCE

1 Appropriation Découvrir la seconde.	5 min	**Verbalisation** Oral collectif
2 Recherche Trouver le temps mis par la trotteuse pour faire le tour du cadran.	5 min	**Expérimentation** Travail individuel
3 Mise en commun Découvrir l'équivalence 1 min = 60 s.	10 min	**Verbalisation** Oral collectif
4 Entrainement Convertir des durées : minutes/secondes.	10 min	**Abstraction** Écrit individuel

1 Appropriation

Présenter à la classe une horloge à aiguilles avec trotteuse.

Faire remarquer la présence d'une troisième aiguille qui se déplace beaucoup plus rapidement que les deux autres.

Expliquer que cette ***trotteuse*** indique les secondes.

Demander aux élèves de frapper dans leurs mains à chaque mouvement de la trotteuse. Convenir qu'une seconde, c'est le temps qui s'écoule entre deux frappés de mains.

2 Recherche

Télécharger et vidéoprojeter une horloge interactive avec trotteuse.

Exemple de site proposant un outil de ce type : www.informatique-enseignant.com/horloge-interactive-pour-apprendre-heure

Passer en mode horloge interne et demander aux élèves : *« Combien de temps la trotteuse met-elle pour faire le tour du cadran, sachant qu'un déplacement équivaut à une seconde ? »*

3 Mise en commun

Recenser les réponses et les procédures.

- On peut compter mentalement les déplacements de la trotteuse : on trouve 60 déplacements, soit 60 secondes.
- On remarque que la trotteuse parcourt les graduations qui sont autour du cadran (les mêmes graduations que celles des minutes). On sait qu'il y en a 60. La trotteuse met donc 60 secondes pour faire le tour du cadran.

Projeter une nouvelle fois l'animation en demandant aux élèves d'observer le mouvement de la grande aiguille pendant que la trotteuse effectue un tour complet. La grande aiguille indique les minutes. Elle se déplace d'une graduation, donc d'une minute. Écrire au tableau : **1 min = 60 s.**

Présenter à la classe une horloge à affichage digital avec les secondes.

Projeter une horloge interactive avec les secondes (Animation 42).

Repérer l'affichage heures : minutes : secondes. Faire observer le défilement des affichages pendant une à deux minutes.

Le nombre de secondes (à droite) avance de un en un jusqu'à 59. Après 59, le nombre de secondes revient à « 00 ». Le nombre de minutes augmente de un.

On constate là encore que : **1 min = 60 s.**

4 Entrainement

Exercice 1 à l'oral Estimer des durées.

Les élèves répondent par **h** (heure), **min** (minute) ou **s** (seconde) sur l'ardoise.

« Une chanson dure environ 3 ...... »
« Compter jusqu'à 10 dure environ 10 ...... »
« Un match de foot dure 90 ...... »
« Une journée dure 24 ...... »
« Prendre une douche dure environ 5 ...... »
« Faire chauffer un verre de lait au four à micro-ondes dure environ 30 ...... »

Exercice 2 à l'écrit Convertir des durées.

Proposer les exercices de **Materiel42.pdf,** page 1.

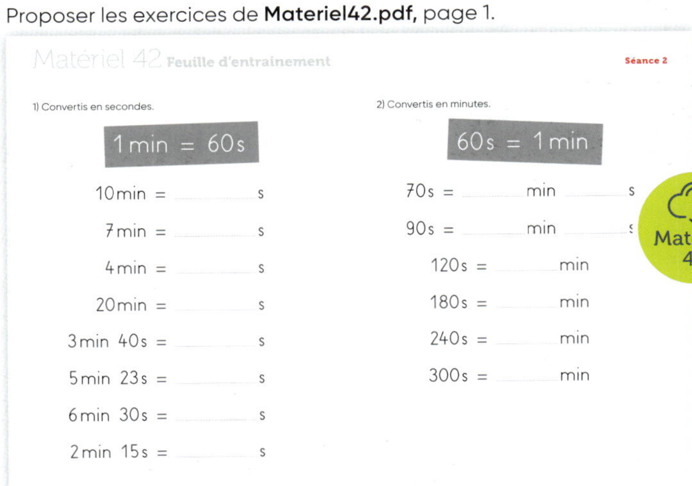

Matériel 42 Feuille d'entrainement — Séance 2

1) Convertis en secondes.

1 min = 60 s

10 min = ... s
7 min = ... s
4 min = ... s
20 min = ... s
3 min 40 s = ... s
5 min 23 s = ... s
6 min 30 s = ... s
2 min 15 s = ... s

2) Convertis en minutes.

60 s = 1 min

70 s = ... min .... s
90 s = ... min .... s
120 s = ... min
180 s = ... min
240 s = ... min
300 s = ... min

Matériel 42

Séance 3 — 30 min

Résoudre des problèmes de durée : les sabliers

→ MODÉLISER

Utiliser l'équivalence 1 min = 60 s pour résoudre des problèmes.

MATÉRIEL ET SUPPORT
- Divers instruments de mesure du temps apportés par les élèves : chronomètres, minuteurs, sabliers...
- Un sablier de 30 s et un sablier de 45 s par groupe de 3.

DÉROULEMENT DE LA SÉANCE

❶ Appropriation Découvrir des instruments usuels de mesure du temps.	5 min	**Verbalisation** Oral collectif
❷ Recherche Trouver comment obtenir 3 min en ajoutant plusieurs fois 30 s et/ou 45 s.	15 min	**Expérimentation Manipulation** Groupes de 3
❸ Mise en commun Recenser les réponses et les procédures.	10 min	**Verbalisation** Oral collectif

Les élèves ont apporté, à la demande de l'enseignant, divers instruments de la vie courante dont la fonction est de mesurer des durées. L'enseignant a complété la collection si nécessaire.

Ces objets ont été rassemblés au Coin Maths. Les élèves ont eu l'occasion de les manipuler en amont de la séance.

❶ Appropriation

Lister, avec les élèves, les différents instruments de mesure du temps qu'ils ont apportés et préciser collectivement leur fonctionnement et le contexte de leur utilisation.

Le chronomètre (mécanique ou à affichage digital)
On l'utilise en sport pour mesurer la durée d'une course par exemple. On le déclenche au départ puis, une nouvelle fois, à l'arrivée et on lit le temps indiqué.

Le minuteur (mécanique ou à affichage digital)
On l'utilise quand on fait la cuisine. On affiche la durée de cuisson. Le temps défile *à rebours*. Une sonnerie indique que la durée programmée est écoulée.

Le sablier
On l'utilise pour la cuisson des œufs (3 minutes pour un œuf à la coque). On le retourne. Quand tout le sable s'est écoulé, l'œuf est cuit. Il existe aussi des sabliers de jeu de diverses durées.

❷ Recherche

Problème écrit au tableau
Leïla voudrait préparer des œufs à la coque. Elle sait qu'il faut plonger les œufs dans l'eau bouillante et les laisser cuire 3 minutes. À sa disposition, elle n'a que des sabliers de jeux : un sablier de 30 s et un sablier de 45 s.

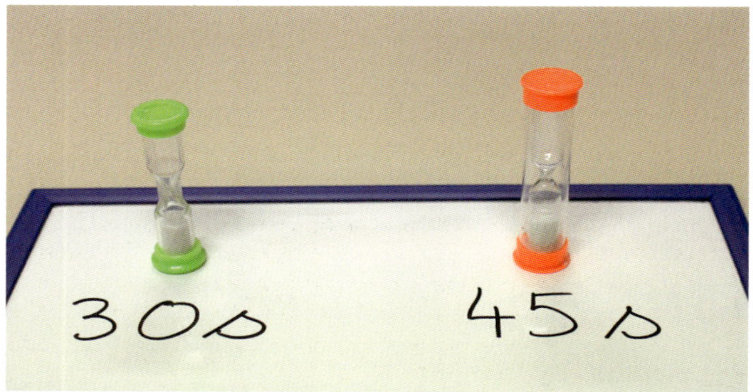

Consigne *« Vous allez chercher, par groupe de trois, comment Leïla pourrait utiliser ses sabliers de 30 s et 45 s pour obtenir 3 minutes. Vous pouvez utiliser un seul sablier ou les deux. Pour vérifier votre travail, vous pourrez utiliser un chronomètre. »*

Convenir, avec les élèves, qu'il faudra retourner plusieurs fois les sabliers.

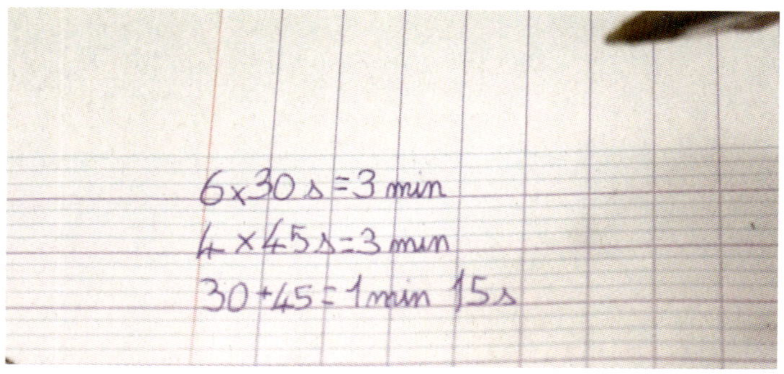

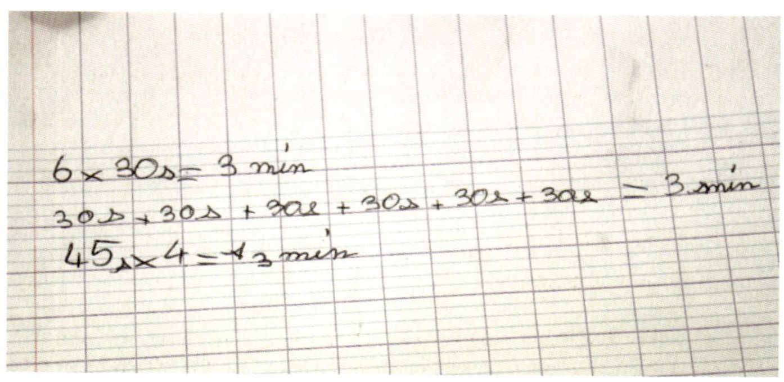

Exemples de productions d'élèves

❸ Mise en commun

Recenser les réponses et les procédures au tableau.

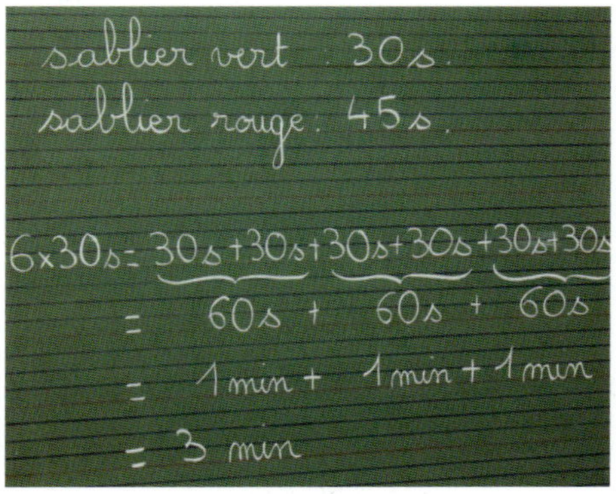

Il faut convertir les minutes en secondes : 3 min = 3 x 60 s = 180 s.

On cherche ensuite comment obtenir 180 s en ajoutant plusieurs fois 30 s et/ou 45 s.

Une réponse erronée possible à exploiter : retourner 10 fois le sablier de 30 s. Les élèves n'ont pas converti les minutes en secondes. Ils raisonnent en base 10.

Vérifier l'une des réponses avec le chronomètre.

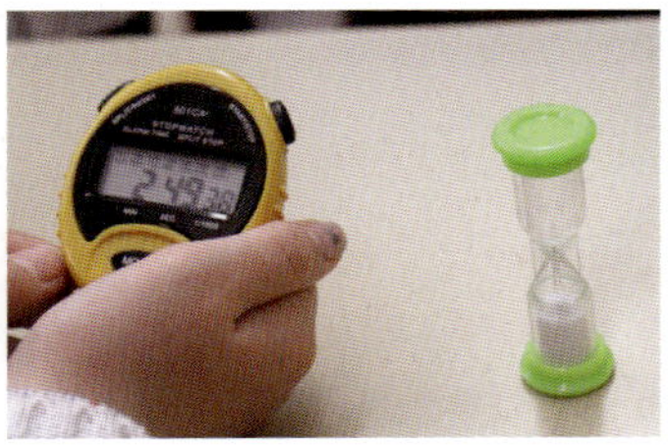

180 s = 6 x 30 s. Donc on retourne 6 fois le sablier de 30 s.

180 s = 4 x 45 s. Donc on retourne 4 fois le sablier de 45 s.

180 s = (2 x 45 s) + (3 x 30 s). Donc on retourne 2 fois le sablier de 45 s puis 3 fois le sablier de 30 s.

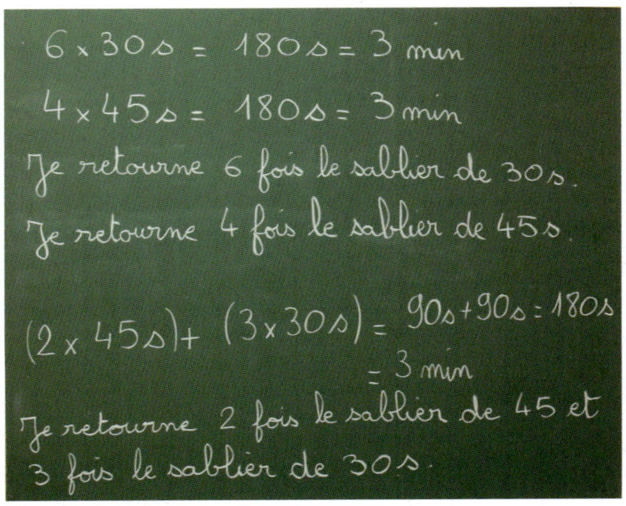

Prolongement

Les chronomètres pourront être utilisés lors d'une séance d'EPS : chronométrage de courses. Une comparaison des temps effectués pourra être réalisée en classe (classement des coureurs, calcul d'écarts…).

Séance 4

30 min

Bilan de la séquence

Les élèves font individuellement les exercices 1 à 14 du cahier de l'élève ***Maths au CE2***.
(Ils répondent aux problèmes 6 à 14 dans un autre cahier.)

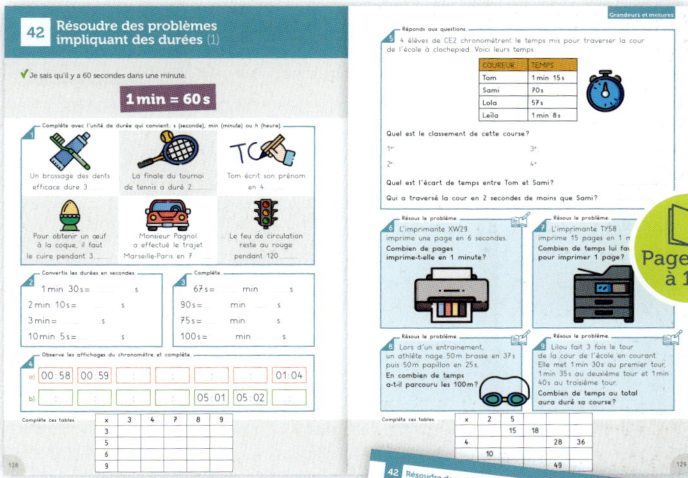

Pages 128 à 130

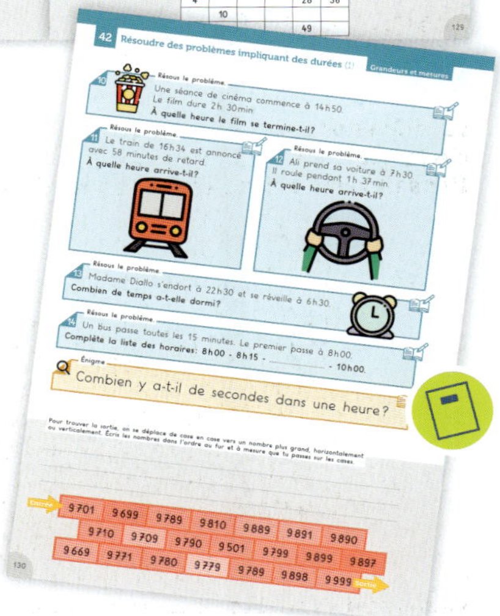

15 min par jour

Calcul mental

- Connaitre les tables de multiplication.
- Multiplier un nombre à un chiffre par un nombre à deux chiffres.

Séance 1

Calcul 31

❶ Le jeu du portrait — 1 min

À l'aide de l'animation **Calcul 31**, lire le portrait du nombre recherché.

Confronter les propositions données sur l'ardoise.

❷ Tables de multiplication : consolidation — 4 min

Les élèves écrivent sur l'ardoise tous les produits connus égaux à **12** dans les tables de multiplication (3x4, 4x3, 2x6 et 6x2).

Consigne identique avec le nombre **24** (3x8, 8x3, 4x6 et 6x4).

❸ Multiplication d'un nombre à 1 chiffre par un nombre à 2 chiffres : consolidation — 10 min

L'enseignant pose les questions une à une oralement sans contrainte de temps. Les élèves répondent sur l'ardoise.

5x13=?	3x14=?	5x15=?	6x13=?
9x12=?	5x14=?	8x15=?	7x14=?

Procédure visée

5x13=(5x10) + (5x3)

Séance 2

Calcul 31

❶ Le jeu du portrait — 1 min

À l'aide de l'animation **Calcul 31**, lire le portrait du nombre recherché.

Confronter les propositions données sur l'ardoise.

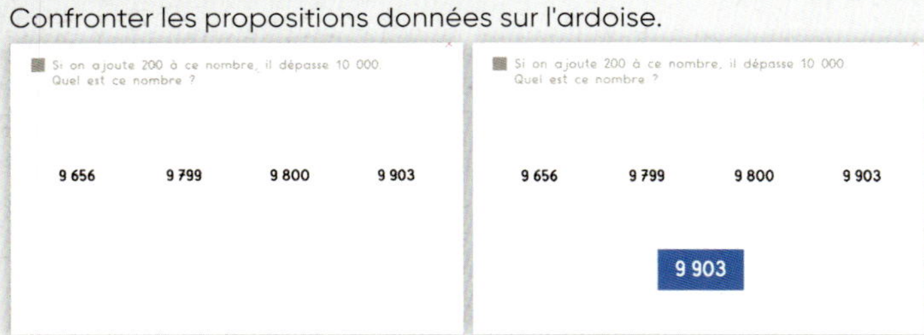

❷ Tables de multiplication : consolidation — 4 min

Les élèves écrivent sur l'ardoise tous les produits connus égaux à **32** dans les tables de multiplication (8x4, 4x8).

Consigne identique avec le nombre **48** (6x8, 8x6) puis avec **45** (9x5 et 5x9) et **56** (7x8 et 8x7).

❸ Multiplication d'un nombre à 1 chiffre par un nombre à 2 chiffres : consolidation — 10 min

L'enseignant pose les questions une à une oralement sans contrainte de temps. Les élèves répondent sur l'ardoise.

5x20=?	7x20=?	5x40=?	6x30=?
9x50=?	5x90=?	8x20=?	7x60=?

Procédure visée

5x20=5x2x10

Séance 3

Calcul 31

❶ Le jeu du portrait — 1 min

À l'aide de l'animation **Calcul 31**, lire le portrait du nombre recherché.

Confronter les propositions données sur l'ardoise.

❷ Tables de multiplication : consolidation — 4 min

Les élèves écrivent sur l'ardoise tous les produits connus égaux à **54** dans les tables de multiplication (9x6, 6x9).

Consigne identique avec le nombre **64** (8x8) puis avec **28** (7x4 et 4x7) et **42** (7x6 et 6x7).

❸ Multiplication d'un nombre à 1 chiffre par un nombre à 2 chiffres : réinvestissement — 10 min

Demander de calculer 5x19, 6x29, 5x21, 4x99 puis, après une mise en commun, proposer les calculs de **MaterielCalcul31.pdf**, page 1.

Procédure visée

5x19=(20x5) – (1x5)=100 – 5=95
5x21=(20x5) + (1x5)=100+5=105
4x99=(4x100) – (4x1)=400 – 4=396

Matériel Calcul 31

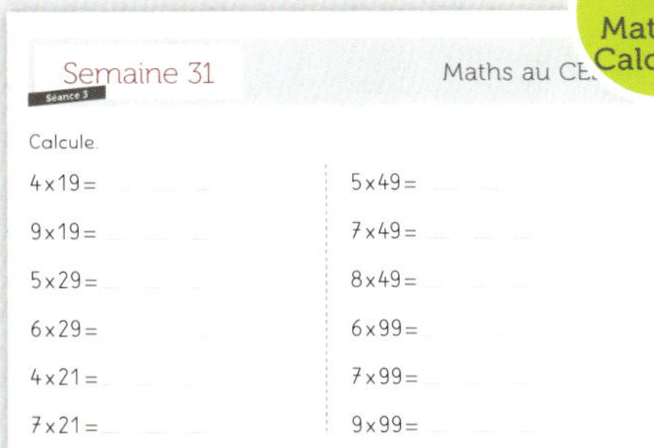

Séance 4

Calcul 31

❶ Le jeu du portrait — 1 min

À l'aide de l'animation **Calcul 31**, lire le portrait du nombre recherché.

Confronter les propositions données sur l'ardoise.

❷ Tables de multiplication : consolidation — 4 min

Les élèves écrivent sur l'ardoise tous les produits connus égaux à **72** dans les tables de multiplication (9x8, 8x9).

Consigne identique avec le nombre **49** (7x7) puis avec **63** (7x9 et 9x7) et **27** (3x9 et 9x3).

❸ Problèmes variés : réinvestissement — 10 min

Proposer les problèmes oraux suivants : les données sont écrites au tableau. Les élèves répondent sur l'ardoise.

« À sa naissance, Amina mesurait 49 cm. Six mois plus tard, elle mesure 67 cm. ***De combien de centimètres a-t-elle grandi ? »***

« Noa achète un album de 30 pages qui coute 12 euros. Sur chaque page, il peut ranger 8 images. ***Combien d'images son album peut-il contenir ? »***

« Le fleuriste doit préparer 4 bouquets de 5 roses et 2 bouquets de 7 roses. ***Combien de roses va-t-il utiliser ? »***

« Combien peut-on découper de rubans de 50 cm dans un rouleau de 10 m ? »

« Lilou court sur un circuit qui mesure 2 500 m. ***Combien de tours doit-elle effectuer pour parcourir 10 km ? »***

« Tom part à 8 h 30. Il arrive chez sa grand-mère à 9 h 15. ***Quelle a été la durée de son déplacement ? »***

Calcul@tice Les élèves travaillent en autonomie sur les ordinateurs de la classe

calculatice.ac-lille.fr > les exercices > Niveau CE2

- Toutes les tables x : **Table attaque**
- Calculer le quotient et le reste d'une division : **Diviclic**

45 min par semaine

Atelier problèmes

Résoudre des problèmes de comparaison multiplicative en s'aidant d'un schéma

Page 131 · Atelier 31

CHERCHONS ENSEMBLE

Complète le schéma et résous le problème.

Problème 1 Lilou a 9 ans.
Son père est 4 fois plus âgé qu'elle.

Quel âge a son père ?

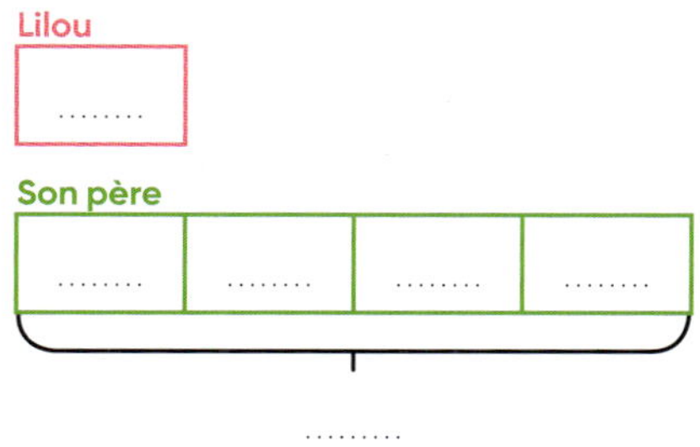

Problème 2 Madame Paco achète 2 bracelets, un rouge et un jaune. Le bracelet rouge coute 17 € et le bracelet jaune vaut 6 fois plus cher.

Quel est le montant de sa dépense ?

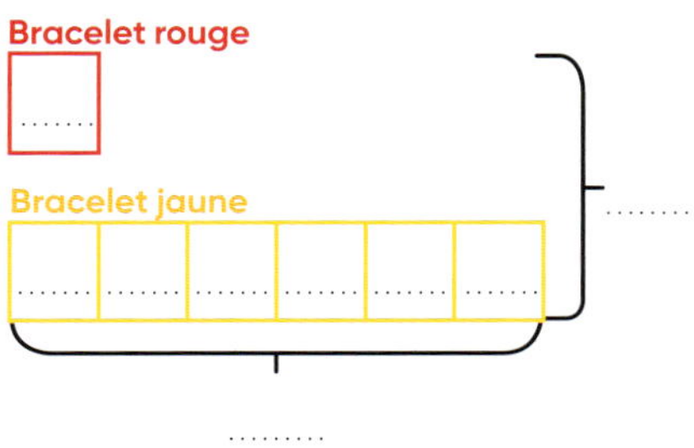

Problème 3 Lors du cross du collège, Lola a parcouru 2 400 m et Sami 3 fois moins.

Quelle distance Sami a-t-il parcourue ?

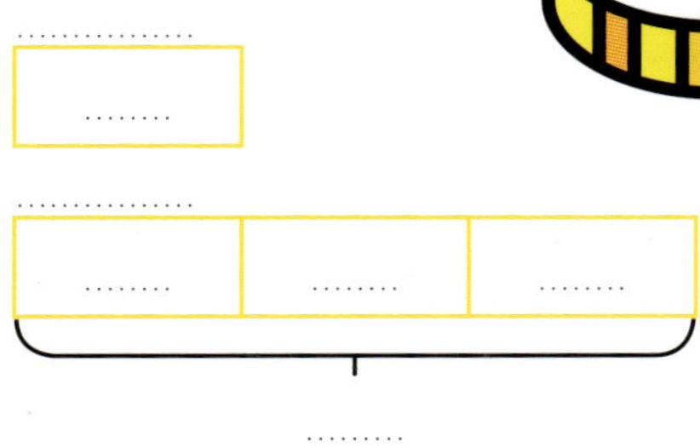

JE M'ENTRAINE

Résous les problèmes dans un cahier.
Commence par ceux avec le symbole ✖ puis résous les problèmes de ton choix.

✖ Problème 4 Sami a 80 €. Son cousin a 4 fois moins d'argent que lui.

Combien d'argent son cousin a-t-il ?

✖ Problème 5 Tom possède 46 images. Léo en a 2 fois plus que lui.

Combien d'images ont-ils à eux deux ?

Problème 6 À la naissance, Noa mesurait 52 cm. Aujourd'hui, il est 3 fois plus grand.

Quelle est sa taille ?

Problème 7 Dario et Yanis collectionnent les figurines. Dario en a 189 et Yanis en a 3 fois plus.

Combien de figurines Yanis a-t-il dans sa collection ?

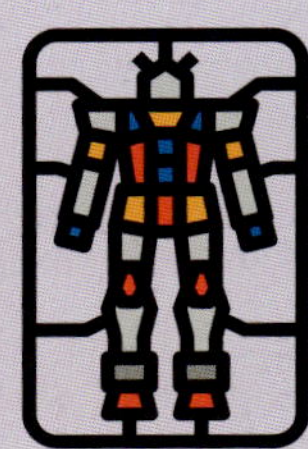

Problème 8 En une heure, Yanis a parcouru 700 m à la nage. Noa qui nage avec des palmes a parcouru une distance 4 fois plus longue.

Quelle distance Noa a-t-il parcourue ?

43 Résoudre des problèmes impliquant des durées (2)

Séances programmées dans les horaires dédiés au champ disciplinaire « Questionner le monde : l'espace »

Séance 1 — 45 min

Découvrir de nouvelles unités de durée et certaines de leurs relations : jour, semaine, mois et année.

→ **MODÉLISER**

Comparer et ranger des durées.

MATÉRIEL ET SUPPORT
- La feuille d'appropriation (**Materiel43.pdf**, page 1).

DÉROULEMENT DE LA SÉANCE

❶ Appropriation Rappeler les équivalences : jour/semaine/mois/année.	10 min	**Verbalisation** Oral collectif
❷ Recherche Comparer puis ranger des durées de la plus courte à la plus longue.	20 min	**Manipulation Expérimentation** Groupes de 2
❸ Mise en commun Inventorier les réponses et les procédures.	10 min	**Verbalisation Représentation** Oral collectif Écrit individuel
❹ Institutionnalisation Ce qu'il faut retenir.	5 min	**Verbalisation Abstraction** Oral collectif

❶ Appropriation

Annoncer aux élèves qu'ils vont travailler sur des durées plus longues que les heures, minutes et secondes. Pour cela, ils vont s'intéresser à la durée de vie de quelques insectes vivant dans notre région.

Présenter (ou projeter) le document **Materiel43.pdf**, page 1 : ***Durée de vie moyenne de quelques insectes***.
Expliquer la notion de *durée de vie moyenne* puis faire lire la consigne.

Convenir avec les élèves que des conversions vont être nécessaires ca· les durées de vie sont exprimées dans des unités différentes.

Rappeler ensemble ces relations, les écrire au tableau :

1 jour = 24 heures
1 semaine = 7 jours
1 mois = 28, 29, 30 ou 31 jours
1 année = 12 mois = 52 semaines = 365 ou 366 jours

Matériel 43 Exercice — Séance 1

Durée de vie moyenne de quelques insectes

INSECTE	DURÉE DE VIE MOYENNE
Le bourdon	27 jours
Le grillon	8 mois
L'abeille	130 jours
La coccinelle	30 mois
Le moustique	48 jours
L'éphémère	24 heures
Le cloporte	2 ans
Le vulcain	5 semaines

Range ces insectes dans l'ordre croissant de leur longévité : de l'insecte qui vit le moins longtemps à celui qui vit le plus longtemps.

1
2
3
4
5
6
7
8

Matériel 43

❷ Recherche

Consigne « Vous allez travailler par groupe de deux. Quand je vous l'indiquerai, vous vous regrouperez par quatre pour vous mettre d'accord sur une réponse commune. Vous pourrez utiliser votre cahier de recherche pour effectuer les conversions nécessaires. »

❸ Mise en commun

Recenser les réponses et les procédures.

On peut convertir toutes les durées en jours.
- Le grillon : 8 mois = 8 x 30 jours = 240 jours (moins d'un an)
- La coccinelle : 30 mois = 30 x 30 jours = 900 jours (plus de 2 ans et moins de 3 ans)
- L'éphémère : 24 heures = 1 jour
- Le cloporte : 2 ans = 2 x 365 jours = 730 jours
- Le vulcain : 5 semaines = 5 x 7 jours = 35 jours

Donc 1 j < 27 j < 35 j < 48 j < 130 j < 240 j < 730 j < 900 j

La réponse est : éphémère, bourdon, vulcain, moustique, abeille, grillon, cloporte, coccinelle.

Convertir la durée de vie moyenne de la coccinelle en années : 30 mois, c'est 2 ans et 6 mois.

❹ Institutionnalisation

Ce qu'il faut retenir

Pour mesurer des durées longues, on utilise d'autres unités :

1 jour = 24 heures
1 semaine = 7 jours
1 mois = 28, 29, 30 ou 31 jours

Certains mois comptent 31 jours. Le mois de février a 28 jours (29 jours les années bissextiles).
1 an = 12 mois = 52 semaines = 365 jours (366 les années bissextiles)

Séance 2 — 45 min

Découvrir de nouvelles unités de durée : le siècle et le millénaire

→ **MODÉLISER**

Découvrir et utiliser les équivalences : 1 siècle = 100 ans, 1 millénaire = 1000 ans = 10 siècles.

MATÉRIEL ET SUPPORT
- La feuille d'appropriation (**Materiel43.pdf**, page 2).
- La feuille de recherche (**Materiel43.pdf**, page 3).

DÉROULEMENT DE LA SÉANCE

❶ Appropriation Découvrir les équivalences : année/siècle/millénaire.	10 min	**Verbalisation** Oral collectif
❷ Recherche Comparer puis ranger des durées.	10 min	**Expérimentation** Travail individuel
❸ Mise en commun Réaliser des conversions simples d'une unité usuelle à une autre.	10 min	**Verbalisation** Oral collectif
❹ Institutionnalisation Formuler ce qu'il faut retenir.	5 min	**Abstraction** Oral collectif
❺ Nouvelle recherche Comprendre comment on compte les siècles.	10 min	**Expérimentation** Travail individuel

1 Appropriation

Annoncer aux élèves qu'ils vont découvrir des unités permettant de mesurer des durées très longues (temps historique par exemple).

Pour cela, ils vont s'intéresser à la durée de vie des déchets, au temps qu'ils mettent à se décomposer.

Présenter (ou projeter) le document **Materiel43.pdf**, page 2 : ***Durée de vie moyenne de quelques déchets***.

Faire remarquer que certaines durées sont exprimées en siècles ou en millénaires.

Interroger les élèves sur la connaissance qu'ils ont de ces mots. Vérifier leur sens dans le dictionnaire et écrire les équivalences au tableau.

1 siècle = 100 ans
1 millénaire = 1000 ans = 10 siècles

Matériel 43

Matériel 43 Exercice — Séance 2

Durée de vie moyenne de quelques déchets

TYPE DE DÉCHET	TEMPS DE DÉCOMPOSITION
Boite de conserve	50 ans
Sac en plastique	4 siècles
Cartouche d'encre	700 ans
Carte SIM	1000 ans
Verre	4 millénaires
Filet de pêche moderne	600 ans
Emballages en aluminium	250 ans

Range ces déchets dans l'ordre croissant de leur temps de décomposition : du déchet qui se décompose le plus vite à celui qui se décompose le plus lentement.

1
2
3
4
5
6
7

2 Recherche

Consigne « Vous allez devoir ranger les déchets dans l'ordre croissant du temps de leur décomposition. Vous pourrez effectuer les conversions nécessaires directement sur la feuille. »

3 Mise en commun

Recenser les réponses et les procédures.

On peut convertir toutes les durées en années.
- Sac en plastique : 4 siècles = 4 x 100 ans = 400 ans
- Verre : 4 millénaires = 4 x 1000 ans = 4000 ans

Donc 50 ans < 250 ans < 400 ans < 600 ans < 700 ans < 1000 ans < 4000 ans.

La réponse est : boite de conserve, emballages en aluminium, sac en plastique, filet de pêche moderne, cartouche d'encre, carte SIM, verre.

4 Institutionnalisation

Ce qu'il faut retenir

Pour mesurer des temps très longs, on utilise le siècle et le millénaire.

1 siècle = 100 ans
1 millénaire = 1000 ans = 10 siècles

5 Nouvelle recherche

Page 133

Demander aux élèves s'ils savent en quel siècle nous sommes et s'ils connaissent l'année à laquelle il a commencé.

Les élèves seront sans doute capables de dire que nous sommes au 21e siècle mais auront tendance à penser que le 21e siècle a commencé en l'an 2000.

Expliquer que le 1er siècle a commencé en l'an 1 (il n'y a pas d'année 0) et qu'il s'est terminé en l'an 100. Le 2e siècle a commencé en l'an 101 et s'est terminé en l'an 200… Le 21e siècle a donc commencé en 2001 et se terminera en 2100.

Utiliser la frise chronologique présentée dans le cahier de l'élève pour répondre aux questions.

Remarquer que pour trouver le siècle auquel appartient une année, on prend le nombre de centaines et on ajoute 1.

Exemple Dans 2019, il y a 20 centaines. 20 + 1 = 21 donc 2019 appartient au 21e siècle.

Proposer les exercices de **Materiel43.pdf**, page 3.

Matériel 43 Feuille de recherche — Séance 2

1) Complète.
Le 3e siècle commence en l'an .... et se termine en l'an ....
Le 12e siècle commence en l'an .... et se termine en l'an ....
Le 18e siècle commence en l'an .... et se termine en l'an ....
Le 9e siècle commence en l'an .... et se termine en l'an ....

2) Complète le tableau.

GRANDES INVENTIONS	DATES	SIÈCLES
Le microscope	1595	16e
La montgolfière	1783	
L'imprimerie	1440	
L'avion	1903	
L'ampoule électrique	1879	
Le télescope	1608	
L'horloge mécanique	1336	

Matériel 43

Séance 3

30 min

Bilan de la séquence

Les élèves font individuellement les exercices 1 à 6 du cahier de l'élève *Maths au CE2*.

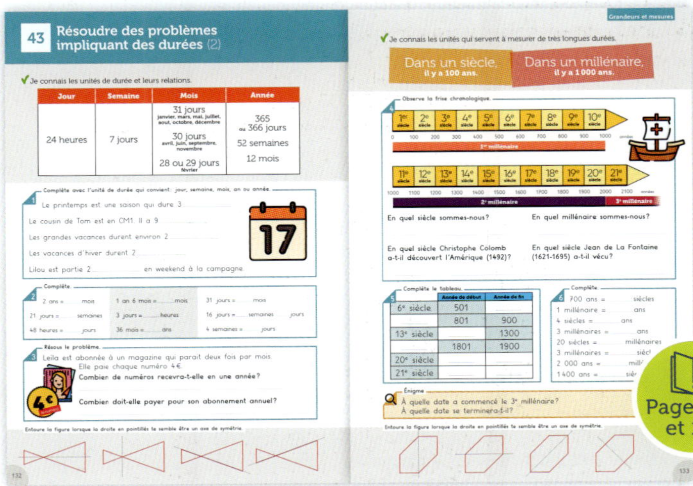

Pages 132 et 133

44 Reproduire des figures : alignement

Séance 1 — 45 min

Restaurer une figure en utilisant la notion d'alignement

→ **RAISONNER**

Compléter une figure pour la reproduire.

MATÉRIEL ET SUPPORT
- Les feuilles de recherche et la feuille d'entrainement (**Materiel44.pdf**, pages 1 à 3).
- La règle non graduée de la **planche 9** prédécoupée fournie avec les cahiers de l'élève ***Maths au CE2***.
- Un carré de papier calque d'environ 12 cm de côté pour chaque élève.

DÉRCULEMENT DE LA SÉANCE

❶ Appropriation du problème Reproduire une figure avec du papier calque.	5 min	**Manipulation** Écrit individuel
❷ Recherche Restaurer un sommet qui manque en prolongeant deux côtés.	10 min	**Expérimentation** Écrit individuel
❸ Nouvelle recherche Mettre au point une méthode de reproduction.	10 min	
❹ Entrainement Compléter des figures complexes en utilisant la notion d'alignement.	20 min	**Abstraction** Écrit individuel

Les connaissances travaillées sont les suivantes : appartenance d'un point à un segment, appartenance d'un point à deux segments, intersection, alignement. Les compétences en jeu sont celles-ci : employer ces relations d'incidence dans la reproduction de figures, mettre en place une chronologie d'actions de tracés, produire un travail soigné.

❶ Appropriation du problème

Matériel 44

Distribuer la figure de la feuille **Materiel44.pdf**, page 1 et un carré de papier calque. Demander aux élèves de décalquer la figure. Ce calque sera utilisé lors de la phase 2 pour vérifier le travail de restauration.

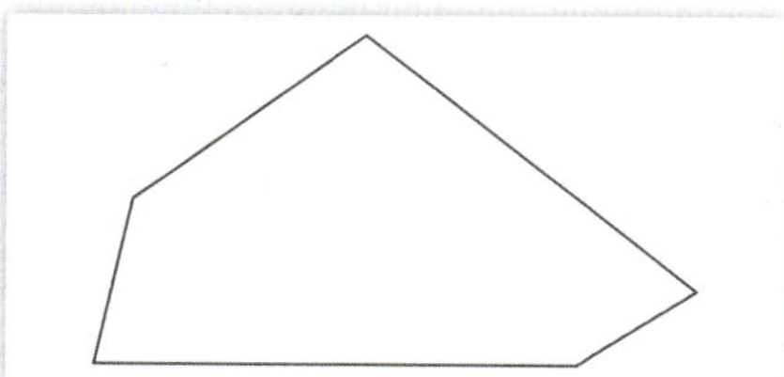

La figure modèle

❷ Recherche

Matériel 44

Consigne *« La figure que je vais vous distribuer est la même que celle que vous venez de décalquer mais elle est incomplète. Vous allez la terminer en utilisant la règle non graduée de la **planche 9**. Vous n'avez droit à rien d'autre. Quand vous aurez terminé, vous vérifierez votre travail à l'aide de la figure tracée sur le papier calque. »*

La figure à restaurer

Lors de la mise en commun, expliciter les deux procédures visées.

Procédures visées

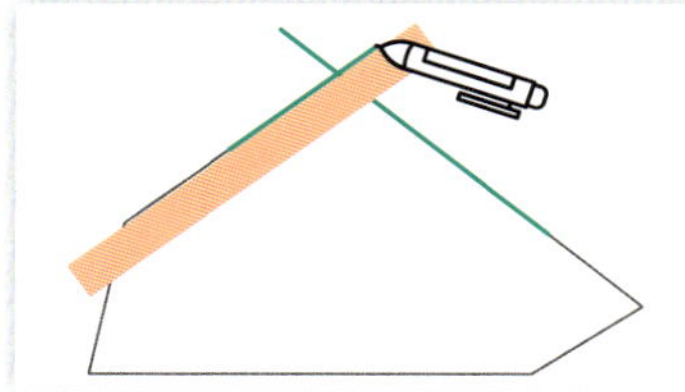

Restaurer le sommet en prolongeant les deux côtés à compléter.

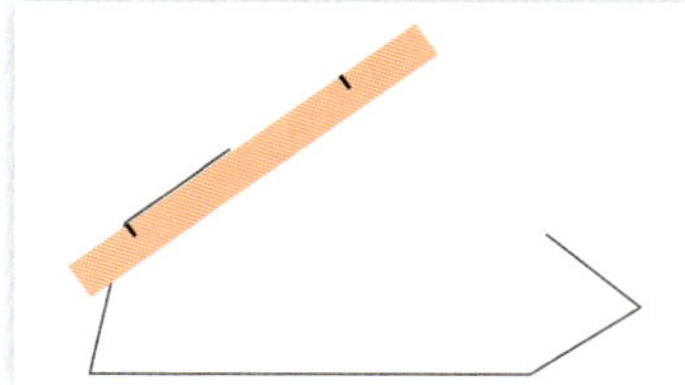

Reporter une longueur si on ne veut pas dépasser

❸ Nouvelle recherche

Matériel 44

Proposer la seconde feuille de recherche de **Materiel44.pdf** (page 2).

Consigne *« Vous allez maintenant terminer la reproduction de la nouvelle figure. Vous utiliserez la règle non graduée de la **planche 9**. »*

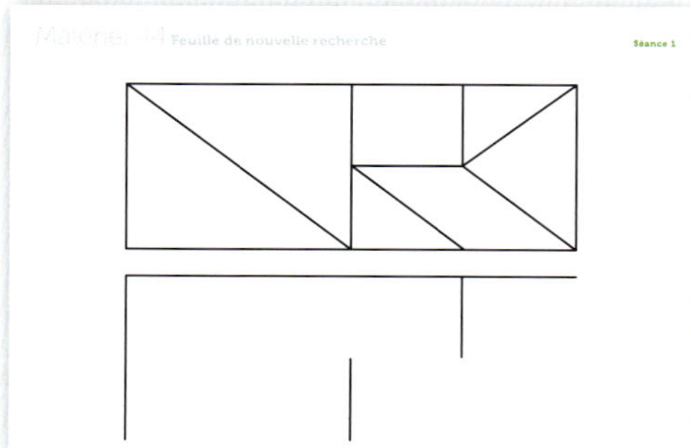

La mise en commun permettra aux élèves de comprendre la nécessité de suivre une méthode. Les tracés doivent en effet être réalisés dans un ordre défini. Expliciter l'ordre de ces tracés.

❹ Entrainement

Matériel 44

Terminer la reproduction de la figure (**Materiel44.pdf**, page 3) en utilisant uniquement la règle non graduée de la **planche 9**.

Compléter ensuite la figure agrandie.

Comprendre que le repérage des alignements fonctionne également dans une situation d'agrandissement.

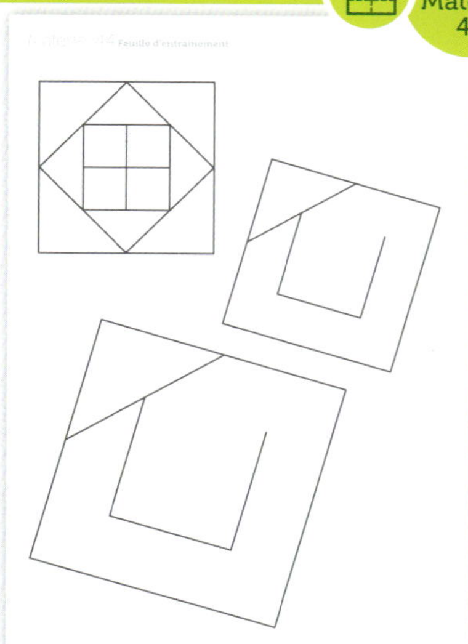

Séance 2

30 min

Restaurer des figures complexes

→ RAISONNER

Chercher une méthode de reproduction.

MATÉRIEL ET SUPPORT
- La feuille de consolidation et la feuille de recherche (**Materiel44.pdf**, pages 4 et 5).
- La règle non graduée de la **planche 9** prédécoupée fournie avec les cahiers de l'élève ***Maths au CE2***.

DÉROULEMENT DE LA SÉANCE

❶ **Consolidation** Comprendre le but à atteindre dans un problème issu de la vie courante.	15 min	**Verbalisation** Oral collectif
❷ **Recherche** Comprendre que des objets alignés sont tous situés sur une même droite.	15 min	**Verbalisation** **Abstraction** Oral collectif

❶ Consolidation

Matériel 44

Terminer la reproduction de la figure (**Materiel44.pdf**, page 4) en utilisant uniquement la règle non graduée de la **planche 9**. Chercher dans quel ordre effectuer les tracés pour éviter d'utiliser la gomme.

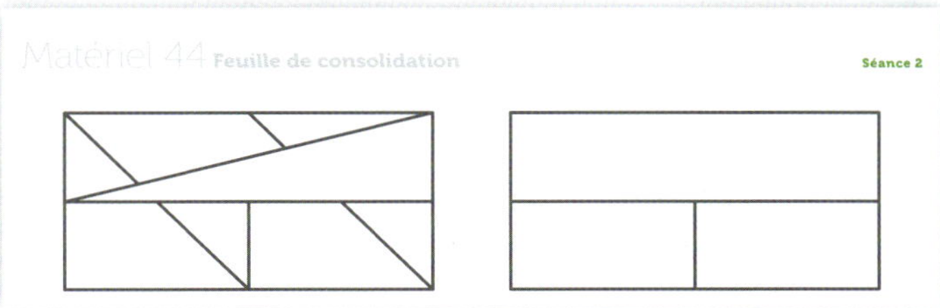

Lors de la mise en commun, faire comprendre l'importance de repérer le point A pour pouvoir restaurer la figure de façon précise. Faire expliciter comment trouver le point A en prolongeant un segment.

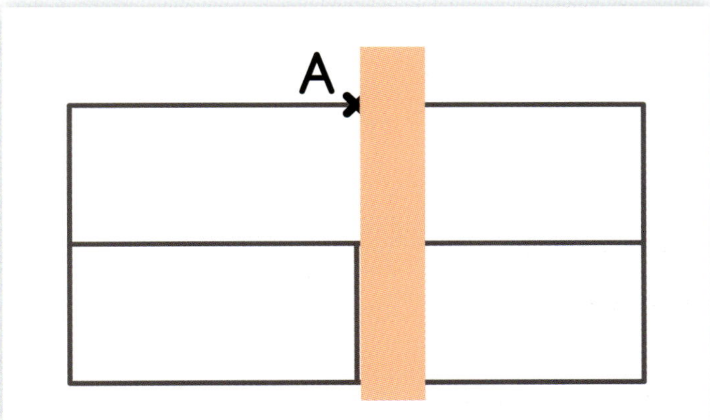

❷ Recherche

Terminer la reproduction de la figure (**Materiel44.pdf**, page 5) en utilisant uniquement la règle non graduée de la **planche 9**. Chercher dans quel ordre effectuer les tracés pour éviter d'utiliser la gomme.

Lors de la mise en commun, faire expliciter les repères qui ont été utilisés et l'ordre des tracés.

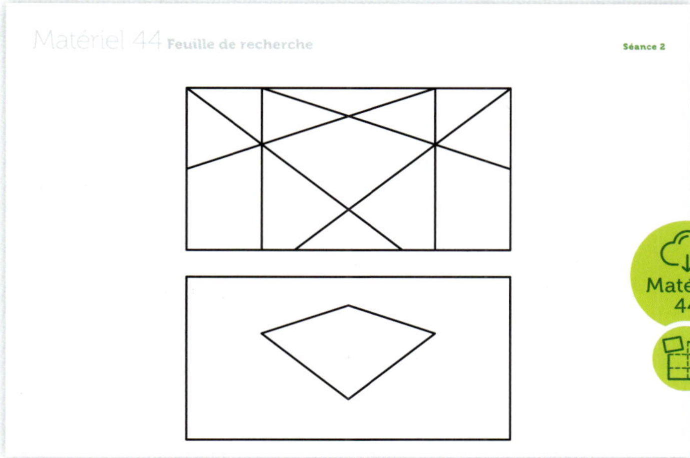

Matériel 44

Séance 3

30 min

Bilan des apprentissages

Les élèves font individuellement les exercices 1 et 2 du cahier de l'élève ***Maths au CE2***.

Pages 134 et 135

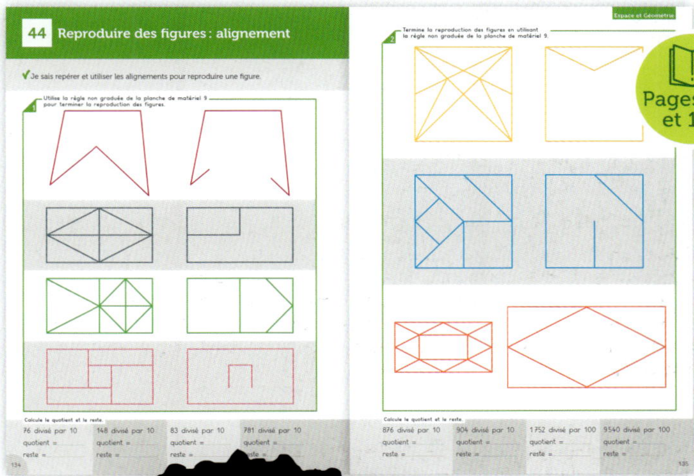

15 min par jour

Calcul mental

- Connaitre les tables de multiplication.
- Associer astucieusement des termes pour calculer plus rapidement une somme.

Séance 1

❶ Le jeu de la bataille — 1 min

Vidéoprojeter une à une les 3 batailles de l'animation **Calcul 32**.

Les élèves écrivent sur l'ardoise le calcul gagnant ou le signe = si les cartes sont de même valeur. Ils justifient leur réponse.

❷ Tables de multiplication : évaluation — 4 min

Proposer l'évaluation de **MaterielCalcul32.pdf**, page 1.

Lorsque les 3 minutes sont écoulées, demander aux élèves de prendre un stylo d'une autre couleur et de terminer les calculs.

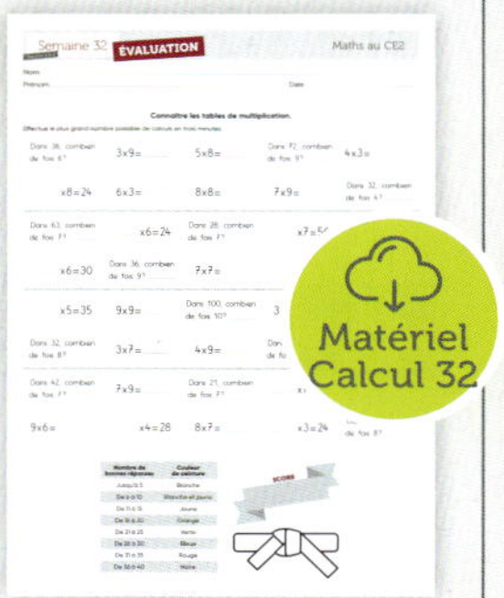

❸ Calculs astucieux : découverte — 10 min

L'enseignant propose aux élèves de chercher sur l'ardoise comment calculer rapidement la somme **8 + 17 + 25 + 12 + 75 + 23** écrite au tableau.

La mise en commun permet de présenter la procédure à privilégier.

Procédure visée
Faire des groupements astucieux
8 + 17 + 25 + 12 + 75 + 23 = (8 + 12) + (25 + 75) + (17 + 23) = 20 + 100 + 40 = 160

Poser ensuite au tableau les calculs suivants. Les élèves répondent dans un cahier sans contrainte de temps.

7 + 6 + 9 + 3 + 4 + 8   **46 + 15 + 14 + 35 + 22**   **31 + 53 + 54 + 9 + 47**

Séance 2

❶ Le jeu de la bataille — 1 min

Vidéoprojeter une à une les 2 batailles de l'animation **Calcul 32**.

Les élèves écrivent le calcul gagnant sur l'ardoise ou le signe = si les cartes sont de même valeur. Ils justifient leur réponse.

❷ Tables de multiplication : consolidation — 4 min

Revoir les produits qui ont généré des erreurs au cours de l'évaluation de la séance 1. Les calculs sont proposés oralement, les élèves répondent dans un cahier.

❸ Calculs astucieux : entrainement — 10 min

Écrire au tableau les calculs suivants. Les élèves répondent dans un cahier sans contrainte de temps.

240 + 310 + 160 + 290 + 450   **250 + 500 + 750 + 250 + 1500 + 750**
1500 + 600 + 1500 + 700 + 400 + 200   **3400 + 2700 + 600 + 1300**

Séance 3

❶ Le jeu de la bataille — 1 min

Vidéoprojeter une à une les 2 batailles de l'animation **Calcul 32**.

Les élèves écrivent le calcul gagnant sur l'ardoise ou le signe = si les cartes sont de même valeur. Ils justifient leur réponse.

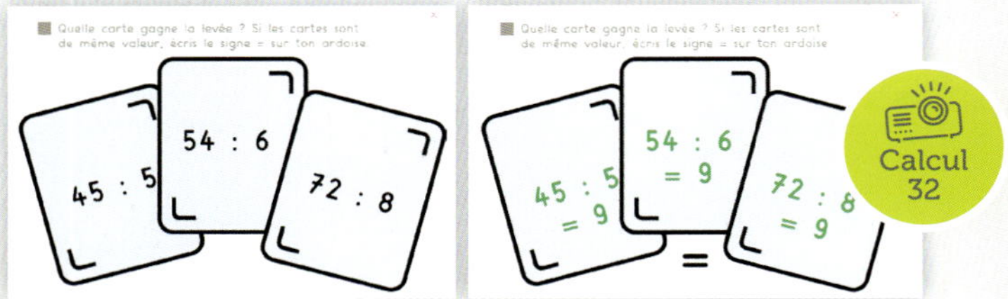

❷ Tables de multiplication : évaluation — 4 min

Proposer à nouveau l'évaluation de la séance 1. Lorsque les 3 minutes sont écoulées, demander aux élèves de prendre un stylo d'une autre couleur et de terminer les calculs.

❸ Calculs astucieux : évaluation — 10 min

Proposer la série de calculs de **MaterielCalcul32.pdf,** page 2.

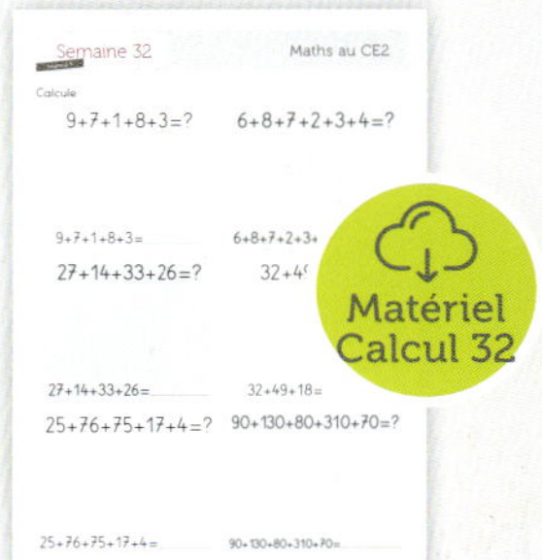

Séance 4

❶ Le jeu de la bataille — 1 min

Vidéoprojeter une à une les 2 batailles de l'animation **Calcul 32**.

Les élèves écrivent le calcul gagnant sur l'ardoise ou le signe = si les cartes sont de même valeur. Ils justifient leur réponse.

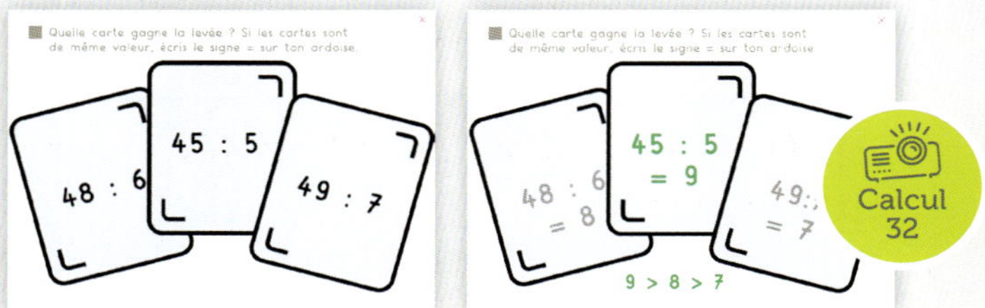

❷ Tables de multiplication : consolidation — 4 min

Revoir les produits qui ont généré des erreurs au cours de l'évaluation de la séance 3. Les calculs sont proposés oralement, les élèves répondent dans un cahier.

❸ Problèmes variés : réinvestissement — 10 min

Proposer les problèmes oraux suivants : les données sont écrites au tableau. Les élèves répondent sur l'ardoise.

« Lors de sa plantation dans la cour de l'école, un tilleul mesurait 2 m 45 cm. Vingt ans plus tard, il mesure 25 m.
De combien de mètres et centimètres a-t-il grandi ? »

« Lilou achète un album de 50 pages qui coute 19 euros. Sur chaque page, elle peut ranger 9 images.
Combien d'images peut contenir son album ? »

« Le fleuriste doit préparer 7 bouquets de 5 roses et 3 bouquets de 7 roses.
Combien de roses va-t-il utiliser ? »

« Dans un rouleau de 3 m 50 cm, Tom découpe 7 rubans de même longueur.
Quelle est la longueur en centimètres d'un morceau de ruban ? »

« Lilou court sur un circuit qui mesure 1500 m.
Combien de tours doit-elle effectuer pour parcourir 6 km ? »

« Tom part à l'école à 8 h 10. Il arrive à 8 h 25.
Quelle est la durée de son trajet ? »

Calcul@tice Les élèves travaillent en autonomie sur les ordinateurs de la classe
calculatice.ac-lille.fr > les exercices > Niveau CE2
- Toutes les tables x : calcul@kart
- Calculer le quotient et le reste d'une division : Le Château Fort

45 min par semaine

Atelier problèmes
Reconnaitre les relations entre les quantités dans des problèmes de comparaison multiplicative

Atelier 32

CHERCHONS ENSEMBLE

Complète l'histoire avec les nombres proposés pour qu'elle soit logique.

Problème 1

6 18 12 15 5

Léo a mangé deux fois plus d'œufs en chocolat que Tom.

Léo a mangé ...... œufs alors que Tom a mangé ...... œufs.

Problème 2

4 27 20 9 15

Lors d'une promenade dans la forêt, Tom a trouvé 3 fois moins de champignons que son papa.

Léo a trouvé ...... champignons et son papa ...... champignons.

Problème 3

8 12 7 2 6

Aujourd'hui, c'est l'anniversaire d'Aziz qui a 9 ans.

Il est ...... fois moins âgé que sa grand-mère qui a 63 ans.

Problème 4

120 50 100 4 110

Un lion pesait 2 kg à la naissance. À l'âge de 8 ans, il pèse 220 kg.

C'est ...... fois plus qu'à la naissance.

JE M'ENTRAINE

Complète l'histoire avec les nombres proposés pour qu'elle soit logique.

Problème 5

5 8 12 16

Fatou a lu deux fois moins de livres au mois de mars qu'au mois d'avril.

Fatou a lu ...... livres au mois de mars et ...... livres au mois d'avril.

Problème 6

1000 600 5 250 800

Lors d'une partie de cartes, Chloé a marqué 4 fois plus de points que Timéo.

Chloé a marqué ...... points et Timéo ...... points.

Problème 7

5 4 2 7 3

La voiture coute 8 400 € et le scooter 2 800 €.

Le prix de la voiture est ...... fois plus élevé que le prix du scooter.

45 Construire un cercle

Séance 1 ⧗ 30 min

Différencier le cercle et le disque

→ CHERCHER

Utiliser à bon escient le vocabulaire géométrique : cercle et disque.

MATÉRIEL ET SUPPORT
- Pour chaque groupe de 2 élèves : un morceau de ficelle d'environ 15 cm, une punaise, une feuille de papier A4, un crayon, une plaque de liège ou de carton.

DÉROULEMENT DE LA SÉANCE

❶ Appropriation du problème Comprendre la situation.	5 min	**Verbalisation** Oral collectif
❷ Recherche Résoudre le problème posé.	10 min	**Manipulation** **Expérimentation** Groupes de 2
❸ Mise en commun Analyser les solutions proposées.	10 min	**Verbalisation** Oral collectif
❹ Institutionnalisation Distinguer le cercle et le disque.	5 min	**Verbalisation** **Abstraction** Oral collectif

❶ Appropriation du problème

Raconter *« qu'un bouc assez agressif est attaché à un piquet dans un pré. Il ne faut pas s'approcher de lui sinon on risque de recevoir un coup de corne. »*

Montrer la punaise, la ficelle, le crayon et la feuille A4 qui représentent respectivement le piquet, la corde, le bouc et le pré.

Faire former deux boucles aux extrémités de la ficelle.

Faire positionner le crayon dans l'une de ces boucles et fixer l'autre boucle à la punaise piquée au centre de la feuille.

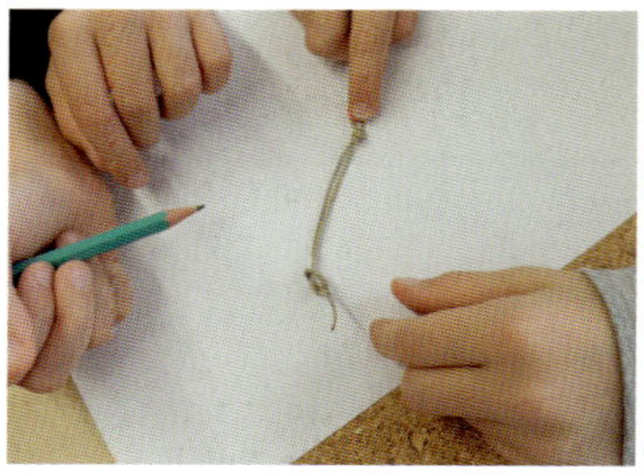
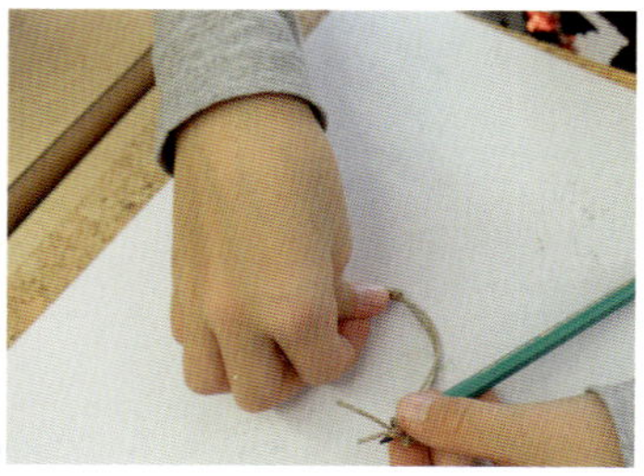

Une plaque de liège ou de carton est placée sous la feuille de papier pour protéger la table de la punaise.

❷ Recherche

Consigne *« Vous allez chercher, sur votre feuille à l'aide de ce matériel, toute la zone où il ne faut pas aller car on risque de recevoir un coup de corne du bouc agressif. »*

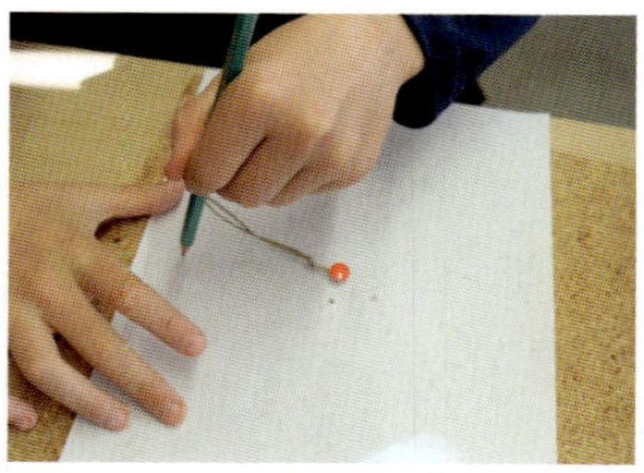
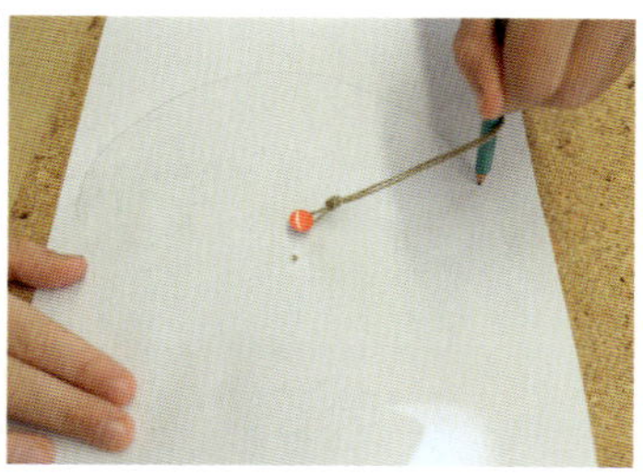

Les élèves tâtonnent pour comprendre qu'il est nécessaire de tendre la ficelle en tournant.

Procédure visée

Tendre la ficelle au maximum et déplacer le feutre en *tournant* autour de la punaise pour tracer le cercle dont le centre est le point où est piquée la punaise.

❸ Mise en commun

Chercher comment on pourrait visualiser la zone où il ne faut pas pénétrer pour éviter le bouc.

Les élèves proposent de colorier la surface située à l'intérieur d'un cercle tracé avec le crayon et la ficelle tendue.
Vérifier que la zone *dangereuse* a été coloriée entièrement.

Découper les formes obtenues et les afficher au tableau pour les comparer. Différencier le disque et le cercle.
Apporter le vocabulaire : ***centre du cercle*** et ***rayon du cercle***.

❹ Institutionnalisation

Ce qu'il faut retenir

Apporter le vocabulaire géométrique : *cercle* et *disque*, *centre du cercle* et *centre du disque*.
Avec un compas, tracer deux cercles de même rayon au tableau. Colorier l'intérieur d'un des deux cercles. Demander aux élèves de comparer et de nommer les deux figures.
Nommer le *cercle* : c'est une ligne courbe fermée, *« l'intérieur est vide »*.
Nommer *le disque* : c'est la surface qui est délimitée par le cercle (cercle compris).

Séance 2

45 min

Reproduire un assemblage de figures à l'aide de gabarits

→ CHERCHER

Repérer des figures simples dans un assemblage.

MATÉRIEL ET SUPPORT

- Pour chaque élève : les gabarits du carré et du demi-disque de la **planche 8** prédécoupée fournie avec le cahier de l'élève ***Maths au CE2***,
- Une figure modèle (**Materiel45.pdf,** page 1) par élève.

DÉROULEMENT DE LA SÉANCE

❶ Appropriation du problème Comprendre le but à atteindre.	5 min	**Verbalisation** Oral collectif
❷ Recherche Reproduire une figure complexe à l'aide de gabarits.	20 min	**Manipulation Expérimentation** Groupes de 2
❸ Mise en commun Faire l'inventaire des procédures utilisées.	15 min	**Verbalisation Représentation** Oral collectif Écrit individuel
❹ Institutionnalisation Verbaliser les étapes de la reproduction.	5 min	**Verbalisation Abstraction** Oral collectif

❶ Appropriation du problème

Matériel 45

Distribuer une figure modèle de **Materiel45.pdf**, page 1 et les 2 gabarits de la **planche 8**.

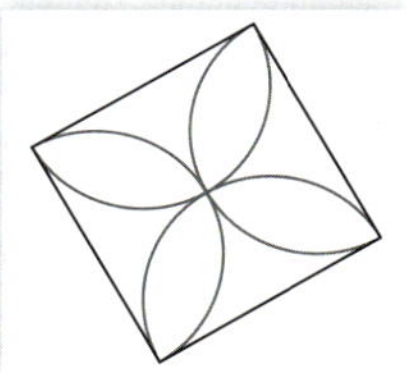

la figure modèle

les gabarits

Demander aux élèves de dire ce qu'ils observent sur la figure modèle. Les élèves voient une fleur, un papillon, des pétales…

Présenter les gabarits, faire identifier un demi-disque et un carré.

Expliquer qu'il va falloir reproduire la figure modèle en utilisant les gabarits présentés. Rapidement, les élèves remarqueront que la figure sera plus grande. Pour convaincre les sceptiques, montrer la figure que vous avez réalisée avec les gabarits pour que tous prennent conscience de la différence d'échelle.

*Consigne « Vous allez essayer de reproduire la figure modèle **en plus grand** sur une feuille de papier uni à l'aide des gabarits. »*

❷ Recherche

Les élèves font plusieurs essais si nécessaire. Ils valident ou invalident eux-mêmes leurs productions.

Relancer la recherche pour parvenir à des tracés plus précis en contrôlant mieux les gabarits et en identifiant les points de repère à utiliser : côtés et sommets du carré.

Exemple de figure obtenue par un élève au premier essai

DIFFÉRENCIATION

- Alléger la tâche des élèves qui rencontrent des difficultés en dessinant le contour du carré.

Procédures visées

- Comprendre que le tracé des contours des gabarits permet d'obtenir les lignes nécessaires à la reproduction de la figure.
- Comprendre qu'il faut superposer les tracés avec les gabarits.
- Comprendre que les arcs de cercles passent par les sommets du carré.
- être précis en étant attentifs aux éléments à faire coïncider.

❸ Mise en commun

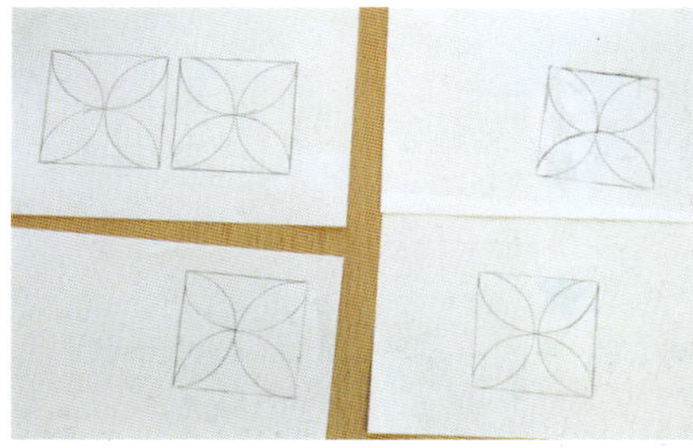

Recenser les procédures utilisées et expliciter les erreurs commises à éviter :

- a débuté par le tracé des demi-cercles,
- n'a pas correctement positionné le gabarit du demi-disque sur le carré,
- a réalisé des tracés imprécis.

Prendre en compte les différents éléments qui composent la figure. Reformuler les explications des élèves en utilisant le vocabulaire géométrique :

côté, sommet, carré, disque, cercle et demi-cercle, centre du carré, diamètre.

Préciser qu'un arc de cercle, c'est une partie d'un cercle. Un demi-cercle est un arc de cercle qui est la moitié d'un cercle.

❹ Institutionnalisation

Faire la synthèse des étapes de la reproduction.

Tracer le carré à l'aide du gabarit.

Faire coïncider le diamètre du demi-disque avec un côté du carré.

Tracer le contour du demi-disque.
Reprendre 3 fois les étapes 2 et 3 avec les 3 autres côtés du carré.

Les 4 arcs de cercle tracés doivent avoir un même point d'intersection.

Séance 3

30 min

Reproduire un cercle avec un compas

→ CHERCHER

Faire le lien entre propriétés géométriques et instruments de tracés : cercle et compas.

MATÉRIEL ET SUPPORT
- Un cercle à reproduire par élève (**Materiel45.pdf,** page 2).
- Quelques exemplaires du cercle reproduit sur du papier calque pour valider les productions des élèves.
- Des gabarits : demi-disques d'un diamètre égal à celui du cercle à reproduire, un compas pour chaque élève (**Materiel45.pdf,** page 3).

DÉROULEMENT DE LA SÉANCE

❶ **Appropriation** Tracer des cercles avec le compas.	5 min	
❷ **Recherche** Reproduire un cercle. Trouver le centre en utilisant un gabarit de demi-cercle.	10 min	**Manipulation Expérimentation** Travail individuel
❸ **Mise en commun** Faire l'inventaire des procédures utilisées.	10 min	
❹ **Institutionnalisation** Établir ce qu'il faut retenir.	5 min	**Verbalisation Abstraction** Oral collectif

❶ Appropriation

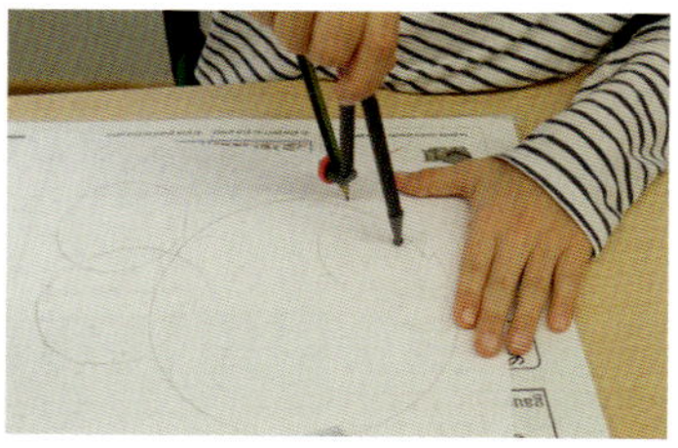

Demander aux élèves de tracer des cercles avec leur compas. Rappeler les procédures à utiliser.

Faire décrire les différentes parties du compas : les branches, l'articulation, la tige pour le tenir, la pointe, la mine.

Pour chaque cercle, repérer son centre (petit trou laissé par la pointe du compas).

❷ Recherche

Matériel 45

Chaque élève dispose d'un compas et de la feuille de recherche (**Materiel45.pdf**, page 2) où est représenté le cercle à reproduire.

Présenter le problème : il faut reproduire le cercle du document élève sur une feuille de papier uni en utilisant seulement le compas.

Demander aux élèves de faire un essai avec le compas et constater, en contrôlant avec le calque, que le cercle obtenu ne correspond pas au modèle.

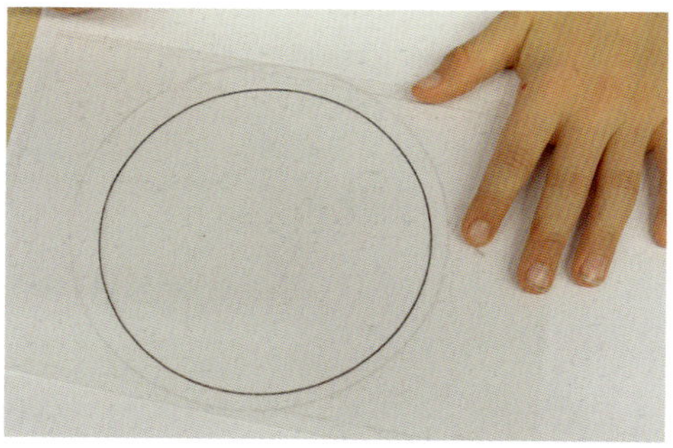

Amener les élèves à dire qu'ils auraient besoin de savoir où se trouve le centre du cercle pour pouvoir obtenir l'écartement du compas qui correspond au rayon du cercle modèle.

Distribuer à chaque élève un gabarit (demi-disque de même diamètre que le cercle à reproduire **Materiel45.pdf**, page 3) et un crayon de papier.

Consigne « Sur la feuille de recherche, vous allez essayer de trouver le centre du cercle avec ce gabarit, sans le plier ni le découper. Vous pouvez ajouter des tracés dans le cercle mais vous ne devez utiliser que le gabarit et le crayon. »

❸ Mise en commun

Faire l'inventaire des procédures utilisées.

Convenir qu'il faut positionner le gabarit de façon à tracer un diamètre puis le faire tourner pour tracer un nouveau diamètre. Le centre du cercle se trouve à l'intersection des deux diamètres.

Utiliser le vocabulaire spécifique : ***centre***, ***rayon*** et ***diamètre***.

! L'enseignant doit savoir que les termes *rayon* et *diamètre* désignent à la fois un segment et une longueur. Le rayon est un segment reliant le centre du cercle à l'un de ses points. Le segment qui relie deux points du cercle en passant par le centre est le diamètre. Le centre du cercle est le milieu du cercle. Le diamètre est le double du rayon et le rayon la moitié du diamètre.

À partir du rayon, on peut trouver l'ouverture du compas permettant de reproduire le cercle modèle. Pour obtenir le rayon, on place la pointe du compas au centre du cercle et le crayon ou la mine sur un point du cercle.

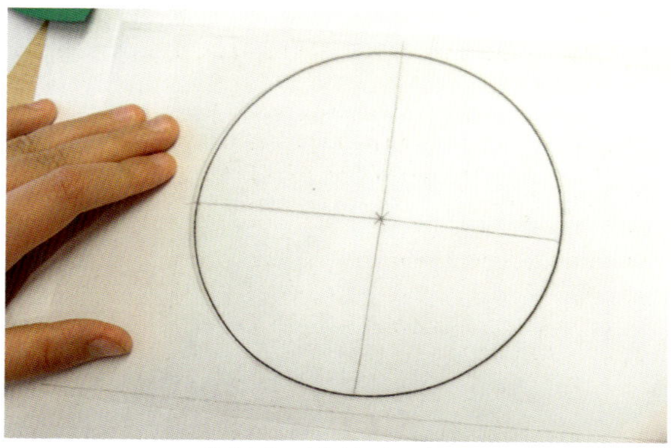

Validation à l'aide du calque

❹ Institutionnalisation

Ce qu'il faut retenir

- Le centre d'un cercle est situé à l'intersection de deux diamètres.

- Un rayon est un segment joignant le centre du cercle à l'un de ses points.

- Le diamètre est un segment joignant deux points du cercle et passant par le centre.

Séance 4 — 45 min

Décrire, reproduire et construire des cercles

→ RAISONNER

Utiliser le compas pour tracer un cercle connaissant son centre et un point, son centre et son rayon ou son diamètre.

MATÉRIEL ET SUPPORT
- Un compas pour chaque élève.
- La feuille d'entrainement et la feuille de réinvestissement (**Materiel45.pdf**, pages 4 et 5).

DÉROULEMENT DE LA SÉANCE

❶ Entrainement Reproduire et construire des cercles à partir du centre et du rayon, à partir du centre et du diamètre.	30 min	**Manipulation** Travail individuel
❷ Réinvestissement Raisonner sur une figure pour la reproduire avec le compas.	15 min	**Expérimentation** Travail individuel

❶ Entrainement

Matériel 45

Proposer les exercices de la feuille d'entrainement **Matériel45.pdf**, page 4.

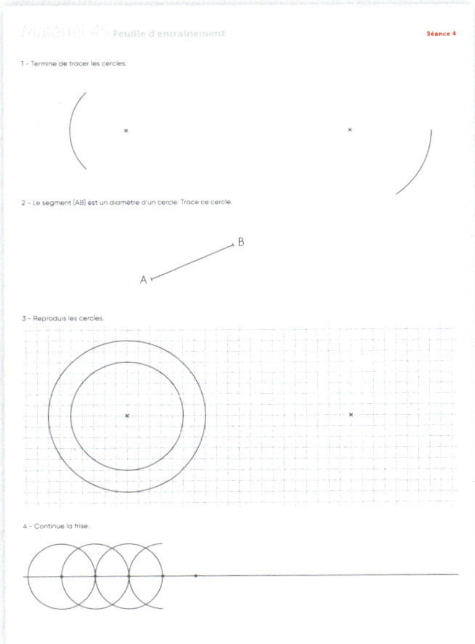

Exercice 1
Utiliser le compas pour construire un cercle connaissant son centre et un arc de cercle.

Exercice 2
Utiliser le compas pour construire un cercle à partir du centre et du diamètre. Comprendre qu'il faut diviser le diamètre par 2 pour obtenir le rayon.

Exercice 3
Reproduire un assemblage de cercles sur un support quadrillé.

Exercice 4
Continuer une frise composée de cercles en respectant la règle utilisée.

❷ Réinvestissement

Proposer l'exercice de la feuille de réinvestissement **Matériel45.pdf**, page 5.

Il s'agit de reproduire l'assemblage de figures de la séance 3 en utilisant un compas.
Le carré est donné en amorce.

Matériel 45

Séance 5 — 45 min

Reporter une longueur en utilisant le compas

→ RAISONNER

Reporter une longueur sur une droite déjà tracée en utilisant le compas.

MATÉRIEL ET SUPPORT
- Un compas pour chaque élève.
- La feuille de réinvestissement (**Materiel45.pdf**, page 6).

DÉROULEMENT DE LA SÉANCE

❶ Réinvestissement Savoir comment utiliser le compas pour comparer ou reporter des longueurs.	15 min	**Manipulation** Travail individuel
❷ Évaluation Valoriser les progrès réalisés.	30 min	**Abstraction** Travail individuel

❶ Réinvestissement

Proposer les exercices de la feuille de réinvestissement **Matériel45.pdf**, page 6.

Il s'agit de chercher comment utiliser le compas pour comparer la longueur des segments de l'**exercice 1**.

Faire verbaliser les procédures à utiliser.

Réactiver la notion de périmètre avant de débuter l'**exercice 2**.

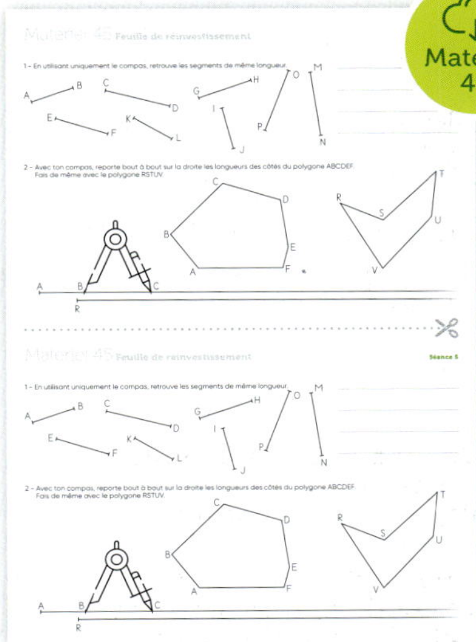

Matériel 45

❷ Évaluation

Bilan des apprentissages
Les élèves font individuellement les exercices 1 à 5 du cahier de l'élève ***Maths au CE2***.
(Ils reproduisent la figure de l'exercice 5 dans un autre cahier.)

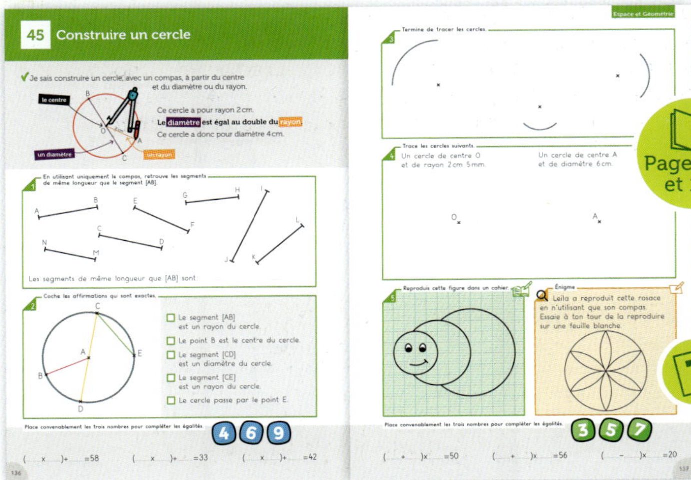

Pages 136 et 137

COIN MATHS

- Trouver le diamètre d'un disque de papier en utilisant uniquement le pliage. Puis trouver deux autres diamètres. Repasser sur les rayons du disque.

15 min par jour

Calcul mental

- Connaitre les tables de multiplication.
- Associer astucieusement des facteurs pour calculer plus rapidement un produit.

Séance 1

Calcul 33

❶ Le Memory des nombres — 1 min

Vidéoprojeter un à un les 2 Memorys à l'aide de l'animation **Calcul33**: un nombre s'affiche puis disparait avant que la question apparaisse. Les élèves répondent sur l'ardoise.

❷ Tables de multiplication : évaluation — 4 min

Proposer l'évaluation de **MaterielCalcul33.pdf**, page 1.

Lorsque les 3 minutes sont écoulées, demander aux élèves de prendre un stylo d'une autre couleur et de terminer les calculs.

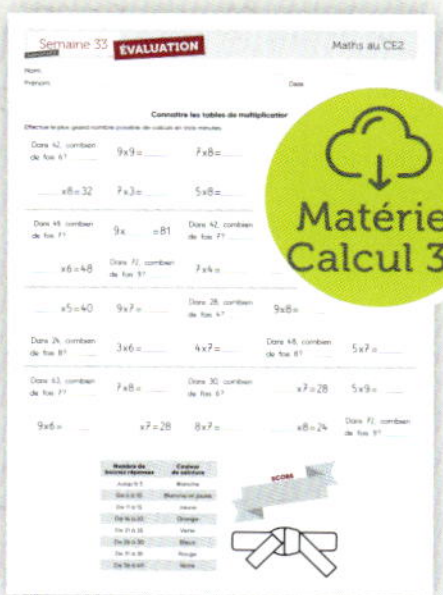

Matériel Calcul 33

❸ Calculs astucieux : découverte — 10 min

Faire chercher comment calculer rapidement les produits **2 x 17 x 5** et **50 x 7 x 2** écrits au tableau.

Procédure visée

Associer des facteurs pour faire 10 ou 100 :
- 2 x 17 x 5 = 2 x 5 x 17 = 10 x 17 = 170
- 50 x 7 x 2 = 50 x 2 x 7 = 100 x 7 = 700

Poser ensuite au tableau les calculs suivants. Les élèves répondent dans un cahier sans contrainte de temps.

5 x 19 x 2 — **2 x 34 x 5** — **7 x 2 x 4 x 5**
4 x 50 x 2 — **2 x 3 x 50** — **50 x 3 x 4 x 2**

Séance 2

Calcul 33

❶ Le Memory des nombres — 1 min

Vidéoprojeter un à un les 2 Memorys à l'aide de l'animation **Calcul33**: un nombre s'affiche puis disparait avant que la question apparaisse. Les élèves répondent sur l'ardoise.

❷ Tables de multiplication : consolidation — 4 min

Revoir les produits qui ont généré des erreurs au cours de l'évaluation de la séance 1. Les calculs sont proposés oralement, les élèves répondent dans un cahier.

❸ Calculs astucieux : découverte — 10 min

Chercher comment calculer rapidement les produits écrits au tableau.

20 x 9 x 5 — **25 x 7 x 4** — **5 x 9 x 200** — **500 x 8 x 2**.

Procédure visée

Associer des facteurs pour faire 100 ou 1000
- 20 x 9 x 5 = 20 x 5 x 9 = 100 x 9 = 900
- 25 x 7 x 4 = 25 x 4 x 7 = 100 x 7 = 700
- 5 x 9 x 200 = 5 x 200 x 9 = 1000 x 9 = 9000

Poser ensuite au tableau les calculs suivants.
Les élèves répondent dans un cahier sans contrainte de temps.

20 x 6 x 5 — **4 x 27 x 25** — **200 x 4 x 5**
4 x 50 x 25 — **5 x 5 x 200** — **2 x 3 x 500**

Séance 3

Calcul 33

❶ Le Memory des nombres — 1 min

Vidéoprojeter un à un les 2 Memorys à l'aide de l'animation **Calcul33**: un nombre s'affiche puis disparait avant que la question apparaisse. Les élèves répondent sur l'ardoise.

❷ Tables de multiplication : évaluation — 4 min

Matériel Calcul 33

Proposer à nouveau l'évaluation de la séance 1.
Lorsque les 3 minutes sont écoulées, demander de prendre un stylo d'une autre couleur et de terminer les calculs.

❸ Calculs astucieux : réinvestissement — 10 min

Écrire au tableau les calculs suivants.
Les élèves répondent dans un cahier sans contrainte de temps.

48 x 5 — **24 x 50** — **45 x 2** — **16 x 25** — **200 x 25** — **18 x 500**

Procédure visée

Décomposer des nombres pour faire apparaitre des multiplications par 10, par 100 ou par 1000.
- 48 x 5 = 24 x 2 x 5 = 24 x 10 = 240
- 24 x 50 = 12 x 2 x 50 = 12 x 100 = 1200
- 45 x 2 = 9 x 5 x 2 = 9 x 10 = 90
- 16 x 25 = 4 x 4 x 25 = 4 x 100 = 400
- 200 x 25 = 200 x 5 x 5 = 1000 x 5 = 5000
- 18 x 500 = 9 x 2 x 500 = 9 x 1000 = 9000

Séance 4

Calcul 33

❶ Le Memory des nombres — 1 min

Vidéoprojeter un à un les 2 Memorys à l'aide de l'animation **Calcul33**: un nombre s'affiche puis disparait avant que la question apparaisse. Les élèves répondent sur l'ardoise.
(Mémoriser **8 700** puis chercher le complément à 10 000.
Mémoriser **4 200** puis compléter pour atteindre 10 000.)

❷ Tables de multiplication : consolidation — 4 min

Revoir les produits qui ont généré des erreurs au cours de l'évaluation de la séance 3. Les calculs sont proposés oralement, les élèves répondent dans un cahier.

❸ Problèmes variés : réinvestissement — 10 min

Proposer les problèmes oraux suivants : les données sont écrites au tableau. Les élèves répondent sur l'ardoise.

*« Leïla commence à jouer avec sa sœur à 17 h 20. Elles jouent pendant une demi-heure. **Quelle heure est-il à la fin de leur jeu ?** »*

« Aujourd'hui, la séance de mathématiques dans la classe de CE2 va durer trois quarts d'heure. Elle commence à 13 h 30. Les CE2 voudraient savoir à quelle heure elle va se terminer. »

*« Le dessin animé se termine à 17 h 45. Il dure un quart d'heure. **À quelle heure commence-t-il ?** »*

*« Un match de football dure 1 h 30. Sara affirme que cela correspond à 80 minutes. **Que pensez-vous de l'affirmation de Sara ?** »*

*« Un film dure 2 h 10. Lilou dit que cela fait 110 minutes. **Que pensez-vous de l'affirmation de Lilou ?** »*

*« Fatou assiste à un concert qui commence à 20 h 45 et se termine à 22 h 15. **Quelle est la durée de ce concert ?** »*

*« Un film dure 1 h 30 et se termine à 22 h 30. **À quelle heure a-t-il commencé ?** »*

Calcul@tice Les élèves travaillent en autonomie sur les ordinateurs de la classe

calculatice.ac-lille.fr > les exercices > Niveau CE2

- Toutes les tables x : **Double Triple Quadruple**
- Résoudre des problèmes avec l'addition et la soustraction : **Le supermarché**

45 min
par semaine

Atelier problèmes

Distinguer les problèmes de comparaison additive et les problèmes de comparaison multiplicative

Atelier 33

CHERCHONS ENSEMBLE

Résous les problèmes.

Problème 1 Il y a 50 personnes inscrites au cours de danse.
Il y a 5 personnes de moins inscrites au cours de guitare.
Combien de personnes sont inscrites au cours de guitare ?

Problème 2 Il y a 50 personnes inscrites au cours de danse.
Il y a 5 fois moins de personnes inscrites au cours de guitare.
Combien de personnes sont inscrites au cours de guitare ?

Problème 3 Lili a une collection de 24 coquillages. Sa sœur en a 3 fois plus.
Combien de coquillages sa sœur possède-t-elle ?

Problème 4 Lili a une collection de 24 coquillages. Sa sœur en a 3 de plus.
Combien de coquillages sa sœur possède-t-elle ?

JE M'ENTRAINE

Résous les problèmes dans un cahier.
Commence par celui avec le symbole ✖ puis résous les problèmes de ton choix.
Essaie d'en résoudre le plus possible.

✖ Problème 5 Paul a 18 ans.
Sa sœur est deux fois moins âgée que lui.
Quel est l'âge de sa sœur ?

Problème 6 Lundi, Madame Laplagne a parcouru 28 kilomètres à vélo. Mardi, elle a parcouru 4 kilomètres de moins.
Quelle distance a-t-elle parcourue en deux jours ?

✖ Problème 7 Paul a 18 ans.
Sa sœur a deux ans de moins que lui.
Quel est l'âge de sa sœur ?

Problème 8 Lundi, Madame Laplagne a parcouru 28 kilomètres à vélo. Mardi, elle a parcouru 4 fois moins de kilomètres.
Quelle distance a-t-elle parcourue en deux jours ?

46 Mesurer des masses

Séance 1 — 45 min

Mesurer des masses en utilisant les unités usuelles : g et kg

→ MODÉLISER

Connaitre et utiliser la relation entre gramme et kilogramme.

MATÉRIEL ET SUPPORT
- Un cahier et un dictionnaire pour 4 élèves.
- Une balance pour 4 élèves : balance de Roberval, mécanique ou électronique selon le matériel dont dispose la classe.
- Des boites de masses marquées.
- Pour la classe : 4 sachets de riz (ou pâtes, lentilles...) portant une étiquette indiquant leurs masses respectives : 100 g, 200 g, 250 g et 500 g.

DÉROULEMENT DE LA SÉANCE

❶ Recherche Mesurer et comparer des masses en g et kg.	10 min	**Expérimentation Manipulation** Groupes de 4
❷ Mise en commun S'appuyer sur la relation : 1 kg = 1 000 g.	15 min	**Verbalisation** Oral collectif
❸ Nouvelle recherche Obtenir 1 kg avec des sachets de 100 g, 200 g, 250 g et 500 g.	10 min	**Expérimentation** Écrit individuel
❹ Entrainement Obtenir une masse donnée avec le moins de sachets possible.	10 min	

❶ Recherche

Séquence 46

L'énoncé du problème est écrit au tableau ou vidéoprojeté à l'aide de l'animation **Séquence 46**.

Pour répondre à ces questions, constater qu'il manque des données. Il faut savoir combien pèse un cahier et un dictionnaire. Demander aux élèves d'estimer la masse de ces deux objets et d'émettre des hypothèses sur les réponses à ce problème.

Faire préparer un cahier par groupe (un cahier du jour par exemple) et distribuer une balance et un dictionnaire pour 4 élèves.

Consigne *« Vous allez peser le cahier et le dictionnaire puis vous répondrez aux questions dans votre cahier. Vous devrez pouvoir expliquer, lors de la mise en commun, comment vous avez procédé. »*

La masse du dictionnaire est supérieure à 1 kg.
Les groupes qui utilisent une balance de Roberval constateront qu'ils n'ont pas assez de masses marquées pour équilibrer la balance. Leur proposer alors une masse marquée d'un kg.

❷ Mise en commun

a) **Pour les pesées** (à refaire devant la classe)

Avec la balance électronique : lecture directe de la masse en g.

Avec la balance mécanique : lecture de la masse en fonction de la valeur des graduations

Avec la balance de Roberval : équilibrage des plateaux à l'aide de masses marquées dont on ajoute les valeurs. Exemple pour un cahier de 190 g : 100 g + 50 g + 20 g + 10 g + 10 g. Exemple pour un dictionnaire d'1 kg 600 g : 1 kg + 500 g + 100 g.

b) **Pour répondre aux questions**

- ***Lilou peut-elle emporter un cahier dans son cartable ?***

On ajoute la masse du cahier à la masse du cartable vide et on compare le résultat à 3 kg.

2 kg + 190 g = ?

Utiliser les équivalences entre les unités.
1 kg = 1 000 g   2 kg = 2 000 g   3 kg = 3 000 g

2 000 g + 190 g = 2 190 g
2 190 g < 3 000 g

Lilou peut emporter un cahier dans son cartable.

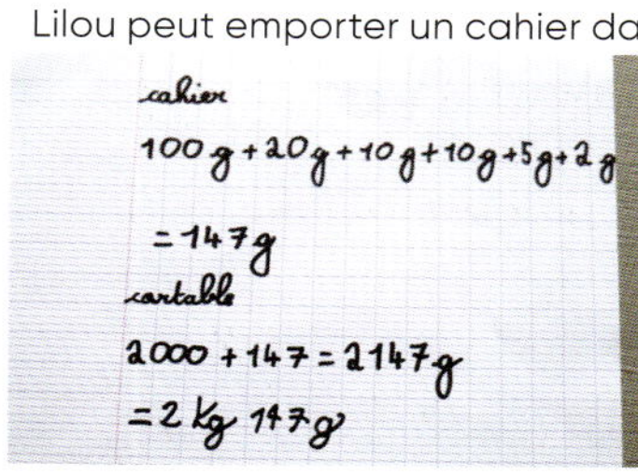

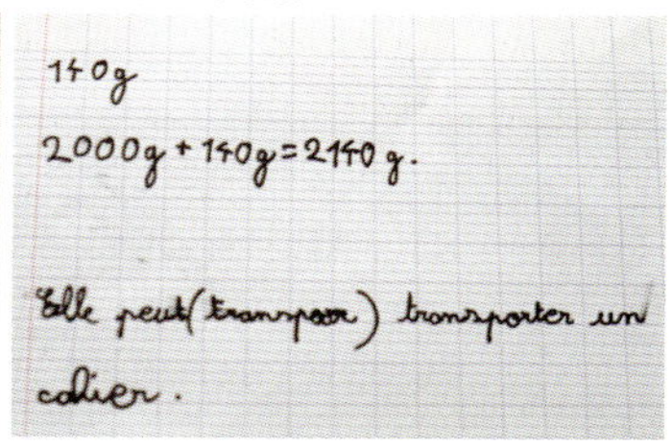

- ***Lilou peut-elle emporter un dictionnaire dans son cartable ?***

On ajoute la masse du dictionnaire à la masse du cartable vide et on compare le résultat à 3 kg.

2 kg + 1 kg 600 g = ?
2 kg + 1 kg = 3 kg
2 kg + 1 kg 600 g = 3 kg 600 g
3 kg 600 g > 3 kg

Lilou ne devrait pas emporter un dictionnaire dans son cartable.

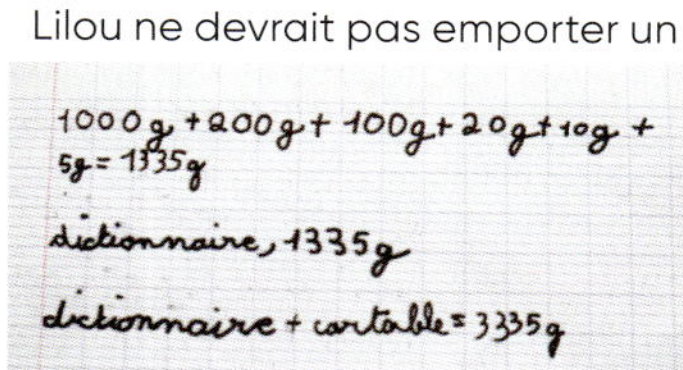

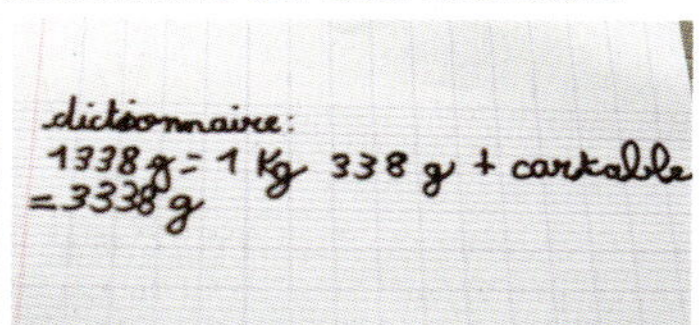

3 Nouvelle recherche

Présenter à la classe 4 sachets de riz (ou pâtes ou lentilles...) sur lesquels la masse est indiquée.

Consigne « Vous allez répondre à la question suivante dans votre cahier :
Quels sacs choisir et en quelle quantité pour obtenir 1 kg ?
Vous essaierez de trouver plusieurs solutions. »

Recenser les réponses lors de la mise en commun.

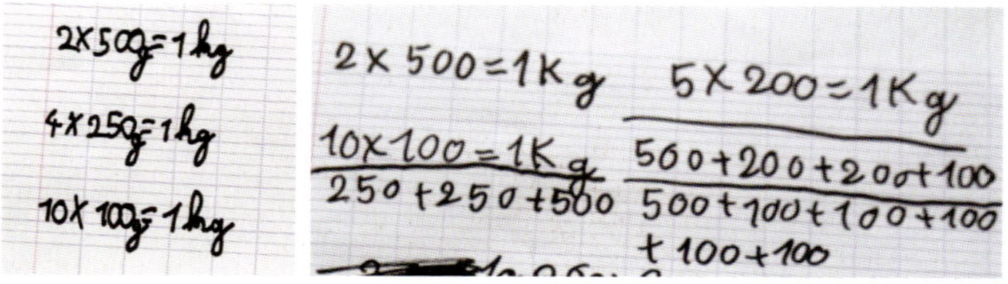

Rappeler que 1 kg = 1000 g. On peut obtenir 1 kg avec :

- 2 sachets de 500 g **1000 g = 2 x 500 g**
- 4 sachets de 250 g **1000 g = 4 x 250 g**
- 5 sachets de 200 g **1000 g = 5 x 200 g**
- 10 sachets de 100 g **1000 g = 10 x 100 g**
- 1 sachet de 500 g et 2 sachets de 250 g **1000 g = 500 g + 2 x 250 g**
- 1 sachet de 500 g et 5 sachets de 100 g **1000g=500g+5x100g**
- 1 sachet de 500 g, 2 sachets de 200 g et 1 sachet de 100 g
  1000 g = 500 g + 2 x 200 g + 100 g
- 4 sachets de 200 g et 2 sachets de 100 g
  1000 g = 4 x 200 g + 2 x 100 g

4 Entrainement

Chercher comment obtenir 3 kg puis 1750 g avec le moins de sachets possible. La correction permettra de valider la procédure à utiliser.

Pour obtenir 3 kg 3 kg = 3 000 g
On cherche à *se rapprocher* le plus possible de 3 000 g en utilisant d'abord les sachets les plus lourds.

Combien de fois 500 g dans 3 000 g ?
3 000 g = 6 x 500 g
Il faut 6 sachets de 500 g pour obtenir 3 kg.

Pour obtenir 1750 g
On cherche à *se rapprocher* le plus possible de 1750 g en utilisant d'abord les sachets les plus lourds.

Combien de fois 500 g dans 1750 g ?
1750 g = (3 x 500 g) + 250 g
Il faut 3 sachets de 500 g et 1 sachet de 250 g pour obtenir 1750 g.

Séance 2 — 45 min

Exprimer des masses en tonnes ou en tonnes et kg

→ **MODÉLISER**

Connaitre la tonne et sa relation avec le kilogramme.

MATÉRIEL ET SUPPORT
- La feuille de recherche et la feuille d'entrainement (Materiel46.pdf, pages 1 et 2).

DÉROULEMENT DE LA SÉANCE

1 Recherche Choisir l'unité la plus appropriée : g ou kg. Estimer une masse.	10 min	**Verbalisation** Oral collectif
2 Mise en commun Découvrir la tonne et sa relation avec le kg : 1 t = 1000 kg	10 min	**Manipulation** **Expérimentation** Groupes de 2
3 Institutionnalisation Faire la synthèse de ce qu'il faut retenir.	5 min	**Verbalisation** **Représentation** Oral collectif Écrit individuel
4 Entrainement Réaliser des conversions et résoudre des problèmes des masses.	20 min	**Verbalisation** **Abstraction** Oral collectif

1 Recherche

Matériel 46

Proposer les estimations de **Materiel46.pdf**, page 1.

Choisir la masse possible d'un objet, d'un animal ou d'une personne parmi plusieurs propositions.

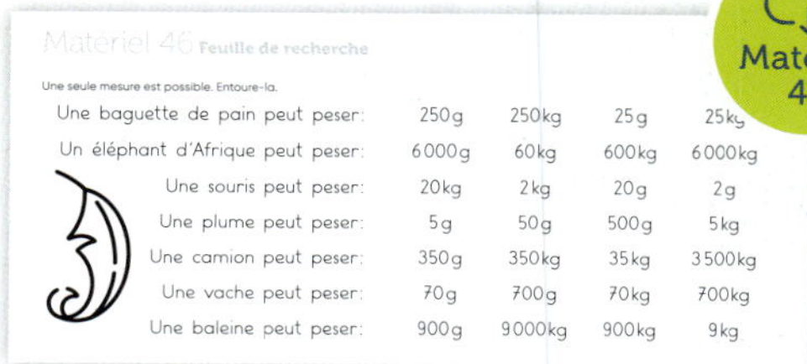
Matériel 46 Feuille de recherche

Une seule mesure est possible. Entoure-la.

Une baguette de pain peut peser :	250 g	250 kg	25 g	25 kg
Un éléphant d'Afrique peut peser :	6 000 g	60 kg	600 kg	6 000 kg
Une souris peut peser :	20 kg	2 kg	20 g	2 g
Une plume peut peser :	5 g	50 g	500 g	5 kg
Un camion peut peser :	350 g	350 kg	35 kg	3 500 kg
Une vache peut peser :	70 g	700 g	70 kg	700 kg
Une baleine peut peser :	900 g	9 000 kg	900 kg	9 kg

2 Mise en commun

On peut rapidement repérer ce qui pèse moins d'un kg : une baguette de pain, une souris, une plume.

Les élèves conviendront facilement que l'éléphant, le camion et la baleine sont très lourds, beaucoup plus qu'une vache qui pèse environ 700 kg, 70 kg pouvant correspondre à la masse moyenne d'une personne adulte.

L'éléphant, le camion et la baleine pèsent chacun plusieurs milliers de kg.

Synthèse
Quand un objet pèse plus de 1000 kg, on utilise une unité plus grande : ***la tonne***. **1 tonne = 1000 kg**
Un éléphant peut peser 6 000 kg = 6 t.
Un camion peut peser 3 t 500 kg.
Une baleine peut peser 9 t.

3 Institutionnalisation

Ce qu'il faut retenir

Pour exprimer une masse qui dépasse 1000 grammes, on utilise le *kilogramme*.
Quand une masse dépasse 1000 kg, on utilise une autre unité : la *tonne*.
Une tonne équivaut à 1000 kg.
Un camion peut peser 3 t 500 kg.

1 t = 1000 kg

4 Entrainement

Proposer les exercices de **Materiel46.pdf**, page 2.

Matériel 46

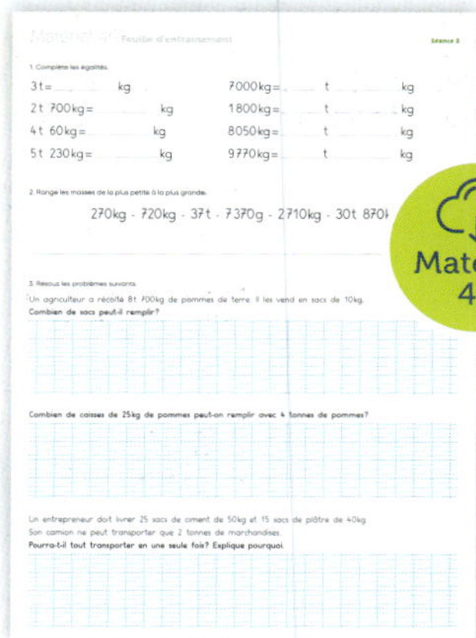

Séance 3 — 30 min

Bilan de la séquence

Les élèves font individuellement les exercices 1 à 10 du cahier de l'élève ***Maths au CE2***.
(Ils résolvent les problèmes 8 à 10 dans un autre cahier.)

Pages 138 et 139

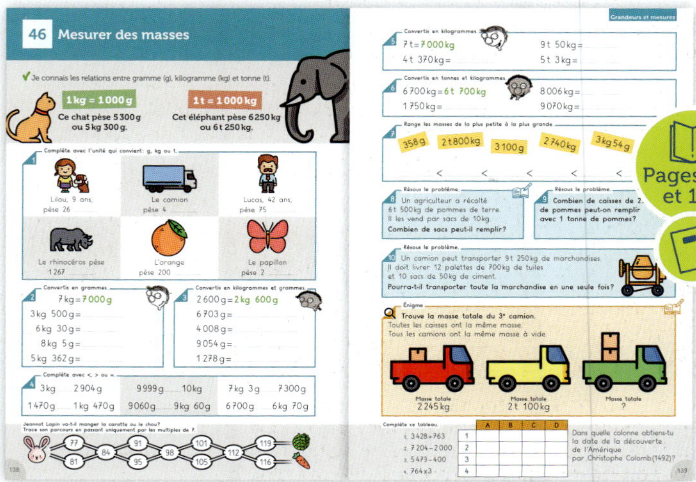

15 min par jour

Calcul mental

- Utiliser ses connaissances pour résoudre des énigmes de calcul.

Séance 1

Matériel Calcul 34 — Calcul 34

❶ Le jeu du furet — 1 min

Les élèves disent à tour de rôle un nombre de la suite orale des nombres en comptant **de 21 en 21**, à partir **de 5 jusqu'à 194** (5-26-47-68-89-110-131-152-173-194).

Procédure visée
Ajouter 20 puis ajouter 1.

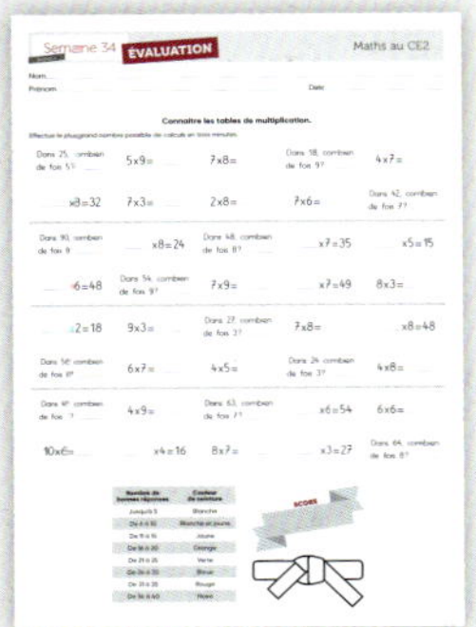

❷ Tables de multiplication : évaluation — 4 min

Proposer l'évaluation de **MaterielCalcul34.pdf**, page 1.

Lorsque les 3 minutes sont écoulées, demander aux élèves de prendre un stylo d'une autre couleur et de terminer les calculs.

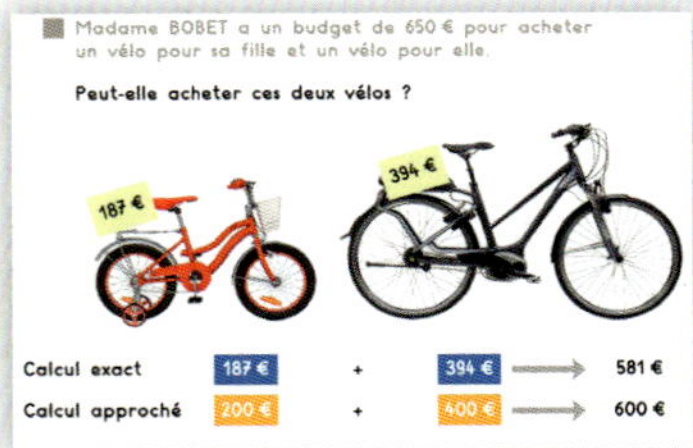

❸ Calcul approché : réinvestissement — 10 min

Vidéoprojeter le problème à l'aide de l'animation **Calcul 34**.

Les élèves écrivent sur l'ardoise le calcul à effectuer pour trouver la valeur approchée de la somme à payer puis le calcul exact.

Expliquer l'intérêt du calcul approché : le calcul approché peut se faire *de tête* alors que le calcul exact est plus compliqué.

Poursuivre avec les 4 additions proposées par l'animation **Calcul 34** : faire faire les calculs approchés et permettre l'utilisation de la calculatrice pour effectuer les calculs exacts.

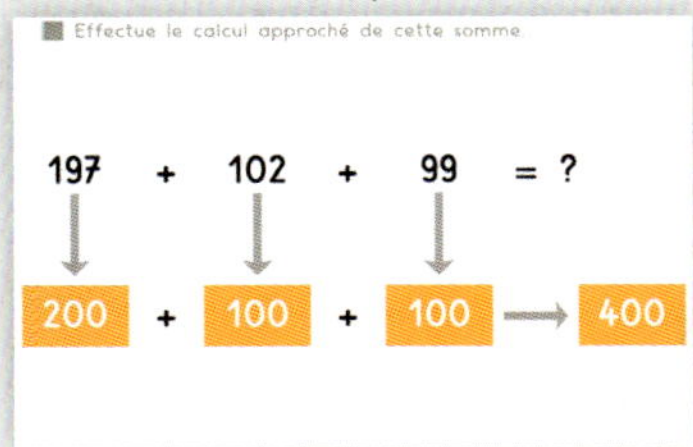

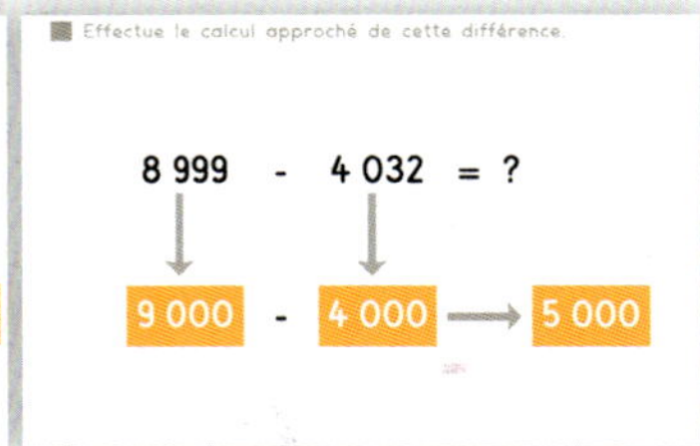

Séance 2

Calcul 34

❶ Le jeu du furet — 1 min

Les élèves disent à tour de rôle un nombre de la suite orale des nombres en comptant **de 21 en 21**, à partir **de 4 511 jusqu'à 4 721** (4 511-4 532-4 553-4 574-4 595-4 616-4 637-4 658-4 679-4 700-4 721).

❷ Tables de multiplication : consolidation — 4 min

Revoir les produits qui ont généré des erreurs au cours de l'évaluation de la séance 1. Les calculs sont proposés oralement, les élèves répondent dans un cahier.

❸ Calcul approché : réinvestissement — 10 min

À l'aide de l'animation **Calcul 34**, faire trouver les calculs approchés des 5 multiplications proposées et les réponses *approchées* puis obtenir le calcul exact avec la calculatrice.

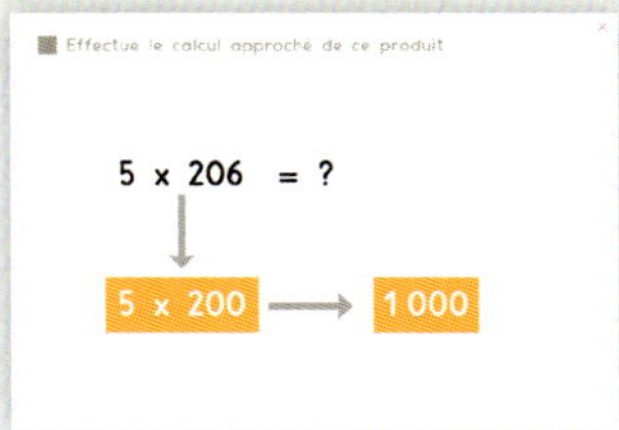

Séance 3

Matériel Calcul 34

❶ Le jeu du furet — 1 min

Les élèves disent à tour de rôle un nombre de la suite orale des nombres en comptant **de 19 en 19**, à partir de **4 jusqu'à 232** (4-23-42-61-80-99-118-137-156-175-194-213-232).

Procédure visée
Ajouter 20 puis retirer 1.

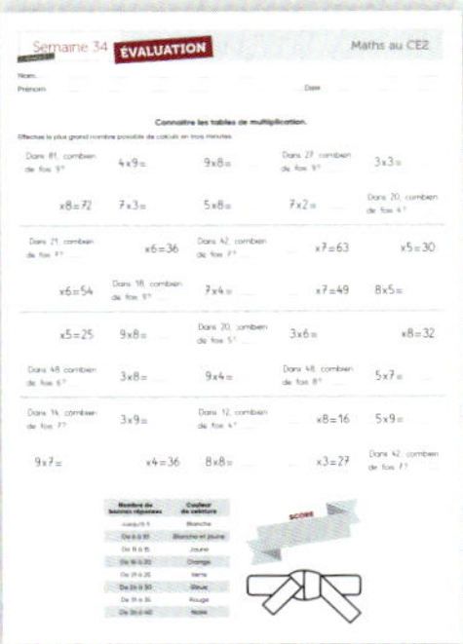

❷ Tables de multiplication : évaluation — 4 min

Proposer l'évaluation de **MaterielCalcul34.pdf**, page 2.

Lorsque les 3 minutes sont écoulées, demander aux élèves de prendre un stylo d'une autre couleur et de terminer les calculs.

❸ Calcul approché : évaluation — 10 min

Proposer les calculs approchés de **MaterielCalcul34.pdf,** page 3.

Séance 4

❶ Le jeu du furet — 1 min

Les élèves disent à tour de rôle un nombre de la suite orale des nombres en comptant de **19 en 19**, à partir **de 5 671 jusqu'à 5 918** (5 671-5 690-5 709-5 728-5 747-5 766-5 785-5 804-5 823-5 842-5 861-5 880-5 899-5 918).

❷ Tables de multiplication : consolidation — 4 min

Revoir les produits qui ont généré des erreurs au cours de l'évaluation de la séance 3. Les calculs sont proposés oralement, les élèves répondent dans un cahier.

❸ Problèmes variés : réinvestissement — 10 min

Proposer les problèmes oraux suivants : les données sont écrites au tableau. Les élèves répondent sur l'ardoise.

« Un pâtissier achète 25 kg de fraises à 4 € le kilo et 8 kg de pommes à 2 € le kilo. ***Combien doit-il payer à son fournisseur ?*** *»*

« Louise a 25 ans. C'est trois fois moins que sa grand-mère. ***Quel âge a sa grand-mère ?*** *»*

« Ce matin, Hugo fait trois fois le tour du lac. Il a parcouru 2 700 mètres. ***Quelle distance a-t-il parcourue à chaque tour ?*** *»*

« Sara mesure 142 cm. Sa grande sœur mesure 1 m 67 cm. ***Quelle est leur différence de taille ?*** *»*

« Anna mesure 1 m 48 cm. C'est 22 cm de moins que sa maman. ***Quelle est la taille de sa maman ?*** *»*

« Sami est deux fois plus lourd que son chien. Quand il monte sur une balance avec lui, la balance indique 60 kg. ***Combien Sami pèse-t-il ?*** *»*

Calcul@tice Les élèves travaillent en autonomie sur les ordinateurs de la classe

calculatice.ac-lille.fr > les exercices > Niveau CE2

- Toutes les tables x : L'oiseau
- Résoudre des problèmes avec l'addition et la soustraction : Le supermarché

45 min
par semaine

Atelier problèmes
Résoudre des problèmes à deux étapes mixant les opérations

Atelier 34

CHERCHONS ENSEMBLE

Résous les problèmes.

Problème 1 Madame Tortue doit effectuer un trajet de 563 km.
Au bout de 189 km, elle effectue un premier arrêt.
Elle repart, fait 238 km et effectue un deuxième arrêt.
Quelle distance lui reste-t-il à parcourir?

Je complète le schéma.

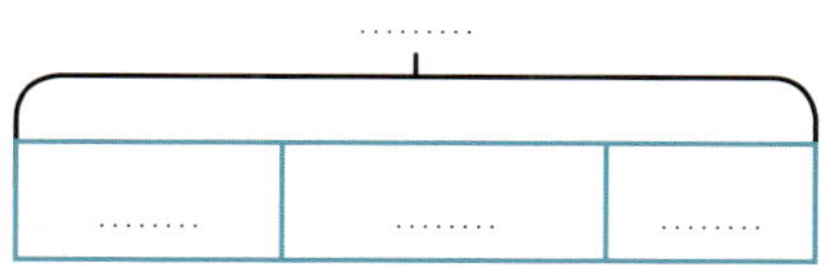

Problème 2 L'école Jules Ferry achète 5 chaises et 5 tables.
Quel est le prix total de ses achats?

Problème 3 L'école Victor Hugo achète 4 tableaux et 2 armoires.
L'école paie 1 428 €.
Quel est le prix d'une armoire?

JE M'ENTRAINE

Résous les problèmes.

Problème 4 Un camion transporte 4 voitures rouges pesant 1 250 kg chacune et 2 voitures jaunes pesant 1 500 kg chacune.
Quelle est la masse de son chargement?

Problème 5 Lilou va au concert avec 3 amis. Elle donne 80 € pour payer les entrées. On lui rend 14 €.
Quel est le prix d'un billet d'entrée?

47 Reproduire des figures complexes

Séance 1 — 45 min

Restaurer une figure en utilisant la notion de milieu

→ RAISONNER

Compléter une figure pour la reproduire en repérant le milieu.

MATÉRIEL ET SUPPORT
- Une règle graduée pour chaque élève.
- La feuille de recherche et la feuille d'entraînement (**Materiel47.pdf**, pages 1 et 2).
- Des figures correctement reproduites sur des calques (**Materiel47.pdf**, pages 6 et 7) pour permettre aux élèves de vérifier leurs tracés.

DÉROULEMENT DE LA SÉANCE

❶ Appropriation du problème Repérer les points particuliers de la figure : sommets des carrés et milieux des segments.	10 min	**Expérimentation** Écrit individuel Oral collectif
❷ Recherche Reproduire une figure en utilisant les notions de milieu et d'alignement.	15 min	**Expérimentation** Écrit individuel
❸ Entraînement Compléter des figures complexes en utilisant la notion de milieu.	20 min	**Abstraction** Écrit individuel

❶ Appropriation du problème

Matériel 47

Distribuer l'exercice 1 uniquement (**Materiel47.pdf**, page 1).

Le modèle est donné à une échelle différente.
Le report des mesures du modèle n'est ainsi plus possible.

Faire reproduire la figure à main levée.

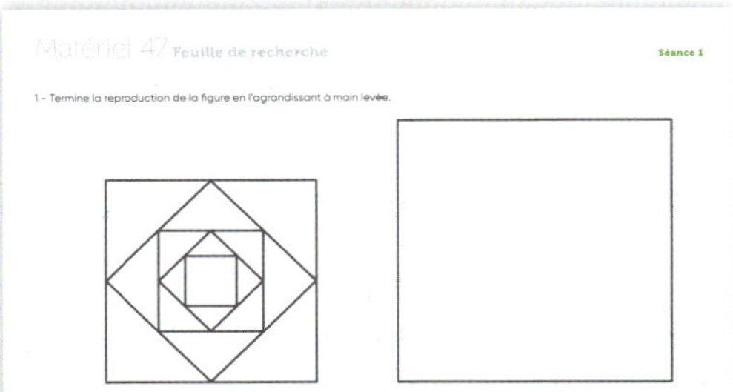

Lors de **la mise en commun**, analyser collectivement la figure. Le plus souvent, les élèves considèrent la figure comme un emboîtement de carrés. Ils expliquent qu'il faut commencer par repérer le milieu de chaque côté du carré extérieur. Certains élèves commencent à repérer que les sommets des carrés sont alignés, soit sur les médianes, soit sur les diagonales du carré extérieur.

❷ Recherche

Matériel 47

Distribuer maintenant l'exercice 2 uniquement : l'aide en bas de page sera proposée aux élèves qui rencontrent des difficultés.

Faire compléter la figure en utilisant uniquement la règle graduée. L'utilisation de la règle graduée amène les élèves à chercher le milieu des segments par mesurage.

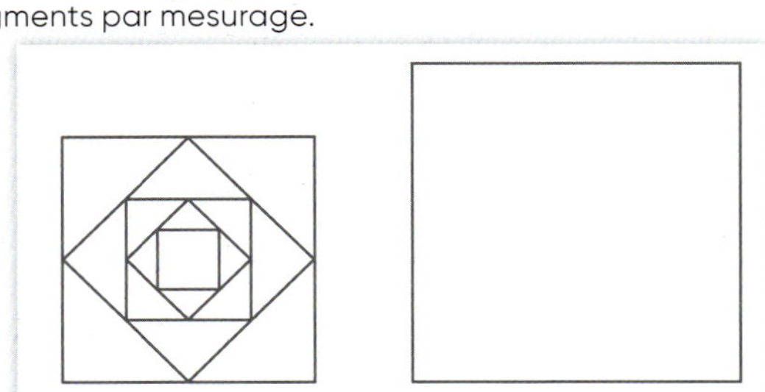

L'aide proposée est destinée à comprendre que l'on peut reproduire la figure plus facilement en traçant les diagonales et les médianes du carré extérieur. Le nombre de mesurages et de calculs sont alors moins importants, ce qui diminue aussi le risque d'erreurs.

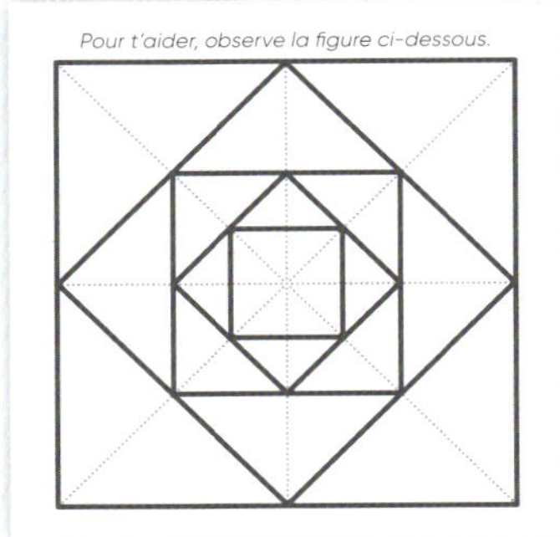

Faire vérifier la reproduction avec le calque (**Materiel47.pdf**, page 6).

Lors de la synthèse, remarquer qu'une figure agrandie conserve ses propriétés. Si un point est le milieu d'un segment de la figure modèle, il reste le milieu du segment sur la figure agrandie. Remarquer également que les points sont alignés.

❸ Entrainement

Proposer les exercices de **Materiel47.pdf**, page 2.

Il s'agit de terminer la reproduction des figures avec la règle graduée uniquement.

Dans l'**exercice 1**, il est nécessaire de respecter un ordre dans les tracés si on ne veut pas produire de tracés intermédiaires et devoir utiliser la gomme.

Faire vérifier la reproduction avec le calque (**Materiel47.pdf**, page 6).

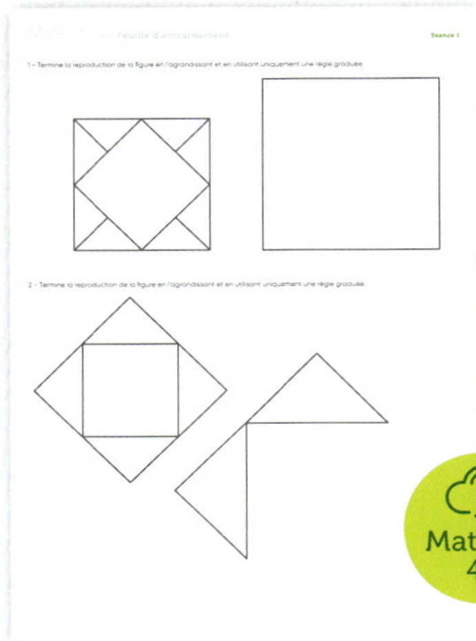

Matériel 47

Séance 2 — 45 min

Restaurer des figures complexes

→ RAISONNER

Chercher une stratégie de reproduction.

MATÉRIEL ET SUPPORT
- Une règle graduée pour chaque élève.
- La feuille de recherche et la feuille de consolidation (**Materiel47.pdf**, pages 3 et 4).
- Des figures correctement reproduites sur des calques (**Materiel47.pdf**, pages 6 et 7) pour permettre aux élèves de vérifier leurs tracés.

DÉROULEMENT DE LA SÉANCE

❶ Appropriation du problème Analyser une figure géométrique dans le but de la reproduire.	10 min	**Expérimentation** Écrit individuel Oral collectif
❷ Recherche Produire des tracés intermédiaires pour reproduire une figure.	20 min	**Expérimentation** Écrit individuel
❸ Consolidation Prendre des repères dans une figure pour les tracés.	15 min	**Abstraction** Écrit individuel

❶ Appropriation du problème

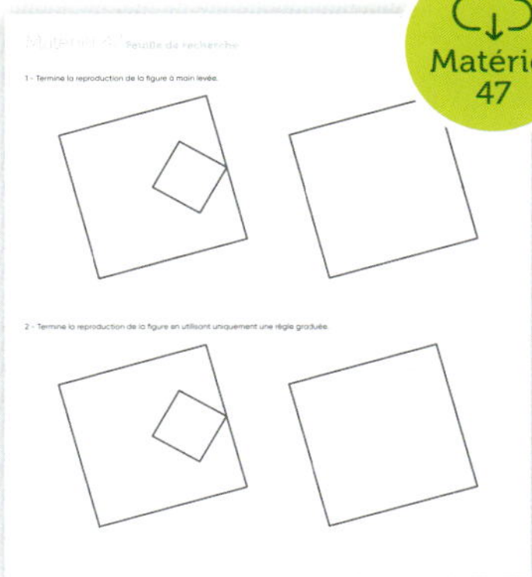

Matériel 47

Distribuer la feuille de recherche **Materiel47.pdf**, page 3.

Faire observer individuellement la figure puis l'analyser collectivement.

Expliciter qu'il faut reproduire la figure à l'identique.

Faire d'abord reproduire la figure à main levée (**exercice 1**) en cherchant les traits que l'on a tracés pour obtenir *le petit carré*.

Faire émettre des hypothèses sur les relations entre les éléments de la figure : le centre du *grand carré* est un sommet du *petit carré*. Faire faire le lien avec l'intersection des diagonales du *grand carré*.

Faire vérifier la reproduction avec le calque (**Materiel47.pdf**, page 6).

❷ Recherche

Faire terminer la reproduction de la figure à l'identique avec la règle graduée uniquement (**exercice 2**).

DIFFÉRENCIATION

- Proposer successivement les aides 1, 2 ou 3 en fonction des difficultés rencontrées.

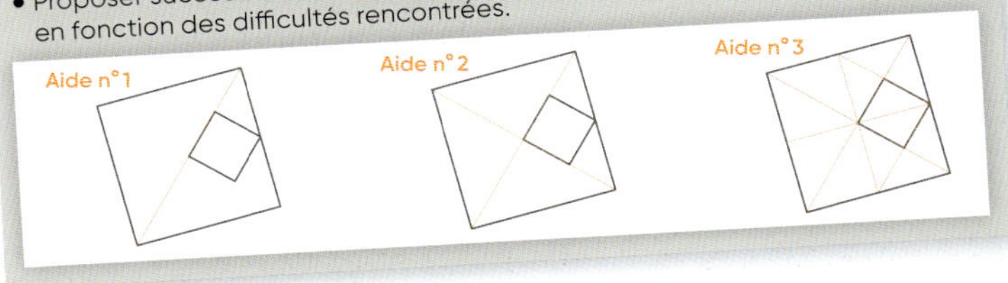

Lors de **la mise en commun**, faire verbaliser les stratégies et les étapes de la reproduction.

❸ Consolidation

Matériel 47

Proposer l'exercice de **Materiel47.pdf**, page 4.

Il s'agit de terminer la reproduction de la figure en l'agrandissant. Faire tracer à main levée puis avec la règle graduée.

Faire verbaliser les stratégies de reproduction.

Faire vérifier la reproduction avec le calque (**Materiel47.pdf**, page 7).

Séance 3 — 45 min

Restaurer des figures complexes

→ RAISONNER

Raisonner sur des figures pour les reproduire avec des instruments.

MATÉRIEL ET SUPPORT

- Une règle graduée pour chaque élève.
- La feuille de recherches (**Materiel47.pdf**, page 5).
- Des figures correctement reproduites sur des calques (**Materiel47.pdf**, pages 6 et 7) pour permettre aux élèves de vérifier leurs tracés.

DÉROULEMENT DE LA SÉANCE

❶ Recherche Utiliser la règle et l'équerre comme instruments de tracé.	15 min	**Expérimentation** Écrit individuel Oral collectif
❷ Nouvelle recherche Utiliser la règle, le compas ou l'équerre comme instruments de tracé.	15 min	
❸ Réinvestissement Raisonner sur une figure pour trouver une stratégie de reproduction.	15 min	**Abstraction** Écrit individuel

❶ Recherche

Matériel 47

Distribuer la feuille de recherche **Materiel47.pdf**, page 5.

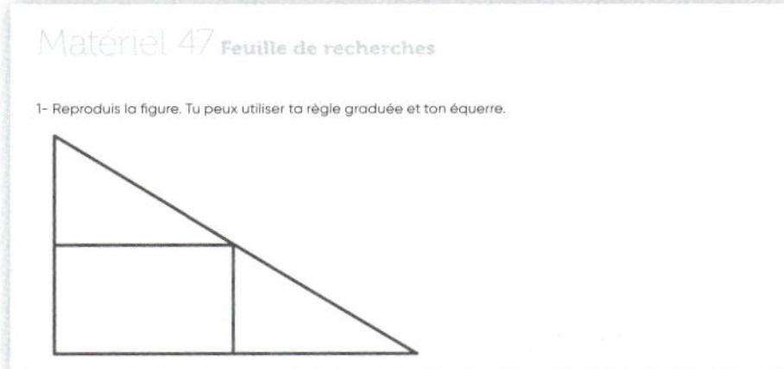

Faire analyser la figure de l'**exercice 1** pour repérer les éléments qui la composent et leur organisation.

Faire rappeler la fonction de chaque instrument.
- La règle est utilisée pour réaliser ou contrôler des alignements, prolonger des segments, reporter ou mesurer une longueur.
- L'équerre est utilisée pour vérifier ou tracer un angle droit.

Faire repérer les alignements de points et de segments et expliciter les étapes de la reproduction.

Faire valider la reproduction avec le calque (**Materiel47.pdf**, page 7).

❷ Nouvelle recherche

Faire analyser la figure de l'exercice 2 pour repérer les éléments qui la composent et leur organisation.

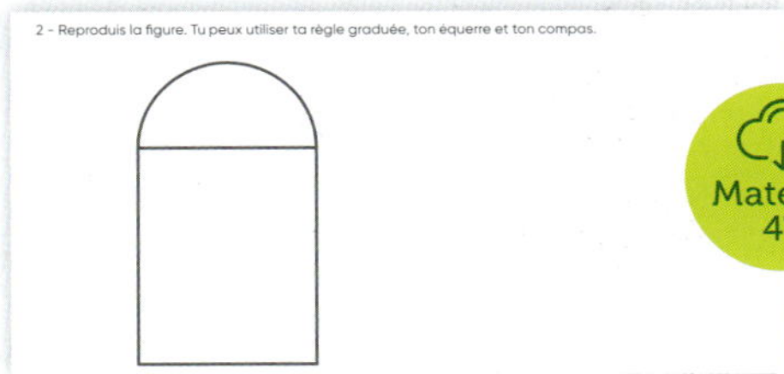

Matériel 47

Faire rappeler la fonction du compas (tracer des cercles et reporter des longueurs) et expliciter les étapes de la reproduction.

Faire valider la reproduction avec le calque (**Materiel47.pdf**, page 7).

❸ Réinvestissement

Faire analyser la figure de l'exercice 3 pour repérer les éléments qui la composent et leur organisation.

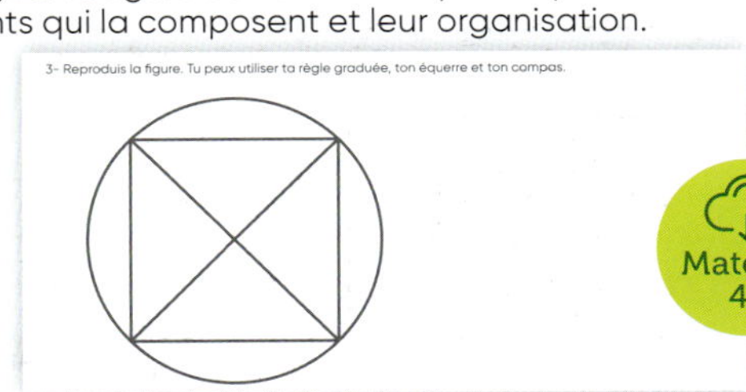

Matériel 47

Faire expliciter les étapes de la reproduction et valider la reproduction avec le calque (**Materiel47.pdf**, page 7).

Séance 4 — 30 min

Bilan des apprentissages

Les élèves font individuellement les exercices 1 à 4 du cahier de l'élève ***Maths au CE2***.

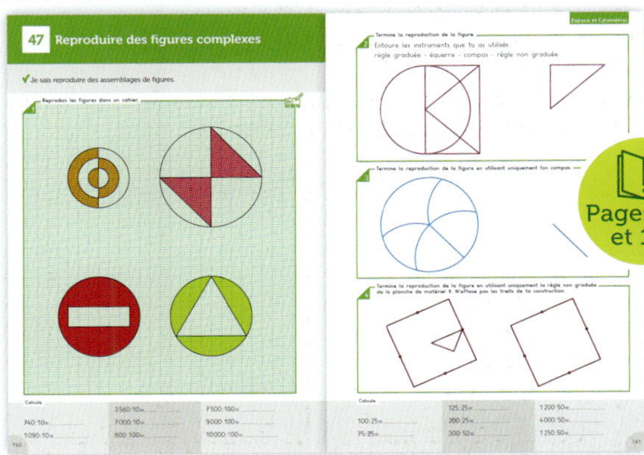

Pages 140 et 141

15 min par jour

Calcul mental

- Utiliser ses connaissances pour résoudre des énigmes de calcul.

Séance 1

❶ Le jeu du furet — 1 min

Les élèves disent à tour de rôle un nombre de la suite orale des nombres en comptant **de 101 en 101**, à partir **de 234 jusqu'à 1244** (234-335-436-537-638-739-840-941-1042-1143-1244).

Procédure visée Ajouter 100 puis ajouter 1.

❷ Atelier Calcul@tice — 14 min

Aller sur le site Calcul@tice puis Niveau CE2. Le choix réalisé dans cet atelier est de travailler sur le calcul de sommes et de différences.

Jeu 1 Boule et boule
Les élèves doivent regrouper des nombres par paire pour obtenir le résultat demandé. Ils repèrent ainsi les nombres complémentaires.

Jeu 2 Nombres sympathiques
L'objectif est de trouver le résultat d'une addition de trois termes en associant astucieusement des nombres complémentaires.

Jeu 3 Les cibles
Les élèves doivent placer plusieurs flèches sur une cible afin d'obtenir le résultat demandé.

Séance 2

❶ Le jeu du furet — 1 min

Les élèves disent à tour de rôle un nombre de la suite orale des nombres en comptant **de 101 en 101**, à partir **de 8 057 jusqu'à 9 067** (8 057-8 158-8 259-8 360-8 461-8 562-8 663-8 764-8 865-8 966-9 067).

❷ Atelier Calcul@tice — 14 min

Aller sur le site Calcul@tice puis Niveau CE2. Le choix réalisé dans cet atelier est de travailler sur la division et la multiplication.

Jeu 1 Le château fort
Ce jeu permet de calculer le quotient et le reste dans une division euclidienne.

Jeu 2 Quadricalc
L'objectif est de calculer le quotient exact d'une division.

Jeu 3 Pokémaths
Dans ce jeu de rapidité, il faut attraper le Pokémaths en répondant à des questions sur les tables de multiplication.

Séance 3

❶ Le jeu du furet — 1 min

Les élèves disent à tour de rôle un nombre de la suite orale des nombres en comptant **de 99 en 99**, à partir **de 1345 jusqu'à 2 335** (1345-1444-1543-1642-1741-1840-1939-2 038-2137-2 236-2 335).

Procédure visée Ajouter 100 puis retirer 1.

❷ Destination CM1 — 14 min

Les élèves doivent effectuer le plus possible de calculs en 10 minutes de **MaterielCalcul35.pdf**, pages 1 et 2.
Ils ne peuvent utiliser que le calcul mental : pas de calculs intermédiaires ni de calcul posé.

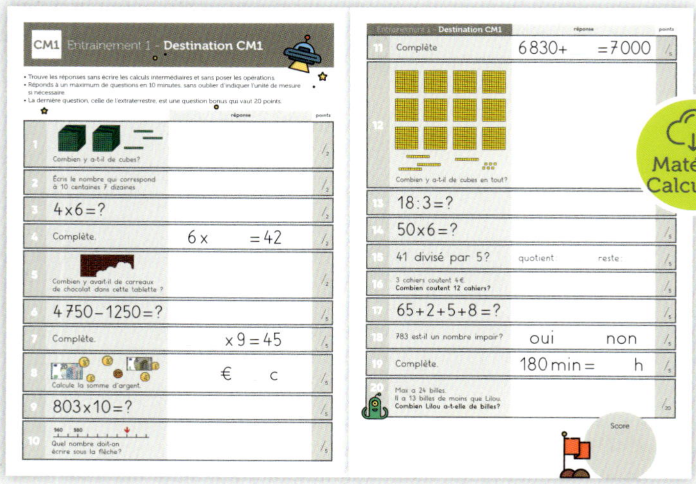

Matériel Calcul 35

Séance 4

❶ Le jeu du furet — 1 min

Les élèves disent à tour de rôle un nombre de la suite orale des nombres en comptant **de 999 en 999**, à partir **de 256 jusqu'à 9 247** (256-1255-2 254-3 253-4 252-5 251-6 250-7 249-8 248-9 247).

Procédure visée Ajouter 1000 puis retirer 1.

❷ Problèmes variés : réinvestissement — 14 min

Proposer les problèmes oraux suivants : les données sont écrites au tableau. Les élèves répondent sur l'ardoise.

« Lili achète un livre à 17 € 50 c et un jeu à 6 € 50 c.
Quel est le montant de sa dépense ? »

« Achille achète un magazine à 5 € 50 c. Il lui reste alors 2 € 50 c dans son portemonnaie.
Quelle somme avait-il avant son achat ? »

« Pour payer une baguette de pain, Tom donne une pièce de 2 €. Le boulanger lui rend 1 € 15 c. ***Quel est le prix de la baguette ? »***

« Monsieur Diallo retire 100 € à la banque. On lui donne 5 billets identiques.
Quelle est la valeur de chaque billet ? »

« Le vélo XT45 coute 239 € chez VELOKID et 267 € chez INTERVELO.
Quelle est la différence de prix entre ces deux magasins ? »

« 9 amies déjeunent ensemble dans un restaurant. Elles prennent toutes le même menu. La note s'élève à 180 €. Elles se partagent le règlement de la note en parts égales.
Combien doit payer chaque personne ? »

Calcul@tice Les élèves travaillent en autonomie sur les ordinateurs de la classe

calculatice.ac-lille.fr > les exercices > Niveau CE2

- Toutes les tables x : **Le rectangle**
- Calculer le quotient et le reste d'une division : **Le Château Fort**

45 min
par semaine

Atelier problèmes

Résoudre des problèmes nécessitant l'exploration d'un tableau ou d'un graphique

Atelier 35 · Calcul 35

CHERCHONS ENSEMBLE

Le graphique ci-dessous indique la durée pendant laquelle certains animaux sont capables de rester en plongée. Toutes les durées sont exprimées en minutes.

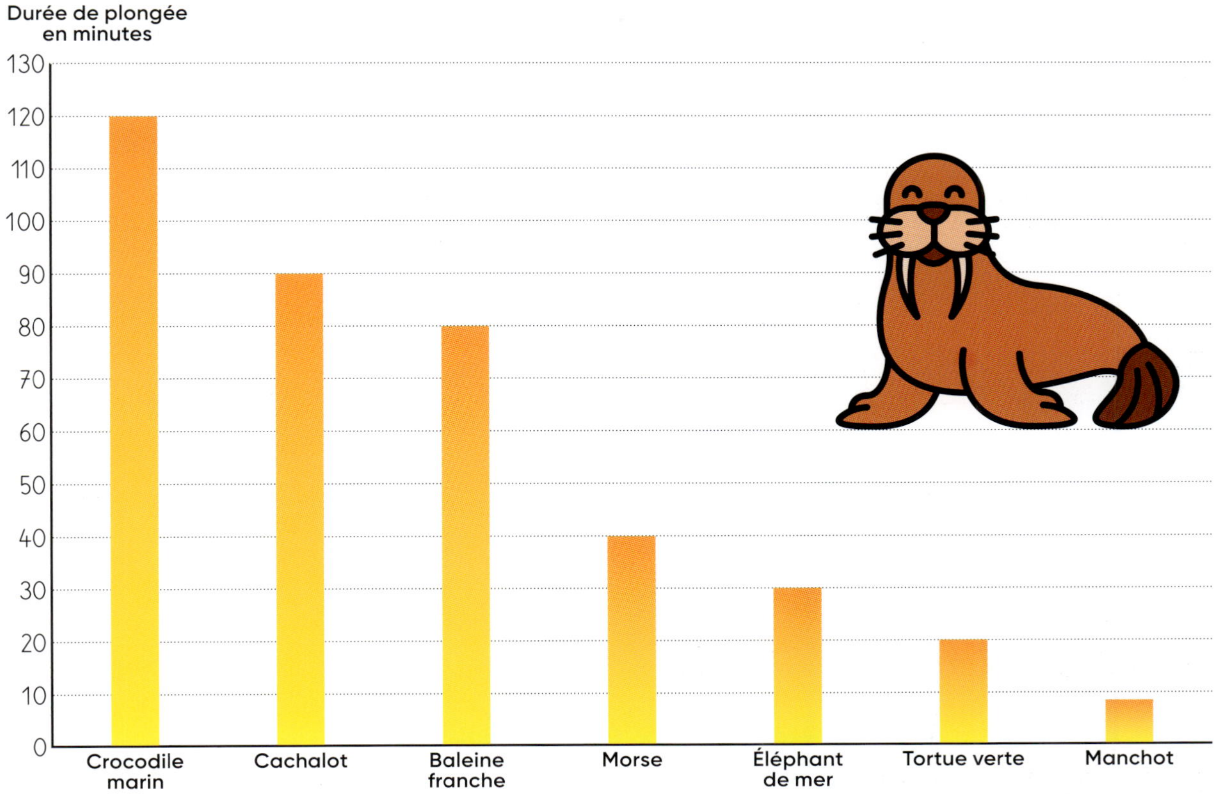

Problème

a) Quelle est la durée pendant laquelle un morse est capable de rester en plongée?

b) Quels sont les animaux capables de rester en plongée pendant plus d'une heure?

c) Une des durées inscrites sur le graphique est égale à une demi-heure.
À quel animal correspond-elle?

d) Quel est l'animal qui est capable de rester en plongée deux fois moins de temps que le morse?

e) Quel est l'animal qui est capable de rester en plongée trois fois plus de temps que le morse?

48 Mesurer des contenances

Séance 1 — 45 min

Découvrir le centilitre et le décilitre

→ MODÉLISER

Connaitre les relations entre L, dL et cL.

MATÉRIEL ET SUPPORT

- Une bouteille de jus de fruits d'un litre, vide, un bac à crème glacée d'un litre, vide, une bouteille d'un ½ litre, vide. On a masqué provisoirement la contenance de ces récipients présente sur les étiquettes.
- Un gobelet (à café) de 10 cL, 4 verres (ou gobelets) de 25 cL, 5 verres (ou gobelets) de 20 cL.

DÉROULEMENT DE LA SÉANCE

❶ Réactivation Rappeler que le litre est une unité de contenance.	5 min	**Verbalisation** Oral collectif
❷ Recherche Comparer des contenances.	5 min	**Expérimentation** Oral collectif
❸ Nouvelle recherche Découvrir la relation entre litre, décilitre et centilitre.	15 min	**Expérimentation** Groupe de 3
❹ Institutionnalisation Établir ce qu'il faut retenir.	5 min	**Abstraction** Oral collectif
❺ Entrainement Résoudre des problèmes de contenance.	15 min	**Abstraction** Écrit individuel

❶ Réactivation

Le litre

Présenter une bouteille de jus de fruits, vide, d'un litre.

Demander aux élèves d'estimer la contenance de ce récipient.

Vérifier en lisant les indications portées sur l'emballage.

Demander aux élèves de donner un ordre de grandeur des contenances de récipients de la vie courante : bouteille, baignoire, piscine, arrosoir.

Présenter le matériel qui sera utilisé au cours de la séance.

❷ Recherche

Présenter la bouteille de jus de fruits et le bac à glace d'un litre dont on a masqué la contenance.

Lancer le défi suivant à la classe : *« Comment faire pour savoir quel récipient a la plus grande contenance ? »*

Procédures visées

- Remplir un récipient d'eau et transvaser dans le deuxième récipient pour comparer.
- Utiliser un verre comme unité de mesure.

Faire expérimenter les deux procédures et constater que les deux récipients ont la même contenance, à savoir 1 L (vérifier sur l'étiquette).

Remplir un récipient d'eau et transvaser dans le deuxième récipient pour comparer.

Utiliser un verre comme unité de mesure.

❸ Nouvelle recherche

Le centilitre

Présenter la bouteille de 50 cL. Demander aux élèves d'estimer sa contenance : *« Cette bouteille contient-elle plus ou moins d'un litre ? »* Les élèves répondent sans hésiter : *« Elle contient surement moins d'un litre, vu sa taille. »*

Après avoir relevé la contenance sur l'étiquette *démasquée*, écrire au tableau : 50 cL et dire *« 50 centilitres »*.

Distribuer le matériel nécessaire à chaque groupe : un récipient transparent non gradué, une bouteille d'eau, un gobelet de 10 cL, un marqueur, un entonnoir (si nécessaire).

Demander aux élèves combien ils pensent qu'il faut de bouteilles de 50 cL pour obtenir 1 L. Valider en transvasant 2 bouteilles de 50 cL dans la bouteille de 1 L.

En faire déduire que 50 cL, c'est la moitié d'1 L, c'est un demi-litre.

Faire compléter l'égalité au tableau 1 L = ... cL (2 x 50 cL) en faisant également le lien avec les unités de longueur : 1 m = 100 cm et 1 L = 100 cL. Faire repérer le préfixe *centi* et chercher sa signification : un ***centi****mètre* est 100 fois plus petit qu'un mètre et un ***centi****litre* est cent fois plus petit qu'un litre.

Le décilitre

Présenter 1 verre de 1 dL. Demander aux élèves d'estimer sa contenance : ***« plus ou moins de 1 L ? », « plus ou moins de 50 cL ? »***. Les élèves répondent sans hésiter : *« Il contient surement moins d'un litre, vu sa taille, sans doute même moins d'un demi-litre ».* Écrire au tableau 1 dL et dire *« un décilitre »*.

Demander aux élèves combien ils pensent qu'il faut de verres de 1 dL pour avoir 1 L. Valider en transvasant 10 verres de 1 dL dans la bouteille de 1 L : il faut 10 fois 1 dL pour avoir 1 L.

Faire compléter l'égalité au tableau 1 L = ... dL (10 x 1 dL) en faisant le lien avec les unités de longueur : 1 m = 10 dm et 1 L = 10 dL. Faire repérer le préfixe *déci* et chercher sa signification : un ***déci****mètre* est 10 fois plus petit qu'un mètre et un ***décilitre*** est dix fois plus petit qu'un litre.

❹ Institutionnalisation

Valider les résultats obtenus en demandant à un élève d'effectuer la manipulation. Essayer de trouver un ordre de grandeur d'1 cL, verser un centilitre dans le verre.

Demander aux élèves de vous dicter ce qu'il faut retenir de cette séance et l'écrire au tableau pour obtenir la trace écrite.

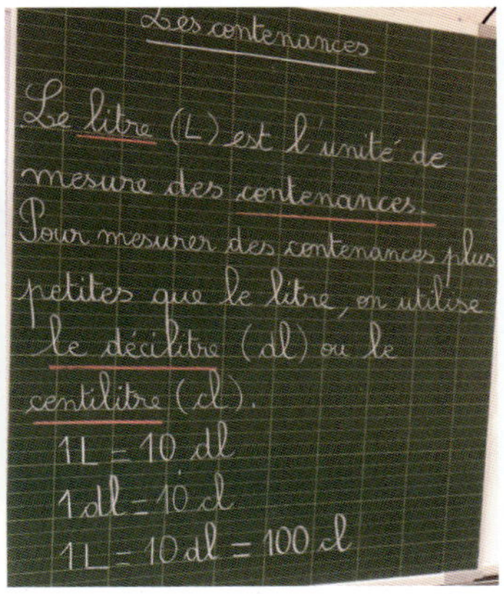

❺ Entrainement

Avec des verres de 25 cL

Présenter des verres (ou gobelets) de 25 cL, sans indiquer leur contenance.
Faire chercher quelle est leur contenance : *« combien faut-il de verres pour remplir une bouteille d'un litre ? »*

Valider par la manipulation qu'il faut 4 verres pour obtenir 1 L : dans 1 L, je peux verser 4 verres.

Faire rappeler que 1 L = 100 cL et chercher 4 x ? cL = 100 cL : 100 cL = 4 x 25 cL

Un verre contient donc 25 cL. 25 cL, c'est aussi un quart de litre.

Avec des verres de 20 cL

Présenter un verre de 20 cL et utiliser la même démarche que précédemment.

1 L = 100 cL = 5 x 20 cL : un verre contient donc 20 cL.

Séance 2 — 45 min

Résoudre des problèmes impliquant des contenances

→ **MODÉLISER**

Résoudre des problèmes en une ou deux étapes impliquant des contenances.

MATÉRIEL ET SUPPORT
- Divers récipients mesureurs apportés par les élèves : verres doseurs, biberons, bouchons doseurs, béchers ou éprouvettes graduées…
- Des récipients non gradués en plastique transparent : vases de différentes formes, biberons, boites de congélation…
- Une bouteille d'eau par groupe.
- Un verre ou gobelet de 10 cL par groupe (avec un repère à 10 cL).
- Quelques entonnoirs si nécessaire.
- Un marqueur indélébile par groupe.
- La feuille d'entrainement **Materiel48.pdf**, page 1.

DÉROULEMENT DE LA SÉANCE

❶ Appropriation Observer des récipients mesureurs et comprendre leur fonction.	5 min	**Verbalisation** Oral collectif
❷ Recherche Étalonner un verre doseur à l'aide de gobelets d'un décilitre.	15 min	**Expérimentation Manipulation** Groupes de 4
❸ Mise en commun Comparer des objets selon leur contenance.	5 min	**Verbalisation** Oral collectif
❹ Entrainement Résoudre des problèmes impliquant des contenances.	20 min	**Abstraction** Oral collectif Écrit individuel

❶ Appropriation

Regrouper les élèves et leur demander d'observer les différents récipients mesureurs qu'ils ont apportés. Faire le lien entre graduation et fonction de l'objet.

Faire remarquer la présence de diverses indications sur les verres doseurs : sucre, farine, riz, liquide…

Les verres doseurs sont le plus souvent gradués en millilitres (mL). Cette unité de mesure sera étudiée au CM1. Certains sont gradués en cL. On trouve aussi parfois des repères à ⅓ de litre, ¼ de litre, ½ litre…

❷ Recherche

Annoncer aux élèves qu'ils vont, par groupe de quatre, fabriquer un *récipient mesureur* gradué en dL.

Ils utiliseront pour cela un gobelet de 10 cL (1 dL) qui leur permettra d'étalonner un récipient transparent.

À chaque transvasement, ils placeront un repère au marqueur.

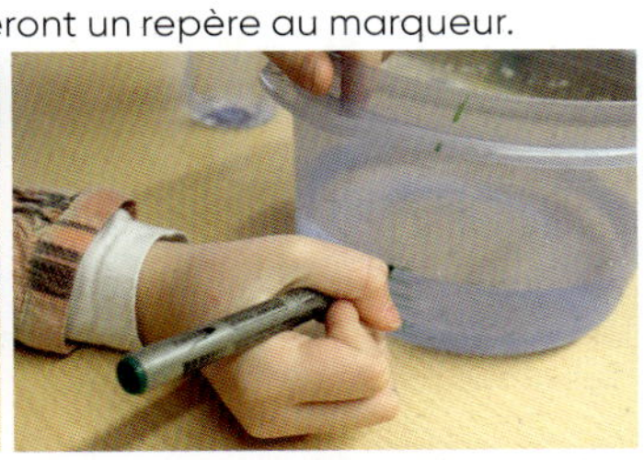

❸ Mise en commun

Vider les récipients que les élèves ont gradués et les regrouper pour les observer.

Faire constater que :
- les récipients n'ont pas tous la même contenance (plus ou moins de repères marqués),
- les graduations ne sont pas situées toutes à la même hauteur : l'espace entre les marques est plus ou moins grand,
- plus le récipient est large, plus les marques sont rapprochées,
- sur un même récipient, les espaces entre les marques peuvent être différents (récipients évasés).

48 Mesurer des contenances

Verser 3 dL d'eau dans chaque récipient gradué par les groupes. La colorer pour permettre à tous les élèves d'observer les niveaux depuis leur place.

Faire constater que la hauteur du liquide dans un récipient n'est pas un indice pertinent pour comparer des contenances.

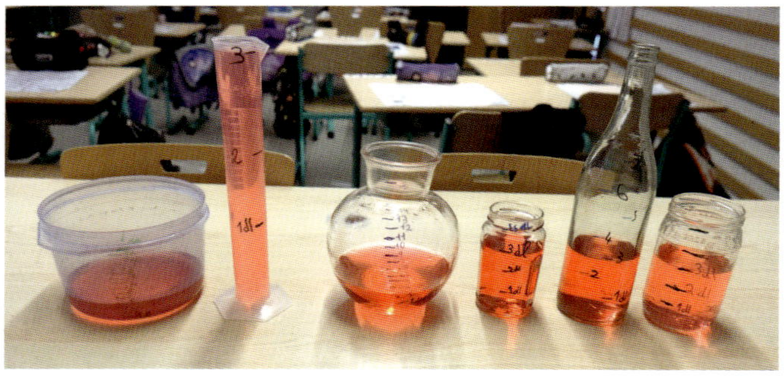

❹ Entrainement

Proposer les exercices de **Materiel48.pdf**, page 1.

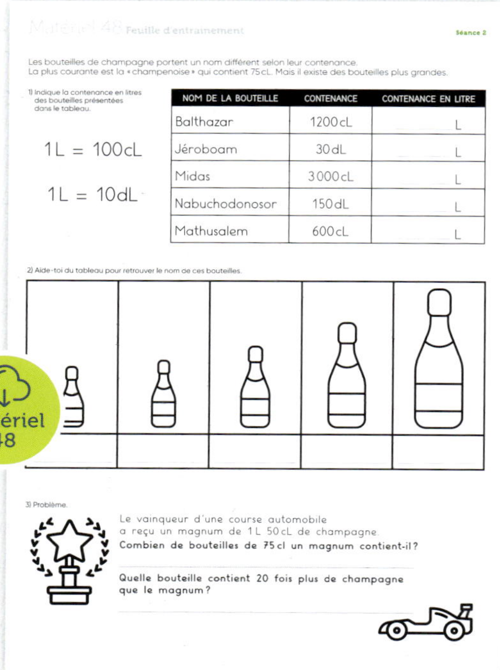

Matériel 48 Feuille d'entrainement — Séance 2

Les bouteilles de champagne portent un nom différent selon leur contenance.
La plus courante est la « champenoise » qui contient 75 cL. Mais il existe des bouteilles plus grandes.

1) Indique la contenance en litres des bouteilles présentées dans le tableau.

1 L = 100 cL

1 L = 10 dL

NOM DE LA BOUTEILLE	CONTENANCE	CONTENANCE EN LITRE
Balthazar	1200 cL	 L
Jéroboam	30 dL	 L
Midas	3000 cL	 L
Nabuchodonosor	150 dL	 L
Mathusalem	600 cL	 L

2) Aide-toi du tableau pour retrouver le nom de ces bouteilles.

3) Problème.

Le vainqueur d'une course automobile a reçu un magnum de 1 L 50 cL de champagne.
Combien de bouteilles de 75 cl un magnum contient-il ?

Quelle bouteille contient 20 fois plus de champagne que le magnum ?

Matériel 48

COIN MATHS

- Faire manipuler les verres doseurs pour mesurer et comparer la contenance de récipients en plastique de différentes formes.

Séance 3 — 30 min

Bilan de la séquence

Les élèves font individuellement les exercices 1 à 8 du cahier de l'élève ***Maths au CE2***.
(Ils répondent aux problèmes 6 à 8 dans un autre cahier.)

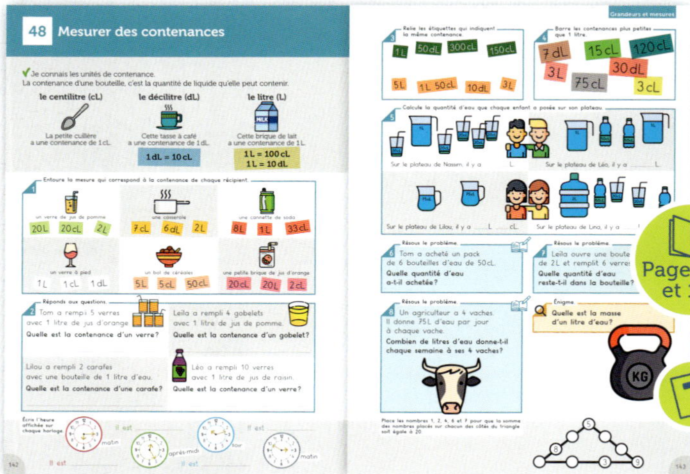

48 Mesurer des contenances

Grandeurs et mesures

Pages 142 et 143

Matériel 45 Feuille de réinvestissement

Séance 5

1 - En utilisant uniquement le compas, retrouve les segments de même longueur.

2 - Avec ton compas, reporte bout à bout sur la droite les longueurs des côtés du polygone ABCDEF. Fais de même avec le polygone RSTUV.

Feuille d'entraînement

Séance 1

… et note-les sur chaque côté. Calcule le périmètre de chaque polygone.

… mesure

Le périmètre du polygone B mesure

Matériel 47 Vérifications

Séances 2 et 3

… à reproduire en plusieurs exemplaires sur du papier calque pour la vérification

Matériel 45 La figure modèle

Séance 2

Matériel 41 Feuille d'entraînement

1 - Termine de tracer les cercles.

2 - Le segment [AB] est un diamètre d'un cercle. Trace ce cercle.

3 - Reproduis les cercles.

Matériel 44 Feuille d'entraînement

Matériel 42 Feuille d'entraînement

Séance 2

1) Convertis en secondes.

1 min = 60 s

10 min = ... s
7 min = ... s
4 min = ... s
20 min = ... s
3 min 40 s = ... s
5 min 23 s = ... s
6 min 30 s = ... s
2 min 15 s = ... s

2) Convertis en minutes.

60 s = 1 min

70 s = ... min .... s
90 s = ... min .... s
120 s = ... min
180 s = ... min
240 s = ... min
300 s = ... min

Matériel 42 Feuille d'entraînement

Séance 2

1) Convertis en secondes.

1 min = 60 s

10 min = ... s
7 min = ... s
4 min = ... s
20 min = ... s
3 min 40 s = ... s
5 min 23 s = ... s
6 min 30 s = ... s
2 min 15 s = ... s

2) Convertis en minutes.

60 s = 1 min

70 s = ... min .... s
90 s = ... min .... s
120 s = ... min
180 s = ... min
240 s = ... min
300 s = ... min

Matériel 43 Feuille de recherche

Séance 2

1) Complète.
Le 3e siècle commence en l'an .... et se termine en l'an ....
Le 12e siècle commence en l'an .... et se termine en l'an ....
Le 18e siècle commence en l'an .... et se termine en l'an ....
Le 9e siècle commence en l'an .... et se termine en l'an ....

2) Complète le tableau.

GRANDES INVENTIONS	DATES	SIÈCLES
Le microscope	1595	16e
La montgolfière	1783	
L'imprimerie	1440	
L'avion	1903	
L'ampoule électrique	1879	
Le télescope	1608	
L'horloge mécanique	1336	

Exercice

Séance 1

Durée de vie moyenne de quelques insectes

INSECTE	DURÉE DE VIE MOYENNE
Le bourdon	27 jours
Le grillon	8 mois
L'abeille	130 jours
La coccinelle	30 mois
Le moustique	48 jours
L'éphémère	24 heures
Le cloporte	2 ans
Le vulcain	5 semaines

Range ces insectes dans l'ordre croissant de leur longévité : de l'insecte qui vit le moins longtemps à celui qui vit le plus longtemps.

1
2
3
4
5
6
7
8

15 min par jour

Calcul mental

- Utiliser ses connaissances pour résoudre des énigmes de calcul.

Destination CM1

Les élèves doivent effectuer le plus possible de calculs en 10 minutes de **MaterielCalcul36.pdf**, pages 1 et 2.
Ils ne peuvent utiliser que le calcul mental : pas de calculs intermédiaires ni de calcul posé.

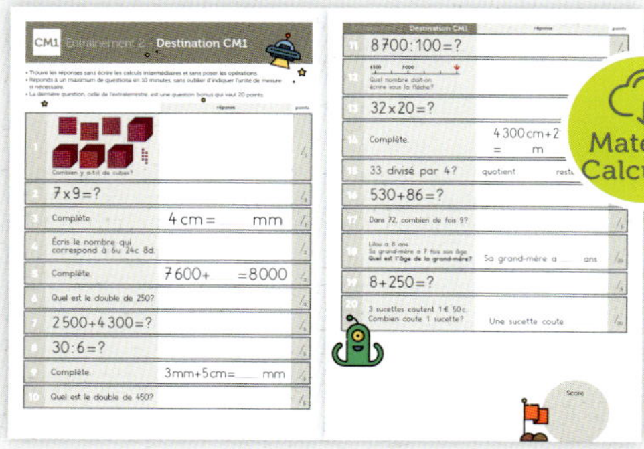
CM1 Entraînement 4 – Destination CM1

7 x 9 = ?
Complète. 4 cm = ... mm
Écris le nombre qui correspond à 6u 24c 8d.
Complète. 7 600 + ... = 8 000
Quel est le double de 250 ?
2 500 + 4 300 = ?
30 : 6 = ?
Complète. 3 mm + 5 cm = ... mm
Quel est le double de 450 ?
8 700 : 100 = ?
32 x 20 = ?
Complète. 4 300 cm + 2 ... = ... m
33 divisé par 4 ?
530 + 86 = ?
8 + 250 = ?

Matériel Calcul 36

Puis ils effectuent l'épreuve finale du cahier de l'élève *Maths au CE2*.

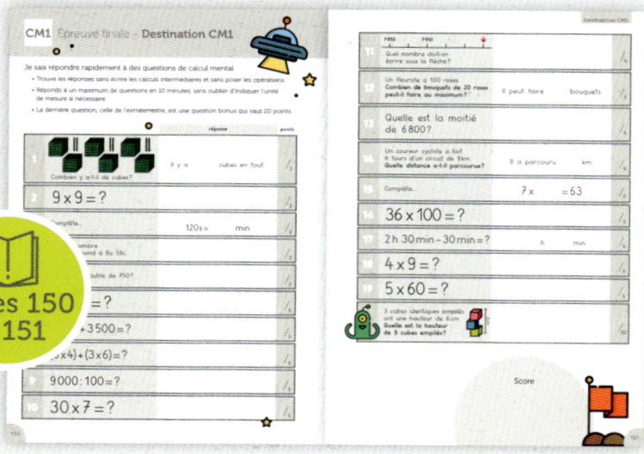
CM1 Épreuve finale – Destination CM1

9 x 9 = ?
36 x 100 = ?
4 x 9 = ?
5 x 60 = ?
9000 : 100 = ?
30 x 7 = ?

Pages 150 et 151

Atelier Calcul@tice

Les élèves choisissent les activités du site Calcul@tice Niveau CE2 qui leur conviennent : la connaissance des nombres et des quantités ou la mémorisation des tables ou le calcul réfléchi autour de procédures identifiées et la résolution mentale de problèmes numériques.

Le compte est bon

Matériel Calcul 36 — Calcul 36

Règle du jeu
À l'aide des signes +, −, x et : et en utilisant une seule fois chacun des nombres donnés, essayer d'obtenir le nombre à trouver ou de s'en approcher le plus possible. Il n'y a pas obligation d'utiliser les six nombres donnés.

+ − x : **96**

10 – 2 – 8 – 2 – 50 – 6

Exemples de solutions possibles

8 x 10 = 80	8 : 2 = 4
6 + 2 = 8	2 x 50 = 100
2 x 8 = 16	100 – 4 = 96
80 + 16 = 96	

DIFFÉRENCIATION

- Permettre l'utilisation des tables de multiplication.
- Donner le premier calcul pour débloquer les élèves qui en ont besoin.
- Permettre l'utilisation de la calculatrice.

Selon le niveau des élèves, proposer les calculs de **MaterielCalcul36.pdf**, pages 3 ou 4.
Présenter les solutions à l'aide de l'animation **Calcul 36**.

Calcul 36 — Maths au CE2

LE COMPTE EST BON – Niveau 1

À l'aide des signes +, −, x et : et en utilisant une seule fois chacun des nombres donnés, essaye d'obtenir le nombre à trouver ou de t'en approcher le plus possible. Tu n'es pas obligé d'utiliser tous les nombres donnés.

Nombre à trouver	Nombres donnés
42	8 – 2 – 10 – 6 – 9 – 4
101	7 – 4 – 10 – 25 – 50 – 8
57	5 – 6 – 10 – 2 – 2 – 9
66	4 – 2 – 15 – 6 – 9 – 7
109	7 – 4 – 10 – 9 – 50 – 8
100	5 – 6 – 10 – 2 – 7 – 9

Calcul 36 — Maths au CE2

LE COMPTE EST BON – Niveau 2

À l'aide des signes +, −, x et : et en utilisant une seule fois chacun des nombres donnés, essaye d'obtenir le nombre à trouver ou de t'en approcher le plus possible. Tu n'es pas obligé d'utiliser tous les nombres donnés.

Nombre à trouver	Nombres donnés
407	50 – 2 – 7 – 6 – 9 – 8
140	2 – 6 – 10 – 25 – 100 – 8
127	25 – 3 – 10 – 2 – 2 – 9
473	10 – 2 – 9 – 50 – 3 – 8
129	25 – 9 – 2 – 10 – 4 – 4
976	8 – 50 – 100 – 9 – 4 – 10

Voici quelques solutions possibles (**MaterielCalcul36.pdf**, page 5.)

Calcul 36 — Maths au CE2

LE COMPTE EST BON – Niveau 1

Exemples de solutions

Nombre	Nombres donnés	Solution
42	8 – 2 – 10 – 6 – 9 – 4	8 x 4 = 32 ; 32 + 10 = 42
101	7 – 4 – 10 – 25 – 50 – 8	4 x 25 = 100 ; 8 – 7 = 1 ; 100 + 1 = 101
57	5 – 6 – 10 – 2 – 2 – 9	9 x 5 = 45 ; 2 x 6 = 12 ; 45 + 12 = 57
66	4 – 2 – 15 – 6 – 9 – 7	15 – 4 = 11 ; 6 x 11 = 66
109	7 – 4 – 10 – 8 – 50 – 8	8 : 4 = 2 ; 2 x 50 = 100 ; 100 + 9 = 109
100	5 – 6 – 10 – 2 – 7 – 9	9 x 10 = 90 ; 5 x 2 = 10 ; 90 + 10 = 100

Calcul 36 — Maths au CE2

LE COMPTE EST BON – Niveau 2

Exemples de solutions

Nombre	Nombres donnés	Solution
407	50 – 2 – 7 – 6 – 9 – 8	8 x 50 = 400 ; 400 + 7 = 407
140	2 – 6 – 10 – 25 – 100 – 8	8 + 6 = 14 ; 14 x 10 = 140
127	25 – 3 – 10 – 2 – 2 – 9	2 + 2 = 4 ; 4 x 25 = 100 ; 3 x 9 = 27 ; 100 + 27 = 127
473	10 – 2 – 8 – 50 – 3 – 8	8 x 50 = 400 ; 9 – 2 = 7 ; 7 x 10 = 70 ; 70 + 3 = 73 ; 400 + 73 = 473
129	25 – 9 – 2 – 10 – 4 – 4	9 – 4 = 5 ; 5 x 25 = 125 ; 125 + 4 = 129
976	8 – 50 – 100 – 9 – 4 – 10	9 x 100 = 900 ; 8 x 10 = 80 ; 80 – 4 = 76 ; 900 + 76 = 976

Calcul@tice Les élèves travaillent en autonomie sur les ordinateurs de la classe

calculatice.ac-lille.fr > les exercices > Niveau CE2

- Toutes les tables x : **Quadricalc inversé**
- Connaître doubles, moitiés, triples et quarts : **Lancers-francs**

45 min par semaine

Atelier problèmes
Résoudre des problèmes nécessitant l'exploration d'un tableau ou d'un graphique

Page 147 · Atelier 36

CHERCHONS ENSEMBLE

Résous le problème.

Problème 1 Nassim a relevé les températures chaque matin à 7 heures. Il a construit le graphique des températures du matin.

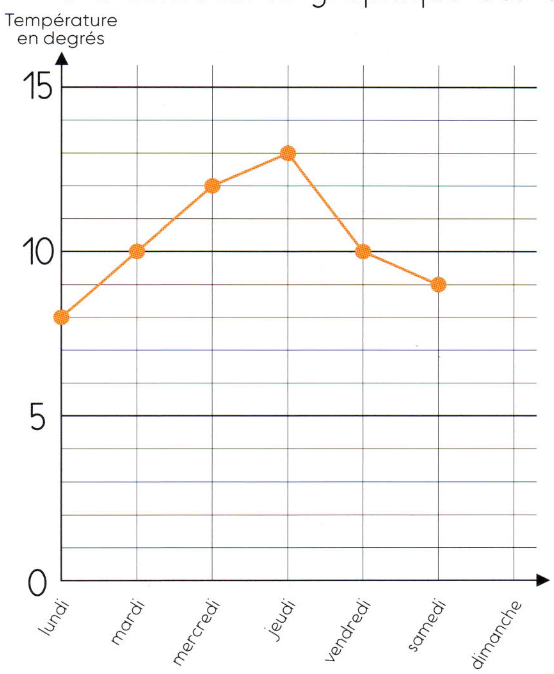

a) Quel jour la température du matin a-t-elle été de 12° ?

b) Quelle a été la température du jeudi ?

c) Quel a été l'écart de température entre lundi et jeudi ?

d) Dimanche, la température a été de 13°. Complète le graphique avec cette nouvelle donnée.

JE M'ENTRAINE

Résous le problème.

Problème 2 Observe la courbe de poids de Tornado, le cheval de Madame Delavega. Réponds aux questions.

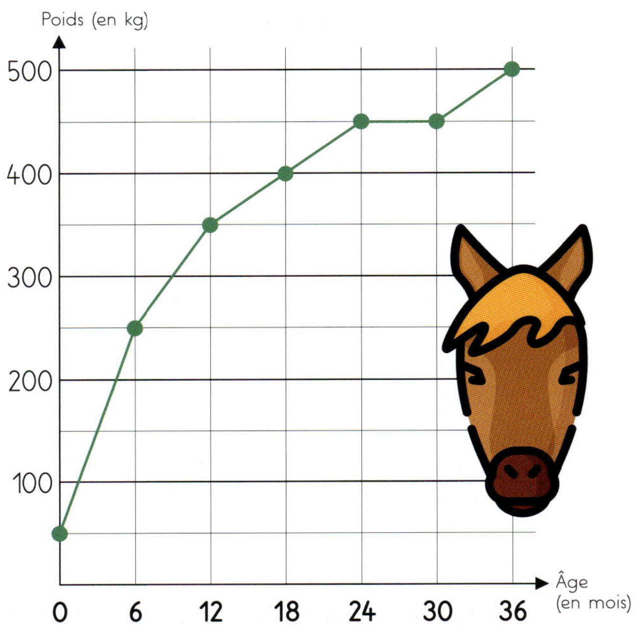

a) Quel est le poids de Tornado à 1 an ?

b) Quel est le poids de Tornado à 2 ans ?

c) Quel est le poids de Tornado à 3 ans ?

d) De combien le poids de Tornado a-t-il augmenté entre sa naissance et 1 an ?

e) De combien le poids de Tornado a-t-il augmenté entre 2 ans et 3 ans ?

49 Coder un déplacement

Séance 1 ⌛ 45 min

Coder et décoder un déplacement

→ COMMUNIQUER

Coder un déplacement relatif en utilisant des flèches orientées. (L'initiation à la programmation dans le cadre de déplacements absolus a été abordée au CE1)

MATÉRIEL ET SUPPORT
- Pour la classe, le quadrillage de recherche (**Materiel49.pdf**, page 1) affiché au format A4 ou vidéoprojeté.
- Une image de la voiture vue du dessus ou une voiture miniature.
- Pour 2 élèves, la feuille de nouvelle recherche (**Materiel49.pdf**, page 2).
- Les feuilles d'entrainement différencié (**Materiel49.pdf**, pages 3 et 4).

DÉROULEMENT DE LA SÉANCE

❶ Recherche Chercher une manière de coder un déplacement sur un quadrillage.	10 min	**Expérimentation** Écrit individuel
❷ Mise en commun Valider les déplacements.	10 min	**Verbalisation** Oral collectif
❸ Institutionnalisation Coder un déplacement relatif à l'aide de flèches.	5 min	**Abstraction** Oral collectif
❹ Nouvelle recherche Associer une même ligne de code à plusieurs déplacements.	10 min	**Expérimentation** Groupes de 2
❺ Entrainement différencié Coder et décoder un déplacement à l'aide de flèches.	10 min	**Abstraction** Écrit individuel

Cette séquence permet une initiation à la programmation sans outil numérique (en débranché) dans le cadre de déplacements relatifs.

On parle de déplacement relatif lorsque l'effet des instructions dépend de l'orientation du mobile qui les reçoit. *Tourne vers la droite, Avance d'une case. Exemple* **Lorsqu'on donne des instructions de déplacement à un conducteur ou à un robot. On fournit les instructions qu'indiquerait un GPS car elles sont énoncées du point de vue du conducteur.**

❶ Recherche

À partir du **Materiel49.pdf**, page 1, présenter au tableau ou vidéoprojeter un quadrillage représentant un trajet (cases colorées).

D'autres contextes peuvent être utilisés en fonction des projets de classe ou des logiciels de programmation utilisés avec les élèves.

Annoncer aux élèves qu'ils vont coder des parcours sur quadrillage.

Demander aux élèves s'ils se souviennent de la manière de coder un déplacement : ***« pour coder un déplacement, on peut utiliser des flèches. »***

Consigne *« Vous allez coder le parcours de la voiture jusqu'au drapeau d'arrivée. »*

Préciser que la voiture se déplace selon les instructions qu'elle reçoit, comme un conducteur qui exécute les instructions données par son GPS.

Matériel 49

❷ Mise en commun

Faire l'inventaire des différentes propositions des élèves.

Demander aux élèves de rappeler la signification des différentes flèches utilisées : ***avance d'une case vers le haut***, ***avance d'une case vers le bas***, ***avance d'une case vers la gauche***, ***avance d'une case vers la droite***. Faire verbaliser les instructions correspondant au parcours de la voiture. Un élève est chargé de déplacer la voiture sur le quadrillage vidéoprojeté en suivant les instructions qu'il reçoit.

Ce déplacement en absolu est rapidement invalidé parce que la voiture se déplace latéralement, ce qui est impossible.

Conclure avec les élèves qu'il manque une instruction : ***tourner à gauche*** ou ***tourner à droite***.

Faire tester les instructions sur le quadrillage initial et constater qu'il suffit d'une seule instruction pour avancer : pas besoin de préciser vers le haut, bas, gauche ou droite. Lister au tableau les trois instructions utiles pour réaliser le déplacement de la voiture.

avancer (droit devant) ***tourner à gauche*** ***tourner à droite***

Valider la solution.

↑	↑	↑	↰	↑	↑	↰	↑	↱	↑	↑	↱	↑	↑	↑

❸ Institutionnalisation

Ce qu'il faut retenir

Pour programmer le déplacement d'une voiture, on doit imaginer être à la place du conducteur.

Pour coder le déplacement de la voiture, on peut utiliser des flèches.

avancer (droit devant) *tourner à gauche* *tourner à droite*

❹ Nouvelle recherche

Matériel 49

Distribuer à chaque binôme la feuille de recherche **Materiel49.pdf**, page 2.

Les quadrillages ne sont pas tous représentés dans le même ordre, les distribuer de manière aléatoire.

Consigne *« Quatre voitures (une rouge, une bleue, une verte et une jaune) ont effectué ces trajets. Je vais vous distribuer une ligne de code. Par groupe de deux, vous allez chercher à quelle(s) voiture(s) correspondent ces instructions. Vous écrirez votre réponse sur l'ardoise. »*

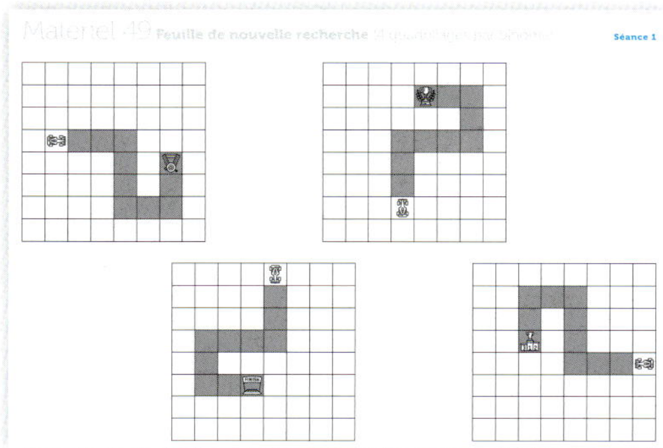

Lors de la **mise en commun**, recueillir les réponses des élèves. Les faire vérifier.

Constater que ces instructions correspondent à toutes les voitures et se questionner.

Faire remarquer que le trajet grisé sur le quadrillage est le même pour toutes les voitures mais orienté différemment.

Prévoir un petit gabarit cartonné à poser sur le quadrillage afin de vérifier cette affirmation.

Même si elles ne démarrent pas de la même case, toutes les voitures effectuent une série de déplacements identiques.

❺ Entrainement différencié

Proposer les exercices de **Materiel49.pdf**, pages 3 et 4.

DIFFÉRENCIATION

- Proposer des programmes courts (exercices 4 et 5) aux élèves qui rencontrent des difficultés à se repérer.

Séance 2

45 min

Écrire un programme simple

→ COMMUNIQUER

Produire un algorithme simple afin de coder les déplacements d'un personnage en utilisant le moins possible d'instructions.

MATÉRIEL ET SUPPORT
- La feuille de recherche (**Materiel49.pdf**, page 5).
- Le script réduit du hérisson (7 instructions).
- La feuille d'entrainement (**Materiel49.pdf**, page 6).

DÉROULEMENT DE LA SÉANCE

❶ **Recherche** Produire un algorithme simple afin de coder des déplacements.	10 min	**Expérimentation** Écrit individuel
❷ **Nouvelle recherche** Réduire le nombre d'instructions du programme.	10 min	
❸ **Mise en commun** Recenser et valider les réponses.	5 min	**Verbalisation** Oral collectif
❹ **Institutionnalisation** Coder un déplacement relatif à l'aide d'un programme simple.	5 min	**Abstraction** Oral collectif
❺ **Entrainement** Coder et décoder un déplacement écrit sous la forme d'un script.	15 min	**Abstraction** Écrit individuel

❶ Recherche

Matériel 49

Distribuer la feuille de recherche **Materiel49.pdf**, page 5.

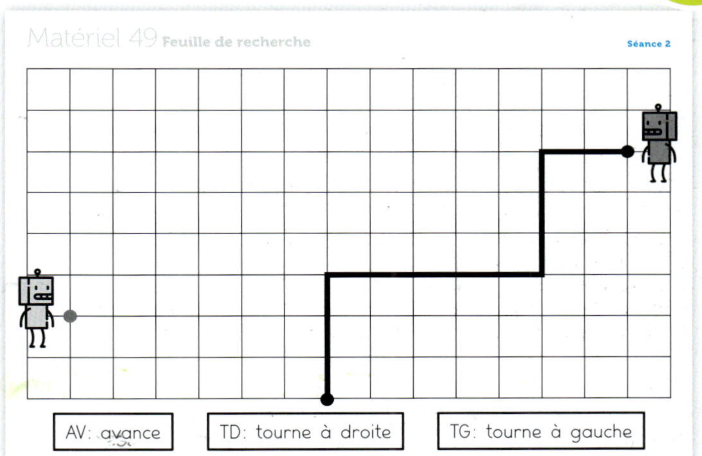

Faire observer le parcours que doit suivre le robot de droite (gris foncé) et faire remarquer qu'il se déplace sur les lignes du quadrillage.

Faire observer les différentes commandes visibles sur ce document.

Faire le lien avec les trois instructions retenues lors de la séance précédente.

avancer (droit devant) ***tourner à gauche*** ***tourner à droite***

Consigne « Vous allez écrire sur l'ardoise les instructions correspondant au déplacement du robot gris foncé. Vous écrirez une instruction par ligne. Vous échangerez ensuite votre travail avec celui de votre voisin pour le vérifier. »

Lors de la **mise en commun**, le programme juste est affiché au tableau. Il comporte 17 instructions. C'est long à écrire.

(AV / AV / TG / AV / AV... 17 instructions en tout)

49 Coder un déplacement

❷ Nouvelle recherche

Consigne « Vous allez chercher à réduire le plus possible le nombre de lignes du programme en gardant la même présentation, à savoir, une instruction par ligne. »

❸ Mise en commun

*« Combien de lignes comporte maintenant votre **script** ? »*

Recueillir les réponses des élèves.
Vérifier collectivement le programme le plus court.

« Comment avez-vous fait pour raccourcir ce programme ? »

« Une même instruction répétée trois fois (AV AV AV) peut être remplacée par une seule instruction : AV 3. »

Le nouveau *script* est affiché au tableau. Il ne comporte plus que sept instructions.

❹ Institutionnalisation

Ce qu'il faut retenir

Nous avons appris une nouvelle manière de coder un déplacement.
Pour écrire un programme, on peut aussi utiliser :

AV pour **Avancer**
TG pour **Tourner à gauche**
TD pour **Tourner à droite**

Pour réduire les instructions, on écrit un chiffre correspondant au nombre de cases du déplacement.

❺ Entrainement

Matériel 49

a) Écrire au tableau le programme de déplacement du robot de gauche (gris clair) de **Materiel49.pdf**, page 5.

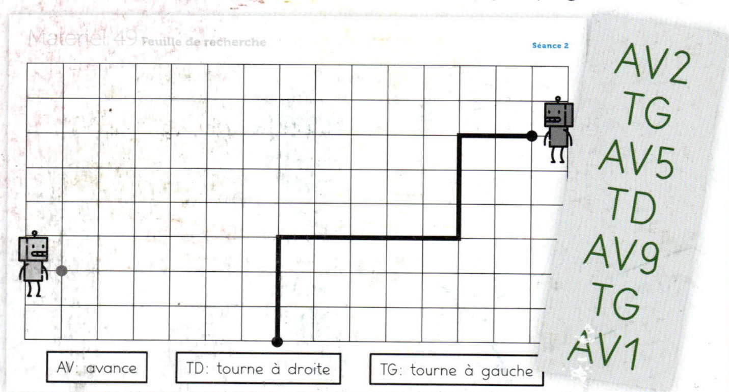

Les élèves travaillent sur le document distribué en début de séance. Cette fois, ils doivent décoder le programme et tracer le trajet du robot gris clair.

b) Proposer l'exercice de **Materiel49.pdf**, page 6.

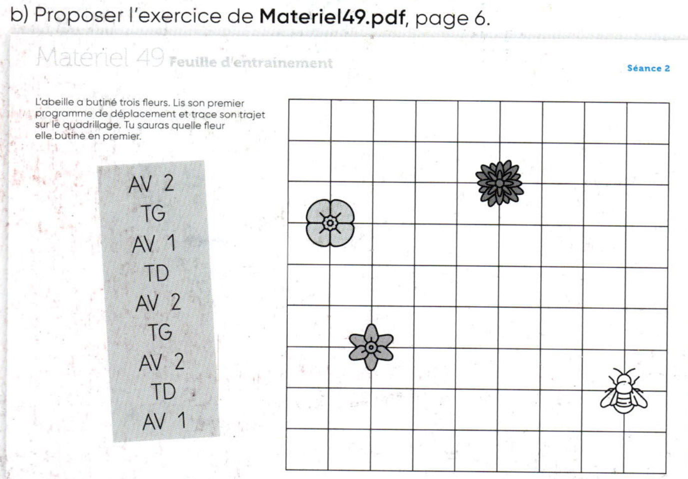

COIN MATHS

- Dans le coin maths de la classe, les élèves consolident le décodage des déplacements avec des logiciels appropriés sur tablettes.

- Il existe de nombreux sites qui font travailler la programmation et l'algorithmique : les déplacements, les tracés de figures.
- **Exemples de sites**
  https://code.org
  https://www.clicmaclasse.fr/deplacements-sur-quadrillage/
  et scratch junior

Séance 3 — 30 min

Bilan de la séquence

Les élèves font individuellement les exercices 1 à 5 du cahier de l'élève ***Maths au CE2***.
(Ils répondent à l'exercice 5 dans un autre cahier.)

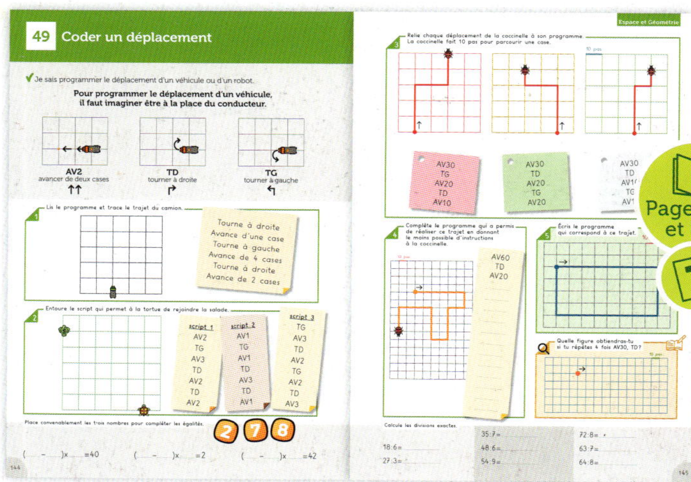

Pages 144 et 145